龙山年鉴

LONGSHANYEARBOOK

（2019）

中共龙山县委员会
龙山县人民政府
主办

中共龙山县委党史研究室
（县地方志编纂室）
编

方志出版社
PublishingHouseofLocalRecords

图书在版编目(CIP)数据

龙山年鉴:2019/中共龙山县委党史研究室
—北京:方志出版社,2019.12
ISBN 978-7-5144-4112-3

Ⅰ.①龙… Ⅱ.①中… Ⅲ.①龙山县—2019—年鉴
Ⅳ.①Z526.34

中国版本图书馆 CIP 数据核字(2019)第 300561 号

龙山年鉴(2019)

编　　者:中共龙山县委党史研究室
责任编辑:高孟君

出 版 者:方 志 出 版 社
　　　　地址　北京市朝阳区潘家园东里 9 号(国家方志馆 4 层)
　　　　邮编　100021
　　　　网　址:http://www.fzph.org
发　　行:方志出版社发行中心
　　　　(010)67110500
经　　销:各地新华书店
印　　刷:武汉市轩辕印务有限公司

开　　本:889mm×1194mm　1/16
印　　张:28
字　　数:607 千字
版　　次:2019 年 12 月第 1 版　2019 年 12 月第 1 次印刷
印　　数:001～500 册

ISBN 978-7-5144-4112-3　定价:300.00 元

《龙山年鉴(2019)》编纂委员会

监　　纂　周　云

主　　任　刘冬生

副 主 任　蔡　龙　符家波　谭必松

委　　员　康　鹏　田富荣　李志勇　向心国　田向阳

田光治　陈昌武　向清平　傅立波　张远龙

詹文明　贾高顺　田世忠　刘　勇　尚晓琴(女)

向邦平　石　洪　杨支胜　向　刚　段海春

向多龙　张明祥　田良平　田纪奎　彭官学

向大龙　刘　戈　田海平　贾美亮　田　鹏

吴定海　田　洋　谭宏贵　向继红(女)　侯　琼(女)

田小波　马　涛　田家让

《龙山年鉴(2019)》编辑部

主　　编　田向阳

副 主 编　杨　波　郭春海

执行编辑　邓德荣　张丕松

编　　辑　向秀菊(女)　瞿宏伟　王　勇

编 辑 说 明

一、《龙山年鉴》以马克思列宁主义、毛泽东思想、邓小平理论、“三个代表”重要思想、科学发展观、习近平新时代中国特色社会主义思想为指导，坚持辩证唯物主义和历史唯物主义的立场、观点和方法，坚持秉笔直书、存真求实原则，力求全面准确、科学地反映龙山县自然、政治、经济、文化和社会发展情况，为领导提供决策参考，为宣传、研究和建设龙山服务。

二、《龙山年鉴》系统记述龙山县各方面的基本情况；重点记载龙山县政治、经济、军事、文化、社会各方面大事、特事、要事；主要反映各部门、各单位及乡镇在改革开放和社会主义现代化建设中所取得的成就；强调特事特写，突出地方特色、民族特色、时代特色及各部门、各行业的专业特色；及时总结经验教训，尽可能的地揭示各项事业在龙山县发展变化的特殊规律性。

三、《龙山年鉴(2019)》是龙山县第二部年鉴，包括图照和文存，其内容编排在第一部年鉴的基础上新增“专题、专文、人物”三方面内容，将各单位的领导名录单独排列，编排在县情概览之后，乡镇街道所属村(社区)不再单独记载，各以一张表格和一些主要经济指标代替，编排在附录。文存所记事物时限主要为2018年1月至2018年12月，图照主要记载重大事件、先进典型、有史料价值和特殊作用方面的工作，图照与文存中的特载等史料略有上溯或下延至出版时。

四、《龙山年鉴》所载稿件，均由各部门、各单位提供，并经供稿单位领导审核。

五、文稿以类目、分目、条目组成阶梯式结构。类目、分目以不同字号、字体区别，条目字号用黑体加【 】表示，起排于该条目首行。类目、分目的设置与标题既遵循社会科学分类原则，又体现党政内部分工管理现行体制。

六、凡全县性数据或各乡镇的数据，均由县统计局提供。各单位稿件的数据，均以县统计局公布的为准。

七、特载、专文、附录基本按原文登载。

《龙山年鉴(2019)》撰稿人

（按篇目顺序排列）

单　　位	撰 稿 人
中国共产党龙山县委员会	县委办公室
县委办公室	县委办公室
美丽湘西工作办公室	张茗铭
县委组织部	周元洪
县委宣传部	熊　军
县委统战部	贾阳照
编　委	毛绪军
县委党校	饶伟林
党史地方志编纂室	杨　波
档案局	符亚萍
纪检监察委	刘里生
人大常委会	刘　成　唐广洲
龙山县人民政府	彭　鹏
政府办公室	彭　鹏
信访局	彭　军　晏　颖
民族宗教事务局	彭英子
政务中心	莫　晏
信息中心	严　竣
接待中心	谭宗兴
政治协商委员会	王英豪
里耶管理区管理委员会	黄祖刚　田　超
总工会	周林郁
共青团	晏媛媛
妇女联合会	刘玲玲
残疾人联合会	王春兰
科学技术协会	杨和艳

单　　位	撰 稿 人
工商业联合会	向家培
县文学艺术界联合会	陈新祥
龙山县人民武装部	覃继先
政法委	白　成　向　阳
公安局	李　耕
交警大队	周川夫
消防救援大队	李晓霞　侯　茜
检察院	向　灿
法　院	彭　华　田　雯
司法局	易　闯
发展和改革局	黄生金　彭小波
自然资源局	游鸿艳　涂文浩
应急管理局	彭道诠
食品药品工商质量监督管理局	向姿睿　陈宏杰
审计局	吴　夏　陈夏悦
统计局	黄　帆　黄家明　郑　勇
农业农村局	石胜成
扶贫开发办公室	彭世富
长沙市对口帮扶办	杨　发
林业局	熊　澧　包丁红　李应祥
水利局	穆　俐　张　华　曾姣姣　彭群英　陈大鹏
农业机械管理局	张宗生

续表

单　　位	撰 稿 人
畜牧水产局	姚华清　段天权
移民开发局	向明海　刘　宏
外资外援办公室	罗祖友
农村经营服务站	李梦群
气象局	谭　哲　钟　军
红岩水文站	刘运旭
科技和信息化局	汤竞明
工业园区管理委员会	俞　辉　姚　琼
国网供电公司	田良东
湘源电力公司	张　成
城镇供水公司	谭再国
住房和城乡建设局	邓德荣　龙　勋 李玉兰
城乡规划局	姚　林　甘宇滔
城市管理和综合执法局	田　钿
房地产管理局	陈明秋
环境保护局	黄有福
城投公司	彭煦光
交通运输局	田明化　米津红
公路管理局	李媛晖
邮政分公司	张　波
中国电信龙山分公司	陈　棋
商务局	向　田
供销合作社	田曙光　向昌佳
烟草公司	刘昌阳
财政局	吴炎蓉
税务局	刘　韬
中国人民银行龙山支行	田世文
中国工商银行龙山支行	谭庆忠

单　　位	撰 稿 人
中国农业发展银行龙山支行	朱莉雅
中国建设银行龙山支行	王浩鹏
中国农业银行龙山支行	彭长盛
湘西长行村镇银行龙山支行	文会涛
农村商业银行	瞿文静
邮储银行龙山支行	彭羊未
中国银行龙山支行	唐海清
州住房公积金管理中心龙山管理部	沈碧菊
财产保险公司	方　嵛
文化广电新闻出版局	向文健
广播电视台	向　波
文物保护局	田紫贵
文化市场执法局	吴才江
里耶古城（秦简）博物馆	隆海银
里耶古城旅游投资经营有限责任公司	吴　鹏　李云涛
新华书店	彭晓东
教育和体育局	莫白林
第一小学	易游珍
第二小学	李敏慧　殷爱姣
第三小学	田小东
第四小学	覃晓娟　徐邦军
第五小学	刘光亮　李小兵
第一中学	黄世珍
第二中学	王发忠　向必俊
第三中学	陈　红
龙山高级中学	李长文
思源实验学校	李　敏
第一职业中学	杨　薇
教师进修学校	李　阳

续表

单　　位	撰 稿 人
里耶民族中学	田　波
卫生健康局	刘晓平　张梦圆
计生协会	刘晓平　张梦圆
人民医院	李　钊
中医院	张　桃
疾病预防控制中心	张孝明
红十字会	彭良周
医保管理服务局	彭继恕
人力资源和社会保障局	向　明　董红梅 杨云华　郑泽锦 尚潇峰　向　文 沈世武　王　蛟 梁　艳
民政局	杨志富
民安街道	杨咏多
华塘街道	田志大　刘培斌
兴隆街道	朱安祥　向　玲 钟昌成
石羔街道	包海平

单　　位	撰 稿 人
洗洛镇	彭仕敏
石牌镇	向春雷　肖大敬
茨岩塘镇	杨　发
水田坝镇	刘红梅
红岩溪镇	田景忠　周天祥
农车镇	梁贺荣
靛房镇	伍艳华
洗车河镇	彭海兰　徐楷然
苗儿滩镇	田松山
里耶镇	杜　坤
召市镇	向昌成
桂塘镇	向　春
大安乡	王昕昱　刘启智 彭英俊　周　涵
茅坪乡	陈　豪
洛塔乡	覃麟敬
咱果乡	向敃腓
内溪乡	张珍荣

目　　录

专　　题

专　　文

特　　载

大 事 记

县情概览

龙山县人民代表大会

龙山县人民政府

中国人民政治协商会议龙山县委员会

群众团体

军　　事

法　　治

经济管理

农村农业

工　　业

城乡建设·环境保护

交通·邮政

商贸·服务

财政·税务

金　融

文化·旅游

科技·教育·体育

卫　　生

社会·民生

乡镇街道

人　　物

附　　录

彩 页 索 引

龙山县地图

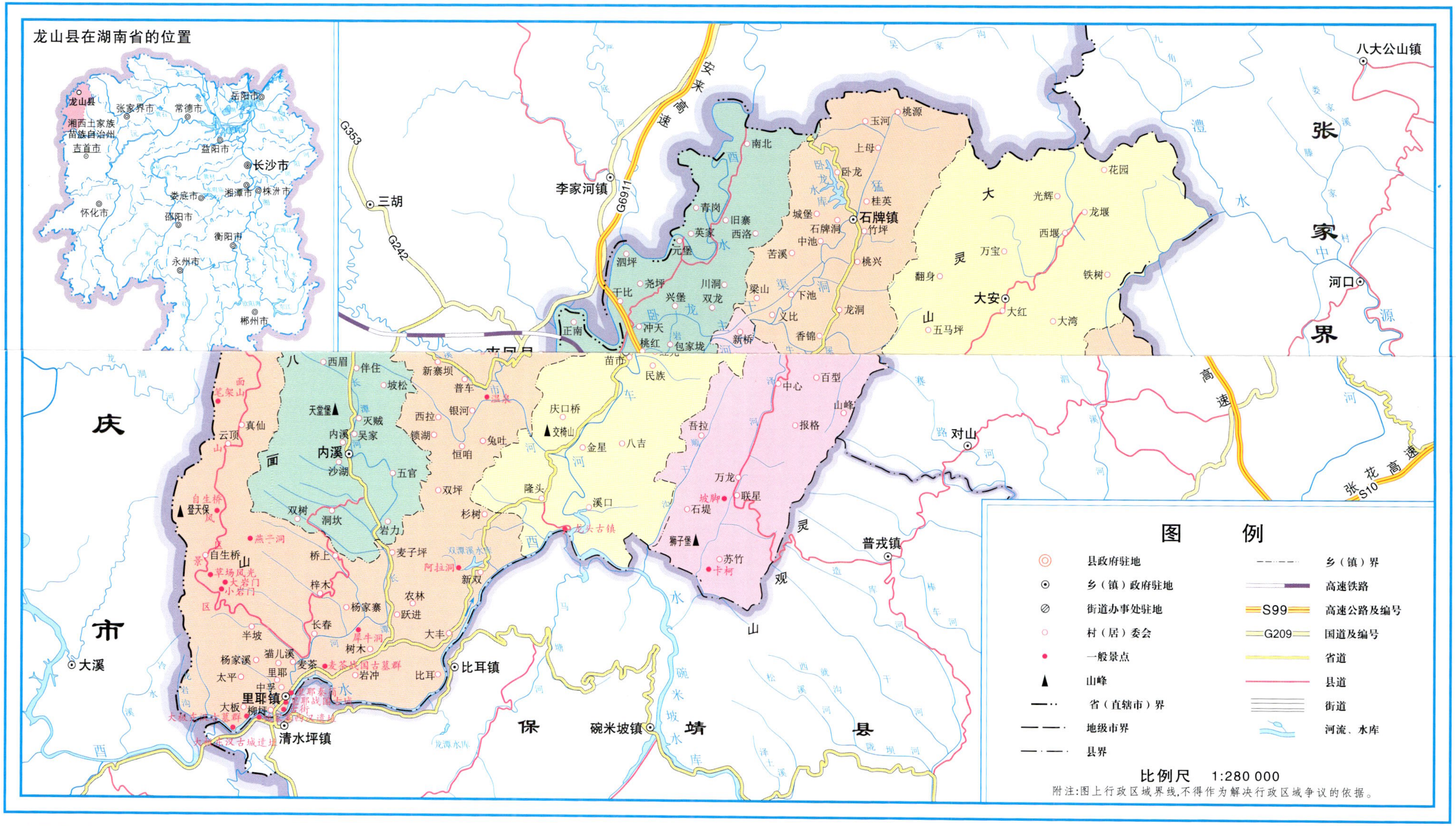

审图号 湘S（2018）241号

湖南省自然资源厅 监制　湖南省第三测绘院 编制　二〇一八年十一月

湘西土家族苗族自治州龙山县城市总体规划（2016—2030）

中心城区用地布局规划图

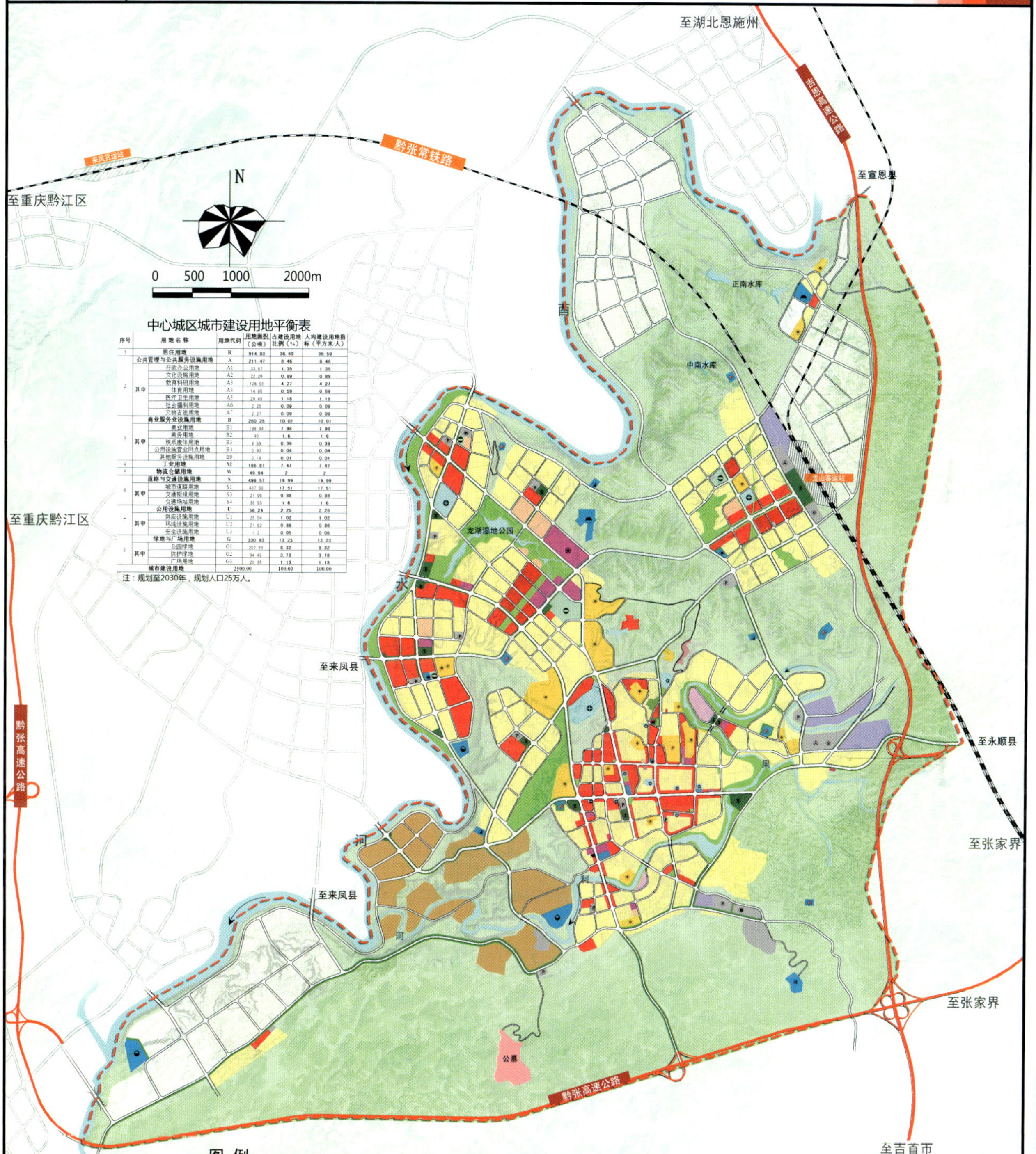

中心城区城市建设用地平衡表

序号	用地名称		用地代码	用地面积（公顷）	占建设用地比例（%）	人均建设用地指标（平方米/人）
1	居住用地		R	914.83	36.59	36.59
2	公共管理与公共服务设施用地		A	211.47	8.46	8.46
	其中	行政办公用地	A1	33.67	1.35	1.35
		文化设施用地	A2	22.29	0.89	0.89
		教育科研用地	A3	106.66	4.27	4.27
		体育用地	A4	14.85	0.59	0.59
		医疗卫生用地	A5	29.48	1.18	1.18
		社会福利用地	A6	2.25	0.09	0.09
		文物古迹用地	A7	2.27	0.09	0.09
3	商业服务业设施用地		B	250.25	10.01	10.01
	其中	商业用地	B1	199.44	7.98	7.98
		商务用地	B2	40	1.6	1.6
		娱乐康体用地	B3	9.69	0.39	0.39
		公用设施营业网点用地	B4	0.93	0.04	0.04
		其他服务设施用地	B9	0.19	0.01	0.01
4	工业用地		M	186.87	7.47	7.47
5	物流仓储用地		W	49.94	2	2
6	道路与交通设施用地		S	499.57	19.99	19.99
	其中	城市道路用地	S1	437.66	17.51	17.51
		交通枢纽用地	S3	21.96	0.88	0.88
		交通场站用地	S4	39.93	1.6	1.6
7	公用设施用地		U	56.24	2.25	2.25
	其中	供应设施用地	U1	25.54	1.02	1.02
		环境设施用地	U2	21.62	0.86	0.86
		安全设施用地	U3	1.3	0.05	0.05
8	绿地与广场用地		G	330.83	13.23	13.23
	其中	公园绿地	G1	207.99	8.32	8.32
		防护绿地	G2	94.45	3.78	3.78
		广场用地	G3	28.38	1.13	1.13
城市建设用地				2500.00	100.00	100.00

注：规划至2030年，规划人口25万人。

龙山县人民政府　　重庆仁豪城市规划设计有限公司

数字龙山

2018年末，全县5个乡、12个镇、4个街道、320个村委会、77个社区（居委会）。总面积3131平方千米，耕地面积34.18千公顷，森林覆盖率70.74%。户籍人口60.64万人，常住人口48.81万人，其中城镇人口20.59万人。少数民族43.72万人，其中土家族34.38万人，苗族8.66万人，人口自然增长率5.2‰。

生产总值838225万元，增长6.4%。其中，第一产业增加值185112万元；第二产业增加值165096万元；第三产业增加值487017万元。三次产业比例22.1 ：19.7 ：58.2。按常住人口计算平均 GDP17069元。农林牧渔业总产值311500万元，增长3.5%；粮食总产量18.03万吨。工业增加值93135万元，增长7.6%；其中规模工业增加值63305万元。

2018

财政总收入91179万元，增长12.4%；财政总支出483637万元，增长28.9%。全年固定资产投资增长8%。社会消费品零售总额466953万元，增长9.8%。接待国内外游客379.44万人次，旅游收入22.1亿元。

各项存款余额166.79亿元，增长5.8%；贷款余额105.42亿元，增长19.8%。城镇居民人均可支配收入21939元，农村居民人均可支配收入9412元。全县城镇化率42.18%。邮政业务总量3835万元，电信业务总量176161万元。通车公路里程2554.3千米。

（曾祥辉 摄）

4月1日，州委常委、中共龙山县委书记周云（右一）主持召开乌龙山大峡谷旅游开发现场办公会，县委常委、县委宣传部部长刘昌顺（右二）和县委常委、县委办主任符家波（右三）陪同

2月10日，县委副书记、县人民政府县长刘冬生（左一）走访苗儿滩镇敬老院、慰问孤寡老人

4月16日，县委副书记陈忠耀（左一）深入咱果乡脉龙村桐花寨调研乡村旅游工作

（余俊利 摄）

2月8日，县人大常委会主任余佳祥（后排右四）深入桂塘镇老兴社区敬老院走访慰问困难群众

(王英豪 摄)

7月18日，县政协主席吴少叶（前排右二）现场指导土家织锦产业建设

12月7日，县委常委、县人民政府常务副县长蔡龙（右二）调研土城坝易地搬迁工程

2月11日，县委常委、县委宣传部部长刘昌顺（左二）深入沙子坡电视调频转播台慰问

5月31日，县委常委、县委组织部部长石红梅（二排右一）在华鑫学校参观孩子们的“跳蚤市场”

3月14日，县委常委、县委办主任符家波（前排右一）深入咱果乡哪寨村调研脱贫攻坚工作

12月19日，县委常委、县委政法委书记印道其（前排左二）深入召市镇调研脱贫攻坚工作

5月15日，县委常委、县委统战部部长黄勇（左三）出席在里耶镇召开的龙山县“四同创建”推进会

5月8日，县委常委、县纪委书记、县监委主任龙儒文（左二）到靛房镇山峰村指导产业建设

11月23日，县委常委、县人武部部长赵银河（左一）与桂塘镇核桃村结对帮扶户亲切交谈

专题

龙山缘民

湖南省第九届少数民族传统体育运动会，于2018年10月16日至20日在龙山县举行。本届运动会共设押加、射弩、秋千、陀螺、蹴球、高脚、板鞋竞速、毽球、民族健身操等9个竞赛项目和竞技类、技巧类、综合类3类表演项目。比赛场馆安排在龙山县体育中心、皇仓中学、高级中学、思源学校4个赛区。全省14个地市州、湘西州所辖县(市)、各自治县、张家界市永定区和桑植县等31支队伍组团参加，

族情 中国梦

以湘西土家苗族自治州所辖县(市)、各自治县、永定区、桑植县分别组成的代表团为甲组，参加甲组比赛；以市、州为单位组成的代表团为乙组，参加乙组比赛。邀请嘉宾、运动员、教练员、裁判员和新闻记者等共3000余人。

开幕式

黄兰香 杨维刚 叶红专 吴桂英 贺安杰

出席开幕式

2018年10月16日上午，湖南省第九届少数民族传统体育运动会在龙山县体育中心开幕。省委常委、省委统战部部长黄兰香出席开幕式并宣布开幕。省人大常委会副主任杨维刚、省人大常委会副主任、湘西土家族苗族自治州州委书记叶红专、副省长、省第九届少数民族传统体育运动会组委会主任吴桂英，省政协副主席贺安杰等出席开幕式。

吴桂英致开幕辞。她说，本届民族运动会是改革开放40年我省民族团结进步事业的一次全面展示。希望全体参赛人员团结奋进，顽强拼搏，赛出风格，赛出水平；广大教练员、裁判员和工作人员恪尽职守、公正执法，努力把本届运动会办成一次主题突出、特色鲜明、团结和谐、影响深远的民族体育盛会。

开幕式大型文艺表演以龙腾盛世、舞动潇湘为主题，通过《龙腾盛世》《传承之魂》《文体之美》《山水之韵》《摆手祈福》五个主题篇章，讴歌湖南省各民族团结向上的精神，展现出湖南奋进新时代的恢宏乐章。

本届民族运动会由湖南省民族宗教事务委员会、省体育局、湘西自治州人民政府主办，龙山县人民政府承办。来自22个民族的1991名运动员参加比赛，是我省历届民族运动会规模最大、规格最高、参赛人数最多的一次，也是民族运动会首次在民族县举办。

中共湖南省委常委、省委统战部部长黄兰香宣布大会开幕

湖南省第九届少数民族传统体育运动会

湖南省人大常委会副主任、中共湘西土家族苗族自治州州委
叶红专出席开幕式并致辞

湖南省人大常委会副主任、湘西土家族苗族自治州州委书记叶红专提出：“体育承载着国家强盛、民族振兴的梦想。加快推进体育强州建设，深化体育改革，更新体育理念，完善体育设施，发展全民健身运动和民族传统体育运动，提升以举重、体操、摔跤等为优势项目的竞技体育水平，建设国内一流体育休闲旅游精品线路，打造一批体育、康健、旅游一体化的体育产业品牌，推动群众体育、竞技体育、体育产业协调发展，更好满足广大人民群众对美好生活的需要。”

湖南省第九届少数民族传统体育运动会

湖南省民族宗教事务委员会党组书记、主任徐克勤主持开幕式

湖南省民族宗教事务委员会党组书记、主任徐克勤主持开幕式，湘西州委常委、中共龙山县委书记周云致辞。近2万名各界人士参加和现场观看开幕式。本届运动会共有2631人参加比赛，比上届增加525人，为历届参赛人员最多的一届。

湘西州委常委、中共龙山县委书记周云致辞

项目介绍

板鞋竞速

板鞋竞速是在广西壮族中较为盛行的民族传统体育项目。在2007年第八届全国少数民族传统体育运动会上，板鞋竞速首次被列为竞赛项目。板鞋竞速是由多名运动员一起，将脚套在同一双板鞋上，在田径场上进行的比赛，适宜在同等距离内所用的时间多少决定名次。

在湖南省第九届少数民族传统体育运动会上，板鞋竞速项目设有男子60米、100米、2×100米、4×100米男女混合接力等7个小项。

秋 千

秋千俗称荡秋千，是我国民间的一大传统体育活动，尤其受到朝鲜族姑娘喜欢。在1986年第三届全国少数民族传统体育运动会上，秋千首次被列为竞赛项目。秋千是少数民族传统运动会上唯一规定只能有女性运动员参加的比赛项目。秋千比赛分高度和触铃比赛两种。高度比赛已在规定的试荡次数内荡达的最高点来计算成绩；触铃比赛是以在规定的高度上和时间内运动员触铃次数来计算成绩。

在湖南省第九届少数民族传统体育运动会上，秋千项目分为55公斤以下和55公斤以上两个级别，每个级别设有单人项高度、单人触铃、双人高度、双人触铃等4个小项。

射　弩

射弩在我国西南民族地区有着悠久历史，是一项在湖南、云南、贵州、重庆、广西等地盛行的民族传统体育项目。射弩起源于我国古代战国时期的楚国，又被称为土弩。在1986年第三届全国少数民族传统体育运动会上，射弩首次被列为竞赛项目。

在湖南省第九届少数民族传统体育运动会上，射弩项目设有民族传统弩混合团体、男子立姿、男子跪姿、女子跪姿等10个小项。

陀　螺

陀螺又称打陀螺，有着“中国最早的娱乐项目”之称。在云南、贵州、湖南、广西、福建等少数民族聚居区较为流行。在1995年第五届少数民族传统体育运动会上，陀螺首次被列为竞赛项目。比赛时，由两队（人）在比赛场上，从守方旋放陀螺开始，由攻方将自己的陀螺 抛掷，击打守方陀螺 ，将守方陀螺击打出比赛场地或守方陀螺在比赛场地旋转时间更长则得分。比赛只记攻方得分，以当场比赛的累计得分决定该场胜负，得分多的队（人）为胜方。在湖南省第九届少数民族传统体育运动会上，陀螺项目设有男子团体、女子团体、男子个人、女子个人4个小项。

押 加

押加又称“大象拔河”或“藏式拔河”，是我国藏族人民非常喜爱的一项民族传统体育运动，是只许男性运动员参加的项目。在1999年第六届全国少数民族传统体育运动会上，押加首次被列为竞赛项目。押加比赛按体重分级别进行。比赛时，两名运动员将一条长绸带做成圆环套于颈部，带子从两腿间通过，四肢着地并背向对方，向自己前进方向奋力爬行，以一方将置于两者之间的坠条拉过自己一侧的决胜线为胜利。

在湖南省第九届少数民族传统体育运动会上，押加项目设有55公斤、61公斤、68公斤、76公斤、 85公斤、85公斤以上级6个小项。

主办单位
南省民族宗教事务委员会
南省体育局

表演
湖南省民族宗教事务
湖南省体育局
湘西州人民政府

表演项目

运动会开幕式驻停表演民族特色浓郁、民族团结氛围浓厚。55个表演项目特色鲜明，精彩纷呈，是我省民族优秀文化的一次集中展示，向观众呈现了一场民族文化盛宴，彰显了民族传统体育的独特魅力。

民运花絮

（刘怡 摄）

中共龙山县委副书记、县人民政府县长刘冬生（右三），县委常委、县委宣传部部长刘昌顺（右四）、县委常委、县委政法委书记印道其（右二）调度省第九届少数民族运动会筹备工作

2008年北京、2016年里约奥运会男子举重56公斤级龙山籍冠军龙清泉

闭幕式

交旗仪式

10月20日晚，湖南省第九届少数民族传统体育运动会顺利完成全部赛程，在湘西土家族苗族自治州龙山县高级中学体育馆闭幕。湖南省民族宗教事务委员会党组书记、主任、第九届全省民族运动会组委会副主任徐克勤宣布闭幕。闭幕式由湘西州人民政府副州长向清平主持。

闭幕式上还进行了全省民族运动会会旗交接仪式。徐克勤从龙山县人民政府县长刘冬生手上接过运动会会旗，递交给江华瑶族自治县人民政府县长龙飞凤。4年后，湖南省第十届少数民族传统运动会将在江华瑶族自治县举行。

湘西州人民政府副州长向清平主持闭幕式

（本专题图片文字来源：湖南省民族宗教事务委员会）

交旗议式

闭幕式演员合影

高脚

民族健身操表演

毽球

专　文

统筹推进龙山全域旅游发展的路径研究

湘西州委常委、中共龙山县委书记　周云

摘要：全域旅游的优质发展对于带动区域经济具有重要意义，本文基于龙山县目前旅游资源特点、发展现状、存在问题及原因，从夯实全域旅游基础、优化全域旅游发展环境、开发特色旅游产品、促进产业融合发展、加强旅游线路策划及宣传推介等方面提出统筹推进全域旅游发展的路径，以期为推动龙山全域旅游的发展提供参考。

关键词：全域旅游；统筹；发展路径。

2016年1月19日，时任国家旅游局局长李金早在全国旅游工作会议上提出：中国旅游要从"景点旅游"到"全域旅游"转变。至此，全域旅游上升到国家战略高度并开始受到广泛关注。全域旅游是指以地区范围为限，依托旅游业的优势基础，全方位、系统化提升本区域内的各种经济社会资源，实现区域资源有机整合，产业融合发展，社会共建共享，以旅游业带动和促进经济社会协调发展的一种新的区域协调发展理念和模式[1]。

2017年6月，湘西自治州人民政府出台了《湘西自治州创建国家全域旅游示范区2017－2018年行动方案》，提出了加快构建湘西州全域旅游发展"一个龙头、一个中心、两条乡村游精品线、统筹推进龙山全域旅游发展的路径研究湘西州委常委、龙山县委书记周云四大核心景区、两条风光带、一个国内外知名生态文化公园"的全域空间布局。2018年3月，国务院办公厅出台了《关于促进全域旅游发展的指导意见》，明确了全域旅游的发展目标是旅游发展全域化、旅游供给品质化、旅游治理规范化、旅游效益最大化，这为龙山的全域旅游发展提供了方向指导和政策支持。龙山在全面推动经济社会发展的大背景下，统筹推进全域旅游发展，是践行"生态立县、旅游兴县"战略的现实体现，更是助推脱贫攻坚、实现乡村振兴的有力举措。

1 龙山县旅游发展基本概况

1.1 旅游资源概况

龙山县位于湖南省西北边陲，地处湘、鄂、渝三省（市）交界之地，辖21个乡镇（街道）397个村（社区），总面积3131平方公里，现有人口61万人，森林覆盖率达70%以上。县内有丰富的自然资源、厚重的历史文化、灿烂的土家文化，类型丰富、组合性好、保护良好、开发条件佳。里耶古城、乌龙山大峡谷、惹巴拉景区属国家 AAA 级旅游景区，特别是里耶古城正创建国家 AAAA 级景区。具体资源情况见表 1。

龙山县旅游资源情况简表

表 1

类　型	主要景点	获评/特点
自然资源	乌龙山国家地质公园（乌龙山大峡谷园区、洛塔石林园区）	湖南乌龙山国家地质公园是以喀斯特地貌景观为主，流水侵蚀地貌景观及水体景观为辅，由洛塔园区和乌龙山园区组成，有“世界溶洞博物馆”之称，有“十里长廊一画屏”之美誉；被誉为“岩溶地质百科全书”。乌龙山大峡谷洞穴资源极为丰富，溶洞群规模居全国之首，著名画家黄永玉曾赞云“龙山二千二百洞，洞洞奇瑰不可知”
	印家界省级自然保护区	印家界省级自然保护区内森林植被类型多样，特征显著，植被垂直分布带谱明显，是武陵山地森林植被的典型代表，是中南地区面积较大，保存较为完整的亚热带森林生态系统
	八面山景区	八面山景区山顶平均海拔 1200 米以上，夏季平均气候 20℃左右；负氧离子含量每立方厘米达到 8 万个，被誉为“中国南方呼伦贝尔”
	温泉开发区（筹建）	已发现热矿水（温泉）产地 5 处，洗洛镇小井温泉、洗车河镇鸡屎潭温泉、里耶镇那耶坪温泉、苗儿滩镇苗儿滩温泉、苗儿滩镇隆头沙大沟温泉，计划作为康养旅游资源进行开发
文化资源	历史文化：里耶古镇	中国历史文化名镇、全国特色景观旅游名镇、全国重点文物保护单位、国家考古遗址公园、全国重点镇、全国文明村镇、国家级非物质文化遗产名录、中国传统村落、宜居小镇示范、国家级风景名胜区、全国特色小镇、“国家级博物馆”；2002 年 6 月，里耶出土 3.7 万枚秦简，是当时全国秦简总和的 10 倍，填补了秦朝历史记载的空白，被专家誉为“21 世纪以来最为重大的考古发现”
	民俗文化：惹巴拉（土家文化）	首批中国少数民族特色村寨、全国特色旅游名村、中国第一批传统村落、中国民间文化艺术之乡、中国土家织锦之乡、中国历史文化名村、土家族原生态文化的天然博物馆、中国土家第一寨、湖南省级文物保护单位、“刘代娥土家织锦技艺传习所”被纳入首批国家级非物质文化遗产生产性保护示范所；惹巴拉景区现存土家族民居 450 栋，有摆手堂遗址、冲天楼、古祭坛、吊脚楼、古村巷、古码头等土家族标志性建筑

续表

类　型	主要景点	获评/特点
文化资源	红色文化：茨岩塘湘鄂川黔革命根据地旧址	全国重点文物保护单位、全国爱国主义教育示范基地、国家国防教育示范基地、湖南省未成年人思想道德建设先进基地。各类旧址、遗址40余处
	佛教文化：太平山、龙山县太平山森林公园	太平山自古为佛教圣地，1997年，中国佛教协会主席赵朴初亲笔题写“太平山”山名。龙山县太平山省级森林公园于2003年经省人民政府批准成立，总面积2534.2公顷，太平山宗教文化旅游区、新堡森林生态旅游区等4大功能区组成
	非物质文化遗产	现有10大类224项非物质文化遗产，其中有土家族织锦技艺、摆手舞、毛古斯、打溜子、梯玛歌、咚咚喹6项已列入国家级非物质文化遗产名录，有土家族哭嫁歌、三棒鼓、土陶技艺等15项列入湖南省非物质文化遗产名录；现有7名国家级“非遗”项目代表性传承人，10名省级代表性传承人
其他资源	扶贫示范区	国家级扶贫示范区：龙凤示范区
	特色农产品	“龙山百合”“龙山萝卜”“龙山七姊妹辣椒”“里耶脐橙”4个农产品获得国家地理标志证明商标，现有绿色食品4个、无公害农产品7个；12家农产品加工企业获得QS认证，2家农产品加工企业获得进出口许可；全国绿色食品原料（百合）标准化生产基地、省级百合标准化示范区；里耶镇比耳村、石牌镇成为全国“一村一品”专业示范村（镇）
	特色美食	龙山百合、里耶脐橙、霉豆腐、大头菜、洛塔大肉、苗市腊肉、里耶米豆腐、生态土鸡

1.2 旅游要素发展概况

1.2.1 景区及基础设施加紧建设

近年来，我县先后编制了《龙山县旅游发展总体规划（2014—2025）》《龙山县旅游品牌定位与传播策划》《龙山县红色旅游发展规划》及县内重点景区发展规划等一系列旅游发展规划，积极推进里耶古城、惹巴拉、洛塔石林、乌龙山、茨岩塘、太平山等重点景区的综合开发，加快景区基础和配套设施建设。目前，龙永高速及县内主要干道沿线已基本安装了各主要景区交通指示牌，基本实现县域景区标识全覆盖；旅游厕所到2018年底可基本实现主要景区及乡村旅游区（点）全覆盖。县内目前正式开放的主要景区仅有乌龙山大峡谷中鲢鱼洞和惹迷洞景区，其余景区正在加快建设，筹备开放运营，预计于2019年5月前全面开放。里耶古城景区现建有考古遗址公园、里耶秦简博物馆、北游客服务中心，完成部分街道风貌改造、古城区道路改造等工程，南游客服务中心、里耶旅游文化小镇提质改造工程、麦茶大道等项目正在加速建设；景区引导标识系统设置基本完成。惹巴拉景区内影视基地完成一期工程装修及布展工作，完成 1500 亩生态农业观光园建设，停车场完成“三通一平”建设，捞车古村寨提质改造工程、改造沿河及村间道路、民宿酒店、铁索桥、绕村公路、游客服务中心等项目正在建设。洛塔石林景区建立了古水杉保护研究基地，修建了地质公园博物馆、科普广场，重点对杉湾石林、八仙洞、溪沟石林、灵洞、天锅潭等核心景点进行打造，修建 20 多公里科普游道，建立了较为完整的标识系统。乌龙山大峡谷景区内惹迷洞和鲢鱼洞完成洞内灯光及游步道改造并实现对外开放，皮渡河民俗体验区高端木屋建设、风洞提质改造、钢构桥建设、停车场建设等即将完工，客运索道建设完成 60％工程量。茨岩塘景区设有湘鄂川黔革命根据地纪念馆，实施了红二、六军团医院旧址修缮工程及红二、六军团兵工厂旧址消防工程，对红二、六军团供给部旧址进行了抢救性维修，完成了景区标识标牌建设。太平山景区实施了山顶主体建筑恢复整修，河谷绿道建设完成路基施工，游客接待中心和安置区建设已全面开工建设，斜行观光电梯修建工程全面启动。

1.2.2 服务体系基本建立

全县现有星级旅游饭店 7 家，其中三星级 1 家，二星级 6 家，新引进世纪百年、建国饭店等高端品牌酒店，其中世纪百年已建成运营，建国饭店完成主体建设；有家庭宾馆、招待所、旅社等具有住宿接待能力单位 210 家，总床位超过 20000 个；有旅行社、分社及网点 10 家，业务面基本涵盖全国；有全国休闲农业示范村 1 个，成型休闲农庄 7 家，休闲农业观光园 8 个，“农家乐”17 个，其中五星级休闲农庄 1 个、四星级休闲农庄 1 个，乡村旅游休闲经营企业 30 余个，目前正积极打造“智慧旅游”服务平台，县内 A 级景区主要区域已实现 wifi 全覆盖。

1.2.3 交通网络基本形成

龙永高速、龙里二级路、洗里二级路、石洗二级路等建成通车，正在加快实施黔张常高铁、张花高速里耶连接线、里耶至八面山公路、惹迷洞至召市公路、太平山牌坊至韩家坪公路、农车至洗车至猛西至召市至火岩公路等大交通网络建设。同时，加快推进旅游网络线路建设，惹巴拉、洛塔石林、乌龙山大峡谷、太平山等景区慢行车道和游道建设正有序推进。

1.3 旅游运营管理概况

按照“政府主导、公司营运、社会参与”的模式，成立了生态文化产业发展领导小组，确立了旅游产业发展机制，由县人民政府平台公司开发建设为主，社会组织共同参与。目前，已经组建了里耶旅游投资有限责任公司、惹巴拉旅游投资有限责任公司、乌龙山大峡谷旅游投资有限责任公司、太平山旅游投资有限责任公司、湖南湘西旅游股份有限公司等旅游景区开发运营公司。同时，社会组织积极参与景区具体项目建设及乡村旅游开发建设，如重庆汇邦集团开发的“里耶文化生态旅游景区特色小镇”—里耶后街、长俊温室设备有限责任公司开发的“武陵龙凤现代农业示范园”等，对各景区旅游产品形成有效补充。

2 存在的问题及原因分析

虽然，经过近年的大力开发建设，龙山旅游产业取得了一定的成效，但由于部分客观原因，还存在一些影响发展的问题。

2.1 景区建设不完善，旅游发展保障不足目前，龙山旅游发展尚处于起步爬坡阶段，景区建设、基础设施完善、人才引进等都需要大量的资金投入，目前运营公司的资金来源单一，政府债务压力巨大，一些重大项目难以顺利落地实施，部分景区游客服务中心、停车场、公厕、导览图、排水及垃圾处理等公共设施处于在建状态，特别是服务功能欠缺，除惹巴拉、乌龙山大峡谷景区外，其他景点离旅游“六要素”要求有一定差距，留不住游客。

2.2 专业化程度较低，旅游发展质量不高

全县旅游发展虽然制定了相关规划，但由于缺少专业开发团队、运营企业、服务队伍，故对规划的落实不够，尚不能提供专业化程度较高的服务；精

品路线规划设计还不是很科学,推广范围有限、效果欠佳,与新时期旅游人群的需求不相匹配;地域面积较大,旅游资源分布特点是"大分散、小集中",没能形成整体优势和规模效应。

2.3 智慧化发展水平不高,旅游服务深度不够

对旅游门户网站、官方微信公众号、微博等智能媒体的推介作用发挥不够,特别是景区二维码简介、智能APP等智能系统尚未开发建设到位。景区导游素质良莠不齐、服务水平有限,经营者环境意识淡薄,目光短浅,只注意眼前和局部利益,对游客潜在需求挖掘不够,无法提供优质服务。

2.4 旅游业与其他产业的融合度不高,旅游综合效益偏低

龙山县手工业、农业产业链条短,产品有限,传统优势产业百合、脐橙等提质增效不够,导致品牌建设滞后、缺乏核心竞争力,在"购"的环节上存在单一性。一、二、三产业融合度不高,产业联系不紧密,相互带动效果不明显,综合效益偏低。

3 发展路径研究

当前已进入全域旅游时代,下面结合龙山县旅游资源特点及发展现状,针对目前发展中存在的突出问题,充分考虑区域内积极有利因素,综合研究全域旅游发展路径。

3.1 全面夯实全域旅游发展基础

以满足游客需求为导向,全方位打造优质景区,完善基础设施建设,提升配套服务质量,实现全域旅游发展基础提升。

3.1.1 加快完善全域旅游规划

运用创新、协调、绿色、开放、共享五大理念引领全域旅游的发展[2],按照全域生态、全域文化、全域旅游、全域康养的发展模式,做到全县旅游资源一盘棋,总体规划、全面建设、系统开发,科学谋划全域旅游发展空间布局。按照"多规合一"原则,充分考虑龙山旅游现有基础和未来发展布局,注重均衡性和协调性,根据资源特点,因地制宜,注重独特性和差异性,加快完善龙山全域旅游规划。

3.1.2 全力推进重点景区建设

加快里耶古城(八面山)、惹巴拉、太平山、乌龙山大峡谷、洛塔石林、茨岩塘等重点景区建设,建成集自然风光、休闲娱乐、文化体验、土家风情、科普旅游、红色旅游为一体的旅游综合体,实现景区顺利开放、良好运营。里耶景区要加速老街风貌整治、旅游文化小镇建设、生态文化旅游景区、八面山高山台地休闲度假中心等项目建设,着力打造水上秦郡、民国风情、明清古城、土家风情多维一体的湖湘风情文化旅游小镇,力争2019年前建成国家AAAA级旅游景区、2022年前建成国家AAAAA级旅游景区。惹巴拉景区要全面推进田园综合体建设,尽快完成惹巴拉宫影视基地建设,有序推进惹巴拉古村寨改造、生态观光园提质等项目,尽快实施包括龙亭、码头、吊脚楼在内的影视基地二期建设,着力打造以土家文化为底蕴、以土家生活特色体验为引领的原生态土家文化旅游体验区,力争2019年前建成国家AAAA级旅游景区、2022年前建成国家AAAAA级旅游景区。太平山景区要加快推进果利河谷绿道建设工程、太平山顶建筑物整修及新修工程、观光斜行电梯工程,通过旅游慢行绿道相连,着力打造城市休闲禅养景区,力争2019年前建成国家AAA级旅游景区、2022年前建成国家AAAA级旅游景区。乌龙山大峡谷景区要加快推进客运索道、景区栈道、惹迷洞安置区、皮渡河民俗体验区建设,重点推进特色民俗建设及实景剧筹备,着力打造地质观光、科教体验、运动拓展、民俗体验旅游区,力争2019年前建成国家AAAA级旅游景区、2022年前建成国家AAAAA级旅游景区。洛塔石林景区要加快完善景区游步道建设,推进实施杉湾石林上部环线改造及洛塔煤矿上方、屋檐洞、县道011垭口等地观景台及停车场等项目建设,不断提升景区品质,着力打造世界级地质公园,力争2019年前建成国家AAA级旅游景区、2022年前建成国家AAAA级旅游景区。茨岩塘景区要加快推进红军医院及红二、六军团供给部旧址等修缮及部分旧址消防等工程建设,启动红二、六军团兵工厂旧址高品位成列布展,筹划建设"龙山县湘鄂川黔革命根据地陈列馆",积极申报

"中国工农红军兵器博物馆"等项目，着力打造集红色教育、革命纪念、文物保护、红色体验等功能为一体的全国红色旅游目的地，力争 2019 年前建成国家 AAA 级旅游景区、2022 年前建成国家 AAAA 级旅游景区。

3.1.3 大力加强基础设施建设

着力破解交通瓶颈，加快推进黔张常铁路龙山段、张花高速里耶连接线、里耶一八面山公路、惹迷洞至召市公路、惹巴拉旅游公路、太平山牌坊至韩家坪公路、农车经洗车至召市至火岩公路等项目建设，积极争取桑龙高速公路立项批复。同时，在旅游公路沿线建设一批功能完善、特色鲜明的自驾车房车露营地，推动城乡公交向主要景区和乡村旅游重点村寨延伸，打造县域"1 小时旅游经济圈"。

3.1.4 全面提升配套服务质量

一是完善配套设施。积极推进里耶南游客服务中心、火岩游客服务中心、惹巴拉游客服务中心、太平山游客接待中心及配套设施工程建设，实施旅游厕所、标识、排水及垃圾处理系统建设，全面满足景区需求。二是提升接待质量。加强对从业人员的培训，采取小集中、宽范围的方式，对从业人员进行法律法规、行业规范、综合素质等多方面的教育培训，全面提升职业素养。聚焦不同群体需求，提供多样化、定制化、个性化的服务[3]，加快完善星级酒店配置及特色民宿、农家乐的管理，进一步提升优质住宿体验和特色饮食质量安全。三是推进智慧服务。将智慧理念贯穿到采集、传输、处理、综合呈现等旅游数据和信息传递全链条[4]，加快"智慧旅游"服务平台建设，完善门户网站、APP、微信公众号等，逐步实现 4G 网络、免费 WIFI、智能导游、电子讲解、在线预订、信息推送、在线投诉、视频监控等功能全覆盖。

3.2 不断优化全域旅游发展环境

当前，全域旅游的迅速发展对原有旅游管理模式及市场环境提出了新要求，必须进一步优化管理机制、培育良好市场环境，保障全域旅游优质发展。

3.2.1 创新管理机制

一是深入推进旅游管理体制改革。加强统筹协调与部门联动，明确责任分工，建立权责明确、联合监管的旅游资源保护管理体制，实现各部门协同保障，发挥综合行政管理优势。探索在线监管办法，畅通旅游投诉渠道，改进投诉举报处理模式。同时，进一步完善项目建设及目标考核管理办法，建立健全统一、高效的综合管理体制。二是积极培育景区建设运营主体。探索景区经营管理模式，组建龙山和里耶旅游运营公司，理顺景区管理机制，引导金融机构加大对旅游企业和项目的投资力度，鼓励私营企业、民间资本与政府合作，共同建设经营[5]。三是完善景区管理。健全景区安保、环保管理制度，维护景区日常运营秩序。建立完善旅游安全处理预案及应急救援体系，提升应急处理能力，确保游客生命财产安全，实现景区科学管理。

3.2.2 优化市场环境

一是加大政策支持。进一步完善旅游产业发展扶持奖励办法，对星级旅游饭店、旅行社、导游员、乡村旅游、旅游商品开发营销、旅游客运企业等从政策、资金上加大支持力度，吸引社会资本参与重大旅游项目开发，参与公共基础设施建设。二是强化专业支撑。严格按照行业标准、管理办法进行旅游要素建设，对运营公司的软件服务，包括公共信息服务、安全服务、行政管理等全面统一要求，提供高质量、标准化的服务产品。三是规范市场秩序。建立健全日常巡查与随机抽查结合的监管制度，不定期开展集中整治活动，突出对旅游景区、接待场所、旅行社、旅游交通、食品卫生、消防安全的重点整治，推进常态化监督管理形成。同时，加大法律法规的宣传力度，引导旅游从业人员自觉树立法治观念，遵守法律和行业规定。

3.3 着力加强特色旅游产品开发

购物支出是旅游消费的重要组成部分。我县要着力开发有地方特色及独特文化内涵的高品质旅游产品，充分挖掘消费潜力，拉动旅游消费。

3.3.1 立足特色资源

立足本土特色，发挥龙山传统农产品资源优势，打造"里耶脐橙""龙山百合""苗市腊肉""洗车河霉豆腐""龙山大头菜"等特色旅游商品品牌，增加产品附加值；依托土家文化、秦简文化等文化优势，开发如土家织锦、秦简银饰品等特色手工制品。

3.3.2 注重品质保障

落实品牌保护政策，鼓励龙头企业、农民专业合作社积极申报基地和产品认证，推动无公害农产品、绿色食品、有机农产品和农产品地理标志认证工作，扩大农业“三品一标”认证基地面积。加强对旅游商品监管，完善质量安全各环节监管制度，推行标准化生产，强化全程监管，大力推进可追溯平台建设，保障产品品质。

3.3.3 完善销售网点

在县城区、重点旅游乡镇、旅游景区及乡村旅游点等地设立专门的销售点或特色商品一条街，适当开设一些特产专卖商店。推广如“互联网＋里耶脐橙”网络营销模式，积极争取“湘西为村”电商扶贫试点，发挥“互联网＋特产”线上销售优势，延伸消费链条。

3.4 大力促进产业融合发展

产业融合是新形势下旅游业发展的必然趋势。我县要着眼于目前产业发展实际，以旅游业为平台，整合资源优势向产业优势转化，延伸产业链条，促进产业之间的联动与互兴。

3.4.1 促进旅游业与文化产业的深度融合

充分挖掘秦文化、红色文化、土家民族文化、佛教文化等文化资源，加强非物质文化遗产的传承与创新，将土家族摆手舞、毛古斯、咚咚喹、打溜子、梯玛歌、织锦技艺、山歌、三棒鼓等非物质文化遗产融入旅游发展各个环节，精心打造大型土家民俗歌舞和秦文化主题晚会，实现旅游与文化的互融，进一步丰富旅游内涵，实现文化资源的经济效益转化。

3.4.2 促进旅游业与农业的深度融合

坚持“农中有旅、以旅促农、农旅结合、强农兴旅”的原则，以农业为基础，农民为主体，农村为特色，将现代农业、农业观光、农事体验融于一体。结合乡村振兴战略，依托美丽乡村建设，借助农业优势，大力发展旅游观光和特色休闲农业，建设一批百合、脐橙、中药材、蓝莓等观光旅游农业示范园，增设种植、培育、采摘等农事体验项目，实现旅游形式的多样化，提升农业附加值。

3.4.3 促进旅游业与新业态的深度融合

逐步发展休闲度假旅游，培育太平山康体疗养游、乌龙山大峡谷探奇游、地质公园研学游等旅游新业态；打造自驾游营地、摄影和美术创作基地、户外运动基地。同时，依托县内温泉资源及现有景区景点，进行温泉开发，适时启动温泉小镇建设，丰富旅游资源组成形式，适应新业态的发展。

3.5 加快推进旅游线路策划与推介

通过全方位、多层次策划，实现旅游资源连点成线、连线成片，形成“内连外通”旅游线路。同时，加大县域旅游资源推介，提升旅游景区知名度，推动全域旅游快速发展。

3.5.1 精心策划旅游线路

一是综合考虑各景区景点资源特色、位置关系及服务设施等因素，合理策划路线方案，形成景区内部旅游环线；二是抢抓省里支持大湘西地区文化生态旅游 12 条精品线路建设的重大历史性机遇，坚持以重点景区为依托、以传统村落为节点，加快推进太平山、茨岩、楠竹、干坝、洗车、新建、捞车（惹巴拉）、六合、黎明、星火、比耳、杨家寨、乌龙山等节点村寨建设，力求一村一主题、一村一特色，打造“土家探源”生态文化村镇游精品线，满足游客多样性的需求；三是加快里耶古城（八面山）、惹巴拉、洛塔石林、乌龙山大峡谷、茨岩塘、太平山等县内重点景区线路规划；四是抢抓龙永高速通车、黔张常铁路即将建成的有利时机，发挥龙山地处 4 省市“几何中心”的区位优势，积极对接长沙、重庆、武汉、贵阳、恩施、张家界、凤凰等武陵山区主要客源市场，合理规划旅游线路，加快融入大湘西旅游圈。

3.5.2 全面推进宣传推介

一是突出核心品牌营销。把握核心思维，抓好品牌建设，把最核心理念贯穿到品牌中，加快“醉美龙山”“惹巴拉”“大秦里耶”等旅游品牌注册，充分利用品牌效应，提升游客记忆点。二是充分借助媒体推介。加快影视基地建设，全力筹备《血盟千年》电视剧的拍摄工作，适时引进真人秀等综艺节目拍摄，发挥荧幕效应。加强与携程、同程、阿里旅行等在线旅游电商企业的合作，积极助推湘西旅游电商平台建设。三是注重节庆活动宣传。注重节庆活动的民族性、互动性、趣味性，将具有特色的民俗与歌舞等相结合，打造如土家族“舍巴日”“百合文化旅游节”等节会品牌，通过丰富的活动形式，提高品牌的知名度。四是加强与旅行社对接。积极与周边省市各大旅行社结成战略联盟，联合打造精品路线，并将精品路线纳入其主推旅游产品，通过景区、旅行社的无缝对接，实现景区资源的营销。

旅游全域化发展是龙山作为深度贫困县实现脱贫致富的需要，是将资源优势转化为经济优势的有效途径。通过统筹推进全域旅游发展，加速旅游资源的开发，发挥旅游产业带动作用，实现区域资源有机整合，助推龙山经济社会全方位发展。

参考文献

李金早. 全域旅游的价值和途径.

[1][ED/OL]. http://theory. people. com. cn/n1/2016/0304/c40531－28170595. html，2016，3:1

[2]吴必虎，张栋平. 以五大发展理念引领全域旅游发展.[N]. 中国旅游报. 2016－02－03(004)

[3]侯志强，樊玲玲. 全域旅游视角下的旅游目的地发展路径——以福建省为例.[J]. 开发研究. 2018,(01):76－80

[4]徐美. 湘西自治州全域智慧旅游建设路径研究.[J]. 湘西研究. 2018,(34):24－28

[5]左文君，明庆忠，李圆圆. 全域旅游特征、发展动力和实现路径研究.[J]. 乐山师范学院学报. 2016,(11):91－96＋136

乡村振兴战略在深度贫困地区的思考

中共龙山县委副书记、县人民政府县长　刘冬生

2017 年 12 月 29 日，中央农村工作会议首次提出走中国特色社会主义乡村振兴道路，让农业成为有奔头的产业，让农民成为有吸引力的职业，让农村成为安居乐业的美丽家园。乡村振兴的最终目标，就是要不断提高村民在产业发展中的参与度和受益面，彻底解决农村产业和农民就业问题，确保当地群众长期稳定增收、安居乐业。要实现乡村振兴，产业兴旺是基础。龙山县作为湖南省扶贫攻坚主战场，9 个省级深度贫困县之一，以“产业兴旺”助推乡村振兴具有重大意义。

一、龙山县实现“产业兴旺”的基本现状

（一）农业产业的总体概况。龙山县地处武陵山脉腹地，全县总面积 3131 平方千米，共辖 21 个乡镇（街道），397 个村（社区），总人口 61 万人，其中农业人口 50 万人，以百合、柑橘、烤烟、蔬菜、畜牧养殖、中药材等六大农业产业为主。2017 年，粮食播种面积稳定在 62 万亩，粮食总产量达 20 万吨；烤烟种植面积 6.3 万亩，产值 2.55 亿元，烟税创收 3800 万元；百合 8.7 万亩，产量占全国 1/6，居县域第一，产值 10 亿元；蔬菜 9 万亩，产值 2 亿元，进入了全国 200 个重点蔬菜基地县笼子；中药材 5 万亩，占全国药材品种总数的 28.8%，产值 5 亿元；柑橘 14.3 万亩，产量 10 万吨；全县有规模养殖大户 1100 多户，3 家万头以上的规模化养猪场，建有湘西州规模最大的蛋鸡养殖场，畜牧水产总值 5.5 亿元。2017 年整合涉农资金 4.4 亿元，发放 55 项惠民补贴 3 亿元，投入农业小额贴息贷款 8700 万元，基础设施建设投入资金 12 亿元，新增“百万农乡村振兴战略在深度贫困地区的思考县委副书记、县人民政府县长刘冬生机合作社”9 家。

（二）农业产业发展呈现的特点。一是一批支柱产业持续稳固。近年来，龙山县着力于传统优势产业，以“市场主导、政府引导”的发展模式，积极推动百合、柑橘、烤烟等农业支柱产业稳固发展。以百合产业为例，大力推进品种对比、种球选择、疫病防治、施肥量和栽植密度对比、海拔高度选择、土地轮作、水稻百合连作、高海拔育种、大棚栽植等方面试验示范，并在产品精深加工方面积极探索。目前，百合种植集中在全县 11 个乡镇（街道），发展百合加工企业（作坊）100 余家，其中省级龙头企业 1 家，产量和销量均居全国第一，带动了 10 万余户农户增收致富。二是一批潜力产业得到发展。在积极发展支柱产业的同时，龙山县按照因地制宜、示范带动的思路，探索发展了一批新兴产业。蓝莓种植方面，规划种植蓝莓 3 万亩，建设蓝莓观光园、蓝莓加工基地，创设蓝莓产业扶贫机制，目前建立的惹巴拉和水沙坪两个蓝莓种植观光园种植面积达 1000 余亩，预计产值可达 4000 万元，可带动贫困户 2000 人以上。油茶产业方面，计划到 2020 年，新造油茶 12 万亩，改造油茶低产林 2 万亩，建成千亩油茶基地 10 个，建设油茶良种种苗繁育基地 2 个，扶持油茶农民专业合作社 200 个，通过招商引资引进规模化油茶龙头加工企业 1 家；全县油茶面积达到 20 万亩，确保列入国家油茶产业重点县，油茶产业成为全县重要的农业特色支柱产业。茶叶产业方面，计划到 2022 年，全县建设标准茶园 10 万亩，培育茶叶专业合作社 100 家。三是一批新型主体不断壮大。龙山县高度重视农民专业合作社、家庭农场等新型农业经营主体的培育和发展工作，将其作为“三农”和精准扶贫工作的一项重要基础

性工作来抓。2018年4月前新注册了74家，全县各类农民合作社达到978个，全县家庭农场达到360家，新增比例为8%。拥有了毛古斯、隆头鱼、里耶脐橙、比耳脐橙、自然俏、沁湘、尧坪百合、佳湘源百合等注册商标，以及耘丰脐橙，富农椪柑、白皮柚，金乐椪柑等无公害农产品认证和比耳脐橙、新农马铃薯等绿色食品认证，合作社成员达12232人（户），带动农户94335人（户），其中精准扶贫建档立卡户1500余户，4000余人。新型农业主体已成为龙山县发展现代农业、建设社会主义新农村、带动广大农民群众脱贫致富的一股新生力量。

（三）农业产业发展存在的不足。一是发展基础薄弱。人均耕地方面：龙山县国土面积31.31万公顷，其中耕地面积3.498万公顷，占比仅11.1%，人均耕地面积少。产业道路方面：全县40%左右耕地未通机耕道。水利设施方面：全县设计农田灌溉面积21.4万亩，实际不足17万亩，旱涝保收面积13.5万亩，仅占灌溉面积的62%，占稻田面积的54%；96座上型水库大多建于20世纪六、七十年代，跑、冒、滴、漏现象严重；全县干渠781.5公里，其中80%未进行防渗处理，渠系水利用系数仅0.45左右，现有的水资源中，有1600多万立方米的可利用水因渠道未能配套灌溉设施。二是科技水平含量较低。突出体现为农机普及率偏低、从业人员技术不足、科技贡献率较低。目前，龙山县农机保有量仅7万余台，多数为小农机，2017年全县机播率33.3%，其中水稻机械化种植率17.3%。农业新型经营主体数量偏少，处于发展初期，专业技术人才匮乏且老龄化严重，职能边缘化现象突出，远远不能满足农业新型经营主体对农经业务服务的要求。农业产业中科技贡献率低，比如：我县的种植百合历史近60年，但一直沿用传统的鳞茎种植，在百合规模化制种方面未取得实质突破。三是品牌示范带动效应不强。近年来，龙山县高度重视本地品牌的打造，“龙山百合鲜果”“龙山百合干片”获得绿色食品认证；“龙山百合”“里耶脐橙”“龙山萝卜”“龙山七姊妹辣椒”获得国家地理标志证明商标，区域公用品牌建设渐趋成熟。但目前全县农业新型经营主体组织基本停留在大户办企业、家族办合作社的规模经营初级阶段，缺乏明确的品牌发展规划和社会服务功能，不能充分发挥品牌效应在农业新型经营主体组织发展过程中应有的引导、推广、产业开发和网络营销建设等方面的作用。据调查：全县90%以上的新型经营主体尚未注册品牌，区域品牌、产品品牌、企业品牌的融合度不高，品牌农业的体系和影响力尚显不足。

二、龙山县实现“产业兴旺”推动乡村振兴的优势

（一）政策支持力度加大。龙山县属为国家级贫困县，由农业农村部、长沙市、济南市中区对口支持。2011年，国务院正式确立成立国家级武陵山龙山来凤经济协作示范区，国家扶贫办、发改委颁布实施了《武陵山片区区域发展与扶贫攻坚规划（2011—2020年）》。2017年，龙山县被纳入湖南深度扶贫县，明确在资金、项目、土地等多方面可享受优惠支持政策，为现代农业发展提供了良好的政策环境。党的十九大报告首次提出“乡村振兴战略”是党和国家持续重视“三农”工作的重要举措，龙山作为深度贫困地区，把握政策机遇，做大做强农业产业，以产业兴旺助力精准脱贫攻坚，夯实乡村振兴基础，迎来了重要的发展黄金期。

（二）产品资源优势明显。一是品种丰富。龙山县地处北纬30度线附近，是典型的亚热带山地季风性湿润气候，光照充足、雨量充沛、四季分明、气候宜人，山地占县域面积70%以上，区域内地势海拔200米至1700米不等，植物、生物多样。比如：全县可采收野生中药材200余种，约10万余亩。二是品质优异。龙山县森林覆盖率达70.74%，境内板岩发育而成的弱酸性砂壤，富含人体所需的硒元素，优良的气候、生态和土壤环境为绿色、生态、有机的农业业态奠定了基础。比如：得益于常年有效高温、土质肥沃，龙山百合含蛋白质2.34%、总糖18.6%、淀粉16.1%，富含硒和秋水仙碱，品质优良；里耶脐橙含糖量较高、酸甜适中、

口感极佳。三是潜力巨大。龙山县是少数民族聚居地，历史沉淀造就诸多特色产品。如今生产采用传统工艺与现代科技相结合的霉豆腐、腊肉、香辣酱等众多特色产业正逐渐兴起，具有极大潜力。比如：据不完全统计，2017 年民间生产加工的霉豆腐、腊肉的年销售额已达 3 亿元。

（三）产业链条逐渐完善。近年来，龙山百合、中药材、柑橘等支柱性产业已具有一定发展基础，产业链条不断完善。以龙山百合为例，生产方面，经过多年摸索、实践、总结，形成了一套适合我县自然环境的百合栽培技术，品质得到了提升；加工方面，创办了一批百合加工企业，研制出的保鲜百合、百合干、百合精粉、百合酒、百合饮料等产品深受消费者青睐；销售方面，积极拓展市场，在上海、广州、深圳、重庆等 20 多个城市建立了销售网点，初步形成了覆盖了华东、西南、华南地区的销售网络，2017 年，通过互联网渠道百合加工产品销售额达 1000 余万元。品牌方面，目前，龙山百合已获评国家地理标志保护产品等 3 种国家级种品牌或奖项。

（四）区位优势不断增强。龙山县地处湘鄂渝边区，过去交通不便，经济发展滞后，农民增收困难。近年来，随着武陵山国家级龙凤经济协作示范区的加快建设，按照州委、州政府对龙山县的湘西州域北部经济中心和湘鄂渝边区商贸物流集散地的定位，龙山县立足边区、辐射武陵，大力推进商贸物流业态发展，边区商贸的人流、信息流优势正逐渐凸显，势必带动农产品上行和产业发展。同时，随着“一条铁路、两条高速、三条二级路”的大交通网络加快建成，交通由劣势转为优势，将有效降低农产品运输成本，增大农产品辐射范围，带动农业产业发展，促进农民增收，更让乡村旅游、产游结合成为现实。

三、龙山县以“产业兴旺”推动乡村振兴的对策

（一）释放政策红利，用足用活用好政策。一是用好用活上级政策。深入研究、积极承接，用足、用好、用活中央、省、自治州支持涉及龙山县有关产业振兴和调整的政策，特别是针对深度贫困地区在产业准入、土地供应、资金供给等方面的扶持和优惠，及时细化相关政策措施。二是积极上争项目资金。针对深度贫困地区缺资金、缺项目的实际，积极争取和整合上级农业产业化、农业开发、财政扶持资金、物价、民政等支农资金项目，积极向省级金融部门申请给予县级分支机构一定的农业产业化信贷审批权限，降低贷款门槛，拓展质押担保方式，落实金融配套扶持政策。三是突出优惠政策激励。加快出台对大户、专业合作社组织、协会、企业所需的农产品生产基地、农业科技示范园以及设施农业用地等优惠政策。比如：对完成土地流转的农户由政府和接受土地流转的大户、专业合作社、协会、企业给予就业帮助或补贴，并从支农资金给予优先扶持或一定比例的补贴。

（二）完善基础设施，夯实产业发展基石。一是加快完善产业发展规划。坚持因地制宜，结合北部、中部、南部、城郊地带不同的地域条件和发展历史，加快完善百合、烤烟、蔬菜、中药材等产业发展规划，推进重点产业规范健康持续发展，推动产业基础设施有效合理布局。二是加快基础设施建设步伐。重点是按照贫困县、贫困村脱贫摘帽标准，整合各相关部门资金和涉农资金，加快推进道路硬化、水利基础设施等项目建设，重点实施农业园区建设，制定农产品标准化生产标准，加强农业品牌建设，提高农产品市场竞争力。三是基础设施向重点产业倾斜。支持基础设施建设资金集中用于扶持农业产业化的水利、交通等生产条件和基础设施，扶持农业产业龙头企业发展，扶持深加工企业、强化良种繁育、技术推广和示范等方面。

（三）坚持因地制宜，引导发展特色产业。一是大产业引路。尊重市场规律，继续大力发展烤烟、百合、茶叶、油茶、蔬菜、柑橘、中药材等具有一定基础和竞争力的特色优势产业，着力打造“龙山百合”“里耶脐橙”“龙山萝卜”“龙山七姊妹辣椒”“酉源中药”等一批新特优高端农产品品牌，以品牌、品质促产业发展，以大产业发展促产业兴旺，以产业兴旺

促农户脱贫致富。二是新型主体引导。大力推广“公司＋基地＋农户”“公司＋合作社＋农户”等成熟组织形式，按照规范化、稳定化要求，鼓励企业采取建立风险基金、保护价收购、利润返还等形式，带动合作社、农户参与产业发展，推动新型主体走良性健康发展之路。三是特色种养示范。鼓励在具备条件的部分乡镇（街道）、村（社区），由具有良好经营理念、管理经验、销售渠道的大户发展特色种植、养殖及其衍生产业，推动产业多样化发展。鼓励发展土家农耕文化挖掘、民俗风情展示、农业生产体验的农业休闲旅游观光产业。鼓励合理开发利用现有的耕地、林地、草地和水域等自然资源，推广生态循环农业模式，大力发展武陵山区富有龙山特色的生态农业、绿色农业。

（四）培育市场主体，建立健全服务体系。一是健全支持服务体系。重点是解决好资金问题。全面落实扶持大户、专业合作社、龙头企业的财政补贴、费用减免、贷款支持等方面优惠政策和措施；设置产业担保基金、农业保险总准备金、专业合作社、企业专项扶持基金和产业发展专项基金；通过贴息、设立风险补偿金等方式撬动银行资金，缓解资金难题。二是搭建营销推广平台。出台《鼓励农产品加工与销售实施办法》，建立实物市场与虚拟市场相结合的现代农产品营销网络，发展农产品批发、连锁、专卖、配送、电子商务等现代流通形式；积极探索电商扶贫模式，依托“湘西为村”等“互联网＋”平台，举办“百合营销节”等活动，拓展销售渠道；鼓励外向型龙头企业建立质量可追溯系统，建立完善的市场网络平台。三是完善利益联结机制。建立健全农户按照“自愿互利”的原则，以土地、劳务入股的形式发展股份制、股份合作制组织，引导企业与合作组织、农户等合作主体按照市场分工与协作的要求，采用合同、订单农业、租赁反包、股份合作等利益联结形式，建立长期稳定共赢的利益联合体，扎好产业传帮带的纽带。

（五）加强培训指导，提升农民致富能力。概括为培育三支队伍。一是加强经营理念培训。对专业合作社法人、财务人员、专业大户、贫困户代表进行阶梯式培训。积极引导农民专业合作组织建立健全章程和管理制度，健全理事会、监事会等管理机构，增强商标兴农、商标富农的意识，培育一支熟悉农村政策、了解农业产业发展趋势、谙熟合作社经营的大户能人队伍。二是加强农机农技培训。由农业、农机、畜牧等部门协同，围绕农户技术需求，组织精干培训队伍，积极开展农业农机技能培训，培育一支掌握种养殖关键技术、熟练农业机械操作的新型技术农民队伍。三是加强市场开拓培训。围绕产品加工、产品销售、产品开发等方面，出台过硬、实用、可行的培训和政策措施，培育壮大一支懂产品销售、懂市场运营的新型农业产业产品经纪人队伍。

（2018年6月）

特　　载

在县委经济工作会议上的讲话

（2019 年 1 月 23 日）

湘西州委常委、中共龙山县委书记　周　云

一、充分认识全县经济社会持续、快速、健康发展的良好态势

2018 年，全县上下深入学习贯彻习近平新时代中国特色社会主义思想，认真贯彻落实中央和省委、州委各项决策部署，坚持以精准脱贫攻坚统揽经济社会发展全局，大力实施生态立县、旅游兴县、工业强县战略，统筹推进稳增长、促改革、调结构、惠民生、防风险等各项工作，较好地完成了全年目标任务，三大攻坚战取得明显成效，经济社会实现持续、快速、健康发展。

（一）全年目标任务较好完成。预计全年完成生产总值 83.72 亿元，增长6.4％；完成财税收入 9.12 亿元，增长12.35％；完成规模工业增加值 6.33亿元，增长 8％；固定资产投资增长 8％；社会消费品零售总额达 46.7 亿元，增长 9.8％；城镇、农村居民人均可支配收入达 21939 元、9412 元，分别增长9.4％、10.8％；金融机构存款余额 166.8 亿元、贷款余额 105.4 亿元，分别增长 5.8％、19.8％，全面小康实现程度 86％左右。

（二）三大攻坚战成效明显。不断提高政治站位，深化思想认识，把打好三大攻坚战作为一项重大政治任务，对标对表、统筹推进。一是打赢脱贫攻坚翻身仗年度目标基本实现。深入开展“脱贫攻坚作风建设年”活动，全力推进精准扶贫“十一项工程”，突出抓好产业扶贫、就业帮扶，扶贫效益与脱贫质量不断提高，7 次全州扶贫月检龙山 6 次进入一类县市行列。全面完成了各项指标任务，顺利通过了国务院扶贫办暗访、国家财政专项扶贫资金绩效评价、全省脱贫攻坚实地交叉检查，全县预计实现 81 个贫困村退出、22910 人脱贫，综合贫困发生率降到 5％以下。“扶贫车间”模式在全州推广，惹巴妹“扶贫车间”负责人谭艳林荣获“全国脱贫攻坚奋进奖”。二是防范化解重大风险取得阶段性成效。全面摸清政府性债务底数，科学编制财政收支预算，严守保工资、保运转、保精准扶贫、保基本民生底线，采取压减项目、转化债务、降低利息等措施，积极稳妥化解政府性存量债务；同时，加强金融

机构、民间融资行为管控，加快融资平台整合转型，全县政府性债务和金融风险总体可控。三是全县生态环境质量持续稳定向好。坚持生态优先战略，践行绿色发展理念。全县划定生态保护红线面积826平方公里，森林覆盖率达70.74%。大力实施天然林保护、石漠化治理、大气污染防治、河湖水系整治等生态保护工程；全面推进河长制工作，完成“一河一策”方案编制，县乡村三级河长常态巡河；深入开展“春雷”“绿盾”等专项行动，狠抓环保督察突出问题整改，解决了一批群众关心的环境问题，关停了一批养殖场、造纸厂和采石场等污染企业，全县城乡环境质量明显提升。

（三）产业发展形势喜人。全县深入开展“产业项目推进年”活动，产业建设取得新成效。一是农业产业稳步提升。全年粮食播种面积62万亩、产量20万吨，百合、柑橘、烤烟、中药材等传统产业稳定在40万亩以上，新增油茶、茶叶等特色产业4万多亩，发展中蜂4000多箱。大力发展农民专业合作社，全县新增各类专业合作社285个，其中省级农机专业合作社5个。积极推进农业品牌建设，“龙山厚朴”“龙山黄柏”获评国家地理标志保护产品，“刘大姐霉豆腐”荣获全国第十六届中交会农产品金奖，圆满承办了中国土家药产业发展论坛。二是工业经济逐步壮大。全县新入规限上企业4家，新增规模工业企业6家。工业集中区一、二期厂房建成投用，双沐药业等6家企业入驻生产。年产10万吨的惹巴拉矿泉水开发项目开工建设。全年实现工业总产值15.7亿元，增长9.5%；完成工业投资5.1亿元，增长51%，增速全州第一。三是旅游发展强势推进。全年投入资金近10亿元，加快推进景区景点建设，着力完善基础配套设施，里耶古城、惹巴拉、乌龙山大峡谷、太平山等重点景区基本成型，洛塔石林园区地质遗迹保护项目全面完成，茨岩塘红色遗迹遗址保护和红色旅游开发协调发展。里耶古城成功获批国家AAAA景区，茨岩塘湘鄂川黔革命根据地成功入选“潇湘红八景”，茅坪乡干坝村、洛塔乡楠竹村成功创建全州乡村旅游示范村，全年接待游客379.44万人次，实现旅游收入22.1亿元。四是商贸物流加快发展。全年招商引资到位资金37亿元，总投资10亿元的红星美凯龙家居建材城一期建成投用，160家全国一线家装品牌进驻营业；总投资3亿元的万汇国际汽车博览城建设加快推进；成功引进投资10亿元、占地面积1000亩的龙山综合物流园项目。全县建成1个县级电商服务中心、309个村级电商服务站，全年电子商务交易额突破3亿元，荣获“全国电子商务进农村示范县”称号。

（四）深化改革全面推进。中央和省、州统筹部署的7大领域33大项101小项改革，全面完成年度任务。稳步推进党政机构改革，各项工作有序开展。深入实施“放管服”改革，“权力清单”“责任清单”“负面清单”全面精简到77%，全县行政审批事项全部进县政务中心，290项执法权、184项政务服务事项下放到乡镇（街道），122项事项实现村（社区）办理，516项政务服务事项落实“最多跑一次”。大力实施殡葬改革，城市殡仪馆完成主体建设，即将投入使用。

（五）城乡面貌明显改善。以建设山水龙城为目标，加快推进城东新区、华塘新区、高铁新区、老城区建设，高铁客运站主体基本建成，站前广场、站前大道有序推进，城市骨架进一步拉开，中心城区面积扩大到14.5平方公里。皇仓坪公园一期、果利河沿河风光带一期、体育中心“一场两馆”等建成投用，城市品位极大提升，市民休闲健身环境明显改善。立足绿色生态优势，以生态文明建设、城乡同建同治、网格化服务管理“三大工程”为抓手，全力推进美丽湘西工作，着力打造靓丽城镇、美丽乡村。全县依法拆除“两违”建筑2.2万平方米，完成美丽乡村示范点建设60个，实施农村改厕1.6万户，20个村庄获批“中国传统村落”。

（六）民生事业持续发展。全年财政民生支出33.9亿元，占公共财政总支出70%，省州确定的12件重点民生实事全面完成。一是基础设施不断完善。全年完成土地报批3626亩，控制储备土地2324亩，实现土地出让和“增减挂”收入16.8亿元。完成农村饮水安全项目228个，实现12万农村人口饮水安全巩固提升。397个村(社区)农网改造全面完成,沈新Ⅱ线110千伏输变电线路建成竣工,年发电1.1亿千瓦时的落水洞电站建成发电,13.2兆瓦光伏发电项目建成并网。洗洛至石牌二级路建成通车,惹迷洞至召市公路提质改造基本完成,实施村级道路硬化317公里、组级道路通达222公里、安保工程352公里。全县实现4G信号全覆盖,通宽带网络率达到99.2%。二是社会事业全面进步。社保方面,发放养老、医疗、失业、工伤、生育保险基金7.67亿元,发放城乡低保、残疾人“两项补贴”3.1亿元。就业方面,新增城镇就业3431人、农村转移就业5670人,城镇失业登记率控制在4.12%以内。住房方面,完成易地扶贫搬迁3282人,实施农村危房改造3047户,建成保障性住房5122套。卫生计生方面,实现城乡医保“二保合一”、贫困对象“先诊疗后付费”;新建成石牌等5家乡镇(街道)卫生院;顺利通过省级卫生城市复审,平安医院创建工作获国家九部委表彰;孕产妇产前免费筛查率、孕前优生健康免费检查率、新生儿疾病筛查率均达到90%以上。教育体育方面,改扩建县城初中2所,改造农村薄弱学校12所,新增教学班121个,化解超大班额392个;2018年全县本科上线1656人,其中一本上线495人。全民健身事业蓬勃发展,竞技体育水平不断提升,圆满承办全省第九届少数民族运动会,创下了规模最大、参赛人数最多纪录,取得了金牌数、奖牌总数和团体总分“三个第一”的历史最佳成绩,得到了各级领导和社会各界的高度肯定。文化科技方面,新、改建365个村级服务平台,基本实现“村村有文化广场”;里耶秦简博物馆申报成为全州第一个国家二级博物馆;圆满举办中国武陵山区第四届三棒鼓擂台赛、湘西·龙山土家族舍巴日等民族文化节庆活动;成功申报省州科技专项资金项目22个,申请专利120件,培育高新技术企业3家,在全州率先建成社区科普e站。

(七)社会大局和谐稳定。以平安龙山建设为抓手,深入开展“落实企业安全生产主体责任年”活动,强力推进打非治违“百日行动”等专项整治,全县安全生产形势持续向好,全年没有发生一起较大以上安全事故。不断加强和创新社会治理,全面完成县、乡、村三级综治中心建设,“一村一辅警”配备到位,全年化解矛盾纠纷4832件。深入开展“扫黑除恶”专项斗争,成功打掉涉恶团伙2个,破获涉恶案件50起,抓捕涉案人员129人。全县社会大局持续稳定,人民群众安全感不断增强,龙山连续3年荣获“全省安全生产工作优秀单位”“全省综治工作先进县”,被授予“全省平安县”称号。

过去一年,在经济下行、投资放缓、金融趋紧等诸多压力下,全县能取得这些成绩实属不易,经验十分宝贵。这是省委省政府和州委州政府坚强领导、关心支持的结果,也是全县上下团结一心、奋力拼搏的结果。对经济发展的成绩,我们要充分肯定、再接再厉;对克服困难、迎难而上的经验,我们要科学总结、坚持不懈。一是坚持党对经济工作领导。坚持以习近平新时代中国特色社会主义思想为引领,牢固树立新发展理念,对标中央决策部署,落实省委、州委工作要求,坚持把工作重心聚焦到决战脱贫攻坚、推动经济发展上,围绕既定目标精准发力、持续用功,确保了全县经济社会沿着正确方向前进。二是坚持以人民为中心的发展理念。顺应人民群众对美好生活的向往,始终把增进人民福祉、促进人的全面发展作为一切工作的出发点和落脚点,坚持深化改革创新,坚持新发展理念,坚持高质量发展,统筹做好各项保障和改善民生工作,不断提高人民生活水平、幸福指数,真正得到群众认可和支持。三是坚持正确的选人用人导向。注重工作实绩和群众公认,坚持在危难险重工作一线考察干部、使用干部,努力营造风清气正的政治生态。全县干部担当作为、团结干事、奋力拼搏,为全县脱贫攻坚和经济社会发展作出了重要贡献。四是坚持抓基层强基础激活力。狠抓基层阵地建设,村级综合服务平台全面建成投用,极大方便了干部办公、群众办事,丰富了群众文化生活。强化基层组织建设,着力提高基层干部待遇,党组织书记全面脱产上岗,五大主干落实“坐班值班”,有力激发了基层凝聚力、战斗力。

在充分肯定成绩的同时，也要清醒看到我县经济运行面临的困难和问题：一是经济下行影响加大，重点领域风险压力仍然存在，化解政府性存量债务任务繁重，经济高质量发展面临诸多挑战；二是财政收入总量小、刚性支出大的现状没有根本改变，在防范风险的大背景下，亟须创新方式、拓宽渠道破解融资难题；三是新产业发展刚刚起步，传统产业亟待转型升级，主导产业一时难以形成，经济增长内生动力不强；四是社会民生保障任务大，特别是脱贫攻坚任务仍然十分艰巨。各级各部门务必要高度重视、坚定信心、保持定力，努力推动全县经济社会发展行稳致远。

二、深入学习贯彻中央和省委、州委经济工作会议精神，准确把握我县经济社会发展面临的重要机遇

中央经济工作会议对当前及今后一个时期经济形势作出重大判断，对做好今年经济工作作了总体部署，核心要义包括六个方面：一是深化对做好经济工作的规律性认识，坚持“五个必须”；二是坚持稳中求进总基调，进一步做好“六稳”工作；三是聚焦“八字方针”，坚持以供给侧结构性改革为主线不动摇；四是坚持三大政策协同发力，打造“最优政策组合”；五是针对突出问题，继续打好三大攻坚战；六是抓好七大重点任务，坚定迈向高质量发展。省委经济工作会议要求，要准确把握用好发展的重要战略机遇期，抓好产业发展、三大攻坚战、深入实施创新引领开放崛起战略、扩大有效需求、城乡协调发展、改革走深走实、惠民生保稳定等七个方面的具体任务。州委经济工作会议指出，要坚定不移推进高质量发展，并明确要提升发展实效、壮大实体经济、加快城乡融合、加强项目建设、激发发展活力、保稳定促和谐六个方面重点工作。

中央和省委、州委经济工作会议相继召开，为做好我县今年经济工作指明了方向，提供了遵循。综合分析，今年我县面临以下重大机遇。一是中部崛起战略实施带来新的机遇。习近平总书记在党的十九大报告中指出“发挥优势推动中部地区崛起”，并对湖南作出了“一带一部”战略定位。党中央国务院制定实施促进中部崛起规划，出台了一系列支持政策。国家发改委印发了《湘南湘西承接产业转移示范区总体方案》，明确要打造规模化特色产业集群，形成“一县一产业”“一园区一特色”的发展格局。二是打好精准脱贫攻坚战带来新的机遇。中央经济工作会议把继续打好脱贫攻坚战，作为今年经济工作一项重要任务，重视程度将更高、支持力度将更大。中办、国办印发的《关于支持深度贫困地区脱贫攻坚的实施意见》全面实施，全方位对深度贫困地区进行支持。三是乡村振兴战略实施带来新的机遇。中央经济工作会议指出，要扎实推进乡村振兴战略，要坚持农业农村优先发展，要重视培育家庭农场、农民合作社等新型经营主体，要改善农村人居环境，要深化农村土地制度改革，为农业农村发展带来了前所未有的机遇。四是各级帮扶力度加大带来新的机遇。国家农业农村部定点扶贫、长沙市对口帮扶、济南市市中区扶贫协作、省州各部门驻村帮扶等为我县脱贫攻坚、经济发展注入了强大动力，未来两年将继续加大帮扶力度，重点支持我县脱贫产业发展和基本民生事业。五是全县自身发展态势带来新的机遇。近年来，全县基础设施不断完善，交通瓶颈基本破解，农业产业巩固发展，工业经济开始复苏，重点景区即将运营，商贸物流前景可观，为进一步扩大经济总量、提升发展质量积累了丰富的经验、打下了坚实的基础。

三、牢牢把握今年经济工作总体要求、工作目标和工作重点

今年，是中华人民共和国成立70周年，是全面建成小康社会关键之年。做好今年经济工作，要坚持以习近平新时代中国特色社会主义思想为指导，全面贯彻党的十九大精神和十九届二中、三中全会精神，坚持稳中求进工作总基调，坚持新发展理念，坚持高质量发展，坚持省委创新引领开放崛起战

略，坚守州委“542”发展思路，坚持以脱贫攻坚统揽经济社会发展全局，继续打好三大攻坚战，加快推进产业四区建设，开展脱贫攻坚决胜、产业项目建设、美丽湘西提升“三年活动”，着力打造湘鄂渝边区商贸物流中心、湘西州域北部重点经济区，加快建设美丽开放幸福新龙山。今年全县经济社会发展主要预期目标是：生产总值增长 8%以上，规模工业增加值增长 7%以上，财政收入增长 10%以上；固定资产投资增长 10%以上，社会消费品零售总额增长 12%以上，城镇居民、农村居民人均可支配收入分别增长 10%、12%以上，城镇登记失业率控制在4.2%以内，实现全县脱贫摘帽。要把总体要求落到实处，实现全年预期目标，必须突出抓好以下六项重点工作。

（一）坚定信心决心，坚决打好打赢三大攻坚战。一要决战决胜脱贫攻坚。严格落实“五级书记抓扶贫，全党动员促攻坚”的要求，深入推进“县乡党委副书记专抓扶贫”“县级领导包乡包村”的工作模式，继续实行“脱贫攻坚实绩与绩效考核资金挂钩”的奖惩机制，主动抓好农业农村部定点扶贫、长沙市对口帮扶、济南市市中区扶贫协作各项工作，全力推动脱贫攻坚责任落实、政策落实、工作落实。聚焦“户脱贫、村退出、县摘帽”标准，精准推进脱贫攻坚“十一项工程”，切实提高扶贫实效和脱贫质量。统筹抓好贫困户与非贫困户、贫困村与非贫困村民生保障，弥合扶持政策差异，提升群众满意度，确保全县如期实现脱贫摘帽。二要加大污染防治力度。构建环境保护长效机制，依法整治环境突出问题，全力打好蓝天碧水净土保卫战。全面落实河长制工作，完善污水处理系统，推进城乡污水处理工程，年内要建成 4 个城乡污水处理厂。加强工业企业管理，全面淘汰落后产能，确保工业企业主要污染排放物稳定达标。加强城乡环境综合治理，重点解决好城乡垃圾资源化利用和无害化处理，着力解决群众身边突出环保问题。三要防范化解重大风险。严格落实政府隐性债务风险化解方案，强化债务限额管理与预算管理，加快平台公司市场化转型，进一步健全债务风险预警机制、舆情监测和处置机制，确保政府隐性债务不新增、政府债务风险可控。坚持打防结合、标本兼治，深入开展非法金融活动风险专项整治，严防非法集资、民间融资、交易场所等领域风险。同时，全县各级各部门要有过紧日子意识，在保工资、保运转、保精准扶贫、保基本民生的前提下，严格压缩一般性支出和工作经费，提高资金配置、使用效率，确保不发生系统性财政金融风险。

（二）抢抓历史机遇，加快推进产业四区建设。围绕“打造州域北部重点经济区”的发展定位，抢抓湘西承接产业转移示范区建设的历史性机遇，培育壮大实体经济，推进产业提质升级。一要大力实施农业园区建设，推进农业产业提质增效。深化农业供给侧结构性改革，着力发展优质高效农业。在稳定百合、柑橘、烤烟、中药材等传统农业基础上，归集资金 2 亿元新增油茶、茶叶、洋姜等特色产业 10 万亩，建设一批农业产业示范园、标准园、精品园。以政府投入为基础，在产业发展中植入村级集体经济，切实增强产业发展后劲。积极引进、培育一批农业龙头企业特别是农产品加工企业，推动农业产业化经营、品牌化发展。全面推行农民专业合作社经营模式，切实制定合作社章程，建立健全民主管理、财务公开、入股分红等各项制度；有集体经济的合作社，原则上由村（社区）支部书记担任负责人，真正把合作社做实做好。力争通过两年时间实现全县村（社区）产业全覆盖、集体经济全覆盖。二要抓紧抓好工业园区建设，促进工业经济快速发展。深入实施“工业强县”战略，加快推进工业集中区宝塔工业园、石羔产业园建设，不断完善基础配套设施，全面改善投资环境，积极承接产业转移，着力引进一批品牌标杆企业。加快实施龙山菊粉生物科技产业园、惹巴拉矿泉水开发、乌龙山酒厂等项目建设，力争年内建成两家产值规模过亿的中药材加工企业。三要全力推进旅游景区建设，加快旅游景区市场运营。抓紧里耶古城、惹巴拉、乌龙山大峡谷、太平山、洛塔石林、茨岩塘等景区建设，确保里耶古城景区、惹巴拉景区、乌龙山大峡谷景区、太平山景区今年 5 月正式开放营业。突出抓好星级宾馆、特色民宿等接待设施建设，年内要建成 1 个四星级宾馆，开工建设 2 个四星级、1 个五星级宾馆，惹巴拉和皮渡河特色民宿要全部建成运营。加快旅游品牌创建，全力参与湘西州世界地质公园申报工作，惹巴拉和乌龙山大峡谷尽快启动国家 AAAA 景区创建，太平山要成功创建国家 AAA 景区。抢抓高铁即将开通的历史性机遇，及时出台优惠政策，组建龙山文旅集团、里耶旅投公司，积极对接旅行社、对接客源市场，要尽早融入大湘西旅游板块、“土家探源”精品线路。全面加强宣传推介，重点抓好 40 集大型电视连续剧《惹巴拉》各项筹备工作，确保今年 5 月开机拍摄。四要加快推进商贸物流园区建设，着力打造湘鄂渝边区商贸物流中心。大力加强城市综合体、商贸综合体、物流园区、农贸市场等建设，积极发展连锁经营、现代物流、电子商务等流通产业；重点抓好商贸物流企业引进工作，力争新增两家以上出口创汇企业、引进占地面积 500 亩以上的小商品交易市场项目；加快推进龙山综合物流园、万汇国际汽车博览城建设，突出抓好红星美凯龙、亿利购物广场、湖湘商贸广场运营管理及后续服务，全力打造覆盖湘鄂渝边区的商贸流通体系。

（三）合理规划布局，促进城乡统筹协调发展。以龙凤示范区建设为平台，与湖北来凤整体打造、统筹推进，加快完善县城总规、乡村规划，建立多规合一协调机制，健全空间管控体系，促进城乡有序发展。一要着力加快新型城镇化建设。加强城市精细化管理，加快城市扩容提质，不断提升城市承载能力和人居环境。重点实施城东新区、华塘新区、老城区、高铁新区四大“城市功能区”建设，同步建设宝塔公园、皇仓坪公园、太平山公园三大“城市休闲公园”，加快推进果利河、酉水河两大“沿河风光带”建设，着力打造宜居、宜业、宜游、宜养的“山水龙城”。二要稳步实施乡村振兴战略。年内要完成全县乡村振兴总体规划和各类专业规划编制，引导更多资金、技术、人才向“三农”聚焦，深入实施全省“三个百千万”工程、“六大强农”行动，打造一批特色小镇，建设一批美丽乡村，推动农业全面升级、农村全面进步、农民全面发展，推动实现乡村产业振兴、人才振兴、文化振兴、生态振兴、组织振兴。三要深入推进美丽湘西建设。扎实开展“美丽湘西提升年活动”，纵深推进生态文明建设、城乡同建同治、网格化服务管理“三大工程”，积极开展卫生城镇、生态公路、美丽乡村、最美农家“四大创建”，加快实施铁路、高速公路、国省干线及县内主干道沿线景观带建设，有序推进特色民俗村寨建设和传统村落保护，重点做好垃圾污水处理、厕所革命、村容村貌提升工作，加快创建省、州美丽乡村示范村、精品村，不断改善农村人居环境。

（四）深化改革开放，切实增强发展动力活力。进一步解放思想，不断提高开放水平，着力优化发展环境，推动招商引资和项目建设取得新成效。一要统筹抓好各项改革。坚持以改革创新激发发展活力，深入推进党政机构改革、供给侧结构性改革、“放管服”改革、社会保障机制改革、教育综合改革、医药卫生体制改革、殡葬制度改革、农村集体产权制度改革等各项改革，全面完成中央和省、州统筹部署的改革任务。二要大力实施招商引资。树立小政府大服务理念，出台招商引资优惠政策，完善投资保障服务机制，打造营商环境高地，培育投资兴业热土。树立招大、引强、选优意识，聚焦文化旅游、商贸物流、小商品开发、农产品加工等重点行业领域，积极引进央企国企、上市公司、知名民营企业和有实力的投资机构，力争全年招商引资到位资金 40 亿元以上。三要加快推进项目建设。加强与国家、省重大战略、重大规划、产业政策对接，吃透上级精神，抓好项目包装，主动争资上项。突出投资重点，要坚持把项目投资重心落到产业四区、四宜城镇、美丽湘西等建设上来，统筹实施产业建设、城镇扩容提质、农村基础设施和公共服务配套项目。加大推进力度，切实落实各项优惠政策，强化资金和用地保障，严厉打击强揽工程、非法阻工等违法行为，确保项目早落地、早开工、早见效。

（五）加强社会管理，着力提升人民群众安全感。加快推进制度创新、管理创新、方法创新，全面提高社会管理科学化水平。一要全面做实信访维稳工作。健全领导坐班接访、领导包案化解工作机制,做好重点人员、重点群体教育疏导和稳控工作。要运用法治思维和法治方式做好信访工作,引导群众依法通过正常渠道反映问题,切实解决群众反映的突出问题和合理诉求,保护信访人的合法权益;依法打击非访、缠访、闹访和越级上访等违法行为,维护正常的信访秩序。二要创新开展综合治理工作。以平安龙山建设为抓手,深化"雪亮工程"建设,完善"一村一辅警"等工作。要严格执行社会稳定风险评估、情报信息研判预警机制,加强矛盾纠纷排查化解,突出抓好源头治理;加大重点行业、重点领域专项治理力度,有效减少治安乱源;加强重点人员、重点物品、重点场所管控,着力提升应急处突能力。三要深入推进扫黑除恶专项斗争。坚持把扫黑除恶专项斗争作为一项重大政治任务来抓,全面落实党委政府主体责任、政法机关直接责任、职能部门齐抓共管责任,加大宣传发动、线索摸排、案件办理、综合治理等工作力度,侦破一批现行案件,攻克一些疑难案件,坚持边扫边治边建,纵深推进扫黑除恶专项斗争,为全县发展营造良好的社会环境。四要扎实做好安全生产工作。牢固树立安全发展理念,健全应急管理和安全生产体制机制,强化党委政府领导责任、部门监管责任、企业主体责任,加强重大风险管控治理,切实以责任落实推动工作落实。要重点紧盯非煤矿山、危化品和烟花爆竹、道路和水上交通、建筑施工和消防等重点行业区域,高度重视食品药品安全、饮水安全、学生安全等群众普遍关心的安全问题,创新安全监管执法,完善应急救援体系,严防较大以上事故发生,巩固全县安全生产稳定形势,维护人民群众生命财产安全。

(六)强化民生保障,全面提升人民群众获得感、幸福感。牢固树立以人民为中心的发展思想,加强保障和改善民生,全面完成省州确定的重点民生实事任务。要加快基础设施建设,确保220千伏变电站及配套线路工程全面建成,黔张常铁路龙山段、张花高速里耶连接线年内建成通车,龙桑高速力争实现开工建设。里耶防洪设施修复加固及提标工程建设要在今年4月前完成,确保里耶防洪安全。要加快农村公路建设,实现全县所有乡镇政府所在地街道硬化、所有"村级道路通畅"、所有"组级道路通达",彻底解决群众出行难问题。要加快城乡饮水安全建设,实现全县所有村(社区)饮水安全全覆盖,全面解决群众饮水安全问题。重点加快城乡饮水安全工程项目建设,年内建成13个乡镇自来水厂。要强化就业保障,落实好《湖南省进一步促进就业工作二十条措施》,加大稳岗支持力度,做好农村劳动力转移就业工作。要完善"互联网+就业服务"平台,促进高校毕业生、农民工、退役军人、贫困劳动力等群体就业创业。要强化就学保障,重点加快推进学校建设,计划投入资金4.9亿元,新建3所幼儿园和4所中小学,确保第五中学、芙蓉学校、职教中心今年秋季顺利招生,实现"新增教室200间、学位1万个、消除大班额380个"的既定目标。要强化就医保障,深化医药卫生体制改革,提高城乡居民大病保险筹资标准、支付比例、年度补偿限额,促进"互联网+医疗健康"发展。要加强基层医疗卫生服务能力建设,年内完成县人民医院搬迁及3家乡镇卫生院建设,启动实施县妇保院、县疾控中心、里耶医院新建工程。要重点抓好"国家健康促进县"创建工作,着力提升全民健康素养。要强化住房保障,继续实施城镇棚户区改造、农村危房改造和易地扶贫搬迁工程,城镇棚户区改造要重点加强水、电、路等基础设施建设,农村四类重点对象危房改造要"应改尽改",易地扶贫搬迁要全面完成省州确定的搬迁任务,保障群众有安全住房。要强化社会保障,进一步扎密扎牢社会保障网,持续扩大社会保险覆盖面,做好民生兜底特别是特殊困难群体兜底工作,完善养老、工伤、失业、生育基本保险制度,健全社会救助、社会福利、慈善事业、优抚安置等社会救助体系。

四、加强和改善党对经济工作领导,为推动经济高质量发展提供坚强保障

(一)加强党对经济工作的领导。坚持以习近

平新时代中国特色社会主义经济思想为指导，认真贯彻落实中央、省委、州委经济工作会议精神，确保政令畅通、令行禁止。县委切实加强对经济工作的领导，发挥把方向、管大局、作决策、保落实作用，凡是重大决策、重大事项、重点工作必须经县委常委会研究决定。各级领导干部要增强经济工作专业知识、专业素养、专业能力，把握经济规律、抢抓重大机遇、推动产业建设，努力成为经济工作的行家里手。

（二）激发干部干事创业热情。要进一步激励高质量发展的担当作为，鼓励广大党员干部在工作一线勇于担责、担难、担险，树立重实干、重实绩的用人导向，坚持“三个区分开来”，建立健全容错纠错机制，推动形成敢于担当、主动作为的良好氛围。坚持严管和厚爱相结合，对干部要在政治上激励、工作上支持、待遇上保障、心理上关怀，让干部用心谋事、安心工作。

（三）不断强化基层基础保障。要进一步加强基层阵地建设，规范村级服务平台运行，完善“一站式”服务平台，严格落实干部坐班值班制度。要逐步提高基层干部待遇，推行村（社区）支部书记、辅警、文书全脱产上岗，切实提升基层组织战斗力。要突出抓好党建示范引领，全面推行农村“五兴”互助基层治理模式，着力夯实基层基础、激发基层活力。

（四）深入推进全面从严治党。各级党委（党组）要强化政治担当、履行主体责任，紧盯事关发展全局和社会稳定的重大工程、重点领域、关键岗位，持续加大反腐力度，对存在腐败问题的，发现一起坚决查处一起。要坚决落实中央八项规定精神，在反对形式主义、官僚主义上下更大功夫，防止“四风”反弹回潮。要深入开展扶贫领域腐败和作风问题专项整治，向群众身边不正之风和腐败问题亮剑，维护群众切身利益。

人民代表大会常务委员会工作报告

在龙山县第十七届人民代表大会第三次会议上

2018 年 12 月 29 日

龙山县人大常委会主任　余佳祥

2018 年工作回顾

2018 年，在县委的正确领导下，县人大常委会认真贯彻落实党的十九大精神，坚持以习近平新时代中国特色社会主义思想为指导，坚持党的领导、人民当家作主、依法治国有机统一，紧紧围绕县委总体工作部署和工作要求，认真履行宪法和法律赋予的职责，圆满完成了十七届人大二次会议确定的各项任务，为保障和促进全县经济社会发展，发挥了应有的作用。

一、依法履职，全力保障县委各项决策贯彻落实

（一）依法决定重大事项。县人大常委会始终围绕县委的决策，坚持抓大事、议大事的原则，严格

按照《龙山县人大常委会讨论决定重大事项的规定》，认真讨论和依法决定全县具有全局性、根本性、长远性的事项以及事关人民群众切身利益的重大问题，依法作出符合国家法律法规和人民意愿的决议、决定。一年来，根据全县经济社会发展需要，依法做出了《关于同意将龙山工业集中区标准厂房（二期）建设PPP项目政府付费资金列入财政预算管理的决议》《关于批准2017年度县级财政决算的决议》《关于2017年度县级财政预算执行及其他财政财务收支审计情况的决议》《关于加强县人民法院执行工作的决定》《关于批准龙山县2018年财政预算调整方案（草案）的决定》《关于同意将龙山县城乡安全饮水工程PPP项目政府按年补贴资金纳入财政预算的决议》7项决议、决定。通过法定程序把县委决策部署转化成全县人民的共同意志，较好地推动了社会经济发展。

（二）规范做好人事任免。县人大常委会坚持党管干部和人大依法行使人事任免权相统一，按照《龙山县人大常委会人事任免办法》，严格执行任前法律知识考试、任前发言、电子表决、颁发任命书、向宪法宣誓等法律程序，规范做好人事任免工作，确保县委决定落实，确保组织意图实现。一年来，共任免国家机关工作人员27人次，其中，决定任命县人民政府副县长3人，决定免去县人民政府副县长2人；决定免去县人大常委会工作委员会负责人1人；决定任命县人民政府工作部门负责人2人，决定免去县人民政府工作部门负责人2人；任命县人民法院审判委员会委员、庭长、副庭长6人，免去县人民法院审判委员会委员、庭长、副庭长、审判员10人；任命县监察委员会委员1人。接受6人县十七届人大代表辞去代表职务，依法补选县十七届人大代表4人。

（三）积极参与中心工作。县人大常委会牢固树立全县"一盘棋"的大局意识，按照县委的安排，班子成员主动担当，积极参与脱贫攻坚、项目建设、信访维稳等中心工作，坚持深入现场，出谋划策，协调解决具体问题。一是全力投入脱贫攻坚。县人大常委会机关坚持把脱贫攻坚摆在工作首位，不断强化责任意识，做到思想重视、措施有力、行动同步。坚持定期召开会议，研究部署脱贫攻坚工作，组织机关干部职工深入村组、贫困户家中进行蹲点调研，针对发现的问题，及时处理解决。认真落实县级领导联系乡镇（街道）、村（社区）制度，全年经常深入基层研究指导乡镇（街道）、村抓好基层党建、产业发展、基础设施建设、社会事业发展和精准扶贫等工作，切实为基层和群众办实事、解难题。一年来，派驻农车镇舍龙村、石羔街道苦竹社区两个扶贫工作组积极开展精准扶贫工作，加大与相关职能部门的协调力度，扎实推进联系村（社区）村组道路、通信网络、农网改造、文化广场、水利设施等基础设施建设，目前均已完工，当地群众生产生活条件得到进一步改善；充分利用扶贫村（社区）本地优势，积极发展特色产业扶贫，在苦竹社区积极发展大头菜产业，成立了合作社，在舍农村扶持贫困户进行中蜂养殖，群众致富意识和能力得到了明显提高；认真开展结对帮扶活动，机关全体干部职工走访结对帮扶均达到6次以上，了解并掌握了帮扶对象的第一手资料，针对帮扶对象的实际情况为他们制定了切实可行的脱贫方案。二是积极参与项目建设。按照县委安排，县人大常委会部分领导牵头负责、参与县里的重大项目建设。一年来，通过认真抓协调、抓进度、抓落实，所负责的各项工作取得了较好成效。龙永高速扫尾工作基本结束。桑龙高速项目前期工作省级层面基本完成。县社会福利院项目建设进展顺利。石牌一洗洛公路已建成通车，后期安保及绿化工程正有序进行。G353狮子社区至湘鄂情大桥公路已完成2.7公里的征拆任务，第二段4公里36米加宽路段已开工建设。龙秀高速前期工作正稳步推进。县工业园区一期8万平方米标准厂房建设全面竣工，双沐药业、鼎森服饰等8家企业顺利入园，二期工程正扎实推进，已引进投资近8亿元的菊粉生物科技产业园项目。洗洛矿泉水项目全面开工建设。高铁新区站前广场、站前大道等工程正在加紧建设。所有这些工作按照年初既定目标基本得以完成，为全县经济建设和社会事业发展做出了应有贡献。三是切实加强信访工作。县人大常委会坚持把受理和接待群众来信来访作为解决民忧、维护民利的有效途径，认真包抓重点信访案件；县人大常委会办公室信访办公室积极协调、交办群众来信来访，督促“一府一委两院”及相关部门，对群众反映的合理问题及时予以解决。一年来，共接待群众来信来访43人次，督促处理了一批信访问题，回应了群众诉求，化解了社会矛盾。四是全面完成深化改革工作。县人大常委会深入贯彻落实《中共龙山县委全面深化改革领导小组关于2018年重点工作的责任分解意见》文件精神，组织工作组深入到县内及周边地区进行了考察调研，全面完成了“健全人大讨论决定重大事项制度，各级政府重大决策出台前向本级人大报告”“建立人大预算审查监督重点向支出预算与政策拓展的程序和办法”两项改革任务，起草了相应实施意见、办法(草案)。五是认真完成其他工作。按要求认真开展了党风廉政建设、基层党建、干部作风、综治民调、依法治县、计划生育、民族团结、政工人事、老干等工作，各项工作取得了较好成效。

二、强化监督，努力推动经济社会持续健康发展

(一)保障计划财政健康运行。县人大常委会坚持把计划、财政预算执行作为经济工作监督的重点，依法履行预算审查监督职责，定期听取和审查计划、财政预算执行和审计工作情况报告，对政府全口径预算的编制、执行、决算全过程进行监督。增强预算刚性，严格“先有预算，后有执行”的规定，严把预算调整关。一年来，听取和审议审查了县人民政府关于龙山县2017年度领导干部任期经济责任审计情况的报告、关于规范和化解政府性债务工作的报告、关于龙山县2017年财政决算及2018年1—6月财政预算执行情况的报告、关于龙山县2017年度县级预算执行及其他财政财务收支的审计工作报告、关于龙山县2018年1—8月国民经济和社会发展计划执行情况的报告、龙山县2018年财政预算调整方案(草案)的报告，有力地保障了县域经济平稳运行。

(二)推进生态环境不断优化。保护生态环境，建设美丽龙山，是全县人民的共同愿望。县人大常委会积极回应人民群众对良好生态环境的热切期盼，认真开展环境治理和美丽新农村建设等方面的监督与审议。一年来，听取和审议了县人民政府关于龙山县环境状况和环境保护目标完成情况的报告、关于森林资源保护工作情况的报告、关于全县文化旅游业建设情况的报告、关于惹巴拉景区土家文化发掘利用工作情况的报告、关于龙山县城乡规划实施情况的报告。提出了加大环保法律法规宣传力度、加大环境监管执法力度、提高全民林保意识、加快配套设施和重点景区建设等建议，促使“绿水青山就是金山银山”的新发展理念不断深入，促使更好地打好蓝天白云保卫战，营造健康绿色有序的生态旅游环境，推动经济发展与生态文明互促共进。

(三)助推民生福祉持续增进。县人大常委会始终把人民日益增长的美好生活的需要作为人大工作的出发点和落脚点，坚持在监督中保障和改善民生福祉、提升人民幸福指数作为履职重点。一是听取和审议专题工作报告。一年来，听取和审议了县人民政府关于残疾人工作情况的报告、关于柑橘产业建设情况的报告、关于龙山县非物质文化遗产保护工作情况的报告、关于上年度县人大常委会审议意见落实情况的报告等，提出了积极营造扶残助残的社会氛围、完善残疾人无障碍设施建设、搭建好非遗保护和传承的平台、进一步完善传承人传承非遗文化措施等建议。二是开展工作评议。专题听取了龙山县人大常委会2017年度评议县商务局、县国土资源局、县水利局、县教育和体育局、县司法局等单位存在的问题整改落实情况报告。9月至11月，县人大常委会组织5个工作评议调查组，邀请各级人大代表，深入到县发改局、县环保局、县林业局、县食药工质局、县安监局五个单位，通过召开工作评议动员会、被评议单位干部职工座谈会、个别谈话、查阅资料，运用问卷调查等形式广

泛征求被评议单位的服务对象和工作涉及的部门、乡镇(街道)以及各级人大代表的意见、建议，实地查看被评议单位负责的相关重点工程项目，在广泛听取汇报，充分了解掌握被评议单位相关工作情况后，县人大常委会第十七次会议专题开展了龙山县人大常委会2018年度对上述五个单位工作评议会议，并对五个单位的工作情况提出了评议意见。通过开展专项工作评议，有力地促进了政府部门不断改进工作作风和提升工作水平。三是大兴调查研究之风。为全面贯彻落实习近平总书记关于大兴调查研究之风的一系列重要指示精神，充分发挥调查研究在科学决策、破解难题、推动发展中的重要作用，根据县委关于大兴调查研究之风，深入开展“抓重点、补短板、强弱项”大调研活动精神，4月初，县人大常委会组织10个调研组，结合工作实际确定了10个调研课题。通过3个月的调查研究，各调研组坚持问题导向、需求导向、效果导向，深入一线、融入百姓，问政于民、问计于民、问需于民，形成了“关于全县农民增收情况的调查与思考”“我县农业产业建设存在的问题及对策”“大力发展乡村旅游，助推农民脱贫致富”等10篇专题调研报告，为龙山经济社会发展提供了第一手“民意资料”，为县委决策提供了参考。四是组织开展专项活动。牵头组织开展了“环保世纪行”“农产品质量安全行”“三湘农民健康行”“民族团结进步行”“司法公正湘西行”和“民保文保法制月”等活动，解决了一些群众关注的热点难点问题，有力地推动了全县民生事业的发展。

(四)促进公正司法依法行政。县人大常委会坚持深入贯彻实施全面依法治国方略，大力营造良好法治环境，强化法律监督、规范执法行为，不断提升司法公信力，更好地促进社会公平正义。一是强化司法监督。在县人大常委会第十五次会议上，听取和审议通过了县人民法院关于提请《加强全县执行工作的决定(草案)的议案》，推动县人民法院提升执行规范化水平，创新执行手段，着力解决执行工作中存在的突出问题，维护司法权威，保障当事人合法权益，让人民群众在每一个司法案件中感受到公平正义；在县人大常委会第十八次会议上，听取和审议了县人民检察院关于规范行使检察权的报告，提出了要加大检察规范化建设力度，增强检察建议刚性，稳步推进公益诉讼工作的开展等审议意见，促进了县人民检察院更好发挥法律监督职能，更好地维护司法公正；听取和审议了县人民法院关于提请《确定人民陪审员数量的议案》，同意县人民法院选任120名人民陪审员，进一步加大了司法监督力度，提高了司法公信力。二是开展执法监督。为推进法律法规在我县贯彻实施，按照州人大的统一安排部署，配合州人大开展了《中华人民共和国科学技术进步法》《中华人民共和国水法》《中华人民共和国消防法》等法律法规的执法检查；配合州人大开展了《湘西土家族苗族自治州气象灾害防御条例(草案)》《湘西土家族苗族自治州传统村落保护条例(草案)》等征求意见调研活动；与来凤县人大开展了《酉水河保护条例》实施工作情况调研。三是加强规范性文件备案审查。县人大常委会坚持规范性文件做到有件必备，有件必审，有错必纠。一年来，共备案审查规范性文件24件，其中环境资源类16件，财政经济类1件，法律法规类1件，教科文卫类1件，农业农村类5件。通过审查，进一步规范了政府行为，保障了人民群众合法权益，有效维护了社会主义法制统一，促进了依法行政，提高了人大监督实效。

三、提高素质，充分发挥人大代表的主体作用

(一)提升代表履职能力。一是加强代表培训。8月下旬，组织乡镇(街道)人大主席(人大工委主任)和部分兼职县人大常委会委员在全国人大深圳培训基地进行学习培训，学习了《对标新形势，建设新人大》《新时代的县乡人大工作和建设》《学习贯彻和深刻领会党的十九大精神》《新时代，新要求，推动乡镇人大工作新作为》等课程，有效开阔了乡镇(街道)人大工作思路，提高了工作水平，增强了基层人大工作者的责任感和使命感。二是加强代

表履职考核。出台了《龙山县县人大代表履职考核办法》，明确了每位县人大代表的职责，并对履职突出的部分优秀县人大代表进行了表彰奖励。三是加强代表学习。免费为代表征订了《中国人大》《人民之友》《人民代表报》等人大报纸杂志，坚持适时为代表寄送人大常委会公报等资料，通过多种方式方法，不断提高代表履职能力和水平。

（二）拓宽代表履职平台。一是认真开展“双联”工作。继续抓好“代表联系群众工作室”和“代表之家”建设，完善代表定期联系选民制度，坚持县人大常委会组成人员联系代表制度，人大代表走访制度，听取群众意见和建议，畅通民意渠道。二是坚持组织代表集中视察制度。11 月上旬，组织州县两级人大代表共 40 人，对县体育中心、华塘商居城及棚户区改造安置房、皇仓坪森林公园、土城坝保障性住房项目及易地搬迁安置房等城市建设工作进行了集中视察，形成了专题视察报告，交由相关部门办理。三是切实加强对基层人大工作的指导。出台了《龙山县乡镇人大（街道人大工委）目标管理考评办法》，纳入了全县“五个文明”绩效考核范畴，对乡镇人大工作和代表工作年初实行目标管理，年底检查验收评比。四是坚持邀请人大代表列席人大常委会议和参与州县重大活动。一年来，共邀请 35 名县人大代表列席人大常委会议；推荐 15 名县人大代表担任烤烟收购监督员；推荐 21 名县人大代表参加了法院庭审旁听、执行、听证会等；推荐 12 名州人大代表参加了全州异地搬迁调研、列席州人大常委会会议等，较好地拓展了代表的知情知政和履职渠道。

（三）加强议案建议督办。县第十七届人民代表大会第二次会议以来，共收到代表议案、建议 101 件，县人大常委会进行归纳分类后，及时转交给了县人民政府及相关单位，明确了办理要求和办理时限，并将代表建议办理纳入了常规工作考核内容。对代表的议案建议，县人大常委会采取领导牵头督办、各委室对口督办、强化考核等举措，重点加大了对“正在解决”和“计划解决”建议的跟踪督办力度，有效提升了代表议案建议办理质量。今年 9 月，在县人大常委会第十六次会议上，专题听取和审议了县人民政府关于县第十七届人大二次会议代表议案、建议办理情况的报告。截至目前，101 件议案、建议全部按照要求办理完毕，并对代表进行了答复。其中，A 类件 37 件，占总数的 36.6%；B 类件 39 件，占总数的 38.6%；C 类 25 件，占总数的 24.8%，代表满意率达到 98%以上。办理质量和效果得到不断提高。

四、砥砺奋进，不断加强常委会及机关自身建设

（一）加强党的建设。加强人大机关党的建设是人大践行“与党委同向、与政府同力、与人民同心”理念，实现“有作为、有地位、有权威”目标的重要保证。县人大常委会认真落实“三会一课”制度，常委会党组成员自觉以普通党员的身份，积极参加机关党支部组织的理论学习、上党课、进社区等各项活动，常态化开展“主题党日活动”，进一步加强和规范了党内政治生活，增强了党员的党性意识和组织观念。

（二）狠抓作风建设。县人大常委会按照全面从严治党的总体要求，认真履行“一岗双责”和党风廉政建设主体责任，严格执行中央“八项规定”和省州县委有关规定，自觉接受人民群众和人大代表监督。支持和保障县纪委驻人大机关纪检组工作。严格考勤，认真执行上下班签到、上班时间工作去向报告制度，实行开门办公，挂牌上岗。坚持下基层制度，保障了全年下基层 60 天以上。开展了创建州级文明标兵单位活动，把创建工作作为加强机关作风建设、提升机关工作效能、树立机关良好形象的重要举措来抓，机关作风建设得到了进一步加强。

（三）完善机关管理。县人大常委会按照构建系统完备、科学规范、高效有序人大机关运行机制的要求，修订了机关财务、机关扶贫、公务用车、人大信访、人大制度宣传等工作制度及内部管理具体制度。出台了机关干部绩效考核办法，坚持对各委

室工作按季度进行考核和年终考评,直接挂钩绩效工资发放和评先评优。基本形成了一套以制度管理、按制度办事的工作机制。进一步完善和规范了县人大常委会议事制度,常委会工作的制度化、规范化和程序化水平得到了进一步提高。

(四)强化素质提高。县人大常委会坚持把学习作为提升履职能力的重要手段,认真开展中心组学习,邀请专家讲课、开展集中培训等形式,不断提升人大机关干部的理论业务素养。按照《龙山县人大常委会机关中心组学习计划》,全年共组织了10次集中学习,学习了《习近平谈治国理政(第二卷)》《违反中央八项规定的八十条具体表现》《习近平新时代中国特色社会主义思想三十讲》《中国共产党纪律处分条例》等内容;观看了《不忘初心,方得始终》《湘西州干部学习贯彻党的十九大精神第二阶段集中培训专题讲座》《心胜则兴,心败则衰》等专题宣传教育片。积极组织机关干部参加了上级人大和其他组织举办的各类培训和学习,人大机关干部的政治理论素质和履职能力得到了明显提高。

(五)做好人大制度宣传。为进一步加大县人大工作宣传力度,鼓励广大新闻工作者和人大工作者积极宣传人民代表大会制度、探讨社会主义民主法治建设理论、总结人大工作经验,年初制定了《县人大制度(新闻)宣传工作方案》。积极宣传了人大依法行使重大事项决定权、监督权、人事任免权,突出了人大工作的特色和亮点;加强了与县级新闻媒体的沟通联系,多形式的开展了人大新闻宣传报道,与龙凤之声广播电台联合开办了《人大之声》栏目,编辑了"代表风采""乡镇(街道)人大履职""解读新《宪法》""工作评议""议案建议办理""司法公正行""如何提好代表议案建议"7期专题栏目,通过专访及播报的方式有效传递了"人大声音",增强了人大新闻的传播力和影响力。组织参与了省、州人大举办的"深入贯彻党的十九大精神,推进地方人大工作与时俱进"主题理论研讨征文活动。一年来,广大人大制度宣传工作者在《人民代表报》《人民之友》《团结报》《湘西人大工作》、湖南人大网、湘西人大网等报刊网络媒体发表文章350篇,较好地展示了我县人大工作水平。

各位代表,一年来,县人大常委会工作取得的成绩,是在县委的正确领导下,全体人大代表履职尽责、共同努力的结果,是"一府一委两院"自觉接受监督、积极支持的结果,是全县人民和社会各界热情关心、积极参与的结果。在此,我谨代表县人大常委会向你们表示衷心的感谢和崇高的敬意!一年来,我们虽做了一些事情,但也清醒地看到,县人大常委会的工作与新时代民主法治建设的新使命新目标,与县委的新要求,与人民群众的新需要新期待还存在一定的差距,主要表现在:监督实效和刚性需要进一步增强、代表作用有待进一步发挥、履职能力仍需进一步提升等。对此,我们将在新的一年认真研究,切实加以解决。

2019年工作安排

各位代表,在新的一年里,县人大常委会将在县委的领导下,坚持以习近平新时代中国特色社会主义思想为引领,深入贯彻落实党的十九大精神,坚持党的领导、人民当家作主、依法治国有机统一,依法行使各项职权,为全县经济社会发展和民主法治建设作出应有贡献。

一、坚持党的领导,始终坚定正确的政治方向

坚持党的领导是做好人大工作的根本前提和根本保证。县人大常委会将以习近平新时代中国特色社会主义思想为引领,全面贯彻县委的决策部署,围绕县委的工作目标,自觉把党的领导贯穿于人大工作的全过程和各方面,努力把县委的工作要求转化为全县人民的共同意志和统一行动。坚持凡是县人大及其常委会的重点工作、重大活动、重要事项,及时请示县委,听取县委意见,服从县委决定,贯彻县委主张,实现县委意图,切实做到思想上同心,目标上同向,行动上同步,确保县委的主张通

过法定程序成为国家意志、人民意志。

二、改进监督方式，不断增强监督工作实效监督是县级人大工作的重点

我们将围绕关系全县改革发展和群众切身利益、社会普遍关注的重大问题，找准监督工作的切入点和着力点，不断创新监督方式，切实增强监督实效。一是依法决定重大事项。科学选择重大议题，依法决定重大事项，围绕县委重大决策、事关全县工作大局和人民群众切身利益的重大问题，针对“一府一委两院”提请审议的重大事项，依法适时作出决议决定。二是依法开展工作监督。始终坚持以人民为中心，突出围绕脱贫攻坚、生态环境、公正司法、教育文化、医疗卫生、社会保障等事关群众切身利益的重大事项，坚持问题导向，综合运用会议审议、视察调研、执法检查、工作评议等多种监督形式，紧扣重点、热点、难点，始终把人民日益增长的美好生活需要作为人大监督的出发点和落脚点，创新监督方式，拓宽监督渠道，加大监督力度，在保障和改善民生上持续发力、给力、用力，助力办好民生实事，不断提高全县人民的获得感和幸福感。三是依法规范人事任免。坚持党管干部原则，完善任免工作制度，规范任免工作程序，做好任前调查，任前法律法规考试，任前发言，向宪法宣誓等程序，确保组织意图实现。四是积极推进依法治县。完善规范性文件报备、审查、反馈等工作程序，及时纠正和撤销违宪违法规范性文件，督促政府及其工作部门严格执法权限，认真履行执法义务，提高备案审查规范性文件的质量和约束力，强化“一府一委两院”依法行政、公正司法，确保国家法制的统一和权威，为全县经济社会发展营造良好的法治环境。

三、拓展履职平台，充分发挥代表主体作用

牢固树立代表主体意识，不断丰富闭会期间代表活动，充分调动代表履职积极性和责任感，激励代表在贴近民生、服务民生中发挥作用；加强代表学习培训，结合人大工作监督重点，采取履职培训、学习考察、组织活动等多种形式，不断提高代表履职能力和水平；坚持人大常委会组成人员联系人大代表、人大代表联系人民群众的“双联”工作机制，加强“代表联系群众工作室”和“代表之家”建设；继续为代表免费征订《人民之友》《人民代表报》等杂志报纸；继续邀请代表列席县人大常委会会议，参加人大常委会重要重大活动；继续组织代表集中视察调研和参与执法检查等，让代表随时了解县人大及其常委会工作动态，充分保障代表知情、知政的权利；进一步加大代表建议跟踪督办力度，对上年度未办结的意见、建议，列入下年度继续督办，不断提高代表意见建议办理实效；继续开展好代表履职报告工作。

四、切实加强自身建设，全面提升人大工作水平

加强自身建设是县人大常委会履行好宪法和法律赋予职责的重要前提。一是提高政治站位。认真抓好机关党性教育，牢固树立“政治意识、大局意识、核心意识、看齐意识”，牢牢把握人大工作正确政治方向，始终与中央、省委、州委、县委保持高度一致。二是加强政治业务学习。始终把学习贯彻习近平新时代中国特色社会主义思想作为首要政治任务，不断学习人大业务知识，全面提升履职能力和履职水平。三是加强机关制度建设。紧扣形势发展，完善人代会、人大常委会会议和主任会议议事规则，完善重大事项决定权、监督权和人事任免权行使程序等相关制度，不断提高县人大常委会工作制度化、规范化、科学化水平。四是加强机关作风建设。严格执行中央、省、州、县作风建设的相关规定，落实全面从严治党责任，始终把纪律和规矩挺在前面，严格考勤纪律，严格工作责任，严格绩效考核。坚持深入基层，开展调查研究，倾听群众呼声，畅通民意渠道。努力把人大机关建设成为

全面担负起宪法法律赋予的各项职责的工作机关，成为同人民群众保持密切联系的代表机关。五是积极投身改革。认真按照县委要求抓好机关改革，认真完成各项改革任务。

政府工作报告

在龙山县第十七届人民代表大会第三次会议上

2018 年 12 月 28 日

龙山县人民政府县长　刘冬生

一、2018 年工作回顾

2018 年，全县上下坚持以习近平新时代中国特色社会主义思想为指导，增强“四个意识”，坚定“四个自信”，全力以赴稳增长，千方百计保民生，狠抓脱贫攻坚、产业建设、城乡统筹、生态保护等重点工作，县域经济向高质量发展迈出了新步伐。全年完成地区生产总值 87.2 亿元(预计数，下同)，同比增长 8%；财税总收入 9.1 亿元，增长 12.1%；固定资产投资 47.4 亿元，增长 10%；规模工业增加值 6.84 亿元，增长 10.5%；社会消费品零售总额47.8 亿元，增长 12%；城镇、农村居民人均可支配收入达 21962 元、9480 元，分别增长 9.5%、11.6%；金融机构存款余额 162 亿元，贷款余额 102.9 亿元，分别增长 6.3%、19.4%。

*(一)坚持久久为功，注重精准发力，脱贫攻坚战取得明显成效。*坚持以脱贫攻坚统揽经济社会发展全局，全面推动责任落实、政策落实、工作落实，脱贫攻坚成效明显，在全州 7 次月检中，6 次排名前三。全年预计 81 个贫困村出列，22908 人脱贫。一是“十一项”脱贫工程全面推进。产业扶贫工程：新发展油茶 2 万亩、中药材 1.5 万亩、茶叶 6000 亩、中蜂 4424 群。组织 18 家州级以上龙头企业、1086 个合作社与 2.66 万户贫困户建立了利益联结机制。就业扶贫工程：发放稳岗补贴 1262 万元，开展企业招聘会 16 场，新增转移就业 1998 人，3.1 万名贫困劳动力实现稳定就业。“扶贫车间”建设成效明显，惹巴妹手工织品有限公司负责人谭艳林荣获“全国脱贫攻坚奋进奖”。乡村旅游工程：重点建设 2 个旅游示范村和 7 个旅游精品村，带动 3000 余人稳定脱贫。生态补偿工程：新选聘生态转岗护林员 358 名，带动脱贫 3800 人。社会保障兜底工程：按照每人每月 330 元的兜底标准，为 1340 户 3581 人发放兜底金 1418 万元。教育发展工程：全年共为 49531 人次贫困学生发放生活补助 4558.7 万元；为 870 名贫困大学新生发放一次性救助 382.4 万元；为 6047 人次贫困职业教育学生落实“雨露计划”[1]补助 1511.75 万元，实现教育帮扶全覆盖。医疗救助工程：对所有贫困对象全额代缴城乡居民医保 3.84 万人次，报销 1.53 亿元，报销比例 86.49%，极大地减轻了贫困人口就医负担。易地扶贫搬迁工程：投资 1.96 亿元，搬迁安置 815 户 3259 人，省定任务全面完成。农村危房改造工程：补助危改配套资金 1.17 亿元，开工建设 3047 户，完工 2953 户，超额完成省定任务，群众住房安全得到有效保障。基础设施配套工程：完成投资 3.6 亿元，完成村组道路建设项目 400 个，安全饮水项目 78 个，村村响项目 81 个，农网改造项目 125 个，通讯工程项目 263 个。公共服务保障工程：筹资 3.6 亿元，建成 309 个农村综合服务平台，基层公共服务保障能力进一步夯实。同时，农业农

村部、长沙市、济南市市中区对口帮扶工作有力助推了“十一项脱贫工程”全面落实。农业农村部安排对口帮扶资金1398万元，实施推进百合良种繁育、农村一、二、三产业融合发展等项目建设；两次组织相关部门参加全国农产品产销对接行动，获得农产品订单2.4亿元；联合中央组织部帮助培训干部132人次，专业技术人员935人次。长沙市19个单位对口帮扶我县17个乡镇，35名干部常驻我县开展帮扶工作，安排帮扶资金2.33亿元，实施帮扶项目230个，组织45家长沙企业与我县45个村建立了结对帮扶机制，引进3家长沙企业来我县投资兴业，捐款捐物800余万元，救助贫困学生3500余人次，帮助1189名贫困人口转移就业，协调东方卫视免费拍摄国家扶贫公益片《我们在行动》，实现订单200多万元，龙山百合品牌影响力进一步增强。济南市市中区安排帮扶资金4000余万元，启动了中药材、蓝莓、羊肚菌、蔬菜等产业项目。光伏扶贫项目并网发电，为169个贫困村每年增加集体经济收入3万元以上，支持公益性岗位1296个，组织捐款捐物500余万元，引进建邦医药等3家山东企业入驻龙山，人才支援、劳务协作、结对帮扶效果明显。二是责任体系和考核制度全面落实。不断健全责任体系。出台了《关于进一步落实脱贫攻坚责任制的通知》《龙山县脱贫攻坚五级工作责任清单》等文件，严格落实“三走访三签字”[2]，实行县级领导“包乡包村”责任制，每个乡镇（街道）、每个深度贫困村均有一名县级领导联系负责。明确了县乡村三级脱贫攻坚主体责任、部门帮扶责任，细化了县直单位、乡镇（街道）、扶贫工作队、乡镇联村驻村干部、村（社区）干部、结对帮扶干部的职责任务。严格驻村帮扶，统筹391个省州县乡工作队开展驻村工作，组织8800名党员干部结对帮扶29918户贫困户，实现驻村帮扶和结对帮扶全覆盖，累计走访贫困群众3.5万余次，为困难群众解决实际问题2万余个。强化台账管理，建立了扶贫数据常态化比对机制，建立了信息共享部门联席会议制度，定期召集相关部门召开联席会议，通报比对情况，交办疑点问题。对上级交办的34件涉贫信访问题和38项具体工作，除3个属于工程类问题正在整改外，其余全部整改到位。严肃执纪问责，紧盯扶贫项目资金、重点环节和重点区域，重点开展了“五个一”[3]专项巡查整治工作，立案100件，办结84件，党纪政纪处分84人，组织处理206人，移送司法机关4人，通报曝光21起98人次，追缴违纪资金1800多万元，直接退还群众资金74.5万元。注重考核运用，将脱贫攻坚工作与干部绩效考核挂钩，通报表扬一次绩效考核资金上浮10%，通报批评一次绩效考核资金相应下调10%。通过考核，17名包乡包村县级领导、17个乡镇（街道）、54个驻村扶贫县直部门上浮绩效考核资金；4名包乡包村县级领导、4个乡镇（街道）、7个驻村扶贫县直部门下调绩效考核资金。

（二）坚持多措并举，注重源头管控，污染防治攻坚战取得实质进展。一是加强企业生产管理。实行最严格的生态环境保护制度，坚决制止和惩处生态环境损害行为，先后关停湘健牧业养殖场、三元民凤养殖厂、大兴造纸厂等污染企业。扎实开展采石场整治整合，先后关闭采石场41家，全县采石场从93家缩减到52家。依法取缔湾塘水库非法采砂企业，强制拆解洗车河、酉水河、长潭河非法采砂设施，全面完成尾堆砂清理工作。对龙西生态养殖场、八戒生猪养殖场、羽丰养鸡合作社、脉龙界农业合作社等畜禽养殖污染，以及王家棚煤矿矿区污染进行了综合治理。二是严格项目审批。全面落实项目建设环境影响专家评审制度，严格项目准入，凡属行政审批负面清单内容的项目一律不予审批，杜绝新增污染源。三是强力推进河长制工作。完成“一河一策”方案编制工作，县乡村三级河长实现常态化巡河。招聘220名河道保洁员对河道、水库进行保洁，清理各类垃圾50余吨、僵尸船44艘，保障了河面河道清洁。四是强化生态保护修复。坚持污染防治与生态保护并重、生态建设与生态保护并举的原则，投入资金1.58亿元，实施天然林保护、石漠化治理、江河湖库水系综合整治、大气污染防治等生态保护工作，参与湘西州成功创建国家森林城市，生态建设成效明显，森林覆盖率达70%、县城绿化覆盖率达27%、城市环境空气质量优良率达94.2%。五是严格督察督办。开展打非治违

“春雷”百日行动、“绿盾2018”、饮用水源专项督查、突出环境问题督办等20多项专项行动，检查生产经营单位169家次，立案调查7件，行政拘留2人。完成中央、省环保督察组交办件25件，全面完成中央环保督察“回头看”交办整改任务。

(三)坚持防控结合，注重规范管理，防范化解重大风险攻坚战初见成效。坚持把防范化解重大风险工作摆在关键性战略位置，全年共化解政府性存量债务本息22.78亿元。一是全面清理建设项目。按照“停、调、缓、撤”[3]要求，对里耶绕城公路进行停建处理，对里耶景区综合开发、市民之家等49个项目调减建设内容，对粮食储备库、龙凤农产品批发市场等41个项目进行缓建处理，核减项目投资143.2亿元、核减年度投资额17.9亿元。二是规范国有公司债务管理。加快县属国有平台公司市场化转型，对融资平台公司债务与政府性债务进行切割，明晰债务偿还责任，全年完成9家平台公司清产核资。三是财税征收成效明显。加强税源培植，强化综合治税，全年完成政府基金收入15.8亿元，增加8.7亿元，增长123.3%，其中，交易城乡建设用地增减挂钩结余指标3851亩，实现收入7.3亿元，城乡建设用地增减挂钩工作经验在全省推介。四是妥善处置非法集资。成功处置了龙山馥生民族特色产业有限公司非法集资案件；龙山民生天然气公司非法集资处置工作已进入集资清退和债务清偿阶段，非法集资处置工作正平稳推进。

(四)坚持稳中求进，注重提质增效，产业项目建设来势喜人。一是农业稳步发展。全年粮食播种面积62万亩，总产量20万吨。百合、柑橘、烤烟、蔬菜、中药材等种植面积稳定在40万亩以上，产值达24亿元以上。与湖南农业大学生物研究所合力攻关百合丰产提质科研技术，建设了百合种植繁育中心。在CCTV－7产销对接行动大型扶贫公益活动中，龙山百合获得采购订单1293万斤。新发展迷迭香、罗汉果等中药材1.5万亩。龙山百合获国家地理标志保护产品，龙山厚朴、龙山黄柏获国家农产品地理标志，成功举办中国土家药产业论坛大会。发放农机购置补贴320万元，补贴机具1351台(套)。加强土地确权颁证，完成388个村外业测绘工作。新增流转土地1.9万亩。二是工业经济加速发展。出台了《龙山县进一步加快科技创新推进新型工业化十条意见》，继续推行重点企业挂牌服务，35名县级联系领导全年为企业解决重点难点问题55个。启动了工业集中区调区扩区工作，全年落实工业用地474亩。总面积8万平方米的工业集中区一期厂房竣工运营，双沐药业、玖发茶叶、鼎森服饰、丽尔服饰、古士鹿纺织、湘西中药材协会等6家企业入驻生产。新入规限上企业4家。全年工业用电量达9558千瓦时，实现工业总产值15.7亿元，增长9.5%；完成工业投资5.1亿元，增长51%，增速位居全州第一。三是文化旅游业蓬勃发展。里耶古城景区：全年完成投资4亿元，古城道路改造项目、公租房建设项目、北游客服务中心全面完工，南游客服务中心一期工程、麦茶大道工程基本完工。里耶博物馆获评国家二级博物馆，全年接待游客24.6万人次。里耶古城获批国家AAAA级旅游景区。惹巴拉景区：全年完成投资3.5亿元，影视基地一期完成装修，总投资1.93亿元的影视基地二期和古村寨改造工程正加紧施工，总投资1.5亿元的休闲农业观光园招商成功，并全面开工建设。乌龙山大峡谷景区完成投资1亿元，配套设施不断完善。太平山景区完成投资7500万元，主体建筑整修工程完成65%，道路改造工程基本完工，河谷绿道路基工程建设完成。四是商贸物流持续繁荣。全面落实全省“开放崛起”战略，加快物流园区建设，红星美凯龙成功招商160余家一线家装品牌并开业营运，万汇国际博览城大力推进，龙山县综合物流园项目即将开工。县级电子商务公共服务中心建成投用，建成贫困村电商服务站130个，新发展电商物流企业1家，电商交易额达3亿元。全年对外劳务合作营业额100万美元，完成进出口总额17万美元。全力开展招商引资，全年招商引资到位资金37.04亿元，新签约菊粉生物科技产业园、天然气石油综合利用、土地综合整治合作开发、湾塘水电站二期工程等项目，合同资金达75亿元。

(五)坚持建管并重，注重统筹发展，城乡环境不断改善。一是规划体系不断完善。完成新老城区控制性详细规划、高铁新区修建性详细规划、华塘核心区修建性详细规划编制工作，太平山森林公园经营范围调整获省政府批准，启动龙凤城市新区规划、老城区道路交通专项规划、县域配电网规划(2018—2025)和新一轮城市总规修编，特色小镇规划编制和村庄规划“全覆盖”工作顺利实施，县城区规划控制区面积达 76.32 平方公里，建成区面积 14.5 平方公里，城镇化率达 43%。二是城乡建设扎实推进。城中片区改造、城东片区综合开发、土城坝片区开发等加快推进。黔张常铁路基本完成土建工程，站房建设全面启动。体育中心“一场两馆”[4]建成投用。总投资 13 亿元的城镇污水治理、城乡环卫一体化和城乡安全饮水项目进展顺利，新建改造城区污水管网 18 公里，城镇污水收集管网达 76.1 公里。累计投资 4.5 亿元、年发电量 1.12 亿千瓦时的落水洞电站全面建成。总投资 4.5 亿元的 220 千伏变电站工程开工建设。民安街道停车场、城北生态停车场等建成投用，县城社会停车位达 4500 个。城市殡仪馆公墓山项目完成一期墓区建设。全力推进厕所革命，新改建城区、乡镇、旅游和交通公厕 56 座，农村卫生厕所 1.2 万个。三是城乡管理不断规范。深入开展“巩卫”、安保维稳“百日会战”、市容市貌秩序集中整治等专项行动，清理占道经营 9000 余处、出店经营 3600 余处、各类流动摊点 6700 余个，整治乱停乱摆车辆 1 万余台、小餐饮“门前灶”500 多家，拆除乱搭乱建 2000 余处，查处违章违规运输渣土车辆 200 余台(次)，城区秩序明显改善。以“零容忍”态度，抓好“两违”整治，依法拆除新增“两违”117 起，拆违面积 9767 平方米，拆除存量“两违”建筑 1.25 万平方米，“两违”现象得到有效遏制。

(六)坚持协调发展，注重成果共享，社会事业不断进步。一是教体工作不断提升。强力推进城区义务教育阶段超大班额化解工作，共消除超大班额 392 个，超额完成省定任务。投入 5300 余万元实施 12 所农村薄弱学校改造工程，农村办学条件得到有效改善。投资 3.46 亿元，启动了 72 班型的第五中学和 36 班型的芙蓉学校建设，学校建成后可增加学位 5220 个。顺利通过省级责任督学挂牌督导创新县验收。加强教师专业培训，师资力量进一步加强，教学质量进一步提升。体育事业蓬勃发展，在全省第九届民族运动会上，我县取得了金牌数、奖牌总数和团体总分“三个第一”的历史最佳成绩。二是卫计事业加快发展。持续深化医药卫生体制改革，进一步整合机构职能，实现城乡医保“二保合一”[5]，加入三明药品耗材限价采购联盟，有效规范药品采购行为，启动县人民医院与里耶中心卫生院医疗共同体建设，探索实行现代化医院管理模式，改革初见成效。投入资金 4.5 亿元，实施靛房、石牌等 24 个医院建设项目，投入 5100 余万元为 17 个乡镇卫生院、466 个村卫生室添置医疗卫生设备，基层医疗服务能力得到进一步提升。实施农村适龄妇女“两癌”免费筛查 8532 人。家庭医生签约服务人数达 11.8 万人，贫困人口签约率达 100%。“平安医院”创建工作被国家九部委表彰，成功申报国家健康扶贫促进县，成功通过省级卫生城市复审。三是文化事业持续繁荣。公共文化服务体系示范区建设工作经验获省政府充分肯定并在全省推介。建成乡镇文化广场 21 个，村级文化活动广场 161 个，实现“一乡一广场”目标。成功举办“土家族舍巴日”“土家族山歌节”“三棒鼓擂台赛”“龙舟赛”“百合节”等民族民间特色文化活动，完成“演出惠民·送戏下乡”60 场，农村公益电影放映 5208 场。切实加强非遗保护传承，1 人获评国家级非遗传承人。四是社会保障更加有力。发放养老金、城乡低保、医疗救助、残疾人“两项补贴”[6]等资金8.1 亿元。建成公租房 4535 套，城市棚户区改造基本完成征地拆迁和易地安置，群众住房问题得到有效解决。开展就业创业技能培训 7615 人次，发放创业贴息贷款 2035 万元，城镇新增就业 3431 人，农村新增转移就业 5670 人。农村安全饮水巩固提升、义务教育超大班额化解等 12 件为民办实事超额完成任务。

(七)坚持底线思维，注重举措创新，平安龙山建设取得新成绩。一是安全生产监管有力。深入开展“落实企业安全生产主体责任年”活动，强力推进“打非治违百日行动”“强执法防事故”等专项行动，依法取缔甲醇燃料非法经营单位2家、液化气非法充装点1个，责令非法生产经营企业停产停业32家，取缔烟花爆竹非法零售点10个，销毁烟花爆竹1500余件。扎实开展消防、交通安全大整治，开展各类隐患排查2500余家次，对15家重大火灾隐患单位挂牌督促整改，查处各类交通违法行为6.5万余起，切割“马槽车”[7]706台，查处超限车辆36台，查扣非法营运“摩的”2000余台。建成多普勒全自动气象雷达，开展各类应急演练30余次，防灾减灾和应急响应能力进一步提升，全县安全生产形势持续稳定。二是信访维稳扎实开展。深入开展“信访法治建设”“四大攻坚”“三无创建”活动，建立健全信访案件三级责任体系和非访治理分类处置长效机制，全面落实领导包案、坐班接访和联络员制度，信访事项化解有力。中央第八巡视组移交的51件信访件，省委第五巡视组交办的3件信访件，均已全部办结；县级领导包案攻坚59件，息访息诉46件；办理扰乱信访秩序案件9起，刑事拘留3人，治安拘留15人次。有效处置世纪春城、世纪新村、木材公司、人造板厂等重大群体性信访问题，社会大局和谐稳定。三是综合治理不断加强。扎实推进“平安龙山”建设，深入开展“扫黑除恶”专项斗争，共打掉涉恶团伙2个，破获涉恶案件50起，抓获涉案人员129人。全面深化禁毒斗争，禁毒工作成效显著，禁毒民调测评满意度名列全省前十。大力夯实基层基础，县、乡、村三级共419个综治中心全部建成投用。“一村一警”工作模式全面推行，397个村(社区)全部配齐辅警和人民调解员。狠抓矛盾纠纷排查化解，调处各类矛盾纠纷4832件。大力开展麻将馆专项整治，关闭麻将馆1210家。新建监控探头560个，实现医院学校、广场等人员密集地段治安防范全覆盖。

(八)坚持深化改革，注重转变职能，政府自身建设不断加强。一是行政行为更加规范。出台了《政府投资管理办法》《政府债务管理办法》《国有平台公司市场化转型方案》等一系列文件，政府行为进一步规范。二是“放管服”改革深入推进。“权力清单”“责任清单”“负面清单”精简到77%，里耶管委会、工业园区管委会全面推行行政审批“二号公章”[8]制度。审批时限进一步压缩，实现企业开办不超过3个工作日、不动产登记不超过5个工作日、社会投资项目审批不超过25个工作日、政府投资项目审批不超过30个工作日。290项执法权下放到乡镇(街道)，184项政务事项下沉到乡镇(街道)便民服务中心办理，122项事项可在村(社区)便民服务室受理。所有行政审批事项进驻县政务服务中心，45项行政审批事项实行县政务中心代(帮)办。“互联网＋政务服务”一体化平台与省州并网运行，开通政务服务APP，40项证照和批文实行“政府买单，邮政快递，群众受惠”，516项政务服务事项实现“最多跑一次”，26项与群众联系密切的高频事项可以实现“0次跑”[9]，18类事项实现“一证即办”[10]。三是民主法治建设不断进步。坚持重大事项报告制度，自觉接受人大工作监督、法律监督和政协民主监督，积极听取民主党派、工商联、无党派人士和人民团体的意见。一年来，共办理州县人大代表议案建议122件、政协提案167件，办复率均达100%。加强法治政府建设，全面落实“三项清单”工作制度，开展“七五”普法，完善了公证、司法鉴定等法律服务体系，基层执法基础不断夯实，法治政府建设进程不断加快。四是廉政建设持续加强。认真贯彻全面从严治党要求，严格落实中央八项规定、省委九项规定、州委七条规定和县委“五个十条”规定，持续深入整治“四风”问题，定期组织开展党风廉政谈话，坚决落实党风廉政建设主体责任制。出台了公务接待管理办法，各项接待进一步规范。扎实推进公务用车改革，公车数量由279辆减至189辆，压减32%。深入开展“反骗保”[11]专项整治行动，收缴违纪资金3500余万元。加大审计监察力度，审计90个重大项目和15个单位，审减工程价款1.49亿元。

同时，档案、人防、驻长办、地方志、红十字会等工作有序推进；人武部、武警官兵、广大民兵预备役、消防战士及公安干警大力支持地方各项工作；台办、侨联、工青妇、工商联、残联等组织和部门在全县经济社会发展中发挥了积极作用。

各位代表，这一年，我们成功举办了湖南省第九届少数民族传统体育运动会，这是省民族运动会第一次在县级城市举办。赛会期间,全省各市州和民族县市区31个代表团4000余人齐聚龙山。全县上下齐心协力,无私奉献,运动会开幕式精彩纷呈,接待服务热情周到,赛事组织井然有序,安全保卫措施有力,得到了国家部委省州领导、31个代表团和社会各界的高度点赞,省民宗委发函致谢,州委书记叶红专充分肯定,并要求把这种精神具体运用到龙山经济社会建设和脱贫攻坚伟大实践中去。

各位代表,这一年,在压力和困难面前,全县各族人民勇于担当,迎难而上,付出了极大的辛劳,也取得了可喜的成绩。我们获得了“全国电子商务进农村综合示范县”“全国优质道地药材示范基地”“湖南省平安县”“湖南省社会治安综合治理工作先进县”“湖南省安全生产优秀单位”等荣誉称号。在此,我代表龙山县人民政府向全县人民,向人大代表、政协委员,向关心支持龙山发展的社会各界人士,表示衷心的感谢并致以崇高的敬意!

回顾一年来的工作,我们深刻体会到,做好政府工作,有几条经验必须坚持和发扬:一是必须坚持党对一切工作的领导,坚决贯彻中央省州的决策和部署。二是必须团结各族干部群众,坚持共享发展理念,凝聚全社会力量,共同推动龙山建设发展。三是必须始终坚持以人民为中心,把保障和改善民生作为一切工作的出发点和落脚点。四是必须坚持提升效能不停步,狠抓政府自身建设,强化服务意识,改进工作作风,不断增强政府执行力。

在肯定成绩的同时,我们也清醒地认识到,我县经济社会发展还存在一些困难和问题:一是国际国内形势对县域经济发展的不确定因素影响较大,经济下行压力加大,保持稳增长、高质量发展面临诸多困难。二是我县还处在脱贫攻坚的决胜期,经济发展还处于爬坡过坎期,依靠投资带动发展的局面没有改变。三是我县发展基础薄弱,经济总量较小,产业规模不大,强大的支柱产业还未完全形成,创新驱动还未成为发展主动力。

二、2019年工作安排

2019年我们将迎来中华人民共和国成立70周年;2019年是我县脱贫摘帽的决胜之年;2019年也是黔张常铁路建成通车、承接产业转移示范区建设和深化机构改革的关键之年。我们将以习近平新时代中国特色社会主义思想为指导,坚决贯彻落实习近平总书记关于湖南工作的重要指示精神,统筹推进“五位一体”[12]总体布局,协调推进“四个全面”[13]战略布局,坚持稳中求进工作总基调,坚持新发展理念,坚持高质量发展,坚持供给侧结构改革,按照省委、省政府“创新引领、开放崛起”的战略部署和州委“创新提质、特色赶超”的发展思路,稳增长、促改革、调结构、惠民生、防风险,举全县之力打好三大攻坚战,确保达到贫困县脱贫摘帽标准,保持经济持续健康发展和社会大局稳定。

2019年的主要目标任务是:生产总值增长8%以上,规模工业增加值增长7%以上,财政收入增长10%以上;固定资产投资增长10%以上,社会消费品零售总额增长12%以上,城镇居民人均可支配收入增长10%以上,农村居民人均可支配收入增长12%以上,城镇登记失业率控制在4.2%以内。围绕2019年工作目标,我们将重点抓好以下六个方面的工作:

*(一)以高度的政治责任感,坚决打赢“三大攻坚战”。*一是打赢精准脱贫攻坚战。第一,科学统筹做好安排。统筹处理好贫困村与非贫困村、已脱贫村与未脱贫村以及深度贫困村的各项扶贫工作,各责任单位和项目指挥部要对标对表,超前谋划各项工作,确保1月底前完成扶贫项目安排,2月底前出台年度总体方案和“十一项脱贫工程”实施方案,3月底前所有工程全部开工,10月前全面完成所有项目建设。第二,紧盯目标压实责任。紧紧围绕年内综合贫困发生率降至2%以下、2.1万贫困人口脱贫、79个深度贫困村退出、148个已脱贫村和所有非贫困村基础巩固、达到贫困县脱贫摘帽标准的目标,继续推行县级领导包乡镇指导制度,进一步细化工作责任,以村和户为工作谋划单元,将各项工作任务明确到工程指挥部和职能部门,明确到乡镇(街道)、村(社区),明确到扶贫工作队,明确到结对帮扶干部。第三,全面落实帮扶政策。加大资金整合力度,全面落实医疗救助、社会保障、教育

发展、转移就业、生态补偿等政策，建档立卡贫困户住院费用报销比例稳定在85%以上，确保没有一个学生因贫困失学，转岗护林员补贴足额准时发放，建档立卡贫困人口就业岗位稳定。第四，大力推进脱贫工程。重点抓实基础设施配套、易地扶贫搬迁、住房安全保障等工程建设。基础设施配套工程要全面查漏补缺，完善79个深度贫困村的道路、安全饮水等项目建设，1月底前完成摸底，2月上旬完成实施计划。易地扶贫搬迁工程重点抓好后续帮扶工作，加大就业、产业扶持力度，确保搬得出、稳得住、能致富。农村危房改造工程全面完成"四类"重点对象[14]危房改造扫尾工作，确保全县贫困户住房保障率达100%。第五，重点抓好产业扶贫和就业帮扶。将产业发展和就业帮扶作为脱贫攻坚的难点和突破点。建立健全合作社机制，以合作社为村民直接帮扶、代持股份等形式，推动发展油茶、茶叶、中药材、菊芋等产业，所增加的村集体收入用于贫困村、贫困户脱贫，加快脱贫步伐。引进培育龙头企业发展特色产业，推动龙头企业产业基地覆盖所有贫困村、特色优势产业覆盖所有贫困户，健全企业、合作社与建档立卡贫困人口之间利益联结机制，提高贫困户参与度。推动小养殖、小庭院、小作坊、小买卖"四小"经济加快发展，抓实劳动就业培训、技能培训，与长沙市、济南市市中区等地区深入开展劳务对接，让有劳动能力的贫困家庭至少1人能稳定就业、有工资性收入。第六，全面落实对口帮扶协作。抢抓农业农村部定点扶贫、长沙市对口支持、济南市市中区扶贫协作的大好机遇，积极谋划、争取、承接，推动项目和资金向产业扶贫、增加村集体收入等方面倾斜。二是坚决打赢防范化解重大风险攻坚战。第一，全面压实债务化解职责。由债务防范化解办公室牵头，各部门配合，严格抓实预算管理、统计分析、风险预警、投资管理、项目审批、债务审计等工作，凡履职不到位的一律严格追责。第二，进一步抓好债务管理。严格落实债务化解方案，全年化解债务9.87亿元以上。第三，严格执行预算管理。树立过紧日子思想，实行全口径预算，规范财务管理，严格控制"三公"经费。第四，加速平台公司转型和市场化运营。严格执行省州要求，全县平台公司压减整合为2家。第五，严格控制新增项目。全面落实"停、调、缓、撤"要求，完成重点项目分类处置，大力压缩政府性投资项目，所有政府性投资项目全额纳入财政预算管理，无明确资金来源的一律不得审批立项，严禁以任何形式违规举借政府性债务。第六，继续保持"处非"高压态势。突出做好非法集资的处理及后续工作，确保经济持续健康发展，社会大局和谐稳定。三是坚决打赢污染防治攻坚战。第一，举一反三抓问题整改，针对中央省州环保督查指出的问题，再次开展"回头看"，全面抓好各领域环保问题的整改落实。第二，严格坚持环境保护和管理三同时原则，严格执行项目环评审批程序，凡新增项目必须完善环评手续并强化环境影响评价事中、事后监管。第三，继续强力开展污染整治，稳步推进淘汰落后产能工作；全面完成禁养区内72家养殖场退养；加快采石场整治整合，扎实开展露天矿山开采加工专项整治，重点打击非法开采等行为，全面完成非法开采点机械设备设施拆除和复垦复绿工作。第四，继续强化"河长制"工作。县、乡、村三级"河长"落实常态化巡河，确保河长巡河、问题交办、督查整改到位。第五，继续加大面源污染治理，突出小锅炉等污染源专项治理，加快垃圾处理、危险废物处置设施建设，加强畜禽养殖、城乡垃圾和农村面源污染防治。第六，继续推进生态保护等工作，大力推进植树造林、生态修复工程，持续开展农村人居环境整治行动。第七，继续加强巡查打击力度，部门严格落实污染防治和生态环境保护职责，严厉打击污染环境的违法、违规、违纪行为。

（二）以高质量发展为目标，强力推进产业项目建设。一是加快推进农业特色园区建设，大力发展现代农业。第一，稳步发展传统农业。积极推进高标准水稻生产功能区和油菜生产保护区建设，继续实施超级稻高产攻关项目，完成2.5万亩高标准农田建设，建设粮油千亩示范基地2个以上，确保粮油种植面积稳定在58万亩以上。烤烟、百合、柑橘、畜牧养殖等传统特色产业重点稳定产业规模，百合稳定在8万亩以上，柑橘14万亩以上，烤烟5.2万亩以上，中药材4万亩以上，全年出栏生猪

25 万头以上，肉牛 1.5 万头以上，山羊 13.8 万只以上，家禽 95.2 万羽以上。第二，积极培育新兴特色农业。重点抓好基地及产业配套建设，完成 1.4 万亩茶叶基地建设，同步启动茶叶加工、品牌创建及市场营销体系建设等工作。完成油茶产业建设 5 万亩，建设千亩标准化示范基地 3 个，培育高标准油茶良种种苗繁育基地 1 个。抓好水沙坪 800 亩现代蔬菜产业基地建设，发挥示范带动作用。完成 1.2 万亩菊芋基地建设，切实保障产业园区原材料需求。中蜂产业年内创建养殖示范乡镇 5 个、示范场 10 家，新发展 5000 群，完成蜂蜜加工厂建设，并取得食品生产许可证。第三，不断强化为农服务。完善农村集体产权制度改革，落实配套政策，发展壮大集体经济，3 月底前全面完成土地确权、土地流转信息共享工作。不断完善“三权分置”[15]，为家庭农场、农村专业合作社、农业龙头企业等新型农业经营主体提供土地储备、两权抵押等系列奖励配套政策。加大农技推广服务，推广试验示范新品种、新方法，申报州级以上农业产业化龙头企业和星级休闲农庄 5 家以上。大力推广机械化生产，年内新增“百万农机合作社”[4] 3 家以上、机械化耕作面积 3 万亩以上。二是抢抓承接产业转移示范区机遇，扎实推进工业升级。第一，抓好园区建设。围绕“工业聚集、特色鲜明、功能齐全、设施配套”标准，着力推进工业园区规划建设。宝塔工业园二期标准厂房建设完成主体，同步推进工业用地储备、标准厂房和水电等基础设施配套建设，同时，突出抓好美生宝生物科技产业园一期生产线建设，确保及时建成投产。第二，抓好引企入园。加大产业关联度大、带动性强的龙头企业引进力度，提高招商引资成功率，推动项目早落地、早建成、早投产、早见效，年内引进投资 2000 万元以上的企业 3 家以上。第三，抓好产业升级。加快推进年产 5 万吨的惹巴拉矿泉水生产线建设，升级改造恒龙中药、双沐药业加工生产线，引导土家巧手民族工艺、佳湘源百合、元宝硅业、吉程农机的技改创新，强力推进乌龙山年产 2 万吨白酒生产线复产。第四，抓好企业服务。继续落实县级领导联系项目服务企业制度，定期召开项目联席会议和工作推进会，经常性深入建设现场，切实解决推进过程中出现的矛盾和问题。积极引导企业强化自身管理，树立合法诚信经营意识。扎实开展企业服务，落实中小企业担保资金 300 万元，引导社会资本建立中小企业融资担保公司，拓宽中小企业融资渠道，切实解决中小企业融资难问题。三是重点突破四大景区建设，加快发展旅游业。里耶景区：加快里耶古城南游客服务中心、里耶古城开发综合整治、里耶旅游文化小镇等主要项目建设，力争景区发展取得成效。惹巴拉景区：全面完成总投资 1.93 亿元的影视基地一、二期项目建设，完成总投资 8000 万元的 40 集电视连续剧《血盟千年》拍摄，全面完成污水处理厂、农业观光园核心区、“四桥两路”工程、沿河风光带等建设；基本完成景区核心区配套设施建设。完成乌龙山大峡谷景区客运索道、皮渡河民宿体验区、漩水潭综合性游客服务接待中心建设。全面完成太平山景区建设。同时，抓好以旅游星级酒店为主的配套设施建设，确保 1 家四星级酒店建成投用，开工建设五星级酒店 1 家、四星级酒店 1 家。加强景区运营管理，围绕 5 月 1 日四大景区全面开放目标，成立全县旅游运营公司，引进大公司、大集团参与景区运营，科学制定运营工作方案，做好精品线路规划，打造具有一定市场影响力的旅游品牌。四是突出抓好物流园区建设，不断繁荣商贸物流业。突出抓好占地 1500 亩，融农副产品、百合市场、中药材市场、仓储物流为一体的龙山县综合物流园项目落地，3 月底前完成征拆工作，4 月初开工建设，年内力争完成主体工程。加快推进农产品批发市场、红星美凯龙、万汇国际商品博览城建设，红星美凯龙二期项目完成主体，万汇国际商品博览城正式营业。切实抓好亿利购物广场、湖湘商贸广场等大型商贸综合体项目后续服务工作。同时，抓好招商引资和外向型经济发展工作，全年招商引资到位资金 40 亿元以上，引进全国 500 强企业 1 家以上。新增外贸进出口企业 1 家以上、限上入规企业 2 家以上，力争全年外贸进出口 50 万美元以上。

（三）实施乡村振兴战略，加快城乡统筹发展。一是大力建设美丽乡村。按照“产业兴旺、生态宜居、乡风文明、治理有效、生活富裕”总体要求，坚持先规划后建设，严格规划许可，年内完成130个村庄规划编制，创建60个美丽乡村示范村。加强传统村落、民族村寨、传统建筑保护，新建改造特色民居1500户，创建特色民居与传统风貌保护整治示范村30个。继续实施“厕所革命”，因地制宜做好农村厕所改造、厕所下水道管网建设，新（改扩）建城镇公厕和旅游厕所45座以上、农户卫生厕所1.6万个以上。二是加快城区建设步伐。山水龙城两河休闲风光带一期工程完成投资8000万元，完成果利河绿道11.5公里的附属设施项目。高铁新区站前广场、站前大道、环湖路、市政道路等工程全面完工，黔张常铁路年内实现通车。强力实施棚户区改造工程，龙城中央年内完成主体工程；加强房地产项目管理，龙城天御、诚信广场、诚信华府等项目开工建设。全面完成城市边界线划定工作，统筹推进体育中心（二期）、行政大道建设，启动朝阳路、民族路延伸工程，加快推进停车场、集贸市场、城镇污水处理、城乡环卫一体化等基础设施配套工程建设，年内新增停车位1000个以上。三是不断强化城乡管理。加快“智慧城市”建设步伐，进一步加强智慧应用，提高智能化、精细化管理水平。强力推进城区集贸市场专项整治，重点整治占道经营、脏乱差现象。大力开展交通秩序专项整治，严厉打击占用消防通道、安装地锁、无证驾驶、酒驾等违法行为，加大交通违法查处力度，有效改善城区交通秩序。进一步强化小区物业管理，规范管理行为，提高服务水平，积极建设和谐小区。坚持“零容忍”，加大“两违”巡查处理力度，继续保持打击“两违”行为的高压态势，坚决杜绝“两违”行为发生。深入推进殡葬改革，加快公墓山二期项目及乡镇（街道）公益性墓地建设，城市殡仪馆年内投入使用。

（四）以人为本，持续保障和改善民生。一是优先发展教体事业。坚持义务教育均衡发展，贯彻落实“全面改薄”计划，投资4.93亿元推进城区学校建设，增加教室200间、学位1万个以上，消除大班额380个以上，义务教育阶段班级人数控制在55人以内，顺利通过全国义务教育均衡县验收。启动第四、第五、第六幼儿园建设，加快推进职教中心建设，华塘小学实现开工，芙蓉学校和第五中学确保2019年秋季投入使用。加强师资建设，培养定向师范生90名以上。扎实推进课程改革，加强教学信息化建设，有效提高教育教学质量。广泛开展全民健身运动，推动体育事业健康发展。二是加快发展卫计事业。继续深化医药卫生体制改革，建立健全现代医院管理制度和全民医疗保障制度，着力破解群众看病难问题。突出抓好分级诊疗制度，深入开展家庭医生签约服务。完善药品配送企业诚信记录和“进出”机制，确保县域内同药同价。县人民医院迁建工程年内投入使用，加快洗洛、桂塘、洛塔等乡镇卫生院建设，启动里耶医院、妇保院、疾控中心建设。传承发展中医药事业，加强乡镇卫生院“中医馆”建设，开展中医诊疗项目，确保常见疾病中医药诊疗运用率达95%以上。深入推进“平安医院建设”，不断规范诊疗护理行为，坚决依法打击医闹。巩固传染病监测预警和联防联控，加强突发公共卫生事件的防控和应对。全面落实二孩政策，做好妇女“两癌”和产前筛查等工作，提高出生人口素质。三是不断繁荣文化科技事业。加快推进县乡村三级公共文化服务体系建设，继续开展送戏下乡、公益电影放映等文化惠民活动。加快文化事业和文化产业融合发展，加大文化执法力度，净化文化市场环境。加强非物质文化遗产传承保护，壮大传承人队伍。继续开展好全国科普日、科技活动周、科普文化进万家等科普活动，积极争取科技计划项目10项，培育高新技术企业3家以上，完成专利申请170件以上。四是有效落实社会保障。加快完善覆盖城乡居民的社会保障体系，兜住民生底线。统筹抓好城乡居民养老保险、低保、失地农民保险、医保、优抚、残疾人“两项补贴”等工作，规范和加强社会救助，逐步提高保障标准和救助水平。大力推进社会福利事业发展，继续开展社区养老服务。儿童福利院暨养老服务项目3月底前完成建设并投入使用。积极扶持就业创业，狠抓创业孵化基地建设，畅通创业担保贷款渠道，支持鼓励大学生、退役军人、返乡农民工等重点群体创新创业。

（五）固本强基，开创社会治理新局面。一是抓好安全生产。严格执行地方政府领导干部安全生产责任规定，坚持“党政同责，一岗双责”，落实重大隐患"一单四制",建立企业安全生产主体责任长效机制,促进全县安全生产形势持续稳定好转。建立决策科学、反应迅速、救援有力的应急管理体系。加快安全监管与应急救援指挥平台建设,实现行业主管部门、企业互联互通。建立完善食品药品安全治理体系,严把农产品、食品药品安全质量关,提升食品药品安全监管水平。加大安全隐患排查和安全生产检查力度,大力开展非煤矿山、危险化学品、烟花爆竹、道路交通等重点领域专项整治,加快构建更加有效的监管体系,坚决遏制重特大安全生产事故发生。二是抓好信访工作。认真开展中央、省委巡视组移交件和中央、省"四大攻坚"活动"回头看"工作,严格落实领导坐班接访、领导包案制度,坚持"首问责任制""谁引发谁负责",建立健全诉访分类处置机制,有序解决群众合理诉求,坚决打击违法信访行为。加大矛盾纠纷排查化解力度,强化源头治理,加快信访工作大数据信息化平台建设,抓好重点人员稳控疏导,确保不发生重大群体性事件,不发生到州赴省进京越级非访。三是创新社会治理。深入推进"法治龙山""平安龙山"建设,巩固"湖南省平安县"成果。扎实开展"扫黑除恶"专项行动,加大对"村痞村霸"和宗族恶势力整治力度,积极构建自治、法治、德治相结合的现代基层社会治理体系。加大维稳工作力度,完善社会稳定风险评估机制,着力提升社会风险防范能力。维护金融安全,完善监管手段,提升监管能力,最大限度地防控系统性金融风险。健全治安防控体系,完善"雪亮工程"[11]建设,发挥各级综治中心实战化作用,完善矛盾纠纷化解工作机制,深入开展基层平安创建活动,不断提升"平安龙山"建设水平。

(六)以人民为中心,努力建设满意政府。一是继续深入推进"放管服"改革。全面推行政府投资项目、社会投资项目、企业开办审批和不动产登记限时办结制度。全面推行乡镇综合执法,实施行政审批流程动态监察,不断提升监管效能。推进收费规范治理,全面实现"清单之外无收费、中心之外不收费"。加快推进"互联网+政务服务"一体化平台和"市民之家"建设,实现政务服务事项乡镇(街道)可办率50%以上,村(社区)可办率30%以上,网上可办率达90%以上。同时,按照上级统一部署,确保3月底前全面完成机构改革工作任务。二是强化要素保障。认真研究国家投资政策、产业政策、财税政策,加大交通、水利、能源、城镇等领域重大项目的争取力度。加强银企对接,支持企业融资工作,切实解决企业融资难问题。强化对重点行业、重点企业和重点税种的征收监管,充分运用综合治税平台,有效堵漏促收,确保应收尽收,年度财政收入突破10亿元大关。加快项目土地储备,积极对接国家、省、州支持深度贫困地区发展用地政策,加大土地报批出让力度,稳步推进征地拆迁工作,保障项目土地供应,助推企业落地发展。三是坚持依法行政。深入贯彻落实《法治政府建设实施纲要(2015—2020年)》,严格落实重大行政决策专家咨询论证、风险评估、合法性审查、集体讨论等制度。自觉接受人大及其常委会的法律监督、工作监督和政协的民主监督,办好人大代表建议和政协提案,重视公众监督和舆论监督,加强行政监察和审计监督。四是改进工作作风。坚持从严管理与正向激励相结合、容错与纠错相结合,充分调动各级干部干事创业的积极性、主动性和创造性;牢固树立正确的政绩观,积极履职尽责,坚决防止和克服形式主义、官僚主义,坚决纠正推诿扯皮、办事拖沓等行为,进一步提高服务水平。五是加强廉政建设。坚定不移地推进政府系统廉政建设,坚守廉洁从政底线,严格执行中央八项规定、省委九项规定、州委七条规定和县委"五个十条"规定,推进政府廉政建设和反腐败斗争,始终保持惩治腐败的高压态势,完善预防腐败长效机制,严肃查处各类违纪违法行为,切实做到干部清正、政府清廉。

名词解释

(1)雨露计划:全称为雨露计划职业教育扶贫补助,对就读中等职业学校、高职高专院校、技师学院已注册普通全日制正式学籍的本省农村建档立卡贫困户子女进行补助。

(2)三走访三签字:"三走访",州委书记、州长要走访所有贫困人口集中的乡镇;县委书记、县长要走访辖区所有的贫困村,乡镇党委书记、乡镇长要走访辖区内所有贫困户。“三签字”，即贫困户脱贫摘帽由乡镇党委书记、乡镇长审核把关，村支书、主任共同签字；贫困村脱贫退出由县委书记、县长签字负责；贫困县脱贫摘帽，由州委书记、州长签字，报省委书记、省长审定。

（3）**五个一**：针对农村太阳能路灯、危房改造和易地扶贫搬迁、医疗机构套保骗保、违规人情宴请、农村饮水安全为主要巡查内容的“一盏灯、一栋房、一张床、一席宴、一口井”专项巡查整治。

（4）**“停、调、缓、撤”**：停建一批、压减一批、暂缓一批、撤销一批。

（5）**一场两馆**：体育场、体育馆、篮球馆。

（6）**二保合一**：城乡居民医保和城镇职工医保合一。

（7）**残疾人“两项补贴”**：困难残疾人生活补贴和重度残疾人护理补贴。

（8）**马槽车**：非法在车厢上焊增立柱、加插高边以实现超限超载的货运车辆和农用车辆。

（9）**二号公章**：为简化审批环节，经有关单位授权，可在行政审批服务方面直接使用二号公章，与原行政公章同等的法律效力。

（10）**0次跑**：政务服务事项全流程网上办理，邮政寄送证书。

（11）**一证即办**：仅凭身份证即可办理相关服务事项。

（12）**反骗保**：打击骗取医疗保险资金专项行动。

（13）**五位一体**：经济建设、政治建设、文化建设、社会建设、生态文明建设。

（14）**四个全面**：全面建成小康社会、全面深化改革、全面依法治国、全面从严治党。

（15）**“四类”重点对象**：农村分散供养特困人员、贫困残疾人家庭、建档立卡贫困户、低保户。

（16）**三权分置**：所有权、承包权、经营权三权分置。

（17）**百万农机合作社**：资产百万以上的农机合作社。

（18）**雪亮工程**：以县乡村三级综治中心为指挥平台、以综治信息化为支撑、以网格化管理为基础、以公共安全视频监控联网应用为重点的“群众性治安防控工程”。

中国人民政治协商会议
龙山县委员会常务委员会工作报告

在政协龙山县第九届委员会第三次会议上

2018年12月27日

龙山县政协主席　吴少叶

2018年主要工作回顾

2018年，在县委的正确领导和县政府的大力支持下，县政协常委会认真贯彻落实党的十九大精神和习近平总书记关于加强和改进人民政协工作的重要思想，牢牢把握团结、民主两大主题，紧紧围绕全县重点工作，积极履职尽责，助推了全县经济社会发展进步。

一、切实提高政治站位，始终坚持党的领导

一是始终坚持县委正确领导。在县政协党组（扩大）会议上认真学习了县党代会、县委全会和县委经济工作会议精神，切实提高政治站位，主动增强“四个意识”，自觉维护县委权威，同县委在思想和行动上保持高度一致。始终坚持县委的决策坚决执行、县委的要求坚决落实，政府的工作坚决支持，围绕政协职能把调研、视察、提案、文史、社情民意等常规性工作做细、做实，为党委政府建有用之言，把履职成果转化为党委政府的决策、政策和举措。

二是全力推进重点项目建设。按照县委、县政府的安排，县政协牵头主抓了几个重点项目，工程项目建设顺利。其中，国家重点工程黔张常铁路（龙山段）建设项目土建工程基本完工，预计明年年底可建成通车。省重点工程落水洞电站建设项目第一台机组已安装完成，第二台机组已安装完成85%，明年上半年投产发电。两个重点项目连续三年被州委、州政府和县委、县政府表彰为一类优秀项目。大湘西天然气管道（龙山段）建设工程有序推进，龙里二级公路已建成通车。

三是积极抓好政协党建工作。切实加强政协党组的思想、组织、作风建设，认真学习贯彻党的十九大精神和习近平新时代中国特色社会主义思想、习近平总书记系列重要讲话精神，坚决维护习近平总书记核心地位，坚决维护党中央权威和集中统一领导。及时传达学习全国、全省政协系统党的建设工作会议精神，切实增强坚持中国共产党领导的自觉性。切实强化党风廉政建设，完善党建工作制度，把服务委员、为民解忧、履职尽责作为联动切入点，全力打造党建工作的品牌载体，推动了党建工作的全面落实。机关支部荣获县“先进党支部”称号，老干支部荣获县“五好”离退休干部党支部，老干支部书记梁清树推荐为全州离退休干部“五好”党员。县政协党建工作得到了全国、省、州政协的充分肯定，今年6月作为全省唯一县级政协出席了全国政协系统党的建设工作座谈会，今年9月在全省政协系统党建工作座谈会上作了典型发言，作为全州唯一县级政协在州委政协工作会议上作了经验介绍。

二、深入开展协商民主，主动服务发展大局

一是围绕经济社会发展开展全会协商。认真听取并讨论了“一府两院”、国民经济和社会发展计划、财政预决算等工作报告，就脱贫攻坚、重点项目、社会事业建设等进行了充分调研协商，县主要领导与委员进行面对面交流，听取意见建议。在大会发言中，委员们提出了河长制、城区亮化、学校卫生、精准扶贫等方面的意见建议40余条，得到了县委、县政府的高度重视，多条意见建议在相关政策中得到体现。

二是围绕县域重要工作开展常委会协商。与县委组织部联合制定了《关于进一步加强县委人事任免通报协商的实施细则》，开展了人事通报协商，既坚持了党管干部的原则，又实现了“真协商”。就我县《宗教事务条例》贯彻落实情况进行了协商讨论，提出了“积极践行新时代宗教工作思想、推进宗教工作稳固和谐发展”等建议。就非物质文化遗产保护应用情况进行了调研考察，组织进行了协商，提出了“从政策上扶持重点项目的推进”“注重与旅游业、文化产业、美丽乡村建设的对接”等建议，《湖南日报》《湘声报》大篇幅报道了我县非遗保护等协商成效。为提高我县城区空气质量，就城区大气污染治理进行了协商，提出了“加强挥发性有机物防治、优化城区工业企业布局、落实扬尘污染防控措施”等建议，报送县委、县政府决策参考。

三是围绕民生事业建设开展专题协商。年初制定了协商工作计划，确定了专题协商的协商内

容，并就这些协商内容明确协商时间、牵头领导、承办单位、参与人员等，确保了协商工作按计划有序进行。精心选择了6个协商议题，并根据议题组织协商讨论，提出意见建议，取得了积极效果。召开了加快推进我县工业园区建设专题协商会议，提出了“进一步完善集中区规划、健全园区服务管理配套体系”等建议。就我县产业扶贫进行了协商讨论，提出了“创新体制、推动农业产业高质量发展、拓展农业产业发展链条”等建议。一些合理化建议被相关职能部门积极采纳，推动了协商成果的转化落实。

各委员组积极开展协商活动，其中茅坪委员组针对茶园坪村茶叶产业发展进行了为期1个月的调研，与乡党委、政府，华菱集团、村支两委、村民代表多次协商论证，确定按照贫困户人均0.8亩、非贫困户人均0.5亩、村集体80亩的标准，建设有机生态茶叶示范园700亩，建设一座年加工能力700吨的茶叶加工厂，项目总投资约750万元的茶叶产业作为村级产业。卫计委员组深入桂塘、召市、里耶等中心卫生院进行了调研，对乡镇卫生院能力建设情况进行了协商。11月，全州政协基层协商民主工作经验交流现场会在我县召开，通过现场观摩和大会交流，推介了龙山政协工作模式和经验。

三、大力强化民主监督，不断提高监督实效

一是委派民主监督员定向监督。选择素质高、议政能力强的30名委员组成3个民主监督小组，对县旅文局、县民宗局、县食药工商质量监督管理局开展定向监督，围绕这些单位的党风廉政、提案办理、规范执法等方面，通过实地调研、明察暗访、座谈讨论和征集意见等形式，开展监督工作。各监督小组召开专题监督会议、调研视察活动10余次，走访200余人次，收集意见建议60多条，撰写监督报告3篇。驻县旅文局监督小组提出“加快旅游基础设施建设，切实推动景区提质升级”“惹巴拉景区应充分挖掘民族文化内涵”“加快太平山旅游项目开发，为我县生态文化旅游产业发展注入新活力”等建议，形成了民主监督意见书。相关单位高度重视监督小组提出的建议，积极整改，并将部分建议纳入2019年度工作计划。

二是积极参与行风评议工作。推荐了40多名县政协委员担任行风评议员和人民陪审员；13名政协委员进驻各烟叶收购点，对烟叶收购过程进行了全程监督；开展了“政协委员走进县纪委”活动，零距离参观了纪检监察机关，多角度接触了纪检监察工作，全方位探讨了政协“民主监督”与纪委“党内监督”相结合的新模式；参加了县人民检察院“走近12309，检察为民新体验”新闻发布会，对12309检察服务中心进行了视察，提出了建议。相关单位进行专题研究，对提出的问题、建议逐一剖析，逐项分解落实。

三是扎实推进提案办理落实。2018年的161件提案均实现了网上提交、审查、立案、交办，从反馈意见来看，答复满意率达98.1%。对《关于加强麻将馆规范管理》的提案进行了积极督办，相关单位加大治理力度，全县21个乡镇1170家经营性麻将馆主动关闭，教育关闭85家，查封6家，扣押收缴麻将机66台，我县麻将馆乱象得到整治。相关单位为办理好《尽快实行重度残疾人集中托管护理，助推脱贫攻坚》提案，积极向上争取资金9560万元，目前已启动残疾人托养中心、残疾人康复中心和残疾人综合服务大楼建设项目，预计2019年投入使用。对城区亮化、物流仓储园区建设、民三公路改造、校园周边环境治理等重点提案进行了督办，促进了提案落实和相关工作改进。

同时，各委员组积极开展监督活动。宣传委员组积极开展监督活动，分别对县检察院、县环保局、县政务中心、县旅文局等单位开展了民主监督活动，促进了相关工作；政府委员组对乌龙山国家地质公园建设管理工作进行了视察，提出了“完善配

套设施、引进战略投资者参与开发建设”等意见建议；里耶委员组在旅游开发建设、农业产业结构调整、社会治安联防联治等方面主动参与，适时视察，积极建言献策；大安委员组围绕该乡脱贫攻坚、产业发展、美丽乡村建设、兴乌公路提质改造等工作进行了视察，向该乡党委、政府提交书面建议 6 条，收集社情民意 11 条，解决群众关心的问题 8 个，推动了相关工作。

四、积极主动参政议政，全力助推龙山发展

一是调查研究深入开展。就更好推进我县产业扶贫课题深入村组调研，撰写了调研报告，并上报省政协。围绕巩固省级卫生城市工作，进行了对比性学习考察，提出了“进一步落实责任、加强协调配合”的建议，相关单位积极履职、强化创新，今年的城区环境较去年明显好转，我县顺利通过省级卫生县城验收。县政协机关各委办还就宗教事务、工业园区建设等进行了调研，配合州政协组织开展了申报全州世界地质公园调研活动，形成了调研文章，为县委、县政府决策提供了依据。工商委员组考察调研了物流产业及县域旅游产业建设情况；宣传委员组开展了美丽乡村建设调研视察活动，撰写了《乡村战略背景下我县美丽乡村建设路径》调研报告，为相关单位制定政策提供了参考；教体委员组围绕“城区学校大班额化解工作、民族地区城乡义务教育均衡发展”进行了调研；政府委员组调研了非遗、残疾人、集体经济等工作，撰写了《放大“老司城”成功申遗效能，促进我县非物质文化遗产的保护与传承》《龙山县残疾人生存现状及需求》等调研报告，提出了意见建议，引起了相关单位的高度关注；华塘委员组就网格化管理、美丽湘西建设进行了调研；石牌委员组调研了百合种植产业和前胡种植产业；桂塘镇委员组重点调研了该镇医院搬迁、学校图书馆建设、村级服务平台建设、天然气征地拆迁等人民群众关心的热点问题。商务、住建、兴隆、石羔、洗洛、水田、咱果、红岩等委员组积极调研，撰写了 10 余份调研报告，围绕相关工作建言献策。

二是社情民意务实转化。我们编印了 4 期 3 万余字的《社情民意》内参资料。其中，《关于增加新能源车充电桩的建议》转化为县委、县政府的决策，在水利局——民安街道、龙凤公交停车场增设了充电桩。《湘鄂情大桥栏杆存在安全隐患》的建议刊发后，针对桥上栏杆出现断裂或松动现象，相关单位积极整修，修缮或更换柱子 60 余根、栏板 20 余块，确保了桥上行人和桥下过往车辆、行人的安全。针对我县城区废弃车辆长期霸占道路、小区等停车位，严重影响交通和城市形象这一情况，城区委员及时撰写了《城区“僵尸车”亟待整治》的建议，相关单位联合执法，全面清理排查“僵尸”车辆，强制拖移“僵尸车”126 台次。社情民意为经济社会发展发挥了实实在在的作用。

三是扶贫济困行动有力。县政协驻兴隆街道雷音社区工作队抓好了安全饮水、村道加宽、新建村部等工程，成立了 4 个产业合作社，吸纳了 31 户建档立卡贫困户。县政协机关扶贫干部贾阳升同志被评为“湖南省脱贫攻坚先进个人”。帮扶的里耶镇杨家溪村已于 2016 年脱贫摘帽，今年又实施了道路延伸、新建村部等工程，开通了电商平台，成立了“惠民合作社”。我们认真组织驻县省州政协委员和县政协委员积极参与省政协组织的“三个一”扶贫行动，帮助贫困家庭发展百合、柑橘等产业 12 个，为贫困户提供就业岗位 450 余个，捐款捐物、协调生产资金 180 余万元。目前，委员结对帮扶的建档立卡贫困户中已有 164 户 659 人实现脱贫摘帽。今年，政协机关加强与长沙景鹏集团联系，为我县 19 名贫困大学生争取到助学金 9.5 万元，以后每人每年资助 5000 元至大学毕业；积极联系英国、法国、澳大利亚华侨和香港、澳门爱心人士，为 27 名贫困大学生资助了 10.5 万元，以后每人每年资助 5000 元或 2000 元至大学毕业，同时还为我县捐赠棉被 240 床、棉衣 360 件、计划捐助救护车 2 台和一批医疗设备。县政协常委会发动全

体委员奉献爱心，共捐款6.5万元，资助了25名贫困大学新生。县委委员组帮助贫困户发展油茶种植100亩；工商委员组为贫困家庭资助农业生产资料、生活用品、学生用品、建材等共计8.6万元，为帮扶对象捐资4.7万元，为127人提供了就业岗位；召市委员组积极寻求召市籍在外成功人士、召市商会爱心人士的支持，筹措到助学资金8万元、特困家庭救助金6.6万元，并主动联系广汽菲克公司为召市镇捐赠44台教学电脑，为岩门口小学、贾坝小学捐赠了价值15.6万元的校服637套，组织爱心助学募捐达45万元；大安委员组积极与长沙对口扶贫队协商，解决了50人的公益性岗位，平均每年每户增收1万元。农业、经信、民安、里耶、召市、洗车、茨岩、农车、内溪、苗儿滩等委员组也积极帮扶弱势群体，唱响了一曲曲奉献之歌。

五、着力加强自身建设，广泛凝聚发展力

一是文史和联谊工作积极拓展。突出“亲历、亲见、亲闻”特色，广征博采，编审出版了《龙山文史》第32辑——《在龙山挂职的日子里》专辑，充分发挥了文史资料“存史、资政、团结、育人”的作用，进一步扩大了人民政协的联系面和团结面。通过在龙山政协网开辟“文史龙山”专栏和为部分“农家书屋”、中小学赠阅《龙山文史》等方式，加强了文史资料的交流共享工作。已录入《龙山文史》700余万字的电子资料。配合州政协开展了“全州政协文史资料大征集专项活动”工作。2018年，我们接待了山东、宁夏、山西、吉林、湖北和省内等10多个政协单位来我县学习考察，我们也结合调研视察课题，开展了相关调研考察活动。应邀参加了湘鄂黔渝边区县(市、区)政协工作联系会第36次会议，加强了对外交流，增进了武陵山区各政协单位的团结和友谊。

二是委员界别作用充分发挥。广大委员充分发挥主体作用，在各自岗位上争当表率。教体委员组认真思考城镇班额均衡化、农村学校标准化等工作，埋首教坛，送教下乡30余次。张才明委员积极开展法律援助工作，办理援助案件13件，社会效果较好；曾飞跃委员为60名残疾人家庭发展葡萄产业协调项目资金12万元；黎代华委员撰写的文史《手推车床轮盘转，造好枪弹干革命——甘露坪红军兵工厂故事》入选湖南公共频道的《潇湘红色故事汇》，论文《活空间：全域旅游境状下土家传统村落保护》入选《“2018中国传统村落保护(海南)高峰论坛”论文集》；康祖耀委员参加了湖南省第九届旅游产业博览会暨首届旅游装备展，做好了济南·湘西旅游扶贫协作、乡村旅游带头人培训班等工作，宣传推介了我县非遗和生态文化旅游；李友武委员为包家垅村捐赠了价值8000余元的药品，为20名贫困儿童捐赠了价值1万余元的“强骨生血口服液”；张靖域委员为比沙社区小学捐赠校服332套、慰问金2500元，为比沙社区敬老院送去了价值5000元的活动、音响器材；杨亚敏委员为雷音社区儿童赠送了价值2万元的学习生活用品；黄梦一委员组织留守儿童举行风筝设计大赛；贺欢委员为乌鸦九年制学校捐赠架子鼓和尤克里里等音乐器材；周瑞委员的中药材产业直接带动385户贫困户增收，助推脱贫攻坚成效十分显著；苏有发委员帮扶建档立卡户56户，以贫困户产业奖补入股形式返本分红12.9万元。

三是培训和宣传工作取得突破。举办了委员培训班，驻县省州政协委员、县政协委员、县政协机关干部及老干200余人参加培训，陈忠耀副书记亲自为培训班授课，并进行了党的十九大精神知识竞赛，委员的政治理论素养、履职意识和履职能力得到全面提升。召开了宣传信息暨文史学习工作座谈会，一年来，在各级媒体发表政协类稿件219篇，其中省级以上30余篇。《湘声报》头版以《有事好商量，商量办好事》为题，宣传推介了我县政协工作。县政协机关老干主动参与老年大学、老科协的学习和活动，在落水洞电站建设现场和花垣县十八洞村开展了学习考察活动。原副主席田隆信编排的节目入选湖南省第九届民族运动会开幕式演出节目，先后在清华大学、中央民族大学、湖南师范大

学、浙江大学等传授土家族文化，受到广泛好评。

各位委员，一年来，县政协工作取得了一定成绩，获得了一些荣誉，这些成绩和荣誉的取得，主要是县委的坚强领导，县人大、县政府的大力支持，各乡镇(街道)、县直各部门积极协作和社会各界鼎力相助的结果，是政协各参加单位、广大政协委员和机关全体同志共同努力的结果。在此，我谨代表县政协常委会，向所有关心和支持政协工作的领导、同志们、朋友们，致以崇高的敬意和衷心的感谢！

一年来的履职实践，让我们对做好新形势下的政协工作有了更加清晰的认识：对如何创新政协工作还需进一步探索，委员主体作用发挥还需进一步增强，委员组工作还需进一步加强，专委会的基础性作用还要进一步强化，协商民主成效的运用还有待进一步提升。这些都需要我们进一步认真研究和加强，并在今后工作中切实加以改进。

2019 年主要工作安排

2019 年，是中华人民共和国成立 70 周年，也是人民政协成立 70 周年，是我县实施精准扶贫、全面建成小康社会的决胜期，县政协常委会将始终坚持以习近平新时代中国特色社会主义思想为指引，全面贯彻党的十九大精神、习近平总书记关于加强和改进人民政协工作的重要思想和全国、省、州政协会议精神，坚持围绕团结和民主两大主题，按照“四个全面”战略布局，在中共龙山县委的坚强领导下，切实履行政治协商、民主监督、参政议政职能，为建设美丽开放幸福新龙山献计出力。

一、紧扣全县大局，为跨越赶超献良策

*一是在协商民主上主动作为。*我们将全面贯彻落实好习近平总书记关于人民政协协商民主的讲话精神，把协商民主贯穿于政治协商、民主监督、参政议政全过程，进一步完善协商内容、改进协商形式、创新协商载体，切实抓好全会协商、常委会协商、专题协商、对口协商和提案办理协商，围绕事关全县发展大局的重要决定、重大项目、人事任免、重大民生问题、“一府两院”工作报告、国民经济和社会发展计划、财政预算及财政预算执行情况等深入开展协商活动，增加协商密度，提高协商实效。充分发挥专委会、委员组的基础作用，围绕协商内容，积极开展调研活动，不断夯实协商基础。

*二是在民主监督上力求实效。*继续开展统一委派民主监督员工作，遴选优秀委员，扎实开展监督活动，督促相关单位转变作风、提升效能。继续做好委员提案网上办理，积极开展提案督办活动，特别是抓好重点提案办理工作，提高提案的落实率和满意率。继续开展“政协委员走进县纪委”活动，不断完善“政协民主监督”与“党内执纪监督”结合机制，切实增强监督的实效性。积极开展评议活动，加大对政府组成部门、执法部门贯彻落实县委、县政府重大方针决策的落实情况进行监督和评议。认真搞好社情民意收集报送工作，及时反映社情动态、百姓呼声和重要意见。

*三是在参政议政上建言给力。*继续抓好相关重点项目，其中，黔张常铁路(龙山段)建设项目将建成通车，落水洞电站将实现投产发电，大湘西天然气管道(龙山段)建设项目将实现竣工，围绕这些项目，继续协调处理好涉及民生的各种遗留问题。聚焦县委、县政府工作目标，就脱贫攻坚、生态文明、产业发展、招商引资、电子商务、全域旅游等重点工作深入调研考察，提出有针对性的意见建议。加强与乡镇和县直部门的联系，把握社情民意，切实抓好精准扶贫工作。

二、努力营造环境，为和谐稳定增共识

*一是拓展联谊交往。*加强与周边县(市、区)政协的联系交往，组团参加好湘鄂黔渝边区县(市、区)政协工作联席会第 37 次、第 38 次会议，扩大龙山在外的辐射影响。加强与龙山籍在外工作人员的联系，为宣传推介龙山、扩大对外交流、招商引资、回乡创业等工作发挥积极作用。认真调研考

察，注重与各人民团体、工商联、社会各届人士的联系，广交朋友，加深友谊，协助县委、县政府做好统一思想、增进团结、协调关系、化解矛盾工作，努力形成建设和谐龙山的强大合力。

二是抓好文史征编。抢救性挖掘和整理具有龙山地方特色的文史资料，加强文史资料的研究、编审、出版和交流推广工作。创新征集思路，年内征编出版第 33 辑《龙山文史》。继续开展为农家书屋和中小学校赠阅《龙山文史》活动，继续做好《龙山文史》电子资料录入整理工作，积极配合做好州政协组织的“全州政协文史资料大征集专项活动”。

三是发挥委员优势。发挥委员界别优势，组织委员开展送医药送科技送艺术下乡、捐资助学、“三个一”扶贫等活动，引导委员在扶贫攻坚、扶危济困上各尽所能，服务社会。积极探索发挥界别作用的方法和途径，以“界别活动月”为载体，依托政协委员工作室等平台，定期开展民情调查，听取、收集辖区内的社情民意，协助化解矛盾，增进社会和谐。把为民服务作为重要责任，深入开展送服务下基层活动，鼓励委员积极参与各种公益活动，真心实意地为群众办实事、解难事、做好事。

三、全面提升素质，为政协工作强保障

一是积极提升委员素质。搞好委员培训工作，举办一期政协委员培训班，认真传达学习习近平总书记近期关于人民政协工作的重要讲话精神，切实把思想和行动统一到习近平新时代中国特色社会主义思想和习近平总书记重要讲话精神上来。认真学习全国、省、州政协会议精神，认真开展纪念中华人民共和国成立 70 周年和人民政协成立 70 周年系列活动。充分利用集中培训、专题讲座、调研视察、政协云网络课堂等方式，开展“研讨深化学”“政协云每日一题帮助学”活动，积极参与掌上提案、微建议和远程协商活动，帮助委员知情明政，掌握政协理论和业务知识，切实做到懂政协、会协商、善议政。深入开展创先争优活动，增强委员参政议政的积极性，发挥好委员在本职工作中的带头作用、政协工作中的主体作用、界别活动中的代表作用。进一步规范委员履职行为，完善委员管理制度，切实提升调查研究能力和民主监督能力。

二是不断夯实基层组织。加强专委会建设，不断提高专委会工作水平，充分发挥专委会的基础作用。抓好社情民意信息中心(云平台管理中心)、委员联络中心、政协委员工作室建设，进一步完善委员工作室的工作制度、工作流程、工作方法。进一步完善委员组工作机制，鼓励各委员组开展形式多样、内容丰富的履职活动。

三是继续强化机关党建。坚持和加强党的全面领导，坚持党要管党，全面从严治党。抓实政协党组建设，充分发挥党组在政协工作中的领导核心作用。抓实党建工作主体责任，切实履行好党组书记第一责任人职责，严明政治纪律和政治规矩。以党章为根本遵循，全面贯彻全国、全省政协系统党建工作会议精神，全面落实党风廉政建设“一岗双责”和“三会一课”、民主评议党员、谈心谈话、组织生活会等制度。扎实推进“两学一做”学习教育常态化制度化。认真贯彻执行中央、省委、州委、县委关于改进工作作风、密切联系群众的有关规定，巩固落实中央八项规定精神成果，严控“四风”问题，强化廉洁纪律，让县政协机关干部和广大政协委员知敬畏、存戒惧、守底线。进一步建立健全各项工作制度，狠抓相关问题的整改落实。支持县纪委驻政协纪检组工作，为纪检组开展工作提供好的条件和环境。

大事记

1 月

1月10日　中商国能集团副总裁何静一行到龙山县考察里耶生态文化旅游开发项目。县委常委、县委统战部部长黄勇介绍里耶生态文化旅游建设项目的基本情况。

1月13日　州委常委、州委宣传部部长、龙山县委书记周云深入到惹巴拉景区，察看景区综合开发情况，并主持召开现场办公会。县委副书记、县长刘冬生，县人大常委会主任余佳祥，县政协主席吴少叶，县委常委、常务副县长蔡龙，县委常委、县委办主任符家波参加会议。

1月15日　龙山县2017年度党委（党组）书记抓基层党建工作述职评议会议在会议中心召开。州委常委、州委宣传部部长、龙山县委书记周云在会上现场点评并讲话；县委副书记陈忠耀主持会议；县领导余佳祥、吴少叶、刘昌顺、石红梅、符家波、刘文霞、印道其、黄勇、龙儒文、徐志军以及州委组织部指导组成员杨枫出席会议。

1月20日　全州革命老区脱贫攻坚推进会走进龙山县。州委书记叶红专，州委副书记、州长龙晓华，在职州级领导和州直部门负责人出席会议，在家县领导参加会议。

1月25日　州委常委、州委宣传部部长、龙山县委书记周云在乌龙山大峡谷景区现场办公，主持召开乌龙山大峡谷景区开发建设工作推进会。县委常委、常务副县长蔡龙，县委常委、县委宣传部部长刘昌顺，县委常委、县委办主任符家波，县人大常委会副主任李开进，县政协副主席张青山出席会议。

1月25日　副州长向清平带领州政府办、民政、人社等部门负责人一行到龙山县，就农民工工资支付和雨雪冰冻天气防范应对工作进行督查。

1月26日　龙山县党外科级领导干部2017年度述职大会在县会议中心召开，县委常委、县委组织部部长石红梅出席会议并讲话，县委常委、县委统战部部长黄勇主持会议，县人大常委会副主任唐晓萍，县政协副主席郑慧侠、余志国参加会议。

1月27日　州委常委、州委宣传部部长、龙山县委书记周云到G353（原S305）线龙山至桑植公路望乡台和江家垭路段，察看道路路况，了解交通安全防范、执勤执守情况，慰问一线执勤人员。县委常委、县委办主任符家波，副县长、公安局局长李博陪同检查。

1月30日　里耶古城（秦简）博物馆完成馆藏战国铜壶等24件珍贵金属文物抢救性保护修复工作，并通过专家评审验收。

2 月

2月7日　州委常委、州委宣传部部长、龙山县委书记周云主持召开县委常委班子2017年度民主生活会会前谈心谈话会。

2月10日　正值农历春节临近之际，州委常委、州委宣传部部长、龙山县委书记周云走访慰问龙山县人武部官兵，为广大官兵送去节日祝福。县领导陈忠耀、石红梅、符家波参加慰问。

2月10日　县委副书记、县长刘冬生到县消防大队、县武警中队、县福利院和县光荣院走访慰问，送去慰问物资和慰问金，向他们致以新春的祝福。县委常委、政法委书记印道其陪同走访慰问。

2月10日　州委常委、州委宣传部部长、龙山县委书记周云，副州长何益群带领州直相关部门负责人，深入龙山向阳煤矿住宅小区、洛塔煤矿安置住宅区、石羔街道敬老院、龙山县民族彩印厂、龙山县水泥厂等部门走访慰问。

2月22日　县委副书记、县长刘冬生主持召开县长碰头会，集中学习中央、省、州精准扶贫会议及政策文件精神，安排部署全县脱贫攻坚及当前工作。

2月22日　州委常委、州委宣传部部长、龙山县委书记周云深入民安街道，调研龙山县2018年易地搬迁县城(产业园区)集中安置区项目。

2月23日　上午9点，州委常委、州委宣传部部长、龙山县委书记周云，深入到果利河沿线及太平山调研“果利河山水龙城休闲风光带”及“太平山康养旅游胜地”工程建设情况。

2月27日　全州四级干部大会召开，州委常委、龙山县委书记周云，县领导余佳祥、吴少叶、蔡龙、符家波、印道其、黄勇、龙儒文、赵银河及全体在家县级领导，县直副科级以上单位主要负责人在县会议中心收听收看会议。

2月27日　龙山县2017年度人大工作总结表彰会议在县会议中心召开。县人大常委会主任余佳祥出席会议并讲话，副主任唐晓萍主持会议，副主任李开进、曹长友、聂毅，县人大及其常委会各委室主任出席会议。

2月27日，省经济和信息化委员会主任谢超英一行到龙山县，调研经济和信息化工作。州委常委、龙山县委书记周云，州经信委主任向宏国，县委副书记陈忠耀，县委常委、县委办主任符家波，县人大常委会副主任杨波，副县长李冬梅陪同调研。

2月28日　龙山县召开创建国家森林城市暨油茶产业建设工作会议，对创建国家森林城市工作进行总结，就创建国家森林城市和油茶产业发展下步工作进行安排部署。

3　月

3月6日　2018年龙山县庆“三八”表彰大会暨县妇联十三届二次执委(扩大)会议在县会议中心召开。

3月6日　县委副书记、县长刘冬生带领县政府办、县扶贫办、县住建局、县国土局、县易地扶贫搬迁联席办及省建工集团第六公司龙山项目部负责人到部分乡镇就2017年易地扶贫搬迁项目建设情况、2018年选址情况进行现场调研。

3月9日　“龙山百合”正式批准为国家地理标志保护产品，成为龙山第一个国家地理标志保护产品。

3月9日　湘江新区党工委委员、管委会副主任刘中杰一行到龙山县里耶镇调研对口帮扶工作，助力脱贫攻坚。州委常委、龙山县委书记周云，县委副书记、县长刘冬生，长沙市派驻龙山县对口帮扶工作队队长张红民，副县长储军，里耶管理区党工委书记田大治等陪同调研或参加座谈会。

3月9日　州委书记叶红专到龙山县，就经济社会发展情况进行调研。州委副书记、州委统战部部长曹普华，州委常委、龙山县委书记周云，州委常委、常务副州长向恩明等州领导和州直相关部门负责人参加调研。县领导陈忠耀、余佳祥、吴少叶、蔡龙、刘昌顺、石红梅、符家波、印道其、龙儒文、徐志军、赵银河等县领导陪同调研或参加汇报会。

3月10日　全县扫黑除恶专项斗争会议召开。县委副书记、县长刘冬生，县委副书记陈忠耀，县人大常委会主任余佳祥，县政协主席吴少叶，县委常委、政法委书记印道其，副县长、公安局局长李博，副县长梁兴华，县人民法院院长刘辉，县人民检察院检察长聂春辉等领导出席会议。

3月12日　中共龙山县第十二届纪律检查委员会第三次全体会议在县会议中心召开，州委常委、县委书记周云出席会议并讲话，县委副书记、县长刘冬生主持会议，县领导陈忠耀、余佳祥、吴少叶、刘昌顺、石红梅、符家波、印道其、黄勇、龙儒文、徐志军、张红民，在职县级领导、县纪委委员参加会议。

3月12—13日　副省长吴桂英带领省政府副秘书长彭翔、省民宗委党组副书记、副主任赵仁秀，省卫计委副主任龙开超等相关人员一行到龙山县调研文化教育卫生工作。湘西州副州长李平，州政府副秘书长、办公室副主任张发权，州文广新局局长刘世树；龙山县委副书记、县长刘冬生，副县长张肇琴，副县长梁兴华，里耶管理区党工委书记田大治以及相关部门负责人陪同调研。

3月10日　龙山县委政法工作会议在县会议中心召开。县委副书记、县长刘冬生出席会议并讲话。会议由县委副书记陈忠耀主持。县领导余佳祥、吴少叶、蔡龙、印道其、李博、田清文、张小波，县人民法院院长刘辉、县人民检察院检察长聂春辉出席会议。

3月20日　2018年龙山县卫生计生工作会议暨卫生系统党风廉政反腐败会议在县会议中心召开。县人大常委会副主任聂毅，副县长梁兴华，县政协副主席张青山出席会议。

3月20日　龙山县创建国家森林城市工作推进会在县会议中心召开。县委副书记、县长刘冬生，县委常委、常务副县长蔡龙，副县长储军出席会议并讲话。

3月21日　龙山召开全县安全生产工作会议。县委副书记、县长刘冬生，县委常委、常务副县长蔡龙，副县长梁兴华出席会议。

3月22日　龙山县2018年精准脱贫攻坚暨农业农村工作会议在县会议中心召开。州委常委、龙山县委书记周云出席会议并讲话，县委副书记、县长刘冬生主持会议，县领导余佳祥、吴少叶、石红梅、符家波、刘文霞、印道其、黄勇、龙儒文、张红民、储军在主席台就坐。

3月22日　州人大常委会副主任、州总工会主席彭益一行深入龙山县茨岩塘镇调研工会助力精准脱贫工作。县委常委、县委组织部部长石红梅，县人大常委会副主任杨波陪同调研。

3月22日　2018年中央驻湘机关、省州直单位驻龙山县驻村扶贫工作座谈会在县会议中心召开。中央驻湘机关、省州直单位驻龙山县驻村扶贫工作队队长，州委常委、龙山县委书记周云，县委常委、县委组织部部长石红梅，县委常委、州直单位驻龙山县驻村扶贫工作队队长刘文霞，副县长储军出席会议。县委常委、县委办主任符家波主持会议。

3月23日　州政协主席刘昌刚一行到龙山开展“更好推进产业扶贫”课题调研。县政协主席吴少叶及县领导刘文霞、储军、谭必松、王本东、余志国、张兰英、张小波等陪同调研或参加座谈会。

3月24日　州委常委、龙山县委书记周云到里耶镇现场调度防洪备汛工作，并主持召开里耶防洪工作调度会。县委常委、县委统战部部长黄勇，副县长储军，里耶管理区党工委书记田大治，里耶管委会主任田波以及县委办、县发改局、县水利局、县文物局、里耶镇政府、里耶防洪堤项目指挥部主要负责人陪同并参加会议。

3月28日　省志委党组书记、副主任易介南一行到龙山县调研地方志编纂工作。州地方志办副主任李雄野，县委常委、县委办主任符家波，县领导谭必松，县政府副县级干部张小波等陪同调研或参加座谈会。

28日　G353龙山狮子村至湘鄂情大桥公路（太平山牌坊至站前大道段）正式动工。3月30日，2018年龙山县经信科技工作会议召开，会议贯彻落实上级经信科技工作有关精神，总结2017年全县经信科技工作，安排部署2018年工作。县人大常委会副主任李开进，副县长李冬梅，县政协副主席王本东出席会议。

4 月

4月3日下午　长沙市委党校举行2018年春季学期开学典礼。龙山科级干部(基层治理)专题研修班45名学员与长沙市三个培训班300人参加开学典礼,共同重温入党誓词。长沙市委副书记、市委党校校长徐宏源出席并作动员报告,市委党校常务副校长陈芳辉主持。长沙市委组织部副部长易敏华、市委副秘书长谭慧慧、龙山县县委常委、组织部部长石红梅出席开学典礼。

4月8日　龙山县委理论学习中心组2018年第一次集中学习暨红色大课堂在县会议中心举行。此次集中学习邀请了北京大学教授、博士生导师岳庆平,作《党的十九大精神解读》和《中共党史解读》专题报告。州委常委、龙山县委书记周云主持集中学习。

4月14日　西南民族大学校长曾明与州委常委、龙山县委书记周云在苗儿滩镇惹巴拉,共同为西南民族大学惹巴拉土家文化研究基地、惹巴拉土家文化研究院揭牌。龙山县委副书记、县长刘冬生,吉首市委副书记张明善,县委常委、县委办主任符家波,县委常委、县委统战部部长黄勇,副县长彭绍兴、娜么塔、谭必松出席挂牌仪式。安化县副县长陈灿平,花垣县副县长侯永阳,泸溪县副县长李冬祥,以及保靖县、永顺县、古丈县,重庆市秀山县、武隆区、石柱县等国家民委派驻武陵山片区联络代表受邀参加挂牌仪式。

4月14日　西南民族大学校长、教授、博士、博士生导师曾明带领该校专家学者一行到龙山县专程参加西南民族大学博士点研究基地在里耶秦简博物馆的挂牌仪式。县委副书记、县长刘冬生,吉首市委副书记张明善,龙山县委常委、县委统战部部长黄勇,副县长彭绍兴、娜么塔出席挂牌仪式。安化县副县长陈灿平,花垣县副县长侯永阳,泸溪县副县长李冬祥等国家民委派驻武陵山片区联络代表受邀参加挂牌仪式。

4月18—19日　省政协常委、民宗委主任黄献民带领省政协“更好推进我省产业扶贫”调研组到龙山县调研。省政协委员、湘西州政协党组书记、主席刘昌刚,省政协委员、县政协党组书记、主席吴少叶,州政协副主席、工商联主席石红,副县长储军,县政协副主席王本东,县政协副主席、县工商联主席余志国等陪同调研。

4月19日　州委书记叶红专一行到里耶镇,就防汛抗旱工作进行督导调研。州委常委、龙山县委书记周云,州委常委、常务副州长向恩明,州政协副主席宋清宏,州政协副主席、保靖县委书记卢向荣,州委秘书长、办公室主任向邦伟,县领导刘冬生、符家波、黄勇、李冬梅、储军、田大治、田波及州、县相关部门负责人陪同调研。

5 月

5月5日　长沙市工商联、金霞经开区对口茨岩塘镇产业帮扶签约仪式在县会议中心举行,长沙市工商联党组成员彭水澄,长沙金霞经开区党工委委员、管委会副主任罗辉,县委常委、组织部部长石红梅,县政协副主席、工商联主席余志国出席会议,长沙市派驻龙山县对口帮扶工作队队长张红民主持会议。

5月7日　龙山县第二期红色大讲堂在县会议中心举行,长沙市委宣传部副调研员、长沙市委党校、行政学院兼职教授、著名文化学者顾庆丰,应邀讲授《毛泽东与湖湘文化》。县委常委、县委组织部部长石红梅主持学习,县委党校校长谭贤安出席活动。

5月8日　省委党史研究室副主任谢承新一行到龙山县,就《湖湘红色基因文库》(以下简称《文库》)编纂工作进行专题调研。州委党史研究室主任刘克兴,县委常委、县委办主任符家波陪同调研。

5月8日　土家族打溜子项目代表性传承人杨文明获国家级非物质文化遗产传承人。

5 月 11 日上午　龙山县“5·12”国际护士节107周年庆祝活动暨“优秀护士”表彰大会在县会议中心举行。

5 月 11 日　龙山县法治政府建设暨深化“放管服”改革工作会议召开，会议主要任务是贯彻落实国务院、省、州有关法治政府建设、“放管服”改革工作有关精神，安排部署下一阶段工作。县委副书记、县长刘冬生强调，全县各级各部门要提高认识，加快法治政府建设、“放管服”改革工作向纵深推进。

5 月 12 日　龙山县公安局被湖南省政法系统书画诗词研究会授予湖南省政法系统书法创作基地。县委常委、县委政法委书记印道其出席授牌仪式并致辞，副县长、公安局局长李博主持活动仪式。

5 月 20 日 20:00 至 21 日 1:40　龙山县咱果乡、召市镇等乡镇出现强降水，期间咱果乡降雨119毫米，最大 1 小时降雨 65 毫米；召市镇 69.5 毫米，最大 1 小时降雨 47.7 毫米，短时强降雨导致咱果乡脉龙村、咱果村、卡撮村、金线村、王家村等以及召市镇万家棚村境内突发山洪，溪水猛涨，造成灾害。灾情发生后，州委常委、县委书记周云，县委副书记、县长刘冬生对防汛应急做了具体指示；县委常委、常务副县长蔡龙，县委常委、政法委书记印道其，副县长、公安局局长李博，公安局政委向才官等县级领导在第一时间赶赴受灾现场，设立抢险救灾指挥部，民政救灾点，指挥应急救援、人员转移和灾后处置工作。

5 月 21 日下午 18 时 30 分　州委常委、县委书记周云在会议中心主持召开全县防汛救灾紧急调度工作视频会，及时安排部署当前的防汛救灾工作。副县长储军，县人武部副部长程可斌出席会议，县防指成员单位负责人在主会场参会，21 个乡镇(街道)党(工)委书记、乡镇长(办事处主任)、分管防汛工作领导及防汛专干、所有驻村干部在各分会场参加会议。

5 月 26 日　州委常委、县委书记周云，县委副书记、县长刘冬生到县防汛抗旱指挥中心调度防汛救灾工作；26 日，副县长、县防指指挥长储军率队沿线察看农车、靛房、苗儿滩等乡镇灾汛情；县防指派出民政、国土、水利工作组进驻受灾严重区域，指导当地抗灾。咱果、内溪、里耶政府组织干部提前对沿河两岸及地势低洼地段群众进行转移。全县防汛救灾工作还在有序推进，强降雨没有造成人员伤亡。

5 月 28 日　黔张常铁路全线 100 座隧道工程全部贯通。

5 月 29 日晚，州委常委、龙山县委书记周云主持召开全县农村安全饮水工作调度会。会议主要总结和回顾了全县农村安全饮水工程以及城镇集中供水工程实施情况，重点对该项工作推进过程中存在的问题和困难进行梳理和研究，并就下步相关工作进行安排部署。

5 月 31 日　湖南卫视著名主持人、“村长”李锐，香港影视知名演员应采儿带领爱心企业、社会爱心人士组成的爱心联盟，前来执行一项特殊的“村长任务”——“六一微心愿，爱心暖童心”，通过爱心助学活动让社会各界共同来关注偏远山区贫困学生和家庭。

6　月

6 月 5 日　全州扶贫领域突出问题整改推进视频会召开。州委书记叶红专在会上指出，大家认识再深化、精力再集中、责任再压实、力度再加大、重点再突出、措施再强化、效果再提高。确保扶贫工作更务实、脱贫过程更扎实、脱贫结果更真实，确保脱真贫、真脱贫！州委常委、龙山县委书记周云，县委副书记、县长刘冬生，县委副书记陈忠耀，县委常委、常务副县长蔡龙，县委常委、县委办主任符家波，副县长储军在龙山县分会场参会。

6 月 6 日　县委副书记、县长刘冬生深入县教体局现场督导高考备考工作。县人大常委会副主任聂毅，副县长彭绍兴及县政府办、县教体局、县城管执法局、县公安交警大队、民安街道办事处、华塘街道办事处负责人陪同。当天，刘冬生实地察看考试保密室、值班室等考前筹备工作情况，对高考备考工作、考场考务工作、参加高考人数以及高考综合环境治理整改方面的等情况进行详细了解。

6月6日　县委副书记、县长、县级河长刘冬生率领县河长办、县水利局、苗儿滩镇等有关单位负责人来到洗车河沿线开展巡河行动，实地查找短板，对发现的问题现场进行交办落实。刘冬生一行沿洗车河而行，实地检查河道保洁、水污染治理、生态环境建设等工作。

6月6日　长沙市委常委、浏阳市委书记黎春秋，浏阳市委副书记、市委党校校长邱山东一行带领相关市直部门、乡镇（街道）、企业等负责人来到龙山县茅坪乡调研对口帮扶工作。浏阳市委常委、常务副市长吴敏，浏阳市委常委、组织部长周文舜，浏阳市委常委、市委办主任邓阳锋，浏阳市政府副市长王坤球参加调研；湘西州委常委、龙山县委书记周云，县委副书记陈忠耀，县委常委、县委办主任符家波，县委常委张红民陪同调研。

6月6日　国家统计局湘西调查队党组书记、队长吴瑞平前往里耶镇普车村调研扶贫工作。到普车村后，吴瑞平走访了该村贫困户，实际了解农户生活现状与存在的脱贫问题，查看了村级综合服务平台建设情况，并组织召开村支两委及扶贫工作队员座谈会，调度扶贫对象动态调整工作。

6月8日　省政府办公厅湖南政报社社长、省政府志执行主编兼编辑室主任唐仁春一行到龙山调研红色文化。副县长谭必松及县党史办、县文物局负责人等陪同。此次调研主要是根据《湖南省政府志》编纂工作需要，旨在收集土地革命时期湘域边区各省级苏维埃政府施政、迁移和旧址的文字、图片、影像史料。

6月8日　州委常委、县委书记周云召开会议对惹巴拉景区建设事宜进行调度。刘冬生、陈忠耀、蔡龙及相关单位负责人参加会议。周云强调，要积极面对防范化解政府性债务风险新形势，积极开展招商引资，规避市场风险，合法合规推进项目建设。要合理使用安排资金，优化调整建设项目，紧抓时间节点目标，保证如期完成景区建设。

6月11日　龙山县2018年就业扶贫工作推进会在县会议中心召开，县委常委、常务副县长蔡龙、县直有关责任单位、21个乡镇（街道）有关负责人参会。会上，人社局主要负责人对龙山县1—5月就业扶贫工作进行现场汇报，对全县当前的社会保险工作、农村公益性专岗、行政村（社区）劳动保障协理员聘用等工作做出初步安排。

6月13日　湖南省博物馆学会2018年“文化遗产传播与传承”学术论坛在龙山县里耶镇举行。湖南省博物馆、里耶秦简博物馆、衡阳市博物馆、湘潭市博物馆、岳麓书院等省内37家遗址博物馆、纪念馆、科研院所等80多位专家学者出席了论坛。中央民族大学教授、里耶秦简博物馆名誉馆长潘守永，湘西州文物局副局长周密，龙山县委常委、县委统战部部长黄勇，里耶管委会党工委书记田大治、主任田波等州、县领导及文物单位相关负责人出席论坛，本次论坛由湖南省博物馆学会主办，龙山县里耶古城（秦简）博物馆承办，同方知网（北京）技术有限公司湖南分公司协办。

6月15日下午　县委副书记陈忠耀主持召开龙山县脱贫攻坚工作推进会议，就中央、省扶贫考核审计反馈问题整改和扶贫对象动态调整工作进行调度部署。县领导蔡龙、符家波、聂毅、储军、张兰英出席会议。会上，储军学习传达了全州脱贫攻坚工作推进会议精神；县扶贫办、县发改局、县审计局、县住建局汇报相关问题整改情况；与会人员就如何落实上级交办的问题整改进行研讨。会议指出，各级各部门一定要高度重视，把握好时间节点，加大整改力度、加快工作进度，针对整改的问题，加大与上级对口部门的对接力度，确保问题整改达到上级标准和要求。

6月17日　2018湘西·龙山土家族舍巴日活动在美丽的龙山县洗车河古镇举行，万余名土家族同胞及游人载歌载舞，共庆这个古老的节日。此活动由龙山县人民政府和湘西州文广新局共同举办。《中国摄影报》副社长方焕然，湘西州文广新局局长刘世树，湖北省宜昌市文联副主席卢进及周边县市相关部门负责人应邀参加。龙山县委常委、宣传部部长刘昌顺出席活动，龙山县人民政府副县长梁兴华致欢迎词。

6月20日　县委副书记、县长刘冬生到城东新区，现场调度开发建设工作，县委常委、常务副县长蔡龙，副县长张肇琴陪同。刘冬生一行先后实地察看城东新区红星美凯龙家居市场、太平山牌坊商住小区、山水龙城两河休闲风光带工程项目等施工现场，随后在城东新区指挥部召开调度会。会议听取城东新区开发工作情况汇报，并就县直相关单位及建设单位提出的污水管网建设、农民参保、工地电力等问题进行商讨解决。

根据省委、省政府统一部署，湖南省第七环境保护督察组于6月21日进驻湘西州开展环境保护督察。6月21日上午，督察组进驻动员会在吉首召开，第七环境保护督察组组长严志辉作动员讲话，副组长张在峰通报督察工作安排，湘西州委书记叶红专作表态发言，湘西州委副书记、州长龙晓华主持会议。县领导刘冬生、陈忠耀、余佳祥、蔡龙、石红梅、符家波、龙儒文、张红民、李冬梅、张肇琴、梁兴华、龙世平、谭必松等在龙山县分会场参会。

6月22日　县委办系统举办2018年第二期道德讲堂，主题为孝老爱亲。县委办、党史办、档案局全体干部职工通过观短片、诵经典、听讲座、作点评等系列环节感受孝道文化，传承中华美德，提升文明素养。活动中，全体参加人员观看了二十四孝经典故事之一《卧冰求鲤》微电影，诵读了《孝经》选段，听取了县委办相关负责人作的《孝老爱亲、美德传承》专题讲座，重温了崔京浩演唱的经典歌曲《父亲》。

6月24日　龙山火车站站房建设动工。

6月25日　州委书记叶红专主持召开第十三次州委常委会(扩大)会议，学习传达省委书记、省人大常委会主任杜家毫在市州委书记视频会上的讲话精神，研究部署有关贯彻落实工作。在家州级领导和州直相关部门负责人在州委主会场参会，各县市和湘西经开区设分会场。州委常委、龙山县委书记周云在龙山分会场参加会议并讲话，刘冬生、陈忠耀、余佳祥、刘昌顺、石红梅、符家波、印道其、黄勇、徐志军、张红民等县领导以及县直相关部门负责人在龙山分会场收听收看会议。

6月26日　龙山首个社区“科普e站”建成。

6月26日　省审计厅党组书记、厅长胡章胜一行来到龙山，就扶贫审计整改工作进行调研。州委常委、龙山县委书记周云，县委副书记、县长刘冬生，县委副书记陈忠耀，县委常委、常务副县长蔡龙，副县长储军参加汇报会。汇报会上，刘冬生汇报了龙山扶贫审计整改工作情况；县直相关部门负责人进行补充汇报；省审计厅调研组对龙山扶贫审计整改工作提出指导性意见。

6月26日　纪念中国共产党成立97周年暨《红军战斗在龙山(二)》捐赠活动在茨岩塘镇湘鄂川黔革命根据地旧址内举行。

6月27日晚　龙山县召开河道、水库垃圾清理专项行动部署会。会议指出，从即日起，在全县范围内开展河道、水库垃圾清理专项行动。县委常委、县委办主任符家波，副县长储军出席会议。会议指出，此次专项行动主要任务是对全县河流、水库水面漂浮物、岸线垃圾进行打捞、清理；对河道网箱养殖情况进行清理，对河道污染严重的网箱养殖制定退养计划，限期退养；对河道沿岸畜牧水产养殖进行清理，严格控制畜牧水产养殖产生的禽畜粪便、垃圾直接排入河道。此次清理行动从即日起至7月中旬结束。

6月27日　州委常委、县委书记周云主持召开县委常委会2018年度第十五次会议。会议听取全县发展生产脱贫工程、医疗救助帮扶工程、医疗保险工作情况汇报，审议《2018年上半年度全县人口和计划生育工作考核情况通报》，听取县总工会改革工作、县禁毒工作情况汇报。与会领导分别从合作社与贫困户利益连接、产业发展规划编制、村集体经济建设、产业划分、产业扶贫、医疗救助范围清理、就医报销比例、工会经费管理、禁毒工作管理等方面提出意见和建议。

6月28日　县委副书记陈忠耀深入洛塔乡调

研脱贫攻坚工作。陈忠耀实地查看满湖村千亩药材基地和洛塔乡农村电商平台建设经营情况，强调要责任上肩、注重实效，切实围绕“一超过、两不愁、三保障”标准，突出“产业、就业”扶贫，确保顺利完成脱贫摘帽政治任务。

6月29日　龙山县庆祝中国共产党成立97周年大会召开。大会回顾总结过去一年的工作，表彰先进，激励士气，动员广大党员干部强化责任担当，开拓创新，求真务实，为龙山县决胜脱贫攻坚和全面建设小康龙山做出新的更大的贡献。县委副书记、县长刘冬生讲话，县委副书记陈忠耀主持会议，刘昌顺、石红梅、印道其、黄勇、徐志军及所有在家县级领导出席会议。会上，全体参会党员重温入党誓词，县委常委、组织部部长石红梅宣读了表彰决定。会议对先进基层党组织、优秀党员和优秀党务工作者进行隆重表彰。

7　月

7月3日　龙山县被国家卫生健康委员会、中央政法委等九部委授予2013—2017年度全国创建“平安医院”活动表现突出集体称号，成为自治州唯一受此殊荣的集体。

7月6日下午　龙山县省环保督察暨“绿盾”行动问题整改交办会在县政府常务会议室召开，县委副书记、县长刘冬生，副县长张肇琴，环保、国土、林业、畜牧、公安等30个相关单位负责人出席了会议。会上　县环保局负责人就目前收到的14个省环保督察信访件、3个现场督察交办件、2个现场督办件办理情况和2018“绿盾”行动问题整改工作作了详细汇报。

7月6日晚　龙山县涉贫信访及舆情处置工作调度会议在县委办会议室召开，对全县涉贫信访及舆情处置工作进行研讨和安排部署。县委副书记陈忠耀主持会议；副县长、县公安局局长李博出席会议。会上，县扶贫办负责人汇报了全县扶贫领域信访工作情况；县委政法委相关负责人汇报了全县涉贫信访工作情况。与会部门相关负责人就各自工作职能发言，并对全县涉及扶贫领域信访及舆情处置工作进行研讨和交流。

7月10日　省委常委、长沙市委书记胡衡华到县督查指导精准扶贫和对口帮扶工作。

7月10日下午　全省殡葬领域突出问题专项整治暨推进文明节俭操办婚丧喜庆事宜视频会议召开。省委副书记乌兰强调，全省各级各部门要提高政治站位，增强“四个意识”，自觉把思想和行动统一到中共中央和省委、省政府的部署要求上来，全力以赴抓好殡葬领域突出问题专项整治，大力推进移风易俗，为加快建设富饶美丽幸福新湖南做出应有贡献。省委常委、省委宣传部部长蔡振红主持，副省长隋忠诚出席。县委副书记、县长刘冬生，副县级干部李显政及21个乡镇（街道）乡镇长（办事处主任）、县直有关单位主要负责人在龙山县分会场收听收看会议。

7月10日　湘鄂西、湘鄂川（渝）黔革命老区第三次联席会议走进龙山县，湖南省委政法委原常务副书记彭对喜，湘西州老促会理事长、州政协原主席龙德忠，湘西州人大常委会原副主任董道平，常德市老促会会长刘春林，恩施州老促会会长于德海，黔江区老促会会长李元忠，铜仁市老促会会长饶正海，张家界市老促会会长陈美林，湘西州老促会副理事长、州民政局局长彭图瑜等与会人员到茨岩塘镇参观湘鄂川黔革命根据地旧址。县委常委、组织部部长石红梅陪同。

7月10—11日　省委常委、长沙市委书记胡衡华到龙山县督查指导精准扶贫和长沙市对口帮扶龙山工作，并召开督查龙山县脱贫攻坚工作座谈会。省农委党组成员、省农业机械管理局局长王罗方，长沙市委常委、市委秘书长夏建平及长沙市相关人员参加督查指导。湘西州委书记叶红专，龙山县领导刘冬生、陈忠耀、石红梅、符家波、张红民等陪同督查或参加会议。

7月20日　国家税务总局龙山县税务局正式挂牌成立，标志着原龙山县国家税务局、原龙山县地方税务局正式合并，迈出县市(区)级国税地税征管体制改革关键性一步。县委常委、常务副县长蔡龙，国家税务总局湘西州税务局联合党委委员、副局长滕建华出席仪式并揭牌。县委、县政府有关部门负责人，国家税务总局湘西土家族苗族自治州税务局联络(督导)组全体人员，国家税务总局龙山县税务局领导班子及部分干部代表参加挂牌仪式。

8 月

8月6日　州委副书记、州长龙晓华带领州政府办、州旅发委、州扶贫办主要负责人到龙山县调研生态文化旅游产业和脱贫攻坚工作。州委常委、龙山县委书记周云，县委常委、县委宣传部部长刘昌顺，副县长彭绍兴、梁兴华陪同。

8月7日　中国(龙山)2018年土家药产业发展论坛暨中国民族医药学会三届三次常务理事会议召开。

9日　第二届龙山(石牌)百合文化旅游节在石牌镇上母村举行。

8月10日　副州长李平带领州政府办、州教体局相关负责人等到龙山县调研消除义务教育阶段大班额工作，副县长梁兴华陪同。李平一行先后到红岩溪镇小学、红岩溪镇中学、新城小学、第一小学、皇仓华鑫学校等地，现场听取大班额化解成效、措施、问题等情况汇报，并察看学校管理及基础设施情况。随后，在县教体局召开龙山县中小学校大班额化解座谈会。

15日　第三届"中国创翼"创业创新大赛湖南省选拔赛暨颁奖仪式在长沙举行，龙山县余小龙"众里寻花"项目获得专项组一等奖，谭艳林"民族编织"项目获得创业组优秀奖。

8月23日　副州长向清平带领州政府办、州商务局、州民宗委、州教体局、湘西海关等单位负责人一行到龙山县，就湖南省第九届少数民族传统体育运动会筹备工作进行调研指导。副县长李冬梅陪同。

8月28—29日　省政府副秘书长、省信访局局长许忠建一行到龙山县，就驻村扶贫和信访工作进行调研。副州长、州公安局局长王学武，州政府副秘书长、州信访局局长向忠，州扶贫办副调研员宋耀松，县委副书记、县长刘冬生，县委常委、县委办主任符家波，副县长、县公安局局长李博，县委非实职副县级领导田清文陪同或参加座谈会。

9 月

9月7日上午　龙山县庆祝第34个教师节暨表彰座谈会在县会议中心召开，县委副书记、县长刘冬生强调，办好人民满意教育，加快建设教育强县，要坚持教育优先战略不动摇，要聚焦教育改革发展新任务，要努力营造尊师重教大环境。县委副书记陈忠耀主持会议。县委常委、县委办主任符家波，副县长梁兴华出席会议。

9月8—9日　长沙市人大常委、民革中央委员、民革长沙市委专职副主委冯斌，湖南农业大学新农村发展研究院副院长魏勇，民革省委社法委副主席、民革市委经委会副主任李新首带领民革长沙市委一行人及长沙市第一医院义诊人员和部分民革党员、志愿者到龙山县开展精准扶贫工作。县委常委、副县长张红民，县人大常委会副主任聂毅出席活动。

9月10日　龙山县召开2018年全国科普日活动启动仪式暨全民科学素质工作推进会，会议主要任务是贯彻落实省全民科学素质行动计划纲要实施推进工作电视电话会议精神，安排部署《全民科学素质行动计划纲要》实施中期评估工作。州科协副主席李绍权，县委常委、组织部部长石红梅，县人大常委会副主任曹长友，副县长李冬梅，县政协副主席张兰英出席会议。

9月11日　龙山县高级中学美术水彩作品《辉煌》入选第六届湖南艺术节美术书法摄影精品

展，是湘西州唯一入选的美术作品。

9 月 12 日　龙山县第四次全国经济普查工作推进会在县会议中心召开，县委副书记、县长刘冬生，县委常委、常务副县长蔡龙出席会议并讲话，第四次全国经济普查领导小组成员单位负责人，21 个乡镇（街道）负责人以及县第四次全国经济普查领导小组办公室工作人员参加会议。

9 月 19 日　州委政法委副书记、州综治办主任、州扫黑办主任滕朝辉带领州督查组一行到龙山督查扫黑除恶专项斗争和维护社会稳定工作，并召开反馈会。县委常委、县委政法委书记印道其主持会议，副县长、县公安局局长李博出席会议。

9 月 29 日上午　湖南省第九届少数民族传统体育运动会新闻发布会在长沙召开。湖南省第九届少数民族传统体育运动会由省民宗委、省体育局、州人民政府主办，龙山县人民政府承办，于 10 月 16—20 日在龙山县举行。开幕式定于 10 月 16 日上午 9 时在龙山县体育中心举行。届时，将有来自全省 14 个市州和 17 个民族县市区的 31 个代表团，有土家族、苗族、瑶族、侗族、白族、维吾尔族、壮族、回族、汉族等 22 个民族成分的 1991 名运动员参加比赛。省民宗委党组书记、主任徐克勤，省体育局党组书记、局长李舜，州人民政府副州长余保东，龙山县委副书记、县长刘冬生出席会议，省委宣传部新闻发布处处长姚伟红主持会议。省组委会、龙山县组委会相关人员和来自新华社《湖南日报》《三湘都市报》《潇湘晨报》华声在线、红网等 10 家省内外新闻媒体参加发布会。

9 月 30—10 月 1 日　龙山县人社局、县就业局组织各乡镇（街道）相关负责人和 152 名务工人员一行，来到长沙望城经开区伟创力技术（长沙）有限公司，就劳动用工招聘工作进行考察。县委副书记、县长刘冬生，县委常委、副县长张红民参加考察。

10 月

10 月 8 日　龙山县“全国第五个扶贫日”活动部署会议在县会议中心召开。县委副书记陈忠耀主持会议；县人大常委会副主任聂毅、副县长储军、县政协副主席张兰英出席会议。会上，县攻坚办相关负责人宣读了《龙山县 2018 年扶贫日活动方案》《龙山县 2018 年“我想有个家安居工程公益募捐活动方案”》，并对系列活动开展进行全面的安排部署。

10 月 16 日上午，湖南省第九届少数民族传统体育运动会在龙山县体育中心开幕。在这个流光溢彩、收获希望的季节里，湖南各族儿女沉浸在一片欢乐的海洋中，盛开的民族团结奋进之花在赛场上魅力绽放。省委常委、省委统战部部长黄兰香，省人大常委会副主任杨维刚，省人大常委会副主任、湘西土家族苗族自治州州委书记叶红专，副省长、湖南省第九届少数民族传统体育运动会组委会主任吴桂英，省政协副主席贺安杰，国家民委文化宣传司副司长钟廷雄，省人大民族华侨外事委员会主任委员李平，省民族宗教事务委员会党组书记、主任徐克勤，省体育局党组书记、局长李舜，中国少数民族体育协会会长杨盛龙出席开幕式，来自北京、吉林、江苏、河南、湖北、重庆等省市民族工作部门相关负责人，省直相关部门负责人，各市州、县市区相关负责人，湘西州委、州人大、州政府、州政协及州直有关部门负责人参加开幕式。开幕式由徐克勤主持。

10 月 17 日　省委副书记乌兰到龙山县调研脱贫攻坚工作。她强调，要以习近平关于扶贫工作的重要论述为指导，带着责任带着感情，对标对表，注重产业扶贫，龙山要确保实现 2019 年如期脱贫摘帽目标。省委副秘书长秦国文，省农办主任、省农委主任袁延文，省国土资源厅副厅长王善明，省旅发委副主任高杨先，省扶贫办副主任贺丽君，省脱贫攻坚常态化联点督查第九组组长、省农委副巡视员罗振新等参加调研或参加座谈会。州委副书记、州委统战部部长唐湘林，州委常委、龙山县委书记周云及县领导刘冬生、符家波、黄勇、储军等陪同或参加座谈会。

10 月 20 日上午　湖南省第九届少数民族传统体育运动会经过 5 天紧张激烈的角逐，经省人民政府批准，由省民宗委、省体育局、湘西州人民政府主办，龙山县人民政府承办的湖南省第九届少数民族传统体育运动会顺利完成全部赛程，于本日晚在龙山县高级中学体育馆闭幕。省民宗委党组书记、主任、第九届全省民族运动会组委会副主任徐克勤宣布湖南省第九届少数民族传统体育运动会闭幕。省民宗委副主任刘鸿伏致闭幕辞。省体育局副局长苏健全，湘西州州委常委、龙山县委书记周云，湘西州人民政府副州长向清平出席闭幕式。省、州、县组委会成员，31 个代表团领导及运动员、裁判长、裁判员，龙山县全体在家县级领导及社会各界群众参加闭幕式。闭幕式由向清平主持。

10 月 25 日　州委常委、县委书记周云主持召开县委常委会 2018 年度第二十三次会议。县领导刘冬生、陈忠耀、蔡龙、刘昌顺、石红梅、符家波、印道其、黄勇、龙儒文、徐志军、张红民、涂洪涛出席会议，吴少叶、赵银河列席会议。会议听取县财政预算调整情况汇报、湖南省第九届少数民族传统体育运动会总结情况汇报，听取龙山县科协系统深化改革和科协换届工作情况汇报，审议《龙山县科协系统深化改革实施办法》和《龙山县科协换届工作实施方案》，审议《龙山县加快农村人居环境整治建设美丽乡村三年行动实施方案》。

10 月 27 日　龙山县举办第四期红色大讲堂，中共中央党史研究室宣传教育局原副局长薛庆超教授应邀讲授《不忘初心，牢记使命——习近平从梁家河到中南海的历程和启示》和《中国特色社会主义与文化自信——从毛泽东邓小平等运用优秀传统文化治党治国治军到习近平治国理政》。县委常委、县委组织部部长石红梅主持会议。

11　月

11 月 2 日　州委副书记、州长龙晓华到龙山县，调研脱贫攻坚和污染防治工作。州政府秘书长、办公室主任包太洋，州扶贫开发办主任李卫国等参加调研。县领导蔡龙、储军、张肇琴陪同调研。

11 月 2 日　台湾中华文化永续发展基金会董事长刘兆玄一行到龙山县进行参访。省台办主任肖祥清，州委常委、龙山县委书记周云，州台办主任何杰，县委常委、县委统战部部长黄勇，里耶管委会主任田波陪同参访。

11 月 8 日　龙山县纪委监委在县电视台演播大厅内举办以“传承红色基因，打造纪检铁军”为主题的道德讲堂活动。通过追忆革命先烈，领悟革命精神，让大家的心灵在道德讲堂中得到洗礼，做红色基因的传承者、实践者，做忠诚、干净、担当的表率。

11 月 14 日　州委书记叶红专到龙山县大安乡马脚坪村，召市镇岩门坡村开展“三走访三签字”活动，调研指导精准扶贫工作。州委秘书长向邦伟参加活动，县委常委、县委办主任符家波，副县长储军陪同。

11 月 15 日　省政协委员、州政协党组书记、主席刘昌刚带领州政协相关负责人一行到龙山县，就基层政协工作进行调研。省政协委员、县政协党组书记、主席吴少叶，州政协委员、县委常委、县委统战部部长黄勇，州政协委员、副县长李冬梅，县政协党组副书记、副主席张青山，县政协副主席郑慧侠，县政协党组成员、副主席王本东，州政协常委、县政协副主席、县工商联（总商会）主席（会长）余志国，县政协党组成员、副主席张兰英参加座谈会。

11 月 14—15 日　省委常委、长沙市委书记胡衡华到龙山县调研督查脱贫攻坚工作，看望慰问困难群众，督办脱贫攻坚群众信访件办理。他强调，要深入学习贯彻习近平关于扶贫工作的重要论述，坚持以人民为中心，打好打赢精准脱贫攻坚战，确保如期完成目标任务。省人大常委会副主任、湘西州委书记叶红专参加调研。省农业农村厅党组成员、省农机局局长王罗方，长沙市委常委、市委秘书长夏建平及长沙市相关人员一同参加督查指导。州委常委、龙山县委书记周云，州委秘书长向邦伟；龙山县领导符家波、张红民、储军等陪同。

11 月 21 日　“奋进中的湘西”庆祝改革开放 40 周年系列新闻发布会龙山县专场在吉首县召开，县委副书记、县长刘冬生发布新闻，就龙山县改革开放 40 年来经济社会发展的总体情况进行介绍，该县发改局、民宗局、扶贫开发办、农业局、住建局、交运局等部门负责人分别就相关问题回答了记者提问。

11 月 23 日　龙山县科学技术协会第七次代表大会在县会议中心胜利召开。州科协党组书记张伯传，县委副书记陈忠耀，县委常委、县委组织部部长石红梅，县人大常委会副主任聂毅，副县长李冬梅，县政协副主席王本东出席会议。

11 月 28 日　龙山县在会议中心召开龙山县民生天然气公司非法集资清退和债务清偿工作大会。会议通报了龙山民生天然气有限公司(以下简称“龙山民生天然气公司”)非法集资依法处置情况，安排部署非法集资清退和债务清偿工作。县委常委、常务副县长蔡龙，县委常委、县委政法委书记印道其，副县长、县公安局局长李博，县人民法院院长刘辉，县检察院检察长聂春辉出席会议。会议由蔡龙主持。

11 月 29 日　龙山召开县委常委会 2018 年度第二十六次(扩大)会议暨县委理论中心组 2018 年第 9 次集体学习，深入学习领会习近平新时代中国特色社会主义思想，学习传达中央、省、州有关精神，安排部署当前重点工作。州委常委、县委书记周云主持会议；刘冬生、余佳祥、蔡龙、刘昌顺、符家波、印道其、黄勇、龙儒文、徐志军、张红民等全体在家在职县级领导出席会议；21 个乡镇(街道)党(工)委书记，有关县直正科级以上单位主要负责人参加会议。

11 月 29—30 日　全州政协基层协商民主建设现场推进会在龙山县召开。会议主要目的是应对新形势下各级对政协履职工作新要求、学习以龙山县政协为代表的县市政协基层协商民主的经验做法、全面加强和创新改进全州政协履职工作。州政协党组书记、主席刘昌刚，州委常委、龙山县委书记周云，州政协党组副书记、副主席贾高飞，州政协副主席宋清宏、向顶天、龙春生，州政协副主席、州工商联主席石红等出席会议；龙山县委副书记、县长刘冬生，县委副书记陈忠耀，县政协主席吴少叶，副县长谭必松，县政协副主席张青山、郑慧侠、王本东、余志国、张兰英及全州各县市政协主席、副主席等参加会议。

11 月 30 日　由“新湖南”、红网、《团结报》、湘西广播电视台、湘西网等媒体组成的州《县市委书记访谈》采访组到龙山县，就龙山县如何贯彻落实全国、全省、全州宣传思想工作会议精神，切实抓好意识形态工作进行采访。州委常委、龙山县委书记周云接受采访组专访。

11 月 30 日　龙山县 2018 年重点招商引资项目集中签约仪式在县会议中心举行，龙山县分别就龙山县天然气石油综合利用项目、龙山民生天然气有限责任公司资产处置项目、龙山县城区管道天然气项目、龙山县土地综合整治合作开发项目、龙山县菊粉生物科技产业园项目、龙山县湾塘水电站二期工程项目 6 个项目与投资方进行集中签约，签约资金 25 亿元。县委副书记、县长刘冬生，县委常委、常务副县长蔡龙，县人大常委会副主任杨波，副县长李冬梅，县政协副主席张兰英，及民生能源集团董事长薛方全，湖南发展集团土地经营管理有限公司总经理王修林，湖南本农环境科技有限公司总经理刘刚，湖南美生宝生物科技有限公司董事长张文全，湖南蓝天阳工程投资管理有限公司投资总裁朱旗等投资方代表出席签约仪式。

11 月 30 日　中国武陵山区(湘西 · 龙山)第四届三棒鼓擂台赛隆重举行，全县 19 支三棒鼓队伍登台献艺，为广大市民献上一场精彩的民族非遗文化大餐。经过一天激烈的角逐,最终洗洛代表队力压群雄获得团体一等奖,来自湘鄂情三棒鼓表演队 32 岁的肖昌永获得金鼓王称号,成为龙山历届以来最年轻的金鼓王。

12 月

12 月 3 日　州委常委、龙山县委书记周云主持召开惹巴拉景区旅游开发现场推进会。他强调,各级各部门要高度重视惹巴拉景区开发工作,加快景区项目建设进度,全力确保惹巴拉景区明年 5 月 1 日试营业。县委副书记、县长刘冬生,县委常委、常务副县长蔡龙,县委常委、县委宣传部部长刘昌顺,县委常委、县委办主任符家波,副县长梁兴华出席会议。

12 月 9 日　州委常委、县委书记周云一行深入石牌镇调研指导非洲猪瘟防控工作。

12 月 8 日　龙山县迎省脱贫攻坚年度考核工作紧急部署会召开。

12—25　全省将组织 14 个脱贫攻坚工作考核组,围绕减贫成效、精准识别和精准退出、精准帮扶、“两不愁三保障”落实、扶贫领域作风建设等进行市际交叉实地考核。会议学习传达湖南省 2018 年市州、县市区党委和政府脱贫攻坚工作实地考核工作方案和州委、州政府相关文件,安排部署脱贫攻坚重点工作和迎检工作。周云、刘冬生、陈忠耀、余佳祥、吴少叶、刘昌顺、石红梅、符家波、印道其、涂洪涛及所有在家县级领导出席会议。县直副科级以上单位班子成员及县攻坚办、县驻村办、县扶贫办全体干部参加会议,21 个乡镇(街道)所有干部收看视频会议。

12 月 10 日　县委常委、政法委书记、县黔张常铁路建设协调指挥部副指挥长印道其深入黔张常铁路龙山段沿线,调研工程建设和扫黑除恶专项斗争,县委政法委、县公安局、县黔张常铁路协调指挥部相关负责人陪同调研。

12 月 12—13 日　文化和旅游部资源开发司副司长张吉林带领中国社会科学院、中国科学院地理科学与资源研究所、北京联合大学的专家和有关处室负责人到龙山县调研指导全域旅游创建工作。省文化和旅游厅、州旅发委相关负责人;县委副书记、县长刘冬生,副县长梁兴华,里耶管理区党工委书记田大治,里耶管委会主任田波及县旅文局负责人陪同。

12 月 16—18 日,国家农业农村部副部长屈冬玉到龙山县调研。农业农村部第十二批扶贫联络组人员,省农业农村厅总农艺师唐建初,省农业科技中心主任杨乾,州委副书记、州长龙晓华,州委副书记、州委宣传部部长唐湘林,州委常委、龙山县委书记周云,副州长何益群,县领导刘冬生、涂洪涛、龙世平等陪同调研或参加汇报会。

19 日　农业农村部副部长屈冬玉来龙山调研。

12 月 22 日,州委常委、县委书记周云主持召开县委常委会 2018 年度第二十八次会议。县领导刘冬生、陈忠耀、余佳祥、吴少叶、蔡龙、刘昌顺、石红梅、符家波、印道其、黄勇、龙儒文、赵银河、张红民等参加会议。会议传达通报了农业农村部副部长屈冬玉调研龙山精准脱贫攻坚重要讲话精神;传达学习全州“五兴”互助基层治理模式会议精神、第二次全省贫困县纪委例会精神;听取县人民政府工作报告、龙山县第十七届人民代表大会第三次会议工作报告、政协龙山县第九届委员会第三次会议工作报告、龙山县 2018 年国民经济和社会发展计划执行情况及 2019 年国民经济和社会发展计划(草案)报告、县人民法院工作报告、县人民检察院工作报告、龙山县城乡安全饮水 PPP 项目相关情况报告。

12 月 23—24 日　长沙市政协主席文树勋,长沙市政协副主席、市工商联主席彭继球,长沙市金霞经开区党工委书记李国军一行到龙山县调研对口帮扶茨岩塘镇工作。

12 月 28 日上午　龙山县第十七届人民代表大会第三次会议在县会议中心开幕。来自全县各行各业、各条战线的人大代表，肩负着全县各族群众的重托，将履行宪法和法律赋予的神圣职责，为龙山发展出谋划策。大会执行主席由周云、余佳祥、刘冬生、陈忠耀、石红梅、龙儒文、李开进、唐晓萍、曹长友、聂毅、杨波、向顺忠、黎定国、聂仁军、瞿宏文担任。

西电东输

2018年12月28日　从湖南省文化和旅游厅获悉，湘西州里耶古城景区成功获评国家AAAA级旅游景区。

12月29日20时开始　龙山县境内普降大雪，路面结冰，高速公路封闭，城区道路通行困难。当晚22点，县委副书记、县长刘冬生到县公安局指挥中心，召集公安、安监、交运、城管、住建等部门负责人，调度安排抗击冰雪工作。县委常委、县委政法委书记印道其，副县长、县公安局局长李博参加调度。

县情概览

地理

【地理位置】 龙山县位于湖南省西北部，湘西自治州北部，自古乃"川鄂之枢纽，湖湘之屏障"。处于湘、鄂、渝三省（市）交界之地，有"一脚踏三省"之称，史称"湘鄂川之孔道"。地理坐标北纬 28°46′07″、东径 109°13′00″～109°49′21″。东毗湖南省桑植、永顺县，西邻重庆市秀山县、酉阳县，湖北省来凤县，北连湖北省宣恩县，南接湖南省保靖县。县人民政府驻民安街道，距来凤县城 6 千米，省际两县城近距为全国之最。县域地处云贵高原末端，武陵山脉西段，总面积 3131.43 平方千米。山、丘、岗、平地和水面组合比例为 82∶10∶4∶3∶1。酉水、澧水奔流其间，雄浑多姿。地属中亚热带山地季风湿地气候区，四季分明，年平均气温 15.8℃。生漆、油桐、马铃薯产量居湖南省首位，烟叶列全省第二。县内有土地革命时期红军建立的根据地——湘鄂川黔苏区遗址。有"农业学大寨"的先进典型——洛塔。唯一保存完整的战国——秦国遗址和 37300 枚简牍。使用土家语人口逾十万人，居全国之首，是中国仅有的土家语存留县之一。

【地质地层】 县境地层属扬子分区范畴，出露自老而新有显生宙古生代的寒武系、奥陶系、志留系、泥盆系、二叠系，显生宙中生代的三叠系、白垩系，显生宙新生代的第三系及第四系。缺失石炭系，侏罗系和泥盆系地层出露不完整。大部分地层出露完整，分层标志明显。沉积类型复杂，横向变化大，古生物化石丰富，种类繁多，过渡特色突出，各系地层分布范围区分容易。依据《全国地层多重划分对比研究报告——中南区域地层、湖南省岩石地层》，县域地层单位可划为 30 个，总厚度大于 5600 米。

【岩石类型】 县域沉积岩主要为碳酸盐岩类、砂页岩类。

松散堆积物以冲积物、洪积物为主，次为残积物和岩溶堆积物，成分复杂，没有固结成岩，均分布在第四系地层中。

红岩类主要为白垩系及中三叠统的紫红色钙质泥岩、粉砂质泥岩、钙质泥质砂岩、钙质砂砾岩及砾岩等，主要分布在民安、新城、石羔、华塘、三元等地 5 个乡镇（龙山向斜盆地）。

砂页岩类主要地层有下寒武统下部，上奥陶统上部，志留系中部及二叠系上统等。主要岩石有页岩、灰质页岩、砂质页岩、粉砂质页岩、钙质页岩、泥质页岩、钙质砂岩、泥质砂岩等，呈带状分布于兴隆街、桶车、三元、洗洛、茅坪、水田坝、红岩溪、瓦房、咱果、内溪、隆头、苗儿滩等地。

碳酸盐岩类有四种组合岩类：以石灰岩为主，岩石成分较纯且厚度大，主要有二叠系下统茅口组、二叠系下统大冶组上部；以生物碎屑灰岩为主，主要有奥陶系下统南津关组；以白云岩、白云质灰岩为主，主要有寒武系娄山关组；以灰岩夹泥灰岩，砂质页岩灰岩及泥质灰岩。分布在寒武系下统清虚洞组、奥陶系中统牯牛潭组和下统的大湾组、宝塔组等。上述岩石类型全县大部分乡镇均有分布。

硅质岩类岩性为石英砂岩，长石石英砂岩及石英岩，质地较纯，多呈灰白一深灰色，薄一中厚层状，主要在寒武系下统和泥盆系中统云台观组。主要分布在三元、桶车、兴隆街、茨岩塘、洗洛、红岩溪、猛必、比溪、农车、他砂、靛房、坡脚、猛西、内溪、白羊、咱果、瓦房、辽叶等地。

铝质岩类产于二叠系下统黔阳煤系地层中和上统辰溪煤系地层中，为一套铝质泥岩、铝质砂页岩，呈薄一中厚层状。主要分布在猛必、红岩溪、洛塔、瓦房、塔泥、农车、他砂、靛房、白羊等地。

铁质岩类主要由鲕状结构的赤铁矿构成，产于新城兴隆桥、太平山、三元楠木园、西湖卸甲寨等寒武系地层中，以赤铁矿为主，伴生有黄铁矿。

磷质岩类深灰一灰黑色，呈层状、似层状、透镜状及结核状，磷质岩主要为胶磷矿及少量磷灰石，白云质磷块岩、钙质磷块岩、硅质磷块岩，品位高者形成磷矿，分布于八面山等地。

锰质岩类矿物成分为菱锰矿，产于奥陶后系宝塔组，薄层状，厚度变化大。主要分布于水田坝镇仁河、贾市乡恒扎等地。

蒸发岩类由硬石膏及少量石膏组成，产于白垩系红层中，主要分布于石羔、新城、华塘、三元、民安、洗洛等地。

【地质构造】 县域大地构造位于湘西北地体（扬子被动大陆边缘），属侏罗山式褶皱变形区，以较宽缓的北一北东带及其伴生的断裂构成基本构造格架。

【水文地质】 根据境内各岩层的含水介质、地下水的赋存条件及水动力特征、岩层的组合关系，地下水类型分为松散岩类孔隙潜水、碳酸盐岩类裂隙岩溶水、碳酸盐岩夹碎屑岩岩溶裂隙水、基岩裂隙水。

县域地下水资源丰富。酉水河沿岸第一至四级阶地上有埋藏较浅的第四季沙砾石层（或砾石层）孔隙潜水，碳酸盐岩分布区岩溶发育，预计暗河流量100～1000升/秒，泉流为10～100升/秒。碳酸盐岩夹碎屑岩岩溶中等发育，预计暗河流量10～50升/秒，泉流量1～10升/秒。基岩裂隙水泉流量1～5升/秒或小于1升/秒。

二叠系上统吴家坪组炭质页岩，志留系砂质页岩，寒武系下统牛蹄塘组砂质、泥质、炭质页岩为相对的隔水层，特别是志留系砂质岩分布广、厚度大，是境内主要隔水层。

碳酸盐岩类溶地下水化学类型为重碳酸钙型和重碳酸钙镁型水，P^H 值7.4～8.2，属弱碱性水。基岩裂隙主要为碳酸钙水，基本属中性水。龙山向斜盆地，松散岩类孔隙水，化学类型为硫酸钙型、碳酸氯化物钙镁型等，P^H 值一般在6.0～6.8之间，基本属弱酸性水。

【地貌特征】 县境地处云贵高原北东侧与鄂西山地西南端结合部，武陵山脉由北东和南西斜贯全境，地势北高南低，属中国由西向东逐步降低的第二阶梯东缘。在漫长的地质年代中，经多次地质构造运动，形成山地为主，丘、岗、平川及水面交错的地貌类型。

县境属强侵（溶）蚀山区，境内群山起伏，山峦重叠，溪谷交错，坡陡谷深，山体破碎，耕地分散。海拔1000～1200米的山头有192座，1200米以上的山头有353座。主要山脉有北部的红旗界，东部的永龙界、曾家界，中部的洛塔界，西南部的八面山等，由东北向南延展，呈东、中、西、北山脉凸起，形成北高南低、东陡西缓向南开口的“勿”字形地貌骨架。县境地貌受地质构造控制极为明显，地貌具有岭谷相间、高差悬殊、切割深密、波状起伏，多层次、阶梯状、链状与连续性变化特征。境内最高山峰万宝山主峰大灵山海拔1736.5米，最低处隆头的隆头河滩海拔218.2米。相对高差1518.3米，比降为2.2‰，最大切割深度1136米，最大切割密度4.7千米/平方千米，形成以山地为主，兼有丘陵、岗地、平原及水面等多种地貌类型，且大部分乡、村有多种地貌类型。

县境石灰岩(包括白云岩)分布很广，面积1616.94平方千米，占全县总面积51.1%。因长期经受侵蚀和溶蚀，形成大小不等的溶蚀剥离面和洼地，以及许多溶洞、漏斗、落水洞、石芽、暗河等地貌；又因地质构造和北高南低的地势影响，地表溪流切割深密，水系树枝状和格状分布。

【山地】 县境山地面积2566.84平方千米，占全县总面积的82%。按山体规模分为以下四种次地貌类型。

中山海拔高度800米以上，相对高差大于500米，面积1151.47平方千米，占县境总面积的37%。山势险峻、山高坡陡、山峰重叠高耸，坡度一般30度左右，部分可达60～80度，断层形成的崖壁近于直立，切深300～800米，“V”字形悬崖峡谷多。主要分布在猛必界、永龙界、洛塔界、曾家界、八面山等。

中山原(俗称高山台地)海拔高度大于800米，相对高差大于60米，坡度5～25度，面积158.63平方千米，占全县总面积的5%。主要分布在原大安、他砂、靛房、坡脚、茅坪、洛塔、比溪、猛必、水田坝等乡镇。

中低山海拔500～800米，相对高差250～500米，坡度一般30度左右，部分达60～70度，切割深度200～300米。面积1101.24平方千米，占全县总面积的35%。地貌多呈孤峰，山谷深，坡度大，溪谷发育，地形陡峻。主要分布在茅坪、大安、猛必、西湖、八面、贾市、洗车河、他砂、坡脚、辽叶等乡镇。

低山海拔高度300～500米，相对高差200～400米，坡度25～30度，面积152.5平方千米，占全县总面积的5%。地貌特征为丘状岩溶发育，光、热、水、土条件好，矿产资源丰富，适宜发展林牧、经济作物和矿业生产。县境各地有分布。

【丘陵】 海拔高度不限，相对高差6～200米，坡度15～25度，总面积307.43平方千米，占全县总面积的10%。地貌特征为岩溶孤峰或岩溶峰林，抗风化弱，易受冲刷，岩石大部分裸露，土质贫薄，只有丘陵之间洼地成洼迅速，土质深厚且肥沃。县境各地有分布。

【岗地】 海拔高度不限，相对高差10～60米，坡度5～15度，总面积131.79平方千米，占全县总面积的4%。地热平缓，多分布在溪谷平川和不同台地的溶蚀平川附近，土层厚3～5米，岗顶及岗地上部土层厚度变化较大，大部分均开垦为农田。县境各地有分布。

【平川】 海拔高度不限，相对高差小于10米，坡度小于5度，面积99.1平方千米，占全县总面积3%。按其成因溪谷平川和溶蚀平川。溪谷平川为流水搬运淤积而成，在溪河两岸，呈朱状沿水域两岸向下延伸，主要分布在酉水及支流沿岸，面积较大的有石羔、华塘、三元、民安、新城、湾塘、里耶、苗儿滩等地，地势平坦，光、热、土条件俱佳，大部分为农田。溶蚀平川主要为原地碳酸盐岩风化残积而成，地势平坦开阔。土壤厚度及土质由山脚至平川中部变化较大，光、热、水条件较好，为县域农业发展较佳地貌区，主要分布在茨岩塘、召市、贾坝等地。

建置区划

【建置沿革】 龙山县历史悠久，是典型的“朝秦暮楚”之地，战国时期，周安王二十年(前382)，楚国北争中原受挫而建黔中郡，县地属楚。周赧王三十年(前285)，秦郡守张若伐楚，领巫中地及江南一带，县地属秦。三十六年(前279)楚顷襄王庄硚越黔中郡，直捣滇池，县地属秦。三十八年秦拔巫中地(常德一带)黔中郡，县地属秦。三十九年，楚夺回江南地，县地又属楚。秦始皇二十五年(公元前222)，秦军占领秦中郡，占领县地，置洞庭郡属迁陵县。汉高祖五年(公元前 202),秦中郡改为武陵郡,郡治义陵(今溆浦县南),县地属武陵郡酉阳县。三国蜀章武元年(221),蜀分酉阳县置黔阳县,县治在今县境的酉阳北岸,晋元帝大兴元年(318),县城除东北角属荆州天门郡充县外,大都属荆州武陵郡酉阳县,南朝因之,隋开皇九年(589)废沅陵郡置辰州,县地属辰州大乡县。炀帝大业二年(606)隋炀帝恢复沅陵郡。

县地隶属沅陵郡大乡县。唐武德元年(618)沅陵郡改辰州,县地属辰州大乡县。唐天授二年(691)析辰州置溪州,县地属黔中道溪州大乡县。五代后梁太祖开平年间(907—911 年),溪州刺使彭碱联合湖北漫水土司之弟向伯林,打败县域部落酋长握着冲后晋天福五年(940)。马希范与彭士愁双方议和结盟,立铜柱于会溪坪。彭分其地为上、中、下三州,又设永顺等 17 州,皆置刺使,由子孙世袭。下溪州刺使为都誓主,领其 19 州。今县境属永顺州。南宋绍兴二十五年(1155)县地隶属辰州府上溪州。元至正十一年(1351)彭万潜、彭天宝自改永顺等处为军民安抚司,属四川行省,县地属之。明洪武六年(1373)设永顺军民宣慰司,治所在永顺老司城。今县境北部属白岩洞长官司,南部属上溪州,同时并存在大喇巡检司。清雍正五年(1727)永顺土司彭肇槐,向清廷纳土,史称"改土归流"。

清雍正七年(1729),设置永顺府,析置龙山县,堪定新田堡为县城地址(今县政府所在地),龙山从此沿袭至今。民国 1937 年 1 月 26 日,全省划为 9 个行政都察区,5 月起龙山属第四都察区。1938 年 4 月 1 日撤销湘西绥靖处,设沅陵行署,龙山属之。1940 年 4 月省调整区划,增改为十个行政都察区,龙山改属第八区。1946 年 2 月,川黔湘鄂边区绥靖公署成立,划五个绥靖分区,龙山属第一绥靖区,中华人民共和国成立后,1949 年 10 月 13 日,中共湘西区委员会成立,龙山属永顺地方工作委员会管理。1950 年 1 月 1 日,湘西行政公署成立,下辖 3 个专区,龙山属永顺专区。1957 年 9 月 20 日,湘西土家族苗族自治州成立,龙山为其所辖。

【行政区划】 2017 年,县辖民安、华塘、兴隆、石羔 4 个街道,洗车河、茨岩塘、红岩溪、石牌、靛房、苗儿滩、里耶、桂塘、召市、洗洛、水田坝、农车 12 个镇,洛塔、大安、内溪、咱果、茅坪 5 个乡,合计 21 个乡级政区,320 个村民委员会,77 个社区。

自然资源

•旅游气象资源•

【旅游资源】 自 1985 年开始,龙山县开始旅游资源调查,1987 年 10 月 1 日开放龙山县第一个景点——惹迷洞。1993 年 10 月,采取"文化搭台,旅游助兴,经贸唱戏"的形式,举办"1993 中国湖南(龙山)土家摆手节暨经贸洽谈会"。1997 年皮渡河景区批准为省级景区。2002 年 12 月 18 日,湖南省国土厅批准洛塔为首批"地质公园"。2002 年 12 月,里耶战国古城为国家第五批重点文物保护单位。按照"有效保护、合理利用、科学管理"的原则,以里耶古城为龙头,以厚重的历史文化,浓郁的民俗风情,雄奇的自然风光为依托的旅游发展格局。分为自然资源和人文资源两大类。境内山水风光奇异,历史文化厚重,民族特色浓郁,旅游资源丰富多彩。绿色画廊、乌龙山大峡谷、空中草原、南方天池、八仙洞、八面山;洛塔地质公园,乌龙山森林公园,印家寨原始次森林园,园园美不胜收,洛塔石林,比溪石林奇特无比。果利河、皮渡河、洗车河;惹迷洞,飞虎洞,燕子洞,婆婆洞。"龙山二千七百八十洞,洞洞奇观不可知";天锅潭瀑布、望乡台瀑布、洞比洞瀑布。姊妹岩、岩娘娘、龙潭河岩,岩岩相连。

【气象资源】 2018 年,全县平均气温 16.8℃,比历年平均值偏高 0.7℃,年极端最高气温 37.5℃,出现在 7 月 21 日,年极端最低气温 −3.2℃,出现在 12 月 30 日,年总降水量 1737.5 毫米,比历年偏多

429.4毫米，距平百分率32.83%；年日照总数1227.6小时，比历年偏多32.6小时，距平百分率2.72%，暴雨日数7天，无霜期307天。降水主要集中在3—10月，占年总降水量的92.2%，年降水量较历年值偏多近2成且分布不均；日照比历年值偏多，日照主要集中在4—9月。2018年度龙山县主要遭受了暴雨洪涝、干旱等灾害天气袭击。1月25—28日受短波槽以及中低层切变和地面强冷空气共同影响，我县出现较大强度的低温雨雪冰冻天气过程。7月16—25日连续10天最高气温≥35.0℃，达到轻度高温热害标准。夏季高温强度强，出现高温热浪，局地夏旱明显，影响范围小，旱情程度为轻旱。主汛期内暴雨洪涝是年内主要致灾天气气候事件，气候年景总体上属于正常年景。

·水资源·

【酉水干流水质】 2018年，酉水干流（龙山段）145千米范围内水质一般满足国家《地表水环境质量标准》（GB3838—2002）Ⅱ～Ⅲ类标准，可作为饮用水源。

【中小河流水质】 全县以乡镇河流交界处的水质均请第三方机构进行检测，全县中小河流水质局部河段基本没有污染、只有少部分存在生活污水直排入河。县级河流皮渡河、猛洞河、洗车河、儿车河、长潭河、贾市河、小河溪、乌鸦河、缺台河水质较好，为地表水环境Ⅱ～Ⅲ类标准，但桂塘河因水量小，纳污能力较差，出现了劣Ⅳ类水质。

【水库水质】 龙山县多次开展专项执法活动，加强对全县大、中型水库水产养殖业规范化管理，2018年水库水质下降趋势得以好转，但水体富营养化仍较为严重。

【取水口、退水水质】 监测表明，全县主要取水口水质较优，一般能达地表水环境质量Ⅱ～Ⅲ类标准。生活用水排污口17个，综合污水排污口7个，其中有1个排污口超标；主要污染物为化学需氧量、氨氮、五日生化需氧量和悬浮物。全县主要入河排污口24个，工业废水、生活污水、雨污混合废水，以明渠、涵管等形式排入水体，全县17个乡镇污水处理厂正在筹备建设中。

【污水排放】 全县工业、生活污水排放量4.9977亿立方米，其中工业废水排放总量4.3443亿立方米，生活污水排放总量0.6534亿立方米。工业废水中排放的主要污染物是化学需氧量、铵氮、悬浮物等，生活污水排放的主要污染物是化学需氧量和五日生化需氧量。

·矿产资源·

【概况】 截至2018年年底，全县已发现各类矿产23种，区内发现各类矿区（床）150处，已查明资源储量的主要矿区6个。其中大型矿区1个，中型1个，小型矿区4个。全县已开发利用的矿产有煤、铅锌矿、重晶石、方解石、冶金用石英岩、饰面用石料（大理石）、水泥配料用页岩、建筑石料用灰岩、砖瓦用页岩等，尚未开发利用的矿产有陶瓷土、水泥用灰岩、白云岩、地下水、地下热水、页岩气等。

【重点矿产】 龙山县境内重点矿产为陶瓷土、地下热水和矿泉水。陶瓷土是龙山县的优势矿产，主要分布在民安街道办事处。矿山储量规模达大型，开发条件好，其精深加工产品应用前景广阔，开发潜力大。地下热水是龙山县的特色矿产，主要矿产地有5处，储量丰富，具有较大的开发利用价值。龙山县现已发现矿泉水矿产地1处，该矿泉水锶含量适中，且含少量偏硅酸等对人体健康有益的微量元素，是一种优质饮用天然矿泉水。

序号	矿产名称	资源储量单位	资源储量	开采规模单位	大型矿山最低开采规模	中型矿山最低开采规模	小型矿山最低开采规模
1	煤炭	千吨	16554	万吨/年	120	45	9
2	铅矿	铅　吨	1967.1	万吨/年	100	30	3
3	锌矿	锌　吨	28298.1	万吨/年	100	30	3
4	重晶石	矿石　千吨	194	万吨/年	10	5	3
5	方解石	矿物　吨	1180400	万吨/年	20	10	1
6	冶金用石英岩	矿石　千吨	727	万吨/年	20	10	1
7	饰面用石料(大理石)	矿石　千立方米	6379	万立方米/年	10	5	0.5
8	水泥配料用页岩	矿石　千立方米	217.55	万吨/年	30	6	0.6
9	水泥用灰岩	矿石　千吨	47617	万吨/年	100	50	5
10	陶瓷土	矿石　千吨	7850	万吨/年	10	5	0.5
11	建筑石料用灰岩	矿石　千立方米	144677	万吨/年	100	50	5
12	地下热水	立方米/日	1000	立方米/日	800	400	40
13	地下水	立方米/日	9041	万吨/年	1000	500	100
14	矿泉水	立方米/日	4639.23	立方米/日	5000	500	50

【一般矿产】 龙山县境内一般矿产为煤炭、铅锌矿、重晶石、方解石、冶金用石英岩、饰面用石料(大理石)、水泥配料用页岩、水泥用灰岩、建筑石料用灰岩。龙山县现已发现煤炭矿产地29处,主要分布在洛塔、召市、茅坪、猛必、里耶以及三元、白羊、湾塘、内溪、红岩、他砂、农车、塔泥、和苗儿滩等地。已发现铅锌矿矿产地48处,其中铅矿23处,锌矿1处,铅锌矿24处。主要分布在水田、茨岩、茅坪、火岩、桂塘、红岩、比溪、洛塔、贾市、内溪、干溪、洗车、苗儿滩、塔泥等地。铅加锌品位一般在0.2—25.5%,少量矿石超过40%,矿体厚度0.5～2.3米。以江家垭、卸甲寨两矿区勘查程度较高,已查明铅锌资源量1025吨。已开发利用重晶石矿产一处,分布在民安街道和洗洛镇。苗儿滩镇也有分布,但目前资源量不清,尚未开发利用。已发现方解石矿产地五处,主要分布在茨岩塘镇、洗洛镇、茅坪乡和红岩溪镇。已发现冶金用石英岩矿产地三处,主要分布在石羔街道,二氧化硅含量在72%～98.5%。已发现饰面用石料(大理石)矿产地7处,已开发利用3处,主要分布在民安街道、大安乡、洗洛镇、农车镇和里耶镇。已发现水泥配料用页岩矿产地十多处,已开发利用1处,主要分布在石羔街道、洛塔乡、洗洛镇和茅坪乡。已开发利用水泥用灰岩矿产1处,已发现矿产地9处,主要分布在民安街道,氧化钙平均为53.8%。全县除华塘街道外,其各乡镇均有建筑石料用灰岩分布,可用、可采建筑石料用灰岩层厚一般为数十米到百米,长为数千米到数十千米不等,具有典型代表的矿产地有47处。

人文资源

【历史文化】 里耶麦茶溪口、大板、湾塘两地,考古发现旧石器,砍砸工具,距今1万～5万年,1973年里耶麦茶的溪口发现新石器时代遗址,石斧、削刮器等石器,提供了酉水中上游史前之命的历史信息。2002 年 4 月，发现战国—秦代古城遗址，出土秦简 3 万 7 千 3 百多枚，记录着政治、经济、文化、军事等事件。大板东汉遗址，汉墓和战国墓群。出土鼎、罐、壶、盆等器物 84 件。考古专家认为，可其定为沅水文化类群—里耶类群。还有苗儿滩商代文化遗址。华塘螺丝滩商代文化遗址、洛塔吴着厅遗址等。太平山赵朴初欣然提笔写名"太平山"三字，章太炎称赞"不亚庐山雁荡"。古建筑星落密布，里耶古城、贾市古街、洗车古桥、捞车古村落，凸显明清遗风。南岳宫、婆婆庙、文昌阁、舍巴堂，历经烟雨苍山，点缀其间。冲天楼，转角楼、歇凉亭、古色古香。

【非物质文化遗产】 全县有土家织锦技艺、毛古斯、摆手舞、溜子、咚咚喹、梯玛 6 个国家级非物质文化遗产项目，7 个国家级项目技艺代表性传承人。靛房镇为"全国民间艺术之乡"。靛房（溜子）、农车（大摆手）、苗儿滩（织锦）、兴隆街（三棒鼓）、坡脚（小摆手）等为"湖南省群众文化艺术之乡"。2007 年，龙山县被授予"全国土家织锦之乡"。2014 年，"舍巴日""舍巴节"被国家民委定为土家族的盛大节日。土家语是土家族的民族标志，全县有 10 万人讲土家语，坡脚地区是县境土家语主要存留区。

【民间体育】 民间体育艺术盛行，土家族武术尤盛。拳术有 34 套路，械术 38 套，器械 130 种，苗族有苗泉支、少林支、峨眉支、武当支四大门派，分大架手、小架手两套路，红、黑、开、闭、大、小之分 117 套路，气功分硬气功和软气功，适宜于强身健体。高脚马、驼螺、蹴球、龙舟赛、上刀梯经常开展。1990 年，龙山县被评为"全国体育先进县"。2014 年，被评为湖南省"民族体育先进县"。

【苏维埃省政府】 龙山县是典型的老、少、边、穷的代表县，是革命老区。贺龙、任弼时等老一辈无产阶级革命家在茨岩塘、兴隆街等地建立苏维埃政府、省革委等红色政权。全县 9000 儿女参加红军。苏维埃省政府、红色医院、兵工厂成为当今爱国主义教育基地。

野生动植物

【野生植物】 龙山县基带植被为中亚热带常绿阔叶林，由低海拔至高海拔的植被依次为常绿阔叶林一常绿落叶阔叶混交林一针阔混交林一落叶阔叶林一中山阔叶矮林，无典型的草甸植被类型。县内物种资源丰富，草本植物约有 2500 种，已查明的木本植物共有 101 科 303 属 813 种（含变种不含栽培变型），其中裸子植物 9 科 27 属 47 种，被子植物 92 科 275 属 765 种。

【垂花樱桃】 2016 年，县林业局副局长向祖恒在龙山县大安乡进行森林资源调查时，于万宝山下锅铲坪（海拔 1557 米）发现一种三芽并生的灌木樱桃，2018 年，经吉首大学张代贵教授鉴定确认为新

生长于龙山县大安乡的垂花樱桃

物种，命名为垂花樱桃（PrunusnutantifloraD. G. Zhang&Z. H. Xiang. sp. Nova）。当年9月，由吴玉、向祖恒、谢丹、刘英娣、张代贵联名在《芬兰植物学报》第55期上发表论文(《Prunusnutantiflora (Rosaceae), anewspeciesfromHunanProvince, China》)。垂花樱桃最典型的特征：三芽并生，两侧为花芽，中间为叶芽，花下垂，花叶同放。垂花樱桃的花芽着生方式与矮生樱亚属的郁李类类似，其他特征又与典型樱亚属的微毛樱相近。垂花樱桃属于晚花类型，四月中下旬开花，较华中樱桃晚开40天左右，花粉红色，量大而美。垂花樱桃的发现为我国樱类资源又增添了一个新的物种，为晚期观赏樱花资源开发提供了新的种质资源。

【国家一级保护植物】 有水杉、银杏、南方红豆杉、红豆杉、伯乐树、珙桐、光叶珙桐等；国家二级保护植物有：台湾杉、篦子三尖杉、黄杉、金钱松、柔毛油杉、白豆杉、香榧、巴山榧树、樟树、闽楠、桢楠、花榈木、红豆树、厚朴、凹叶厚朴、鹅掌楸、峨嵋含笑、连香树、水青树、红椿、毛红椿、喜树、香果树、伞花木、翅荚木、榉树、光叶榉等。

【古树名木现状】 2018年，全县古树名木资源普查共登记古树名木4735株，分属59科120属196种(变种)，其中一级古树(500年以上)61株，二级古树(300～499年)366株，三级古树(100～299年)4305株，名木3株。登记古树群落107个。

【极小种群保护现状】 2018年，龙山县在洛塔三株古水杉周围营造该古水杉子代林，切实保护这一珍稀基因资源。对桂塘镇乌龙山村桢楠，茨岩塘镇中山村、红岩溪镇尧城村、洗车河镇老洞村及木友村的细叶楠，召市镇万家棚村黄杉，桂塘镇双景村川黔紫薇，里耶镇八面山的待定名红栎，大安乡翻身村的光叶榉、常绿杋、一种待定名桦木，大安乡五马坪村水青树，茨岩塘镇等地南方红豆杉等极小群落进行了挂牌保护。在万宝山林场建立了日本落叶松优良无性系采穗圃，收集保存国内半个世纪选育的日本落叶松优良无性系50个。

【野生动物】 龙山县县域土地面积广、水草丰茂、自然洞穴多、冬少严寒、夏少酷暑，适宜多种动物繁殖生长，动物种类多。已查明的陆生脊椎动物有192种，其中哺乳动物50种，鸟类81种，爬行动物35种，两栖动物27种。鱼类有30种；昆虫约有1000种。

【哺乳动物】 有灰麝鼩、水麝鼩、家蝠、夜蝠、普通伏翼蝠、东方蝙蝠、中型菊头蝠、松鼠、赤腹松鼠、红白鼯鼠、棕鼯鼠、豹鼠、巢鼠、纹背姬鼠、林姬鼠、黄腹鼠、褐(家)鼠、小(家)鼠、孔氏鼠(社鼠)、黄胸鼠、黄刺毛鼠、针毛鼠、白腹巨鼠、竹鼠、豪猪、华南兔、猕猴、黑熊、豺、狐、黄鼬、青鼬、獾、鼬獾、狗獾、水獭、大灵猫、小灵猫、果子狸、华南虎(原有分布，现已绝迹)、豹(原有分布，现已绝迹)、云豹(原有分布，现已绝迹)、金猫、野猪、林麝、獐、黄麂、毛冠鹿、鬣羚、穿山甲等50种。

【鸟类】 有小鸊鷉、鸬鹚、大白鹭、白鹭、苍鹭、池鹭、牛背鹭、夜鹭、绿鹭、绿头鸭、鸢、苍鹰、赤腹鹰、雀鹰、秃鹫、游隼、红隼、白尾鹞、竹鸡、环颈雉、红腹锦鸡、白冠长尾雉、白颈长尾雉、红腹角雉、勺鸡、苦恶鸟、红骨顶、董鸡、丘鹬、山斑鸠、火斑鸠、珠颈斑鸠、大杜鹃、四声杜鹃、鹰鹃、鸺鹠、金雕、仓鸮、草鸮、夜鹰、短嘴金丝燕、金腰燕、家燕、翠鸟、蓝翡翠、冠鱼狗、戴胜、绿啄木鸟、赤胸啄木鸟、大斑啄木鸟、大山雀、乌鸦、白颈乌鸦、喜鹊、红嘴蓝鹊、铜蓝鹟、领雀嘴鹎、河乌、黑枕黄鹂、白头鹎、白鹡鸰、山鹡鸰、灰鹡鸰、黄鹡鸰、红尾伯劳、画鹛(眉)、棕颈钩嘴鹛、鹪鹩、蓝喉歌鸲、北红尾鸲、红尾水鸲、虎斑地鸫、棕头鸦雀、红嘴相思鸟、八哥、麻雀、山麻雀、绶(寿)带鸟、鹊鸲、黑背燕尾等81种。

【爬行动物】 有鳖、乌龟、壁虎、北条草蜥、南草蜥、中国石龙子、蝘蜓、脆蛇蜥、钩盲蛇、尖吻腹、烙铁头、金环蛇、银环蛇、竹叶青、翠青蛇、钝尾两头蛇、丽纹腹链蛇、虎斑游蛇、赤链蛇、乌梢蛇、黑眉锦蛇、王锦蛇、灰腹绿锦蛇、玉斑锦蛇、紫灰锦蛇黑线亚种、中国水蛇、黑脊蛇、斜鳞蛇、灰鼠蛇、虎斑颈槽蛇、环纹华游蛇、华游蛇、丽纹蛇、福建丽纹蛇、原矛头蝮等 35 种。

【两栖动物】 2018 年，龙山县现存两栖动物 27 种。大鲵、宽脊瑶螈（山腊狗）、东方蝾螈、利川齿蟾、红点齿蟾、峨嵋髭蟾、中华蟾蜍、华西雨蛙、棘腹蛙、棘胸蛙、湖北侧褶蛙、黑斑侧褶蛙、中国林蛙、寒露林蛙、峨嵋林蛙、浮蛙、绿臭蛙、花臭蛙、泽陆蛙、隆肛蛙、华南湍蛙、斑腿泛树蛙、大树蛙、峨嵋树蛙、小狐斑姬蛙、饰纹姬蛙、虎纹蛙等 27 种。

【保护现状】 2018 年，龙山县建有乌龙山国家地质公园，对县域重要的喀斯特景观及其生态系统进行了全面保护，保护面积 6 万亩；建有印家界省级自然保护区，以及皮渡河、大绕坡、小河沟等县级保护小区，均为森林生态系统保护区，保护面积 36.8 万亩；建有太平山省级森林公园，保护面积 4 万亩；建有里耶库区、湾塘库区、卧龙水库、贾坝水库、皮渡河库区等 5 个县级湿地保护区，保护面积 2.3 万亩。建有 21 个野生动物救护点，1 个省级疫源疫病监测站，4 个疫源疫病监测点，为监测龙山县野生动物种群动态变化、迁地保护提供一定的保障。

人口·民族

【人口】 2018 年，全县户数 179932 户，总人口 60.6398万人，汉族 11.3968 万人，其中土家族 34.3793万人，苗、回、侗、白、瑶等 27 个少数民族，人口 9.5385 万人。少数民族人口占总人口的 81.19%。

【民族】 土家族是个古老的民族，但作为单一民族，1957 年 1 月 3 日方获中共中央确认。县境以其保存良好的土家语言、习俗等，成为重要的调查基地之一。全国第六次人口普查报告，全国土家族人口已逾 830 万人，但会说能懂土家语的不足 20 万人，80%以上分布在县境的坡脚、里耶地区。

中华人民共和国成立以来，全国各族人民享受财政、税收、贸易、教育与卫生等方面民族优惠政策，一大批少数民族干部得到培训任用。全县在职干部（含科技人员）9019 人，其中少数民族 7761 人，占总数的 86.05%，乡镇少数民族主要领导干部数，比 1982 年增长 19.21 倍。特别与湖北省来凤县逐步融为一个民族、经济、文化、社会的共同体。1988—1999 年，两县 4 次获得国务院、国家民族事务委员会授予的“全国民族团结进步模范（先进）集体”称号。

国家机构及负责人名录

政　　治

·中国共产党龙山县委员会·

州委常委、县委书记　周　云
县委副书记、县人民政府县长　刘冬生
县委副书记　陈忠耀
县委常委、县人民政府常务副县长　蔡　龙
县委常委、县委宣传部部长　刘昌顺
县委常委、县委组织部部长　石红梅(女)
县委常委、县委办主任　符家波
县委常委、县委政法委书记　印道其
县委常委、县委统战部部长　黄　勇
县委常委、县纪委书记、监委主任　龙儒文
县委常委、人武部部长
　　赵银河(2018 年 11 月—)
县委常委(挂职)
　　刘文霞(女)(2015 年 5 月—2018 年 5 月)
县委常委、县人民政府副县长(挂职)
　　刘志国(2017 年 5 月—2018 年 5 月)
县委常委、县人民政府副县长(挂职)
　　徐志军
县委常委、县人民政府副县长(挂职)
　　张红民(2018 年 5 月—)
县委常委、县人民政府副县长(挂职)
　　涂洪涛(2018 年 5 月—)

·中共龙山县纪律检查委员会·
·龙山县监察委员会·

纪委书记、监委主任　龙儒文
纪委副书记、监委副主任　梁海波　曾有成
　　李昌裕

·中共龙山县委办公室·

县委常委、县委办主任　符家波
县委办副主任　康　鹏
　　李志勇(2018 年 1—3 月兼县委政策研究室主任)
　　彭桂芳(女)
　　朱常武
县委改革办专职副主任　胡四海
　　彭召斌
县纪委派驻县委办纪检组长　冉孟才(2018 年 1—3 月)
县委办各科室(局)负责人
县委政策研究室主任　冉孟才(2018 年 4 月—)
县委督查室主任　燕良兴

县委机要局局长　　覃珍莲(女)
县国家保密局局长　　贾元辉
秘书室主任　　张敬春
办文法规室主任　　李政禹
行管科科长　　刘学凤(女)
综合信息室主任　　向文菊(女)

·美丽湘西工作办公室·

主　任　　朱常武(兼)

·县委党史地方志办公室·

主　任　　田向阳
副主任　　郭春海　杨　波
工会主席　　向秀菊(女)

·县档案局·

局　长　　向德鑫(2018 年 3 月—)
副局长　　袁士志　田晓波
工会主席　　梁春艳(女)

·中共龙山县委组织部·

县委常委、县委组织部部长　　石红梅(女)
副部长　　郑　义
副部长、“两新”党工委书记　　王志勇
副部长　　肖　剑
副部长、老干局长　　彭勇刚

·县委党校·

校　长　　谭贤安
副校长　　刘发万　罗继学　郑　平

·龙山县机构编制委员会办公室·

主　任　　李政齐(2018 年 1—3 月)
　　李文远(2018 年 3 月—)
副主任　　简敏羊(事业单位登记管理局局长)
　　刘　华
事业单位登记管理局副局长　　李晓群
工会主席　　龙伍凤
中文域名注册服务中心主任　　黄海毅

·中共龙山县委宣传部·

县委常委、县委宣传部部长　　刘昌顺
副部长　　张小明
　　李万林
　　吴　俊(女)
文联主席、《龙山报》总编辑　　陈新祥
县委讲师团主任、龙山手机报总编辑　　彭晓东
县委网信办主任　　梁　涛

·中共龙山县委统战部·

县委常委、县委统战部部长　　黄　勇
副部长　　秦　平　谢安荣
副部长、工商联党组书记　　卢卉君(女)

·龙山县人大常委会·

党组书记、主任　　余佳祥
党组副书记、副主任　　李开进
副主任　　唐晓萍(女)
党组成员、副主任　　曹长友　聂　毅　杨　波
党组成员、办公室主任　　刘　成

各委室主任:

财经委主任委员　　李荣华

教科文卫工委主任　　田科成
民侨工委主任　　刘国刚
城环委主任委员　　向明文
联工委主任　　李济民
农业工委主任　　向银珍(女)
法制委主任委员　　尚立华
内司工委主任　　吴阳忠(2018年1—11月)

·龙山县人民政府·

县　长　刘冬生
副县长　蔡　龙　徐志军(挂职)
张红民(2018年3月—)
涂洪涛(2018年5月—)
李冬梅(女)　储　军　张肇琴
彭绍兴　李　博　梁兴华
龙世平
谭必松(2018年3月—)

·县政府办公室·

主　任　田富荣
副主任　田金印　田贤文　向　荣　向心国
王　祥　田发奎　黎书俊　周明泽
吉　勇(2018年3月—)
纪检组组长　向朝阳

·县信访局·

县政府办副主任、局长　罗胜东(2018年1—2月)
吉　勇(2018年3月—)
副局长　彭　军　胡圣波　刘国政

·县民族宗教事务局·

党组书记、局　长　向邦平
党组成员、副局长　李世选　徐克耀
副局长　魏雯岚(女)
党组成员、纪检组组长　田世红
党组成员　肖昌林
党组成员、工会主席　陈　杰(女)

·县行政审批服务局·

主　任　田发奎
副主任　黄　超　向大红

·县信息中心·

党组书记、主任　魏开旗
党组副书记、副主任　魏宏齐
党组成员、副主任　姚源泉

·县接待事务中心·

总经理　田　娅

·政协龙山县委员会·

党组书记、主席　吴少叶
党组副书记，县委常委、统战部长　黄　勇
党组副书记、副主席　张青山
副主席　郑慧侠
党组成员、副主席　王本东
副主席(兼)、县工商联(总商会)主席(会长)
余志国
党组成员、副主席　张兰英(女)
副县级干部　张建民
党组成员、秘书长、办公室主任　吴慧娟(女)
副秘书长　彭大学
副秘书长、人口资源环境委员会主任　曾凡勇
文史学习委员会主任　李虹志
提案委员会主任　贾阳升
民族宗教法制群团委员会主任　蔡　英(女)
经济科技联谊委员会主任　向小辉
文化教育卫生体育委员会主任　彭善斌

·县里耶管理区管理委员会·

党工委书记　田大治
党工委副书记、管委会主任　田　波
党工委副书记　王　茂
党工委副书记、纪委书记　彭光忠(2018年1—3月任副书记、纪委书记,3—9月任纪委书记,9—11月任党工委委员,11—12月任党工委委员、副主任)
党工委委员、副主任　彭　凯　彭飞跃　吴　伟
党工委委员　彭昌辉

群众团体

·县总工会·

主　席　石红梅(女、兼)
党组书记、副主席　彭承武
副主席　向　未
副主席　彭清东
党组成员、机关工会主席　周林郁

·共青团龙山县委员会·

书　记　黄宜超(2018年9月—)
副书记　黄宜超(主持工作、2018年1—9月)
田　琦(女)
彭南觉(2018年9月—)
挂职副书记　杨天宇(2018年3月—)
罗智玲(女、2018年3月—)
兼职副书记　黎细奎(2018年3月—)
周　冰(女、2018年3月—)

·县妇女联合会·

主　席　符晓群(女)
副主席　杨文朴(女)　刘玉平(女)
刘玲玲(女 2018年8月—)
刘斌兰(女　兼职)
吴国祥(女　兼职)

·县残疾人联合会·

党组书记　理事长　向光松
党组成员　副理事长　尹先培　田祖文

·县科学技术协会·

主　席　朱熙元
副主席　彭绍宽
副主席(兼职)　车丕湘　向华旺　李成业
周　瑞　彭孝礼

·县工商业联合会·

主　席　余志国
党组书记　卢卉君(女)
党组成员、副主席　田晓艳(女)　魏开胜
秘书长　刘成刚

·县文学艺术界联合会·

党组书记、主席　陈新祥
副主席　彭　飙

军　事

·龙山县人民武装部·

州委常委、龙山县委书记、县人武部党委第一书记　周　云

县委常委、人武部部长　赵银河
人武部政治委员　陈柏林
人武部副部长　程可斌
人武部军事科科长　向　浩

法　治

·中共龙山县委政法委·

县委常委、政法委书记　印道其
副书记　陈景帆
副书记　曾繁冬
吉　勇(2018 年 1—3 月)
彭贤文(2018 年 3 月—)
县纪委监委驻政法委纪检组组长　彭清华
综治办主任　蔡　芬(女)

·县公安局·

副县长、局长　李　博
党委副书记、政委　向才官
党委副书记、副局长　潘　翼
党委委员、副政委、政工室主任　陈支烈
党委委员、副局长　瞿德吉
党委委员　彭万福
党委委员、副局长　陈寿柏
党委委员、副局长　符登辉(挂职、2018 年 3 月—)

·县交警大队·

大队长　姚祖勇
教导员　刘建桦
副教导员　胡顺跃
副大队长　吴国波　杨光文　龚正强
纪检委员　向义平

·县消防救援大队·

大队长　伍　斌
教导员　赖启明
参　谋　陈金波　姚　捷
中队长　谢　海
中队排长　王泽雄　邓　毳

·县人民检察院·

党组书记、检察长　聂春辉
党组副书记、副检察长　万英俊
党组成员、副检察长　沈　阳
党组成员　潘家龙　黄　珍
李凌云(女)
检察委员会专职委员　何强清　王海人

·县人民法院·

党组书记、院长　刘　辉
党组副书记、副院长　田丽霞(女)
党组成员、副院长　周芷龙
副院长　陈　堇
党组成员　贾宝清
党组成员、政治办主任　向成星
党组成员、工会主席　彭志华
党组成员、执行局局长　陈　锋
审判委员会专职委员　唐庆凡　向齐化

·县司法局·

党组书记、局长　彭贤文(2018 年 1—3 月)
李政齐(2018 年 3 月—)
党组成员、副局长　田　雯　向德刚
党组成员、政治办主任　张小兰(女)

党组成员、工会主席　　滕树辉

经济管理

·县发展和改革局·

党组书记、局　长　　陈昌武
党组成员、副局长　　田宏应　梁清杨
　　尹晓牧(挂职)
党组成员、优化办主任　　向代生
副局长　　李　宇

·县自然资源局·

党组书记、局长　　彭贤述
党组成员、副局长　　鲁　波　田　斌
　　王小明
党组成员、执法大队队长　　姚元松
党组成员　　彭望森
总工程师　　彭晓群

·县应急管理局·

党组书记、局　长　　张显胜
党组副书记、副局长　　谢党恩
党组成员、副局长　　向益勤　尚光东
党组成员、工会主席　　张正星

·县食品药品工商贸易监督管理局·

党组书记、局　长　　李发斌
党组成员、副局长　　李立辉　李志友
　　彭　琳　田方正
党组成员、总工程师　　陈兴军
党组成员　　刘龙雄
副局长　　陈延明

·县审计局·

党组书记、局长　　覃格辉
党组成员、副局长　　黄美源
党组成员、总审计师　　何强明
党组成员、副局长　　吴德钧
党组成员、县经责办专职副主任　　梁厚盛

·县统计局·

党组书记、局　长　　石　洪
党组副书记、副局长　　梁高文
党组成员、副局长　　黄家明
党组成员、总统计师　　郑　勇

农业农村

·县农业农村局·

党组书记、农办主任　　雷　华
局　长　　詹文明
党组成员、农办副主任　　彭天胜
党组成员、副局长　　陈清纯
党组成员、纪委监委驻农业局纪检组组长　　米炎明
总农艺师　　向华旺
副局长　　肖　敏(挂职、2018 年 4 月—)

·县扶贫开发办公室·

党组书记、主任　　向德和
党组副书记、副主任　　罗　丕
党组成员、副主任　　陈绍斌
副主任　　张远龙

·长沙市对口帮扶办·

主　任　朱常武(兼)

·县林业局·

党组书记、局长　贾高顺
副局长　向祖恒
党组成员、副局长　田清亮
党组成员、副局长　彭南建
党组成员、工会主席　贾美银
党组成员　向润平

·县水利局·

党组书记、局长　王学海(2018 年 1 月—3 月)
罗胜东(2018 年 3 月—)
党组成员、副局长　饶经国　向　东
陈　凯
党组成员、水土保持局局长　陈良荣
党组成员、总工程师　彭　涛

·县农业机械管理局·

党组书记、局长　梁枚梅(女)
党组成员、副局长　陈志雄　胡达进　彭承辉
党组成员、纪检组长　姚　旭
工会主席　宋友佳
妇委会主任　张玉花(女)

·县畜牧水产局·

党组书记、局长　朱永华
党组成员、副局长　彭东海
党组成员、副局长　黄福耀
党组成员、纪检监督员　田定斌
副局长　彭昌华

·县移民开发局·

党组书记、局长　曾飞跃
党组成员、副局长　王先松　向明海
党组成员、工会主席　刘定沐

·县外资外援办公室·

主　任　陈　鸿
副主任　向　康　田茂军　戴富仲
工会主席　田有爱(女)

·县农村经营服务站·

党组书记、站长　刘士美
党组副书记、副站长　覃大秀(女)
党组成员、副站长　武平生　石绍龙
党组成员、纪检组组长甘小艳(女)

·县气象局·

局　长　段成国
副局长　钟　军　罗忠文(女)

·红岩水文站·

站　长　刘运旭

工　业

·县科技和信息化局·

党组书记、局　长　刘　勇
党组成员、副局长　向明干
党组成员、总经济师　黄先斌(女)

·县工业园区管理委员会·

书　记　　姚元富
主　任　　刘辉东　冉孟万　刘龙斌
副主任　　曹　坤
纪工委书记　田洪波
工会主席　　周明波

·国网湖南省电力公司龙山分公司·

总经理兼党委副书记　胡建幸
党委副书记　张　雷（主持工作）
副总经理　王兆靖　赵志刚　方　浩
纪委书记兼工会主席　向宏政

·县湘源电力公司·

总经理　田万先
党委书记　胡远明
副经理　陈昌敬　陈庭祎　肖　轼
纪委书记　陈国富
工会主席　王立新

·县城镇供水公司·

经　理　彭清泽
党总支书记　胡大勇
工会主席　姜国军
副经理　李香云（女）　向文华
　　向顺波　邓必林
　　包　祥　叶立平（女）

城乡建设·环境保护

·县住房和城乡建设局·

党组书记、局　长　向清平
党组副书记、副局长　彭昌仲
党组成员、副局长　舒赤军　杨智胜
党组成员、纪检组组长向洪江
党组成员、总工程师　张卫国（2018年1月—7月）

·县城乡规划局·

局　长　向承斌
书　记　邓国政
副局长　张元斌　田　原
　　彭富俭　向国艳
工会主席　彭南松

·县城市管理和综合执法局·

党组书记、局　长　彭亿术
党组成员、副局长　彭清富　罗秀银　刘卫平
党组成员、工会主席　吴　鹏

·县房地产管理局·

党组书记、局　长　向　华
党组成员、副局长　鲁　帆　向云成
　　贾春华　包　健
党组成员、纪检监察员　吴贤臣

·县环境保护局·

党组书记、局　长　唐大成
党组副书记、副局长　贾美岳
党组成员、副局长　尚　勇　何　斌
党组成员、总工程师　向心明

·县城投公司·

董事长　鲁金波
总经理　鲁成艳

交通·邮政·通信

·县交通运输局·

党组书记、局　长　向庭勇
党组副书记、副局长　何　瑛
党组成员、副局长　张朝明
工会主席　李晓明
党组成员、总工程师　邓连升

·县公路管理局·

党组书记、局　长　彭永宏
党组成员、副局长　龚　安　张　磊
黄　勇
党组成员、副科级纪检监察员　田正志
党组成员、工会主席　范　杰

·县邮政分公司·

党总支书记、总经理　刘云华（2018年1—7月）
董晓辉（2018年7月—）
党总支委员、副总经理　吴军波（2018年1—8月）
廖敏媛（女、2018年8月—）
董建伟（2018年8月—）

·中国电信龙山分公司·

总经理　刘红生
副总经理　宋爱民　黄明选

商贸服务业

·县商务局·

党组书记、局　长　段　平
党组成员、副局长　彭菊花（女）
党组成员、副局长、市场服务中心主任　彭英宁
党组成员、副局长　杨荣华
党组成员、总经济师　周红香（女）
党组成员、商业企业改制服务办公室主任　胡大伟

·县供销合作社·

党组书记、理事会主任　张　平
理事会副主任　滕述龙
理事会副主任　彭南俭
监事会主任　田曙光
监事会副主任　向宏文
工会主席　彭大容

·湘西州烟草公司龙山分公司·

局　长　向　锦
副局长　蔡家中　钟林森　李晓东

财政·税务

·县财政局·

党组书记、局长　田光治
党组成员、副局长　李良才
余世军
党组成员、纪检组组长　黄振华
党组成员、总会计师　马文武
党组成员、农业综合开发办公室主任　田　沣
党组成员、国库集中支付核算中心主任　黄　斌
党组成员、非税收入管理局局长　向治燕

·县税务局·

党委书记、局长　向立敏

党委副书记、副局长　李　勇
党委委员、副局长　贺　飞　王志光　冉海林
许　峰　包丁清　王正午
杨云剑　刘　纲　钟吉鹏
党委委员、纪检组组长　向　荣

金　融

·中国人民银行龙山支行·

行　长　田隆斌
副行长　胡　勇　杨文斌
纪检组组长　杨昌松

·中国工商银行龙山支行·

行　长　谢新林
副行长、纪检委员　吴国英

·中国农业发展银行龙山支行·

行　长　石任庚
副行长　郑　波

·中国建设银行龙山支行·

行　长　罗小波
副行长　田　林　向建旭

·中国农业银行龙山支行·

行　长　田锦江
纪委书记　彭立斌
副行长　彭吉耀　田连炎　黎细奎

·湘西长行村镇银行龙山支行·

行　长　向宇
副行长　李小华

·湖南龙山农村商业银行·

董事长　吴开运
行长　田　琰
监事长　孔关屹
副行长　谭海涛　荆元桥

·中国邮储银行龙山支行·

行　长　向泽平
副行长　罗　丹

·中国银行龙山支行·

行　长　杨　钦
副行长　刘源源(女)　滕兴国

·州住房公积金管理中心龙山县管理部·

主　任　孔庆仪
副主任　江　茜(女)

·中国人民财产保险股份有限公司龙山支公司·

经　理　田应国(2018年12月—)
副经理　田景龙(2018年1—11月主持工作)
曾朝阳　杨艺兵

文化·旅游

·县文化广电新闻出版局·

党组书记　　彭开科
局　长　　尚晓琴(女)
党组成员、副局长　　毛安平　李　杰
党组成员　　彭大仙

·县广播电视台·

党组书记、台　长　田　慧
党组成员、副台长　叶德鼎　王　林
段　静(女)
工会主席　　杨　芳(女)

·县文物保护局·

党组书记、局　长　吴文化
党组成员、副局长　王昌平　田维民
李金平(女)
工会主席　　周东征

·县文化市场执法局·

局　长　　田　洋(女)
副局长　　田　竞
工会主席　　黄克斌
党支部副书记　田玉萍(女、2018年6—12月)

·里耶古城(秦简)博物馆·

馆　长　　彭成刚
副馆长　　张为州　唐广平

·里耶古城旅游投资经营有限责任公司·

董事长　　黄　勇(兼)
吴生武(2018年12月—)
总经理　　田　波(兼)
吴生武(2018年12月—)

·湖南省新华书店龙山县分公司·

经　理　　彭卓英(女)
副经理　　贾高辉　彭晓东

科技·教育·体育

·县教育和体育局·

党组书记、局　长　傅立波
党组成员、副局长　唐恢波　向清美
姚敦会　刘斌兰(女)
党组成员　　李诗政
县人民政府主任督学　彭良春
副主任督学　　曾祥辉
工会主席　　陈支元

·县第一小学·

校　长　　尚顺忠
副校长　　尚立桂　肖全明　叶明青
李添文　向嘉慧

·县第二小学·

书记、校长　　贾苗生
专职副书记　　向　飞
副校长　　向泽河　向小英(女)　彭　彪

彭民开　文昌明

·县第三小学·

校　长　　田　蓉(女)
副校长　　田　景　龙配全　向　阳(女)
工会主席　彭　凯

·县第四小学·

党支部书记、校长　　张光明
党支部副书记、副校长　余治文
副校长　　谢海岸　向莉莉(女)
陈　清　叶明干

·县第五小学·

校　长　　徐德顺
副校长　　刘智生　陈支顺　汪正云
向万盛　刘光亮
工会主席　兰玉卿

·县第一中学·

党总支部书记、校长　全心林(2018 年 1—7 月)
叶明坤(2018 年 8 月—)
副校长　　廖开波(2018 年 1—7 月)
刘　健　储昌国
向　华(2018 年 1—7 月)
彭扶贫　田科林
黎　明(挂职)
工会主席　彭双龙
校长助理　陈三海　杨海滨

·县第二中学·

党总支书记、校长　彭武友(2018 年 1—7 月)
全心林(2018 年 8 月—)
党总支副书记、工会主席　彭楚雄
副校长　　彭安胜　向文平
覃明军　田昌虎
程远波

·县第三中学·

校　长　　向　阳
副校长　　郑德胜(挂职)　李英檀
向　华　覃明军　唐国成
工会主席　胡晓勤

·龙山县高级中学·

党总支书记、校长　兰长永
总支委员、副校长　向　军　李益民　田顺江
副校长　　尚光周　刘玉斌
党总支副书记　向群山
总支委员、工会主席　谭世明
总支委员　沈世贵

·县思源实验学校·

党总支书记、校长　石绍明
党总支委员、副校长　彭召明　袁显美　杨青平
副校长　石俊英(女)　吴官祥　夏琴(女、挂职)

·县第一职业中学·

党支部书记、校长　田　伟
党支部副书记　师孝先
副校长　田　鹏
纪检委员、副校长　陈文平
副校长　包丁平　彭英维　鲁程鹏
工会主席　殷学军
校长助理　谭中华

·县教师进修学校·

校长、电大工作站站长　陈翔鹰(女)
副书记、电大工作站副站长　向　锋
副校长　唐秋萍(女)　彭继学
工会主席　黄　荣

·里耶民族中学·

校　长　张　立
副校长　向恒福　张贤德　姚伦祥　田　波
工会主席　吴顺炎

医疗·卫生

·县卫生健康局·

党组书记、局长　郑　沣
副局长　张金泉　杨　刚　包万春
石朝东　周　军
纪检组组长　向　蓉(女)
工会主席　刘晓平(女)

·县计划生育协会·

会　长　黄孟莲(女)
常务副会长　肖东海
副会长　雷　迅

·县人民医院·

院　长　贾　琳
副院长　田明发　穆芳英(女)　彭　涌
工会主席　彭荣菊(女)

·县中医院·

党总支书记、院长　向正龙
党总支副书记、副院长　田友最
党总支委员、副院长　田永波　田　韬
彭耀南
党总支委员、妇委会主任　田维平(女)
党总支委员、办公室主任　谢　芳(女)
工会主席　陈　勇

·县疾病预防控制中心·

党支部书记、主任　邹　革
副主任　严许跃　鲁成轶　刘　传
纪检监察员　肖伟雕
工会主席　田正华

·红十字会·

常务副会长　石光旭
副会长　彭良周　严　军

·县医保管理服务局·

党支部书记、局长　黎　敏
副局长　贾曲霞(女)　范宏志
杜碧彩(女)

社会·民生

·县人力资源和社会保障局·

党组书记、局长　田世忠
党组副书记、副局长　向爱平
党组成员、副局长　刘文俊

党组成员、县国家机关事业单位社会保险局局长　刘晓梅(女)
副局长　杨丽玲(女)
党组成员、工会主席　周　波
党组成员　吴　衡
县就业服务管理局局长　向永号
县社会保险管理服务局局长　张佰龙
县医疗生育保险管理服务局局长　黎　敏
县工伤保险管理服务局局长　张志文
县城乡居民社会养老保险管理服务局局长　杨传慧
县劳动保障监察局局长　贾高峰
县劳动人事争议仲裁院院长　彭林军(2018年4月—)

·县民政局·

党组书记、局　长　彭　法
党组成员、副局长　吴国祥　张启学　刘德福
党组成员、工会主席　杨启志
党组成员、老龄办主任　江黎燕(女、2018年1—9月)
党组成员　李宏武

乡镇街道

·民安街道·

党工委书记　向顺忠
党工委副书记、办事处主任　杨支胜
人大工委主任　晏敬龙
党工委副书记　李振刚
组织委员　赵志红
纪工委书记　彭学家
武装部部长　胡安成
办事处副主任　田义和　米仁刚　杨　帆(女)
办事处副主任、人大工委副主任　张本跃

·华塘街道·

党工委书记　江　林
党工委副书记办事处主任　向　刚
党工委副书记　彭　军
人大联工委主任　黄先林
纪工委书记　张安林
武装部部长、宣统委员　徐湘军
组织委员　丁晓艳(女)
办事处副主任　谭锦艳　廖生文
办事处副主任政法委员　田鹏程

·兴隆街道·

党工委书记　黎定国
党工委副书记、办事处主任　段海春
人大工委主席　晏友明
党工委副书记　郑成义
党工委委员、武装部部长　彭　凌(2018年4月—)
党工委委员、纪工委书记　田清达
党工委委员、组织委员　向金波
党工委委员、办事处副主任　田帮昌
办事处副主任　张飞彪　向　玲(女)
人大工委副主任　向厚胜

·石羔街道·

党工委书记　翟扬华
党工委副书记、办事处主任　向多龙
党工委委员、人大工委主任　张永胜
党工委副书记　谭小龙
党工委委员、武装部部长　杜忠华
党工委委员、纪工委书记　张秀英(女)
党工委组织委员　严春小
党工委委员、办事处副主任　王本科　符晓晖

办事处副主任　向长春　　　陈发强
人大工委副主任　　　　　　鲁　军

·洗洛镇·

党委书记　向青松
党委副书记、镇长　张明祥
人大主席　彭　健
副书记　孟祥文
纪委书记　穆　蛟
组织委员　兰　宁
武装部部长　杨　烨
副镇长　刘春艳　田　云
　　　　罗　春　向　前

·石牌镇·

党委书记　聂仁军
党委副书记、镇长　田良平
人大主席　田　晖
党委副书记　向春雷
纪委书记　欧光华
组织委员　杨秀菊(女)
武装部部长　汪泽勇
副镇长　周长炎
　　　　肖嘉(2018年3月—)
　　　　向　怡　晏永昌
工会主席　王林生(女)

·茨岩塘镇·

党委书记　向怿文
党委副书记、镇长　田纪奎
人大主席、统战委员　张启涛
党委副书记　张为楚
纪委书记　彭　波
组织委员　徐　娟(女)
党委委员、武装部部长　梁　俊
政法委员、副镇长　唐洪蛟
宣传委员、副镇长　石胜全(2018年12月—)
副镇长　向海燕(女)

·水田坝镇·

党委书记　夏海涛
党委副书记、镇长　余宇航(2018年1—8月)
　　　　彭官学(2018年9月—)
人大主席　彭官学(2018年1—8月)
　　　　肖　平(2018年9月—)
党委副书记　肖　平(2018年1—8月)
　　　　张　根(2018年9月—)
纪委书记　彭　勇
组织委员　张　静(女)
武装部部长　邓　军
副镇长　张　根(2018年1—8月)
　　　　向　朗　田习文

·红岩溪镇·

党委书记　张召学
党委副书记、镇长　向大龙
党委副书记　秦世国
人大主席、统战委员　陈宏杰
纪委书记　杨　勇(2018年1—9月)
　　　　钟剑峰(2018年9月—)
政法委员、副镇长　周开江
宣传委员、副镇长　向　凯
政协联络员、人武部部长　田永林
组织委员　石　竹
副镇长　尚光菊(女)　欧阳敏(女)

·农车镇·

党委书记　徐克文
党委副书记、镇长　刘　戈
党委副书记　聂　明

人大主席　全必红
纪委书记　彭　刚
组织委员　吴媛媛(女)
武装部部长　彭海波
副镇长　张天兵　彭永金
彭　渌　张　浩

·靛房镇·

党委书记　张明仁
党委副书记、镇长　田海平
人大主席　田　伟
党委副书记　王维胜
武装部部长　谢　丰
政法委员、副镇长　颜　涛
组织委员　钟　鑫
纪委书记　夏　琳(女)
副镇长　彭向杰　谢炎林

·洗车河镇·

党委书记　张明栋
党委副书记、镇长　贾美亮
统战委员、人大主席　田梦龙
党委副书记　田　启
纪委书记　卢业辉
组织委员　张胜洋
武装部部长　尚明彬
宣传委员、副镇长　陈明朝
副镇长　杨时银　杨　娇(女)

·苗儿滩镇·

党委书记　向　熊
党委副书记、镇长　田　鹏
人大主席、统战委员　瞿开政
党委副书记　杜慎仁
党委委员　甘永怀
纪委书记　肖海军
组织委员　刘　琴(女、2018年1—9月)
姚丽云(女、2018年10月—)
武装部部长　卢胜杰
宣传委员、副镇长　李　昊
政法委员、副镇长　包云峰
副镇长　王安军　彭绍勇
工会主席　符家成
纪委副书记　彭昌华
综治办主任　彭清勇

·里耶镇·

党委书记　魏福生
党委副书记、镇长　吴定海
人大主席　向　军
党委副书记　彭宾芬
纪委书记　杨章军
组织委员　彭　波
武装部部长　姜长浪
宣传委员、副镇长　瞿　凯
副镇长　吴金华
唐　辉(2018年4月—)
陈中南(女、2018年10月—)

·召市镇·

党委书记　张鸿鸣
党委副书记、镇长　田　洋
党委副书记　马英杰
人大主席　向远茂
纪委书记　罗久福
组织委员　李志国
武装部部长　陈光裕
副镇长　杨　帆(女)　陈乃斌
向发连　罗士章

·桂塘镇·

党委书记　黎　明
党委副书记、镇长　谭宏贵
党委副书记　彭江帆(2018年1—10月)
　田志圭(2018年10月—)
人大主席　刘志华
纪委书记　彭　彪
组织委员　涂灵芝(女)
武装部部长　田志圭(2018年1—10月)
　杨如超(2018年10月—)
副镇长　朱明龙　向正纲
　符生彪　曾庆炎

·大安乡·

党委书记　瞿宏文
党委副书记、乡长　向继红(女)
统战委员、人大主席　潘齐波
党委副书记　李作勇
纪委书记　王昕昱(女)
武装部部长　张博文
组织委员　周庆梅(女)
宣传委员、副乡长　郭　亮
党委委员、副乡长　曾凡宇
副乡长　杨　明

·茅坪乡·

党委书记　王从强
党委副书记、乡长　侯　琼(女)
党委副书记　田　健
人大主席　夏　军(2018.1—4月)
　孙本键(2018.4月—)
纪委书记　彭　江(2018.1—9月)
　宁晓华(女、2018.9月—)
组织委员　宁晓华(女、2018.1—9月)
　马　达(女、2018.9月—)
武装部部长　梁　辉
副乡长　向　瑶　肖桂芳(女)
包辉洲　田　茜(女)

·洛塔乡·

党委书记　李晓辉
党委副书记、乡长　田小波
人大主席、统战委员　田清和
党委副书记　覃麟敬(女)
纪委书记　刘　俊
组织委员　阳　光
武装部部长　符　晓
宣传委员、副乡长　李家元
政法委员、副乡长　周友德
副乡长　刘运彪
　范　捷(2018年3月—)

·咱果乡·

党委书记　向宝凤(女)
党委副书记、乡长　马　涛
党委副书记　王学燕
人大主席　吴星华
组织委员　冉景祥
纪委书记　刘　勇
武装部部长　符家宽
副乡长　黄　明　黄　亮

·内溪乡·

党委书记　杨　甜
党委副书记、乡长　田家让
人大主席　何启甲
副书记　吴　明
纪委书记　杨晓周
武装部部长　彭民尧
组织委员　田　雄
副乡长　张珍荣　高文前　田　松

中国共产党龙山县委员会

【概述】 中共龙山县委辖基层党组织 1071 个，其中基层党委 40 个、党总支 52 个、党支部 979 个，另有党工委 11 个；共有中共党员 20359 名。全年召开 28 次县委常委会议，研究 132 个重要议题，涉及经济社会发展、脱贫攻坚、干部调整、全面深化改革、扫黑除恶、意识形态、党建工作等各方面。

【决策纪要】

打赢脱贫攻坚战

2 月 24 日，州委常委、州委宣传部部长、县委书记周云主持召开中共龙山县委常委会 2018 年度第 6 次会议，传达学习《中共中央办公厅国务院办公厅〈关于加强贫困村驻村工作队选派管理工作的指导意见〉的通知》（厅字〔2017〕50 号）、《习近平总书记在成都市主持召开打好精准脱贫攻坚战座谈会上的重要讲话精神（摘要）》《湖南省扶贫开发领导小组办公室关于转发〈国务院扶贫办关于认真学习贯彻习近平总书记 2018 年新年贺词的通知（国开办发〔2018〕1 号）〉的通知》（湘扶领发〔2018〕1 号）等重要文件和讲话精神，审议《关于坚决打赢 2018 年度精准脱贫攻坚战的实施意见（送审稿）》。现纪要如下：

会议指出，中央和国务院高度重视脱贫攻坚工作，特别是在全党上下深入学习贯彻党的十九大精神、脱贫攻坚进入啃硬骨头的关键时期，习近平总书记再次深入深度贫困地区调研，并主持召开打好精准脱贫攻坚战座谈会，对全面打好精准脱贫攻坚战作出了再部署、再动员，意义重大深远。全县各级各部门务必要高度重视，提升政治站位，狠抓工作落实，用精准脱贫工作统揽全县经济社会发展全局，进一步加深对脱贫攻坚政策的理解，选派优秀的驻村扶贫队伍，强化督查考评压实责任，坚决打赢脱贫攻坚这场硬仗。

会议强调，今年龙山县各个深度贫困村脱贫攻坚要取得突破性进展。全县各级各部门要深刻领会习近平总书记在脱贫攻坚座谈会上重要讲话的精神实质，自觉扛起政治责任，切实用习近平总书记讲话精神武装头脑、指导实践、推动工作，坚持把抓好脱贫攻坚作为头等大事、“一号工程”，以求真务实、真抓实干的作风，推动各项任务落实。要认真学习研究《厅字〔2017〕50 号》等有关脱贫攻坚的重要文件精神，既要学懂、弄通、吃透，又要准确把握好、运用好政策，确保上级各项重要政策在龙山县精准贯彻落实。要在聚焦精准上持续发力，做到扶持对象、项目安排、措施到户、资金使用、因村派人、脱贫成效精准。要深入开展“脱贫攻坚作风建设年”活动和专项治理，全面加强作风建设，扎实开展各级扶贫干部的学习培训，为实现脱贫目标提供保障。会议原则同意《关于坚决打赢 2018 年度精准脱贫攻坚战的实施意见（送审稿）》。各项工作及目标任务原则要以“省定”为准，由县扶贫办、县攻坚办、县驻村办牵头，商有关部门，根据会议提出的意见进一步修改完善后，按程序和规则送审、行文。

扫黑除恶

3月7日，州委常委、县委书记周云同志主持召开中共龙山县常委会2018年度第7次会议，传达学习中央、省委、州委政法工作和全国、全省、全州扫黑除恶专项斗争会议精神，审议《县委政法工作会议、全县信访工作会议办会方案(送审稿)》《龙山县2018年政法综治工作要点(送审稿)》等有关方案、文件。现纪要如下：会议要求，要深入学习贯彻落实党的十九大精神，以习近平新时代中国特色社会主义思想为指导，按照中央、省委、州委政法工作会议和县委经济工作会议安排部署，以确保国家政治安全为政治责任，以维护社会大局稳定为首要任务，以服务全县经济社会发展为核心要求，深入推进改革创新、科技运用、队伍建设，努力争创"湖南省平安县"荣誉，为省第九届少数民族运动会在我县胜利召开、决胜脱贫攻坚、冲刺全面小康、建设美丽开放幸福新龙山营造安全的政治环境、稳定的社会环境、公正的法治环境、优质的服务环境。

会议强调，2018年的政法工作要重点突出扫黑除恶专项斗争。通过扫黑除恶，把全县的经济社会发展环境整治好。要确保各级基层政权的威信不受邪恶势力的影响，要确保党和国家公职人员的正常履职不受威胁。凡是威胁党和国家公职人员正常履职、公正执法的，特别是对绑架、威胁、恐吓、限制公职人员人身自由的，政法机关一律要坚决依法打击处置到位，决不手软、决不含糊。同时，县政法队伍要不断加强自身建设，切实提高整体素质，确保良好的公众形象；要坚持文明执法，弘扬正气。

会议议定：

原则同意全县扫黑除恶专项斗争电视电话会议办会方案(送审稿)》，由相关部门根据会议提出的意见进一步修改完善后，按程序予以适用。

原则同意《关于成立龙山县扫黑除恶领导小组及办公室的通知(送审稿)》《关于开展扫黑除恶专项斗争的实施意见(送审稿)》，请县委政法委牵头，商有关部门，根据会议提出的意见进一步修改完善后，按程序和规则送审、行文。

为扎实开展好扫黑除恶专项斗争工作，原则同意从县纪委监委、县委组织部、县委政法委、县人民法院、县人民检察院、县公安局、县司法局等单位抽调工作人员集中办公。所需专项工作经费由县财政予以足额保障。

湖南省第九届少数民族传统体育运动会

4月2日，州委常委、县委书记周云主持召开中共龙山县委常委会2018年度第9次会议，听取省民族运动会筹办工作情况汇报，审议有关文件、方案。现纪要如下：

会议强调，省委、省政府把第九届少数民族传统体育运动会的具体承办权交给龙山县，是对我县的充分信任。全县各级各有关部门要高度重视，认真组织，精心准备。要通过这次民运会将龙山县的经济社会发展水平、城乡环境整体形象、人民群众精神风貌和对美好生活的愿景充分展示出来，从而进一步提振信心，打好脱贫攻坚硬仗。要本着"隆重、节俭、高效、安全"的基本要求，进一步细化优化宣传、接待、安保、开闭幕式等各类工作方案，进一步夯实部门、人员责任，以强有力的举措扎实推动各项工作有序开展。要强化主人翁精神，积极争取动员本土知名成功人士和本土籍在外政界、经济界、学术界、文艺界等知名人士关心支持家乡盛事，确保把本届民运会办成一次民族团结的盛会，民族体育的盛事，民族文化的盛宴。

会议议定：

1.原则同意《湖南省第九届少数民族传统体育运动会筹备工作方案(送审稿)》《湖南省第九届少数民族传统体育运动会筹备动员大会办会方案(送审稿)》及其一系列子方案，请组委会办公室做好统筹，并根据会议提出的意见进一步修改完善后，按程序报批适用。

2.关于湖南省第九届少数民族传统体育运动

会筹备工作经费预算问题，由县财政根据会议提出的意见按照不同用途和渠道做好核算保障。

环境保护工作

5月9日，州委常委、县委书记周云同志主持召开中共龙山县委常委会2018年度第12次会议，审议《龙山县环境保护工作责任规定（送审稿）》。现纪要如下：

会议指出，环境保护工作非常重要，历届县委县政府高度重视。制定实施《龙山县环境保护工作责任规定》（以下简称《规定》），是对环保责任的再完善、再明确、再强化。制定实施《规定》就是要切实解决全县经济社会发展与广大人民群众对美好生活环境需求的问题，把各级各相关部门的环境保护责任划定厘清，真正建立起责权统一的环境保护多元化治理体系；就是要推动各级各相关部门牢固树立职责意识，自觉将环境保护责任放在心上、抓在手上、扛在肩上，形成勇于担当、敢于负责、敢抓敢管的工作导向，努力保障全县广大人民群众有一个良好的生产生活环境。

会议要求，各级各相关部门要严格按照《规定》要求，切实抓好环保“党政同责、一岗双责、终身追责”制度建设，加快构建“管发展必须管环保、管生产必须管环保、管行业必须管环保”的责任体系，加强监督考核问责，坚持有权必有责、有责必担当、失责必追究，以问责倒逼责任落实，推动各级各相关部门坚决履行好生态环境和资源保护职责。

会议强调，全县各级各相关部门要牢固树立绿色发展理念，切实担起保护和改善大气、水、土壤等生态环境工作责任，按照中央和省、州有关精神要求，加快推进生态文明建设，努力促进经济社会可持续发展。一要高度重视。要坚持保护优先、预防为主、综合治理、公众参与、损害担责的基本原则，切实打好环境保护攻坚战。二要落实责任。按照“属地管理、分级负责”和“谁决策、谁负责”“谁监管、谁负责”“谁污染、谁负责”的要求，建立好责任体系及问责制度，确保环境保护工作无空白区域。三要严格执法。要围绕重点行业领域，采取强有力措施，开展专项治理，突出抓好污染物总量减排、水环境保护、城乡环境综合整治、河道采砂、国土整治以及露天非煤矿山复绿等生态治理修复，切实解决好影响人民群众生产生活健康的突出环境问题。同时，要实施好环境保护工程。对县内的各个项目（工程），要切实搞清楚与环保的关系，搞清楚环保影响的范围、内容等。对不受影响的，要继续实施好开发建设；对已规划未开发建设且受环保影响的，该调规的要及时搞好调规。环保部门要商国土、住建、农业、水利等有关部门，根据县里的实际发展需要，拿出一个系统的、综合的环评意见，确保县域整体经济社会发展不受影响。

会议原则同意《龙山县环境保护工作责任规定（送审稿）》，请县环保局商有关部门根据会议提出的意见进一步修改完善后，按程序和规则送审、行文。

“两违”整治

7月30日，州委常委、县委书记周云主持召开中共龙山县委常委会2018年度第18次会议，听取2018年上半年全县“两违”整治工作情况汇报。现纪要如下：

会议指出，“两违”整治工作是促进我县经济发展的一项重大决策，是优化经济发展环境的一项重要举措，是维护社会公平正义的一项民心工程，必须抓好抓实。今年以来，在县委、县政府的正确领导和精心部署下，全县各级各部门扎实开展“两违”整治工作，细化了目标任务，健全了体制机制，强化了工作举措，落实了考核奖惩，工作成效十分明显，新增“两违”得到有效遏制，群众依法用地和建设意识明显提升。下一步要继续按照年初既定的工作方案、任务以及会议提出的“两违”整治工作建议，持之以恒的抓实抓到位，确保“两违”整治工作取得长足成效。

会议原则同意《2018年全县“两违”整治、信访维稳、安全生产工作推进视频会议办会方案（送审稿）》，请县政府办根据会议提出的意见进一步修改完善后，按程序报批适用。

民生天然气问题处置

2018年4月2日，州委常委、县委书记周云主持召开中共龙山县委常委会2018年度第9次会议，听取龙山县城区管道天然气项目有关情况汇报，审议《依法处置龙山县民生天然气公司涉嫌非法集资工作方案(送审稿)》。现纪要如下：

会议要求，就龙山民生天然气有限责任公司涉嫌非法集资问题，县人民政府要尽快制定依法处置方案，发布依法处置公告，启动依法处置程序。一要依法搞好龙山民生天然气公司资产、资金、债权、债务清算，做好变现处置和集资款项清退，尽量保全相关资产资金，最大程度减少群众损失；二要依法重新规范天然气项目特许经营权，后期经营收费标准要由相关部门组织听证，科学确定，不能随意抬高价格，可参照周边县市或其他地区现行标准；三要做好天然气安全正常供应，确保城区居民正常生产生活用气不受影响；四要坚决维护社会大局稳定，依法打击处理组织非法集资的违法犯罪行为，同时要坚决防止和果断处置一些不法分子或县外人员寻衅、滋事、闹事行为，确保全县人民群众的合法权益不受侵害。所有工作，要加快进度，确保在8月底前全部处置到位。

会议议定：

原则同意《依法处置龙山县民生天然气公司涉嫌非法集资工作方案(送审稿)》，请县政府办牵头，商有关部门，根据会议提出的意见进一步修改完善后，按程序适用。

同意召开依法处置龙山民生天然气公司涉嫌非法集资工作会议。请县政府办按照会议意见拿出具体办会方案，按程序报批适用。

城区教育布局调整、有效化解超大班额

5月9日，州委常委、县委书记周云主持召开中共龙山县委常委会2018年度第12次会议，听取全县教育工作汇报，并就推进教育布局调整、有效化解超大班额等工作进行研究部署。现纪要如下：

会议指出，教育布局调整是大势所趋、发展所需，是立足全县发展大局作出的重大决策。近年来，龙山县高度重视教育工作，高度重视消除城乡中小学大班额问题。为不断满足群众对优质教育的需求，办人民满意的教育，龙山县通过不断优化学校布局调整，新建或改扩建校园校舍；加强学校建设治理，提高教育教学水平；加强城乡教育资源均衡配置，规范城乡招生行为；加强乡村教育扶持，统筹城乡一体化发展等一系列举措，逐步破解大班额问题。但随着城镇化进程加快、生育政策调整以及人民群众对优质教育资源需求不断增长，消除城乡大班额的任务仍十分艰巨。

会议强调，要进一步优化教育布局。各级各相关部门要按照“发展是第一要务，稳定是第一责任，安全是第一底线”的基本原则，进一步提振精神、克服困难、倒逼责任，抓重点、破难点，增强群众工作的针对性和有效性，在原有教育布局规划的基础上，进一步优化布局，分清轻重缓急，稳妥推进教育布局调整项目工程，有序保障就学需求。要高度重视大班额化解问题。各级各相关部门要清醒地认识到大班额对全县教育教学的不利影响，做到主动作为，积极化解。要大力宣传消除和化解大班额的重要意义和必要性，争取广大群众的理解和支持，形成全县上下关心、支持教育布局调整的良好氛围。要大力宣传龙山教育发展的优势、潜力和前景，积极引导群众正确理性看待舆论，振奋群众创造更加美好生活的信心。县教体部门要充分发挥牵头协调作用，既要做好学生调整分流，又要保障好师资力量和教学质量，确保在2020年前全面消除大班额问题。

会议议定：

关于城区教育布局调整方面

同意加快推进职教中心、县芙蓉学校、县第五中学建设和皇仓中学扩建，确保2019年秋季开学建成并投入使用。

受国家有关政策调整影响，同意暂缓建设县第一中学、第三中学、第七小学及华塘小学。

同意在华塘官渡口规划地块新建一所小学。

关于鼓励和支持民办教育发展方面

原则同意鼓励和支持社会力量举办非营利性民办学校。县人民政府要进一步加强研究，依据国家、省、州有关规定建立完善相关制度政策，可参照州内其他县市，在政府补贴、政府购买服务、基金奖励、捐资激励、土地出让、税费减免、师生权益等方面对非营利性民办学校给予扶持。

关于有效化解超大班额方面

原则同意《龙山县2018年消除和化解义务教育阶段超大班额专项行动方案(送审稿)》，请县教体局商有关部门根据会议提出的意见进一步修改完善后，按程序报县人民政府及其办公室审核行文。

关于消除和化解义务教育阶段超大班额专项行动所需经费，由县财政据实保障。

鉴于全县教育工作实际，原则同意于2018年秋季招聘紧缺学科教师70名。县教体局要与县人社、财政、编制等部门做好相关工作对接，严格按照有关法律法规和程序，认真组织做好招聘工作，确保招聘工作的公平、公正、公开。

【党的建设】 2018年，县委坚持以习近平新时代中国特色社会主义思想为指导，发挥把方向、管大局、作决策、保落实作用，加强党的领导和党的建设。切实加强意识形态工作，坚持把意识形态工作摆在突出位置，全面落实意识形态工作责任制。县委理论学习中心组坚持一月一次集中学习，一月一个学习主题；全县在州级以上主流媒体发稿1800篇。自觉落实基层党建主体责任，着力夯实全县基层基础，充分发挥基层党组织战斗堡垒作用。新改建365个村级综合服务平台，做到功能齐全、设施完善、运行良好；全县58名县级领导联系79个深度贫困村，26名县级党员领导联系49个软弱涣散基层党组织，选派391名优秀党员干部担任村(社区)第一书记；着力提升农村基层干部待遇，村(社区)党组织书记年报酬达4～4.5万元，全职化秘书年报酬达3.56～4.23万元，辅警年报酬4万元，并实行全脱产工作、全天候履职，村级组织战斗力明显增强。严格履行党风廉政主体责任，坚决以零容忍的态度惩治腐败。2018年，对“两个责任”落实不力的25个单位34名责任人严厉问责，对履行主体责任不力的住建局原党组进行改组；全县立案161件，给予党纪政务处分151人，移送司法机关2人，挽回经济损失5000万元。

【经济指标】 2018年，在经济下行、投资放缓、金融趋紧等诸多压力下，齐心协力、真抓实干，攻坚克难、奋发有为，经济社会实现持续、快速、健康发展。全年完成生产总值83.72亿元，增长6.4%；完成财税收入9.12亿元，增长12.35%；完成规模工业增加值6.33亿元，增长8%；固定资产投资增长8%；社会消费品零售总额达46.7亿元，增长9.8%；城镇、农村居民人均可支配收入21939元、9412元，分别增长9.4%、10.8%；金融机构存款余额166.8亿元、贷款余额105.4亿元，分别增长5.8%、19.8%，全面小康实现程度86%。

【脱贫攻坚】 2018年，县委提高政治站位，坚持以脱贫攻坚统领经济社会发展全局，整合财政涉农资金4.74亿元，精准推进脱贫攻坚“十一项”工程，全省率先完成农村综合服务平台建设，深入推进“县乡领导包乡包村”工作模式，推行“县乡党委副书记专抓扶贫”“党员干部五级责任”管理机制，实现驻村扶贫、结对帮扶全覆盖。对口帮扶、社会扶贫成效明显，国家农业部全方位扶持农业发展，长沙市在本级层面加大帮扶力度外，其下属19个县(市区)和单位对口帮扶龙山17个乡镇，济南市市中区与龙山县签订扶贫协议，重点帮助龙山发展产业。通过全方位精准帮扶，全县贫困村退出81个，贫困人口脱贫22910人。在州对县9次脱贫攻坚月督导评估中，龙山县8次进入一类县行列，先后接受国务院扶贫办暗访调研、国家发改委易地扶贫搬迁巡查、国家扶贫资金专项评价，其中龙山县的驻村帮扶、医疗救助、易地扶贫搬迁等工作得到国家扶贫办、国家发改委的高度评价；龙山县惹巴妹谭艳林获全国“奋进奖”荣誉。

【项目建设】 2018年，县委决定加大推进项目建设力度，切实落实各项优惠政策，强化资金和用地保障，确保项目早落地、早开工、早见效。高铁新区建设快速推进，全面推进站前广场、站前大道、环湖路等工程，加快220千伏输变电工程建设，确保黔张常铁路2019年通车；火车站与新老城区连接畅通大道开工建设；扎实推进城市棚户区改造工程；加快龙城中央、龙城天御、诚信广场、诚信华府等商住项目建设；同步推进城镇污水处理、城乡环卫一体化等基础设施配套工程，加快推进驾考中心、城市停车场等配套服务设施建设，建成果利河、酉水河两大城市休闲绿道20千米，加快城市殡仪馆、公墓山二期项目及乡镇（街道）公益性墓地建设；397个村（社区）农网改造全面完成，沈新II线110千伏输变电线路建成竣工，年发电1.1亿千瓦时的落水洞电站建成发电，13.2兆瓦光伏发电项目建成并网；洗洛至石牌二级路建成通车，惹迷洞至召市公路提质改造基本完成，实施村级道路硬化317公里、组级道路通达222千米、安保工程352千米；全县实现4G信号全覆盖，通宽带网络率达到99.2%；完成农村饮水安全项目228个，实现12万名农村人口饮水安全巩固提升。全年完成土地报批3626亩，控制储备土地2324亩，实现土地出让和“增减挂”收入16.8亿元，为全县重点项目建设提供有力的土地保障。

【产业发展】 2018年，全县深入开展“产业项目推进年”活动，产业建设取得新成效。传统农业稳步发展，新型农业有新突破，为农服务扎实开展，百合、柑橘、烤烟、蔬菜、中药材等种植面积稳定在40万亩，产值达24亿元。新发展油茶、茶叶、中药材等新兴产业4.1万亩，发展中蜂4424群，获得全国优质道地药材示范基地称号，“龙山厚朴”“龙山黄柏”获评国家地理标志保护产品，“刘大姐霉豆腐”荣获全国第十六届中交会农产品金奖，圆满承办中国土家药产业发展论坛。全年落实工业用地474亩，总面积8万平方米的工业集中区标准厂房一期竣工运营，6家企业入驻生产。里耶古城、惹巴拉、太平山、乌龙山大峡谷、茨岩塘景区加快建设，里耶古城获批国家AAAA级旅游景区，茨岩塘湘鄂川黔革命根据地旧址入选“潇湘红八景”。商贸物流持续繁荣，招商引资到位资金37.04亿元，获全国电子商务进农村综合示范县称号。

【城乡建设】 2018年，县委合理规划布局，促进城乡统筹协调发展。以建设山水龙城为目标，加快推进城东新区、华塘新区、高铁新区、老城区建设，高铁客运站主体基本建成，站前广场、站前大道有序推进，城市骨架进一步拉开，中心城区面积扩大到14.5平方千米。皇仓坪公园一期、果利河沿河风光带一期、体育中心“一场两馆”等建成投用，城市品位极大提升，市民休闲健身环境明显改善。全力

深山致富路

推进美丽湘西工作，着力打造靓丽城镇、美丽乡村。全县依法拆除“两违”建筑2.2万平方米，完成美丽乡村示范点建设60个，实施农村改厕1.6万户，20个村庄获批“中国传统村落”。

【民生事业】 2018年，县委狠抓民生事业发展，全年财政民生支出33.9亿元，占公共财政总支出的70%，省州确定的12件重点民生实事全部完成。改扩建县城初中2所，改造农村薄弱学校12所，新增教学班121个，化解超大班额392个；全县本科上线1656人，其中一本上线495人；成功举办湖南省第九届少数民族传统体育运动会。发放养老、医疗、失业、工伤、生育保险基金7.67亿元，发放城乡低保、残疾人“两项补贴”3.1亿元；新增城镇就业3431人、农村转移就业5670人，城镇失业登记率控制在4.12%以内；完成易地扶贫搬迁3282人，实施农村危房改造3047户，建成保障性住房5122套。实现城乡医保“二保合一”、贫困对象“先诊疗后付费”；新建成5家乡镇（街道）卫生院。新、改建365个村级服务平台，基本实现“村村有文化广场”；里耶秦简博物馆申报成为全州第一个国家二级博物馆；圆满举办中国武陵山区第四届三棒鼓擂台赛、湘西·龙山土家族舍巴日等民族文化节庆活动；成功申报省州科技专项资金项目22个，申请专利120件，培育高新技术企业3家，在全州率先建成社区科普e站。

【深化改革】 2018年，是改革开放40周年。县委认真贯彻落实中央、省委改革总体部署及《中共湘西自治州委全面深化改革领导小组2018年工作要点》精神要求，强力推动各项改革举措加快落地见效，成效显著，亮点纷呈。中央、省州统筹部署的7大领域33大项101小项改革事项基本完成年度改革任务。深化“放管服”改革，清理政务服务“最多跑一次”事项516项，申请政务服务事项实现“最多跑一次”达97.0%。深化商事制度改革，全年发放“多证合一”营业执照数量3752户。深化农村土地制度改革，农村土地承包经营权证全面发放。深化农村集体产权制度改革，全面完成全县21个乡镇（街道）清产核资工作任务以及集体经济组织成员身份确定工作。创新精准脱贫工作机制，全县3.2万贫困人口全面与农村专业合作社签订利益联结合同。推进湘西土家族苗族自治州国内外知名生态文化公园建设机制创新，龙山县与全州一道成功创建国家森林城市。推进全域旅游系统性改革，里耶成功创建国家AAAA级景区。创新文化湘西建设体制机制，将非遗传承人待遇补贴纳入财政预算。继续深化教育综合改革，扎实开展义务教育阶段超大班额化解专项行动，城区所有学校班级均实现控制在65人以内。持续深化医药卫生体制改革，实行对住院医疗服务按病种、按疾病诊断相关分组付费，对长期、慢性病住院医疗服务按床日付费，对基层医疗服务按人头付费，对不宜打包付费的复杂病例和门诊费用按项目付费。深化药品供应保障制度改革，与全州一同加入福建三明药品（耗材）联合限价采购联盟。深入推进殡葬制度改革，按年人均10元的标准落实殡葬事业改革经费，县城市殡仪馆完成主体建设。深化党委和政府机构改革，龙山县党委、政府、人大、政协机构以及事业单位改革有序推进。推进纪检监察体制改革，全面完成全县监察体制改革工作。

县委办工作

【概况】 中共龙山县委办公室是县委的办事机构，下辖县委改革办、纪检组、政研室、督查室、机要局、保密局、秘书室、办文法规室，行管科和综合信息室。2018年，成功创建“省级文明标兵单位”，荣获全省党政系统机要密码工作、党委督查工作先进单位等荣誉称号。

【综合协调】 2018年综合协调周密、高效、规范。建立了县“四大家”办公室主任联席会议机制，制定和实施县委办公室综合报告工作年度计划。全年承办全省扶贫工作暨作风建设年动员视频会议、全州四级干部视频会议、县委经济工作会议、龙山县2018年精准脱贫攻坚暨农业农村工作会议等157个，其中省级视频会议7个，州级视频会议25个。严格按照接待标准做好中央党校副校长王京东，农业农村部副部长屈冬玉，省委副书记乌兰，省委常委、长沙市委书记胡衡华，济南市中区东西部扶贫协作党政考察团等各级领导共计37人次到龙山县调研、督查的接待、联络服务工作。办文工作精简、严谨、优质。健全完善《发文登记制度》《收文登记制度》和《党内规范性文件备案审查制度》，明确具体责任人，提高办文工作效率。严格落实中央、省、州关于精减发文有关规定，全年共制发县委、县委办等四类红头文件59个，同比减少55个。严格执行党内规范性文件有件必备规定，全年共向上报备《中共龙山县委常委会工作规则》《关于进一步落实脱贫攻坚责任制的通知》等规范性文件12个，办理各级来文来函1158个，其中密码电报80个、秘密文件130个，充分发挥“以文辅政”的作用。上传下达精准、细致、热情。修改完善《中共龙山县委办公室工作规程》，制发《中共龙山县委办公室2018年工作要点》，明确上传下达制度，严谨规范做好相关工作，圆满完成县委领导交办的各项工作任务。热情严谨、耐心细致做好了群众来访工作，全年共接待来访群众200批600人次，2017年、2018年连续两年被评为县信访工作“先进单位”。

【政策研究】 2018年，紧紧围绕打好打赢“三大攻坚战”、乡村振兴战略、“产业四区”建设、全面深化改革、全面从严治党等重点工作，在全县范围内深入开展大调研活动，形成一批高质量能落地有影响的研究成果，充分发挥调查研究在科学决策、破解难题、推动发展中的重要作用。全县各级各部门共形成调研报告200篇，其中县委常委领导完成16篇。高质量完成县委文件、领导讲话、情况汇报等各类文字材料共300篇，做到与上级精神、县委决策、领导思路、基层需求、群众期盼同频共振。深度挖掘龙山特色，及时总结龙山经验，积极对外宣传推介龙山工作，《切实提升“四个自觉”，坚决打好打赢脱贫攻坚战》《统筹推进乡村振兴与脱贫攻坚，全力建设美丽开放幸福新龙山》等文稿在《团结报》《湘西工作》发表。

【信息综合】 2018年，党委信息工作坚持围绕中心，服务大局，突出重点，提升质量，全年上报信息450条，采用172条。其中：中央办公厅综合采用1条，省委办公厅综合采用53条，州委办公室单条采用13条，综合采用105条，州委领导批示2件，在省委办、州委办质量系数考核得分为132分和

3月12日，县委办公室学雷锋自愿服务队参加植树活动

1735 分。报送的信息《部分深度贫困地区如期脱贫摘帽面临巨大资金缺口》被中央办公厅《每日汇报》综合采用;《基层反映:非洲猪瘟蔓延带来的“负效应”日益显现》在州委办“好信息”评选中获三等奖;《基层反映:基层党办履行抓落实职能遭遇“多重困境”亟待重视》《基层反映:乡村振兴路上“新乡愁”亟待关注》《基层反映:家庭医生签约服务“签而难约”现象亟待重视》《基层反映:少数民族贫困山区残疾儿童“上学难”问题亟待重视》《基层反映:岁末年初“深度贫困地区”群众的新困难、新期待亟待重视》《龙山县三举措防范和化解政府性债务风险》《湘西州龙山县百合产业发展情况及建议》《龙山县三种方式建强脱贫攻坚队伍》《龙山县全力打造“四美”乡村》等一批基层反映和典型经验信息被省州内刊采用,充分发挥了党委信息参谋辅政作用。同时,做好全县紧急信息和县委、县政府主要领导工作动态的及时准确报送,全年无迟报、漏报、错报情况。综合信息室主任向文菊被评为2018年度全州党委信息工作先进个人。

【督查督办】 2018年,组建县委书记任组长的督查工作领导小组,强化督查工作“一把手”责任制。以脱贫攻坚为总揽,扎实推动县委重大决策落实为重点,精简督查,降低全年督查次数和强度,对县直、乡镇、学校、工厂督查次数减少50%以上。围绕脱贫攻坚、重点项目建设、对口帮扶、民生热点难点等问题开展督促检查,细化天周,按月调度,确保湖南省第九届少数民族传统体育运动会在龙山顺利举行,利用《督查专报》《督查通报》向县委主要领导及时反馈督办结果。紧抓重点项目建设、招商引资等经济发展关键点,推进“四不两直”督查法,实行平时调度、台账管理和年终督查奖惩,进行全过程、全方位、全体系的跟踪督查考核。结合脱贫攻坚,践行“万名干部下基层”活动,全县391个驻村扶贫工作队和8000多名结对帮扶干部分期分批到贫困户家中上门走访,开展调查研究、落实帮扶措施。针对各级领导批示件,制定严格的批示件报告办理、反馈、通报等制度,确保件件有着落、事事有结果,全年督办各级领导批示件59件,督办《红网》百姓呼声栏目群众信访件43件,办结率、答复率100%。

【全面小康建设】 2018年,坚持以如期全面建成小康社会为目标,充分发挥牵头抓总、统筹协调、调度监测、考核督查等作用,突出抓好指标监测调度、示范创建等工作,推动全县全面建成小康社会工作取得实效。出台《关于2017年度全面建成小康社会推进工作考核评估情况的通报》《龙山县2018年度全面建成小康社会推进工作通报考核方案》《关于调整县全面建成小康社会推进工作领导小组成员的通知》等文件,加大工作调度和考核奖励力度,鼓励争先创优,充分调动全县各级各部门的积极性。石牌镇成功创建州级示范乡镇(街道);兴隆街道望城社区、苗儿滩镇捞车村、里耶镇岩冲村成功创建州级示范村(社区)。

【建设美丽湘西】 2018年,始终坚持在制度的顶层设计、方法创新、追求实效上下功夫,将建设美丽湘西考核结果与单位及个人绩效考核资金相挂钩,根据考核排名明确一类单位、二类单位、三类单位,并在全县通报,建设美丽湘西工作取得明显实效。下发工作通报16个、督办整改84个,兑现奖励资金184.6万元、罚款18万元,通报表扬7个乡(镇、街道)、22个县直单位,约谈2个单位。1—12月,7次进入全州一类单位,共获奖金105万元。洗车河镇被评为“中国民间文化艺术之乡”,岩冲村入选“湖南省美丽乡村建设示范村”。龙山县被评为“全州美丽乡村示范创建工作先进县”“州建设美丽湘西工作目标管理先进单位”。

【深化改革】 2018年,全年召开县委深改组会议2次,研究审议各类重要改革方案10个;召开专项小组联络办会议2次，业务培训会议各1次。中央、省州统筹部署的7大领域33大项101小项改革基本完成上级确定的年度改革任务。强化宣传推介，编发县委《改革简报》5期，在州委《改革简报》上稿1篇，在《湘西工作》推介龙山县改革典型案例2篇，农村集体产权制度改革等多项改革在全州推进会上作了典型发言，林业碳汇改革与农村集体产权制度改革在全州改革创新案例评选中荣获二等奖。

【机要密码】 2018年紧紧围绕省、州《关于组织开展密码通信“精品年”活动的通知》要求，充分发挥机要密码工作“生命线、指挥线、保障线”作用。机要通信“国扶县”工程顺利通过省验收，电子政务内网建设二期工程全面建设完成，全县党政机关电子公文传输系统安全可靠应用正有序开展测试。完善《龙山县机要密码工作规程》。全年收电报1247份、发出电报121份、收发传真176份，全部实现零失误、零差错。按照“会前调试、会中服务、会后维护”原则，全年做好62次党委视频会议服务工作。在龙山县茨岩塘镇、永顺县塔卧镇、花垣县十八洞村开展3次“不忘初心跟着党走，牢记使命开新局”主题教育活动，锤炼干部党性。《湖南机要》专题宣传穆永兵先进事迹。年度工作荣获“全省党政系统机要密码工作先进单位”称号，李生军被评为“全省机要密码工作先进个人”，向骏被评为“全州机要密码工作先进个人”。

【机关建设】 2018年，坚持以省级文明标兵单位创建为总揽，以“创文明机关，树公仆形象”为主线，广泛深入开展“五个”文明创建活动，实现单位文明氛围和干部文明素养大幅提升。印发行距调整《龙山县委办创建省级文明标兵单位实施方案》，举办“崇德尚法、清正廉洁”“孝老爱亲、美德传承”“诚实守信、厚德善行”“明德修身、正心笃志”4期道德讲堂，开展义务植树、志愿献血、“保护母亲河美丽新龙山”等9次主题鲜明的系列志愿服务活动及民族趣味运动会等3次群众性文体活动，深入开展“文明科室、文明干部(职工)、文明家庭”评选活动、“我评议、我推荐身边好人”活动、“文明卫生办公室”评比活动等。

美丽湘西建设

【概况】 龙山县美丽湘西办于2015年正式成立，现有编制人数10人，另抽调7人集中办公。全面贯彻中共十九大精神，以习近平新时代中国特色社会主义思想为指导，按照“五位一体”总体布局、“四个全面”战略布局，牢固树立新发展理念，坚持人与自然和谐共生，围绕打造国内外知名生态文化公园，坚守州委“五四二”发展思路，深入推进生态文明建设、城乡同建同治、网格服务管理“三大工程”，大力实施乡村振兴战略，着力打造靓丽城镇、美丽乡村、美好家园，加快建设美丽开放幸福新龙山。2018年，龙山县被评为全州美丽乡村示范创建工作先进县、建设美丽湘西工作目标管理先进单位。

【宣传教育】 2018年，坚持把提高群众素养作为美丽湘西建设的立足点。狠抓主流媒体宣传。通过电视台、网站专栏、主要路口电子屏和“我是龙山”“美在龙山”微信公众号等媒体人力宣传建设美丽湘西工作，并对良好的文明行为进行展示，不文明行为进行曝光，促进有关问题的整改落实。持续开展“除陋习、树新风”七进活动。围绕文明素质教育“进机关、进企业、进学校、进社区、进村社、进家庭、进景区”主题，组织各单位开展“道德讲堂”“小手拉大手”“建设美丽湘西进课堂”“最美庭院评比”等活动，充分发挥学生群体大、互动效应好的优势，形成学生带家长、家长带家庭、家庭带社会的良好格局。深入开展系列专题活动。在州美丽办的指导下，先后组织开展“文明大宣传大劝导”“美丽乡村大擂台”“美丽乡村入画来”等系列专题活动，为美丽湘西建设扎实有效推进，营造较为浓厚的工作氛围，群众素质大为提升。

7月16日，县委办副主任、县美丽湘西办主任朱常武（左一）指导调研咱果乡建设美丽湘西工作

【示范创建】 2018年，统筹推进，坚持把示范创建及“厕所革命”作为美丽湘西建设的发光点。深入推进美丽乡村示范创建。按照“县总协调、部门牵头、乡镇（街道）实施、定额补助”的工作机制，通过“基础设施配套”“长沙市对口帮扶”等工程大力实施美丽乡村示范创建“六大行动”。一大批具有龙山特色的美丽乡村靓丽呈现，16个精品村、44个示范村创建任务全面完成，洗车河镇被评为中国民间文化艺术之乡，岩冲村入选湖南省美丽乡村建设示范村。大力开展“厕所革命”及污水处理工作。将“厕所革命”作为补齐短板、服务民生的重要工作来抓，出台系列政策文件，强力推进“厕所革命”及农村污水处理。坚持因村施策，分类推进的工作模式，年内新建20个集中式污水处理设施，农村户厕改建16100座、城镇公厕建设35座、旅游厕所建设15座、交通厕所建设6座、单位专属厕所建设45座，全面完成各项改厕任务。

【常规业务】 2018年，县美丽办多措并举，坚持把推行常态管理作为美丽湘西建设的切入点。考评压力传导到位。从领导责任上实行按季通报，从奖罚措施上实行按月兑现，从考评方式上，实行两个0分制并建全巡查机制；共下发通报文件16个、督办整改单84个，兑现奖励资金184.6万元、罚款18万元，对2个单位进行约谈。垃圾分类减量推广有力。重视从源头抓起，狠抓垃圾分类减量处理，要求全县各级干部要深入宣传垃圾分类减量处理工作。各乡镇均修建了高规格垃圾焚烧炉，县财政每年为每座焚烧炉拨付1.8万元运行经费，县美丽办将焚烧炉运行情况列入县检必查项目，进一步推动垃圾分类减量处理工作。保洁制度建立健全。县城区环卫全面外包给重庆高建公司，每年1500万元，实行专业化管理；县美丽办会同县环卫所、民安街道参照州对县检查标准每月对重庆高建公司进行检查，实行绩效考核。397个村（社区）均已建立专人保洁制度，每村（社区）至少2个保洁人员；乡镇（街道）参照州对县考评标准对保洁人员进行业务培训，提高保洁人员素质，每月对保洁人员开展一次考评，根据工作实绩，发放保洁人员工资。

组织工作

【概况】 2018年，中共龙山县委组织部机关有编制数22个，实有工作人员19人。机关内设办公室（研究室）、干部组、组织组、基层办、党代表联络办、档案室。下辖直属机关党工委、“两新”党工委2个挂牌单位，所属事业单位有党员教育中心、党建网站联盟信息中心、党务中心，所属行政归口管理单位有绩效办，县委驻村扶贫领导小组办公室设组织部。主要职责是指导、实施和考核全县基层党建、干部人才、驻村扶贫等工作。承担州对县“五个文明”建设绩效考核工作的组织实施、县对各乡镇（街道)、县直有关单位的绩效考核综合督查总览及全县所有在编在职财政全额供养人员的绩效考核资金测算。是年,被评为全省组织工作先进集体。大安乡组织委员周庆梅荣获全省组织工作先进个人。在全州组织系统目标管理考核中名列前茅。

【干部管理】 全年招录定向选调生3名、普通高校选调生2名,录用2017年度因怀孕暂缓体检公务员2名,公开招考深度贫困县乡镇机关公务员15名,招考乡镇公务员20名。提请县委研究调整干部5批,涉及提拔干部40名(不含选调生转正定级),对1名拟提拔对象终止提名程序。对曾庆炎等41名同志进行公务员登记。出台《关于在脱贫攻坚一线培养识别选任干部的意见》,开展21个乡镇(街道)和19个县直单位领导班子整体运行情况以及班子成员能力素质和履行精准扶贫等工作职责情况排查,闭卷测试800名科级干部中共十九大精神暨脱贫攻坚政策知识。研究审批2017年来符合职级晋升条件的科级干部35名,清理清退退休返聘人员107人。干部网络在线学习参学人员增加至2918名。下发《关于进一步规范和加强县管科级干部因私出国(境)管理监督工作的通知》,登记备案新提拔科级干部43人,审批科级干部36人。研究通过《关于进一步强化县属国有企业领导人员管理工作的通知》。是年,创新工作"建立干部监督信息档案,有效防止干部'带病提拔'"获州委组织部肯定。

【干部能力提升】 2018年被县委确定为"干部能力提升年"。是年,安排教育培训经费200万元,举办科级干部专题培训班5期,举办贫困村第一书记和乡镇(街道)分管扶贫领导业务知识培训班、中青年干部(党外干部)培训班、新提拔科级干部培训班各1期,选派62名领导干部赴省州培训机构或高校参加各类干部教育培训班24期。联合长沙市委党校、清华大学、西南民族大学、浙江大学举办基层治理、综合素质能力提升、产城融合、精准扶贫、基层党建等专题培训班6期;搭建"红色大讲堂"学习平台,邀请岳庆平、顾庆丰、周清杰、薛庆超等4名专家教授来县讲学,参与培训党员干部突破5000人。举办"'学习新思想·赶考新时代'等你来战"线上答题活动,组织50名州、县党代表到延安进行为期5天的党性锻炼。

5月10日,县委组织部领导率队到长沙市和润园社区交流学习

【人才交流】 全年引进各类急需紧缺(高层次)人才9人,选送2名优秀干部到省直、州直部门挂职跟班,选派2名优秀领导干部赴济南市挂职锻炼。征集整理优秀人才名录,为县委、县政府推进各领域重点工作挑选专业技术类人才人选提供595名人才信息参考。实施"科技人才助力精准扶贫工程",组建20个"三区"科技人员、省州县科技特派员专家服务团,分赴20个乡镇(街道)帮助227个贫困村着力解决主导产业发展瓶颈和关键技术难

题。5月21日举行2018年科技活动周启动暨科技扶贫专家服务团出征仪式。

【基层党建】 严格考核管理,出台《龙山县基层党建工作目标管理考核办法(试行)》《中共龙山县委关于抓党建促脱贫攻坚的实施意见》。全面推行县级领导干部联系制度,75名县级领导(含省州单位副处级以上干部)联系79个深度贫困村,26名县级党员领导干部联系指导49个软弱涣散党组织。选派11名年轻人员担任非贫困村党组织第一书记。创新设置党务巡查站9个,其中乡镇(街道)站5个,县直单位站4个,21个乡镇(街道)和104个县直副科级以上单位实现全覆盖。创新机制载体,举办基层党建"三看三比"(看阵地管理、比队伍建设,看基础资料、比制度落实,看载体创新、比特色亮点)巡回现场会2次。设立"一园一址一馆一中心"(县烈士陵园、茨岩塘镇湘鄂川黔革命根据地旧址、洛塔精神陈列馆、里耶博物馆秦文化廉政教育中心)4个党性锻炼实践基地。举办"凝心聚力谋发展·共建美丽新龙山"庆七一篮球赛,在龙凤广场举办"光辉的历程·伟大的成就"展览。按照支部"五化"建设三年规划制定农村、城市社区等八个行业领域实施细则标准,发展农村党员224名,推进国有企业30项重点工作任务,"两新"组织党组织覆盖率达89.9%。深化惠民服务,依托"互联网+政务服务"网络平台,开通政务服务掌上APP、"龙山基层党建"微信公众号。运用"湘西E路通"开发建设"龙山智慧党建云平台",探索建设40个村级会议信息化试点。以"党员+合作社+农户"等模式,引领全县千名农村党员领办创办致富项目1321个,帮助1.2万名贫困群众实现增收。"惹巴妹"公司被评为全国就业扶贫基地。法人代表谭艳林荣获全国扶贫攻坚奋进奖并受到汪洋亲切接见。是年,县委书记抓基层党建述职在全州被列入"好"的等次。

【村级干部队伍建设】 2018年,创新建立村(社区)班子"双有双奖"奖励机制,对荣获中央、省、州、县四级奖励村(社区)班子分别给予奖励。设立"基层干部奖励基金",按10%的比例给予年度考核为一类的村(社区)班子奖励1万元,对年度考核优秀的村(社区)干部每人奖励800元。投入资金20万元为2300名村干部购买人身意外保险,保险金额达10万元。结合精准扶贫选人用人,28名农村专业合作组织负责人、115名致富带头人当选贫困村支部书记,1100名致富能人进入"两委"班子,选拔培养村(社区)后备干部1181名。从村级干部队伍中公开招考乡镇公务员1人。

【村(社区)党组织书记全职化】 2018年8月1日,出台《龙山县关于做好脱贫攻坚期间村(社区)党组织书记全脱产工作的通知》。全面推行397个村(社区)党组织书记脱贫攻坚期间脱产化专项管理,实行全天候履职、全脱产工作,与乡镇干部同管理。建立村(社区)党组织书记全脱产专项绩效,与"月派单"实绩挂钩,村(社区)党组织书记除基本报酬外,每人每月还享受全脱产专项绩效1500元,村(社区)党组织书记年报酬最低达4万元,最高可达4.5万元。强化考核问效,根据"派单"式管理考核结果,专项绩效按季进行分类发放。月度派单任务完成率达100%的,每月发放专项绩效1500元;月度派单任务未全面完成但完成率在90%以上(含90%)的,每月发放专项绩效1300元;月度派单任务完成率在90%以下80%以上(含80%)的,每月发放专项绩效1100元;月度派单任务完成率在80%以下60%以上(含60%)的,每月发放专项绩效900元;月度派单任务完成率在60%以下或扶贫工作被县级以上(含县级)通报批评的不发放当月专项绩效。

【驻村扶贫】 2018年,出台《龙山县精准扶贫精准脱贫驻村帮扶管理办法》《关于进一步落实脱贫攻坚责任制的通知》。选派扶贫队员779名、工作队员356名,驻村帮扶227个贫困村和164个有贫困人口的非贫困村。8800名帮扶责任人与2.9万户建档立卡贫困户结成对子。结合"百企帮百村、千商扶千户”、政协“三个一”扶贫行动等，引导非公企业112家结对帮扶105个贫困村，1073名工商人士结对帮扶1079户贫困户；207名政协委员与360户贫困家庭帮扶结对；1300名各级党代表结对帮扶3700户贫困家庭。实施“充电蓄能培训计划”，举办全县驻村扶贫第一书记、扶贫队员专题培训班2期、召开中央驻湘机关和省州直单位驻龙山县驻村扶贫工作座谈会2次。由县财政预算安排资金3000万元，用于保障驻村队员的宿村补贴和驻村工作经费。是年，组织宣讲精准扶贫相关政策4.5万次，帮助解决生产生活问题1.2万个，脱贫17742户74710人、退出贫困村67个，贫困发生率降至9.04%。

【绩效考核】 2018年，出台《龙山县2018年度“五个文明”建设绩效考核办法》。将绩效考核资金标准提升至与州定标准一致。设置精准脱贫攻坚工作奖和绩效考核成绩突出奖。下发《绩效改进通知单》，按季对进展滞后的指标任务和指标任务进展情况进行调度。科学设置加分项目，对年度内获国家、省、州表扬的单位实行荣誉加分政策。建立实绩动态调整机制，对年度内对全县经济社会发展作出突出贡献，又不属于荣誉加分的，按县委常委会、县人民政府常务会研究意见给予加分。强化对县政府目标管理、精准脱贫攻坚、基层党建等11项工作的结果运用，与单位及个人奖惩、推动工作、干部选拔任用相结合。是年，被评为全州“五个文明”建设绩效考核优秀单位和全州“五个文明”绩效考核成绩突出单位。

【自身建设】 2018年，县委组织部将责任、廉政、保密“三项教育”与机关党建和“周五课堂”相结合，邀请纪委监委、保密局等专业人员授课4次，查摆责任缺失、安全隐患等突出问题18个，召开“三项教育”专题组织生活会1次。深化拓展“全员联创”活动，部机关24名干部联系指导21个乡镇（街道）、24个正科级单位和17个“两新”组织，在州级以上媒体刊物发表文章信息200篇（条）。开展村（社区）班子及党组织书记运行排查评估，提醒谈话26人，批评教育41人，诫勉谈话4人，责令辞职2人，免职1人，立案查处1人。联系茨岩塘镇中山村和洗车河镇西吴村贫困户141户，开展结对帮扶活动12次，举办植树造林、走访慰问等活动5场，发放各类帮扶资金35万元。2018年2月6日，成功举办第一届中山村迎新春联欢晚会。

宣传工作

【概况】 龙山县委宣传部是主管全县意识形态工作的县委工作机构，内设办公室、理教组、文明办、外宣办、文产办、新闻组。管理县文联、县委讲师团、县委网信办3个正科级单位，下设县新闻中心、县委网宣办两个正股级机构，2018年，实有工作人员25名。主要职责是制定全县宣传思想工作的总体规划并组织实施，指导全县理论研究、学习、宣传工作，指导协调全县新闻宣传、对外宣传、网络宣传、社会宣传和舆论引导工作；规划、部署思想政治工作任务和群众性精神文明创建活动，指导协调全县文化事业、文化产业和文化市场的管理工作。

【理论武装】 2018年，组织开展10次县委理论学习中心组集中学习，开展“学习习近平新时代中国特色社会主义思想，建设美丽开放幸福新龙山”主题征文活动，组建习近平新时代中国特色社会主义思想讲习团，深入开展“七进”宣传宣讲活动，开展“微宣讲”“送学上门”、征文大赛、党的知识考试等活动200场次。强化意识形态工作责任制，将意识形态工作纳入到政治巡察和“五个文明”绩效考核范畴，进行意识形态工作专项督查，全县意识形态领域安全稳定。

【新闻外宣】 2018年，在新华社、《人民日报》、新华每日电讯、中央电视台、《农民日报》等国家级主流媒体发稿70篇（条），在湖南卫视《湖南日报》等省级媒体发稿 200 篇(条),在团结报等州级主流媒体发稿 1000 篇(条)。在中央 7 套《乡土栏目》播出"望山见水里耶城"专题节目,在中央 9 套《如果国宝会说话》播出"里耶秦简"节目,在中央 10 套《地理. 中国》播出"龙山天眼潭"节目,团结报推出龙山县精准脱贫工作系列报道,连续 6 天在《团结报》头版头条或头版重要版面刊发。拍摄制作高质量的外宣片《龙山》、外宣画册《龙山》,成为宣传推介龙山的靓丽名片。围绕精准扶贫、省少数民族运动会、建设美丽湘西等重点工作、重大活动,推出《长沙市干部赴龙山县对口扶贫感人故事》《毕兹卡的盛会》等专题专版,其中省第九届少数民族运动会上,向外加大宣传,国家、省、州 30 家各级媒体刊发相关稿件 300 篇(条)。拓展宣传平台,目前全县共有龙山电视台、《龙山报》、龙山新闻网、龙山手机报、"龙凤之声"广播电台、"我是龙山"微信公众号、"掌上龙山"APP7 大宣传平台,实现传统媒体和新兴媒体的融合,传播能力显著提升。特别是"我是龙山"官方微信公众号及时准确推送县内权威新闻资讯、民生信息,深受县内外群众青睐,多篇文章点击量超过 10 万,最高点击量突破 20 万。

【网络管理】 壮大主流舆论,共受理网友在红网百姓呼声、华声在线网络平台上留言 180 条,20 个单位和部门实名回复并解决投诉问题,解决了各类诉求 100 个,网友满意率达 95% 以上。截至 12 月上旬,龙山县委网信办共通过系统上报各类网络舆情 4000 条。对县内媒体平台刊(播)发的新闻稿件,严格实行三审复审制;严格规范管理各类宣传阵地。县内一自媒体平台"龙山微友圈"散布谣言,经县委网信办和县公安局网安大队共同协力,刑拘其负责人 5 日,11 月底,"龙山微友圈"被永久关停。向县域自媒体下达管控指令 20 次,删除有害、不良信息 100 条。同时,龙山县努力为外来媒体记者提供优质服务,并严格执行外来媒体采访报告制度,凡是外来媒体来县采访的,要求全县各级各部门必须积极配合,并第一时间作好备案,及时上报县委宣传部、州委宣传部。2018 年,接待来自新华社、《人民日报》、中央人民广播电台等省级以上媒体及美国 CNBC 亚洲台等外来媒体百人,均向州委宣传部进行备案和报告,不打折扣的落实了新闻媒体采访报告制度。

【文明创建】 积极培育和践行社会主义核心价值观,大力开展社会主义核心价值观主题宣传教育,积极开展道德讲堂活动,2018 年,全县文明创建单位共开展"道德讲堂"100 次以上,参与人数上万人,形式多样,效果明显。积极培植、推荐道德模范,在第四届湘西州道德模范评选中,龙山县谭艳林、田文荣获道德模范,尚桂林、白国胜荣获道德模范提名。在第三季度"湖南好人"评选中,谭艳林、尚桂林获评"湖南好人"。积极开展公民思想道德教育和志愿服务活动。大力开展精神文明创建活动,对 127 个文明村(社区)进行命名和通报表扬。

6 月 20 日,龙山县新闻舆论工作暨通讯员培训会表彰现场

目前，全县共有全国级文明单位（村镇）3个，省级文明单位（村镇）12个，州、县级文明单位（村镇）52个。

【文化文艺】 2018年，牵头举办省第九届少数民族传统体育运动会文艺会演，开幕式文艺表演大气恢宏，赢得各级领导、群众的高度评价。开展《血刃—红二、红六军团湘鄂川黔纪实》新书发布会暨红色文学创作讲座、土家族舍巴日、“龙山杯”首届中国土家族全国摄影大展、中国武陵山区（湘西·龙山）第四届三棒鼓擂台赛等文化活动。强化非物质文化遗产的保护、传承和挖掘，2018年5月，土家族打溜子项目代表性传承人杨文明新增为国家级非物质文化遗产传承人。龙山县共有国家级非物质文化遗产项目6项，国家级非物质文化遗产传承人7人。

【荣誉表彰】 2018年3月，龙山县委宣传部被湘西自治州全民国防教育委员会授予“全民国防教育工作先进单位”。11月，被湖南省委宣传部授予“《湖南日报》发行工作先进单位”。12月，被湘西自治州精神文明建设指导委员会授予“州级文明标兵单位”。

1月26日，龙山县召开台情侨情暨党外知识分子普查工作会议

统一战线

【概况】 1953年，在红砖楼的县委会议室成立“三三三”办公室，首次设立统一战线工作机构。中共龙山县委统一战线工作部于1956年7月成立。2002年11月，县委统战部部长首次由县委常委担任。2018年，县委统一战线工作部（以下简称县委统战部）核定公务员编制6名、工勤编1名，内设办公室。2018年4月，县机构编制委员会办公室批复设立龙山县新的社会阶层人士服务中心，为县委统战部管理的公益一类事业单位。县委统战部归口协调管理县民族宗教事务局、工商联、台办、侨联、党外知识分子联谊服务中心、新的社会阶层人士服务中心。

【思想政治引领】 2018年，龙山县委统战部深入学习宣传习近平新时代中国特色社会主义思想和中共十九大精神，强化思想政治引领，加强共识教育和政治培训，始终把统一战线成员团结在党的周围。选派26名非公企业负责人到长沙、延安、浙江大学参加“新思想”“新经济”“新模式”等学习培训；统战干部、党外知识分子等统战成员参加“党务工作”“产城融合”等省州县专题培训310人次。首次开展全县党外科级领导干部集中述职述廉。继续开展县级党员领导干部与党外干部结对子交朋友活动。在宗教界开展宗教场所升国旗暨“五进五好”教育实践活动。组织各商会会长及非公有制经济人士代表集中学习习近平在民营企业座谈会上的重要讲话精神。向台属、侨眷侨属宣传党的方针政策120人次，筑牢团结奋斗的共同思想政治基础。

【同心美丽乡村创建】 2018年，石牌镇城堡村成功创建州级同心美丽乡村示范点，里耶镇巴沙村成功创建省级同心美丽乡村，实现省级“同心美丽乡村”零的突破。举办巴沙同心美丽乡村第二届湘鄂渝边区广场舞大赛。东方卫视、易居中国、新浪微博三方联合出品扶贫行动的公益文化节目《我们在行动》第二季第四站为城堡百合“西品龙山”举行品牌发布会。开展党外美术大师手绘同心美丽乡村文化墙活动，彰显统战特色，助力乡村振兴。

【百企帮百村　千商扶千户】 2018年，聚力攻克深度贫困堡垒，继续推进“百企帮百村，千商扶千户”合力脱贫攻坚活动，全县71家民营企业结对帮扶88个贫困村，帮扶贫困户1174户3609人，启动开发扶贫产业项目7个，金额1134.4万元，实现全县79个深度贫困村民营企业结对全覆盖。引导长沙爱心企业为茨岩塘镇捐资100万元，成立龙山县首个乡镇扶贫专项同心基金，4次捐赠共资助311人27万元。为2018年考上本科的180名建档立卡贫困学生发放“泛海助学行动”助学金90万元，每人获5000元资助。

【港澳台海外联谊】 2018年，开展台情侨情普查工作，澄清台情侨情底数。组织赴台开展考察交流活动1次，接待台湾中华文化永续发展基金会董事长刘兆玄等8批次台胞、侨胞回乡考察。邀请15名海外华人、华侨(归侨)回乡参加州海外联谊会换届大会。县老年大学编排舞蹈打溜子《金鸡闹春》，赴香港参加“盛世夕阳红”中华文化邀请赛获金奖。走访慰问侨眷侨属台属34户，帮扶救助困难侨属2户。

【年度荣誉】 2018年，获全省统战信息工作三等奖、2018年度全州统战信息宣传工作先进单位、全州2018年度统战理论政策调研工作先进单位。统战信息宣传、统战理论政策调研两项工作均列全州八县市第一。黄勇承担的《对龙山县“百企帮百村，千商扶千户”合力脱贫攻坚活动的思考》荣获全州统战理论政策研究优秀成果特别奖，《创新发展，发挥优势，开创党外知识分子工作新局面》获评2018年度全州统战工作实践创新成果。

机构编制

【概况】 龙山县机构编制委员会办公室(以下简称“县编办”)成立于1958年，2002年加挂事业单位登记管理局牌子，为县机构编制委员会的常设办事机构，既是县委工作机构，又是县人民政府的职能部门。主要职责为贯彻执行党和国家关于行政管理体制改革、机构改革及机构编制工作的方针、政策和法规，拟定全县行政管理体制改革、机构改革及机构编制工作的法规规章制度；统一管理全县机构编制工作；贯彻执行国家有关事业单位登记管理的法律、法规和规章，组织实施，负责本级管辖范围内事业单位的登记、年检、年度报告公示和监督管理工作；负责机构改革和机构编制管理有关信息的采集情况综合、机构编制统计工作；参与全县大中专毕业生、退伍军人就业指导工作和军转干部安置工作。

【“放管服”改革】 2018年，深化对推进“放管服”改革必要性的认识，切实增强改革的主动性和自觉性。班子按季度分析工作中存在的问题和不足，组织主管和主办人员按月对工作进行回头看，及时收集整理、上报工作资料，实时进入基层检查督导，群策群力、开拓创新在更大范围、更深层次推进编办各项工作任务落地见效。始终突出主业主抓。严格计划用编。对机关事业单位编制，一律实行“以县为单位，统一调控，计划管理”，严格执行《机关事业单位用编计划》文件规定，杜绝计划外随意用编。切实控编减编。下发《全县控编减编工作方案》，严格落实省州有关减编控编工作要求，按照“控制总量，盘活存量，优化结构，有减有增”原则，一律在核定的编制总量内调整，坚决守住机构编制“只减不增”底线。搞好协调督查。加强与组织、人社、财政等部门的联合督查，严把机关事业单位招录人员关口，促进机构编制管理规范化，杜绝各类机构编制违规违法问题。积极推进“放管服”。积极与相关职能部门协调合作、各司其职、整体推进。权力清单清理快。我办在全州最先启动、完成政府组成部门“权力清单”和公共服务事项的清理工作，调整、完善、发布权利清单 2938 项，将“权力清单”中 532 项依申请事项确立为“政务服务事项清单”。与县法制办配合做好行政许可事项的合法性审核，与县政务服务中心配合做好行政许可事项的进驻、流程图设置等工作。县直各相关单位在行政许可事项前期申报、申报事项的法律法规引用、事项整改衔接等方面，都做到有效配合、有效落地。赋权放权示范好。简政放权好。联合县委组织部、县人力资源和社会保障局印发《关于对县里耶管理区管理委员会和县工业园管理委员会人员调配等放权赋权的管理规定》(龙编办发〔2018〕50 号)文件，突出 2 个单位“简政放权”示范区打造，确保正常运行。综合执法好。牵头组织华塘街道、桂塘镇、红岩溪镇、茨岩塘镇、洗车河镇 5 个单位的综合执法大队示范点建设，下发《乡镇(街道)综合执法大队建设意见》，就执法人员、硬件设施、软件资料、承接培训、组织保障等方面进行规范建设，统一制作各项制度牌和执法文书。县食药工质局等 6 个单位把 290 项执法权依法委托乡镇(街道)，完成执法权的下放工作。录入公布公示全。对县政府常务会研究同意清理出 2938 项权力清单，完成清单的引用和实施清单的录入，并通过相关媒体进行全方位公布公示。“12345”政府服务热线整合工作完成阵地建设、队伍组建、知识库建立，能够正常开展工作。进驻服务管理严。对所有行政许可事项和进驻政务中心的事项列入政务服务事项进行办理，县政务服务中心将涉及群众密切相关的 91 项政务服务事项下放到乡镇、村。积极实行“一枚印章管审批”，所有行政审批和公共服务事项进驻政务中心，做到权进、事进、人进，真正达到“减环节、减材料、减时限、减费用”目的，人民群众认同感好、满意度高，营商环境得到进一步改善和优化。

【事业单位登记】 2018 年，认真抓好网上登记、名称管理工作。抓好法人年度报告公示。全面部署全县事业单位法人报告公示工作任务，及时下发《关于开展事业单位法人年度报告公示工作的通知》(龙编办发〔2018〕14 号)，组织全县 560 个事业单位法人年度报告书在县政府门户网站进行公示。抓好“三大登记”。认真开展日常三大登记工作，办理设立登记 7 个，变更登记 133 个，注销登记 15 个。在全县范围内组织开展事业单位法人公示信息抽查工作，积极督办事业单位失信法人变更，及时在系统中处理，并向社会公示。抓好统一社会信用代码赋码和网上名称管理。办理 101 个党政群机关(机关 91 个，群团 8 个，垂管 2 个)社会统一信

龙山县召开 2018 年机构编制工作汇报会

用代码赋码工作。通过电话、QQ、现场演示等多种方式，指导各单位做好域名维护及标识上挂工作。

【机构改革】 2018年，全面学习机构改革新精神，加强改革前瞻性、基础性、针对性研究，摸清底数，建立台账，进行政策和方案储备。组成调研专门班子，深入学校调研教育布局调整及化解大班额等问题；深入乡镇机关及事业站所，调查了解单位机构运行、人员编制等情况，进一步夯实改革基础。全州机构改革工作调研培训会召开后，县编办迅速行动，按照上级统一安排，及时研制上报本县机构改革方案（草案）。

【荣誉表彰】 2018年，精神文明建设、依法行政、社会综合治理、“放管服”改革、民族团结进步创建、生态环境保护等工作，被县委、县政府评为先进单位。李文远被县委、县政府、县人武部评为“党管武装先进个人”，刘华被评为县“政务公开工作先进个人”“依法行政工作先进个人”，龙伍凤同志被评为县“‘放管服’改革工作先进个人”，黄海毅被评为县“禁毒工作先进个人”。

党　校

【概况】 2018年，中共龙山县委党校有编制22名，实有工作人员22名。党校在县委、县政府领导下，认真贯彻落实《中国共产党党校工作条例》《中共中央关于印发〈2018—2020年全国干部教育培训规划〉的通知》和中央、省、州党校工作暨干部教育培训工作会议精神，坚持解放思想、实事求是、与时俱进，积极探索基层党校专业化、特色化、实效性发展新路子，着力构建一流县级党校办学新格局，建设省级示范性县级党校，切实提高干部教育培训针对性和实效性。按照“发展是主题、改革是主线、教学是中心、科研是基础、服务是保障、队伍是关键、创新是灵魂”基本要求，着力构建“研学互补”党校办学新格局，2018年完成县委组织部计划内调训培训任务；接待、承担县内外各类培训班13个，培训2035人次；省、州党报党刊及党校内部刊物上发表理论文章14篇；新食堂、综合楼、教师房等基础设施建设开始报建；继续保持“湖南省级文明单位”荣誉，荣获“湖南省示范性县级党校”称号。

【干部培训】 2018年，共举办主体班次6期，培训学员1080人；举办计划外培训班7期，培训学员975人；加强互联互结双向培训，安排全县中青班军训、室外打靶训练课程。

【基础设施建设】 6月14日，经县人民政府研究，县国土局对于县委党校基础设施用地土地开发利用可行性论证报告给予批复同意，为公共管理与公共服务用地。中标施工、监理公司分别于8月24日、11月22日成立项目部并递交文件。8月与县发改委进行草拟合同细则专家评审。9月正式签订（EPC）合同。12月10日党校成立基础设施建设项目小组。

【教学工作】 2018年，党校加快推进教学、科研基础建设。教学基地中青年干部人数增加至50人以上。利用“湖南省委党校中青年干部教学基地”、“长沙市委党校中青年干部实践教学基地”优势，办好中青班学员实践培训。1月2日至12月1日，围绕认真学习贯彻中共十九大精神，开展教科研学术交流，用45篇学习心得深刻剖析和解读中共十九大报告内容，前后举办8次座谈会探讨对“不忘初心、牢记使命”个人认识，以达到思想共鸣。

【培训管理】 2018年，重点在个人教学技能提高上，开展互评式、研究式教学竞技与研讨，开展党校课题调研。尝试“2＋1＋1”说课评课，主题课与精选课程有机结合，提高教学实效性。强化培训能力建设。突出素质能力提升，组织教师教学技能比武活动。教学激励机制创新。打造教学品牌，提高教

4 月 8 日，湘西州委党校考核小组到县党校检查全省县级示范性党校创建工作

学质量，启动“教学竞赛”“外校求学”和“双学工程”，4 月 15 日，组织全体教职工开展有针对性的问题调研活动，促进教研分析能力。7 月 18 日，全体教师到红二、六军团湘鄂川黔革命根据地茨岩塘镇开展“重走长征路、锤炼革命心”红色文化实践活动，走进红色文化基地，寻找红色文化故事，提高教职工们爱国爱党思想文化情操。11 月 5 日，组织中青班学员赴长沙市委党校进行体验式学习、参观与研讨，接受理论与实践课程教育，增强社会知识，突出理性传播，并完成《龙山红色文化开发与旅游业发展》《龙山精准扶贫脱贫》《龙山环境保护》《龙山乡村振兴》4 个课题研究总结。3—12 月，选派教师 6 人次参加省委党校、长沙市委党校师资班、理论骨干培训班培训、延安红色文化基地学习，安排教师 1 人参加省委党校为期 2 个月跟班学习。

【教学科研】 2018 年，坚持把县委、县政府中心工作作为教科研重点。组织教师开展“红色理论文化研究”“‘两学一做’理论研讨”专题座谈会 7 次。坚决贯彻中共十九大、十九届二中、三中全会精神，积极参与中央、省、州党校理研会活动，充分发挥人才智力优势，形成一大批优质科研文章。《扎实推进以金融安全为核心的金融发展》《以习近平新时代中国特色社会主义经济思想引领新时代经济发展》《聚焦金融供给侧改革激发经济发展新活力》《推动投融资平台转型助力防范化解债务风险》等在团结报理论周刊发表，为县委、县政府决策实施提供理论性参考。截至 12 月 31 日，在州级以上正规媒体、刊物上发表论文、报道 15 篇，其中 10 人次参加省、州以及县域党校理论研讨会。

【年度荣誉】 全年发表(获奖)优秀论文 20 篇以上。饶伟林论文《发展红色旅游提升湘西软实力》在《中国旅游报》1 月 26 日评论版发表、《关于推进我州乡村振兴战略的前景分析》在《团结报》6 月 25 日每周论坛版发表；刘姝问论文《贫困地区全面脱贫后持续发展与返贫防控对策研究》在《知识经济》2018 年第 7 期发表、《乡村振兴背景下湘西州返乡农民工创业动因、困境及对策》在《湘西论坛》2018 年第 3 期发表；田华论文《基于差异化产业发展视角扶贫精准性提高的思考》在《信息周刊》2018 年第 10 期发表；郑平论文《扎实推进以金融安全为核心的金融发展》《金融创新：融入脱贫攻坚打造新引擎》《以习近平新时代中国特色社会主义经济思想引领新时代经济发展》《聚焦金融供给侧改革激发经济发展新活力》《从五个角度统筹推进乡村全面振兴》《补齐“四块”金融短板切实维护金融安全》《打好“三大攻坚战”决胜全面建成小康》《推动投融资平台转型助力防范化解债务风险》分别在《团结报》3 月 19 日、4 月 16 日、5 月 7 日、7 月 2 日、8 月 31 日、9 月 14 日、11 月 23 日、12 月 21 日每周论坛版发表；车丕湘、向迎春、彭小龙论文《少数民族地区基层“雁过拔毛”式贪腐问题研究——以我国武陵山片区龙凤示范区为例》在《湘西论坛》2018 年第 3 期发表。全年省、州党校系统优秀论文评比共 7 篇获奖。

党史　地方志

【概况】 中共龙山县委党史研究室(县人民政府地方志办公室),是龙山县委、县人民政府直属正科级全额拨款事业单位,机关人员实行公务员制度。履行对全县党史、地方志工作管理的行政职能,归口县委办、县政府办管理。主要承担党史和地方志的资料征集整理、编纂研究、宣传教育的任务,发挥"以史鉴今、资政育人"作用。2018年,核定编制7名,实有工作人员6人。其中中共党员5人,党外干部1人。工作人员学历均为大专以上,县委党史联络组设在党史研究室,由县政协原副主席杜诗江任组长,有组员11人,负责全县党史联络工作。县党史联络组组长、原县政协副主席杜诗江荣获"全省党史联络工作"先进个人。

【党史】 2018年,为迎接建党100周年,向党的生日献礼,省委启动《湖湘红色基因文库》(简称《文库》)的编纂工作。《龙山县革命斗争史(1921—1949)》,是《文库》第二编红色基石县市篇书目之一,是全省两本"革命斗争史"样板书之一。县委党史研究室积极配合省委,根据省里资料征集、篇目设置、内容撰写等方面提出的要求,率先启动编写工作。并按照省里指示,成立领导小组,组建编纂工作班子,保障编纂经费。5月,省委党史研究室副主任谢承新专程到龙山县考察调研,并召开《湖湘红色基因文库》编纂工作湘西座谈会,指导龙山县"革命斗争史"的编撰工作。经过反复修改,几易其稿,截至10月底,《龙山县革命斗争史》一书顺利完稿,并通过州、省专家的审定。《红军战斗在龙山(二)》一书正式出版。全书30万字,该书对湘鄂川黔革命根据地时期龙山人民对中国革命做出的贡献进行翔实的记叙,尤其是对龙山本土英雄人物的事迹有了生动的再现。随着该书的出版,在全县范围内迅速掀起学习英雄人物先进事迹、传承红色基因热潮,县直各单位、乡镇、街道都把学习该书的英雄人物作为"道德讲堂"的重要内容,很多单位和学校以该书为蓝本,开展形式多样的唱红歌、讲红色故事等传播红色正能量活动,取得很好的社会效应。

《龙山年鉴》启动暨编纂培训会议

【地方志】 启动《龙山年鉴》编纂工作,成立以县长为主任的年鉴编纂委员会。3月28日,召开年鉴编纂工作会议,对年鉴编纂工作进行安排部署,省地方志委党组书记、副主任易介南率市县志指导处处长隆清华及州地方志办领导参加启动会议并作重要讲话,书记易介南对龙山县方志工作给予高度评价,提出了具体实施意见;州地方志办主任谢绍猛、副主任李雄野给全体与会撰稿人员进行详细的业务培训。5月下旬,分管领导谭必松副县长带领县地方志办和年鉴编辑部人员，深入到乡镇督促年鉴编写及省州领导指示的落实，强力推动年鉴编写工作。《龙山年鉴(2018)》全书69.8万字，2019年2月正式出版发行。并荣获湖南省第六届地方志优秀成果(年鉴奖)二等奖。

根据省州统一安排部署，启动编纂“中国名镇名村志”文化工程。龙山县首批入选的有里耶镇、茨岩塘镇、苗儿滩镇捞车村，3月初，正式启动编写工作，深入镇村，召开相关部门联席会议，安排部署工作。里耶镇、茨岩塘、苗儿滩镇及捞车村均组建由党政一把手牵头的编委会，成立编辑部并挂牌。“中国名镇名村志文化工程”之《里耶镇志》《茨岩塘镇志》《捞车村志》编纂有序推进。2018年7月初志书篇目通过州审，11月在省志委专家指导下完成最后审定，得到省州专家的肯定。

【以赛代训】 2018年，州委党史研究室主办、龙山县承办的全州党史系统“以赛代训”活动在龙山县举行。活动的主要内容：“精品红色党史课件”比赛、“重走红军长征路”比赛、传唱红色革命歌曲。龙山县史志办在活动中获“重走红军长征路”比赛团体第二名，“精品红色党史课件”比赛三等奖。龙山县继续深入开展以“学党史，知党恩，跟党走”为主题的党史学教“七进”(进机关、进学校、进农村、进社区、进企业、进军营、进网络)活动，县委书记和分管领导带头宣讲党史，县史志办组织开展讲党课、重温入党誓词，瞻仰革命遗址等多种形式的党史宣教活动，先后深入县档案局、财政局、华塘街道、茨岩塘镇、里耶镇、捞车村、燎原村、龙山二小、县委党校中青班、长沙对口支援龙山扶贫队等单位讲课，直接听众1000人，促进了全县范围党史宣教活动深入持久开展，将红色正能量传递到社会的各个层面。

档案管理

【概况】 龙山县档案局(馆)是县委机关编制序列的档案行政事业管理正科级机构。主管龙山县的档案事业，并对全县机关、团体、企事业单位和其他组织的档案工作实行监督和指导；负责收集、整理、保管和提供利用。内设办公室、业务股、法规宣传股。档案局(馆)现有编制10名，实有工作人员8名。龙山县档案馆现为湖南省二级档案馆，馆库建筑面积953.1平方米，办公用房和业务用房542.1平方米。馆内配置密集架、计算机、服务器、扫描仪、去湿机、消毒柜等设备。馆藏丰富，有205个全宗，18万卷(册、件)档案。

【档案馆建设】 2018年，县新建档案服务大楼(2017年7月开工，尚未竣工)，为进一步加快档案馆建设，推进档案事业的发展。先后组织到来凤县档案局、永顺县档案局、凤凰县档案局学习县级综合档案馆建设以及信息化档案管理等工作。

湘西州档案局一行到县档案局检查指导工作

【档案征集与整理】 2018年，县档案馆共征集到1600卷(册)档案。为进一步加强档案实体管理，夯实档案馆基础业务，促进档案事业科学发展，县档案局委托龙山县兰台档案管理有限公司对2015年撤乡并镇的24个乡镇档案进行规范化整理，共计完成2421卷(册)档案的规范化整理，做到全宗卷内容齐全、档案目录与实体吻合、档案排列整齐有序。

【档案年检年审】 2018年，先后深入到县公安局、龙里公路指挥部等单位开展档案业务指导。同时，根据县委办《关于开展档案年检年审工作的通知》的文件要求，采取各单位上门送检的方式，于2018年10月启动档案年检年审工作，对县委办、县政府办、团县委、国土局、华塘街道办事处等90个立档单位的案卷质量进行年检年审，受检面100%。

【档案查阅与利用】 2018年，县档案局档案查阅接待室全年对外开放，严格按照《档案查阅利用制度》对外提供档案查阅利用服务。共接待查阅和利用者820人(次)，调阅档案3000卷(册)，复印5000张。在档案利用中，文书档案以党委政府文件、知青、招工招干档案利用为主，主要为县委编史修志、个人工龄待遇等问题提供佐证；专业档案以山林定权证、房屋所有权、婚姻档案利用为主，主要为县委、政府处理上访事件、补办结婚证、老百姓办贷款、房产转户、迁户口、招工招干等问题提供原始依据。

【档案法制及宣传】 2018年，在档案日常工作中，对部分乡镇(街道)、机关企事业单位档案收集、归档、保管、移交等方面进行依法督导。10月，在档案年检年审工作中，对各单位在贯彻执行档案法律法规及档案收集、整理、归档、开发利用中发现的情况问题当场进行反馈，并要求限时整改。2018年“6·9”国际档案日是国际档案理事会确定的第11个国际档案日，恰逢改革开放40周年，县档案局(馆)将此次活动主题确定为“给湘西点赞，为改革喝彩”，通过发放宣传资料、开展业务指导等方式让广大干部群众走近档案、了解档案。

【档案安全】 2018年，按照要求，县档案局(馆)建立健全人防、物防、技防“三位一体”的安全防范体系，防火、防盗、防水(潮)、防尘、防光、防高温、防污染(含有害气体)、防有害生物(含霉、虫、鼠)等设备设施到位。同时，实行巡查制，每天上下午两次对库房温湿度及安全进行巡查，2018年全年未发生档案重大失泄密及安全事故。10月9日，湘西州档案局副调研员廖卫清等一行人到龙山县档案局(馆)检查指导档案安全工作，并对档案馆的安全工作给予肯定。

纪检监察

【概况】 2018年，是全国纪律检查机关恢复重建40周年、各级纪委监委合署办公的开局之年。全县各级纪检监察机构在州纪委监委和县委的坚强领导下，紧紧围绕县纪委十二届三次全会确定的目标任务，突出全面从严治党向纵深发展、向基层延伸这一主题和廉洁龙山这一主线，强化“四个意识”，践行“四种形态”，护航脱贫攻坚，坚决惩治腐败，全县党风廉政和反腐败工作取得新进展、新成效。

【监督问责】 2018年，各级纪检监察组织始终把“两个维护”作为特殊历史使命和重大政治责任，把监督检查党的路线方针政策和上级重大决策部署落实情况作为重中之重，紧紧围绕贯彻新发展理念、落实“两个责任”、打好“三大攻坚战”等情况加强监督检查，对主体责任缺失、监督责任缺位、腐败问题多发频发的党组织及其负责人进行责任追究。全年对“两个责任”落实不力的25个单位34名责任人严肃问责，为中央和省、州、县委重大决策部署的贯彻落实提供了坚强保障。

县纪委监委机关党支部开展“认清黑恶势力，主动检举揭发”主题党日活动

【惩贪治腐】 2018年，坚持有腐必惩、有贪必肃。全年受理各类信访举报352件，处置问题线索389件；立案查处162件，结案161件，同比分别增长3.8%、3.2%；党纪政务处分161人，其中处理乡科级干部20人；采取留置措施2人，移送司法机关依法处理4人；收缴违纪违法资金5225万元，为国家挽回经济损失1.2亿元，严惩治腐败的震慑效应得到充分彰显。贯彻“惩前毖后、治病救人”方针，多次发布敦促涉嫌违纪违法人员主动交代问题的通告，坚持宽严相济教育挽救干部。在纪法震慑和政策感召下，共有186名党员干部投案自首和主动交代问题。全年运用“四种形态”处理党员干部385人次，占比分别为58.7%、33.5%、7%、0.8%，监督执纪由“惩治极少数”向“管住大多数”拓展。深化廉政警示教育，利用网站、微信公众号等载体通报曝光典型案例46起105人；选派专人到各单位开展廉政党课教育30次，8000名党员干部接受教育；摄制《小官巨贪“一窝端”》专题片并召开全县警示教育大会，取得良好的政治效果、纪法效果和社会效果。

【巡察工作】 2018年，县委高度重视巡察工作，制定完善2018－2021年巡察工作规划，3次召开专题会议听取巡察工作情况汇报，研究解决重大问题，明确巡察工作总体目标、原则方针及规范化要求。县委巡察机构牢牢把握政治巡察定位，围绕坚持党的全面领导、加强党的建设和全面从严治党，对党组织和党员干部进行政治体检，查找政治偏差。全年分2轮共对15个单位党组织开展常规巡察，发现在编不在岗、“吃空饷”“带病提拔”、基层党组织软弱涣散、脱贫攻坚中的腐败与作风等问题469个，向被巡察单位党组织提出整改意见375条，移交问题线索93个，推动查处一批党员干部违纪违法案件。全县立案审查调查案件中，超过30%的线索来自于巡察，扶贫领域的案件线索超过60%的来源于巡察，巡察“显微镜”“探照灯”作用充分发挥，切实推动被巡察单位党组织管党治党责任的落实。同时，把监督巡视巡察整改工作作为一项重点任务，开展专项督查，确保整改落实动真格、见实效。

【维护群众利益】 2018年，深入开展扶贫领域腐败和作风问题专项治理，把主要力量和精力投入到脱贫攻坚主战场。采取明察暗访、突袭式检查等方式，对精准识贫脱贫、干部驻村扶贫及省、州、县扶贫检查反馈意见整改等情况进行监督检查，集中约谈作风不实、履职不力的乡镇（街道）、县直单位“一把手”及相关责任人128人次，诫勉谈话5人次，推动干部作风的转变。聚焦脱贫攻坚重点领域、关键部门，以系统思维整治群众反映强烈的贪污侵占、虚报冒领、雁过拔毛等问题，相继开展一盏灯、一栋房、一条路、一张床、一口井“五个一”专项治理，立案查处84人，组织处理204人，退还群众资金76万元，群众获得感、幸福感、满意度增强。围绕易地扶贫搬迁和农村危房改造开展“一栋房”专项治理，促进项目管理的规范化、程序化和制度化，实现贫困群众的“安居梦想”；围绕套取骗取医保资金开展“一张床”专项治理，在全国率先掀起“反骗保”专项整治行动，立案查处 13 人，逮捕 6 人，依法解除 3 家医院医保协议资格，基层医疗机构和个人主动上交违纪违法资金 3000 万元，推动行业性问题治理。以“湘西为民”村级微信群为载体，搭建联系服务群众的“直通车”，走好网上群众路线，有效解决群众身边的不正之风和腐败问题。全县 397 个村(社区)均建立“湘西为民”村级微信群，进群群众9.1万人，全年回复、处置群众反映的扶贫、民生领域问题 10283 次，解决实际问题 843 个，达到化解基层矛盾、规范村权运行、推进阳光扶贫的良好效果。

【监察体制改革】 2018 年，准确把握改革目标，优化职能权限配置和人员编制配备，推动职能、人员、工作深度融合，实现“形”的重塑和“神”的重铸。加强监察运行实践探索，建立与执法机关、司法机关协调衔接机制，推动纪法贯通、法法衔接，反腐败工作的法制化、规范化水平不断提高。强化派驻监督，各派驻纪检监察组加强对监督单位政治生态的研判及其领导班子成员的日常监督，着力问题线索处置，立案 32 件，处分 30 人，“派”的权威和“驻”的优势逐步显现。推行纪检监察县乡一体化管理，整合全县监督执纪力量，建立 10 个纪检监察工作联络站，初步构建纪检监察工作县乡上下同频共振、一体推进、高效运转的工作格局。在全州率先修建 16 个乡镇(街道)和 4 个派驻纪检监察组高标准谈话室，保障“走读式”谈话安全，全年未发生一起办案安全事故。

【突出问题专项治理】 2018 年，始终保持反“四风”寸土不让、动辄则咎的高压态势，深入开展突出问题专项治理。全年共查处问题 98 起，处理党员干部 123 人，给予党纪政务处分 79 人，补缴违规公款吃喝费用 15.4 万元，党员干部上交红包礼金 16.5 万元，29 家单位将违规发放的 128.4 万元津贴补贴缴入县财政。特别是严肃查处县财评中心等单位工作人员非法收受服务对象财物问题，处分 7 人，诫勉谈话 1 人，收缴违纪违法所得资金 36.1 万元；对环保领域和“放管服”改革履职不力、服务意识不强的 16 人进行责任追究，释放作风建设永远在路上、越往后执纪越严的强烈信号。整治违规人情宴请，全年成功规劝制止违规宴请 400 起，查处 13 人，38 名公职人员因参与违规宴请被扣除半年绩效奖，形成有力震慑，广大党员干部文明、节俭办宴思想觉悟增强。坚持“三个区分开来”，公开为受到不实举报的 91 名党员干部和 3 个单位澄清正名，切实还清白者清白、为担当者担当，激励广大干部改革创新、担当作为。

【队伍建设】 2018 年，以省级文明单位创建为契机，开展主题党日、道德讲堂、志愿服务等教育实践活动，压紧压实干部驻村扶贫和结对帮扶责任，促使其用心用情帮助贫困群众脱贫致富，党员干部宗旨意识和群众观念树得更牢。出台乡镇(街道)纪(工)委落实监督责任考核办法(试行)，强化考核结果运用，扎实推进基层纪检组织“三转”和“三专”。选优配强乡镇(街道)纪检监察干部和村(社区)纪检监察专干，通过遴选、招录公务员等方式，将 23 名年轻干部充实到县纪委监委机关、派驻机构和县委巡察机构，队伍力量增强。通过专题培训、选派参训、以案代训、跟班学习等方式，加强业务技能培训，全年培训纪检监察干部 600 人次，干部履职能力明显提高。坚持刀刃向内，严防“灯下黑”，对 9 名履职不力、违规违纪纪检监察干部查处问责，切实维护纪检监察队伍的良好形象。

附:县纪委监委派驻纪检监察组人员名单

单　　位	组　长	副组长	工　作　人　员
派驻人大机关纪检监察组	彭　辉	尚红英	彭　波　向　煜
派驻政协机关纪检监察组	向　蓉	向　辉	丁渝珈　宋敏子
派驻住建局纪检监察组	向洪江	黄金丽	黎玉洁
派驻农业局纪检监察组	米炎明	王先国	龚秀菊　贾　婷
派驻经信局纪检监察组	刘赛元	田方胜	汪玉娇　彭铂琳
派驻政法委纪检监察组	彭清华	向前进	张　雪
派驻财政局纪检监察组	黄振华	吴志萍	
派驻民宗局纪检监察组	田世红	欧成志	向春屏
派驻县委办纪检监察组	张佰龙	杨春花	李　静
派驻政府办纪检监察组	向朝阳	邹亚岚	

龙山县人民代表大会

龙山县人民代表大会

【人民代表大会概况】 2018年12月29日至30日，龙山县第十七届人民代表大会在龙山县城召开。周云、余佳祥、刘冬生、陈忠耀、吴少叶、石红梅、龙儒文、李开进、唐晓萍、曹长友、聂毅、杨波等县领导参加会议，出席会议代表209人。县副处级实职及以上离退休干部；非人大代表的县委、人大、政府(含里耶管委会)、政协、人武部县级领导；县人民法院院长、第一副院长，县人民检察院检察长、第一副检察长，县监察委员第一副主任；县人民政府工作部门主要负责人；县直正科级以上有关机关、团体主要负责人；中央、省、州驻龙山单位主要负责人列席会议。

大会采取举手表决方式，一致通过议案审查报告、县人民政府工作报告决议、县计划工作报告决议、县财政工作报告决议、县人大常委会工作报告决议、县人民法院工作报告决议、县人民检察院工作报告决议。

11月7日，县人大常委会主任余佳祥(二排左二)带领州县人大代表视察龙山体育中心建设

州委常委、县委书记周云指出，2018年，县人大及其常委会坚持围绕中心、服务大局，认真履行宪法和法律赋予的职权，做了大量富有成效的工作，较好地发挥了地方国家权力机关职能作用，为推进全县经济社会平稳较快发展作出了积极贡献。全体人大代表一定要认清形势、牢记使命，聚万众之心、集各方之智，把思想和行动统一到县委决策部署上来。县人大常委会和人大代表要践行履职之要，在服务发展大局上做出新贡献。要准确把握新常态下人大工作新要求，全面

2月7日，人大常委会主任余佳祥(左一)给老兴社区建档立卡户送慰问金

提升依法履职能力，推动人大工作不断上水平。要始终坚持党的领导、人民当家作主、依法治国有机统一，围绕全县大局，依法履行宪法和法律赋予的职责，为法治龙山建设做出应有贡献，为推动龙山县改革发展提供有力的法治保障。要依法行使监督权，运用听取专项工作报告、工作评议、执法检查、专题调研等形式，强化对“一府一委两院”的工作监督和法律监督，督促和支持“一府一委两院”依法行政和公正司法。要把依法监督与支持“一府一委两院”工作有机结合起来，做到在监督中支持，在支持中监督，彰显人大监督的权威性，提高人大监督的实效性。要把县委正在抓、政府正在干、群众有期盼的经济社会发展的重大问题、热点难点问题作为监督的重点，在实现发展中汇集更好的人大智慧、发出更强的人大声音、贡献更大的人大力量。要把人大的法律监督和工作监督融入到发展全局之中，以监督推动落实、以监督促进发展，通过有力有效的监督，保证法律法规和党的政策得以全面落实，保证行政权、司法权得以正确行使，保证人民群众合法权益得以有效维护，保证各项目标顺利实现。

【职权行使】 2018年，县人大常委会始终围绕县委决策开展工作，严格执行县委决策决定，坚持重大事项向县委汇报，确保人大各项工作与县委总体部署相统一。认真审议作出各种重大决议决定，开展监督审查、代表培训和履职等工作，确保县委重大决策部署的贯彻落实。严格执行请示报告制度。牢固树立全县“一盘棋”的大局意识，积极参与县委中心工作，协调解决具体问题。

【依法监督】 2018年，听取和审议相关报告。听取和审议审查县人民政府关于龙山县2017年度领导干部任期经济责任审计情况报告、关于规范和化解政府性债务工作报告、关于龙山县2017年财政决算及2018年1—6月财政预算执行情况报告、关于龙山县2017年度县级预算执行及其他财政财务收支的审计工作报告、关于龙山县2018年1—8月国民经济和社会发展计划执行情况报告、龙山县2018年财政预算调整方案(草案)报告；听取和审议县人民政府关于龙山县环境状况和环境保护目标完成情况报告、关于森林资源保护工作情况报告、关于全县文化旅游业建设情况报告、关于惹巴拉景区土家文化发掘利用工作情况报告、关于龙山县城乡规划实施情况报告、县人民政府关于残疾人工作情况报告、关于柑橘产业建设情况报告、关于龙山县非物质文化遗产保护工作情况报告、关于上年度县人大常委会审议意见落实情况报告等。听取和审议通过县人民法院关于提请《加强全县执行工作的决定(草案)的议案》、县人民检察院关于规范行使检察权报告、县人民法院关于提请《确定人民陪审员数量的议案》，同意县人民法院选任120名人民陪审员。开展工作评议。专题听取龙山县人大常委会2017年度评议县商务局、县国土资源局、县水利局、县教育和体育局、县司法局等单位存在的问题整改落实情况报告。9—11 月，县人大常委会组织五个工作评议调查组，邀请各级人大代表，深入到县发改局、县环保局、县林业局、县食药工质局、县安监局五个单位，通过召开工作评议动员会、被评议单位干部职工座谈会、个别谈话、查阅资料，运用问卷调查等形式广泛征求被评议单位服务对象和工作涉及部门、乡镇（街道）以及各级人大代表意见、建议，实地查看被评议单位负责的相关重点工程项目，并对五个单位的工作情况提出评议意见。开展调查研究。县人大常委会组织 10 个调研组，结合工作实际确定 10 个调研课题，形成“关于全县农民增收情况的调查与思考”“龙山县农业产业建设存在的问题及对策”“大力发展乡村旅游，助推农民脱贫致富”等 10 篇专题调研报告。开展执法检查。配合州人大开展《中华人民共和国科学技术进步法》《中华人民共和国水法》《中华人民共和国消防法》等法律法规的执法检查和《湘西土家族苗族自治州气象灾害防御条例（草案）》《湘西土家族苗族自治州传统村落保护条例（草案）》等征求意见调研活动；与来凤县人大开展《酉水河保护条例》实施工作情况调研。开展规范性文件备案审查。共备案审查规范性文件 24 件，其中环境资源类 16 件，财政经济类 1 件，法律法规类 1 件，教科文卫类 1 件，农业农村类 5 件。通过审查，规范政府行为，保障人民群众合法权益，有效维护社会主义法制统一，促进依法行政，提高人大监督实效。

【人事任免】 2018 年，共任免国家机关工作人员 27 人次。其中，决定任命县人民政府副县长 3 人，决定免去县人民政府副县长 2 人；决定免去县人大常委会工作委员会负责人 1 人；决定任命县人民政府工作部门负责人 2 人，决定免去县人民政府工作部门负责人 2 人；任命县人民法院审判委员会委员、庭长、副庭长 6 人，免去县人民法院审判委员会委员、庭长、副庭长、审判员 10 人；任命县监察委员会委员 1 人。接受 6 人县十七届人大代表辞去代表职务，依法补选县十七届人大代表 4 人。

【代表履职】 2018 年，组织乡镇（街道）人大主席（人大工委主任）和部分兼职县人大常委会委员在全国人大深圳培训基地进行学习培训。出台《龙山县人大代表履职考核办法》。免费为代表征订《中国人大》《人民之友》《人民代表报》等人大报刊杂志。继续抓好“代表联系群众工作室”和“代表之家”建设，完善代表定期联系选民制度，坚持县人大常委会组成人员联系代表制度，人大代表走访制度。11 月上旬，组织州县两级人大代表 40 人，对县体育中心、华塘商居城及棚户区改造安置房、皇仓坪森林公园、土城坝保障性住房项目及易地搬迁安置房等城市建设工作进行集中视察，形成专题视察报告，交由相关部门办理。邀请 35 名县人大代表列席人大常委会议；推荐 15 名县人大代表担任烤烟收购监督员；推荐 21 名县人大代表参加法院庭审旁听、执行、听证会等；推荐 12 名州人大代表参加全州异地搬迁调研、列席州人大常委会会议等，较好地拓展代表的知情知政和履职渠道。

【乡镇人大】 2018 年，县人大常委会出台《龙山县乡镇人大（街道人大工委）目标管理考评办法》，纳入全县“五个文明”绩效考核范畴，对乡镇人大工作和代表工作年初实行目标管理，年底检查验收评比。

【议案督办】 2018 年，县第十七届人民代表大会第二次会议以来，共收到代表议案、建议 101 件，及时转交县人民政府及相关单位，明确办理要求和办理时限，并将代表建议办理纳入常规工作考核内容。9 月，在县人大常委会第十六次会议上，专题听取和审议县人民政府关于县第十七届人大二次会议代表议案、建议办理情况的报告。101 件议案、建议全部按照要求办理完毕，并对代表进行答复。其中，A 类件 37 件，占总数的 36.6%；B 类件 39 件，占总数的 38.6%；C 类 25 件，占总数的 24.8%，代表满意率达到 98%以上。

龙山县人民政府

【概述】 龙山县位于湖南西北部，处于湘、鄂、渝三省（市）交界之地，南北长 106 千米，东西宽 32.5 千米，全县总面积 3131 平方千米，辖 21 个乡镇（街道）、397 个村（社区），总人口 60.12 万人。2011 年 10 月，国务院批复设立龙山来凤经济协作示范区，推动龙山、来凤融合发展。龙山县是少数民族县，是土家族发祥地之一，以土家族、苗族为主的 16 个少数民族占全县总人口的 71%，土家织锦技艺、土家族摆手舞等 6 个项目列入国家级非物质文化遗产名录，有国家级代表性传承人 6 人，拥有“中国土家族摆手舞之乡”等 40 个国字号品牌；龙山县是革命老区县，任弼时、贺龙等老一辈无产阶级革命家在这里创建湘鄂川黔革命根据地，并在茨岩塘镇建立了湘鄂川黔省委、省政府和省军区，是全国爱国主义教育基地；龙山县是资源富集县，有“国家地质公园”乌龙山、“岩溶地质的百科全书”洛塔石林、“南方空中草原”八面山、“佛教圣地”太平山等自然风光。水利、森林、草场等自然资源丰富，森林覆盖率达 71.2%，是湖南省首个林业碳汇工程试点县；龙山县是特色文化县，是秦简文化的核心区、土家文化的发祥地和红色文化的富集区，特别是 3.7 万枚秦简的出土，被誉为“21 世纪以来最重大的考古发现”。

11 月 28 日，县委常委、县人民政府常务副县长蔡龙（后左二）主持召开信访工作联席会议。县委政法委书记印道其（后右二），县人民政府副县长李博（后左一），副县级干部田清文（后右一）出席会议。

2018 年，龙山县完成地区生产总值（GDP）87.2亿元，同比增长 8%；财税总收入 9.1 亿元，增长 12.1%；固定资产投资 47.4 亿元，增长 10%；规模工业增加值 6.84 亿元，增长 10.5%；社会消费品零售总额 47.8 亿元，增长 12%；城镇、农村居民人均可支配收入达 21962 元、9480 元，分别增长 9.5%、

11.6%；金融机构存款余额162亿元，贷款余额102.9亿元，分别增长6.3%、19.4%。

【施政纪要】

易地扶贫搬迁工作

2018年3月5日，县长刘冬生主持召开十七届县人民政府第17次常务会议，会议就“易地扶贫搬迁”等工作进行研究，会议纪要如下：

同意《2018年龙山县易地扶贫搬迁工作方案（送审稿）》《龙山县易地扶贫搬迁购商品房安置负债过高问题整改方案（送审稿）》《关于切实抓好当前易地扶贫搬迁工作的紧急通知（送审稿）》，由县易地扶贫搬迁指挥部办公室根据会议意见进一步修改完善后，按程序行文。

同意2018年从城乡建设用地增减挂钩收益中解决易地扶贫搬迁资金。

同意召开易地扶贫搬迁工作推进会，由县易地扶贫搬迁指挥部办公室抓紧会议筹备。

工作要求：全力推进2017年统规统建集中安置和统规共建集中安置项目建设；抓紧整改因上级政策调整造成的后续遗留问题；加快启动2018年集中安置区建设，各责任部门要严格按照县易地搬迁指挥部安排的时间节点狠抓工作落实，加大政策扶持力度，落实好安置区配套设施建设及后续帮扶工作。

土地综合投资开发

2018年3月5日，县长刘冬生主持召开十七届县人民政府第17次常务会议，会议就“土地综合投资开发”、工作进行研究，会议纪要如下：

同意《城乡建设用地增减挂钩结余指标异地使用协议书（送审稿）》，县国土资源局要抢抓机遇，把政策用活用好。

原则同意《望城经济技术开发区与龙山县对口帮扶战略合作框架协议（送审稿）》《龙山县人民政府与湖南发展集团土地经营管理有限公司合作框架协议（送审稿）》，报县委主要领导同意后实施。

油茶产业开发

2018年3月5日，县长刘冬生主持召开十七届县人民政府第17次常务会议，会议就“油茶产业开发”工作进行研究，会议纪要如下：

原则同意《关于加快油茶产业发展的意见（送审稿）》《龙山县2018年度油茶产业建设实施方案（送审稿）》《关于成立龙山县油茶产业发展工作领导小组的通知（送审稿）》，由县林业局根据会议意见，进一步修改完善后予以实施。

油茶产业建设相关经费由县财政予以保障。

同意召开县油茶产业建设推进会，由县林业局抓紧做好会议筹备。

环境保护工作

2018年4月25日，县人民政府县长刘冬生主持召开十七届县人民政府第21次常务会议，会议纪要如下：

要提高认识，牢固树立新时期生态环保理念，全面打好中央及省州提出的环保攻坚战；各职能部门要根据环保新规定，理清部门职责，制定具体的环境整治措施及方案；切实加强执法人员培训，从严、从紧加大环保执法，确保执法落实到位；坚决落实中央巡视组和省环保交办件，同时列出我县环保清单，制定落后企业、产能关停时间表。

原则同意《王家棚煤矿遗留环境污染与生态修复应急工程项目实施方案》，由县环保局根据会议意见修改完善后，按程序行文，并组织实施，确保治理实效。

由县住建局牵头，各职能部门配合，加快推进龙山县工业集中区污水处理厂建设。

原则同意《龙山县环境保护工作责任规定》《龙山县关于加强环境监监管执法的实施意见》，由县环保局根据会议意见修改完善后，按程序行文。

对口帮扶招商项目

2018年10月9日，县人民政府县长刘冬生主持召开十七届县人民政府第25次常务会议，会议就济南市市中区对口帮扶招商项目进行了研究，会议纪要如下：

原则同意《龙山县水沙坪现代农业蔬菜直供生产基地投资建设合作协议》《惹巴拉生态农业观光园项目投资建设合作协议》，由对口协作办根据会议意见修改完善，围绕"政府让利、政策最大支持"的原则，及时签订协议，争取项目尽早落地。由茅坪乡政府牵头，农业局、农经站、国土资源局配合，抽调人员，组建专班，迅速开展基地的土地流转，确保2018年10月内完成；惹巴拉生态农业观光园项目要按照招商引资相关规定发布公开招商公告，完善程序，尽早签订协议。

原则同意成立济南市市中区龙山县东西部扶贫协作招商项目领导小组及其办公室，由县委常委、常务副县长蔡龙任组长，县委常委、副县长徐志军，副县长储军任副组长，相关县直部门主要负责人任成员，领导小组办公室设在农业局，由农业局局长兼任办公室主任。

原则同意解决我方配建大棚资金，从长沙市对口帮扶和济南市市中区援助资金中解决，列入村集体资产，并与项目所在地贫困人口建立紧密的利益联结机制。

积极协调山东相关投资企业迅速进驻龙山，注册公司，搞好项目规划设计，确保10月底前开工建设。

【三大攻坚战】 2018年，全县上下鼓足干劲、凝心聚力，三大攻坚战推进有力。脱贫攻坚方面：统筹391个省州县乡工作队开展驻村工作，组织8800名党员干部结对帮扶29918户贫困户，实现驻村帮扶和结对帮扶全覆盖；全力推进脱贫攻坚11项工程，保障政策落实、工作落实，脱贫攻坚成效明显，实现81个贫困村出列、22908人脱贫，获全省先进。污染防治方面：落实项目建设环境影响专家评审制度，凡属行政审批负面清单内容的项目一律不予审批，杜绝新增污染源；实行最严格的生态环境保护制度，先后关停湘健牧业养殖场、三元民凤养殖厂、大兴造纸厂等污染企业，关闭采石场41家，全县采石场从93家缩减到52家。强力推进河长制工作，完成"一河一策"方案编制工作，县乡村三级河长实现常态化巡河；强化生态保护修复，投入资金1.58亿元，实施天然林保护、石漠化治理、江河湖库水系综合整治、大气污染防治等生态保护工作，参与湘西州成功创建国家森林城市，生态建设成效明显，森林覆盖率70%、县城绿化覆盖率27%、城市环境空气质量优良率94.2%。防范化解重大风险方面：全年共化解政府性存量债务本息22.78亿元。按照"停、调、缓、撤"要求，对里耶绕城公路进行停建处理，对里耶景区综合开发、市民之家等49个项目调减建设内容，对粮食储备库、龙凤农产品批发市场等41个项目进行缓建处理，核减项目投资143.2亿元、核减年度投资额17.9亿元。规范国有公司债务管理，完成9家平台公司清产核资。妥善处置非法集资，成功处置馥生民族特色产业有限公司非法集资案件；民生天然气公司非法集资处置工作进入集资清退和债务清偿阶段，非法集资处置工作平稳推进。

【产业建设】 2018年，龙山县坚持稳中求进，注重提质增效，产业项目建设来势喜人。农业稳步发展。全县粮食播种面积62万亩，总产量20万吨。百合、柑橘、烤烟、蔬菜、中药材等种植面积稳定在40万亩以上，产值24亿元以上，新发展迷迭香、罗汉果等中药材1.5万亩。发放农机购置补贴320万元，新增流转土地1.9万亩。龙山百合获国家地理标志保护产品，并在CCTV－7产销对接行动大型扶贫公益活动中获得1293万斤采购订单。龙山厚朴、龙山黄柏获国家农产品地理标志。工业经济加速发展。出台《龙山县进一步加快科技创新推进新型工业化十条意见》，继续推行重点企业挂牌服务，启动工业集中区调区扩区，落实工业用地474亩。总面积8万平方米的工业集中区一期厂房竣工运营，双沐药业、玖发茶叶、鼎森服饰、丽尔服饰、古士鹿纺织、湘西中药材协会等6家企业入驻生产。新入规限上企业4家。实现工业总产值15.7亿元，增长9.5%；完成工业投资5.1亿元，增长51%，增速位居全州第一。文化旅游业蓬勃发展。四大景区统筹推进，里耶古城景区全年完成投资4亿元，道路改造项目、公租房建设项目、北游客服务中心全面完工，获批国家AAAA级旅游景区，里耶博物馆获评国家二级博物馆，全年接待游客24.6万人次。惹巴拉景区全年完成投资3.5亿元，影视基地一期完成装修，总投资1.5亿元的休闲农业观光园招商成功，并全面开工建设。乌龙山大峡谷景区完成投资1亿元，配套设施不断完善。太平山景区完成投资7500万元，主体建筑整修工程完成65%，道路改造工程、河谷绿道路基工程基本完工。商贸物流持续繁荣。红星美凯龙实现开业运营，成功招商160家一线家装品牌，万汇国际博览城有序推进。县级电子商务公共服务中心建成投用，建成贫困村电商服务站130个，新发展电商物流企业1家，电商交易额达3亿元。对外劳务合作营业额100万美元，完成进出口总额17万美元。招商引资到位资金37.04亿元，新签约菊粉生物科技产业园、天然气石油综合利用、土地综合整治合作开发、湾塘水电站Ⅱ期工程等项目，合同资金达75亿元。

【城乡环境】 2018年，龙山县坚持建管并重，注重统筹发展，城乡环境不断改善。在规划上下足功夫，完成新老城区控制性详细规划、高铁新区修建性详细规划、华塘核心区修建性详细规划编制工作，启动龙凤城市新区规划、老城区道路交通专项规划、县域配电网规划（2018—2025）和新一轮城市总规修编，太平山森林公园经营范围调整获省政府批准，特色小镇规划编制和村庄规划“全覆盖”工作顺利实施，县城区规划控制区面积达76.32平方千米，建成区面积14.5平方千米，城镇化率43%。城市建设扎实推进，城中片区改造、城东片区综合开发、土城坝片区开发等加快推进，体育中心“一场两馆”建成投用。总投资13亿元的城镇污水治理、城乡环卫一体化和城乡安全饮水项目进展顺利，新建改造城区污水管网18千米，城镇污水收集管网达76.1千米。总投资4.5亿元的落水洞电站全面建成，总投资4.5亿元的220千伏变电站工程开工建设。民安街道停车场、城北生态停车场等建成投用，县城社会停车位达4500个。城市殡仪馆公墓山项目完成一期墓区建设。新改建城区、乡镇、旅游和交通公厕56座，农村卫生厕所1.2万个。城乡管理不断规范，开展“巩卫”、安保维稳“百日会战”、市容市貌秩序集中整治等专项行动，清理占道经营9000处、出店经营3600处、各类流动摊点6700个，整治乱停乱摆车辆1万台、小餐饮“门前灶”500多家，拆除乱搭乱建2000处，查处违章违规运输渣土车辆200台（次），城区秩序明显改善。保持打击“两违”高压态势，依法拆除新增“两违”117起，拆违面积9767平方米，拆除存量“两违”建筑1.25万平方米，“两违”现象得到有效遏制。

【民计民生】 2018年，龙山县坚持协调发展，注重成果共享，社会事业不断进步。教育教学水平不断提升，顺利通过省级责任督学挂牌督导创新县验收。消除超大班额392个，超额完成省定任务。投入5300万元实施12所农村薄弱学校改造工程，投资3.46亿元，启动72班型的第五中学和36班型的芙蓉学校建设，建成后可增加学位5220个。成功承办全省第九届少数民族传统体育运动会，取得金牌数、奖牌总数和团体总分“三个第一”的历史最佳成绩。持续深化医药卫生体制改革，实现城乡医保“二保合一”，加入三明药品耗材限价采购联盟，启动县人民医院与里耶中心卫生院医疗共同体建设，探索实行现代化医院管理模式，改革初见成效。投入资金4.5亿元，实施靛房、石牌等24个医院建设项目，投入5100万元为17个乡镇卫生院、466个村卫生室添置医疗卫生设备，基层医疗服务能力得到提升。“平安医院”创建工作被国家九部委表彰，成功申报国家健康扶贫促进县，成功通过省级卫生城市复审。文化事业持续繁荣，公共文化服务体系示范区建设工作经验获省政府充分肯定并在全省推介。建成乡镇文化广场21个,村级文化活动广场161个,实现“一乡一广场”目标。成功举办“土家族舍巴日”“土家族山歌节”“三棒鼓擂台赛”“龙舟赛”“百合节”等民族民间特色文化活动,完成“演出惠民·送戏下乡”60场,农村公益电影放映5208场。切实加强非遗保护传承,1人获评国家级非遗传承人。社会保障更加有力,发放养老金、城乡低保、医疗救助、残疾人“两项补贴”等资金8.1亿元。建成公租房4535套,群众住房问题得到有效解决。开展就业创业技能培训7615人次,发放创业贴息贷款2035万元,城镇新增就业3431人,农村新增转移就业5670人。农村安全饮水、义务教育超大班额化解等12件为民办实事超额完成任务。平安龙山建设取得新成绩,深入开展“落实企业安全生产主体责任年”活动,强力推进“打非治违百日行动”“强执法防事故”等专项行动,扎实开展消防、交通安全大整治,全年无较大以上安全生产事故发生。全面深化禁毒斗争,禁毒民调测评满意度名列全省前十。开展“扫黑除恶”专项斗争,共打掉涉恶团伙2个,破获涉恶案件50起,抓获涉案人员129人,人民群众安全感、幸福感不断增强。

【“放管服”改革】 2018年,龙山县坚持深化改革,注重转变职能,政府自身建设不断加强。出台了《政府投资管理办法》《政府债务管理办法》《国有平台公司市场化转型方案》等一系列文件,政府行为进一步规范。深入推进“放管服”改革,“权力清单”“责任清单”“负面清单”精简到77%。审批时限进一步压缩,实现企业开办不超过3个工作日、不动产登记不超过5个工作日、社会投资项目审批不超过25个工作日、政府投资项目审批不超过30个工作日。290项执法权下放到乡镇(街道),184项政务事项下沉到乡镇(街道)便民服务中心办理,122项事项可在村(社区)便民服务室受理,45项行政审批事项实行县政务中心代(帮)办。开通政务服务APP,40项证照和批文实行“政府买单,邮政快递,群众受惠”,516项政务服务事项实现“最多跑一次”,26项与群众联系密切的高频事项可以实现“0次跑”,18类事项实现“一证即办”,让人民群众切实感受到方便、实惠。坚持重大事项报告制度,自觉接受人大工作监督、法律监督和政协民主监督,听取民主党派、工商联、无党派人士和人民团体意见。落实“三项清单”工作制度,开展“七五”普法,完善公证、司法鉴定等法律服务体系,基层执法基础不断夯实。贯彻全面从严治党要求,严格落实中央八项规定、省委九项规定、州委七条规定和县委“五个十条”规定,持续深入整治“四风”问题,定期组织开展党风廉政谈话,坚决落实党风廉政建设主体责任制。出台公务接待管理办法,扎实推进公务用车改革,公车数量由279辆减至189辆,压减32%。深入开展“反骗保”专项整治行动,收缴违纪资金3500万元。审计监察力度持续加强,审计90个重大项目和15个单位,审减工程价款1.49亿元。

【黔张常铁路建设】 黔张常铁路西起重庆市黔江区,途径湖北省恩施州,湖南省湘西州龙山县、永顺县,张家界市,终点到达常德火车站。铁路总长336千米,总投资325亿元,设计时速200千米/小时。其中龙山段长44.304千米,大部分路段为桥梁和隧道,其中桥梁29座,隧道22座,桥隧总长35.54千米。龙山县境内设火车站2个,分别为龙山火车站和水沙坪越行站。黔张常铁路破解了龙山县的交通瓶颈,标志着龙山县进入高铁时代。2018年,黔张常铁路(龙山段)完成总工程量的85%,可确保2019年7月联调联试、12月正式运行通车。

【湖南省第九届少数民族传统体育运动会】 湖南省少数民族传统体育运动会是湖南省规格最高、规模最大的综合性民族体育盛会,是宣传民族政策、弘扬民族文化、展示少数民族和民族地区经济社会发展成就的重要载体。2014年10月27日,龙山县接回2018年省第九届民运会会旗,开始为期4年的承办筹备工作。2018年10月16日上午9:00,湖南省第九届少数民族传统体育运动会在龙山县体育中心开幕。运动会以“龙山缘·民族情·中国梦”为主题，赛程5天。赛会期间，全省各市州和民族县市区31个代表团4000人齐聚龙山，22个民族的1991名运动员参加陀螺、射弩、秋千、高脚、板鞋、民族健身操及表演项目比赛，是湖南省少数民族运动会历史上规模最大、规格最高、参赛人数最多的一次。全县上下齐心协力，无私奉献，运动会开幕式精彩纷呈，接待服务热情周到，赛事组织井然有序，安全保卫措施有力，得到国家部委省州领导、31个代表团和社会各界的高度点赞，省民宗委发函致谢，州委书记叶红专充分肯定，并要求把这种精神具体运用到龙山经济社会建设和脱贫攻坚伟大实践中去。赛场上，龙山体育健儿发扬体育精神，增进民族团结，顽强拼搏、赛出水平，取得金牌数、奖牌总数和团体总分“三个第一”的历史最佳成绩。

【承接产业转移示范区】 2018年11月15日，国家发改委印发《湘南湘西承接产业转移示范区总体方案》，标志着湘南湘西承接产业转移示范区获得国家批复建设，到2025年，示范区基本建成。到2035年，示范区全面建成。龙山县发挥湘西州大县担当，抢抓东部沿海地区“腾笼换鸟”以及深度贫困县的重要机遇，以工业集中区一、二标准厂房建设为重要抓手，持续完善配套设施，夯实产业承接基础，建立承接产业项目全程服务机制，开辟绿色通道，实施全程代办，落实税费减免、优惠电价、资金扶持等政策，做好承接产业转移文章，培育新常态下产业增长点。

【世界地质公园】 2018年11月18日上午，湘西地质公园第二届喀斯特学术研讨会在湘西州召开，来自18个国家的29名专家学员参加会议。会上明确，湘西州世界地质公园申报工作取得阶段性成效，作为2019年度中国向联合国教科文组织报送的世界地质公园申报单位。“湘西地质公园”涉及吉首、凤凰、古丈、花垣、保靖、永顺、龙山7个县市，包含龙山县乌龙山与古丈红石林2个国家级地质公园，标志着龙山县乌龙山国家地质公园有望同湘西州一道成为世界地质公园。

【国家森林城市】 2018年10月15日，2018森林城市建设座谈会在深圳市召开，会上宣布2018年国家森林城市称号批准决定，湘西州成为全国30个少数民族自治州中第一个荣获“国家森林城市”称号城市。2018年，龙山县投入资金1.58亿元，实施天然林保护、石漠化治理、江河湖库水系综合整治、大气污染防治等生态保护工作，完成植树造林17096.5亩，实现森林面积240049.8公顷，森林覆盖率70.74%，成为湘西州创建国家森林城市的一大助力。

【里耶国家AAAA景区】 2018年12月26日，湖南省国家AAAA级旅游景区名单公示，里耶古城名列其中。里耶古城历史悠久，文化底蕴厚重，与王村、浦市、茶峒并称为“湘西四大名镇”。2002年6月，3.7万枚秦简的惊世发掘，被誉为“21世纪最为重大的考古发现”。龙山县围绕将里耶古城建成为世界旅游目的地的目标，不断加大投入力度，完善基础设施，提升景区服务水平，以“一枚秦简叩问千年”“一方馆藏浓缩功业”“一条古街承续文明”为主线，大力开展生态文化旅游品牌建设，有序推动AAAA创建工作。

县人民政府办工作

【概况】 龙山县人民政府办公室是政府的协调中枢，承担上情下达、下请上报的关键作用，设机要室、政研室、秘书一室、秘书二室、秘书三室、信息室、行管科、应急值班室8个股室。2018年，县政府办紧紧围绕县委、县政府中心工作，以“提质、提速、提效”为目标，以加强能力建设为保障，大力弘扬“忠诚、敬业、严谨、高效”办公室精神，不断优化服务，狠抓各项工作落实，为县域经济发展作出积

9月3日，县人民政府常务副县长蔡龙（左四）到土城坝调研

极贡献。

【信息调研】 2018年，县政府办紧紧围绕全县经济社会发展大局，以服务领导决策为宗旨，宣传推介龙山为目标，创新工作思路，着力提高信息服务质量和水平，取得良好的效果。全年撰写政务信息700篇，被国务院办公厅、省政府办公厅、州政府办公室采用120篇；撰写综合调研材料70篇，新闻稿件30条，在《团结报》《湘西工作》《湘西政府工作通报》以及湖南电视台等媒体发表20篇，较好地发挥了信息服务作用，被州政府评为2018年政务信息先进单位。

【办文办会】 2018年，县政府办坚持求真务实、快速高效，办文办会质量进一步提高。文件的收、发、传送、批、借、存、销等环节做到程序化、制度化、科学化。全年共发文561份，办理来文来电来函800件。完善会议各项程序，做到会前充分准备、会中积极服务、会后及时落实，确保会议质量。全年组织召开政府全会1次、政府常务会议14次、县长办公会28次，副县长专题会议56次，有力地推动了县域经济发展。

【督查考核】 2018年，县政府办严格按照中央文件要求，切实减少督查数量，减轻基层负担，为干部松绑。同时，创新督查方式，加大结果运用力度，采用四不两直督查、联合督查、日常调度等方式，把为基层减负和推动工作落实做到有机统一。全年围绕政府中心工作、重大决策部署等方面开展督查10次，发布督查通报3次，有力的促进了上级精神要求和政府决策部署的落实。

【政务服务】 2018年，县政府办深入推进放管服

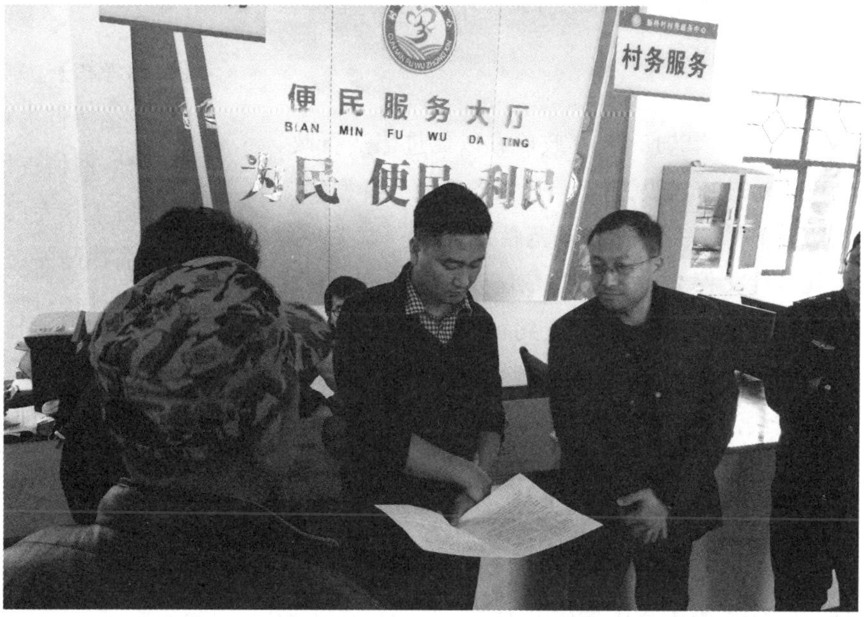

11月26日，县人民政府常务副县长蔡龙（左二）调研兴隆街道综合服务平台建设

改革，为企业“松绑”、为群众“解绊”、为市场“腾位”，为廉政“强身”。“权力清单”精简 23%，290 项执法权下放到乡镇(街道)，184 项政务事项可在全县 21 个乡镇的政务服务中心办理；122 项可直接在 397 个村的便民服务中心受理或办理。所有行政审批事项进驻县政务服务中心，45 项行政审批事项实行县政务中心代(帮)办。企业注册登记和不动产登记办理时限缩短至 3～5 个工作日，投资项目审批不超过 25～30 个工作日。516 项政务服务事项实现“最多跑一次”，26 项与群众联系密切的高频事项可以实现“0 次跑”，18 类事项实现“一证即办”。

【应急管理】 2018 年，县政府办坚持和完善应急值班制度，科学制定值班安排，实施县级领导、办公室领导、值班人员三级责任体系，确保责任明确、分工明确。加大值班力度，要求值班人员 24 小时保持电话畅通，没有特殊情况不能离开值班室，保障突发情况的及时报告、应对。同时，加强业务培训，提高值班值守业务水平和反应处置能力。在年初冰冻灾害、“5·21”洪涝灾害、茨岩塘地质塌陷灾害等突发事故中发挥较好的协调作用，维护了全县社会大局和谐稳定。

【依法行政】 2018 年，县政府办以促进依法行政、加强法治政府建设为重点，为服务县域经济发展提供法制保障。完成文件规范性“三统一”27 件，废止规范性文件 24 件。坚持依法处理与调解处理相结合处理行政复议案件，收到行政复议申请 5 件，依法不予受理 1 件，依法受理 4 件，结案 4 件。强力推进法治政府建设，在全县范围开展学法普法活动，统筹推进乡镇综合执法试点工作。承办州人大建议、政协提案 36 件。其中人大建议 21 件、政协提案 15 件，县人大建议 101 件(议案 1 件)、政协提案 152 件。州建议提案办结率、反馈率、满意率均达 100%，县建议提案办结率达 100%，人大代表满意率达 100%，政协委员满意率达 99.5%。

信访维稳

【概况】 2018 年，龙山县信访局有行政编制 7 人，事业编制 10 人。内设综合办公室、办(网)信室、复查复核办公室、信访督查室和财务室，下辖县信访工作联席会议办公室。工作职责主要是负责人民群众来信、来访、来电，确保信访渠道畅通，承办领导批示及上级转送、交办、督办的信访事项，协调处理跨地区、跨部门的重要信访问题，负责协助组织实施全县信访工作目标考核管理，加强信访队伍自身建设，分析、研究和探讨信访工作的规律，指导信访工作实践，发挥信访工作的社会效益。

2018 年，信访复查复核办公室共收到复查申请 29 件次，其中开展调查取证复查 6 件次，化解 2 件，不予受理 16 件次。接访劝返进京访人员共 108 批 112 人次，赴省上访人员 61 批 98 人次，进京访外围查控 95 人次。全年共教育训诫 79 人次，行政拘留 16 人次，刑事拘留 5 人次，刑事判决 2 人次。2018 年，龙山县被湘西州委、州人民政府评为全州信访工作优秀县。

【目标考核】 2018 年，实行责任单位分类考核机制，在全州首次将网信纳入目标考核，细化量化考核指标，网信占比位于全州前列；成立县级信访积案化解工作专门班子，规范信访积案办理程序；安排 2 名律师参与信访积案化解工作，代理涉法涉诉信访案件进行重新调查处理和全程提供法律服务，减低信访人的心理预期，有效化解一批涉法涉诉信访积案；建立信访接待的“十步法”即：一接、二谈、三登记、四审查受理、五录入、六分流、七反馈、八督办、九办结、十回访，信访接待工作规范有序；建立信访联席办三次通报一票否决制，全面压实信访工作责任；建立县信访联席办即时发函交办推送办理机制，将信访问题及重点人员及时研究推送，全年推送信访问题 89 件，交办 45 名重点人员化解稳控责任，解决一大批信访突出问题；实行信访工作以奖代补政策，给予先进乡镇(街道)增加20%预算经费的奖励；建立领导包案联络员机制，推动信访事项迅速办结化解；实行每日访情通报制，推动人员稳控及接访劝返工作；落实信访工作按月情况通报制、信访事项发函交办制和预安销号制，实施全县党政机关接访处访管理办法，压实全县各级各部门信访工作责任。对上级交办件、领导签批件、群众来信来访件、网上投诉件等进行全面清理，严格按照“三个重新”、“三审三签字”和“三到位一处理”要求，全部实行预安销号制，全面办结，力争化解一批信访突出问题。持续开展巡视组交办件“回头看”工作，做到力度不减，人员不散。按照合理诉求100%解决到位，不合理诉求解释到位，困难帮扶救助到位要求，进一步提高息访息诉率，确保各级“两会”特护期和特殊时段期间全县社会大局稳定。

【信访维稳】 很好完成各级特护期期间信访维稳工作任务。明确特护期的工作重点，进一步明确县级领导坐班接访处访工作机制，更大力度地化解信访问题，按要求增派了以县公安局政委带队，公安、信访、重点单位、驻京及驻长办工作人员组成的接访劝访工作专门班子，加强特护期期间接访处访工作力量。开展特护期期间为主的矛盾纠纷排查摸底。对重点群体、重点人员以发函方式交办到相关责任单位，落实化解和教育疏导稳控工作责任。强化情报信息预警，做好值班应急工作。加强值班力量配置，强化岗位责任制，严格执行24小时专人值班和领导干部在岗带班、外出报备制度，加大信息搜集工作，实行“零报告”制，随时上报动态信息，提高研判水平，严格信息报送纪律，坚决杜绝迟报、瞒报、错报和漏报情况；完善应急机制，一旦发生大规模聚集和紧急情况，及时启动应急预案，做好应急处置工作。成立7个专门工作组。通过细化工作职责、强化工作措施、加大工作力度、落实工作责任，把各项工作做早、做细、做实，确保不发生群众赴省进京大规模集体上访和群体性事件，确保不发生上访人员滋事事件，确保不发生赴省进京非访，确保无负面舆情炒作，全力营造和谐稳定的社会环境。要求责任单位成立稳控、情报信息、应急处理突发事件工作专班，全力应对各种情况。

【专班专制】 2018年，县信访局督促责任单位成立3～5人的工作专班，实行专班专治，夯实基层基础；网信工作纳入信访目标考核管理，按月按季细化量化网信工作指标，网信占比达60.9%，位列全州第二；规范信访工作流程，将接访劝访、复查复核、来信来访、网上投诉等业务进行规范，对信访案件受理、办理、答复、送达作出明确要求；对信访专干进行专门培训、定期抽调跟班和交流学习，全年培训195人次，其中县委党校专题培训3批次，组织信访专干到信访局跟班学习86人次，北京、浙江、长沙素能培训3批12人次，到省局跟班学习1

11月1日，州委常委、县委书记周云(右四)一行深入洗洛镇调研信访工作

人次，信访业务水平得到明显提高。

【信访积案化解】 2018年，县信访局对中央第八巡视组交办件办理质量高。共移交我县6批51件次，办结率100%，息访息诉8件，没有出现被打回重办、重点督查、责令整改等情形。省委第五巡视组交办件超额完成州定目标。共交办我县4批26件次，息访息诉14件，办结率100%，息访息诉率53.8%，超额完成州定息访息诉40%的工作目标。州县级包案攻坚位居全州前列，全县18名县级领导包案化解59件，办结率100%，息访息诉46件，息访息诉率78%。

【群众来信来访】 2018年，赴省访110批160人次，较2017年同期117批175人次，批次减少6%，人次减少8.6%；进京访120批162人次，较2017年同期130批173人次，批次减少7.7%，人次减少6.3%，其中进京非访16批17人次，较2017年同期19批24人次，人次下降29.2%；信访局转送、交办群众来信、网上投诉共2069件(其中，来信202件，来访602件，网上投诉件1237件)，较2017年同期比1580件(来信162件，来访549件，网上投诉件869件)，增长30.9%；及时受理率99.6%，按期办结率99.7%，群众满意率99.7%，参评率87.4%，网信占比60.9%，较好的完成州定目标任务，信访“五率”始终处于全州前列；“四大攻坚”活动、“三无”创建工作和信访法治年建设很好的完成州对县目标考核任务，中央、省和州级交(督)办件到期办结率100%；没有发生因信访问题处置不当引发规模集体访，没有发生恶性事件，没有发生规模集访和发生重特大群体性事件。

【信访联席会议】 2018年，龙山县召开信访工作联席会议26次，专题联席会议14次，出台联席会议纪要24份，专题联席会议纪要11份；联席办共发函73次，发文8次，发通报2次，涵盖工作制度、工作安排、案件办理、重点人员稳控、责任追究、工作协调等各个方面，信访工作责任进一步压实。

【信访责任追究】 2018年7月4日，县信访联席办对无信息预警造成进京在非接待场所上访(非访)的民安街道和红岩溪镇给予通报批评，对落实稳控责任不力的民安街道党(工)委书记、主任和信访分管领导给予通报批评，并由县信访联席会议主要领导对以上单位主要负责人进行诫勉谈话；2018年7月30日，县信访联席办对因重点人员稳控不力、信息漏报，发生重点人员长期来县集聚和30天内造成重复进京访的兴隆街道和民安街道实行挂牌督办；2018年10月9日，县信访联席办对无情报预警造成信访人员在非接待场所上访的咱果乡、县民族宾馆及未按要求安排专人开展稳控工作重点信访人失联在非接待场所上访的湘运龙山分公司166车队给予通报批评，同日，经县信访工作联席会议第20次会议研究决定，对民安街道和兴隆街道继续实行挂牌整改。

民族宗教

【概况】 龙山县民族宗教事务局，内设机构有办公室、民族事务股、宗教事务股。二级机构有龙山县民族研究所，全局工作人员21人。

【民族团结进步】 2018年，民宗局把民族团结进步创建工作深入到全县的各个领域，制定《龙山县2018年民族团结进步绩效考核办法》，把民族工作纳入绩效考核之中。对农车镇和里耶镇两个新增示范点进行指导和检查。全年未发生民族纠纷和矛盾。

【政策法规宣传】 2018年，民宗局宣传《民族区域自治法》和《宗教事务条例》，落实“两民”企业贴息贷款和民族教育优惠政策。3月20日召开民审工作会议，对高级中学、皇仓中学、职中、里耶民中等四所学校的学生宣讲民审政策。4月24日参加“全省民宗系统学习中共十九大精神及新修订《宗

湖南省第九届少数民族传统体育运动会开幕式演出

教事务条例》培训班”。5 月在扶贫村开展民族宗教法律法规宣传活动，发放资料 1200 份。更改民族成分 219 人。

龙山县民族成分与人口统计表

民族	人口（人）	民族	人口（人）	民族	人口（人）
汉族	168000	满族	60	藏族	3
土家族	344000	黎族	52	毛南族	2
苗族	86800	朝鲜族	33	怒族	2
回族	4165	布依族	29	羌族	1
侗族	242	蒙古族	15	京族	1
白族	165	维吾尔族	7	傣族	1
瑶族	160	佤族	5	仡佬族	1
壮族	93	哈民族	4	达斡尔族	1
哈萨克族	84	畲族	4	傈僳族	1
彝族	73	拉祜族	4		

【品牌创立】 2018 年，民宗局在捞车河村、洗车河镇、桂塘镇为湖南省“最美少数民族特色村镇”基础上，靛房镇又获湖南省第四届“最美少数民族特色村镇”称号。省民运会期间，在各接待宾馆设立土家织锦等特色产品展销柜。

【民运会结硕果】 2018 年，建成 25871 平方米的多功能体育馆和 24760 平方米的体育场。为民运会召开提供场地。10 月 16 日湖南省第九届少数民族传统体育运动会在龙山举办，龙山县组织 121 人的代表队参赛。获得 38 枚奖牌。

【民族文化保护与传承】 2018年，民宗局重在民族文化的保护与传承。保护方面：成立惹巴拉土家文化研究院。与西南民大合作土家文化研究中心、土家文化研究基地挂牌运行。重点对土家族语言、服饰、建筑、音乐、舞蹈、戏剧、文学、历史、宗教等文化内容进行系统性的研究。出版了《土家织锦图纹解读》《土家织锦工艺教程》《土家族民间故事》《土家语歌谣》等书籍。着手编纂“土家语词典”“跟我学说土家语”（300句）。传承方面：在洗车河镇举办“2018年龙山县土家族舍巴日·端午节龙舟赛暨‘龙山杯’首届中国土家族摄影大赛活动”；中秋节在靛房镇举办土家族山歌大赛。在坡脚、靛房、他砂三所学校进行土家语教学试点；8月，北京高校相关专家调研考察“毛古斯”，观看《石梯乐土》演出，提出了传承意见。9月13日，舞剧《马桑树下》在吉首湘西大剧院首演；10月19日，《马桑树下》参加湖南省艺术节。10月26日获得田汉剧目、导演（编导）、音乐、舞美四项奖。

【宗教事务】 2018年，民宗局围绕宗教工作主线，狠抓维稳和谐。4月，组织人员参加湘西州道教协会第一届代表大会。对宗教场所的监管进行督查，严格属地管理，分级负责，宗教工作规范化。对太平山寺庙进行安全隐患排查。全面登记寺庙场所并报州民宗委。

【和谐和顺】 2018年，民宗局狠抓宗教工作主旨，和谐和顺。发挥宗教界在扶危济困，赈灾救灾，捐资助学等方面的积极作用。8月，长沙洗心基金会资助22名大学新生，每人4000元，共计8.8万元。全县128名宗教教职人员和5万多名信教群众中无一例违法违规行为。11月，基督教龙山教会成立100周年活动在新城福音堂举行，宗教领域和谐和顺。

政务中心

【概况】 龙山县政务中心，为县政府直属参公管理的正科级全额拨款的事业单位。2018年受理各类行政审批及服务事项412509件，办结412358件。其中行政审批事项83515件，公共服务事项222795件，其他服务事项106048件，办结率99.9%。

【政务服务】 2018年，牵头开展“三清单”清理工作，根据依申请政务服务事项梳理出534项政务服务事项清单，“四个清单”已经在龙山门户网站公开公示，其中“权利清单”精简到77%。通过实行代（帮）办解决部分行政审批事项少的单位的入驻难问题，有行政许可事项的36个单位都全部在政务服务中心设立行政审批受理窗口，基本实现群众、企业办理行政许可事项只进政务服务中心“一扇门”。优化了政务中心窗口布局，分类设立工程项目审批大厅，便于工程项目的审批能够做到并联审批和提速高效；商事登记服务大厅专门进行市场准入审批服务；行政审批综合大厅专门进行行政许可事项办理。率全州之先设立“中介服务超市”有5家中介稳定常驻。建设龙山县“互联网＋政务服务”一体化平台，积极拓展平台服务项目。建设“龙山政务服务”APP和微信公众号。APP能办理17项政务服务事项。积极推进“最多跑一次”改革。清理公示政务服务“最多跑一次”调整事项516项，其中403项政务服务事项在政务中心窗口实现“最多跑一次”。推行邮政快递服务全覆盖，37项证照和批文由县政府买单实行“邮政快递”，让群众得到改革的实惠。推进“减证便民”，优化办理流程，共有28个单位精简了164项，353个证明材料，各窗口根据事项精简情况更新办事指南，方便群众办事。对“政府投资建设项目审批压减到30个工作日内完成”“社会投资建设项目审批25个工作日完成”“企业开办审批3个工作日内完成”“不动产登

5月16日，县人民政府副县长谭必松（右二）到县政务服务中心调研指导工作

记5个工作日内完成”进行宣传，在相关窗口大厅门口公示相关办事流程图。编印了《龙山县招商引资重点项目、重点企业行政审批及服务全程代办、并联审批指引》，旨在指引投资商备齐相关资料，顺利开展“全程代办”，缩短审批时间，促成项目早日落地。推进政务服务下沉到乡村工作，将低保、农机补贴、养老保险、医疗保险、老年证办理、户籍户政、计生证明、就业服务等与群众密切相关的政务事项中的184项下放到乡镇（街道）便民服务中心办理，其中122项可在村（社区）便民服务室办理，并制定《龙山县政务服务下沉到乡村工作流程规范》，达到“大事不出乡、小事不出村”即可办事的目的。

【公共资源交易】 2018年，共完成交易项目189宗，交易总额20113.81万元（含扶贫项目79宗，交易金额9839.18万元），其中房屋市政项目56宗，交易额6060.66万元；水利项目11宗，交易额1134.73万元；交通项目99宗，交易额12016.21万元；政府采购项目23宗，交易额902.08万元。招标代理机构备案47家。更新评标专家库，新库评标专家数：建设工程专家50人；水利工程专家38名；交通工程专家21名；农林木水产专家14名；电力工程专家4名；环保工程专家1名；会计专家5名。

【政务公开】 2018年，通过龙山县政府门户网站主动公开信息13550条，其中重点领域信息1500多条。5月2—23日，开展了声势浩大的政府信息公开集中宣传现场咨询活动，现场摆放宣传展板35个，悬挂横幅8条，通过三棒鼓形式吸引大量的群众参与，现场接受群众咨询200人次、征集投诉举报和意见建议200条，发放《中华人民共和国信息公开条例》1000册，宣传单1000份。12月7日，召开龙山县政务公开社会评议会，对全县21各乡镇（街道）和64个县直单位现场评议打分。编制了政务公开目录清单，目录清单涵盖决策、执行、管理、服务、结果等政务运行过程中应公开的事项，每条事项内容均明确公开时限、公开方式、责任主体，便于监督管理规范。各单位严格按照清单内容进行公开。指导村务公开。设立村务公开栏。从村基本情况、村党组织建设、政策摘要、村规民约、精准扶贫、社会救助、资金使用、项目实施、惠农补贴、其他十个方面的内容进行公开，并对村务公开进行指导和监督。

信息中心

【概况】 龙山县人民政府信息中心归口县人民政府办公室管理，正科级全额拨款事业单位。负责县人民政府政务信息化统筹管理；承办、管理龙山县人民政府门户网站及政府“两微一端”；政府信息公开目录编制发布和政府工作对外信息宣传；县政府视频会议系统的日常管理；电子政务外网建设与管理；全县电子政务的日常督查和考核；电子政务培训和政务信息业务指导;为县信息化建设提供决策参考。2018 年,全县政务信息化水平不断提升。政府工作、政策法规等外宣及时准确,坚持舆论引导,形成良好网络风气,联合各职能部门积极回应群众诉求,拓展电子政务外网建设实现横向到边纵向到底,为政务信息化提供网络平台。

【网站建设】 2018 年,龙山县人民政府信息中心深入落实中共中央、国务院关于全面推进政务公开工作的系列部署,切实做好县政府网站工作。县政府门户网站加强信息公开。开设"政府领导、政府机构、今日龙山、工作动态、通知公告、公告公示、政策文件及解读、人事信息、规划计划、统计信息、财政信息、招标采购、专题专栏、企业扶持"14 个政府信息公开栏目,全年发布信息 5280 条。根据《国务院办公厅关于印发政府网站发展指引的通知》文件要求,严格控制县直及乡镇(街道)政务类网站开设,对 41 个县直单位及 21 个乡镇(街道)网站进行整合,统一纳入县人民政府网站政务公开栏目。"龙山县人民政府"微信公众号主要发布中央重大决策、省州县重大事件及各类惠民政策,全年发布信息 43 条。为打造阳光透明政府发挥促进作用。针对重点工作,网站进行专题宣传报道,开设湖南省第九届少数民族传统体育运动会和扫黑除恶专栏。县政府门户网站政民互动密切。在网站及时发布《国家公务员局有关负责同志就〈聘任制公务员管理规定(试行)〉进行解读》《关于在内地(大陆)就业的港澳台同胞享有住房公积金待遇有关问题的实施办法的解读》《湖南省教育厅等部门解读〈湖南省深化医教协同加快推进医学教育改革发展的实施方案〉》等政策解读信息。及时回应群众关切问题,通过县长信箱、县长热线、网络问政等政民互动平台共收集群众诉求 105 个,协调相关职能部门回复 105 个。

【电子政务】 以助力实现"互联网+政务服务",促进"放管服"改革落地见效为目标,积极拓展电子政务外网基础设施建设,接入县直单位 83 个,21 个乡镇(街道)实现全覆盖,接入行政村 381 个,接入率 96%,平均网络带宽达 20mb。做好硬软件平台技术支持工作,全年解决网络故障 30 次,保证网络平台畅通。持续为"互联网+监督""互联网+服务"等电子政务外网应用平台提供技术支持,协助各单位业务系统数据互联互通,为推进"最多跑一次"改革提供技术保障。

【视频会议系统】 政府视频会议系统正常运行,并与乡镇会议系统相联通。由国家、省、州开至县市区及县开往乡镇的视频会每月平均 8 次。视频会以会前调试、会中专人监管、定期维护的方式进行技术保障,确保各类视频会顺利召开。

【业务培训】 2018 年 4 月 24 日在县会议中心 402 会议室举行政务信息系统普查和信息资源目录编制培训会。会议由国脉公司技术员对 49 个县直单位进行现有政务信息系统统计和政务信息资源目录编制工作进行培训,为各单位数据互联互通打下了基础。

接待事务中心

【概况】 龙山县接待事务中心沿革为龙山县政府招待所,1993 年 10 月作为"93 中国土家摆手节"配套接待项目,改扩建成龙山民族宾馆。1997 年 11 月与原县委接待室合并,2016 年 12 月更名为县接待事务中心。经过 20 多年打拼发展,20 多年励精图治,已成为一家集住宿、美食、商务、会议于一体,服务功能齐全、配套设施完善,极具民族韵味和发展潜力的三星级旅游饭店,是"湖南省省直、湘西州州直"指定接待单位。酒店地处县城中心繁华地段——民安镇新建路 63 号,地理位置优越、交通便捷、环境优美,是商务休闲、宴席会议、旅游观光理想下榻之所。酒店占地面积 8200 平方米、建筑面积 12000 平方米、有小车位 60 个。多年来凭借优

3月8日，举办“挥洒激情、展示青春”迎“三八”妇女节趣味运动会

质的硬件设施、精湛的服务技能，已成功接待多位党和国家领导人、各界商贾名流，是湘西州高知名度和美誉度酒店。先后荣获“湖南省保护消费者合法权益先进单位”“湖南省文明餐饮示范店”“湘西州最佳星级饭店”等多项省、州殊荣。

【硬件建设】 2018年5月为迎接湖南省第九届民运会举办，自筹资金3000多万元，对酒店客房按四星级标准进行全面提质改造，打造豪华舒适客房，提升酒店档次和客人入住体验，增强经济和竞争实力。美化就餐环境。投资30多万元整改餐厅操作间，更换灶具，配齐厨房设备，添置餐具器皿，并对包间重新装修，美化就餐环境，提升宴席品位；做好酒店亮化。将酒店主楼外墙粉刷一新，设计新颖酒店标识，安装大型牌和霓虹灯光，营造璀璨的夜景，提升酒店形象；绿化香化环境。投资8万多元，整修院落，修葺花台，同时购买草木花卉，做好庭院绿化、美化、香化，让酒店处处鲜花常开，绿意盎然。

【人才培养】 2018年，把人才引进和培养摆入工作重要日程。积极招进一批具有管理经验和较强技能的人员充实服务队伍，为发展提供强有力人才支撑。开展技能培训教育。用10万元资金作为培训经费，采用请进来走出去灵活多样培训方法，加强员工业务技能及素质培训，以培训提素质，以素质带服务，以服务促效益；勤练内功。平时采取现场操作演练、技能比武等方式。9月开展为期1个月集中系统培训和2次全员技能竞赛。

【制度建设】 2018年，完善《酒店管理制度》《员工考核制度》等经营管理制度，修订消防、食品卫生、安全生产等突发事件应急预案，为酒店经营管理提供制度保证，使酒店管理更加规范、科学；理顺分配机制。制定以岗位工资和绩效工资为主要分配方式的薪酬制度，精简机构，按需设岗，薪随岗转，形成能上能下的用人机制；创新经营模式。建立适应市场发展运作机制，酒店在经营理念、经营模式上大胆创新，实行“抓大放小”经营管理方式。对住宿和餐饮主业部门实行目标责任制管理，实行总经理与各部负责人签订经营目标责任状，严格执行责任追究制，年终奖惩兑现，形成人人有压力、有动力的工作格局。对附业部门实行外包，全权放手经营方式，这样既盘活了资产，又卸掉了包袱，让酒店轻装上阵，集中精力专攻主业，极大地增强酒店活力。

【安全生产】 2018年，始终把安全管理摆在突出位置，坚持安全工作天天讲、反复抓，营造安全舒适的入住环境。落实安全责任。按照“强化安全管理，落实安全责任”的工作思路，上下层层签订“安全责任状”，建立“分级管理、按级负责、权责一致、各负其责”的治安、消防、安全生产责任体系。做好安全防范。进一步修订完善保安制度，严格上岗纪律。要求保安人员平时加强安全巡逻和隐患排查，消除安全隐患。定期开展各种应急预案培训和演练，提高员工处置突出事件应对能力。2018年，组织 3 次消防、公共卫生等预案演练，有效保障了客人人身和财产安全。加强设备设施安全管理。按计划做好设备维护及保养，确保了酒店设施设备运行安全。同时狠抓特种设备日查、周检、月检，并每月向相关职能部门汇报设备运行情况，发现问题及时整改，杜绝设备安全事故发生。加强食品安全。严格执行国家食品安全管理制度，切实把好餐饮出品关和原材料采购验收关，使食品安全工作深入人心。同时严格做好菜品留样工作，确保食品健康安全工作落到实处。

走访贫困户

中国人民政治协商会议龙山县委员会

【概况】 政协龙山县委员会成立于1984年4月15日。本届县政协有13个界别、208名委员、31名政协常委。根据政治协商、民主监督、参政议政三大职能,工作机构设办公室(办公室下设社情民意信息中心、委员联络中心,社情民意信息中心加挂云平台管理中心牌子),6个专门委员会(人口资源环境委员会、文史学习委员会、提案委员会、民族宗教法制群团委员会、经济科技联谊委员会、文化教育卫生体育委员会)。县政协机关共有编制27名,其中行政编制14名、全额拨款事业编制10名、工勤编制3名,实有在岗人员33人。其中驻会主席和副主席5人、兼职副主席1人、副县级干部1人、科级干部17人、事业编制人员7人、工勤人员2人;年龄50岁以上13人,40～50岁11人,30～40岁7人,30岁以下2人;研究生2人,本科21人,专科及以下12人。县直机关和乡镇(街道)共设32个委员组,其中城区有11个委员组,乡镇(街道)有21个委员组。

6月22日,清华大学龙山县政协干部素能提升高级研修班全体学员在清华园合影

【政治协商】 2018年围绕经济社会发展开展全会协商。认真听取并讨论"一府两院"、国民经济和社会发展计划、财政预决算等工作报告。在大会发言中,委员们提出河长制、城区亮化、学校卫生、精准扶贫等方面意见建议40条,得到县委、县政府的高度重视,多条意见建议在相关政策中得到体现。围绕县域重要工作开展常委会协商。与县委组织部联合制定《关于进一步加强县委人事任免通报协商的实施细则》,开展人事通报协商,既坚持党管干

部的原则，又实现“真协商”。就龙山县《宗教事务条例》贯彻落实情况进行协商讨论，就非物质文化遗产保护应用情况进行调研考察，就城区大气污染治理进行协商，报送县委、县政府决策参考。围绕民生事业建设开展专题协商。精心选择6个协商议题，并根据议题组织协商讨论，提出意见建议，取得了效果。召开产业扶贫、加快推进龙山县工业园区建设专题协商会议，一些合理化建议被相关职能部门采纳，推动协商成果的转化落实。

【民主监督】 2018年，委派民主监督员定向监督。选择素质高、议政能力强的30名委员组成3个民主监督小组，对县旅文局、县民宗局、县食药工商质量监督管理局开展定向监督，召开专题监督会议、调研视察活动10次，走访200人次，收集意见建议60多条，撰写监督报告3篇。参与行风评议工作。推荐40多名县政协委员担任行风评议员和人民陪审员；13名政协委员进驻各烟叶收购点，对烟叶收购过程进行全程监督；开展“政协委员走进县纪委”活动，全方位探讨政协“民主监督”与纪委“党内监督”相结合的新模式；参加县人民检察院“走近‘12309’，检察为民新体验”新闻发布会，对12309检察服务中心进行了视察，提出了建议。推进提案办理落实。2018年的161件提案均实现网上提交、审查、立案、交办，从反馈意见来看，答复满意率98.1%。对麻将馆规范管理、重度残疾人集中托管护理、城区亮化、物流仓储园区建设、民三公路改造、校园周边环境治理等重点提案进行督办，促进提案落实和相关工作改进。

【参政议政】 2018年，调查研究深入开展。更好推进龙山县产业扶贫课题深入村组调研，撰写调研报告，并上报省政协。围绕巩固省级卫生城市工作、宗教事务、工业园区建设等进行调研，配合州政协组织开展申报全州世界地质公园调研活动，形成调研文章，为县委、县政府决策提供依据。社情民意务实转化。编印4期3万字的《社情民意》内参资料。其中，《关于增加新能源车充电桩的建议》《湘鄂情大桥栏杆存在安全隐患》《城区“僵尸车”亟待整治》的建议效果明显，为经济社会发展发挥实实在在的作用。

【自身建设】 2018年，拓展文史联谊。编审出版《龙山文史》第32辑——《在龙山挂职的日子里》专辑，进一步扩大人民政协的联系面和团结面。通过在龙山政协网开辟“文史龙山”专栏和为部分“农家书屋”、中小学赠阅《龙山文史》等方式，加强文史资料的交流共享工作。已录入《龙山文史》700万字的电子资料。2018年，接待山东、宁夏、山西、吉林、湖北和省内等10多个政协单位到龙山县学习考察，结合调研视察课题，开展了相关调研考察活动。应邀参加湘鄂黔渝边区县(市、区)政协工作联席会第三十六次会议。委员界别作用充分发挥。广大委员充分发挥主体作用，在各自岗位上争当表率。教体委员组认真思考城镇班额均衡化、农村学校标准化等工作，埋首教坛，送教下乡30次。曾飞跃委员为60名残疾人家庭发展葡萄产业协调项目资金12万元；张靖域委员为比沙社区小学捐赠校服332套、慰问金2500元，为比沙社区敬老院送去了价值5000元的音响器材；周瑞委员的中药材产业直接带动385户贫困户增收，苏有发委员帮扶建档立卡56户，以贫困户产业奖补入股形式返本分红12.9万元。培训和宣传工作取得突破。举办委员培训班，驻县省州政协委员、县政协委员、县政协机关干部及老干200人参加培训，副书记陈忠耀亲自为培训班授课，并进行中共十九大精神知识竞赛，委员的政治理论素养、履职意识和履职能力得到全面提升。召开宣传信息暨文史学习工作座谈会，2018年，在各级媒体发表政协类稿件219篇，其中省级以上30篇。《湘声报》头版以《有事好商量，商量办好事》为题，宣传推介龙山县政协工作。

【重要会议】 2018年1月31日，县政协主席吴少叶主持召开县政协党组2017年度党员领导干部民主生活会，深入开展批评和自我批评，认真查摆突出问题，明确整改方向和措施。县政协副主席张青山、王本东、张兰英，县政协非实职副县级领导张建民出席会议。吴少叶在会上指出，县政协党组班子成员要针对会议上查找出的问题及时抓好整改落实，要切实加强政治修养，要切实履行三项职能，要切实强化工作作风，要切实抓好廉政建设。

3月16日，县政协2018年宣传信息工作会议召开。会议总结和回顾县政协宣传信息工作，并就2018年相关工作进行安排部署。县政协副主席张青山出席会议。县政协各委员组通讯信息员参加会议。

4月9日，政协龙山县第九届委员会第七次常委(扩大)会议在县会议中心召开。县政协主席吴少叶主持会议，县政协副主席张青山、郑慧侠、王本东、余志国、张兰英及其他县政协常委出席会议。县领导谭必松列席会议。会议安排部署委派政协委员担任民主监督员工作，协商通过县政府组成部门拟任干部人事调整配备方案、拟免去委员组组长职务建议名单、县政协委员任免方案、拟任命委员组组长职务建议名单和专门委员会人事任免，传达学习全国“两会”精神，解读《政协龙山县委员会2018年工作要点》《政协龙山县委员会办公室关于印发2018年度争先创优活动评选办法的通知》，协商通过《政协龙山县委员会委员履职管理办法(讨论稿)》《政协龙山县委员会委员工作室工作规则(讨论稿)》和《关于反映社情民意信息工作管理办法(送审稿，各委员组代表进行发言，张青山进行总结讲话。

4月19日下午，龙山县政协第一民主监督小组工作会议暨进驻县食品药品工商质量监督管理局动员会召开。县政协副主席王本东、县政协副县级领导张建民出席会议。4月23日，县政协第二民主监督小组、县旅文局在政协会议室召开2018年度民主监督工作协调会议。县政协第二民主监督小组部分民主监督员、县旅文局相关机构负责人参加会议，双方就年度民主监督内容、时间、方式达成一致意见。5月7日，龙山县政协第三民主监督小组进驻县民宗局工作动员会召开。县政协副主席、县工商联主席余志国主持会议，县政协副主席张兰英出席会议并讲话。5月4日，县政协召开巩固省级卫生县城对口协商座谈会，县政协副主席郑慧侠出席，县政协相关委室、部分县政协委员、巩卫相关单位参加座谈会。出席座谈会的全体人员对时代商贸城、城南集贸市场、新世纪家园、亿利农贸市场等地点进行了视察，了解巩卫工作实际情况，随后到会议中心举行了座谈会。7月10日，政协龙山县第九届委员会第八次常委(扩大)会议在县会议中心召开。县政协主席吴少叶，县政协副主席张青山、郑慧侠、王本东、余志国、张兰英及其他县政协常委出席会议。副县长梁兴华列席会议。吴少叶带领学习了习近平新时代中国特色社会思想；会议协商通过《龙山县非物质文化遗产保护与应用调研考察报告(讨论稿)》《龙山县巩固省级卫生城市情况调研报告(讨论稿)》；安排政协委员参与“三个一”扶贫相关工作；宣读《关于向我县贫困大学新生募捐倡议书》；解读了《政协龙山县委员会办公室〈关于印发2018年政协云工作实施方案的通知〉》。

8月17日，县政协举行2018年“三个一”扶贫行动救助大学新生资金发放仪式，共为25名受资助大学新生发放爱心款6.5万元。县政协主席吴少叶，副主席张青山、郑慧侠、王本东、余志国、张兰英，县政协非实职副县级领导张建民出席活动。张兰英通报了县政协2018年“三个一”扶贫行动救助贫困大学新生捐资情况；郑慧侠宣读了县政协2018年“三个一”扶贫行动受资助大学新生名单；县政协工商委员组组长作了经验介绍。吴少叶等领导现场为受资助的25名大学新生分别发放资助金2600元，共计65000元。

9月30日，政协龙山县委员会第九届委员会第十次常委(扩大)会议召开。县政协主席吴少叶主持会议，副主席张青山、郑慧侠、王本东、余志国、张兰英，副县级干部李显政等领导出席会议。会议协商通过《更好推进我县产业扶贫调研考察报告(送审稿)》和《关于我县〈宗教事务条例〉贯彻落实情况的调研报告(送审稿)》；解读学习《中国共产党纪律处分条例》新修订版；解读并通过《政协龙山县委员会2018年委员培训方案》。会议还对“全州基层协商民主”现场会筹备、2018 年委员培训等政协工作进行部署安排。

11 月 29—30 日，全州政协基层协商民主建设现场推进会在龙山召开。会议主要目的是应对新形势下各级对政协履职工作新要求、学习以龙山县政协为代表的县市政协基层协商民主的经验做法、全面加强和创新改进全州政协履职工作。州政协党组书记、主席刘昌刚，州委常委、龙山县委书记周云，州政协党组副书记、副主席贾高飞，州政协副主席宋清宏、向顶天、龙春生，州政协副主席、州工商联主席石红等出席会议；龙山县委副书记、县长刘冬生，县委副书记陈忠耀，县政协主席吴少叶，副县长谭必松，县政协副主席张青山、郑慧侠、王本东、余志国、张兰英及全州各县市政协主席、副主席参加会议。29 日下午，与会人员先后到茅坪乡茶园坪村、茅坪乡政府、县林业局、秋梅土家织锦博物馆、民族宾馆，分别就茶叶基地、委员工作室、城区停车场、县政协基层协商民主建设等进行考察。

30 日上午，在全州政协基层协商民主建设现场推进会上，与会人员观看了龙山县政协工作宣传片；周云进行了致辞；龙山县政协、龙山县政协卫计委员组、泸溪县政协、古丈县政协、花垣县政协、州政协提案委、经科委介绍了推进基层政协协商民主建设工作经验。

周云在致辞中表示，人民政协工作是党的全局工作重要组成部分。一直以来，龙山县委高度重视人民政协工作，始终把政协工作摆在重要位置，坚决贯彻落实中央、省委和州委关于加强政协工作的各项决策部署，切实加强党对政协工作的领导，有力促进了政协事业发展。加快推进协商民主建设是人民政协的时代使命和政治担当，龙山将以此次全州政协基层协商民主建设现场推进会为契机，进一步深入学习贯彻习近平关于加强和改进人民政协工作的重要思想，深刻领会推进协商民主建设的根本要求，加快构建协商民主体系，用协商民主凝聚起建设美丽开放幸福新龙山的强大合力。

刘昌刚指出，要认真学习推广龙山等县市政协推进基层协商民主建设的经验做法，不断总结湘西土家族苗族自治州过来政协工作的特色亮点。政协工作是统一战线性质的工作，视野广阔，渠道通畅。政协工作的统战属性决定了其工作开展具有无限拓展空间。州县市政协立足新时代人民政协事业新要求，紧紧围绕政治协商、民主监督、参政议政三大职能，着力于推进基层协商民主建设，取得一定工作成绩。主要表现在：基层协商民主建设的内容不断拓展，基层协商民主的定位不断提升，基层协商民主建设的特色不断增多，基层协商民主建设的力度不断加大，基层协商民主建设的制度不断完善，党的领导不断加强，协商监督的课题专题不断增多，协商监督的内容范围不断扩大，基层协商民主建设的方法不断创新。

12 月 24 日，政协龙山县第九届委员会第十一次常委(扩大)会议在县会议中心召开。县政协主席吴少叶主持会议，副主席张青山、郑慧侠、王本东、余志国、张兰英及其他县政协常委出席会议。副县长李冬梅列席会议。常委会议应到常委 31 人，因病因事请假 1 人，实到 30 人，参会人数符合人民政协有关规定。会议协商通过了县政协相关人事方案；协商通过一府两院、发改、财政工作报告(草案)；协商通过《关于我县城区大气污染治理情况的调研报告(送审稿)》和《关于加快推进龙山工业集中区建设专题协商的报告(送审稿)；协商通过《政协龙山县第九届委员会第三次会议议程(草案)》《政协龙山县第九届委员会第三次会议日程(草案)》；协商通过《政协龙山县第九届委员会常务委员会工作报告(送审稿)》和《政协龙山县第九届委员会第二次会议以来提案工作报告(送审稿)》；通报了 2018 年创先争优考核评比结果。

12 月 27 日上午，政协龙山县第九届委员会第三次会议隆重开幕。县委、县人大、县政府、县人武部在家的所有副县级以上领导，所有副县级以上实职岗位离退休干部，县政协机关干部和退休老同志，驻县州政协委员，县直正科级以上单位的主要负责人、乡镇(街道)党(工)委书记，上级驻龙山单位主要负责人，县政协特邀民主监督员等列席会议。会议首先听取并审议吴少叶所作的《政协龙山县第九届委员会常务委员会工作报告》。报告分两部分，一是 2018 年主要工作回顾，二是 2019 年主要工作安排。

报告指出，2018 年，在县委的正确领导和县政府的大力支持下，县政协常委会认真贯彻落实党的十九大精神和习近平总书记关于加强和改进人民政协工作的重要思想，牢牢把握团结、民主两大主题，紧紧围绕全县重点工作，积极履职尽责，助推全县经济社会发展进步。

吴少叶从五个方面总结回顾了过去一年县政协工作所取得的成绩：一是切实提高政治站位，始终坚持党的领导；二是深入开展协商民主，主动服务发展大局；三是大力强化民主监督，不断提高监督实效；四是积极主动参政议政，全力助推龙山发展；五是着力加强自身建设，广泛凝聚发展合力。

大会还听取了张兰英所作的县政协第九届委员会常务委员会关于九届二次会议以来提案工作情况的报告。县委系统委员组、茅坪委员组、政府系统委员组、县卫计委员组、县政协人环资委、商务委员组作了大会发言。12 月 29 日下午，政协龙山县第九届委员会第三次会议圆满完成大会预定的各项议程，在会议中心胜利闭幕。闭幕式上表彰了政协工作先进单位、先进委员组和先进个人，听取了《政协龙山县第九届委员会第三次会议关于提案审查情况的报告》，通过了有关决议。

周云在讲话中指出，政协龙山县第九届委员会第三次全体会议期间，来自全县各行各业的政协委员肩负全县人民重托，满怀履职尽责热情，共商改革发展大计，讲真话、进诤言，出实招、谋实策，充分发扬民主，广泛协商讨论，对全县打好打赢脱贫攻坚战，加快推进美丽开放幸福新龙山建设，实现全面建成小康社会这一宏伟目标，具有十分重要的意义。

龙山里耶管理区管理委员会

【概况】 龙山县里耶管理区管理委员会（以下简称“里耶管委会”）于 2005 年 1 月设置。里耶管委会为龙山县人民政府的派出机构，行政级别为副县级。机关核定编制 34 名，其中行政编制 31 名，工勤编制 3 名。内设综合办公室、建设规划科、发展项目科、用地安置科、文物管理科、旅游管理科、财务统计科 7 个科室，下辖龙山县里耶古城遗址管理处、龙山县里耶古城（秦简）博物馆两个正科级二级机构以及龙山县环境保护局里耶分局、龙山县住房和城乡建设局里耶分局、龙山县国土资源局里耶分局、龙山县政务服务中心里耶分中心、龙山县里耶行政综合执法大队等五个副科级二级机构。

里耶管委会的主要职能是负责辖区内古城遗址的文物发掘、整理和自然景观保护利用；负责组织规划、建设辖区内文化旅游发展项目及重点建设；负责管理所辖景区的旅游市场秩序；负责所辖景区内各项保护开发利用的项目申报、资金使用和

里耶镇区全景图

招商引资工作。

里耶生态文化旅游景区位于湖南省龙山县里耶镇，总面积 259 平方千米。主要景区包括里耶古城景区和八面山景区两大板块，具有厚重的历史文化、奇特的自然风光、浓郁的民族风情，是中国历史文化名镇、中国土家织锦之乡、全国特色景观旅游名镇和国家级风景名胜区。

【里耶古城景区】 里耶古城景区以战国秦汉古城和明清古街为主要特色，是秦文化的核心区。景区内文物古迹众多，地下文物埋藏量占湘西州地下文物埋藏量的 50%以上，是一个天然的历史文物博物馆。有旧石器时代、新石器时代、商周文化遗址和战国、秦、汉（西汉、东汉）古城（即“三朝三城”）、古墓群。

2002 年 6 月，里耶惊现出土 3.74 万枚秦简，此次发掘被誉为“21 世纪以来最重大的考古发现”。馆藏的“迁陵洞庭郡”“九九乘法口诀表”“迁陵以邮行洞庭”三枚简牍属国宝之精品。里耶古城遗址是中国南方迄今为止唯一一处战国秦汉古城遗址，位于酉水河西岸，遗址呈长方形，现保存的遗迹区域共有 13 处，包括护城河（城壕）、西城门与西门道、发掘区与未发掘区、作坊、一号井、三号井、北城墙、北吊桥、观光步道、道路、水塘、房屋、南城墙与人体骨骸。里耶明清古街区，位于酉水河西岸，主要包括中孚街、埠平街、万寿街、辟疆街、夹街、河街、菜行、景丰巷等“七街六巷五行”。古街核心区占地总面积约 1 平方千米，街巷总长 3500 多米。现保存较好的民居有 700 栋，建筑面积 30000 多平方米，其中，省、州、县三级文物保护单位共有 200 多处。古街的建筑风格以当地土家族建筑为主调，同时又融合了赣、苏、皖、浙、西洋等建筑风格，形成了里耶独有的多元结合的建筑特色，是八百里酉水码头古镇的典范。

里耶是中国土家族集中聚居区，是目前保存土家族文化和民俗最为完整的地方，土家族语言和西兰卡普（即土家织锦）、摆手舞、茅古斯、打镏子、咚咚喹、梯玛祭祀等土家族的传统文艺以及拦门、背亲、哭嫁等习俗，如今仍在沿河而居的土家山寨里流行。

【八面山景区】 八面山景区以高山草地、悬崖绝壁和剿匪遗迹为主要特征，自然风光秀美，历史遗迹珍贵。总面积 51.4 平方千米，平均海拔 1200 米以上，四周悬崖峭壁，山上地势平坦、牧草丰肥，被誉为“空中草原”和“中国南方的呼伦贝尔”。燕子洞、杯子岩、自生桥、西眉峡等景色神奇壮丽，鬼斧神工，是进行休闲避暑、探险猎奇、野营滑翔等户外活动、高山观光农牧业开发和革命传统教育的理想场所。

改造后的里耶长沙街

【项目建设】 2018 年，里耶管委会狠抓项目工程建设进度，全年完成项目投资 4.34 亿元。其中，里耶南游客服务中心项目一期工程基本完工，完成投资1.2亿元；古城区道路改造项目全面完工，完成投资3000万元；棚户区改造和老街区整治项目完成投资1亿元；麦茶大道项目基本完工，完成投资5000万元；公租房项目基本完工，完成投资1000万元；北游客中心全面完工，完成投资500万元；八面山水厂完成投资1350万元；龙山县里耶旅游文化小镇项目完成10栋院子建设，完成投资1亿元；里耶后山旅游配套慢道系统完成总工程量的70%，完成投资600万元。结合里耶棚户区改造的契机，大力实施历史核心区内的房屋收购(租赁)工作。租赁房屋52户49栋，租赁房屋面积7535平方米。签订房屋收购合同98户，收购房屋88栋，房屋建筑面积13792.13平方米，占地面积10554.44平方米。

【招商引资】 2018年，夯实招商基础，制作项目招商推介手册、旅游宣传手册、宣传片，建立企业投资信息档案，为投资商考察里耶打好基础。组织包装八面山生态景区综合开发、水上秦郡、里耶文化小镇(二期)、里耶星级酒店4个重点项目向投资客商予以推介。其中水上秦郡、里耶星级酒店被州商务局纳入2018年湘西州招商册并对外发布。先后接洽同程旅游、华侨城文旅基金、上海光明地产、广东金联盟公司、中国五冶集团有限公司、绿地集团、中润国投集团等多家投资商到里耶投资考察，部分公司完成项目前期考察调研和资料搜集，正在编制景区(项目)投资意向方案。积极参加湖南省旅游投融资大会暨旅游项目银企对接会，做好辖区内的旅游项目推介与对接工作。

【环境整治】 2018年，重点开展镇容及环境卫生、道路运输及交通秩序、建设工地管理、村(社区)和单位环境卫生、镇村结合部环境卫生、市场管理等6个方面的集中整治。在景区内新植树3873棵，栽花、种草50786平方米，清渣清淤1020平方米，长潭路、秦风路、秦城路道路整治修缮改造1000平方米，新修社会免费停车场及临时车站3个，面积10350平方米。拆除大型钢架棚4个，处置“两违”建筑15户，违规广告7户，处置僵尸车30辆，处理车辆乱停乱摆98起，处理国有地乱耕作23户，大型综合执法2起，对影响镇区环境卫生的入镇处车辆修配厂及洗车行进行集中搬迁安置，基本完善了环境整治相关管理制度，加强常态管理，形成管理常态。

【争先夺牌】 2018年，征集各类民俗文物近5000件，简牍及其他出土文物36件，采购相关设备，聘请6名文物专业人员进行为期3个月的文物拍摄与信息录入登记，聘请10名学术专家进行专业技术指导。2018年9月，里耶古城(秦简)博物馆被评为国家二级博物馆，跻身全国200家、全省12家国家二级博物馆之一。里耶管委会作为里耶古城国家AAAA级旅游景区创建工作的具体实施单位，主要职责是做好创建政策制定、项目推进、资金落实、要素保障等相关工作。按照县政府的统一安排部署，抽调专门人员组建了里耶古城AAAA景区创建工作办公室，对照国家AAAA级旅游景区创建标准，加大投入完善各项硬件和软件设施建设。2018年12月，里耶古城景区被省旅游景区质量等级评定委员会公示批准为国家AAAA级旅游景区。

群众团体

总工会

【概况】 龙山县总工会属正科级参公管理的群团组织，下设办公室、资产财务部、组织部、宣传教育和信息部、权益保障部、劳动和经济服务部（加挂技协办牌子）、女职工部（加挂女职工委员会牌子）、经费审查委员会办公室8个部室。县总工会现有在职人员15人，截至2018年年底，全县有工会联合会16家6个片区工会工作站点，基层工会组织389家，工会会员2.7万人。

【组织建设】 按照"增强凝聚力、扩大覆盖面"的总体要求，充分发挥地税全额代征工会经费的"倒逼建会"机制和非公企业党工共建联席会议制度的作用。2018年，全县新建工会组织28个，会员净增3000人。推进工会组织进村（社区），2018年新建村级工会组织6个。

【活动带动】 2018年8月，龙山县总工会举办"金秋助学"活动，本次活动为30名困难职工学子每人发放助学金5000元，共计15万元。同月，州总工会党组成员、副主席宋和林一行同县总工会党组班子一同到黔张常项目工地、教体中心工地开展"清凉一夏、关爱同行"活动，为两个项目工地工人送去清凉包500份，并宣传高温期间劳动保护有关知识。12月，开展"冬送温暖"活动，为216户困难职工送去慰问金13万元。全面落实医疗互助互济相关政策，2018年县总工会为全县3600名职工落实医疗互助互济政策，报销资金70万元。

【工会改革】 2018年8月，湖南省总工会党组成

龙山县总工会2018年"金秋助学"活动

员、副主席彭晛丹、州总工会党组成员、副主席石远定到龙山调研督察工会改革。就如何做好“强三性、去四化”积极改革工会组织设置、干部队伍、工作模式、活动方式，切实增强工会组织的凝聚力、号召力、影响力进行指导及交流。推动全县各级工会组织切实发挥党联系职工群众的桥梁纽带作用、国家政权的重要社会支柱作用和职工利益代表者维护者作用。

共青团龙山县委员会

【概况】 中国共产主义青年团龙山县委员会（以下简称“团县委”）为正科级行政单位，在编在岗6人，其中：机关行政编制4名，有书记1名、副书记2名、办公室主任1名；希望工程办公室全额事业编制2名。2018年，根据《共青团湖南省委改革实施方案》，配备挂职副书记2名，兼职副书记2名。主要工作职责：团的组织建设和思想建设；指导和推动全县青年团组织、少先队工作；联系、服务青年，代表、维护青年具体利益；协助县各级党组织推荐、选拔、培训团的干部；做好青年统战工作；负责抓好“希望工程”管理工作；完成县委、县政府和上级团委交办的其他事项。

【思想引领】 2018年，团县委组织开展“践行新思想·拥抱新时代”团组织生活会、“学习‘7·2’重要讲话精神，落实团十八大工作部署”主题团日等300场次，参与人数3万人次；每周1500名团员青年参与青年大学习网上团课，开展第三届“我是少先队员我骄傲，我是共青团员我自豪”主题演讲比赛，开展5期“校园之星”少儿才艺秀直播，支持大学生联合会自编自导自演第十届返乡艺术节，2000名观众到现场观看，27万名观众收看微信直播。牵头制作出版《红军战斗在龙山故事绘》1.5万册，在青少年中讲好红军故事，传承红色基因。开展县直机关庆“七一”篮球赛，6天时间33支代表队进行了128场比赛，5万人到现场观看比赛。组织各级团组织开展义务植树活动100次，种植树苗5万棵，助力创建“国家森林城市”。“龙山团县委”微信公众号，全年发送正能量推文385条，总阅读数超过132.2万人次，居全省县级团委微信公众号排行榜第一名，荣获全省“青媒奖”十佳微信公众号。

【维权交友】 2018年，团县委及各级乡镇团组织组织青年志愿者在街头、学校、村社区开展《中华人民共和国预防未成年人犯罪法》《中华人民共和国未成年人保护法》、综治民调、禁毒、防艾、安全教育等宣传活动，通过现场展示、知识讲解、微信传播等方式宣传青少年维权知识，累计发放宣传单25000份。在里耶镇巴沙村举办土家年暨大型相亲活动，300名青年男女现场体验杀年猪、推豆腐、打糍粑等土家年俗，感受土家梯玛、讲梁、长桌宴等传统文化，现场募集爱心款1.8万元，全部现场资助给当地20名贫困学生。5月20日，举办县人民医院专场相亲会，现场成功“牵手”7对。

【脱贫攻坚】 2018年，团县委与济南团市委进行互访，签订《龙山县—市中区公益扶贫框架协议》，济南团市委到龙山县助贫困学生20名。与县妇联共同做好洛塔乡梭洛村驻村扶贫工作，投入4.6万元建设高标准垃圾屋8个，帮助联系3.5千米组级路硬化项目即将完工。加强精准扶贫志愿者的管理和服务，累计发放工作补贴745万元，评选表扬“优秀扶贫志愿者”62人，极大地充实了镇村扶贫工作力量。

【志愿服务】 2018年，团县委培训和组织320名青年志愿者，圆满完成。为期8天的湖南省第九届少数民族运动会志愿服务工作；高考期间，组织353辆爱心车辆，免费接送考生和工作人员3000人次。以“喜迎民族运动会”为主题，开展第三届“益行龙山”大型公益徒步活动，2000人徒步18千米倡导绿色出行、全民健身，5.2万元报名费全部现场资助给贫困学生。

【希望工程】 2018年，团县委募集助学资金、物资270多万元，资助贫困学生3000多人。创新开展"六元洗车献爱心"公益助学活动，参与的爱心车主超过5000人次，募集资金4万元，资助贫困学生80人。承办2018年长沙共青团"情系湘西·牵手圆梦"——爱心100助学活动，爱心人士结对帮扶龙山县108名贫困学生，捐赠爱心款物20万元。坡脚小学希望工程宿舍楼竣工入住，彻底解决该校师生住宿困难。

【关爱留守儿童】 2018年，团县委联系长沙市望城区、芙蓉区、开福区、长沙县等地团委、志愿者，先后到里耶双坪小学、靛房学校、茨岩塘半寨小学、水田学校、特殊学校、内溪学校等，通过发放爱心款物、一起做游戏、一起过节日、实现微心愿等方式，帮助农村贫困留守儿童健康成长。湖南卫视主持人"村长"李锐，香港演员应采儿爱心人士到茅坪学校陪留守儿童过"六一儿童节"，捐赠款物33万元。

【创新创业】 2018年，团县委联合县就业局举办第二届"青创"大赛，开展两期创业培训，为24名获奖选手发放奖金23.8万元，有效提高创业青年的竞争意识和竞赛意识。对青年创业项目在团结报进行整版推介，制作《龙山县青年创业项目汇编》呈送给组织、统战、农业、商务、人社、扶贫等部门，将全县11个部门的创业支持政策汇编成册发放给创业青年。通过推介，创业青年黄继成荣获湘西"最美青年创客"，谭艳林获入围奖，龙山县创新创业者协会获"最值得关注的青年创新创业服务平台"入围奖。

【团的建设】 2018年，扎实推进"智慧团建"，摸清全县团员底数，开展违规发展团员问题整改，严格按照团章要求新发展团员1200名。结对帮扶城区民办教育机构联合党支部，指导成立民办教育团总支，吸纳33所民办幼儿园163名团员教师。选派11名基层团干参加团中央、团省委、团州委培训班学习，不断提高团干部的工作能力。召开纪念五四运动99周年暨建团96周年表彰大会，表彰一批先进基层团组织和优秀个人。

【年度荣誉】 2018年，"龙山团县委"微信公众号荣获湖南省"青媒奖"十佳微信公众号，茨岩塘镇团委获评湖南省"五四红旗团委"，组织系统团工委获评"全州五四红旗团委"，广播电视台团支部、人民法院团支部获评"全州五四红旗团支部"，第二小学少先队大队部获评"全州优秀少先队大队"，思源实验学校四(7)中队获评"全州优秀少先队中队"。恒龙中药业拓展有限公司总经理邓娜获评"全国优秀共青团员"，县人民政府工作人员田兮、靛房镇纪委书记夏琳获评"全州优秀共青团员"，县第二中学团委书记田芳、召市镇团委书记李志国获评"全州优秀共青团干部"，县第一小学少先队大队辅导员刘德福、第二小学少先队大队辅导员殷爱姣、里耶镇

龙山县第二届青年创新创业大赛决赛现场

中心小学少先队大队辅导员张森获评“全州优秀少先队辅导员”，第一小学学生颜硕彤、第四小学学生孙小画、苗儿滩镇九年制学校学生彭湖宁获评“全州优秀少先队员”。

县妇女联合会

【概况】 龙山县妇女联合会(简称“妇联”)内设办公室，县妇儿工委办公室设在妇联。有行政编制7名，其中：主席1名，副主席2名，办公室工作人员1名，妇儿工委办3名，实有工作人员6名。主要职能是指导全县各级妇联依据《中华全国妇女联合会章程》开展妇女儿童工作；指导和推动全县妇女“双学双比”和“巾帼建功”活动；教育、引导妇女自尊、自信、自立、自强，提升妇女整体素质；切实维护妇女合法权益；组织实施《龙山县妇女发展规划》和《龙山县儿童发展规划》；推动妇女儿童事业全面发展。

【创业就业】 积极配合人社部门开展“春风送岗”行动，组织50名有就业意愿的城乡妇女参加招聘活动，为广大妇女送政策、送岗位、送信息、送服务。多渠道争取政府政策性贴息贷款和妇女创业资金，联合县就业局等多家单位继续开展女性小额担保贷款工作。联合召市镇政府、惹巴妹手工织品有限公司开展手工编织培训班，培训农村妇女112人；联合苗儿滩镇政府、成凤土家织锦农民专业合作社开展土家织锦培训班，培训农村妇女60人；联合县就业局、济南市市中区开展育婴师培训班，培训妇女64人。在召市镇、苗儿滩镇建立两个巾帼扶贫车间，通过扶贫车间培训帮助100名妇女实现灵活就业。成功举办第三届“巾帼巧手剥百合大赛”，引导广大妇女积极参与全县经济社会发展。

【维权化解工作】 借助“3·8”维权周、“11·25”国际反家暴日、“12·1”防艾日、“12·4”法制宣传日等重要节点开展以宪法、婚姻法、禁毒防艾、反家庭暴力法等为重点的维权法制宣传教育活动12场次，累计编印并发放妇女维权手册、宣传资料6000份。在县城时代广场开展“三八”维权周宣传活动，“6·26”国际禁毒日，在华塘社区开展禁毒宣传活动，举办禁毒知识竞赛，通过活动宣传妇女权益保护法及劳动、反家庭暴力、禁毒等法律法规。开展法制宣传教育进社区、进农村活动，参与群众1200人次。积极参与婚姻家庭纠纷化解，化解婚姻家庭纠纷54起；通过“12338”妇女维权热线，为来访来电的受困妇女排忧解难，帮助她们通过理性合法的方式表达利益诉求。

【关爱妇女儿童】 联合卫计局组织开展“两癌”免费检查项目，检查8532人，超额完成任务；联合人寿保险公司开展女性系列保险活动，积极推动各单位各部门关心女职工，为女职工购买安康保险，推进“湘女关爱保”工作，争取上级资金，给2763名农村建档立卡贫困妇女每人赠送一份保险；联合县妇保院对县内200多对有生育意愿的夫妻进行免费检查和咨询服务。分两批次对17名农村患病妇女进行救助，发放救助金18.2万元，对2名城镇低保“两癌”患病妇女进行救助，分别发放救助金5000元。通过基层妇联组织对贫困、患病妇女儿童申报进行救助，共救助14户贫困妇女儿童家庭，发放救助金2.8万元。“六一儿童节”期间，组织50名“爱心妈妈”到茨岩塘镇开展关爱留守儿童活动，为贫困留守儿童发放慰问金1万元，邀请县委、人大、政府、政协等四大家领导在县城12所小学(特殊教育学校)、部分幼儿园开展走访慰问活动，为优秀、贫困、流动留守、孤残儿童送去慰问金7.2万元。积极争取项目资金，为县内三所小学200名贫困学生发放“音乐之声”助学金8万元；为县第三小学、第二小学、思源小学、里耶小学争取到湖南省小候鸟图书角项目工作经费4800元；为里耶小学、县第三小学争取到“舞蹈公益百校行”项目，惠及80名农村留守儿童；争取到省妇联支持的爱心包裹，惠及500名贫困学生；争取到中国宋庆龄基金会支持的爱心衣物6400件,惠及6000名贫困留守儿童。

【倡导文明新风】 依托妇女之家,建立女性课堂,开展"十九大精神""中国梦""社会主义核心价值观""中国妇女十二大精神"等主题宣传教育活动10场次,引导广大妇女学党史、听党话、跟党走;联合相关部门组织举办庆"三八"民族趣味运动会,有来自县直单位和乡镇(街道)23支队伍800名男女队员参赛,全县上下营造学民族文化、促民族团结的良好氛围。发挥家庭作为培育和践行社会主义核心价值观重要阵地的作用,持续开展"最美家庭""五好家庭""文明家庭"评选推选活动,王文辉家庭荣获"全省五好家庭"荣誉称号,田莉家庭荣获"全国最美家庭"荣誉称号。与综治部门联合开展平安家庭创建活动,创建"平安家庭"6600户。引导巾帼志愿者在法治宣传、爱心帮扶、美丽家园建设中发挥作用,组织开展"大手拉小手,陪你一起走""巾帼暖人心,普法宣传10日行""禁毒宣教进万家""十九大精神进社区"等一系列主题宣传活动和送文艺进基层、关爱困难群众活动。

巧手剥百合比赛现场

【组织建设】 扎实推进妇联改革,提交县委研究出台《龙山县妇联改革实施方案》,方案涉及八个方面23项改革措施。在各乡镇,按照有队伍、有组织、有阵地、有制度、有载体、有经费的"六有"标准,积极推动妇联组织区域化建设,创建了1个省级乡镇妇联组织区域化建设示范点。加大对基层妇联干部培训力度,对11个乡镇(街道)新任职的203名村(社区)妇联主席开展了为期一周的业务和政治理论培训。发挥"网上妇联"作用。通过妇联官方微信公众号"龙山女性"等,在全县所有乡镇(街道)、村(社区)妇联推动"妇联通"移动平台的运用,依托新媒体开展组织、宣传、教育、引导妇女群众的"网上妇女工作",形成了线上、线下妇联工作相互促进、相互融合的格局。2018年度,对外报送信息190篇。

【年度荣誉】 荣获全国妇联"母亲健康快车.感恩15年忠诚伙伴"荣誉证书,荣获全省"两癌"免费检查重点民生实事项目先进集体、湖南省妇联系统宣传工作先进单位荣誉称号。

县残疾人联合会

【概况】 龙山县残疾人联合会成立于1991年4月,1997年升级为正科级机构,单位参照公务员管理,主要履行"代表、服务、管理"残疾人三种职能。2018年,全县有持证残疾人16578人。持证残疾人中视力残疾2700人,占持证残疾人总数的16.2%;听力残疾1086人,占持证残疾人总数的6.5%;言语残疾158人,占持证残疾人总数的0.9%;肢体残疾8255人,占持证残疾人总数的49.7%;智力残疾1600人,占持证残疾人总数的

9.6%；精神残疾1554人，占持证残疾人总数的9.3%；多重残疾1243人，占持证残疾人总数的7.4%。完全丧失劳动能力，无生活能力，属一级重度的残疾人2239人，占持证残疾人总数的13.4%；丧失大部分劳动能力，生活自理能力很差，属二级重度的残疾人4025，占持证残疾人总数的24.2%；有一定劳动能力、就业能力的三、四级的残疾人10332人，占持证残疾人总数的62.2%。

浏阳市残联对口帮扶龙山县残疾人脱贫攻坚工作座谈会

【残疾人保障】 2018年，发放残疾人困难生活补贴和护理补贴1733.18万元，充分保证全县残疾人的基本生活。两项补贴发放标准是100元/人/月护理补贴、100元/人/月困难生活补贴，远远超过全省很多县市发放标准。按照残联系统教育资助政策，为符合资助条件的残疾大学生、贫困残疾人家庭大学生、高中阶段残疾学生和贫困残疾人家庭高中阶段学生子女足额发放教育资助款。为3365名持证重度残疾人全额代缴2018年度最低缴费档次养老保险，其中1681名为建档立卡贫困重度残疾人。为全县5714名持证重度残疾人全额代缴城乡居民医疗保险，其中2540名为建档立卡贫困残疾人。按照应纳尽纳、应保尽保、应兜尽兜的原则对贫困残疾人家庭进行帮扶救助，将6670户残疾人贫困家庭纳入建档立卡贫困户，5861名残疾人纳入低保户。对252名残疾孤寡老人优先纳入敬老院进行集中供养。实施残疾人机动轮椅车燃油补贴发放工程，有效缓解残疾人的经济负担，提高残疾人生活质量。

【残疾人服务】 扶持22名残疾人创业，180户贫困残疾人家庭发展生产。联合惹巴妹手工织品有限公司与全州8县市签订贫困残疾妇女手工编织就业增收协议。对436名残疾人进行电脑操作、电器修理、盲人按摩等为主的职业技能培训和高山刺葡萄种植、牲猪养殖、食用菌种植为主的农业实用技术培训。全年征收残疾人就业保障金512万元，安置63名残疾人就业。托养中心建设工程。县残疾人托养中心、康复中心和综合服务中心3个项目总投资9767万元，建设规模为42890平方米，占地面积15.8亩。2018年桩基完成。基本服务状况和需求动态管理。全县的动态更新工作完成率100%，入户率97%，使用移动终端APP采集信息的比例92%。贫困残疾人家庭无障碍改造。对35户贫困残疾人家庭进行以厨房、厕所改造，安装太阳能热水器、液化气灶，添置轮椅、坐便器等为主的无障碍设施改造。采用购买服务的方式，与吉首市飞越社工服务中心签订协议，为120名重度肢体残疾人和智力、精神残疾人开展居家服务。畅通信访渠道，建设社会求助服务平台，全年接待办理残疾人来信来访93件，回复处理率100%，满意率90%。组织开展“共享芬芳.放飞梦想”为主题的“五个一”残疾人文化周活动，积极组织残疾人参加全省文艺体育赛事，肢体残疾人江涛获得2018年第十届省残运会田径跳远二等奖。康复服务。“完善以县残联与中医院联办的肢体康复服务中心为主的残疾人康复服务体系。总投资9767万元，建设规模 42890 平方米、占地面积 15.8 亩的残疾人托养中心、康复中心和综合服务中心，3 个项目完成桩基。加强对符合条件的贫困残疾儿童分批次有组织选送到定点机构进行康复训练。为 108 名脑瘫、孤独症、智障贫困残疾儿童实施了康复训练，其中人工耳蜗植入术任务 3 人。辅具适配，发放轮椅、拐杖等辅具 123 件，安装假肢 39 例，儿童矫形器适配 30 例，配用助听器 228 台。为 66 名贫困精神病患者免费送医送药。白内障复明。实施白内障复明手术 467 例。

县科学技术协会

【概况】 龙山县科学技术协会（正科级参公事业单位，以下简称“科协”）是全县科学技术工作者的群众组织，行政编制 4 人，实有在岗人员 6 人，其中专职主席、副主席各 1 名，兼职副主席 5 名。主要工作职能为提高全民科学素质服务，为广大科技工作者服务。

【科学普及】 围绕“青少年、农民、城镇劳动者、领导干部和公务员”四类重点人群科学素质提升，2018 年，在民安街道书院坪社区、召市镇岩门坡村、茨岩塘镇凉水村、百合加工示范基地、羽丰养鸡协会等地开展科普大篷车专项巡展活动、“送科技下乡”活动，通过科学知识宣讲、实用技术培训、科技成果展示、经验交流等方式，培养科学意识，了解科学知识，指导科学生产、生活，提升全民科学素质。5 月 19—26 日，开展“科技创新强国富民”科技活动周活动。5 月 21 日，召开“龙山县 2018 年科技活动周启动暨科技扶贫专家服务团出征仪式”，派驻龙山县的省、州科技特派员、“三区”科技专家、州科技局副调研员彭吉安等出席仪式。5 月 22 日，专家服务团深入贫困村，开展田间问诊、技术咨询、科普讲座与培训、农业知识普及与技术推广等活动。5 月 24 日，开展科普大篷车专项巡展活动，在洗洛镇吴锦鸿百合加工基地开展百合加工技术培训，宣传科普知识。5 月 25 日，在民安街道书院坪社区以三棒鼓、猜科普知识、字谜等活动形式，宣传科普知识，丰富社区居民文化生活。6 月，全州首个社区科普 e 站在龙山民安街道书院坪社区建成；12 月，苗儿滩镇民主村乡村科普 e 站正式通过验收，社区 e 站和乡村 e 站建成。2018 年，在湖南省科学技术协会网、湘西自治州科学技术协会网、科普湘西公众号、龙山新闻网上发表工作动态、文章 30 篇（条）。

龙山县召开科学技术协会第七次代表大会

【科技扶贫】 2018 年，11 支科技助力精准扶贫工作队深入龙山县各贫困村，开展科技助力精准扶贫活动，帮助贫困村发展产业。科协为各专家服好务，让工作得到落实，让资金发挥效益。

【深化改革】 2018年10月25日，中共龙山县委常委会第 23 次会议，听取并审议通过《龙山县科协系统深化改革实施方案（送审稿）》，同意设立科协党组，成立乡镇（街道）科协。2018 年 12 月 21 日，县委印发实施《龙山县科协系统深化改革实施办法》。

【青少年科技创新】 2018 年 4 月，举办第 39 届湖南省青少年科技创新大赛，龙山县获一等奖作品 1 件，二等奖作品 3 件、三等奖作品 6 件。其中 1 件少儿科学幻想画入围第 34 届全国青少年科技创新大赛。在 11 月 25—26 日第五届湘西自治州中小学科技创新教育活动中，龙山县 76 件作品获奖，一等奖 22 件，二等奖 25 件，三等奖 29 件。其中 7 件作品入围第 40 届湖南省青少年科技创新大赛。

县工商业联合会

【概况】 2018 年，龙山县工商业联合会（总商会）下辖办公室，会员服务中心和 14 个基层商协会，核定行政编制 4 名、工勤编制 1 名和全额事业编制 4 名，另有公益就业岗位 1 个，实有在职人员 7 人，退休干部 3 人，执委 83 人，会员总数 722 个（其中，个人会员 684 个，企业会员 24 个，团体会员 14 个）。

【商会活动】 2018 年，总商会组织“感党恩、听党话、跟党走、启新程”学习贯彻习近平关于民营经济系列重要讲话暨纪念改革开放 40 周年龙山巡演活动，使直接参与活动的 500 名工商界人士深受教育；开展“法律三进活动”，为会员提供法律咨询服务，挽回经济损失 600 万元；开展银企对接，协调银行贷款 3000 万元；工商界州、县政协委员提交提案 35 件，社情民意和调研报告 6 篇，《关于加强新形势下我县基层商会党建工作的思考》获全州统战理论政策研究优秀成果三等奖；选送 23 人次分别赴长沙市工商联、浙江大学、延安等地参加相关研修班学习培训，提高素质，开阔眼界；直属会员企业党委辖 9 个基层党支部，党员 61 人，共选送 16 名非公经济人士参加入党积极分子培训，7 人纳新，3 名预备党员转正。基层商协会：民安商会举办“纪念改革开放 40 周年暨商会成立 20 周年庆祝大会”，社会反响强烈；副食行业商会开展考察学习十八洞脱贫巩坚经验和“低碳出行、徒步穿越”等主题活动；旅馆娱乐业协会开展以“强管理、提素质、增效益”为主题的员工业务培训活动，采取走出去和请进来相结合方式，使 110 名参训员工技能和管理水平大幅提高；茨岩塘商会开展同心基金募集并发放助学关爱贫困学生活动；广东省湖南龙山商会举办春节慰问石羔等 7 个乡镇（街道）敬老院老人和资助 30 名品学兼优贫困高中学生活动，为他们送慰问金 8 万元，为捐献器官的爱心家庭洛塔乡徐锐家庭募集 5.85 万元善款。

县工商联组织民安商会献爱心活动

11月13日，在吉首市统战部会议室举行龙山县工商联(总商会)同吉首市工商联(总商会)缔结友好商会签约交流座谈会

【社会扶贫】 2018年，继续开展“百企帮百村、千商扶千户”活动，全县71家非公企业对口帮扶88个贫困村，千名工商业人士结对帮扶贫困户，共投入资金1977万元，提供就业岗位700个，惠及贫困人口4210人。投入公益帮扶资金80万元，资助300人次。政协工商委员组12名委员积极开展“委员三个一”扶贫活动，为帮扶对象资助生产生活物资价值8.6万元，直接资助现金4.7万元，为127人提供就业岗位，张靖域、彭先菊等7名委员获县政协表彰。“惹巴妹”手工织品公司总经理谭艳林获全国脱贫巩坚奋进奖，众泰药业总经理周瑞、成美建材公司总经理丁新勇等获州奖励。协助长沙市工商联组织长沙市民营企业家到龙山县开展扶贫工作和茨岩塘驻村扶贫。

【合作交流】 2018年，协助长沙市工商联和长沙市金霞经开区到龙山县开展精准帮扶活动，组织30家长沙民营企业同茨岩塘镇的18个贫困村结对帮扶。在龙凤广场举办“万企联村”劳务用工招聘会，提供663个就业岗位。开展“引老乡、回故乡、建家乡”招商引资活动。发掘广东、上海、福建等龙山籍外地工商业人脉资源，回家乡投资建设，协调引进宏图服饰公司入驻龙山县工业园并顺利投产，引进湖南双沐药业入驻龙山县工业园。分别赴福建、上海等地走访龙山籍外地工商界成功人士，召开福建龙山商会、上海龙山商会筹备座谈会。同衡阳市雁峰区工商联缔结为友好商会；赴吉首市工商联对口考察学习并缔结为友好商会，召开吉首龙山商会座谈会，架起推介龙山资源和开展经贸交流的桥梁。开展同心基金济贫帮困活动，接受长沙市工商联、长沙市金霞经开区为长沙市光彩事业基金会龙山同心基金捐赠资金100万元，资助里耶镇20名品学兼优高中生，为茨岩塘镇贫困群众发放311人次27万救助资金。

县文学艺术界联合会

【概况】 龙山县文学艺术界联合会(简称“县文联”)，是县委宣传部管理的正科级全额拨款事业单位，是龙山县各文学艺术家协会所组成的专业性人民团体，是县委、县人民政府联系与团结全县文艺工作者的桥梁和纽带，是繁荣全县社会主义文艺事业、建设全县社会主义先进文化的重要力量。县文联机关核定事业编制3名，机关人员实行公务员制度。2018年，县文联在编在岗人员2人。全县现有作家协会、书法家协会、美术家协会、摄影家协会、音乐家协会、舞蹈家协会、诗词协会、工艺美术协会、曲艺协会、民间文艺家协会等10大协会，会员人数800人。5月20日，成立由团县委主管、县文联业务指导的龙山县青年书法家协会，是湘西州首家成立的县级青年书法家协会。

2018 年湖南湘西首届“文化生态杯”民歌大会演员合影

【开展活动】 2018 年，编辑文学刊物《太平山》杂志 4 期。开展龙山县“欢乐潇湘”群众书法美术摄影系列活动。县书法家协会会员彭婷创作的草书作品《书论》在 2018 年湖南省“欢乐潇湘”群众美术、书法、摄影活动决赛评审中获书法类一等奖。选派人员参加湖南湘西首届“文化生态杯”民歌大会，向宽志获得金奖，向乾兵获得银奖，彭傲雪、彭峻、邹涵、胡垚玲、田丽君等 5 人组成的“阿大”组合获得银奖。

1 月 20 日，举办“走进历史名村、走进名校思源”2018 年龙山县作协年会，州作协主席黄青松，州作协常务副主席、著名作家黄摩崖，州作协和州评论家协会副主席欧阳文章，团结报社副刊部主任石健，到县授课辅导、交流采风。200 名县作协会员和文学爱好者参加活动。

开展龙山县“书法艺术进万家”系列活动。“书法艺术走进石牌中学”活动，2 月 11 日，在龙山县龙凤广场举办县书法专业大学生“回报家乡、迎新春、送祝福”活动。2 月 23 日，举办龙山县书法家协会走进兴隆街道望城社区活动。

3 月 2 日，开展龙山县摄影艺术系列采风创作活动。在里耶镇举办由里耶管委会、里耶镇政府主办，县文联、县摄影家协会承办的“秦简故里 · 湘西里耶”摄影大赛、“2018 春节采风活动暨摄影研讨会”。3 月 8 日至 5 月 8 日期间，举办了龙山县创建国家森林城市工作领导小组主办，县林业局、县摄影家协会承办的龙山县创建国家森林城市全民手机摄影大赛。

3 月，开展“名导演授课辅导”活动。邀请湖南卫视金鹰纪实频道 5 位导演、编辑来县授课，县摄协、作协、音协、美协等协会的 70 人参训，提升了县文艺界影视剧制作技艺、文案编创技艺。以“四月天桐花盛放，脉龙湖民俗盛宴”为题，开展龙山县内溪乡脉龙界文艺采风创作活动。服务县委办文明创建工作的“书画长廊”建设，组织县内外书法名家，将毛泽东诗词、龙山风光、土家风情等用书法、国画的形式进行展示，创作国画作品 18 幅、书法作品 13 幅。

5—6 月，开展“到人民中去”文艺志愿服务活动，组织县内文艺界人士深入里耶、苗儿滩、洗车河、红岩溪等地，进行舞蹈、曲艺、书法、摄影、美术等创作服务。

6 月 17 日，举办由中国摄影报社、中共龙山县委、龙山县人民政府主办，中共龙山县委宣传部承办，龙山县文联、民宗局、旅文局、摄协协办的“龙山杯”首届中国土家族全国摄影大展。9 月 25—27 日，县书协会员彭小虎、张思玉、田克佩、蓝英参加湖南省书法家协会会员学习贯彻习近平文艺思想专题培训班暨国展作品点评。

10 月 11—16 日，济南市市中区文联与龙山县文联，联合举办“艺苑泉城 · 情驻龙山”——济南市市中区艺术家走进龙山县文艺交流扶贫活动。活动期间，双方开展了“孔子学堂”与里耶秦简联姻、书法美术知识进社区、书法美术教师交流座谈、文艺名家结对帮扶、文艺采风等系列活动。

10 月 14—18 日，县作协、县音协会员谭有为参加2018年湖南省新文艺群体首届培训班。县文联在县书协、美协、摄协、音协、作协、诗词协会等协会组织开展专题学习30次，参学会员1000人次。

10月25—26日，长沙市天心区与龙山县联合举办"擎画新时代·同圆幸福梦"——2018年"文化惠民"天心区与龙山县文艺会演活动，分别在龙山县城、洛塔乡开展文艺演出，县文联组织县内文艺人员做好演出、服务等工作。举办了"砥砺前行·再谱新篇"龙山县纪念改革开放四十周年书法展，共征集书法作品1712件，评选出成人组软笔书法作品等级奖90件，青少年组软笔书法作品等级奖119件和硬笔书法作品349件，择优选出入展的软笔书法作品88件，硬笔书法作品50件，10月22—26日在县高级中学体育馆进行专题展览。

10月31日，引入重庆号角文化产业公司为洛塔乡14个村捐赠价值2万元的书画文艺作品，为精准扶贫工作贡献文艺力量。

11月7—9日，县文联主席陈新祥参加湖南省文联组织的2018年湖南省"三百工程"文艺人才暨基层文艺骨干培训。

11月13—14日，县书协会员田克佩、彭婷、瞿小军参加湘西州书法家协会2018年湘西州名家公益书法高级培训班。

12月6日，县曲艺协会会员李有为、肖昌友参加2018年湖南省戏剧家协会民营戏剧团体工作委员会成立大会。

县委组织部指导，团县委牵头，县文联组织县作协、县美协等，创作青少年党史军史教育资料《红军战斗在龙山(故事绘)》，将100个集中反映红军在龙山战斗的故事编辑成书，在党员、干部、群众、青年、学生中厚植、传承红色基因。与县美丽办联合，组织县美术家协会为大安乡翻身村、兴隆街道白岩洞村、茨岩塘镇中山村等10个扶贫村创作美丽乡村文化墙。

【文艺创作】 2018年3月29日，在龙山县城举办苏明刚《血刃——红二、红六军团湘鄂川黔纪实》新书发布暨赠书活动。中国人民解放军总政治部、中央军委政治工作部中国军事科学院专家对该书给予很高的评价。4月10日《农民日报》7版以《大山深处，痴迷文学的新型农民刘大印》为题，用三分之二的版面，深度报道龙山县农民作家刘大印及其农民文学爱好者自办内部交流期刊《农民文学》的故事。7月6日，湖南作家研究中心发布《2017年湖南文学年度发展报告》，评价了黄标创作的小小说作品《好主意》。10月，《黄标文集(九卷本)》《浮尘(上、下册)》《将敬酒(上、中、下卷)》《至上较量》《黄家大屋》《有那么一些人和事》，被录入由中国作家协会、北京中作华文数字传媒股份有限公司主持的"中国作家数字作品资源库"。谭有为创作的长篇小说《龙城猛将》在《今古传奇》杂志社"2018年度全国优秀小说征文"大赛中获得"十佳优秀奖"。刘能朴的土家族研究最新著作《老家记忆——湘西北土家文化拾遗》正式出版发行。黎代华的《佛教名

评选"欢乐潇湘"书法作品

山太平山》等研究成果受到好评、《天锅潭传奇》《虎洞生灵》和《风洞谜云》等研究成果吸引 CCTV－10《地理·中国》栏目专题拍摄。田克佩小楷书法作品《韩愈序文》四篇在首届“凤凰杯”全国书法作品展中入展，小楷书法作品《董子祠堂记》在“首届董子杯全国书法大展”中入展，手抄《雷锋日记》在全国第二届“雷锋杯”公益书画作品展中获书法类优秀奖。吴官波的书法作品在“全国农民书法作品展”入展，在“湖南省书法家协会首届楷书作品展”入展。湖南省书法家协会主办的“书道湖湘·墨韵芳菲”湖南省女书法家作品展，龙山县有 8 人荣获佳绩，其中，彭婷的作品获得优秀奖，石芳、饶伟宏、雷丽华、刘慧玲、彭睿等 5 人的作品入展，张小丽、彭春艳等 2 人的作品入选。向黎明的水彩作品《辉煌》，在第六届湖南艺术节美术书法摄影精品展中入选，是湘西州唯一入选的美术作品。辛再春创作的水彩作品《花香引蝶来》入展第三届全国女性水彩粉画作品展，《紫醉君迷》在第二届当代女画家国际水彩网络展竞赛中获一等奖。曹首纲的《原时代》、辛再春的《生命如瀑》第二届全国教师水彩粉画展二等奖，邹容的《光与侗寨》入选。曹首纲的《残阳》入选“新坐标·2018 四川水彩画年度展”。苏明刚作品《新城崛起》，胡荣春作品《云漫半坡》《对练》获“美丽开放幸福新湘西”全国摄影大赛品质收藏奖。向明海的龙山县天一文化传媒有限公司联合湖南金鹰纪实频道摄制 8 集《不老乡音》系列微纪录片，分别展现咚咚喹、茅古斯、打溜子等土家族非物质文化遗产的历史声音，中共湖南省委宣传部《阅评简报》高度评价。向明海、梁芬芳、向富利、陈明钊、彭茂生、田剑英、戴良才、向宽志、刘春红等一大基层文艺工作者创作推广了《隔山隔水隔远了》《惹泽靛房》《格兹歇》《梯玛传说》等土家族原创音乐 MV，点击率突破百万。

军　　事

人民武装

【概况】 2018年，龙山县人武部机关与龙山县委、县人大、县政府、县政协机关共处同一大院，营房院落5栋，占地面积8250平方米；武器装备仓库占地面积9460平方米，靶场占地面积7230平方米。有干部5名（含1名学员），职工2名，指派人员5人，临聘人员4人。全县21个乡镇（街道）武装部，1个战线武装部，397个普通民兵连；有专武部部长22名。人武部被省军区表彰为“全面建设先进团级单位”“学生军训工作先进单位”，被军分区表彰为“军事训练先进团级单位”“安全工作先进单位”。

【思想政治建设】 2018年，人武部坚持以习近平主席新时代强军思想为指引抓党建、统班子、带队伍，使核心意识、统帅意识深深融入血脉。人武部官兵严格按照“四个把握”要求，精读《习近平谈治国理政》《习近平论强军兴军》等书籍，坚持读原著学原文悟原理，始终坚定“两个维护”，强化“四个意识”，自觉运用习近平新时代中国特色社会主义思想伟大旗帜武装头脑、指导工作、履行使命。集中学习领会习近平主席在军委党的建设会议上重要讲话精神、省军区师团级党委书记培训会精神，专题梳理分析人武部党委在党的领导和党的建设问题“总台账”，全体人员坚决贯彻执行军委主席负责制坚决。

龙山县2018年预定新兵国防教育活动

【军事训练】 聚焦备战打赢，推进军事工作

抢险救援誓师大会

向前发展。人武部先后分3期集约化组织完成274人的民兵军事训练，合格率100%。利用民兵整组业务培训、民兵军事训练、新兵役前训练等时机，组织专武干部集中轮训。结合实际组织乡镇开展预防地质灾害、抗洪抢险等演练，锤炼基层民兵队伍遂行任务能力。创新"1234"民兵调整改革工作思路，编实建强县应急连、乡镇(街道)应急排和保交护路、交通运输、工程抢修专业力量以及情报信息特殊力量。严格落实战备制度，修订完善各类战备方案。7月，参加5月20日、9月21日，人武部先后出动民兵应急分队200人次，冲锋舟3艘，皮划艇4艘参与抗洪救灾("9·21"果利河特大洪灾中，人武部组织民兵解救被洪魔困住的群众23人)；10月分，组织民兵应急分队参与湖南省第九届少数民族传统体育运动会执勤保障。

【国防教育】 组织"传承红色基因，担当强军重任"主题教育，运用本地湘鄂川黔革命根据地红色资源，组织现役干部、民兵预备役人员深入实地开展主题教育。5月，在县龙凤广场隆重举行"征兵宣传和预征报名现场会暨优秀退伍军人、立功受奖现役军人家属表彰活动"。8月，采取校地合作模式，完成县高级中学等4所学校4300名学生军训。

【征兵工作】 严抓兵员征集，紧扣"五率"标准细则，抓好征兵各项工作落实，制作固定宣传展板10块，建立微信工作群群发征兵短信、微信5000条，张贴公告2000张，印发宣传单15000份，深入高中院校现场宣传发动6次。9月下旬，安排专武部长带新兵家长分3个批次完成对新疆、西藏等6个方向部队新兵回访。

法　治

政法委及综治

【概况】 2018年，县委政法委（龙山县社会治安综合治理领导小组及办公室，与县政法委合署办公，实行两块牌子，一套人马。）机关人员编制13名，其中行政编制11名，后勤编制2名；县委610办人员编制2名。二级机构4个：其中网格办人员编制3名，反邪教教育转化中心人员编制6名，法学会人员编制1名，综治信息中心人员编制19名。主要职责是部署指导全县政法工作，指导社会治安综合治理，协调调度维护社会稳定，协调开展反邪教工作，处理涉法涉诉信访问题，抓好执法监督，管理执法队伍等。2018年，龙山县连续第三年荣获“湖南省综治工作先进县”“州综治工作先进县”“州网格化工作先进县”“州维稳工作先进县”“州国家安全人民防线建设工作先进县”荣誉，被授予“湖南省平安县”称号。

【党建工作】 政法委直属机关党委共有中共党员474名，下辖县委政法委机关党支部、县法院党总支、县检察院党总支、县司法局党支部等33个支部，牵头组织和指导县公安局党委的党务工作。2018年，县委政法委直属机关党委全年召开班子会议4次，专题研究部署党委工作计划、党委人事、党建经费、党建联系点等重要事项，解决党建阵地弱小、党务公开不规范、党建联系点示范带动作用不强等问题。保障党建投入，用足党建年度预算经费，支持党员干部参加全县徒步公益行、公益活动等党建活动。搭建学习平台，提升党员思想理论水平。组织制定2018年度党建学习创建计划，以书记上党课、中心组学习、党员集中学习等活动为载体，搭建学习平台，加强理论学习，带动形成争创学习型机关、学习型党组织、学习型党员的浓厚氛围。开通共产党员微信，大部分党员加入微信交流平台，利用新媒体学习党的理论知识。抓好党建制度落实，推进基层党组织建设，认真落实民主集中制、“三重一大”、重大事项报告等制度，完善党组织管理，公开承诺，班子成员带头践诺。认真抓实“三会一课”制度、党员固定活动日制度，定期组织召开党员大会。年内，6名预备党员转为正式党员。推进党务公开，强化纪律作风建设。按照固定公开与逐段公开相结合、定期公开与及时公开相结合原则，突出公开适宜公开的重大决策、决定、决议和领导班子自身建设等内容，完善党内民主决策、民主监督、民主管理制度等情况。推行阳光党务建设，形成风清气正的良好氛围。

【社会治理】 综治中心实战化运用进一步加强。县综治中心、21个乡镇（街道）综治中心，397个村（社区）综治中心全部建成并投入使用。开通综治视联网固定会场85个，手机移动端视联网实现

县政法委领导与百岁老人促膝交谈

397个村(社区)全覆盖,极大地提升了基层社会治安综合治理能力。先后有邵阳市大祥区、邵东县、吉首市、花垣县等多个县市区到龙山县交流学习。网格化服务管理进一步规范。完善网格化平台系统,加快推进残疾人服务管理子模块建设,实现矛盾纠纷排查化解、残疾人、吸毒人员、重性精神病患者服务网格化平台动态管理。通过网格化平台,推行重症精神病人监管以奖代补工作,兑现重症精神病患者监护人以奖代补资金30.4万元。全年网格化信息平台共受理事件44585件,办结42842件,办结率96.1%,办结回复率100%,群众满意率96%。基层平安创建进一步深化。组织开展平安县、平安乡镇、平安村(社区)、平安单位等16项基层平安创建活动,今年新评选授牌“平安家庭”3万户,“最美平安家庭”20户。同时,通过微电影《家的守望》、团结报专刊《镌刻忠诚铸和谐笃行担当书平安》等媒介宣传,群众参与平安创建30万人次。社会服务水平进一步提升。坚持以人为本,服务于民,依法为经济困难的当事人缓、减、免诉讼费60万元,为受援群体挽回经济损失400万元,办结各类公证892件,为当事人上门服务112次,为社会弱势群体减免公证费4.58万元,发放司法救助金28.2万元,切实缓解因案致贫被害人的实际困难,彰显社会公平正义。

【维稳工作】　2018年,县委政法委加大对涉敌、涉外、涉稳情报信息搜集力度,共收集情报信息62条;加大国家安全知识宣传力度,全年开展宣传《中华人民共和国国家安全法》《中华人民共和国反间谍法》等活动5次、开展海外利益保护专项调研活动2次。落实社会稳定风险防控。搭建“大维稳”工作平台,强化部门联动,建立稳控工作专班,实现特护期间全县“零进京、零非访”工作目标。加大信息预警和分析研判力度,全年收集研判情报信息420多条,其中重要信息60条,成功预防世纪春城、原酒厂职工等群体10起涉稳事件的发生。完善风险评估机制,经社会稳定风险评估后实施的5个重大项目,均未出现不稳定现象。狠抓矛盾纠纷排查化解。全面启动“三调联动”机制,落实“以奖代补”政策,县乡两级矛盾纠纷应急调处中心和应急处置法庭、16个行业性专业性调委会加大对重大纠纷疑难问题化解力度。2018,全县成功调处各类矛盾纠纷4775件,调解成功率98.8%,医疗纠纷调解经验——《打造社会稳定和谐的生力军》在全州进行推广。扎实推进信访问题化解。深入开展“三无”创建、信访积案化解和“四大攻坚”活动,推行领导坐班接访制度,州县级领导接访148批321人次,交办群众反映问题148个,全部按期办结。落实领导包案办案机制,化解信访问题59件,办结率100%,息访息诉43件,息访息诉率72.9%。中央第八巡视组移交件6批51件次(重复交办17件次),全部办结。加大违法信访打击力度,刑事拘留3人、治安拘留15人,训诫教育158人。努力提高应急处突能力。组织公安、消防、武警、卫生、辅警等各种力量开展应急处突防灾等活动15场次,战胜“5·20”“7·4”等山洪灾害。10月12

日，全州应急反恐处突演练在龙山县举行，有力确保了省民族运动会的胜利召开。

【平安建设】 2018年，县委政法委加大社会治安防控。持续推进雪亮工程建设，新建560个监控探头，加大对医院、学校、车站、广场、银行等人员密集地段防范监控力度，全县可防性案件较2017年同期相比下降40%，群众安全感、满意度大幅提升。严厉打击违法犯罪。先后组织开展命案清零、打击盗抢骗毒、打击多发性侵财犯罪、百日会战等专项行动，全县共立刑事案件623起，破案376起，破案率56.12%。刑事立案较2017年同期下降16.38%，刑事破案率较2017年同期提高1.42个百分点。审查批捕案件344件490人，受理审查起诉案件413件560人；受理刑事案件359件，审结293件，结案率81.62%。稳步推进扫黑除恶。按照中共中央统一部署，成功打掉涉恶团伙2个，破获涉恶案件50起，抓获涉案人员129人，极大地震慑涉恶违法犯罪分子，收到良好的政治效果、法律效果和社会效果，得到省扫黑除恶第四督导组的充分肯定。8月，在全县范围内开展取缔无证无照经营性麻将馆专项整治行动，关闭麻将馆1210家，收缴销毁麻将机117台，同时整治街心花园治安乱源，赢得了群众的广泛赞誉。全面整治发展环境。大力开展缉枪治爆、消防安全、寄递物流、依法治村、安全生产、高速公路护路联防等专项整治，共受理行政案件1543起，查处1422起，行政拘留1410人；排查各类安全隐患7355起，责令整改95处，社会治安和发展环境进一步优化。

【队伍建设】 2018年，县委政法委在清华大学、西北坡举办了政法系统综合素能暨党性教育培训班；组织重点县直单位及乡镇综治分管领导，在长沙市委党校举办综治业务能力培训班；在井冈山举办政法系统党员干部党性锻炼培训班，切实提高综治队伍的理论素养和业务水平。同时，借助理论中心组集中学习、红色大讲堂等载体，对全县政法干警进行政治轮训、业务指导1200人次，有效提高全县政法综治队伍的政治思想素质、业务能力和工作水平。增强基层综治力量。全面推行“一村一警”工作模式，县财政安排520万元专项资金，在全县397个村（社区）全部配齐了村（社区）辅警，从而使每个村（社区）的综治力量达到3人左右，受到群众广泛认可。扎实开展执法监督。针对中央巡视组交办的涉法涉诉上访案件及重大疑难复杂案件，先后召集法、检、公、司等部门相关人员召开案件协调会11次。开展政法系统干警办案、取保候审等专项督查1次，开展大型执法活动现场执法监督3次，确保执法文明，司法公正。狠抓作风纪律建设。由县纪委监委派驻县委政法委纪检组牵头，开展机关作风暗访督查5次，约谈7人次，做到早发现、早约谈、早整改，警钟长鸣、引以为戒，进一步推动广大政法干警作风的改进，提振了士气，树立良好形象。

公　安

【概况】 2018年，是贯彻落实中共十九大精神的开局之年，是龙山公安工作高效推进的一年，也是任务特别重、压力特别大、工作特别拼、战果特别多的一年。这一年，全局民警辅警坚持以习近平新时代中国特色社会主义思想为指导，牢牢把握“对党忠诚、服务人民、执法公正、纪律严明”的总要求，紧紧围绕上级重大决策部署，全面铺开并创造性开展政治建警工作，举全警之力打赢“扫黑除恶”“百日会战”“集打斗争”等一场又一场攻坚仗，圆满完成湖南省第九届少数民族传统体育运动会安保维稳任务。全年共立刑事案件657起，同期比下降21.3%，破案455起，破案率69.2%，同期比上升3.9%，全年累计“零发案”天数90天，实现连续12年命案全破的工作目标。全县治安形势总体平稳，人民群众安全感、满意度进一步提升。2018年度，20个（次）集体和90人（次）被县级以上部门记功表彰。龙山县公安局获得全省百日会战、全省追逃工作、全省命案侦破先进集体称号；荣立集体三等功一次；获评全州公安机关绩效评估优秀单位；“基础强化年”考评先进单位（全州排名第一）；县政府目标考核、综治考评先进单位。

【队伍建设】 2018年，龙山县公安局不断健全和完善基层所队党建和队伍建设各项规章制度，实行周例会制，明确基层所队教导员为经常性思想政治工作的主要负责人；组织民警开展各项学习培训300人次。落实教导员走访慰问制度，全年走访慰问民警130人次，对8名学优民警子女进行表彰奖励。拨付400万元，在全州率先解决20年的辅警养老保险历史遗留问题。狠抓队伍党风廉政建设，严抓纪律作风建设，落实谈心谈话和约谈工作制度。全年共开展谈心谈话1000人次，开展明察暗访和网上督察80次，每周一通报，下发督察通报58期，全年通报单位28个，人员104人次，诫勉谈话4人，停止执行职务1人，禁闭3人，行政警告处分1人，辞退违规违纪辅警5人。均严格按照局绩效考评办法进行结果运用。组织全体民、辅警开展三期“大轮训”进一步提升民辅警的业务素质。

【安保维稳】 2018年，龙山县公安局抢占先机，提前准确发布情报信息预警，共收集各类情报信息112条，成功预警了民生天然气涉嫌非法集资、世纪新村业主维权等10起群体涉稳事件的发生；在信访预警过程中，全年共预警进京78人次，群体访三批次，赴省访46人次，群体访两批次，到州访15人次，群体访两批次。办理扰乱信访秩序案件9起，刑事拘留3人，治安拘留15人（次），训诫158人（次）。妥善处置“龙山天然气公司涉嫌非法集资”等10起群体性事件。开展安保维稳“百日会战”，围绕“四个绝对不能发生”工作目标，建立了“12345”工作机制（“一条主线”抓部署，“两个带头”抓防控，“三个协同”抓机制，“四个集中”抓成效，“五个统一”抓常态）。“百日会战”共投入警力14215人次，巡防点段6891处，全县没有发生较大交通、消防、危爆安全事故，排查7类重点人员5274人次，其中有个人极端风险隐患46人，管控45人，参加管控人员180人。清查九类场所324个，有重大安全隐患场所24个，有重大安全隐患68处，运用《中华人民共和国反恐怖主义法》下达整改通知书26份，已按要求整改到位37处，用《中华人民共和国反恐怖主义法》处罚3家；排查五类物品场所204家，发现重大安全隐患场所4个，重大安全隐患16处，运用《中华人民共和国反恐怖主义法》下达整改通知书4份，用《中华人民共和国反恐怖主义法》处罚2家，“百日会战”工作被评为全省先进单位。圆满完成省少数民族传统体育运动会安保维稳任务。

【扫黑除恶】 2018年，龙山县公安局先后召开40次党委会议、局长办公会议、局务会议、领导小组会议、扫黑工作部署推进会议及扫黑办办公室会议，落实扫黑除恶相关工作。开展了声势浩大的“雷霆行动”第一次集中行动暨“千人大巡防”启动仪式；民警、辅警、村警上门宣传全覆盖，普及扫黑除恶相关知识，形成全民知晓、全民参与的良好氛围；抽调精兵强将成立宣传专班，邀请新闻媒体记者随警作战，大张旗鼓营造扫黑除恶浓厚氛围，共推送微信50期，在湖南卫视，“新湖南”“红网”“平安新龙山”“我是龙山”多次转发，在州级以上主流媒体发稿100篇。警种、派出所常态化、全覆盖开展摸排，将扫黑除恶与反腐败等工作紧密结合，深挖彻查黑恶势力“保护伞”，与纪检监察机关建立双向移交、查办结果反馈机制和“一案三查”机制，对公职人员涉恶情况均已移送县纪委监委处理，立案查处两名涉恶党员，对在涉恶团伙违法犯罪过程中乱作为的2名国家公职人员予以立案查处，对14名涉“黄赌毒”的党员、国家公职人员立案查处，其中开除公职1名，形成了打击惩处的高压态势。抽调精干力量组建了50人的专业队伍，成功打掉13个涉恶团伙（其中，省里认定6个），刑事刑拘92人，行政处罚14人，破获刑事案件25起，查处行政案件6起。

【集中打击斗争】 2018年，“集打斗争”共立刑事案件657起，同期下降21.3%，破案455起，破案率69.2%，同期上升3.9%。全局各警种部门实行“日调度、周研判、月通报、季考核”倒逼工作机制，将工作战果与局绩效考核挂钩，奖罚分明，经费全额保障，全面完成“冬春攻势”、“夏秋攻势”州定工作任务，龙山县公安局在“冬春攻势”“夏秋攻势”中均排名全州第二。截至行动结束，打击盗抢骗刑拘187人；打击电信诈骗刑拘19人；打击涉毒犯罪刑拘106人，起诉35人，治安拘留183人，强戒201人；打击涉黄行政拘留73人；打击涉枪犯罪刑拘43人，查处涉枪违法行为61人，收缴枪支210支。

4月2日，县公安局开展清明节缅怀革命烈士祭扫活动

【安全生产】 2018年，龙山县公安局在创建“平安县”过程中充当了主力军作用。加强民用爆炸物品管理，对涉爆作业点共开展600次安全检查，排查出安全隐患17处，全部整改到位。5家被中央、省、州环保督察的采石场，有4家完成环保验收，已投入正常生产。加强烟花爆竹管理，共查处非法运输烟花爆竹案件15起，行政拘留10人，罚款4人，金额6200元，共收缴并销毁鞭炮3744件，烟花4011件。加强交通安全管理，开展了全县文明交通安全大整治、全县道路交通环境综合整治、集中用警交通安全整治等行动100次，查处各类交通违法行为93663起，集中报废机动车辆6000辆，全县道路交通事故发生率同比下降31%。加强消防安全管理，检查单位2528家，发现火灾隐患5471处，整治火灾隐患5463处，责令改正2358家，整治率为99.6%，立案调查22起，“三停”18家，罚款43.75万元，查封41家，行政拘留4人。

【基层建设】 2018年，龙山县公安局加强派出所硬件建设，实现一乡镇一派出所，正式启动洗洛、内溪、咱果3个派出所，投入资金200万元，按照派出所正规化建设暨突出问题整改要求对全局21个派出所进行整改；全县397个行政村推行“一村一辅警”建设，做到人员、设备、场所、经费全部保障到位，实现公安管理“神经末梢”的不断延伸；加强派出所调解中心建设，实现“公调对接”的无缝隙，先后建成民安、里耶、召市3个派出所调解室；加强了实名制管理，长途客运、旅馆、网吧、寄递物流均实行实名制管理，实现阵地控制能力的有效提升。

【“放管服”改革】 2018年，龙山县公安局按照县“放管服”改革办的统一安排部署，将政务服务事项全部进驻政务中心办理，历时两个月先后4次对行政审批事项进行清理，行政审批事项由原来的767项缩减至285项，并全部录入“互联网＋政务服务”系统。下放28项针对个人的政务服务事项到乡村，下放率高达87.5%。实行“一站式”户口办结模式，出台《龙山县公安局户口迁移一站式办结工作制度》，利用“互联网＋政务服务”、电子档案扫描等措施，着力解决群众办理户口迁移手续往返跑的这一实际困难，为办事群众带来100万元的政策红利，打通服务群众“最后一千米”。

·交　警·

【概况】　龙山县公安局交通警察大队(以下简称"交警大队")为县公安局正科级内设机构,保持相对独立,主管全县道路交通安全和交通秩序以及机动车辆、驾驶人工作的职能部门。县公安局交通警察大队设11个内设机构:办公室、机动车辆驾驶人管理中队、法制宣传中队、道路交通管理中队、行政财务装备中队、民安交警中队、红岩交警中队、里耶交警中队、茨岩交警中队、召市交警中队、洗车交警中队。县公安局交警大队机关专项行政编制47名,地财编制11名。其中:大队长1名(正科级)、教导员1名(正科级);副大队长3名(副科级)、副教导员1名(副科级)。

【交通事故处治】　2018年,全县辖区内未发生一次死亡3人以上较大道路交通安全事故,未发生因交通事故上访的群体性事件,县交警大队共处理道路交通事故2165起。其中伤人864起,死亡32起,其中刑事案件26起,刑事拘留17人,取保候审10人,逮捕7人,起诉26起,酒驾96起,侦破交通事故肇事逃逸案26起。全年处理事故共出动警力2万人次,警车960辆次。

【驾驶证及机动车监管】　2018年,车辆管理所被评为政务服务示范窗口单位,车管业务全年共办理21698笔。其中:新车注册登记3168台(小型车辆988台,大型汽车160台,摩托车2020台),转移登记120台,转入268台,注销登记11636台,补牌补证858台,临时号牌1195台,免检机动车年检5633台,校车标牌32台,抵押登记1570台;驾管业务全年共办理17558笔,其中新办驾驶证1522人,增驾申请295人,满分学习1154人,补、换驾驶证7959本,注销驾驶证143人,驾驶证转出1758人,驾驶证审验4727人;全年交通违法处理业务,异地违法处理26948条,共计549.42万元,本地处理交通违法共计445.11万元。全年完成非税收入639.63万元。

【交通违法查处】　2018年,龙山县交警大队查处交通违法行为93663起,其中现场纠违36101起,查扣各类车辆11200辆,查处违法载人694起、非法改装4832辆、涉牌涉证6420起、摩托车驾驶员未戴头盔行驶6778起、人货混装230起、酒后驾驶144起、超员超载96起、毒驾5起、依法行政拘留176人、刑事立案25人、刑事拘留8起、危险驾驶7起、破获逃逸案件8起、拖移"僵尸车辆"126台次。开展4次车辆集中报废行动,报废无牌无证车辆5026辆、查处超限超载货车198辆、切割"马槽车"128辆次。非现场抗法查处57562起(乱停乱摆35675起、闯红灯5531起、乱变道3902起、压线1986起、摩托车驾驶员未戴头盔行驶6608起、违法载人1087起、同禁行967起、其他违法1806起。

【事故应急处置】　2018年,随着车辆骤增,为引导城区车辆有序通行,大队及时制定《龙山县公安局交通警察大队应急处置预案》和《城区交通整治方案》,在城区4路口设置禁令标志13个,指示标志牌16块、交通引导牌26块,通过"禁货禁三轮摩托车",优化城区交通环境。

【事故隐患排查】　2018年,大队积极汇报争取资金,完善农村生命防护工程建设,继续夯实农村道路交通管理的基础和根基,争取政府支持,利用道交委运行主体,完善两站两员建设,坚持"一单四制"和"公安排查,交通治理,安监监督"的道路隐患排查治理工作机制,齐抓共管,坚持隐患排查,完善基础设施,筑牢生命防护工程屏障,完善交通基础设施,避免和减少交通事故的发生,确保有患必查,精准治理。共摸排危险路段隐患路段88处,并抄送县安监局、县交运局,立牌或完成整改46处,隐患路段得到及时治理。

【交通秩序整治】　大队为深化城市交通秩序管理。坚持推行交通指挥中心和"路长制"相结合的工作机制,定岗定人对所负责的道路进行常态化巡查和严管,以“全路实名”“路长有责”为原则,保障城区主要拥堵路段的“见警率”“管事率”。大力开展城区专项整治行动,以整治城区乱点、难点、堵点为目标,从严打击城区无牌无证、套牌假牌、乱停乱放、逆向行驶、随意掉头、酒驾毒驾、超限超载、摩托车非法改装、三轮车违规在城区行驶等交通违法行为。坚持“护学岗”制度,加强对城区中、小学校周边交通安全管理,确保学生交通安全。不定期组织人员开展农村交通秩序专项整治,从严查处无证驾驶、酒后驾驶、超载超员、三轮车载客等重点交通违法行为,加大视频巡查力度,持续整治农村的马路市场,确保交通秩序逐步改善。加大对校车、短途客运车辆的重点管控,并将其交通违法、交通事故情况逐月抄告其主管部门,督促责任落实。

【安保服务】 2018 年,完成春运、两会、清明、五一、端午、中秋、国庆、元旦、省民运会等大型活动、会议及领导交通安全保卫任务 23 次。特别是民运会期间,公安交警大力宣传,营造浓厚氛围。加强路面执法,从严打击各类突出交通违法行为。确定县城区严管街,加强严管街的管理。抓好县城区交通配套基础设施整改。推进大型客运、货运车辆限行绕行工作。开展渣土车、其他工程运输车专项整治行动,为省民运会的召开打下坚实的基础。

【提案办理】 2018 年,大队在“两会”期间共收到政协提案 18 件,代表、委员建议提案涉及城区交通秩序整治、校园周边的交通管理、交通事故处理及交通安全设施建设等,代表、委员对办理情况满意率 100%,提案答复获县级表彰。

【交通安全宣传】 2018 年,交警大队以“降事故、保安全、保畅通”为工作目标,扎实开展“全省百日会战”“全州文明交通安全大整治”“城区交通环境综合整治”“全州道路交通整治攻坚战役暨州庆道路安全整治行动”“十九大安保维稳”“冬春攻势”等一系列道路交通整治行动,通过一系列整治行动,有效地遏制了交通秩序混乱等现象,全县范围内的交通环境得到了较大的改善,为县域经济的发展创造了良好的环境。围绕“文明交通行动计划”“文明礼让斑马线”等活动,创新宣传方式,借力电视台、电台、微博、微信公众号主要媒体,扎实推进文明交通行动计划,强化交通参与者文明交通意识。开展各类主题宣传活动 6 次,结合“五进”工作开展安全教育学习 4 次,发放宣传资料 23000 份,通过媒体报道信息 16 条,大队对微博、微信公众号、短信告知等新兴媒体十分重视,开辟宣传新途径,以发挥新兴媒体在交通安全宣传方面的作用,网上舆情引导强化。通过开展专项活动、教育宣传、处罚教育等形式预防和减少了道路交通事故的发生。全年完成对外宣传报道 261 篇。其中州级 96 篇,县级 120 篇,县级媒体宣传 45 篇,开展道路交通安全宣传 6 次,发放宣传资料 15000 份,制作展板 20 块,悬挂横幅 20 条。截至 12 月 31 日,开展了 30 次专项整治行动。

【智慧城市平台建设】 科技实力是新形势下交警的核心实力。大队在全州率先启动交通安全执法服务站,完成新建城市交通信号灯控制系统一套(主机不需更换)、新建闯红灯电子警察抓拍系统 9 个、新建球机自动抓拍系统、新建高清卡口系统(果利河大桥禁止大型车辆进城抓拍卡口,绕城路合适位置测速卡口)、湘鄂情大桥因交通事故频发需安装监控设备;落实“道安监管云”建设任务。辖区过境里程达 30 千米以上的国省道,建设 1 个以上交通安全执法服务点及其配套科技设施。按照平均每 10 千米一个点位的标准,建设国省道交通视频监控系统。辖区内国省道具备区间测速条件的,区间测速路段设置率达 50%以上。

【队伍建设】 2018 年,大队从班子抓起,树立领导带头的榜样效力,科学制定绩效考核制度及优化奖惩,认真落实慰问制度、特事特奖制度,制定完善《公安局交警大队队伍管理制度》《公安局交警大队通报制度》等一系列管理规章制度。2018 年,大队内部通报15次，其中通报批评11次，通报表扬4次；15名大队民警被湖南省公安厅、县人民政府、州支队评为先进个人；大队被公安厅评为“2018年度全省公安机关春运交通安保工作成绩突出集体”；被州政法委评为“2018年全州综治先进单位”。交警的交管就是公安的刑侦，大队实行新进辅警在交管工作3个月的工作机制，然后在轮岗至别的业务中队，从实战中全面提升辅警业务素质，确保大队每个辅警在执勤期间遇事不慌、处事有序。

·消防救援·

【概况】 龙山消防大队座落在民安街道域东、果利河畔，担负着龙山县3131平方千米热土的灭火作战、抢险救援的重任。大队始建于1996年，由龙山县消防股和龙山消防中队组建而成。

【机构改革】 2018年8月，中共中央办公厅、国务院办公厅联合印发《组建国家综合性消防救援队伍框架方案》(中办发〔2018〕50号)，明确成立应急管理部消防救援局，省级以下依次成立消防救援总队、支队、大队和消防救援站。2018年10月9日上午，公安部和应急管理部在北京举行公安消防部队交接仪式，中央军委同时宣布命令，公安消防部队集体退出现役，并由应急管理部实施全面管理。2018年11月9日国家综合性消防救援队伍授旗仪式在人民大会堂举行，2019年1月3日，龙山县消防大队举行授衔换装仪式，州委常委、县委书记周云出席仪式并做重要讲话，县委副书记、县长刘冬生主持仪式，县委常委、政法委书记印道其，副县长、公安局长李博等领导出席仪式。

【党建工作】 2018年度，大队有党委1个，党委成员5名；下辖党支部2个，有党员20名，其中专职消防员1名、文员2名。2018年，龙山消防大队上下行动，狠抓文明单位创建。工作中坚持工作理念、采取切实措施，大队精神文明建设取得的丰硕成果。2018年1月，大队对党组织进行了增补和改选，选取产生了新一届大队党委、大队部党支部和中队党支部，做到了组织健全、制度落实规范，班子领导能力和核心作用显著增强。2018年1月20日，为培养指战员的爱国主义、集体主义精神和社会主义道德风尚，参加州委、州政府组织祭奠革命老区英烈活动。

【抢险救援】 2018年，共接警出动201起(其中火警118起，社会救助14起，救援及其他69起)，出动消防车328辆次，官兵2296人次，抢救被困人员57人，疏散人员21人，抢救财产价值323.5万元。无一起亡人火灾，圆满完成省民运会、州公安“百日

6月3日17时18分，县城高速路口处，一车辆坠入河中，6人被困。7名消防官兵17时25分到达现场，迅速将全部被困人员安全救出并送往医院。

会战”的消防安全保卫任务。

【救援管理】 2018 年，紧贴实战要求，夯基础、谋打赢，增强综合救援素质。组织全体指战员学习 20 种常见灾害应急救援行动规程和灭火作战行动秩序规定，改进作战力量编成，加强车辆器材装备的维护保养。开展辖区情况熟悉与实战演练 60 次，修订完善预案 30 份。推行执勤训练全员普训普考、“每月一考”、对抗比武竞赛制度。成功处置“1·3”华塘坝金龙市政管道仓库火灾、“11·9”中医院对面沙发厂火灾和“5·20”召市、“9·21”县城抗洪抢险等灭火救援任务，圆满完成春节、五一、国庆、“两会”及“上合峰会”等重大消防安保任务。在县委县政府和州消防支队的坚强领导下，在全州兄弟消防部队的配合协助下，圆满完成湖南省第九届民运会的消防安保工作。同时，配齐了 350 兆无线通讯设备和警务通，购置两台卫星通讯电话和一台大功率无人机，确保现场处置视频、图像及时传输。对“执勤中队战斗编成调度表”按火灾等级条件和战斗编成情况进行重新设计，提升了准确调度，缩短了调度时间。

【政治教育】 2018 年，狠抓改革教育，讲政治、严纪律，确保部队高度稳定。召开拥护改革、支持改革动员部署大会，层层签订拥护改革决心书，统一部队思想，明确纪律规矩，规范言行要求。召开党委会 22 次、开展党委中心组学习 12 次，队伍整体发展后劲和动力进一步提升。开展“不忘初心、牢记使命”“传承红色基因、担当强军重任”主题教育活动，组织“两会”精神党委领学、集中研学、专题讲学“三学习”活动，强化广大指战员拥护改革、安心岗位、履职尽责的政治定力和工作动力。组织开展“知敬畏、存戒惧、守底线”专题教育活动、干部住房违规问题清理、违规办理和持有因私出国证件问题专项清理工作。回访执法对象 34 家，抽查执法案卷 5 份，对行政处罚案件回访率达到 100%。

【后勤保障】 2018 年，大队党委坚持全心全意为提升战斗力服务，积极争取地方党委、政府的重视与支持，大队消防业务经费总量稳中有升，2018 年预算经费达到 498 万元，较 2017 年增加 128 万元，增长率 34.59%。在日常支出上严格落实中央“八项规定”，发现问题并整改问题，加强日常运行经费的管理。在装备采购上，上半年完成城市重型水罐消防车的采购。同时，开展财务检查、固定资产清查等工作。

【消防宣传】 2018 年，以“全民消防我行动”大型公益计划和“消防雏鹰”行动为重点，与三湘都市报、湖南日报、县广播电台、县电视台建立消防宣传合作机制，发放雏鹰行动卡片 8000 张，火灾警示光盘 200 张；拓展“龙山消防”微信公众平台，关注人数达到 1 万人；落实消防控制室值班操作人员技能鉴定、持证上岗制度，组织开展消防控制室培训班 3 期，培训 60 人。湖南红网专题报道龙山县政府为 12 个建置镇建立乡镇专职队的先进经验，在全省获得广泛好评。大队通过第三方购买消防安全服务新举措，取得了良好的效果。省安远消防职业培训学校通过集中培训、上门服务、发放消防手册、张贴消防宣传海报、消防安全知识测验等消防宣传培训方式为县直各单位各行业部门进行专场培训和演练，受训人数 20 万人次，发放消防宣传资料 5 万份。

【防火监督】 2018 年，全县共检查单位 2541 家次，发现火灾隐患或违法行为 5490 处，督促整改火灾隐患 5484 处，下发责令改正通知书 2369 份，临时查封 43 家，责令“三停”18 家，罚款 43.75 万元，拘留 4 人。无一起行政复议和行政诉讼案件。大队严格按照上级文件要求落实“放管服”建设，消防行政审批“一站式”办理，打造消防服务的“绿色通道”，真正做到效能提速、公开透明、公平公正；受理行政许可 39 个（审核 22 个，验收 10 个，开业 14 个），备案抽查 9 个（设计备案 6 个，验收备案 3 个），未抽中的备案抽查 32 个（设计备案 18 个，验收备案 14 个）。

检　察

【概况】 2018年，龙山县检察院共有在编干警42人，退休老干24人，中共党员49人(含退休老干)，内设机构8个。

【刑事检察】 2018年，共受理公安机关移送审查逮捕案件345件463人，办结342件460人，批准逮捕249件333人，不批准逮捕93件127人。受理各类审查起诉案件428件593人，办结394件534人，提起公诉346件471人，不起诉案件17件17人，撤回和改变管辖31件46人。立案监督12件，追捕3件6人，重大事项案件化办理3件，纠正漏罪8起，追诉遗漏犯罪嫌疑人6件8人。办理破坏金融管理秩序、金融诈骗犯罪案件16件36人；破坏生态环境资源案件10件14人；危害食品药品安全犯罪案件6件7人。结合省第七环保督察组反馈的意见，针对非法采石涉及的环境污染、水土保持、林地占用费等问题，发出检察建议11条，为打赢打好“三大攻坚战”提供有力的司法保障。进一步落实宽严相济的刑事政策，2018年受理未成年人审查批捕案件23件42人，不批捕和决定不捕8人，不起诉3人。加大对中小学校园霸凌和暴力问题以及“校园贷”等预防犯罪的打击力度；深化多方联动协作，推动未成年人权益综合保护和犯罪预防社会化工作体系的建立与完善，打出未成年人刑事检察的响亮名牌。

【民事行政检察】 2018年，共办理民事、行政监督案件48件，其中，对生效裁判监督案件4件；对民事、行政执行活动监督案件39件；督促履职案件4件；支持起诉案件1件，通过对各项民事案件的妥善处理，依法保障群众合法权益。不断加强对虚假诉讼、执行困难、违法调解和裁判结果存在异议等深层次问题的监督力度，同时，有针对性地提出意见建议，促进依法行政，实现行政与司法的双向联动。严格落实“两法衔接”工作机制，探索行政执法监督的有效途径。进一步加强与工商联和民营企业的联系，不断完善服务保障民营经济发展的措施。

人民检察官与留守儿童合影

【公益诉讼】 2018年，县检察院贯彻“以人民为中心”的发展理念，发挥驻林业、环保、食药监、河长办等部门联络室作用，聚焦人民群众反映强烈的问题，围绕生态环境和资源保护、食品药品安全、国有财产保护、国有土地使用权出让领域积极稳妥地推进公益诉讼，开展“保障千家万户舌尖上的安全”公益诉讼专项监督，有力督促相关职能部门依法履职，为保护“绿水青山”“保护国有资产”及“食品药品安全”等方面贡献力量，切实维护国家利益和社会公共利益。2018年，共立案审查公益诉讼案件 210 件，发出诉前检察建议 54 份。通过诉前程序，督促相关职能部门针对发现的问题进行整改落实，进一步促进依法行政、严格执法，为维护国家利益、保护绿水青山、保障人民群众“舌尖上的安全”起到积极作用。县检察院主动向县委、人大和政府汇报公益诉讼工作，县人民政府出台《关于支持检察机关开展公益诉讼的实施意见》，为公益诉讼工作在全县全面铺开奠定基础，将支持和配合公益诉讼纳入“五个文明”建设绩效考核，由县检察院牵头实施考核，有效落实“双赢多赢共赢”的监督理念，加强与行政职能部门的沟通联系，形成开展公益诉讼工作的强大合力。

【刑事执行检察】 2018 年，加强对看守所和社区矫正监管场所的监督，排查安全隐患 35 件次，制发检察建议 18 份，开展羁押必要性审查 50 人次；发现刑罚执行、监所监管及监外执行违法 1 人次，发出纠正违法通知书 1 份；办理服刑罪犯又犯罪案件 1 件 1 人；办理服刑人员控告申诉案件 2 件 2 人；对社区矫正人员提出收监建议 6 件。在全省检察机关中率先自主研发“社区矫正管理信息系统”，通过信息化技术，有效防止社区矫正人员脱管、漏管。抓好防止和纠正超期羁押工作，强化监督看守所日常管理工作并进行全面检察，开展谈话约见 125 次，建立使用禁闭、械具、控告、举报申诉台账 78 份。对县 21 个辖区进行监外执行罪犯实地走访调查 26 次，制发检察建议书 9 份，推动社区矫正检察日常化，实现刑事案件程序正义、实质正义的“双保障”。

【案件管理及控告申诉】 2018 年，通过统一业务应用系统共受理案件 790 件，制作电子卷宗 2405 卷，接到律师网上预约 50 件次。依托人民检察院案件信息公开网，公开案件程序性信息 572 件次，公开法律文书 296 件，发布重要案件信息 84 条。开展日常案件评查 78 件，每个工作日对案件信息进行传递审核和基础表审核，撰写统计分析 4 份，主要业务数据通报 12 期。开展网上流程监控，对办案期限口头预警通知 395 件次。2018 年县检察院接待来访群众 30 人，受理律师刑事申诉案件 1 件，民事行政监督事项 30 件，国家司法救助案件 4 件，发放救助金 6 万元。

【检务公开】 2018 年开展“检察开放日”活动 2 次，召开新闻发布会 1 次，邀请人民监督员开展案件评议 9 件次，向人大代表、政协委员和人民监督员赠送检察工作资料 100 份，确保人大代表、政协委员和人民监督员全面了解检察工作情况，更加便捷高效地开展履职监督。重点推进“两房”建设，优化检察服务大厅建设，建立 12309 检察服务中心实体大厅，集控告申诉、案件管理、检务公开、检察宣传等功能于一体，实现检察机关和人民群众“面对面”，开通 12309 检察服务中心网络平台，实现检察机关和人民群众“键对键”，群众动动手指就能获得便捷高效的检察服务，拓宽与群众互动交流渠道，增进人民对检察工作的认知，全面提升检察机关现代化管理水平，为构建两者之间和谐关系奠定坚实的基础。落实“谁执法谁普法”责任制，开展检察官释法和以案释法，由检察长担任皇仓中学法治副校长。2018 年，县检察院深入基层，组建乡镇法治宣传队，利用三棒鼓等形式开展丰富多样的宣传活动，不断提升人民群众对检察工作的知晓率和认同率，全年开展法治宣传 7 次，观摩庭、示范庭活动 4 次。开展“法治进校园”巡讲活动 3 次，加大未成年人法治教育力度，着力打造法治教育基地。

【队伍建设】 2018 年，县检察院坚持抓“关键少数”，以优促优，加强领导班子队伍建设。开展“讲政治、顾大局、谋发展、重自强”活动，加岗上严管和岗下严防，狠抓党风廉政、纪律作风建设，坚持以党建带队伍，组织党建专题学习 12 次，中心组学习 5 次、检察长主持谈心谈话活动 2 次，先后组织参加各项检察业务培训学习 60 人次。2018 年，有 2 人获得高检院表彰、17 人获得省、州级表彰，14 人获县级表彰或嘉奖。持续推进文化育检，加强检察队伍文化建设，投入 40 万元打造检察文化活动中心，

八面山日出

（刘定沐 摄）

惹巴拉凉亭桥

（刘怡　摄）

袁隆平在龙山

方坡油菜花

响水洞风光

望乡台瀑布

（曾祥辉　摄）

金色童年

空中草原 -- 八面山

（刘昌儒 摄）

历史丰碑

（彭良兴 摄）

毛古斯回家啦

哺

（彭昊 摄）

洗车河古镇坡子街

（刘昌儒 摄）

土家冲天楼

洗车河古镇

赶着羊群奔富路

酉水纤夫

土家女哭嫁

晨奏咚咚喹

梦中捞车河

晚霞隆头

朝霞石林

对 歌

梯玛迎八部大神

枢 纽

收纳图书4000册，10月，县检察院代表全州检察机关参加全省检察机关“书香型检察院”评选活动，获评“全省检察机关检察文化活动先进单位”。此外，引导全院干警坚持学用结合，深入研究改革转型期的检察工作，撰写出高质量的调研报告和学习心得体会，在中央、省级报纸杂志上发表调研文章14篇。全年在各级媒体发稿200篇，播放专题宣传片4部，传递检察“正能量”。

【司法体制改革】 加快推进以司法责任制为核心的司法体制改革，院制定《龙山县人民检察院绩效考核办法》，建立健全考评制度，通过绩效考评升办案效率，实现检察官自身的动态监管，从而提升工作效能。11月，整合侦查监督部、公诉部、未检办及刑事执行监督部刑事办案部分职责，设立刑事检察部，下设6个办案组，推行捕诉一体办案新模式，推动各部门资源的有机整合，完善办案机制，提高案件的办案效率和办案质量。2018年度，县检察院取得省级财政预算资金1300万元，有效解决检察院后续经费不足、地方奖励性补贴和“两房”建设保障等问题。在改革的具体进程中，检察院将11个科室按照“司法职能与司法行政职能，诉讼职能与监督职能适当分离”的总思路，先行探索建立“6部2室”的内设机构。通过优化整合内部资源，拓宽检察人员职业发展空间，实现司法效率和司法质量的有效提高。

【荣誉表彰】 2018年1月，县检察院获省民调先进单位、全县综治工作先进单位、县民族团结进步先进单位、党风廉政建设先进单位、建设美丽湘西先进集体；12月，被省检察院评为“全省检察机关检察文化活动先进单位”；同月，民事行政检察部获湘西州“巾帼文明岗”。2018年2月，聂春辉、张艳丽、田玉琼被州检察院记三等功，李娅琼、钟红获州检察院嘉奖；4月，王文辉家庭获“湖南省五好家庭”；10月，田文获评“湘西州诚实守信道德模范”。

法　　院

【概况】 2018年，龙山县人民法院以审判执行工作为中心，坚持严格公正司法，深化司法体制改革，加快智慧法院建设，攻坚“基本解决执行难”，审判执行质量效果明显提升，有力维护人民群众合法权益，为经济社会发展营造良好法治环境。全年受理各类案件4405件，审执结3742件，结案率84.95%，主要办案质量、效率、效果指标继续保持在全州法院前列。

【刑事审判】 2018年，受理刑事案件413件，审结359件，结案率86.92%，判处罪犯473人。依法严厉打击严重危害群众生命财产安全犯罪，审结故意杀人、绑架、抢劫、故意伤害等犯罪案件48件。深入开展“扫黑除恶”专项斗争，依法严惩黑恶势力犯罪，受理黑恶势力犯罪案件1件，宣判1件11人。切实加强人权司法保障，严把案件事实关、证据关、程序关和法律适用关，确保刑事案件量刑公开公正，罚当其罪。

【民商事审判】 2018年，受理民商事案件2811件，审结2278件，结案率81.04%。开展涉金融、涉民生专项审判活动，审结该类案件1008件，涉案标的2.78亿元。妥善处理婚姻、抚养、赡养、继承等家庭及相邻权纠纷案件，促进社会和谐稳定。与县财产保险公司联合成立交通事故诉调中心，有效提升道路交通事故责任纠纷立案应诉和保险理赔的便捷性和效率。开展保护“母亲河”“母亲湖”专项审判执行“春雷行动”活动，全力维护生态环境安全和公众环境权益，促进生态文明建设共享共治和标本兼治。

【行政审判】 2018年，受理行政案件112件，审结96件，结案率85.71%。认真实施修改后的《中华人民共和国行政诉讼法》，加强司法审查，监督行政机关履行法定职责。落实行政机关负责人出庭应诉制度，提升行政机关负责人出庭率，促进行政机关依法行政。涉及土地征收、工伤保险、城镇建设、企业改制等重大敏感案件，加强与行政机关的协调沟通，妥善有效化解行政争议，充分保障行政相对人诉权，助力法治政府建设。

【执行工作】 2018 年，全力推进“基本解决执行难”专项活动。提请县人大常委会出台《关于加强县人民法院执行工作的决定》，建立健全执行工作联动机制，深入推动形成党委领导、人大监督、政府支持、政协参与、政法委协调、法院主办、各界相互配合的执行新格局。完成执行指挥中心建设，完善执行网络查控系统，充分利用最高院“总对总”网络查控系统，实现与金融、公安、电信等协助执行单位的对接，对被执行人财产进行网络查询、冻结、扣划 4028 件次，查控被执行人房产、汽车等财产 660 项，银行存款 8795 万元。全年受理执行案件 1069 件，执行结案 1009 件，结案率 94.39%，受理案件标的额 1.58 亿元，向社会分批次公布失信被执行人 498 名，限制高消费 486 人次，司法拍卖 2 件，司法拘留 32 人，移送拒执案件 1 件 1 人，如期完成 2016 年以来 581 件终本执行案件整改工作，因执行质效指标综合得分在全省 125 个基层法院排名第五，终本合格率达 97.61%，成为被湖南省高级人民法院通报表扬的十个基层法院之一。

【信访工作】 2018 年，坚持“有访必接、有访必处”原则，落实信访工作责任制，通过领导接访、带案下访等措施，畅通信访渠道，引导群众依法、理性表达诉求，推动问题实质解决。全年接待来访群众 200 人次（其中院长接待群众来访 60 人次），领导下访 20 次，化解信访积案 1 件。

【司法服务】 2018 年，在全县 21 个乡镇（街道）成立巡回审判便民诉讼服务联络点，聘请联络员，协助法院开展调解、保全、执行、信访等工作，有效增强化解矛盾纠纷的能力，实现让群众少跑路、少花钱、少诉累。坚持巡回审判常态化、制度化，开展送法下乡 18 场次，巡回审判 15 场次，1000 人参加旁听。积极落实司法救助措施，全年为确有困难的案件当事人依法缓、减、免诉讼费 137 万元。积极探索推行民商事案件繁简分流工作机制，实行“简案简办快办，繁案细办精办”，有效优化资源配置，缩短诉讼周期，降低当事人诉讼成本。

【改革创新】 2018 年，在顺利完成人、财、物上划、首批法官入额遴选工作基础上，进一步优化内设机构改革，将改革前 13 个内设机构精简成 8 个，各庭、室职责权限进行科学划分，管理水平显著提升。组建 8 个办案团队，实行院、庭长办案制度，审判精英回归审执一线，办案力量得到最优化配置，员额法官办案特长得到最大彰显。

5 月 17 日，县人民法院在对口扶贫村农车镇田家村举办法律讲堂

【审判管理】　2018年，成立法官考评委员会，制定执法办案考核目标，审执质效一月一通报、一月一分析，及时发现审判执行工作短板和问题，督促各部门及时调整工作重心，合理掌握办案节奏。评查案件112件，以评促改提质效。重大、疑难案件提交审判委员会分析讨论，形成会议纪要，指导各类审判工作。全年无错案、无重大瑕疵案件、无超审限案件。推进审判流程、开庭审理、裁判文书、执行信息四大公开平台建设，打造“阳光法院”，完成1个科技法庭改造，建成庭审直播平台，直播案件32件，上网公布生效裁判文书4405份。

【审判监督】　2018年，把接受人大法律监督、政协民主监督和社会各界的监督作为公正廉洁司法的保障和动力，不断增强接受监督的自觉性和主动性。主动向人大代表汇报工作，联系、走访人大代表、政协委员22人次，通过发放联络卡、邀请人大代表、政协委员视察法院工作、旁听庭审、见证执行等方式，主动接受监督，诚恳接受人大评议，认真落实整改。

【队伍建设】　2018年，加强政治思想建设，扎实开展“不忘初心、牢记使命”主题教育，教育引导干警牢树“为大局服务、为人民司法”宗旨理念。注重提升干警职业素养和专业水平，组织干警参加各类培训班14期236人次，根据岗位特点，扎实推进岗位练兵活动，通过开展庭审观摩评比、法律文书评查、书记员技能竞赛、法警技能大比武等活动，形成学理论、钻业务、练技能、强素质良好氛围。在全院广泛开展“作风纪律建设年”活动和党风廉政建设及反腐败工作专项督查，以作风整顿为重点，从开门办公、规范着装、挂牌上岗等细节入手，坚定不移地把党风廉政建设引向深入，通过层层签订党风廉政建设责任状、组织收看警示教育专题片、读书学习笔记展评、理论知识考试等方式，逐步在全院建立起“不愿为”的自律机制、“不能为”的防范机制、“不敢为”的惩治机制和“不必为”的保障机制。针对审判权运行机制特点，找准廉政风险点，把廉政监督卡作为必不可少文书发放给双方当事人，强化审判权执行权运行的制约监督。一年来，全院没有发生一起违法违纪行为，没有一名干警受到党纪政纪处分。

【荣誉表彰】　2018年12月，县法院获省精神文明委员会授予的“省文明单位”称号；2019年1月23日，获2018年度“省民调先进单位”等称号；2019年1月18日，因2018年度审判管理成效显著，无一年以上长期未结诉讼案件，被州中级人民法院通报表扬；2018年7月，城郊人民法庭获湖南省高级人民法院、湖南省公安厅、湖南省司法厅、湖南省信访局授予的“‘三调联动解纠纷控风险促发展’专项调解活动先进集体”称号；4月，康明获湖南省高级人民法院授予的“2018年全国两会期间工作表现突出个人”称号；8月，田代飞获湖南省高级人民法院授予的“2018年上半年市州法院办案突出个人”称号；向勇、田代飞、瞿应峰、刘国玉、麻莉、孙祥、姜仁中、张文、赵梓君、向明、刘建文、吴明辉、陈新华、叶林、王庭汝因结案数超百件且办案质效较高、司法作风过硬，被州中级人民法院通报表扬；向勇、田代飞、瞿应峰、刘国玉被州中级人民法院记三等功。

司法行政

【概况】　2018年，龙山县司法局有94个编制，其中，行政编制局机关79个，事业编制15个；内设办公室（计划财务装备股）、政治办（司法鉴定工作管理股）、基层工作股（公证律师管理股）、社区矫正工作局、法制宣传教育股（县委、县人民政府依法治县办公室）、法制办（行政审批股），管理县法律援助中心、县公证处、县正方法律服务所、乡镇（街道）司法所。肩负行政审批、队伍建设、组织建设、思想建设、制定实施司法行政工作发展规划；指导全县公共法律服务、法治宣传、人民调解、社区矫正、刑满释放人员安置帮教、法律援助、公证、律师、司法鉴定工作；指导监督管理全县基层司法所建设和人民调解、社区矫正、法治宣传、基层法律服务、刑满释放人员的安置帮教工作。

【法治宣传】 2018 年，县委、县政府转发《县委宣传部、县司法局关于在全县公民中深入开展法治宣传教育第七个五年规划（2016—2020 年）》，将普法教育和依法治理工作纳入县委、县政府重要议事日程。县第十七届人大常委会第三次会议审议并通过《龙山县人民代表大会常务委员会关于认真开展“七五”普法工作的决议》，以县两办行文下发《关于在全县各级国家机关中实行“谁执法谁普法”责任制的实施意见》，制定谁执法谁普法工作考评细则，组织开展形式多样内容丰富地法治集中宣传活动，利用春节、五月农村法治宣传月、“6·26”禁毒日、九月法治宣传周、“12·4”宪法日等，有针对性地开展宣传活动，组织全县中小学生分年级、分班开展诵读宪法条文。全县干部职工网上学法考法，学时完成率达 100%，参考率达 100%，合格率达 100%。依托龙山电视台、龙凤之声开办以案释法专栏平台，播放“以案释法”专题片 8 期。投入 10 万元到龙凤广场法治文化主题广场，开展能“接地气”的宣传活动。“互联网＋法治宣传教育”新模式初见成效，“如法网”扫二维码让群众有事找法用法方便快捷，法治菜单深受群众欢迎，打造一个随时随地、线上线下普及法律知识、传播法治精神，服务法治龙山建设的新媒体互动平台。在全县 84 个村（社区）开展民主法治示范村（社区）创建工作。

【人民调解】 2018 年，基层人民调解组织和队伍不断健全。在 21 个乡镇（街道）全面实施人民调解案件“以奖代补”制度。开展“三调联动解纠纷，防控风险促发展”专项调解、城乡环境综合整治矛盾纠纷大排查大调处、四措并举抓维稳为湖南省第九届民族传统体育运动会做好安保措施专项活动，对湖南省第九届民族传统体育运动会期间矛盾纠纷进行大排查大调解，维护省第九届民族运动会期间社会安全稳定。围绕县委、县政府的中心工作，适时组织开展重大节日、“敏感”时期和季节性矛盾纠纷专项排查调处工作，将矛盾纠纷调解纳入县网格中心管理。在全州率先安排律师坐班化解矛盾纠纷，参加全县重大矛盾纠纷化解和积案清仓化解。全年共受理各类矛盾纠纷 2730 件，调解成功 2698 件，调解成功率 98%；防止群体性上访 31 件。充分发挥维护社会稳定的“第一道防线”作用，在维护基层社会稳定、推进平安龙山建设方面做出了积极的贡献。

【法律援助】 2018 年，龙山县司法局法律公共服务中心按照“能援则援、应援尽援”原则，降低门槛，降低受援标准，为更多需要帮助的弱势群体和困难

2 月 8 日，县司法局社区矫正干部看望慰问服刑人员子女

群众免费提供优质、高效的法律援助。全年共受理法律援助案件198件，接待来人来访、解答法律咨询300次。代写法律文书40份，为受援人挽回经济损失950万元。

3月30日，县司法局组织洗洛、石牌镇和石羔街道55名在册服刑人员，在县体育中心进行劳动教育暨行为规范化训练

【社区矫正和安置帮教】 2018年，龙山县司法局严格开展调查评估工作，把好入口关，对每一个评估案件进行严格把关，全年没有任何错漏和逾期提交评估现象。开展社区服刑人员行为规范教育活动，着力开展社区服刑人员行为规范教育活动，进一步提升社区矫正执法水平，增强社区服刑人员服刑意识、身份意识，依法改造意思，提高教育矫治质量和效果，严防社区服刑人员漏管脱管和再犯罪，努力把社区服刑人员改造成举止文明、行为规范、遵纪守法的合格公民。对21个乡镇(街道)进行绩效考核。龙山县在册社区矫正人数319名，假释32人，缓刑272人，暂以监外执行11人，管制4人。接收社区矫正对象182名，解除193名，居住地变更9人，收监2名，累计警告36人次，完成审前调查178份，APP及手环定位306人，监管率达100%。重点刑释解教人员23人，全部实现帮教，帮教率100%。部门联动，与县民政局、县卫计局协调，为刑满释放人员解决低保、大病救助、劳动技术等帮扶。建立完善了县乡两级刑满释放人员信息库，适时录入刑满释放人员信息，做到底数清、情况明、工作实，为做好做实刑释解矫人员安置帮教工作奠定了坚实基础，为刑释解矫人员开展安置帮教工作奠定良好基础。

【队伍建设】 2018年，县司法局坚决整治机关“庸、懒、散”等不良风气。对在岗不在状态、效能低下，推诿扯皮等现象，及时组织核查，严肃进行处理。招考公务员6名，提拔及重用司法所所长4名，公开招考司法所所长2名，配齐配全司法所编制，解决1人所，杜绝无人所。接受县人大、县政协监督，打开门，请进来，请代表们、委员们就司法行政工作谈不足、找差距、促整改，提升司法行政工作科学化水平。

经济管理

宏观经济管理

【经济发展】 2018年，全县扎实开展脱贫攻坚冲刺、产业项目推进、干部能力提升"三年活动"，统筹推进稳增长、促改革、调结构、惠民生、防风险各项工作，县域经济实现平稳较快发展。2018年，全县实现生产总值(GDP)83.72亿元，增长6.4%；财政总收入实现9.12亿元，增长12.4%；社会消费品零售总额46.7亿元，增长9.8%；固定资产投资同比增长8%；规模工业增加值同比增长8%；城镇居民人均可支配收入、农村居民人均可支配收入分别增长9.4%、10.8%。

【投资管理】 2018年，全县161个县级重点项目完成投资58.58亿元，25个州重点项目完成投资32.42亿元。里耶特色小镇、龙山至秀山高速等23个重大前期项目纳入"十三五"规划调整项目库。发改部门全年争取各类项目资金4.13亿元，其中争取里耶防洪提标工程追加资金1000万元、高标准农田奖补资金1000万元、惹巴拉污水处理项目资金1400万元、产业后扶奖补等计划外资金3620万元。项目监管有力，对县以上重点项目进行全面清理整改，停建缓建项目42个，调整核减建设内容项目49个，共核减概算总投资143.19亿元，年度核减投资17.87亿元。同时加强政府投资项目概算审查，对18个1000万以上的政府投资项目进行概算审查，涉及金额18亿元，审减金额8652万元，规范处理违规建设项目5个，涉及金额1.73亿元。

【深化改革】 2018年，行政审批实现"只进一扇门"。所有行政审批事项在县政务中心进行受理或办理，解决企业和群众办事多头跑的困难，完成"四清单"的清理公示。政务服务实现"只进一个网"。扎实推进"一网通办"，按照变"群众跑路"为"数据跑腿"，完成3158项政务服务事项录入，"互联网+政务服务"一体化平台正式与省州并网运行。开通政务服务APP，26项与群众联系密切的高频事项实现"0次跑"。政府服务热线实现"只拨一个号"。"12345"政府服务热线整合工作完成阵地建设、网络接通、队伍组建，接线员招聘、知识库建立，实现政府服务"拨打一个号"。证照办理实现"最多跑一次"，270项政务服务事项进驻县政务中心，县直45个单位3169项行政执法权下放到乡镇(街道)。政府投资项目行政审批不超过30个工作日、社会投资项目行政审批不超过25个工作日、企业开办不超过3个工作日、不动产登记不超过5个工作日。

【市场物价】 2018年，全县居民消费价格指数(CPI)控制在3%以内，县内价格总体水平基本稳定。组织对全县行政事业性收费进行清理，形成21个执收单位56项收费清单，向社会公示政府定

工业园区光伏电站

价经营服务型收费、行政事业性收费、基金收费3个清单目录，全县收费工作公开透明、规范有序。积极开展涉企收费检查、教育卫生收费专项检查及房地产市场价格联合检查，清退违法金额104.58万元。

【优化环境】 2018年，将21个乡镇和32个县直部门纳入优化经济发展环境工作专项考核，对全县行政审批中介服务事项再次进行自查清理，化解工程企业矛盾纠纷32起。推进“马上办、网上办、就近办、一次办”，方便群众办事。积极开通扶贫项目立项1个工作日办结、招投标核准2个工作日办结的“绿色通道”。制定政府(社会)性投资项目审批综合流程图，实现政府性投资项目30个工作日、社会性投资项目25个工作日完成审批。2018年，发改部门全年审批、核准、备案项目595个，涉及金额62.5亿元，规范核准招投标项目131个，涉及金额19.02亿元。

【民生保障】 2018年，全县城镇新增就业3431人，农村新增转移就业5670人，发放创业贴息贷款2035万元。发放养老金、医疗保险金、城乡低保、医疗救助、残疾人“两项补贴”等资金8.1亿元。建设土城坝保障性住房5122套，棚户区改造新开工3184户，筹集到位资金8.8亿元。

【易地搬迁】 湖南省下达龙山县“十三五”易地扶贫搬迁任务12272人。其中，2016年搬迁4186人、2017年搬迁4804人、2018年搬迁3282人。易地扶贫搬迁工程于2016年启动，2018年竣工。2016年度搬迁1007户4186人，建成水田坝、石羔南北、红岩溪苗兴、洛塔贾家台、召市辰柳、洗车河（一期)、靛房燎原、苗儿滩庆口、里耶长春(一期)、里耶八面山等10个集中安置区。2017年度搬迁1162户4804人，建成里耶大板、靛房牛栏坡、洗车河(二期)、洛塔猛西、苗儿滩大沦溪口、苗儿滩凤溪、石羔川洞、石羔英家和召市坪溪等集中安置区。2018年度全部为集中安置，搬迁832户3282人，建成里耶长春安置区(二期)、里耶巴沙湖、苗儿滩隆头、靛房燎原二期、召市、桂塘、水田坝二期、民安土城坝、红岩溪、内溪灭贼、咱果王家等11个集中安置区。

【光伏发电】 龙山县光伏扶贫项目由龙山华强特色产业经济发展有限公司担任项目法人，项目总投资9240万元，建设规模为13.2兆瓦，建设联村光伏电站6个，涉及220个贫困村。项目于2018年9月30日并网发电，2018年累计发电167万千瓦时，实现收入142万元。2018年为32个脱贫村集体，每村分配发电收益4万元，共计128万元。

国土资源管理

【概况】 2018年，龙山县国土资源局实有干部职工241人,其中行政编制16人,事业编制223人,工勤编制2人。内设15个行政职能股室,8个二级机构,下辖21个乡镇(街道)国土资源所。

【用地保障】 2018年,完成新增储备土地3627亩,控制储备土地2324亩。发布项目预征地公告7个,面积1266亩;发布项目征收土地公告14个,面积3571亩;发布征地拆迁补偿安置方案16个,拨付征地拆迁资金48590万元。出让土地48.9公顷,土地出让成交价款10.39亿元,同比增长25.18%。土地报批23个项目,面积共5951亩;取回13个项目批文,共3627亩;完成审批1个项目,面积353亩。乡村(街道)新占地农村宅基地备案1710宗。

【耕地保护】 2018年,在建土地整治项目8个,总投资1347万元;高标准农田建设项目10个,总投资1195万元。2018年,新增耕地79.2公顷(其中水田39.4公顷,旱地39.8公顷)。完成6个土地开发项目耕地指标确认,落实占补平衡24公顷。完成耕地保有量34716.4公顷和基本农田划定面积29045.5公顷。

5月15日,县国土资源局班子成员现场调查"增减挂钩工作"

【土地流转】 2018年,国土资源局联合技术单位创新研发城乡建设增减挂钩实施监管系统,全县共完成申报批复、实施项目7期,面积558.7公顷,验收确认完成6期,面积470.4公顷。节余指标共协议流转211.1819公顷,为县域脱贫攻坚筹措扶贫资金74130万元。获得国家统筹跨省流转指标86.7公顷,拆旧区安置建新面积共29.8公顷。

【地质环境管理】 2018年,发送预警预报消息638条,开展地灾巡排查75次,参与巡查人数375人次,巡查隐患点296个,转移人员70户234人,搬迁避让21户78人,在7个乡镇开展地质灾害应急避险演练,参与人员800人,发放地质灾害避险等相关资料2500份。全县共有66个地灾隐患点,全年发生地质灾害灾险情2起。实施省、州、县三级应急处置项目1个,地灾治理项目1个,支付项目资金1350万元。

【资源权益维护】 2018年,立案查处违法案件18宗,结案17宗,共处罚款18万元。矿产资源领域"打非治违"立案查处13宗,共处罚款7万元,没收违法所得19万元。开展违法用地和违法建设(简称"两违")巡察150次,出动执法人员600人次,联合拆违行动6次,依法强制拆除"两违"建筑12处。

【不动产登记】 2018年,设立综合受理窗口,各部门同步联合办理,推进信息互通共享及数据整合。制定服务指南、收件清单、开通短信服务、上门服务、邮寄服务、制定咨询窗口轮岗制度、增设自助录入窗口、压缩各项业务办结时间至5个工作日,抵押注销业务提速至3个工作日办结。全年办理不动产登记业务9211件,办证速度月均760件。其中，颁发不动产权证书2295本；出具不动产权证明6916份；办理不动产抵押登记业务1533笔，抵押总金额约12亿元。完成权籍实地调查次数900次。启动半山公馆、绿城佳苑、世纪春城、湘龙职教新村等房地产开发项目的不动产登记工作，完成1500户群众办证。加快推进乡镇不动产登记工作，14个乡镇（街道）不动产登记所已颁发首证并具备持续发证能力。

【测绘地理信息】 2018年，龙山县被确定为全省首批地理信息示范县。定期巡查测量标志，做好县内外8家测绘单位的资质管理和项目备案工作。采购一套应急保障装备，购买无人机5架，其中包含价值49万元的工业级无人机1台，选派4名工作人员考取中国民航局无人机执照。数字龙山地理空间框架建设项目于2018年9月获得“全国优秀测绘工程奖金奖”。全年组织技术单位2次更新316平方千米优于0.2米分辨率的正射影像。龙山县国土资源数字档案室暨龙山县测绘地理信息中心数字档案管理先进经验在湖南省《档案时空》杂志上进行推广。

【地质公园建设】 2018年，全县安排申报世界地质公园专项资金600万元，重点突出景区村镇环境综合整治、配套基础设施建设、景区提质改造等重要内容。完成6处畜禽养殖场退养，科普广场星级厕所、停车场、光景平台等9处配套设施及2500亩游步道建设的施工设计。完成惹迷洞提质改造、鲢鱼洞木质游道建设和风洞改造、31栋森林木屋建设等重要工程，2018年，地质公园建设共争取国家投资资金7216万元，地方统筹配套资金2.9亿元。

【示范所建设】 2018年，根据《关于印发〈祁东县城连墟等30个贫困地区乡镇国土资源所能力建设方案〉的通知》（湘国土资办发〔2018〕68号）等文件精神，确定里耶镇国土资源所为示范性国土所。按《龙山县里耶镇国土资源所建设实施方案》做好里耶镇国土资源所能力建设，累计投入资金60万元。其中办公楼装修、政务服务窗口建设、档案室及会议室等场地建设投入25万元，投影仪、监控系统、智能密集架等办公设备投入30万元，墙上文化建设投入5万元。

【绩效管理】 2018年，在落实县级绩效考核制度的同时，成立专门的考核机构，制定专门的绩效考核管理办法和制度，从工作完成情况、工作作风等方面对全系统干部职工进行全方位、多层面考核，考核结果与绩效奖金挂钩。同时明确各个国土资源所的年度经费预算，按照乡镇规模，标准为4～16万不等。实行指纹和面部识别签到、签退，在绩效考核制度的强力推进下，《数字龙山地理空间框架项目》在中国测绘学会2018学术年会上，荣获全国优秀测绘工程奖金奖；荣获州级文明标兵单位等16项荣誉，受县级以上表扬67人次。

安全生产监督管理

【概况】 2018年，龙山县安全生产监督管理局内设办公室、综合股、政策法规股、矿山股、烟花股、危化股、执法大队等10个内设机构；下设一个二级机构龙山县安全生产应急救援指挥中心，有行政编制10名，全额事业编制25名。在职人员中研究生学历1人，在职研究生2人，注册安全工程师3人，中共党员26人。县内有非煤矿山45家，危险化学品生产经营单位37家，烟花爆竹批发2家、零售经营点109家，建材8家，机械1家，轻工12家，纺织3家，建筑施工三级以上企业4家。全县全年发生各类生产安全事故4起，死亡3人，受伤1人（其中道路交通事故1起，死亡1人；非煤矿山事故1起，死亡1人；触电事故1起，死亡1人；高处坠落事故1起，受伤1人）。未发生较大以上安全生产事故。2018年度被省委省政府评为安全生产工作“优秀单位”。

【**责任落实**】 2018年，县委常委会、县政府常务会、县长办公会定期研究解决安全生产重点、难点问题。召开全县年度安全生产工作会、安全生产推进会等工作会议，层层传达中央、省、州领导的重要批示指示、上级安全生产工作会议和文件精神。县政府与21个乡镇(街道)、51个县直相关单位签订了安全生产责任状，要求相关职能部门落实安全监管职责；各乡镇(街道)落实属地管理责任，与辖区的村(社区)、生产经营单位、农户签订安全生产责任书，将安全责任逐级落实到人，全面落实“乡镇属地责任，部门监管责任，企业主体责任”。严格安全生产目标管理考核。重新修订安全生产目标管理考核办法，实行一季一督查一通报，严格落实“通报批评”“黄牌警告”和“一票否决”制度。严格落实安全生产责任。印发《龙山县委县人民政府领导安全生产工作责任清单》，严格按照“党政同责、一岗双责、齐抓共管、失职追责”要求，坚决落实“三个必须”“谁主管、谁负责”和“属地管理”的安全生产责任制。同时，县领导带队深入里耶景区、民运会比赛场馆、太平山景区、龙潭河水库、县工业园区等检查安全生产工作，及时督促相关单位整改检查发现的隐患和问题的整改。

【**监管执法**】 2018年，安监、住建、交运、国土资源等重点职能部门制定了年度执法计划，向县政府报备。按照执法计划以及《2018年龙山县安全监管“强执法防事故”行动方案》，各乡镇(街道)、县直相关单位对辖区和重点行业领域安全生产工作开展行政执法检查，严厉打击各类非法违法违规生产经营建设行为。全面推行安全监管网上执法，监管执法系统运用率100%。对各乡镇(街道)监管执法实行“一月一统计，一月一通报，一月一排名”，促进监管执法向纵深推进。对非煤矿山企业开展整治整合工作，数量减少到45家以内，企业规模化、集约化水平明显提高，资源开采和安全生产条件明显改善。严厉打击“一面墙”开采等不按设计施工的违法违规行为。对蓝天采石场等8家违反安全生产法律法规的企业实行罚款、停产整顿的行政处罚。扎实推进全县烟花爆竹零售点规划调整和烟花爆竹零售点标准化建设工作，结合各乡镇(街道)版图面积、人口总量及现有零售情况，全县烟花爆竹零售点减少至109家，全部实现零售店专店经营。全面推行合格产品标志粘贴制度，严格执行产品流向登记。深入各乡镇(街道)开展巡查，查处非法零售点10个，没收烟花爆竹2200件，由公安、安监部门联合进行集中销毁。认真开展危险化学品安全风险排查管控，实施人口密集区危险化学品企业搬迁工程，积极督促加油站按照规定进行双层罐的改造。严厉打击非法经营、储存、运输甲醇醇基燃料油行为，取缔非法经营甲醇燃料企业2家，查处甲醇1.8吨，积极引导甲醇醇基燃料油经营单位合法经营，关闭取缔液化气非法充装点1个，对县液化气公司充装站实行整体搬迁，消除安全隐患。联合公安、商务开展危险化学

烟花爆竹销毁现场

品“打非治违”行动，查获柴油20吨，罚款3万元。全县开展监管执法行动4260次，检查生产经营单位8692家(次)，立案调查77起，下达行政处罚决定书105份，责令停产停业32家，取缔关闭6处，行政拘留4人，经济处罚134万元，有力打击非法违法生产经营建设行为。

【隐患排查】 2018年，推进安全隐患大排查，对排查发现的安全隐患实行政府挂牌督办。县政府印发了《关于对重大安全隐患实行挂牌督办的通知》，对9个重大安全隐患实行政府挂牌督办，按照“一单四制”要求，明确隐患治理责任、方案、时限，确保隐患不消除，企业不开工，对逾期未完成治理任务的进行通报。州政府挂牌督办的4处重大事故隐患，全部完成整改，并进行销号处理。州、县安委办交办的38个隐患中有34个落实整改，剩余4个正在整改中。9—10月，以湖南省第九届少数民族传统体育运动会召开为契机，成立10个隐患排查小组，对道路交通、特种设备、食品药品、消防、电力等重点行业领域进行为期2个月的隐患排查整治，确保省民运会安全顺利举办。

【应急管理】 2018年，县财政筹备资金近240万元，启动县级安全生产综合监管平台建设项目。印发《龙山县乡镇人民政府专职消防队伍建设实施意见》，提升基层防火巡查、火灾扑救、应急救援能力。启动安全生产综合应急救援预案及非煤矿山、烟花爆竹、危险化学品等专项应急预案的编制。全县45家非煤矿山企业、28家危化企业、2家烟花爆竹批发企业、20家重点工贸行业企业结合实际制定应急预案。结合高危行业企业基础信息录入工作，组织全县21个乡镇(街道)安监站长以及重点企业主要负责人、安全管理人员开展应急救援业务培训，有效提升从业人员和管理人员的应急知识水平。对企业应急管理开展执法，依法对一鼎、成美等2家预案编制工作滞后的企业进行检查处罚。

【宣传培训】 2018年，龙山县安委办组织23个县直职能部门于6月15日在龙凤广场开展了第十七个全国“安全生产月”咨询日活动，共发放安全生产宣传资料3万份、安全宣传品2000件，展出展板50块。加强“三类人员”培训力度，共开展烟花爆竹、危险化学品、非煤矿山等行业领域专题培训15次。6月中旬举办全县高危行业“落实企业安全生产主体责任”专题宣传培训，对120家企业主要负责人、安全管理人员、特种作业人员的进行安全教育培训，有效提升企业安全管理水平和从业人员安全意识及应急处置能力。9月中旬，对各乡镇(街道)安监执法人员开展网上执法业务培训，提高监管执法人员业务水平。扎实推进安全生产警示教育“七进”活动，深入基层播放《幸福毁于尘埃》《牢牢绷紧防范安全风险这根弦——湖南省安全生产重大事故警示教育片》《救命钢丝绳》等安全警示视频。

食品药品工商贸易监督管理

【概况】 龙山县食品药品工商质量监督管理局(龙山县食品安全委员会办公室)，为县人民政府工作部门，属公务员管理的全额财政拨款正科级行政单位。现位于龙山县湘鄂路206号(原工商局办公地点)。2018年，内设机构18个、副科级派出机构18个、直属事业机构4个、挂靠社团组织1个，共168名干部职工。2018年，全县食品药品特种设备安全零事故。荣获州综治工作优秀单位。

【登记注册】 2018年，全县新设立登记各类市场主体5888户，同比增长46.73%。其中新设立企业1231户(内资企业101户、私营企业718户、农民专业合作社412户)，个体工商户4657户，同比增长44.87%，截至2018年12月31日，全县成立市场主体18488户。推行“最多跑一次”改革，2018年全程电子化登记企业318户，审核通过302户。准予简易注销91户。已实现企业注册登记3日

(工作日)办结。

【排查风险】 2018年,完成食用农产品301个抽检任务,合格率达100%。在省民运会期间,成立食品安全保障组,对龙山、来凤两县的35家定点接待宾馆,23家定点接待餐馆,以及接待宾馆和餐馆附近食品经营单位,从食品生产、流通、餐饮3个重点环节全面排查、整治,其间未发生食品安全事故。年末,在全县范围内开展食品药品特种设备安全风险隐患大排查大整治专项行动。

【专项整治】 食品:结合巩固省级卫生县城工作,推行风险分级管理,开展餐饮服务量化分级提档升级工程,2018年对453家餐饮服务单位评分定级,餐饮服务量化分级覆盖率达93%;对学校食堂、餐饮服务单位食品快速检测178次;开展酒类产品质量安全专项整治和打击酒类产品违法行为专项稽查行动,出动执法人员160人次,检查白酒生产加工小作坊52家,餐饮服务单位40家,白酒销售单位20家,没有发现酒类产品违法行为;开展食品安全护苗行动和校园及周边食品安全专项整治,共检查学校128家,学校食堂111家,出动执法人员197人次,检查校园周边食品经营单位327家,保障学校校园及周边食品安全;开展"清网"行动和网络餐饮服务食品安全专项检查,对开设网店的商家登记造册,统计网络餐饮服务单位95家。药品医械:开展中药饮片、非药品冒充药品、医疗器械、邮递购销假劣药品及挂靠过票五个方面的专项稽查整治工作;2018年上半年,同公安、卫生、部门联合成立药械整治小组,对辖区133家药店、143家医疗机构、9家个体诊所、医用氧、中药饮片、非药品冒充药品和疫苗等方面进行检查;查处药械行政案件2起,罚没款收入12万元。特种设备:全面检查辖区内电梯、游乐设施、压力管道、锅炉等特种设备,下达特种设备安全监察指令书11份,签订特种设备安全生产目标管理责任书80份,办结行政处罚案件1起;组织电梯维保公司开展"2018年龙山县电梯应急救援演练"。

【信用公示】 2018年利用电视、报纸、短信、电话等媒体工具督促企业在6月30日前录入2017年年度报告。2017年度个体工商户应年报12660户,已年报11241户,年报率为89.68%;内资企业应年报2334户,已年报2039户,年报率为87.35%;农民专业合作社应年报932户,已年报830户,年报率为89.06%,完成上级交办的年度报告任务。企业即时信息抽查中,共抽查13户企业,11户正常,2户异常,抽查结果已录入到信用监管系统并予以公示。把未按时参加2017年度报告、通过登记住所无法取得联系的4231户市场主体列入经营异常名录,把及时补报的92户移除经营异常名录,并向社会公示。

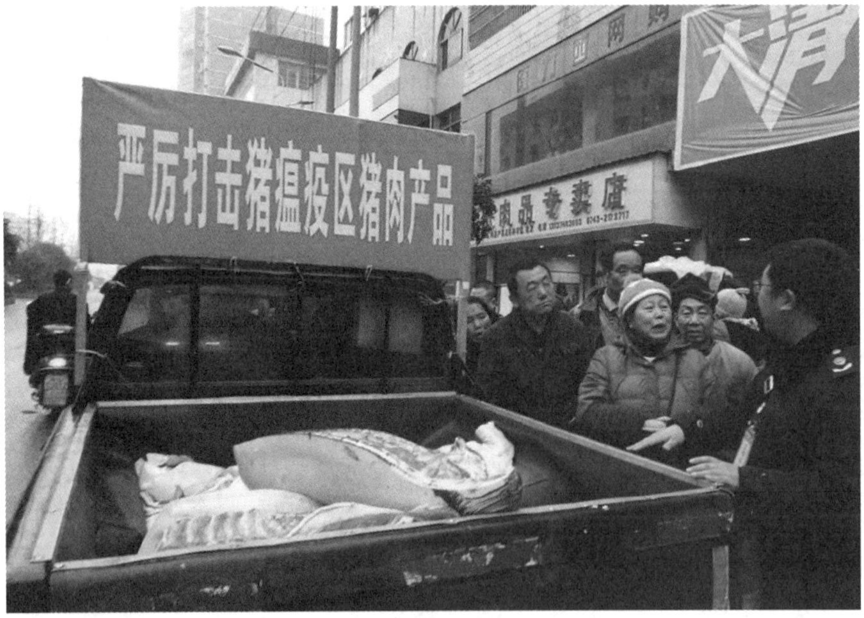

12月21日,县食药工质局与县畜牧水产局、县公安局联合执法,整顿城区猪肉产品市场

【创品夺牌】 2018 年 3 月，龙山百合被国家质量监督检疫检验总局正式批准为国家地理标志保护产品，成为湘西州第六个国家地理标志保护产品，也是龙山县第一个国家地理标志保护产品，填补了龙山县地理标志产品保护的空白。至 12 月，有注册商标 518 件，被认定省著名商标 7 件。

【服务维权】 2018 年，受理上级下达的、消费者当面举报，“12315”“12365”“12331”平台和县长热线“12345”平台转达的案件，2018 年，共受理消费者咨询、申诉、举报、建议案 102 件，已办结 102 件，办结率 100%。为消费者挽回经济损失 26.03 万元。对全县网络电视机顶盒、网络路由器、皮具箱包市场各进行一次专项检查，检查经营 12 户，抽样检测 16 件。12 月 28 日，红星美凯龙龙山商场“12315”消费维权服务站挂牌成立，为已进驻的 200 多户商家提供便利。

审　计

【概况】 2018 年，龙山县审计局内设办公室、法制审理股、经济责任审计室、审计整改督查室、行政事业审计股、财政金融经贸审计股、固定资产投资审计股等 7 股 3 室，下设龙山县政府投资审计中心和龙山县审计指导中心两个副科级全额拨款事业单位。共有人员编制 35 个，在编在岗人员 27 人，其中公务员 10 人、机关后勤人员 1 人、事业人员 16 人。有审计师职称 6 人、助理审计师 1 人、建筑工程师 2 人、一级建造师 1 人、二级建造师 1 人、造价工程师 1 人、造价员 1 人。2018 年，完成审计项目 95 个，查出问题资金 24498.45 万元，其中违规资金 1126.54 万元，管理不规范资金 23371.91 万元。收缴县财政 1004.4 万元，归还原渠道资金 119.11 万元，调账处理 203.45 万元；审减工程价款 15029.80 万元，综合审减率 24.1%。县政府主要领导签批审计报告 1 个、审计情况专报 3 篇、审计要情 4 篇、审计督促整改通知书 4 份；全年提出审计建议 57 条，被采纳 54 条，采纳率为 94.73%。荣获湖南省审计厅表彰项目 1 个，全州审计系统目标管理优秀单位荣誉称号。

龙山审计局 2018 年全体干部职工大会

【财政预算执行审计】 2018 年，对 2017 年度县级预算执行情况进行审计，重点关注预算编制、预算资金分配与管理使用、专项资金及政府投资项目资金的管理与使用效果。同时，对县司法局、县信访局、县规划局、县检察院、洗洛镇 5 个单位和部门的预算执行情况及财政财务收支情况进行审计，重点关注部门预算执行的真实性、合法性。审计资金总额 462904 万元，共查出问题金额 661.08 万元，全部为管理不规范资金 661.08 万元。

【领导干部任期经济责任审计】 2018 年，对县水利局、县商务局、县移民局、县疾控中心、县残联、水田坝镇6个部门和单位主要负责人进行经济责任离任(任中)审计，重点关注被审计对象的“资金、资产、资源”政策执行、经济决策、廉政建设等方面情况，促进领导干部规范用权、廉洁从政。审计查出问题资金6434.81万元，其中管理不规范资金5660.99万元，违规金额773.82万元。审计处理上缴财政773.82万元，归还原渠道资金29.19万元。

统　计

【概况】 2018年，在编人员19人，内设办公室、综合股、经济社会股、政策法规股、服务业与能源股、普查股，下辖全额拨款事业单位民意调查中心、县城市经济调查队、县电子计算站。龙山县统计局负责全县统计工作，确保“依法统计，应统尽统”；拟订全县统计调查计划；组织完成国家重大普查工作任务和国民经济核算工作的政府职能部门。负责对全县国民经济、科技进步和社会发展等情况进行统计分析、统计预测和统计监督；定期进行全国人口、全国农业、全国经济等大型普查；发布全县性国民经济和社会发展统计公报与有关普查公报；发布社会经济统计信息；负责县委、县政府绩效管理考核、全面小康监测和重点民生实事工作的数据考核工作。

【国民经济和社会发展】 2018年，全县完成地区生产总值83.72亿元，同比增长6.4%。其中第一产业完成增加值18.51亿元，同比增长3.5%；第二产业完成增加值16.51亿元，同比增长3%；第三产业完成增加值48.7亿元，同比增长8.9%。三次产业结构比例由22.8∶20.9∶56.3调整为22.1∶19.7∶58.2。完成规模以上工业增加值6.33亿元，同比增长8%；完成社会消费品零售总额46.7亿元，同比增长9.8%；固定资产投资同比增长8%；完成财政总收入9.12亿元，同比增长12.4%。完成招商引资到位资金38.3亿元，同比增长23.2%。金融机构本外币存、贷款余额分别为166.8亿元、105.4亿元，分别增长5.8%、19.8%。城镇居民人均可支配收入21939元，同比增长9.4%；农村居民人均可支配收入9412元，同比增长10.8%。全县经济社会实现持续、平稳、健康发展。

【统计服务】 2018年，统计局紧紧围绕县委、县政府中心工作和社会生活中的热点难点，积极开展统计调研，及时、多角度、全方位收集统计信息，提出合理化的建议，充分发挥“咨询台”作用，大力提高统计服务的时效性、针对性，提升统计服务水平。按时完成各专业年报及定期报送工作。认真做好“一套表”直报工作。2018年，全县有房地产开发企业16户，规模以上工业企业31户，限额以上批零住餐企业18户，规模以上服务业8户，直报率达

9月12日，县委副书记、县长刘冬生(主席台右二)主持召开龙山县第四次全国经济普查工作推进会

到100%。按时完成GDP核算、工交、能源、商贸、农村社会经济、劳资、服务业、建筑业、固定资产投资等23个专业的月、季、年报及临时性调查报表任务。增强主动性，切实保障领导决策需要。服务理念实现新突破。统计局结合全县经济发展，进一步做好专业预警分析和全面小康统计监测，积极主动提供高质量的统计分析和调研报告，对全县国民经济、社会发展等情况进行统计分析、统计预测和统计监督。全年共撰写统计分析及调研报告30篇，被湖南省统计网采纳20篇。主动延伸统计服务范围。坚持做到向县委常委会和政府常务会提供每一季度及全县半年、全年经济运行形势分析，精心编印《龙山统计年鉴》，为社会各界提供详实的年度统计资料；及时发布《国民经济和社会发展统计公报》，并做好各项指标解读工作；加大政务信息报送量，每月向县政务中心报送一条以上政务信息；在州政府网、团结报、边城报、县政府网等媒体宣传统计工作50篇；认真办好传统产品，除统计内外网站外，及时编印《龙山统计月报》等内部期刊资料，及时反映龙山经济社会发展现状，为领导决策提供服务。建立新机制，服务水平迈上新台阶。创建三个层面的经济运行态势月会商机制，即分别召开重点企业座谈会、县直相关部门经济形势分析会、局内部专业股室经济形势分析会，从不同层面、不同角度把握经济运行态势，进一步提高统计分析的高度、广度和深度，及时为各级党政领导提供观点鲜明、判断准确、对策可行的统计分析报告，使统计咨询意见和建议能够进入决策层面。

【基本单位名录库建设】 2018年，统计局密切与编办、民政、税务、食品药品和市场质量监督管理局等部门联系，对部门的行政资料一丝不苟地予以核实。对名录库新增单位进行调查，对变更和注销单位加以核实，确保源头数据的真实性，修正新增法人单位基本情况表信息500条，及时维护上级统一下发的新增、变更单位名录，维护更新率100%。积极配合开展企业联网直报工作，对新进、退出一套表企业严格把关，按照上级审批要求，做到该入库的必须入库，不符合条件的及时清出库，信息不准确的必须纠正。2018年，申报并新进联网直接企业18家，其中规模工业企业6家、规模以上服务业企业2家、资质建筑业企业3家、资质房地产企业3家、5000万以上在建项目单位4个；因经营不善或政策变动原因申请退出联网直报单位5家，其中工业企业2家、住宿餐饮业企业1家、规模以上服务业企业1家、资质房地产企业1家。按照要求对规模工业、能源、资质建筑业、资质房地产业、住宿餐饮业、批发零售业、限上服务业等全部实行一套表联网直报，联网直报率100%。

【第四次全国经济普查】 2018年，开展第四次全国经济普查是摸清龙山县最新家底和县力，把握经济发展新变化和新特征，推动龙山县经济高质量发展的客观需要，这是一项重大的社会系统工程，涉及范围广，技术要求高，指标体系复杂。2018年，龙山县第四次经济普查工作严格按照国务院的统一部署，在县委、县政府的正确领导下，在省、州、县经济普查办公室的指导和相关部门的大力支持配合下，通过全县各级普查工作者的共同努力，圆满完成了第一次全国经济普查清查摸底阶段工作任务。机构组建及人员情况：县人民政府下发了龙政发〔2018〕47号文件《关于切实做好第四次全国经济普查的通知》，成立了以县委常委、常务副县长蔡龙为组长，县委宣传部、县政府办、县发改局等25个部门领导为成员的全县第四次经济普查领导小组及其办公室。完成民安等4个街道办事处、里耶等12个建制镇、茅坪等5个乡经济普查机构的组建，成立第四次全国经济普查领导小组及其办公室。按照普查的工作需要，由县普查办牵头，在全县21个乡镇、街道选聘普查指导员488名和普查员500名。普查经费及物资准备情况：县人民政府安排第四次全国经济普查预算经费160万元。签订了手持移动数据采集器(PAD)采购合同，县普查办1000个手提普查资料袋，1000把广告伞，定制了1000把手电、1000个普查用写字板和1000支水笔，物资上都印制了经济普查的口号，对经济普查的开展起到了宣传作用。责任措施落实情况：县人民政府与州人民政府签订了第四次全国经济普查目标管理责任书。县普查办制定了办公室工作职责和部门职责，同时要求各乡镇、街道与县人民政府签订经济普查工作目标管理责任书。普查宣传工作情况：县委宣传部和县经济普查领导小组联合下发经济普查宣传文件；定制广告伞和普查广告袋，印制 13 万份普查宣传单，张贴普查公告和普查宣传画 1000 张，在乡镇村张贴宣传横幅 200 条，宣传标语 1000 张；在龙山手机报和有线台滚动播出普查宣传标语和普查宣传片。普查业务开展情况：2018 年 9 月 14 日正式开展入户清查摸底登记，制定清查摸底工作方案，安排四个工作组，把全县 21 个乡镇、街道划分为四个责任区域，负责指导和督查，通过全县 488 名普查指导员和 500 名普查员共同努力，2018 年年底，共摸底清查单位 3333 户，个体经营户 24260 户，已经查疑补漏登记上报。

【审核评估重点民生实事项目】 重点民生实事是县委、县政府紧紧围绕实现人民对美好生活的向往这个目标，为促进经济社会全面繁荣、基础设施全面提质、生态环境全面改善、发展成果全面共享，让人民群众有更多的获得感、幸福感、安全感的重要举措和实际行动。2018 年，县统计局作为负责审核评估把关单位，认真开展此项工作。坚持做到每月一次报表审核评估，制定具体的验收办法和审核评估方法，加强实事基础性工作，规范、全面地整理实事所涉及到的有关资料（项目建设和相关责任人等）。按照分级负责原则，真抓实干，保证工作质量，把握好工作进度。坚持阶段性现场督查与督办，平时加强对项目的明查暗访。每季度末，与县考核办一同下到重点民生实事现场，进行督查督办，把实事办好，好事办实。数据评估认定工作中，严格按照《中华人民共和国统计法》《中国共产党党员领导干部廉洁从政若干准则》等规定，对重点民生实事目标完成情况进行客观、公正的评估认定，做到数据来源清楚、客观真实。在实事检查中严格落实中央八项规定精神，认真执行省委九项规定，轻车简从，廉洁自律，减轻基层负担，树立良好形象。

农村农业

农业农村工作

【概况】 龙山县农业局于1956年8月正式组建，属行政事业单位，隶属龙山县人民政府。2015年8月，原龙山县委农村工作办公室、龙山县乡镇企业局、龙山县蔬菜办、龙山县农业局4个单位合并，加挂龙山县委农村工作办公室牌子。机关行政编制18名，有在职干部职工203名，其中，正科级领导干部11名，副科级领导干部9名，研究员1名，高级农艺师21名。内设10个行政股室，11个二级机构，协调管理11个系统单位。基本职能是负责全县农业、农村工作的组织、综合、协调、指导与管理等。2018年，实现农村居民人均可支配收入9480元，连续6年获得湖南省“粮食生产先进县”光荣称号，农作物总播种面积93.76万亩，粮食种植面积50.59万亩，产量18.03万吨，实现粮食产量7“连增”。全年实现农、林、牧、渔及服务业总产值实现31.15亿元，按可比价计算比2017年增长3.5%。

【产业扶贫】 2018年，全县从涉农整合资金、中西部协作支持资金和长沙市对口帮扶资金中整合用于产业扶贫的资金累计达29232.45万元，主要用于鼓励贫困户直接发展产业，以及百合、柑橘、油茶、茶叶、中药材、中蜂等重点产业开发。先后出台中药材、油茶、中蜂、茶叶等特色产业相关政策文件，因地制宜引导贫困户发展特色农业产业，使每个贫困户家庭有稳定的产业收益。开展贫困户农业实用技术培训、实施“千名农技干部精准帮扶联村全覆盖行动”、推进“科技扶贫专家服务行动”、实施“科技助力精准扶贫”项目等，2018年培训贫困户27292人次，提高贫困对象产业致富能力。夯实利益联结，确保贫困户增收有保障，通过出台鼓励新型经营主体带动贫困户发展支持政策，采取“公司＋合作社＋农户(贫困户)”“合作社＋贫困户”的发展模式，以直接帮扶、委托帮扶、股份分红的方式带动贫困户脱贫。龙头企业、专业合作社、村集体、大户种植中药材收益后，从每亩利润中分红返回给贫困户。2018年，全县18家龙头企业、468个种养专业合作社或大户能人与26633户贫困户建立利益联结机制。

【产业建设】 2018年，龙山县粮食播种面积62万亩，其中水稻22.5万亩、玉米14.5万亩、马铃薯18万亩、红薯6万亩、其他杂粮1万亩，实现粮食总产量20万吨。油菜种植面积18万亩，推广脱毒马铃薯10万亩，超级杂交稻14万亩。建设超级稻高产攻关、“三一”粮食高产工程、湘米产业基地等示范基地，推广超级稻6万亩、优质稻3.1万亩。百合种植面积8.2万亩，总产值8.19亿元，柑橘种植面积14万亩，总产值6亿元，烤烟种植面积6万亩，总产值2亿元，蔬菜种植4万亩，产值1.5亿元，发展罗汉果、吴茱萸、黄精、玄参、白术等中药材1.5万亩，生猪、牛、羊、家禽分别存栏10.52万头、1.5万头、14.2万只、42万羽，总产值5亿元。新发展菊芋2万亩，油茶20235亩，发放蜂群4424群，建设黄金茶叶示范基地3000亩。

【品牌建设】 2018年，“龙山百合”“龙山萝卜”“龙山七姊妹辣椒”“里耶脐橙”4个农产品获国家地理标志证明商标，“龙山厚朴”“龙山百合”获全国“优质道地药材示范基地”，农业企业获绿色食品4个，获无公害农产品7个。12家农产品加工企业获QS认证，2家农产品加工企业获进出口许可。龙山县被国家农业部批准为全国绿色食品原料（百合）标准化生产基地，被省质监局批准为省级百合标准化示范区。里耶镇比耳村、石牌镇成为全国“一村一品”专业示范村（镇）。洗车河刘氏食品厂腐乳加工入选国家非物质文化遗产。

【农产品加工】 2018年，全县共有农产品加工企业135家，其中成型农产品加工企业31家，州级龙头企业14家，省级龙头企业5家、五星级休闲农庄1个（等同于省级龙头企业），四星级休闲农庄5个。加工行业涉及百合、果蔬、粮油、特色食品、中药材、养殖六大产业。农产品加工企业总资产达63275万元，完成销售收入62316万元、实现利润4920.7万元、上缴税金365.3万元，与去年同比分别增长3.5%、2.2%、15%。全县19家州级以上龙头企业完成销售收入64209亿元，实现利润5099万元，与2017年同比分别增长9.3%、8.7%。产值过5000万元5家，过1000万元13家，过500万元1家。其中省级农业产业化龙头企业喜乐百合食品有限公司实现产值1.2亿元，完成销售收入11842万元，完成州目标任务。申报农业产业化省级龙头企业1家，完成喜乐百合、飞龙牧业、泰新大鲵、恒龙中药、现代中药5家企业龙头企业运行监测。

【科技示范推广】 2018年，实施超级稻高产攻关、“三一”粮食丰产工程、超级稻“种三产四”、湘米工程等试验示范项目，其中实施万亩示范片一个，千亩高产示范片4个，百亩高产示范片6个，超级稻百亩平均最高亩产量达到837.1千克，优质稻百亩平均产量最高达到731.5千克；玉米最高亩产量达到476千克、实施油菜高产示范片千亩片4个，百亩高产示范片2个；马铃薯高产示范片1个，已完成前期工作。新品种、新技术引进集成推广上，实施国家武陵山区水稻新品种区域试验及生产试验、湖南省中稻区试及生产试验。完成国家省、州、县新品种展示、试验示范，实施国家武陵山区水稻新品种区域试验及生产试验、省中稻区试及生产试验，完成所有试验示范品种水稻109个，玉米15个。实施《百亩柑橘新品种展示、提质增效示范园项目》建设，完成展示区新品种高接换种、成年盛果

丰 收

树标准化移栽、老园区密改稀。编印《龙山县发展生产脱贫工程农业实用技术培训资料》2.9万册，培训贫困户27292人次；启动“千名农技干部精准帮扶联村全覆盖行动”“科技扶贫专家服务行动”“科技助力精准扶贫”项目，重点帮助贫困村创办科技示范基地，培育科技示范户。

【农产品市场服务】 2018年，先后组织企业参加贫困地区（北京）农产品产销对接行动启动仪式及首场产销对接活动、湖南省特色优质农产品产销对接活动、湘西州特色农产品展销会，以“产品出村助力脱贫”为主题的2018全国贫困地区农产品产销对接活动中，江苏苏州南环桥农副产品批发市场与龙山百合签订了2.435亿元订单，龙山百合在—CCTV—7助力全国贫困地区产销对接大型公益活动中喜获1293万公斤订单，组织龙山百合与湖南卫视快乐购频道开展电视购物专档直播节目，单月5档节目，销售额达150万元，年度销售额达1800万元。

【食品安全】 2018年，例行农产品质量安全检测2105批次，覆盖全县生产基地、农贸市场、超市、乡镇市场。进行湖南省农业面源污染防治工程建设示范村建设。全年出动执法人员468人（次），执法车辆156台（次），检查农资经营门市部212个。对全县21个乡镇（街道）开展2次种子市场专项检查，检查种子经营门市部及市场赶集摊位散户106个，对批发的12户经营户经营的所有“双杂”种子进行入市登记，检查“双杂”种子49个品种，对经营标签标识不规范“双杂”种子的3位经营户进行责令整改，检查肥料经营门市部63个，对26个肥料经营门市部的所有肥料进行入市登记，对全县21个乡镇（街道）开展农药市场专项整治行动，全年农资案立案9件，结案9件。对洗洛、兴隆、石牌等百合主产区开展百合禁止用“硫磺熏制”专项整治行动，检查百合加工厂31家，家庭作坊43家，对硫磺熏制百合行为进行批评教育，并责令现场整改。推广测土配方施肥技术面积61.23万亩，施用配方肥面积达35.67万亩，推广应用配方肥1.29万吨。全年编印大宗作物病虫情报10期，4000份，播放病虫电视预报节目2期，发送病虫短信10次，3500条，编印病虫情报公告版4期，共2400份，向农户发放病虫防治通知单425000份，开展技术培训35次，5000人次。开展柑橘黄龙病专项整治行动。

【落实惠民政策】 2018年，按照省政府统一部署，全面开展农业“三项补贴”改革工作，落实全县21个乡镇（街道）401个村3108个村民小组113010户农户“耕地地力保护补贴”面积346577.99亩，发放补贴3640.35万元；全县投入粮食生产经费1.1亿元，落实各种涉农、惠农补贴资金2.4亿元。已通过“以奖代投”“两卡两折”的方式共发放资金7060.96万元，共涉及全县贫困对象户31908户97359人。

脱贫攻坚

【概况】 龙山县扶贫开发办公室（简称龙山县扶贫办），属于县人民政府参照公务员管理的正科级全额拨款事业单位，编制22名，在编在岗人员17名，配有主任1名，副主任2名。内设综合外联组、项目管理组、建档立卡系统管理组、雨露计划和金融扶贫组；下辖扶贫项目中心（全额拨款副科级机构，编制20名）。主要负责全县精准扶贫政策宣传、项目管理实施及全县精准扶贫督查考核工作。2018年全县退出贫困村81个，贫困人口5543户22910人，贫困发生率由原来的24%降至4.54%。

【十大工程】 2018年，龙山县扶贫开发十大工程：产业脱贫工程 建设油茶基地5万亩、茶叶基地6千亩，中蜂养殖4555厢。乡村旅游脱贫工程 大力推进里耶、惹巴拉、乌龙山大峡谷、洛塔石林、太平山等旅游扶贫开发，重点建设2个旅游示范村和7个旅游精品村，协调带动3000名建档立卡贫困人口脱贫增收。转移就业脱贫工程　深化劳务协作，重点建设县内工业集中区、扶贫产业园和“扶贫车间”，在龙山县惹巴妹手工织品有限公司为全州设立扶贫车间 15 个、带动贫困户就业 737 人，公司法人代表谭艳林荣获“全国脱贫攻坚奋进奖”。举行企业招聘会 17 场，达成就业意向 1500 人。新增贫困劳动力转移就业 1998 人。为 31549 名外出务工人员发放交通补贴 1261.96 万元。抓好数据管理，核实录入贫困劳动力就业信息 61633 条。通过信息比对，发现 1.3 万条疑点问题，全部交办整改到位。通过动态调整，全年新识别贫困户 72 户 204 人，自然增加 1775 人，自然减少 3344 人，单个补录 636 人，清退 1470 人，返贫 29 户 78 人；完成“两后生”技能培训 275 人。教育脱贫工程　对建档立卡贫困家庭学生实行学前至高中阶段 15 年免费教育，并每年给予 1000～3000 元的生活补助，其中学前教育 1000 元、小学 1500 元、初中 2000 元、高中 3000 元，对贫困生考取大学专科的给予 4000 元、大学本科的给予 5000 元的资助。全年共为 49083 人(次)贫困学生发放生活补助 4516.73 万元，为 870 名贫困大学新生给予一次性救助 382.4 万元，为 2701 名贫困职业教育学生落实“雨露计划”补助 675.25 万元。健康脱贫工程　所有贫困对象由财政全额代缴城乡居民医保，并按每人 60 元的标准购买“扶贫特惠保”。住院总费用按 85%的兜底报销保障政策报销。2018 年，县财政共为贫困对象全额代缴保费 2213.96 万元。全县共有 28582 人次贫困对象住院，住院总费用达1.62亿元，报销总额达 1.405 亿元(其中县财政兜底资金 2301.67 万元)，报销比例达 86.72%。易地搬迁、危房改造脱贫工程　完成省定 3001 户 12272 人易地搬迁任务，全县完成危房改造总户数 7136 户。社会保障兜底脱贫工程　共认定兜底脱贫对象 1329 户 3552 人，将保障标准提高至 330 元/人/月。实施小水电扶贫，投入资金 8000 万元，对三元电站、英雄电站、湾塘电站等进行改造，按照政府、政策补贴、电力公司三方出资，电力公司运营，收益按 20 年期限定额分配模式，对全县兜底户进行利益分红，提高兜底保障水平，已到位分红资金 202 万元。全面落实贫困残疾人“两项补贴”政策。享受重度残疾人护理补贴累计 77006 人次，享受困难残疾人生活补贴累计 94491 人次，累计发放两项补贴资金 1714.97 万元。同时，为 31 名贫困残疾人落实教育资助政策，为 2540 名贫困重度残疾人代缴城乡居民医疗保险，为 1681 名贫困重度残疾人代缴最低缴费档次城乡居民养老保险。生态脱贫工程　加强护林员动态管理，全面落实 1200 名建档立卡贫困人口生态转岗工作，按每人每年 1 万元的标准按季发放工资，带动 3800 人脱贫。基础设施脱贫工程　实施 111 个村道路建设项目、78 个村安全饮水工程、88 个村

12 月 6 日，省扶贫办主任王志群(前排右二)调研龙山精准脱贫，州委常委、龙山县委书记周云(前排右一)、县委副书记、县长刘冬生(前排左一)陪同调研

农网改造、81个村通讯和"村村响"工程，总投资达8300万元，实现村级路通畅、组级路通达。农网改造率、农村饮水安全率、"4G"网络覆盖率达100%。公共服务保障工程　投入资金3.6亿元，全面铺开309个农村村级综合服务平台、文化活动场所等公共服务设施建设，实现所有行政村基本公共服务达标。

【督查考核】　2018年，直接运用国家和省、州各类涉贫检查结果，评价全县脱贫攻坚工作，将脱贫攻坚工作实绩与干部评先评优、提拔重用、干部绩效考核挂钩，乡镇(街道)、村(社区)每被通报表扬一次，相关包乡包村县级领导、乡镇(街道)全体干部职工、驻村扶贫县直部门全体干部职工绩效考核资金上浮10%；每被通报批评一次，绩效考核资金相应下调10%。开展"脱贫攻坚作风建设年"活动，出台《龙山县2018年至2020年扶贫领域腐败和作风问题专项治理工作方案》《龙山县乡镇(街道)纪(工)委落实监督责任考核办法》《关于进一步落实扶贫领域监督执纪问责工作责任制》《关于加强村级"服务+监督"微信群管理的通知》等文件，各级纪检监察组织严格按照"监督零距离、执纪零容忍、问责零手软"的要求，紧盯扶贫项目资金，强化主体责任，监督检查常态化，重点开展"一盏灯、一栋房、一张床、一席宴、一口井"五个一专项巡查整治工作，为精准扶贫保驾护航。

对口帮扶工作

【概况】　为贯彻落实中央和省委、省政府关于脱贫攻坚的部署和要求，1994年起，长沙与龙山建立对口帮扶关系，25年来，长沙市视龙山为一个县予以关怀。在全国脱贫攻坚的关键时期，出台了《长沙市对口帮扶龙山县精准脱贫攻坚专项行动计划(2017—2020年)》(长办发〔2017〕1号文件)，明确由长沙的19家后盾单位结对帮扶龙山县17个乡镇，实施"七大工程"(产业发展帮扶工程、民生改善工程、劳务协作工程、市场对接工程、人才智力帮扶工程、基础设施帮扶工程、招商引资帮扶工程)和"三大机制"(拓宽资金投入机制、构建多级帮扶机制、建立帮扶评估机制)，构建起全方位、多层次、多领域的对口帮扶新模式，为龙山县脱贫攻坚注入强劲动力。2018年，长沙市充分彰显省会城市的责任担当和久久为功精神，用真情与实干高质量推动对口帮扶工作，共助力龙山县81个贫困村退出，5543户22910人脱贫。

【组建扶贫队】　长沙市委组织部会同帮扶后盾单位层层筛选，从19家后盾单位选派37名工作能力强、基层工作经验丰富的优秀干部组成17支工作队进驻龙山县17个乡镇和51个贫困村开展驻乡联村帮扶工作，坚持因乡制宜、因村施策、因户施法，扶到点上、扶到根上。

【资金保障】　2018年长沙市财政投入龙山县帮扶资金3000万元，后盾单位投入每个乡镇帮扶资金1000万元，全年累计到位帮扶资金2.14亿元，实施对口帮扶项目230个。出台《长沙市对口帮扶龙山县投资400万元以下项目行政审批绿色通道工作规程》(龙政办发〔2018〕48号文件)、《关于进一步明确长沙市对口帮扶龙山县财政专项资金管理办法的补充通知》(龙财函〔2018〕41号)等文件，简化项目审批和资金拨付程序，推行项目资金封闭运行、专款专用，依法对专项资金管理和使用实施审计检查和行政监督，确保资金用好、用出效益。

【惠民工程】　坚持"补短板、强基础、惠民生、促发展"的帮扶思路，投入1.23亿元在乡镇共实施教育、卫生、民生、集镇提质等基础设施和公共服务项目121个，其中改扩建学校项目19个(含提质改造)、新修或改造卫生院(室)项目5个、新修或改造敬老院项目5个、水利工程项目8个、交通类项目14个、村级综合服务平台配套建设项目30个、其他项目 40 个，改善龙山基础设施及公共服务设施，夯实了龙山发展的基础。

长沙市帮扶龙山发展迷迭香产业

【产业帮扶】 采取“选特色、强投入、创模式、拓市场”的路子为产业发展注入强劲动力。通过投入农业产业发展资金 6861 万元，因地制宜发展茶叶、迷迭香、油茶、中药材、锥栗、中蜂等富民产业，其中发展茶叶 6000 亩，迷迭香 5000 亩，带动脱贫 7678 人。推行“出租土地＋务工＋分红”“政府引导＋企业扶贫投资＋合作社培管＋农民分红”等经营模式，为贫困村集体经济和贫困户带来土地流转、务工、分红等收益。通过举办龙山首届百合文化旅游节，对接《东方卫视》拍摄扶贫公益专题节目《我们在行动》，组织龙山企业参加农业博览会，举办“情满星城·爱购龙山”年货节等，不断提升龙山农特产品知名度，打开龙山农特产品销售市场，开辟“山货进城·网货下乡”新通道，实现贫困户当年种植、当年受益的目标。

【劳务协作】 2018 年，开展各类技能培训班 22 期，共培训 1516 人，培训创业致富带头人 181 人；发布贫困人口就业信息 14240 条，组织有关企业开展招聘活动 21 次，共转移劳动力就业 3156 人，脱贫 2568 人；投资 1000 万元，帮扶建设龙山·长沙创新创业孵化中心。

【人才交流】 坚持“送出去”“请进来”，让人才交流形成常态。协助长沙市教育局选派 2 名教师到龙山的中学挂职支教；组织龙山 20 名校长到长沙跟岗学习；开展助力龙山教育的送教活动 5 次；在长沙市委党校举办龙山科级干部(基层治理)专题进修班、优秀中青年干部培训班，共培训 99 人；长沙 7 家医院与龙山 7 家医院卫生所建立对接关系；长沙 18 所学校与龙山 18 所学校建立对接关系。

【社会扶贫】 坚持在助医、助学、百企联村等方面积极争取社会资金投入，拓宽扶贫渠道，撬动社会力量投身龙山精准脱贫攻坚战。2018 年，引导长沙市社会企业和爱心人士为龙山捐资 528.75 万元、捐物价值 257.75 万元，救助贫困学生 3500 人次，通过扶贫协作帮扶残疾贫困人口脱贫 637 人。同时引导 45 家长沙企业与贫困村建立接对关系，帮助贫困村发展特色产业，带动贫困群众增产增收。

【招商引资】 引进长沙餐谋天下有限公司来龙山注册成立湖南双沐药业有限公司，经营中药材和农副产品的加工、种植、收购、销售，完成投资 1000 万元，未来三年还将投入 4000 万元；引进湖南先伟实业有限公司与龙山签订迷迭香种植加工产业发展合作协议，计划推广 1 万亩迷迭香；引进湖南益森沅江枳壳中药研究所与龙山签订中医药康养与中药材种苗繁育合作协议，切实加快龙山中医药康养与中药材种苗繁育发展。

林 业

【概况】 龙山县林业局内设股室及二级机构58个。其中乡镇(街道)林业管理站21个;国有林场2个;省级自然保护区管理局(站)2个;省级森林公园管理局1个;国有苗圃1个;木材检查站3个;森林公安局1个;内设股室17个。现有在编职工351人,其中行政人员10人;林业专业技术员100人,占总职工人数28%,高级工程师17人,工程师48人。2018年,全县共完成人工造林22000亩,林业产业总产值143032万元,森林覆盖率70.74%,森林蓄积量681.6万立方米。

【林业产业扶贫】 2018年,对口帮扶苗儿滩镇庆口桥村、兴隆街街道堰坝村、水田坝镇水田社区三个贫困村,发展特色产业面积6709亩,其中庆口村发展脐橙种植1009亩,堰坝村发展猕猴桃产业1200亩,水田社区预发展油茶产业4500亩。2018年,全县发放退耕还林工程年度补助资金3191.3万元,惠及53215户农户;全县选聘生态护林员1695名,其中建档立卡的贫困户人员1200名,带动3840人脱贫。

【创建国家森林城市】 2018年,全县城区新增绿地面积318亩,完成通道绿化133千米,水岸绿化69千米,宜林地造林4633亩,“矿山复绿”600亩。在主要媒体上发稿168篇,制作“创森”宣传标牌3128条,发放倡议书15.75万份。“创森”宣传进入学校57个,创森宣传课732节,师生“创森”签名64363人,设置宣传栏81个。10月15日,湘西土家族苗族自治州成为全国30个少数民族自治州中第一个荣获“国家森林城市”称号的城市。

【造林绿化】 2018年,县林业局全面开展绿色通道建设工程、退耕还林工程、石漠化综合治理工程等,全县完成人工造林22000亩。其中新造混交林面积4635亩,石漠化治理7731亩,景观带建设3000亩,千里生态走廊1332.8亩,其它补植、补造2500亩,完成通道绿化133千米。完成千里生态走廊建设植苗1150亩。完成“矿山复绿”301.3亩,绿化植苗29070亩。完成义务植树5万株。完成封山育林28095亩,其中无林地和疏林地新封3090亩,有林地和灌木林地新封25005亩。

【公益林管护】 2018年,借助91“卫助高清影像”图比对,核准辖区内公益林中的非林地情况。通过各乡镇技术人员实地核查,对前期错划的公益林小班界线进行修正,对公益林属性数据及时更新。全县剔除不否符合公益林区划范围和要求的公益林总面积6522亩,新增补充区划省级公益林3.59万亩,调整后全县省级以上公益林达到124.09万亩,占林地总面积的34.3%,全县实际拨付国家级和省级公益林生态效益补偿基金管护补助支出总额200953万元,县财政结余公益林补偿基金2341.2元;全县公益林投保面积1204766亩,发生冰灾7起,受灾总面积2120亩。

【森林防火】 2018年,全县各级共投入防火资金250万元,完成森林防火物质储备库、扑火队伍营房建设验收。发动村干部及护林员巡山2500人次,发放各种宣传资料(宣传挂历、手册)45000份,出动宣传车200台次,各乡镇(街道)、国有林场书写宣传标语1500条,宣传条幅300条,固定警示牌100块。在应急能力建设上,完善森林防火应急预案,组织开展多样化的实战演练和技能比武,全县组织开展应急拉动演练1次,森林扑火实战化水平不断提升。在森林防火宣传上,创新宣传方式,建立县、镇(乡)、村、组四级联防机制,提升森林火灾的防控能力,降低森林火灾发生率。全县共发生森林火灾36起,未发生重大森林火灾和人员伤亡事故,森林防火整体形势平稳,森林火灾数量比2017年有所下降。

【野生动植物保护】 2018年,全县各级投入野保资金 76 万元，境内有野生动植物保护管理站 1 个，从事野生动植物保护人员 23 人，其中各类专业技术人员 9 人。先后开展“绿盾 2018”和“春雷 2018”专项行动，排查和解决自然保护区内违法违规活动 11 起，开展野生动物保护执法专项行动 3 次，出动执法人员 60 人，执法车辆 12 台次，查处非法收购、无证经营野生动物案件 2 件，依法刑拘 3 人。没收国家二级保护动物穿山甲 1 只（死体），活体尖吻蝮、乌梢蛇、王锦蛇、黑眉锦蛇等 18 条，竹鼠 5 只，棘腹（胸）蛙 5.6 公斤，查处野生动物死体野猪、猪獾、刺猪 510 公斤，竹鼠、竹鸡 32 只，并对 8 家餐馆带有“野味”字祥广告词进行刮涂及搬除。开展广场、街道宣传活动 6 次，发放宣传资料 12000 份，张贴通告 600 份。全年共年检合格野生动植物经营许可证 29 个，野生动物繁育许可证 16 个。新办野生动物繁育许可证 15 个。登记古树群 107 处，登记古树名木 3275 株，其中一级古树 61 株，二级古树 366 株，三级古树 4305 株，名木 3 株。

【林业有害生物防控】 2018 年，全县林业有害生物发生总面积 7.16 万亩，其中病害发生 0.25 万亩，虫害发生 6.91 万亩，全县森林病虫害监测覆盖率为 100%，中、短期测报准确率 95%，产地、调运检疫率达 98%，半年共防治林业有害生物 2.8 万亩，挽回直接经济损失 180 万元，间接经济损失 400 万元。组织开展春、秋两季森防普查，及时清理枯死松树，有效阻止松材线虫病传播蔓延。松毛虫方面：全县发生松毛虫总面积为 11.116 万亩，其中轻度危害 5.53 万亩，中度危害 5.59 万亩，成灾 0.92 万亩。筹措防治资金 94.5 万元，购买药剂 18 吨，赤眼蜂卵 37 万卡，当年 6 月，在桂塘镇利用松毛虫病毒和 BT 进行飞机超低容量喷雾防治，投入资金 29.76 万元，防治面积 2.115 万亩，有效地降低虫口密度。松材线虫病方面：全县总计发生面积 7100 亩，枯死株数 18104 株，其中感病枯死 9740 株。根据发生情况，及时启动《龙山县林业生物灾害应急预案》，制定《龙山松材线虫病防控工作方案》，投入资金 200 万元，12 月开始枯死木清理工作，当年共清理枯死木 2212 株。累计检疫苗木 10740 株；木材 598.21 立方米、96 根、40 吨；竹材 6500 件；种子 47.5 公斤。无公害防治率为 95%、产地检疫率 100%、成灾率为 1.23‰，均达到上级下达的准确率、无公害防治率、种苗产地检疫率应分别高于或等于 90%、88%、100% 和成灾率低于 3.3‰的目标管理要求。

【林地保护管理】 2018 年，加大对林地用途管制和监督检查力度，严格按照《建设项目使用林地审核审批管理办法》，审核转报了使用林地项目。全年共审批永久性使用林地 9 宗；永久性使用林地面积 43.01 公顷。缴纳森林植被恢复费 747.84 万元。临时使用林地 5 宗，占用林地面积 13.08 公顷，缴纳森林植被恢复费 148.91 万元。其中州局审核审批 1 件，占用林地面积 10.13 公顷，收取森林植被恢复费 96.46 万元，县林业局审核审批 4 件，占用林地面积 2.95 公顷，收取森林植被恢复费 52.46 万元。

【林业执法】 2018 年，针对乱采乱挖树木、非法占用林地、乱捕野生动物等行为，进一步加大林业执法打击力度，组织开展严厉打击破坏野生动植物资源违法犯罪专项行动 3 次、全年共清理木材经营加工户 21 户，采集木材经营加工户基础信息 21 条、清理采砂（石）场所 8 处，采集采砂场老板基础信息 8 条。共受理（立案）各类涉林案件 69 起，立刑事案件 19 起，破案 16 起，刑拘 8 人，取保 11 人，林业行政案件 22 起，信访维稳案件 28 起。

【湿地和自然保护区管理】 2018 年，在自然保护区管理方面，加大对印家界省级自然保护区监管力度，结合环保部通报的遥感监测疑似问题清单、省级检查发现问题通报等，共发现问题 11 处，其中位于保护区范围内的 11 处，全部按计划完成整改任务。

【林业产业】 2018 年，全县林业总产值 143032 万元，较2017年增长22.55%。其中第一产业72232万元，第二产业22700万元，第三产业48000万元。第二产业产值占全县林业产值的15.87%。第三产业较2017年同比增长6.67%，整个林业产业呈现出健康、有序、可持续发展的良好态势。全县专业合作社达到86家，年总产值14255.57万元，较2017年增长10.55%。

生长于龙山县大安乡万宝山林场的三芽并生樱——垂花樱桃

【油茶产业建设】 2018年，全县春季新造油茶20235亩，建立3个千亩油茶示范基地，定点苗圃1个，二年以上苗木产量100万株。全县实有油茶林面积达到53940亩，油茶籽产量2142吨，油茶产业产值4280万元。

【国有林场管理】 全县有国有林场两个，其中砂子坡国有林场面积18.11万亩，森林蓄积量118.5万立方米，下辖万堡山等7个分场，现有在职职工49人。曾家界国有林场面积11469亩，森林蓄积量7万立方米，现有在职职工17人。2018年，各林场全力抓好营林生产，持续加强森林资源管护力度，完成110千米林场防火线清理，维修防火林道62千米，清理防火隔离带40千米。

【林木种苗管理】 2018年，完成种苗采购455.4万株。培育种苗258亩。实际用种6354千克，其中楠木50千克、钩栗850千克、华榛3370千克、华桑24千克、亮叶水青冈1600千克、厚朴30千克、玉兰20千克、喜树10千克、野核桃400千克，生产合格种苗266.3万株。共办理林木种子(苗木)生产经营许可证4户，全部录入国家种苗网办证系统。

【林业科技推广】 2018年，对79个深度贫困村的驻村干部、林业技术人员、林业大户、贫困户进行集中培训和现场实习。与湘西自治州林业科学研究所合作对青钱柳在石灰岩山地的培育技术进行全面总结，为今后在石灰岩地区发展青钱柳打下技术基础。与中国科学院、湖南省森林植物园合作对县核桃资源进行全面调查和选优，为县发展核桃产业提供技术支持。

太平山森林公园

【概况】 太平山省级森林公园建立于2003年1月，总面积2534.2公顷，是龙山县第一个，也是仅有的一个森林公园，有国家一级、二级、三级自然景观共37处。太平山孤峰独秀，始建于东晋隆安安帝二年，集奇、险、俊、秀于一体，源远流长的佛教曹洞派文化积淀厚重。清朝光绪皇帝赐封太平山禅师为中国佛教曹洞派第四十七世、四十八世、四十九世、五十世传人。近代民主革命家章太炎、辛亥革命元老柏文尉到此游览；中华人民共和国政协副主席、佛教协会会长赵朴初题词并题“太平山”山名。2018年，管理局为县林业局管理的全额拨款事业单位,核定全额拨款事业编制 8 名,核定领导职数 1 正 1 副。在岗工作人员 9 名。

【经营范围调整】 2018 年,在 2003 版总体规划期满的基础上,对森林公园经营范围进行调整。由湖南省农林工业勘察设计研究总院中标负责编制《湖南龙山太平山省级森林公园拟调整经营范围》的方案,对经营范围调整的背景及理由、拟调减区域主要景观特色、拟调增区域森林风景资源调查进行系统全面的分析、并对经营范围调整后情况进行综合评价。受湖南省人民政府委托,湖南省林业厅在龙山县组织湖南省国土资源厅、环保厅、交通厅、中南林业调查规划设计院、中南林业科技大学、湖南师范大学等单位专家实地考察后,对调整方案进行评审,对经营范国进行重新界定。2018 年 11 月 6 日《湖南省人民政府办公厅〈关于同意建立洞口大湾等省级森林公园和调整平江福寿山等省级森林公园经营范围有关事项的复函〉》(湘政办函〔2018〕93 号)原则同意对龙山太平山省级森林公园经营范围进行调整,总面积由 2534.2 公顷调整为 2446.9 公顷。其中太平山片区 1818.70 公顷,牧场沟片区 628.20 公顷。调整后森林公园所辖兴隆、石羔等 2 个街道的 14 个行政村(居委会)、1 个林场,居住农户 2855 户,农业人口 11580 人,其中土家族为主体民族,共 8130 人,占 70%,苗族 1112 人,占 9.60%。

【规划修编】 根据湖南省人民政府办公厅湘政办函〔2018〕93 号文件精神,2018 年 11 月 30 日由湖南省林业局在长沙主持召开《湖南龙山太平山省级森林公园总体规划(2019—2030)》评审会议。会议听取了总体规划编单位关于规划情况的介绍,审阅了相关图件和文字资料,在此基础上,评审专家一致同意通过该规划。建议规划编制单位按照《湖南龙山太平山省级森林公园本规划(2019—2030 年)》评审会议纪要所提意见建议,结合森林公园实际,对总体规划进行修改完善。修改后的规划文本,按程序报批实施。

【项目建设】 2018 年,在 2017 年基础上,通过个人、企业捐款 1700 万元,完成太平山山顶建构筑物修缮。县财政投入 6000 万元,主要建设内容是韩家坪游客中心主体建设、停车场基础工程全面完成;太平山森林公园果利河谷绿道起点小溪口,终点韩家坪,全长 4.43 千米,已完成路基建设,途中 3 座桥梁完成主体建设;全面完成太平山景区涉及太平山村、兴隆桥社区、狮子社区的自来水安装工程和韩家坪拆迁安置区建设,并将宅基地分解到各拆迁户,现拆迁户房屋正在修建中。

唯美太平山

【旅游开发】 2018 年,东方园林、首旅、消费宝、湘旅、交建投、中红投、酉源、华夏微影、上海光明地产等 30 家旅游公司来太平山考察,有 3 个公司对太平山旅游开发有意向,待进一步洽谈后,签订意向协议。

【法规宣传】 2018年,新修订的《湖南省森林公园条例》5月1日正式实施,组派专人参加省局的培训班。同时,印发宣资料5000份,动用10车次深入兴隆、石羔街道的15个村社区宣传,做到家喻户晓。

水　利

【概况】 2018年,龙山县水利局为县人民政府水行政主管部门,下辖19个单位,包括局机关6个股室,下属13个二级机构(参公事业单位1个)。核定编制207人,其中公务员9人,工勤1人,事业全额编制197人(其中参公管理5人)。全县累计启动县级防汛Ⅳ级响应3次。县防汛抗旱指挥部召开防汛会商会议8次。全县迎接省级防汛抗旱督查检查1次,州级防汛抗旱督查检查6次。防汛紧急期间,全县累计派出防灾救灾指导小组11个,开展防汛工作督查5次,县防汛办电话督查单位值班69次、人员到岗情况387次,下发防汛督查通报2期;县防汛抗旱指挥部、水利、国土、气象、水文等部门累计发布预警短信102次26.3万条;累计启动山洪灾害预警广播47站136次;县防汛办累计编发防汛值班信息14期、编发汛情动态6期,发布防汛预警5期,累计发文31个(次)。全县292个工情、雨水情、广播预警及监测站点投入运行。

【汛情灾情】 2018年,4月1日至9月25日,全县因强降雨累计致灾6次("4·22"洪灾、"5·20"洪灾、"5·26"洪灾、"7·4—7·6"洪灾、"9·6"洪灾、"9·21"洪灾)。全县受灾人口4.05万人,倒塌房屋112间,转移人口2189人,直接经济损失9307.3万元。其中农作物累计受灾面积17952亩,成灾面积11640亩,绝收面积1487亩,因灾减产粮食604吨,经济作物损失2119万元,农林牧渔业直接经济损失3090.3万元;强降雨期间停产工矿企业4家,累计公路通行中断98条次,供电中断40条次,通讯中断30条次,工业交通运输业直接经济损失3667.6万元;水利设施骨干山塘局部损坏7座,人饮损毁设施213处、河堤损坏247处5661米,灌溉设施损坏186处,水利设施直接经济损失近2549.4万元。咱果乡、大安乡、召市镇、水田坝镇、内溪乡、兴隆街道、民安街道等乡镇(街道)受灾相对较重。2018年,全县基本无旱情,农作物及人畜饮水受旱不明显。

【抗洪救灾】 2018年,4月1日至9月25日,县级财政累计投入抗洪抢险救灾资金151万元,群众投劳折资63万元;防汛物资累计消耗编织袋0.37万条、编织布0.07万平米、砂石料0.173万立方米,木材17立方米,抗灾用油0.71吨、抗灾用电2.24万度,总物资消耗折算资金75万元。期间全县累计出动部队官兵116人次、地方人员619人次、防汛机动抢险队员58人次,累计出动抢险冲锋舟8船次、出动运输设备69班次,投入机械设备107台班。全县共计转移人员2189人,解救洪水围困群众16人。防洪减灾效益明显,减淹耕地0.164万亩,避免粮食减收6.5万吨,减少受灾人口0.67万人,减灾经济效益812万元。

【重点水利工程】 2018年,"山水龙城"两河休闲风光带项目完成投资2.7亿元,7.3千米段(东门桥至莲花寨小溪口)沿线公园和绿道建设正在铺装扫尾,绿道沥青铺装4千米。1号、2号、5号驿站在实施外墙装饰,3号驿站完成主体工程,4号、6号、7号驿站基本完工。截污管网安装11500米,1号桥、2号桥、3号桥、4号桥、刘家坝绿道栈完工,龙领水闸、油菜坪滚水坝主休工程完工。楠竹坪水库工程完成投资1600万元,大坝边坡喷锚加固3455.92平方米、帷幕灌浆2391.97米、固结灌浆1070.36米、接触灌浆1652.019平方米、大坝主体砼浇筑20946.82立方米,大坝浇筑至高程735.0米,大坝工程共浇筑砼及钢筋砼24962.29立方米。

6月3日，铺设“山水龙城”工程果利河两河坝顶过道

龙山县酉水河里耶镇防洪修复加固及提标项目完成投资2000万元，一期工程麦茶桥桥头段防浪墙钢筋砼浇筑1500米，古城遗址段上游钢筋制安1000米，砼浇筑1100米，里耶大桥上游防浪墙基础开挖700米，钢筋制安500米；二期工程招标核准、招标挂网、开标、初步设计、施工图设计完成，拆除古城遗址段原观景木质通道，古城遗址段迎水面改造高程253米马道，二期穿堤工程开挖；长潭河坝顶防浪墙改造、路面工程全面完工。龙潭河水库工程完成投资4050万元，基本完成进场道路工程、库区征地拆迁和灌区征地红线图和施工图设计，完成进场道路滑坡段测量和详细地勘，大坝主体工程于8月2日正式开工建设。石羔水厂集中供水工程完成投资5745万元，引水工程隧洞掘进3518米、明渠混凝土浇筑1694米。农村饮水安全巩固提升工程完成投资8582.89万元，全面提质改造217个贫困村、11个非贫困村供水工程。

【水资源管理】 2018年，龙山县用水总量为1.30亿立方米以内；万元工业增加值用水量为78方/万元以下；农田灌溉水有效利用系数为0.502以上；重要江河湖泊水功能区水质达标率93.5%以上，其中饮用水水源区水质达标率95%以上。完成2个重点取水单位2个监测点的采集系统安装工作，筹备建设监控平台。

【河长制】 2018年，龙山县获评全省河长制湖长制真抓实干先进县。是年，增加县委副书记为副总河长，县级河流长由原来的2名增加到13名（由县委专职副书记、5名县委常委、7名副县长担任），所有县委、政府主要领导均担任县级河长；新增教体局、安监局、人社局、城管局等4个单位为河长制工作成员单位。及时更新县级河长公示牌33块，乡、村级河流河长公示牌311块，水库河长公示牌96块。县级河长巡河141人次，乡级河长巡河2733人次，村级河长巡河12872人次，巡查范围覆盖到全县所有河流、水库，县级河长巡河交办11处重大问题均整改到位，整改办结率100%。在全县范围内开展水面垃圾清理专项整治行动，以河道保洁员公益岗位和农村公益性专岗补贴形式招聘446名河道专职保洁员，清理各类垃圾236.2吨；与保靖县签订《酉水龙山保靖共管河道委托保洁协议》，形成酉水干流垃圾打捞长效机制；开展“中国渔政亮剑2018”龙山渔政执法行动，联合龙山县公安、乡镇政府执法21起，联合来凤县渔政、公安等部门开展2次酉水（龙凤段）非法捕捞联合执法行动，出动执法人员220人次，车辆48台次，执法船8艘次，严厉打击电、毒、炸鱼等非法捕捞行为，查获电鱼案8起，没收电鱼机5台，取缔非法网12具，没收渔获物30公斤，处罚8人，教育15人；开展“僵尸船”清理专项整治行动，全县清理、全面拆除各类“僵尸船”44艘；开展打击非法采砂联合执法行动，县水利、公安、国土、海事处、畜牧等部门联合取缔关闭湾塘水库非法采砂企业，强制拆除洗车河（苗儿滩段）、酉水河（里耶段）、长潭河（东风水库段）非法采砂设施，完成尾堆砂清理。县级11条河流、四座中型水库“一河一策”“一库一策”实施方案通过审核并报州河长办备案；全面开展河库“清四乱”工作，8月至年底，共排查出“四乱”问题26个，包括“乱堆”15个、“乱占”2个、“乱建”7个、其他违法违规问题2个，年内销号19个；开展河库管理范围划定工作，酉水(龙山段)河库划界实施方案编制完成并报州河长办备案，其他10条县级和5条乡级流域面积50平方千米以上的河流划界已完成招投标，待合同后全面铺开；开展“示范县”和“样板河”创建活动，县、乡两级已制定创建活动实施方案，计划打造“样板河”21条。在“世界水日”“中国水周”期间开展河长制专题宣传，发放宣传单1万份，悬挂横幅、标语5条，出动宣传车城区巡回宣传，电视台专栏宣传；联合县畜牧水产局多渠道开展渔业法律法规宣传，发放宣传资料20000份，树立永久性标牌8块，联合出台禁渔通告21份，明确乡村义务护渔队职责，56个村(社区)把护渔工作列入村规民约，县电视台播出宣传行动3次，州电视台播出2次；开展“保护母亲河，争当‘小河长’河长制宣传进校园活动、“推行河长制·保护母亲河”主题征文活动等专项活动，各中小学校、幼儿园召开主题班会500次，悬挂、滚动播出宣传标语70条，制作黑板报和手抄报500份，收到征文104篇，发放《致家长的一封倡议书》80000份，在州、县等宣传媒体发表宣传报道10篇，8月15日，在酉水河畔开展“2018年龙山县保护母亲河”志愿服务大型公益活动，16家县直单位、300名志愿者参与；充分利用网络、报刊等媒体进行河长制工作宣传，在《团结报》专版宣传1次、头版宣传2次，州电视台报道2次，州级网站、报刊发表4篇，县电视台报道5次，县政府网站、手机报、龙山新闻网等报道45次，编制《河长制工作简报》20期。组织县直相关单位和21个乡镇(街道)工作人员业务培训6次，乡镇村级培训50次，参会1741人次。

【水土保持】 2018年3月22日，大力开展《中华人民共和国水土保持法》颁布实施八周年宣传活动，出动宣传车3台次，悬挂电子滚动标语10条，电视广告标语5条，发放宣传资料4000份，维护和整修在兴隆街响水洞和洗洛高速路段大型宣传牌2块；编制完成2016年至2030年水土保持规划；实施2018年度石漠化综合治理(水利)项目，新修渠道12千米，整治山塘1口，完成资金350万元；完成2019年石漠化综合治理(水利)工程石漠化外围调查摸底工作；完成2019年国家重点水土保持项目工程前期准备工作(该项目用于精准扶贫基础设施建设)；7月，组织实施全县露天采石场摸排调查，审批水土保持方案14个，收取水土保持补偿费17.9万元；监督检查龙潭河水库、黔张常铁路、露天采石场等20家生产建设项目水土保持措施落实情况。

农业机械管理

【概况】 龙山县农业机械管理局(以下简称“农机局”)为正科级事业单位，局机关设有办公室、计财股、管理股、政工股等工作机构；下辖县农业机械化学校、农机技术推广服务站、农机安全监理站，共核定事业编制27名，在职干部职工24人，其中：中共党员17人，一般行政干部14人，事业管理九级职员6人，中级技术职称1人，技术工人3人。县农机局和农机安全监理站属全额拨款的事业单位，人员实行参照公务员法管理；下属机构农机学校、推广站为全额拨款事业单位。其主要工作职能是组织落实农业机械新机具新技术的引进、试验、示范和推广应用及农业机械科普宣传与技术培训，负责农业机械安全监管；协助相关部门做好农业机械行政执法和农机生产、经营、维修、作业服务市场、农机专业合作组织的监督管理；负责农机具购置补贴和农机作业燃油补贴工作及国家农机各项惠农政策的落实。

【作业服务】 2018年，全县农机拥有量7.88万台

(套),农机总动力 28.38 万千瓦。其中,拖拉机及配套机械 1423 台(套)4635 千瓦,种植业机械 42316 台 148194 千瓦,农产品初加工机械 19703 台 69878 千瓦,畜牧养殖机械 601 台 4275 千瓦,渔业机械 124 台 585 千瓦,林果业机械 5 台 98 千瓦,农用运输机械 585 台 36232 千瓦,农田基本建设机械 45 台 1839 千瓦。机耕面积在 35 万亩次以上,机播面积 12.5 万亩,机收面积 15 万亩,机播水平达 33.3%,机收水平达 40.5%。全县基本形成以市场化为导向、政府宏观调控的农机化服务体系,农业生产中耕整、排灌、收获、农副产品初加工和农村运输基本上实现机械化;水稻机械化育插秧已步入成熟发展阶段。

【购置补贴】 2018 年完成购置补贴资金 281.51 万元,补贴机具 622 台(套),指标通知书 583 份,受益农户 511 户。建立县、乡、村“三级组织”和“纠风、财政、审计、减负、农机”等多部门联合监督机制,对补贴机具实行定期或不定期的核查和复查,做到“见人见机见发票”,从源头上为补贴资金安装“安全阀”,确保群众利益不受侵害。创办为民服务大厅,与财政、乡(镇)联网或联席办公,实现“一站式”办理,“一条龙”服务。

【农机专业合作社】 2018 年,创建 5 个百万省级合作社:龙山县四杰现代农机服务专业合作社、龙山县夏秋现代农机服务专业合作社、龙山县明溪农机服务专业合作社、龙山县顺康农机服务专业合作社、龙山县先创农机服务专业合作社。创建 5 个县级农机合作社。加上以前创建保留的 11 个农机专业合作社,今年全县共有省级、县级农机专业合作社 21 个,占全州农机专业合作社的 35.8%。县长沙对口办协调 200 万元对新建 2018 年新建的“百万农机合作社”每户给予引导资金 10 万元、县级农机合作社给予引导资金 15 万元。龙山县是湘西州唯一一个为百万农机合作社追加引导资金的县,新增 5 家百万农机合作社,全部获得省里通过。

【保障监督】 2018 年,农机局始终把农机监督管理贯穿于日常工作,对全县的农机市场和维修网点进行摸底调查,进一步完善手续,健全档案,规范管理,监督检查维修点的农机维修经营许可、维修记录本和维修技术合格证。3·15 期间,配合工商、公安、质检等相关部门对 8 个农机维修网点和 5 个农机经销点进行农资打假维权,检查农机产品 350 台套,没有发现假冒伪劣产品,有效地规范了农机市场秩序。县局设立“农机 110”,以受理农机产品质量投诉,在全县营造农机产品良好的市场环境,调群纠纷 4 次,处理违规 3 次,处罚违规 1 次,全年没有上访事件发生。

【科技示范】 2018 年,举办全县农机化工作与机插秧大比武,邀请 6 家农机企业、农机经销商推介无人植保飞机、遥控旋耕机、同步精准点穴施肥机、

4 月 8 日,县农机局深入洗车镇天井村现场培训拖拉机手

龙舟起垅机、旋耕机等新型适宜山区的农业机械，办会规模达350人次以上。通过大力引导和推广，新增植保飞机2台，90式以上大型拖拉机11台，收割机6台。

【教育培训】 2018年，逐步完善拖拉机驾驶培训学校和农机校的训练场地、教室等基础设施建设，添置培训车辆，为广大农机手免费提供培训平台。通过随到随学、现场培训、常年培训、走出去请进来等培训方式，实行“集中办学和现场指导”相结合，为农机手提供优质服务，把培训办成广大农机操作手的“进修课堂”，直到学员学会为止。全年举办7期培训班，培训各类农机操作手950人次，其中培训驾驶员103人。

【安全监理】 2018年，农机局积极与各乡镇(街道)、交警等职能部门，自6月起，开展为期半年的农机安全生产专项整治行动，实行调查摸底，澄清拖拉机等农用机械底子，加强道路执法，纠正违法行为，从源头建设农机安全隐患，实行监管工作常态化。监管常规化:把农机安全监理纳入县安委会考核内容，让农机工作真正落实到乡镇中去，与各村、驾驶员签订农机安全生产责任书，落实农机安全生产专干和村农机安全信息员，全面掌握全县农业机械的动态信息，时时监督农机挂牌、年检、保险等工作，农机安全生产形势趋于平稳。监管常效化:开展“为民服务创先争优”示范窗口创建活动，建成多功能农机服务中心，实现法律依据、服务事项、收费标准、收费方式、投诉电话“五公开”，为农民机手提供“一站式”便民服务。截至10月30日，拖拉机上户51台，新办拖拉机驾驶证52个，年检拖拉机555台，互保401份。

畜牧水产

【概况】 2018年，县畜牧水产局是全额拨款事业单位，为县农业局管理的正科级公益一类事业单位。内设办公室、财务股、畜牧水产股(政策法规股、饲料兽药管理办公室、畜禽水产品质量安全监督管理股)、政工股等4个股室，下设县兽医局、县草地监理站、县动物卫生监督所、县水产工作站(县鱼苗鱼种场、县渔政管理站、县水产种质资源保护站)、县生猪屠宰管理站、县动物疫病预防控制中心(县畜禽水产品质量检验检测中心)、县畜牧兽医技术服务中心站、县种畜繁殖场8个事业机构。编制132名，现有在职人数111人，其中行政人员8人，事业全额人员103人。畜牧水产专业技术人员50人(高级职称5人，中级职称28人，初级17人)，占比48.5%，管理岗位53人，离退休人员54人。年底，出栏生猪20.7万头，肉牛1.9万头，山羊11.6万只，家禽99.4万羽，发展稻田养鱼0.44万亩、中蜂养殖2.3万群，水产养殖0.35万吨，实现养殖业总产值6亿元。

【动物疫病防控】 2018年，全县共免疫生猪31万头，牛羊23万只，家禽110万羽。春、秋两季集中免疫采集猪血清样品9000份，牛血清样品180份，山羊血清样品4263份，牛羊OP液600份。强制免疫密度达到100%，家畜标识率为100%，防疫档案建档率100%，畜禽规模场和散养户的口蹄疫、禽流感免疫抗体检测合格率均达80%以上。对牛羊布病、结核病、马传贫、马鼻疽、H5N6流感、H7N9流感等传染病进行监测。共采集牛羊布病监测样品1200份，马传贫、马鼻疽监测样品60份，H5N6流感监测样品268份，H7N9流感监测样品638份。检测出山羊布病阳性150份，按照规定进行无害化处理。确保全年没有发生重大区域性动物疫情，龙山县被评2018年度全省动物疫病防控绩效考核工作先进县、全州重大动物疫病防控工作目标管理优胜县市。

【非洲猪瘟防控】 2018年8月以来，辽宁、河南等省份相继发生非洲猪瘟，龙山县委县政府高度重视，多次召开全县非洲猪瘟防控工作会议，对防控工作安排部署。启动非洲猪瘟疫情Ⅰ级应急响应。8月8日，下发《关于加强当前非洲猪瘟疫情防控工作的通知》，9月12日，召开全县非洲猪瘟综合防控工作会议，下发《关于进一步做好非洲猪瘟防控的紧急通知》，成立非洲猪瘟防控应急指挥部，各乡镇（街道）相应成立应急指挥部，建立了县、乡、村三级非洲猪瘟防控网络；举办非洲猪瘟防控技术培训会议2次，对70多名乡镇动物防疫员就非洲猪瘟防控技术、产地检疫技术、养殖场消毒技术进行培训，各乡镇（街道）与相关职能部门开展联防联控，发放宣传资料3.5万份，宣传挂图118幅，在网络媒体平台和龙凤之声进行大力宣传，引导广大群众参与群防群控。

疫情排查。下发《关于切实做好非洲猪瘟防控设卡、排查及信息日报工作的紧急通知》，并确定按日报告制度和专人上报，2018年年底，全县共计排查生猪养殖户12944家次，排查生猪数量35.51万头次，排查村552个次；排查生猪屠宰场156次，排查生猪数量1.9万头次，排查生猪交易市场80家次，排查生猪数量5128头次。泔水管理。投资30万元在垃圾场建立临时的餐厨垃圾干湿分离的收集池，安排专门收集车辆2台，流动餐厨垃圾收集桶20个，应急人员30人专门对餐厨垃圾进行收集。督促学校解除餐厨垃圾运输合同150份，检查城区学校13所，单位食堂54家，餐饮服务单位668家，并签订责任状957份，共收集、处理餐厨垃圾274.69吨，推行台账管理。全县养殖场（户）签订不使用泔水饲喂生猪承诺书4879份，杜绝泔水饲喂生猪。

猪肉产品监管。由食药工质局牵头，对城区内冷鲜肉店、冻库、超市、餐饮及生猪交易市场等场所进行检查监督和告知，建立购销台账，共检查批发市场和农贸市场1055家次，商场超市229家次，肉品冷冻库378家次，餐饮服务单位882家次；关闭生猪交易市场8个。

设卡堵防。在龙永高速湘西北治超站设（龙永高速K2＋500米），红岩、茅坪、农车高速出口，在华塘、水田坝、洗洛、桂塘、里耶、靛房、农车、石牌、石羔等边界乡镇（街道）均设立非洲猪瘟防控哨卡，设卡25个，有104人参与24小时值班值守。12月底，共查验生猪及产品运输车辆719车次，检查生猪99车次，猪肉品1506.65吨。查处违法运输生猪及产品12起，无害化处理生猪81头，肉品0.25吨，处罚1.2万元。

【质量安全监管】 2018年，农资打假。重点检查规模养殖场和饲料兽药经营企业，着重查看养殖档案、养殖投入品使用、检疫申报以及无害化处理等情况，并与各规模养殖场逐户签订畜禽及产品质量安全责任状和病死动物无害化处理承诺书计450份。检查饲料兽药经营企业56家，查处假劣无证兽药437盒（包），假劣饲料2.4吨，责令改正5起。抽查规模养殖场（户）102户，其中生猪养殖场56户，山羊养殖场26户，牛养殖场20户，开展"瘦肉精"监测生猪182头份，山羊78只份，牛48头份尿检，通过检测结果均为阴性。

规范检疫。全面推进电子出证，规范产地检疫行为，检疫生猪4.5万头、山羊6.8万只、牛0.98万头，家禽35万羽；全县定点屠宰共检疫生猪4.6万头，检出病死猪26头，屠宰检疫摘除三腺8856.9千克，均作无害化处理，同时开展"瘦肉精"检测2300头份，检测结果为阴性，确保无重大畜禽水产品质量安全事故发生。

【渔业资源管护】 2018年4—8月在洗车、靛房、里耶、洗洛等21个乡镇开展渔政执法宣传活动，出动执法人80人次，车辆21台次，执法船8艘次，发放宣传资料5000份，树立永久性标牌8块，联合出台张贴禁渔通告121份，明确乡村义务护渔队职责，56个村（社区）把护渔工作列入村规民约，形成全民参加护渔行动的良好氛围。查获电鱼案21起，没收电鱼机20台，取缔非法网35具。没收渔获物30千克，处罚8人，教育15人，联合湖北省来凤县开展酉水河专项执法2次，罚金9000元用于水域生态环境修复。依法取缔洗车河国家级水产种质资源保护区苗儿滩河段违法采2处，取缔僵尸船43艘,维护河道优美环境。5月29日,在龙山县洗车河大鲳鳠吻鮈国家级水产种质资源保护区惹巴拉捞车河凉亭桥下人工增殖放流四大家鱼410万尾。

【养殖环境治理】 2018年,下发《龙山县2018年畜禽养殖污染治理实施方案》《龙山县畜禽养殖废弃物资源化利用工作方案》,召开全县畜禽养殖污染治理工作会议,安排部署畜禽养殖污染治理工作。对畜禽规模养殖场污染防治设施配套建设情况和禁养区内畜禽养殖户现状进行全面摸底,按照一场(户)一档要求,建立工作档案。指导21个乡镇街道完成"三区"划分;启动全县禁养殖区内畜禽养殖场关停退养工作和洛塔、印家界、洗车河三个自然保护区畜禽养殖场关停退养工作,全县关停退养畜禽养殖场(户)93户;全县畜禽粪便资源化利用率达72%,规模养殖场粪污处理设施装备配套率达81%;推进养殖场标准化建设,2018年联丰黑山羊养殖专业合作社获得省级标准化示范场称号。

【养殖科技推广服务】 2018年,在里耶种猪场饲养长白、大约克、杜洛克等优良种公猪40头,建立12个生猪人工授精服务点,配种2.2万胎次;全县6个牛冷配服务点完成配种5650胎次,建立黑山羊、南江黄羊良种场各1个。遴选畜牧专家10名,为227个贫困村开展养殖业技术培训300场,入户指导1000场次,参训人员1万人,发放技术资料1.8万份,送消毒药品100件;建立养殖业系统QQ群、微信群即时发布技术指导员动态、养殖技术、市场信息等信息,加强专业技术人员与养殖大户的经验交流互动。

【惠农政策落实及项目建设】 县政府投资扶贫资金200多万元发展中蜂养殖精准扶贫项目,采取"公司(合作社)+贫困村+贫困户"的中蜂养殖扶持模式,遴选15个中蜂企业(能人)参与中蜂精准扶贫项目建设,县与企业、企业与乡镇、贫困户层层签订责任状和服务合同,项目涉及11个乡镇66个村1109户贫困户4766贫困人口,共发放蜂群4555群,产蜂蜜4万斤,总产值400万元以上,单箱均产4.4千克,发放奖补资金182.2万元,贫困户户平增收3500元,增收效果明显。推广稻田综合种养面积0.44万亩,涉及靛房、苗儿滩、桂塘、召市、里耶、洛塔、农车、洗车河、红岩溪、水田坝等10个乡镇,基本实现"一水两用、一地双收、稳粮增鱼、粮鱼双赢"的良好效益。在他砂河小流域的靛房镇齐心村、燎原村、苏竹村等村开展石漠化综合治理,涉及建设养殖户8户,修建青贮窖900立方米,人工种草20公顷,草地改良82公顷,大大改善草食牧业发展环境。

【荣誉表彰】 2018年,龙山县获湖南省防治重大动物疫病指挥部"全省动物疫病防控绩效考核先进县"、州重大动物疫病防制指挥部"州重大动物疫病

山沟里的黄牛基地

防控工作目标管理考核良好县市”;黄福耀、彭永胜、彭英波、钟武四名同志获州重大动物疫病防制指挥部“全州重大动物疫病防控工作先进个人”称号;彭秀琼获省畜牧水产局“全省渔业统计先进个人”称号。

移民开发

【概况】 龙山县移民开发局成立于1997年,初始为县水利局内设机构水库移民工作办公室。属全额拨款、参照公务员管理的正科级单位。2017年新增一个二级机构——移民工作服务站。移民局人员编制19个,其中参公14人、事业编5人;在职工作人员16人,其中参公编制空缺2人、事业编制空缺1人;全局内设5个职能股室:办公室、财务股、安置股、工程股、法规股,下设二级机构一个。县移民局肩负着全县6座大中型水库的移民后期扶持工作及1座新上水库项目建设——落水洞电站。移民工作涉及全县15个移民乡镇(街道办事处)、85个移民村(社区)、292个移民小组、9545移民户、移民总人数21846万人,其中享受国家移民后期扶持政策的农村移民人数21846人。

【移民安置情况】 全县6座大中型水库;碗米坡库区、小河库区、卧龙水库、贾坝水库、湾塘电站、纳吉滩库区。新老库区时间跨度长,有20世纪70年代的贾坝、卧龙水库,20世纪80年代的湾塘电站,21世纪的小河电站、纳吉滩和碗米坡库区。库区移民已经按照当时的移民政策,或遵照水库《移民安置大纲》及《移民规划设计报告》进行征拆补偿、搬迁安置和大农业及二、三产业生产安置。2006年执行国务院17号文件,落实移民后期扶持政策,6座水库移民享受20年移民后期扶持资金,每人每年享受后期扶持直补到人资金600元(每月每人50元)。

【移民后期扶持】 2018年,龙山县大中型水库移民后期扶持,直接发放到人补助资金907万元。严格遵守移民后期扶持资金发放流程,由移民村申报、移民库区乡镇或街道办事处审核、县移民局复审、县财政局拨款、乡镇财政所与银行再进行核对后输入“一卡通”、移民户领款的程序,全面确保移民资金安全、无误、准确发放。

【信访维稳帮扶】 2018年,县移民局接待来信来人上访80批次,其中集体访15人次,个人信访75人次。在库区开展移民实用技术培训6期,培训687人,组织库区移民开展技能培训255人,参加省州县各级移民部门出资与技能培训机构联办的免费培训学习,提高库区移民转移就业能力。补助库区移民就读职业院校150人,每人每年4000元,帮助库区移民解决就业、走出困境。

【移民避险解困】 2018年,县移民局落实省州移民部门的工作指示,在全县6座大中型水库,实施惠民工程项目即移民避险搬迁解困工作。避险搬迁解困移民工程涉及全县6座大中型水库,7个避险解困的移民乡镇即:里耶、苗市、桂塘、洗洛、召市、石牌、民安街道办事处。工作开展严格依据移民避险搬迁解困政策,移民户主动申请,乡村逐户审核,以村为单位进行张榜公示,与符合条件的移民户签订避险搬迁解困协议,移民户新建房屋,移民户拆除旧房,移民户申请验收付款。

外资外援

【概况】 县外资外援项目办公室属全额拨款的正科级事业单位,与县百合办合署办公,内设5个股室,核定编制12人,现有在职干部9人(含借调3人)。承担全县外资外援项目申报、立项和引进工作;负责对全县外资外援项目工作的业务指导和项目办人员业务培训;负责全县百合产业建设项目申

百合产业基地

报、科研培训、良种推广、试验示范。

【外资外援项目】 2018 年，县外资办组织申报并实施联合国世界粮食计划署(WFP)湖南湘西学龄前儿童营养改善试点项目，主要内容包括：向学龄前儿童提供营养膳食、为学前班和幼儿园配备厨房设施及餐具等设备、妇女及儿童营养知识教育、结合精准扶贫实行贫困农户帮扶等。项目惠及全县 10 所幼儿园 517 名学龄前儿童 29 户贫困幼儿家庭。2018 年秋季学期为 517 名学龄前儿童供餐 87 天，供餐 43741 餐次。2018 年 4 月，外资办积极申报利用国际农发基金贷款湖南省乡村振兴示范项目，计划总投资 11375 万元，计划于 2019—2023 年在石牌镇大塘村和竹坪村，洗洛镇青艾村、大井村，茅坪乡老场村和红岩溪镇头车村 4 个乡镇 6 个村实施包含新型包容性农村发展、基础设施建设、项目管理 3 个建设方面的乡村振兴示范项目，打造产业兴旺、生态宜居、乡风文明、治理有效、生活富裕的美丽乡村。

【百合产业建设】 2018 年，全县收获百合面积 8.3 万亩，总产量 8.2 万吨，总产值 9.8 亿元。其中：外销鲜百合 2 万吨，加工百合干片 2 万吨(消耗鲜百合 6 万吨，其中县内 4 万吨、收购县外 2 万吨)，留种 2.2 万吨。鲜百合均价：每公斤 10 元；百合干片均价：每公斤 28 元。覆盖全县建档立卡贫困户 1.2万户、4.5 万人，贫困户人均增收 4000 元。巩固绿色食品原料(百合)标准化生产基地 6 万亩。在茅坪乡老场村、洛塔乡热家村各建立 1000 亩百合出口基地。积极与省农科院、省农大、吉首大学等院校合作，推广百合组培脱毒苗，逐步解决县内用种问题。引种试种百合花卉，发展以百合花卉为主休闲观光农业。依托农业院校，进行百合杂交育种试验，促进县百合产业换代升级。针对龙山县实际，积极与国内有实力的肥料、农药生产企业合作，委托其研发百合专用肥、专用药品，规范和统一百合用肥、用药，切实保障百合产品质量安全。规划建设龙山县百合产业园。积极研发百合精深加工系列新产品，加大百合产业招商引资力度，加强百合加工监管，强化品牌包装，加大品牌宣传推介力度，大力开拓销售市场。

农村经营服务

【概况】 龙山县农村经营服务站县与减负办合署办公，属参照公务员管理的全额拨款的正科级事业单位，内设“四股一庭室”。现有在职干部 15 人，核定编制 17 人，退休人员 7 人。主要职责是培育发展新型农业经营主体，推进农村土地有序流转，推动农村土地承包经营权确权登记颁证工作，大力发展村级集体经济，做好农民维权减负工作，深化农村产权制度改革。2018 年，被湖南省农业委评为全省农村经营管理、农村集体产权制度改革、培育

县农经站党员干部赴韶山开展“七一”活动

乡镇(街道)开展农村集体经济产权制度改革业务培训,特别是对2个农村集体经济产权制度改革试点民安街道五爱社区、内溪乡五官村进行全程指导,为顺利推动全县农村集体产改工作提供借鉴。向各乡镇发《致农民的一封信》2000份,在龙山电视台每天循环播放产权改革宣传视频,为顺利开展产权制度改革营造良好的氛围。完成397个村(社区)村级集体经济组织成员界定清产核资工作,共清理出集体资产15亿。

发展家庭农场工作先进单位。龙山县2018年度被州委、州政府评为农民减负先进县。刘士美被湖南省农业委评为2018年全省农村经营管理工作先进个人、石绍龙被湖南省农业委评为2018年全省培育家庭农场工作先进个人。

【土地确权】 2018年,共完成21个乡镇(街道)、397个村、3332个组、121038户农户、555558.64亩田土确权,确权面积完成比率103.6%。完成21个乡镇(街道)、397个行政村一轮公示,二轮公示基本完成,确定了21个乡镇(街道)、84个村和504户农户的县级自查任务。在二轮公示的基础上,全面组织确权成果数据“回头看”,逐户核实基础数据,各标进行数据汇交;一标已完成民安街道宝塔社区的权证首发。强化流转信息平台建设。土地流转信息平台建设方案经县政府常务会议研究通过,已完成备案、招投标、机房建设、装饰装修及硬件设备安装,正在筹建乡镇(街道)流转平台和软件的安装,等待相关数据的交汇。

【农村集体产权制度改革】 2018年,开展农村集体产权制度改革工作,坚持县、乡、村三级书记亲自挂帅、亲自布置、亲自落实。业务人员分别到21个

【土地仲裁】 2018年,是县农经站开展农村土地承包经营确权登记颁证工作扫尾之年,农村土地承包经营纠纷矛盾增多,涉及不同的纠纷种类。县农经站仲裁委员会对反映土地承包纠纷矛盾的农户耐心仔细的做好政策解答工作,及时提供法律法规咨询,并按照纠纷调解程序,督促村组、乡镇先进行调解处理,对于无法调解成功的土地承包纠纷,按照《中华人民共和国土地承包法》及《农村土地承包经营纠纷调解仲裁法》启动仲裁程序。

【维权减负】 2018年,全面推行“减负”工作领导负责制,实行党政“一把手”亲自抓、负总责的工作制度,同38个涉农部门和21个乡镇(街道)签订目标管理责任书,做到级级有责任、层层有目标。严格实行村账管理,切实有效落实全县维权减负惠农政策、规范涉农收费行为。建立健全新形势下农民权益维护和农民负担监督管理的长效机制,防止农民负担反弹。

【集体经济】 2018年,落实责任,增强发展村级集体经济的自觉性;规范村级财务制度严防资产流失;帮助扶贫村理清发展路子;积极创办扶贫企业;

盘活村级集体资产资源，通过招商入股等方式发展村级集体经济。同时根据省州农经工作要求，县农经站安排工作人员深入农村进行调研，及时撰写村级集体经济发展调查报告，2018年村集体经济收入达5万元以上的村260个。

【“三资”管理】 2018年，严格落实日常监管，及时有效的掌握全县“三资”情况，推动农村集体“三资”管理的制度化、常态化。切实做好“三资”审计工作，对各乡镇(街道)普遍开展农村财务审计，在乡镇(街道)自查自纠的基础上重点审计了4个村的村级财务。通过审计，发现问题，及时整改，规范监管。

【新型农业主体】 2018年，大力培育发展新型农业经营主体，组织力量深入基层，广泛宣传《中华人民共和国农民专业合作社法》政策100人次，印发《中华人民共和国农民专业合作社法》及相关政策摘录800份，为百姓脱贫致富提供可靠的政策依据和信息支持。截至目前，全县发展各类农民专业合作社1258家，登记备案家庭农场394家。其中2018年全县发展各类农民专业合作社243家，完成州任务308%，登记备案家庭农场55家，完成州任务104%。组织乡镇申报2家合作社参加2018年国家级示范社评选，申报1家合作社参加2018年度州级示范社评选，为新型农业经营主体健康快速发展提供保障。

气　　象

【概况】 2018年，龙山县气象局干部职工16人，其中在职干部7人，退休干部7人，编外2人。设办公室、气象台、科技服务中心、人工影响天气办公室四个股室，主要承担综合地面气象观测、天气预报预警、防雷监管、气象科技服务、人工影响天气、防灾减灾、防汛抗旱、气象科普宣传等工作。内设气象台为国家一般气象台站，于1959年1月建成，承担的基础业务工作主要是地面气象综合观测和天气预报、预警的制作与发布。局党支部共有党员8人，在职党员5人，退休党员3人。

【气象综合业务】 2018年，地面气象观测气象资料传输率和可用性达到100%，公众天气预报准确率达88.6%，在全州8县(市)排名第二。1名业务人员获得全省优秀气象员荣誉，全州气象系统目标管理工作获得第二名；在茅坪乡、洗洛镇成功创建气象防灾减灾示范乡镇，针对性的开展农业气象调查，发布6期烟叶专题气象服务报告服务烟农；完成国家突发预警平台建设，在茅坪乡建成TRW多普勒雷达。对512名气象信息员和协理员进行两轮气象业务培训，面向气象信息员、乡镇政府、农业种植大户及合作社、村民累计发放农业气象知识手册、气象灾害防御避险等宣传手册12000份。为农服务方面重点开展有针对性的现场生产指导、农户走访等专项气象服务，为农户需求诉求和灾情反馈等打开一条便捷的绿色通道。2018年全县出现7次较明显降水过程，分别为4月22日、5月18日、7月5日、7月12日、7月30日、9月4日、9月21日。7次强降水天气过程都提前24小时通过短信、电话向社会公众发布预警信息，对外服务及时、准确，服务效果较好。年初，我局制定了《龙山县气象局2018年汛期气象服务工作方案》，全年向政府及各部门决策人员发送预测、各级防汛抗旱责任人预警短信人数1433人；制作气象服务信息66期、重要气象报告26期；专题预报30期，向各级防汛抗旱责任人发送各类天气预报预警短信4万人次。通过基层强降水天气预警系统，对各乡镇进行降水精准监测和预警，累计发布强降水短信预警11000人次。其中9月20　21日大暴雨过程，气象局开展气象应急保障预报服务，每天及时发送专题气象信息，每三小时滚动播出最新气象信息，并给县委、县政府主要领导作专题汇报，实时传递信息汇报雨情。同时电子政务网向21个乡镇报送《强降水天气消息》。由于预警超前，各级政府及时采取防御措施，避免了人员伤亡，减少了灾害损失。

【气象】 2018 年，全县平均气温 16.8℃，比历年平均值偏高 0.7℃，年极端最高气温 37.5℃，出现在 7 月 21 日，年极端最低气温－3.2℃，出现在 12 月 30 日，年总降水量 1737.5 毫米，比历年偏多 429.4 毫米，距平百分率 32.83%；年日照总数 1227.6 小时，比历年偏多 32.6 小时，距平百分率2.72%，暴雨日数 7 天，无霜期 307 天。2018 年气温偏高，降水主要集中在 3—10 月，占年总降水量 92.2%，年降水量较历年值偏多近 2 成且分布不均；日照比历年值偏多，日照主要集中在 4—9 月。2018 年度龙山县主要遭受暴雨洪涝、干旱等灾害天气袭击。1 月 25—28 日受短波槽以及中低层切变和地面强冷空气共同影响，我县出现较大强度的低温雨雪冰冻天气过程。7 月 16—25 日连续 10 天最高气温≥35.0℃，达到轻度高温热害标准。夏季高温强度强，出现高温热浪，局地夏旱明显，影响范围小，旱情程度为轻旱。主汛期内暴雨洪涝是年内主要致灾天气气候事件，气候年景总体上属于正常年景。

【灾情】 2018 年 5 月 20 日晚至 21 日受高空槽东移、低涡切变线及地面冷空气共同影响，龙山县咱果乡、召市镇等地出现一次暴雨，局地大暴雨天气过程。深夜短时集中强降水造成咱果、召市两乡镇发生山洪，并引发较严重灾害。全县共受灾乡镇 2 个(召市、咱果)，受灾村 12 个，其中重灾村 6 个。咱果乡因灾死亡 2 人。灾情造成两乡镇 2904 人受灾，倒塌房屋 13 户 39 间，房屋受损 247 户 441 间，期间共紧急转移人口 493 人，直接经济损失 2278.5万元。农作物损失情况为：受灾面积 1272 亩，成灾面积 1160 亩，绝收面积 736 亩，农林牧渔业直接经济损失 721.5 万元。5 月 25 日晚至 26 日龙山县中南部出现一次暴雨天气过程。此轮强降雨造成内溪、里耶、靛房、苗儿滩、桂塘、咱果等 13 乡镇(街道)76 个村 1.44 万人受灾，紧急转移人口 395 人，房屋倒塌 4 户 8 间，19 户 89 间房屋受损，直接经济损失 912.8 万元。其中农作物受灾面积 6353 亩，成灾面积 3328 亩，绝收 673 亩，农林牧渔业直接经济损失 465.8 万元，工业交通运输业共计直接经济损失 229.7 万元。水利设施直接经济损失 213.3 万元。9 月 6 日此轮强降雨造成大安乡乌鸦片区光辉村、龙堰村、万宝村等 3 个村受灾严重。受灾人口 1132 人，紧急转移人口 75 人，房屋损毁 20 间(其中倒塌 8 间、部分受损 12 间)，直接经济损失 912 万元。其中农作物受灾面积 860 亩，成灾面积 645 亩，农林牧渔业直接经济损失 165 万元。21 日全县范围出现暴雨，据统计，此轮强降雨造成兴隆街道、石牌镇、水田坝乡、民安街道、华塘街道、石羔街道、洗洛镇、红岩溪镇 8 乡镇 78 个村(社区)受灾。受灾人口 3197 人，紧急转移人口 347 人，房屋损毁 4 户 6 间，直接经济损失 1063 万元。

【人工影响天气】 2018 年 5—9 月，龙山县开展大

人工降雨缓解旱情

规模的烟叶人工防雹增雨工作。在有关部门的大力支持下，经全体防雹增雨作业人员不懈努力，历时136天（5月18日至9月30日），动用8门高炮，4门流动车载火箭，先后在茅坪、大安、乌鸦、桃子、茨岩、召市、水田、洛塔等8个地区开展作业，共作业86炮次，发射炮弹3083发，火箭弹4枚。多次驱散对流雹云、抑制冰雹云的发展、把冰雹消灭在萌芽状态。抓住有利时机开展消雹增雨作业，特别是7月中旬至8月，开展8次有利于人工防雹增雨作业过程中，8个炮点开展大范围联动作业。8次降水天气过程对流发展特别强烈，全县乡镇过程雨量达到暴雨16站次，大雨102站次，中雨164站次。2018年，龙山县烟叶人工防雹增雨作业效果好，有效阻止雹胚发展，炮点影响范围内没有冰雹灾害损失发生，全县没有旱情发生。按照人影技术规范合理开展防雹增雨工作，防灾减灾效果明显。

【气象科普宣传】 利用“3·23”世界气象日在龙山县气象局门口进行气象科普宣传活动，通过“5·12”应急日宣传活动，“安全生产宣传月活动”面向社会各界市民、学生发放各类气象科普书籍、气象报、宣传手册5000份；制作龙山县气象防灾减灾防御手册，免费向各级政府机关、县直有关部门、安委会成员单位、学校、防雷重点企事业发放6000册。

水　文

【概况】 红岩溪水文站是湘西北区域代表站，始建于1957年，站址在湖南省龙山县红岩溪镇，东经109°37′，北纬29°17′，集水面积204平方千米，干流长度24.0千米，干流平均坡降4.17‰，由隆头河口（距离62.1千米）汇入酉水。该站属国家二类精度站，承担着降水、蒸发、水位、流量4个项目的测验任务。2018年，由红岩溪搬至龙山县城办公，常年从事水位观测、降雨量观测、蒸发量观测、河道流量测验等项目。在县内有2个水文站，24个雨量报讯站，墒情站1个。常年收集降雨量资料，为龙山县防汛抗旱、水资源保护开发利用、水利工程建设提供科学依据。

【设备维修维护】 2018年，为确保安全度汛，2017年底抓住有利天气完成水文站拉偏索、主索、两边地锚、升降索及循环索检查及打黄油工作。2018年2月成立红岩溪水文站、果利河水位站、召市水文站的断面桩埋设及刷漆、大断面的测量、水准点测量、水尺零高测量及站内四随图表绘制。在器材方面，认真调试各项仪器设备，对测流控制柜起点距进行了率定，并对雨量器口及蒸发器进行水平校对。并对仪器清仓归类，对流速仪进行全部打油清洗，并由专人统一管理。3月上中旬红岩溪水文站安排专业技术人员完成24个雨量站的维护维修工作。4月进行高洪水测验浮标演习，并制定了高洪水测验方案。

【降雨降水观测】 2018年，降水蒸发观测场地位置及周围环境均没有变化，测验河段较稳定，但测验断面有轻微冲淤现象。各水准点和各组水尺均稳定牢固，高程没有变动。全年测流44次，均用流速仪法施测，各测点均匀分布于各级水位、各个水情变化转折点处，满足定线要求。各测点偏离关系曲线均在误差允许范围内，精度可靠，布置合理。2018年红岩溪站降水高于历年平均降水量，9月19日出现日最大降雨125.5毫米，年降水量1676.3毫米，年降水日数180天，年内降雨量分布不均匀，主要降雨过程分布于4月、5月、7月、9月。年最高洪水390.87米出现于9月21日，1月1日出现年最低水位388.54米，年水位变幅达2.33米。资料完整，无错测、缺测现象，精度可靠。年总蒸发量561.9毫米。年最大日蒸发量4.8毫米，出现在7月20日，年最小日蒸发量0.1毫米，出现在1月4日。2018年为县水行政主管部门报送水质简报14期。为龙山县防汛抗旱减灾，最严格水资源管理提供科学依据。

工　业

经济和信息化

【概况】 龙山县经济和信息化局(简称"经信局")位于城北路25号,成立于2015年,是在原"县经济委员会"基础上,根据《中共龙山县委龙山县人民政府关于印发〈龙山县人民政府职能转变和机构改革工作方案〉的通知》(龙发〔2015〕9号)和《中共龙山县委龙山县人民政府关于龙山县人民政府机构设置的通知》(龙发〔2015〕10号)精神,设立县经济和信息化局,加挂科学技术局牌子,为正科级县人民政府工作部门。主要负责全县经济、科技和信息化的统筹管理、指导、协调和服务工业企业,促进县域经济健康稳定发展,推进新型工业化、科学技术化和电子网络信息化,承担改造传统工业,指导园区建设,服务中小企业的职能。局下属二级机构一个,县工业企业改制服务办公室。局机关加工改办以及科技情报站、电力执法大队、中药材服务中心。共有编制人数38人。其中局机关现有编制26名,其中行政编制16名,全额拨款事业编制8名(含参照公务员管理事业编制4名),后勤服务编制2名。内设综合办公室、经济运行、科技计划、中小企业等12个股室;归口管理县电力公司、县邮政局、县电信局、县移动公司、县联通公司和县人民银行等9家银行及人寿、财险公司。在册工业企业196家,正常开工生产110家,企业从业人员5090人。成规模工业企业34家,占企业总数的30.9%。其中,能源行业5家,医药食品行业13家,设备制造4家,化学制品制造业1家,黑色金属冶炼和延压加工业1家,建材行

棚户区改造——拆除老厂房

业2家，轻工纺织业4家。2018年完成工业投资5.2亿元。

【工业经济运行】 2018年，累计完成规模工业总产值209898万元，累计完成销售产值206901.1万元，产销率为98.6%。实现规模工业增加值(绝对额)63305万元，同比增长8%，增速排名全州八县市第1位，高出全州平均增速5个百分点。工业投资项目18个，投资5.2亿，同比增长57%。“企业入规”6家，“超州”定任务3家，四年来，首次全面完成企业入规任务。

【通信基础设施】 2018年，通信基础设施建设基本完善，无线基站达到1803个。其中4G以下基站457个，4G基站1346个，无线信号已实现全县所有行政村100%覆盖，4G信号在397个村委会、学校、卫生所等重点场所及周边村民集中居住区域实现100%有效覆盖，仅部分边远小组、因常住人口过少等原因尚未覆盖。

【农网改造】 2018年，全县共397个行政村(社区)，推行电力体制改革实现“同网同价”共涉及140个村(社区)，9个高压趸售，227个台区，3万多用户，全部实现同网同价。农网改造方面，81个预脱贫村已全部完成改造，补点完善项目39个村全部完成，省定精准扶贫对龙山考核农网改造任务26个村全部完成。

【中药材产业】 2018年，人工种植面积保持在4.2万亩，500亩以上连片药材基地6个，产业产值(不含百合)突破3亿元。经营和批发原药为主的中药材经营户40家，全县中药材交易额突破4.2亿元。成立中药材产业发展领导小组，设立中药材产业发展服务中心，在龙山成立湘西自治州中药材协会，编制《龙山县中药材产业发展规划》，出台《龙山县中药材产业发展实施意见》《龙山县中药材产业贷款实施意见》，成功申报百合、厚朴两个全国优质道地药材示范基地和黄柏、厚朴两个国家地理标志产品，2018年在龙山举办的土家医药论坛，在全国中药界影响巨大。

【重点企业】 2018年，湘西自治州成美建材有限公司是龙山县重点招商引资企业，湖南省“十二五”规划期间在湘西州布点的三条新型干法水泥生产企业之一。公司位于龙山县民安街道办事处红星村，占地133亩，目前有正式员工200人，外包合作单位员工30人。2018年实现总产值19305万元，公司生产线采用国际上最先进的新型干法悬浮预分解回转窑生产工艺，技术先进，装备精良，质量检测手段完善，2011年11月通过ISO丰9000:2008标准质量管理体系认证，2018年5月完成ISO丰9000:2016标准质量管理体系改版升级；生产过程采用DCS集散控制系统实行中央控制，生产设备全部实行电子自动化和电脑程序化控制，真正实现生产集约化、自动化和规模化。公司有高、中级专业技术和管理人才43人。元宝硅业位于石羔街道办事处元堡村；主要生产工业硅，2018年实现总产值8874万元。属于州县重点帮扶企业，现拟扩大至每年3万吨的产能，实现年产值3亿元，利税2000万元，解决当地建档立卡贫困户就业500人。昶光农业位于农车镇高速公路出口，公司年产1000吨土家风味牛肉食品加工生产线主体工程完工运营。2018年完成总产值7820万元，正在启动二期、三期工程。项目建成投产后能够实现销售收入突破1亿元。并带动湘西黄牛养殖、物流运输等上下游产业发展，促进当地百姓300人的就业。土家织锦是土家族重要的文化符号，县内有织锦企业46家，其中规模较大的有土家巧手、秋梅织锦、叶氏织锦、菊秀织锦、承菊织锦、惹巴妹等6家企业。百合以卷丹百合种植为主，种植面积8.5万亩，县内百合加工企业53家，主要集中在石牌至洗洛一带。2018年百合产值突破10亿元，加工产品年销售收入5.5亿元。裕鑫墙材位于白羊乡红星村跳鱼洞，拥有固定资产2200万元，流动资金2000万元，现有职工120人，各类技术人才20人。主要生产蒸压加气混凝土切块，为国家和省州鼓励的新型墙体材料。产品生产工艺成熟，设备先进。湖南美生宝生物科技公司生物产业园，工业生产用地260亩，总投资8亿元；湘西乌龙山酒业公司年产1500吨白酒项目，计划投资6100万元，已完成厂址分级平整、小河道防洪治理，正加快推进厂房设计和设备选型。投资2200万元的湘西吉程农机科技有限公司第四代耕作机生产线及科研楼建设项目已经开工；龙山县惹巴拉矿泉水公司年产10万吨富锶系列饮用矿泉水项目正全力推进厂房建设。

工业园区管理委员会

【概况】 龙山县工业园管理委员会成立于2006年12月，是县人民政府直属正科级全额拨款事业单位。核定全额拨款事业编制38名，实有工作人员29名，其中中共党员16名。内设综合办公室、财务科、建设科、招商科、企管科、安全维稳科、工会办公室、纪工委办公室、党建办9个科室。主要业务范围是搞好园区规划布局、拆迁安置、工程建设、入园企业的招商引资工作。龙山工业集中区于2014年7月批准为省级工业集中区，核定建设用地面积为1.735平方千米，规划建设宝塔工业园、石羔产业园。2018年，完成固定资产投资45900万元，比2017年增长70%；实现技工贸总收入70531万元，比2017年增长9.76%；实现利润总额6262万元，比2017年增长71.09%；上缴税金总额1920万元，比2017年增长13.34%。

【项目建设】 2018年，龙山工业集中区标准厂房（一期）建设项目位于龙山县民安街道红星村，总用地面积53255.39平方米，建设内容为9栋标准化厂房及1栋园区服务用房等建筑物，总建筑面积82744平方米，配套建设室外供水、供电等附属工程，总投资1.8亿元。项目全部竣工并投入使用。龙山工业集中区二期标准厂房PPP建设项目。根据《财政部关于规范和社会资本合作（PPP）综合信息品台项目库管理的通知》（财办金〔2017〕92号）及《关于实施PPP和政府购买服务负面清单管理的通知》（湘财债管〔2018〕7号）、《湖南省财政厅关于压减投资项目切实做好甄别合适政府性债务有关工作的紧急通知》文件要求，原二期标准厂房PPP项目被清理退库。重新招标后二期标准厂房建设项目总投资为1.1亿元，建设"五通一平"、一栋服务用房、一座桥梁、河堤、市政道路等工程。2018年，重新招标后二期标准厂房建设项目签订了施工合同。菊粉生物科技要业园项目。菊粉生物科技产业园项目选址于湖南省龙山工业集中区二期，工业生产用地260亩，总投资8亿元（含菊芋种植基地投资）。分三期投资建设，累计建设厂房10万平方米以上。2018年，该项目完成规划

11月7日，县政协副主席余志国（前排左一）带领部分政协委员、县直机关职能部门以及企业代表，对龙山工业集中区建设情况和企业发展现状进行专题调研

设计及相关方案的编制。湘西吉成农机科技产业扩展建设项目。项目占地12亩，建筑面积8879平方米。2018年，完成规划设计评审。洗洛矿泉水项目。龙山县洗洛天然矿泉水生产线建设(一期)项目建设规模为年产350毫升、560毫升天然矿泉水系列产品20万吨。项目总建筑面积为20480平方米，建筑密度为47.70%。项目估算总投资20857.29万元。2018年，该项目全面开工建设，累计完成投资8500万元。石羔产业园配套基础设施即高铁新区建设项目。建设内容为站前广场、站前大道、湿地公园、市政道路工程，总投资3.9亿元。2018年，项目完总工程量的55%。

【招商引资】 2018年，龙山众泰中药材开发责任有限公司、龙山县鼎森服饰有限公司、湘西中药材行业协会、龙山县玖发茶叶、龙山县丽尔服饰有限公司、龙山县古士鹿纺织服装有限公司入驻龙山工业集中区一期标准厂房。龙山县创新创业孵化中心、创晶新能源科技有限公司签订入园租赁合同。龙山县吉成农机科技有限责任公司、湖南美生宝生物科技有限公司自建厂房入驻龙山工业集中二期。

国网供电

【概况】 国网龙山县供电公司2016年6月正式上划为国网湖南省电力有限公司龙山供电公司。内设7个部门，3个业务支撑和实施机构、17个班组、6个供电所、1个集体企业。在册员工442人，平均年龄44岁。全县用电户数205234户，运维变电站14座(110千伏4座，35千伏变电站10座)，容量248.4兆伏安；35千伏线路23条/305.21千米、10千伏线路83条/2289.859千米，400伏及以下线路6189.527千米。区域内共有10千伏配变2832台，其中公用变压器1953台，专用变压器879台。2018年全县最大负荷13.2万千瓦，售电量4.7535亿千瓦时，综合线损9.41%，台区线损率8.5%。农网改造累计完成397个村，改造完成率为100%。

【安全生产】 2018年，县供电公司顺利完成迎峰度夏、迎峰度冬、省民运会、高考、春节等重大保电任务。强化安全生产秩序管控和各级人员安全履职，全年完成检修计划436项。补强安全稽查力量，成立了安全稽查队，大力开展安全稽查。省、州、县三级累计处罚违章金额62200元，其中公司自查处罚金额32700元。开展配网安全隐患专项排查，共排查隐患369处，整改298处，整改完成率80.75%。强化线路廊道治理和台区砍青，10千伏配电线路跳闸率较2017年下降35.14%，配变停运率较2017年下降41.2%，重过载台区治理成效显著，同比下降51%，“以抢代维”的生产局面明显好转。配网自动化建设全面启动。

【电网建设】 2018年，紧紧抓住省公司“电网建设三年行动计划”加大投资的机遇，完成“十三五”电网滚动规划、2018年县城配电网规划，协调推进联盟220千伏变电站、35千伏望城变升压、110千伏繁荣变等项目建设的前期工作。属地协调“龙山模式”得到州县政府及省州公司认可和推广，公司被评为省公司“属地协调先进集体”，龙山县2018年所有电网建设项目均被县政府评为优秀项目。大力开展设备状态评价，19条老旧10千伏线路纳入网改计划，储备网改项目239个，资金2.2亿元。积极服务光伏扶贫项目建设，跃进等4个光伏电站如期建成投运。

【改革发展】 2018年，以流程优化、业务融合、机制完善为重点，成立供电服务指挥中心、安全稽查队、物资供应分中心、配网项目规划中心、营销服务采集监控中心，各项工作有序开展。全能型供电所常态化运行，建立健全网格化、片区化的供电服务模式，成立28个供电服务组，推进营配业务融合，构建快速响应的服务最前端体系。公司信息系统实现全覆盖，物资管理、运营监控、供电服务水平进一步提高，业务支撑和实施机构工作能力、水平稳步提升。向上争取资金，解决了28个网格的办公设施和生活设施问题。开通供电所视频会议，减轻基层员工会议往返负担。

洪水中电力抢险

【供电服务】 2018年，在集远抄建设工作全面完成后，为适应互联网技术发展的新形势，减轻电费回收工作压力，在全县范围内大力推广电费智能结算方式、推行费控管理，同时广泛发动员工，全力推广“国网湖南电力”微信公众号，费控停复电应用率、成功率，线上缴费应用率稳步提升，线上缴费比例78.07%，较年初52.01%上升26.06%，较湘西公司目标值60%高18.07%；远程费控执行成功率为90.17%，停电成功率为84.53%，复电成功率为96.49%，三项指标均排名全州第一。服务县域经济建设，主动深入工业园区对大客户进行多轮次调研走访，为企业办电用电解决实际问题。2018年累计投诉25件，营销类投诉5件，生产类投诉20件。与2017年同期78件相比，减少53件，下降67.94%，其中生产类投诉下降35起，下降63.64%，营销类投诉下降18件，下降78.26%。特别是在春节保电期间，实现零投诉，创历史最好成绩，圆满完成春节期间的保电任务。

【经营管理】 2018年，积极处理历史遗留电费，公司共回收陈欠电费110万元，回收趸售区积压电费330万元，完成27688户超期户表上户工作，完成138个村的接管，接收用户38713户。大力开展用电秩序整顿，2018年累计查处违章用电6户，窃电125户，立案130起，抓捕窃电人员13人，判刑1人，处罚金额238.31万元，完成年计划75万元的317.74%。2018年，公司累计查处违约、窃电用户57户，追补电量8.249万千瓦时，追补电费7.65万元，收取违约金22.94万元，合计30.59万元。完成管控值24万元的127.44%。全力开展“党建十三降一提升”主题实践活动，公司同期线损合格率从36.75%提升到90.53%，公司荣获省公司“县级供电企业台区线损进步奖”。

【党建】 2018年，组织学习、宣传和贯彻公司党委的各项决策部署，确保将各项要求具体落实到管理的末梢。始终坚持党建工作服务中心工作，针对公司同期线损高、现场违章多、用户投诉频发等现象，各支部开展党员身边无高损、党员身边无违章、党员身边无投诉等活动，各支部出动80多人次，解决高损和负损台区40多个。同时坚持经常性的普遍教育与有重点的个别教育并重，耐心说服教育与严格的组织纪律并举，正确引导公司员工认同国网企业文化，围绕中心工作开展企业文化宣传，拍摄的微电影“又是一年杏叶黄”获全省学雷锋志愿服务公益微视频大赛“最佳摄影奖”。公司顺利通过州级文明窗口验收；国强服务队被推荐参评“全国学雷锋优秀服务队”，员工张国强被中宣部评为“全国岗位学雷锋标兵”。

湘源电力

【概况】 龙山县湘源电力有限公司属于以水电生产经营为主的国有地方电力企业，2018 年有员工 468 人，电站装机总容量 4.03 万千瓦。公司下辖 5 座水电站和 1 个多种经济公司等 6 个基层单位，内设 14 个管理部室。多经公司主要业务以低压维护与安装（“电保姆”项目）、氧气厂协管、周边电站代维代运、城区路灯维护等业务为主。湾塘水电站位于洗洛镇小坪村，是龙山县境内最大的水电站，1985 年 8 月 15 日动工修建，1991 年投产发电，原装机总容量为 24500 千瓦，经过增效扩容技改后，装机容量增加到 31000 千瓦。三元水电站位于石羔街道办事处殷家社区，1973 年投产发电，装机容量为 5000 千瓦，2012 年纳入湖南省第一批农村小水电增效扩容技改试点项目，经过增效扩容技改后，装机容量增加到 6000 千瓦。英雄水电站位于石羔街道办事处竹元社区，1958 年始建为英雄运河水利工程，1961 年因土坝被洪水冲跨而宣告失败，1963 年经省水电厅批准在原址修建水电站，装机容量 1800 千瓦。西湖水电站位于红岩镇西湖村，利用水沙坪排洪隧洞来水发电，1979 年建成投产，装机容量 1200 千瓦。狮子头水电站位于新城街道狮子头社区，原属乡办电站，1981 年建成投产，1992 年因坝内漏水停办，2005 年公司在原址新建水电站，装机容量 300 千瓦。2018 年，实现发电量 1.96 亿千瓦时，超过历史记录 690 万千瓦时；实现上网电量1.93亿千瓦时；上缴税金 205 万元。2018 年公司荣获“州园林式管理先进单位”“州‘上云’标杆企业”称号，英雄水电站荣获“州职工小家”称号。

湾塘水电站

【安全生产】 2018 年，开展落实“企业安全生产主体责任年”活动，组织安全生产大排查和大整治，消除设备隐患，提高设备使用效率。重点消缺的项目有：湾塘电站的接地网改造、3＃机组测温线路改造、监控系统升级改造及 3 台机组调速器维护检修；三元电站渠道补漏、4 台机组 B 类检修、35 千伏线路开关消缺、2＃主变变压器检修及安装大坝接地网；英雄电站 3 台机组 B 类检修及蝶阀漏水修复；西湖电站渠道整修及 2＃主变变压器高压侧断路器更换；狮子头电站控制屏柜更换及大坝溢流面修复等。其中湾塘水电站增效扩容改造工程经过 1 年的运行检验，机组效能符合要求，工程质量规范合格，资料档案归集齐全，通过省水利厅、省财政厅的竣工验收。

【工程建设】 2018 年，三元水电站二期工程进展有序。完成临时征地工作。隧洞出口边坡和厂房基础开挖，开挖土石方 1.8 万立方米。隧洞掘进

910 米，开挖土石方 18200 立方米。隧洞挂网、锚喷、支护 150 米；完成临时施工道路的施工，进水口、调压井的开挖正有条不紊地推进。

【技术培训】 2018 年，对全公司生产管理和运行人员 237 人开展为期两个月的安全规程、业务知识大轮训。组织全公司 154 名运行人员开展应知应会、现场开停机及简单事故处理培训和实际操作培训，实现安全业务培训全覆盖，做到人人过关。以冬修工作为契机，请厂家技术人员到冬修现场进行指导，对 4 名员工进行调速器维护检修培训。抽调 15 名专业技术人员到落水洞电站参加机电安装工程，组织各基层电站站长和相关职能部门负责人到湖北能源集团及恩施国电相关单位，考察学习先进经验，取长补短。通过培训学习，员工队伍得到优化，业务技能水平得到提升。

【益众“电保姆”】 益众“电保姆”的经营范围是：电力低压设施的承装、承修、承试业务，电器产品的安装调试、维修、维护、试验等。2018 年，益众“电保姆”与 11 家单位签订用电服务协议，为城区 2100 多用户提供优质用电服务，为县城范围内的主次干道、各种休闲广场路灯、景观灯及其配套设施搞好维护。

城镇供水

【概况】 龙山县城镇供水公司始建于 1972 年，属国有公益性服务企业，隶属县住房和城乡建设局。承担着龙山县城区、里耶镇近 20 万人口的生产、生活供水重任。下辖石羔水厂、梨园水厂、亭寺堡水厂和里耶水厂。梨园水厂日供水能力为 3.5 万吨，石羔水厂日供水能力 5 万吨，亭寺堡水厂因水源污染已停止使用，里耶水厂日供水能力为 1 万吨。城区主要取水水源为卧龙水库水，补充水源为酉水河石羔段，里耶水源为东风电站库水。供水主管网（100 毫米以上）已达 140 千米，供水范围县城区覆盖了东至新城大道馥生公司，南至天王庙，西至宝塔社区和红星社区（原白羊乡），北至螺丝滩、石羔正南村、中南村及冲天村至党校沿线等规划新区和城郊结合部。

县住建局领导深入水厂调研

【供水保障】 2018 年，完成供水量 1300 万吨，比 2017 年同期增长 7.6%；销售水量 970 万吨，比 2017 年同期增长 70 万吨，增长率 13.9%；水费回收率 99%，水量回收率 75%；管网压力合格率 95%，出厂水水质综合合格率 100%，管网水水质综合合格率 96.1%。

【供水安全】 2018 年，公司投入 20 万元，对梨园水厂水质检测室进行提质改造，新建里耶水厂水质检测室。严格按国家新的生活饮用水卫生标准，对出厂水质进行全面监测，保证水质持续达标。每天对源水、滤前水、滤后水、出厂水做12项分析化验，每季度做一次水质全分析，检测项目达34项。5月，公司顺利接管龙山县农村饮用水安全水质检测中心，改造并更新了检验设备，负责全县农村40个监测点的水源水及管网末梢水水质检测，为加强农村生活饮用水安全管理提供技术支持。

【供水设施建设】 2018年，为解决因卧龙水库水渠整修影响县城供水水源，8月开工建设石羔水厂应急水源工程，建设取水泵房1座，铺设DN600球墨铸铁管输水管1200米，DN700球墨铸铁输水管15米，架设高压线路1200米。总投资700万元，12月工程竣工投入使用，项目建成有效的解决了城区供水矛盾及农村人饮问题。完成石羔水厂集中供水工程输配水管网项目，铺设DN400球墨铸铁管3180米，铺设DN100球墨铸铁管94米，工程总投资399万元，实现石羔水厂与梨园水厂主配水管网的联通，解决了因卧龙水库水渠整修影响城区供水的矛盾。完成工业园区至成美水泥厂城市供水管网安装工程，总投资120万元，铺设安装DN300球墨铸铁管590米，新建加压泵房及配套设施，扩大了城区供水范围，解决了红星村安全饮水问题。

【供水一体化】 2018年12月21日，县政府与北京首创股份签订《龙山县城乡饮水PPP项目》协议，项目总投资8.11亿元，共涉及18个乡镇22个自来水厂，建设周期两年。建成后将彻底解决龙山县城乡安全饮水问题。

城乡建设·环境保护

住房和城乡建设

【概况】 1951年，县政府建设科兼管城乡建设。1960年县成立基本建设局，1982年撤销基本建设局，成立基本建设委员会，1983年撤销基本建设委员会，成立县城乡建设环境保护局，1984年分设城乡建设委员会，1994年撤销城乡建设委员会，成立建设局，2010年4月改称龙山县住房和城乡建设局。下设办公室（加挂人事、法规），计财股、生产股、建筑管理股（加挂招标办）、市政管理股、纪检组等股室。局工作人员14人。下辖建筑管理站、工程质量监督站、建筑材料检测中心、城建站、建筑勘察设计院、城建监察综合执法大队、建设工程安全监督站、建设工程招投标管理办公室、燃气管理办公室、城镇供水公司、工程公司、一建公司12个企事业单位，工作人员1300人。

【脱贫工程】 2018年，超额完成农村危房改造任务，开工3047户，开工率100%，竣工2989户，为省定竣工率123%，拨付补助资金1.22亿元，严格按照农村危房改造工作程序和要求，以坚定的政治担当、强有力的措施和过硬的工作作风，高质量通过国家第三方评估、省州交叉考核和脱贫攻坚考核，被评为"湖南省农村危房改造工作突出单位"，其经验做法受到全州推广。农村综合服务平台累计完成投资3.6亿元，309个新建项目和56个改造项目全部竣工，并拨付工程款，确保了农民工群体稳定和社会大局稳定。

【建筑产业】 2018年，全县施工资质企业27家，

龙山县住房和城乡建设局办公楼

房地产开发企业22家，在建工程项目51个，建筑面积106.6万平方米，总造价31.6亿元，创优良工程6个，实现预期目标。商品房交易实现网签全覆盖，新建商品房网签面积30.2万平方米，成交金额13.73亿元，二手房交易网签面积4.7万平方米，成交金额0.77亿元，23个居民小区实现专业化物业公司服务。推进建设工程扬尘治理和标后管理，开展6次集中整治专项行动，查处违法违规建设行为27起，限期整改问题126件，行政处罚15起，罚款48万元。开展“两违”集中宣传和进村入户宣传6次，完善“两违”日常巡查机制，形成了乡镇、县直相关单位信息互通共享的工作机制，全年上报线索12起，参与“两违”强拆4次，拆除“两违”建筑4238平方米。

【项目建设】 2018年，总投资8亿元的城乡安全饮水工程PPP项目，将新建和改造城镇自来水厂18个，铺设供水主管网81千米，设计城区日供水能力近期8万吨，远期15万吨，完成社会资本方采购和SPV公司组建。投资4亿元的城乡污水治理工程PPP项目，县城新建工业园、螺蛳滩2个污水处理厂，提标改造宝塔污水厂，新建惹巴拉、乌龙山等2个重点景区污水处理厂，新铺设污水管网58千米，县城污水日处理能力设计近期5万吨、远期10万吨。总投资1亿元的城乡环卫一体化工程PPP项目。新建21个乡镇垃圾中转站，完成社会资本方采购，正在组建SPV公司。土城坝城区公租房4522套和棚改安置房584套主体完成80%，乡镇公租房354套主体完工。城区入城口道路改造、中秋坝特色民居改造等项目进入扫尾阶段。20个传统村落进入第五批中国传统村落名录，编制完成第四批5个传统村落保护发展规划，获中央财政传统村落保护专项资金2700万元，实施9个传统村落共27个项目建设。全面启动朝阳路、洗车河镇、苗儿滩镇、隆头社区特色民居改造安全隐患整治工程，总投资800万元。

【民生事业】 2018年，新建改造城区污水管网18千米，完成宝塔污水处理厂收集管网和厂区设施设备改造。县城梨园水厂改扩建、石羔水厂厂区建设以及紫金山提水泵站等工程建设全面完成，顺利实现合并供水，有效缓解了城区现阶段供水矛盾。城区管道天然气项目特许经营权重新规范授予工作，确保城区安全正常供气，维护了天然气处非期间社会大局稳定。实施厕所革命。采用项目配建相结合的办法，累计投资2900万元，完成县城区23座、乡镇6座公厕建设。开展市政设施维护，累计完成投资1250万元，完成网格管理、12345热线和网络舆情交办事项1000件。高速下线、岳麓大道、皇仓坪森林公园等绿化亮化项目全面建成，县城园林绿地总面积3.4平方千米，绿化覆盖率27.4%。

【简政放权】 2018年，简政放权进一步深化。成立行政审批股，22项办事项目全部进入政务中心，平均办结时限在原有基础上压缩环节11个，压缩时限23个工作日，其中竣工验收法定办理时限为30天，优化后承诺办理时限5天，减少25天，压缩幅度达87%。绿色通道制度不断完善。出台保障性安居工程建设绿色通道制度和长沙市对口帮扶项目审批制度，对重点项目、重点工作推进提供优质高效服务，明确容缺办理和审批时限，优化了营商环境。

【矛盾化解】 2018年，坚持全面从严治党，狠抓基层党建和党风廉政建设工作，干部职工的廉洁意识、担当意识、服务意识明显加强。完成处置天然气非法集资、棚户区改造历史遗留问题、世纪新村开发项目遗留问题、桂塘液化气非法充装4个重大社会风险问题化解工作。维护了社会大局稳定，确保各项工作有序推进。

城乡规划

【概况】 2018年，龙山县城镇规划管理局为龙山县住建局管理的副科级事业机构(参公单位),内设机构 4 个,即办公室(法规股)、规划编制股、规划审查股、村镇规划股。全局工作人员 17 人。其中正科级 1 人,副科级 2 人,科员 13 人,临聘 1 人。

【城乡规划】 2018 年,完成老城区控制性详细规划、新城区控制性详细规划、白羊工业园区控制性详细规划、高铁产业园控制性详细规划编制工作。基本实现控制性详细规划编制工作全覆盖。按照《龙山县美丽乡村示范创建三年行动计划》(龙办发〔2017〕18 号)文件精神,县规划局组织湖南省建筑科学研究院、长沙市规划院完成县美丽乡村村庄规划编制任务数 140 个。其中改善类村庄规划 60 个,简易类村庄规划 20 个,建房说明书 60 个。并已组织规划评审和报批工作。

【规划审批】 2018 年,县人民政府县长、县规划委员会主任刘冬生主持召开 5 次县规划委员会,审议 9 个设计方案、13 个选址方案、3 个城市设计方案,合计 35 个议题。议题涉及学校、医院、商业、私宅、基础公共设施等社会民生热点问题。城乡规划区内所有建设项目报集中审查会议审查,坚持每周日晚上召开集中审批会。2018 年公建项目核发选址意见书 7 份,建设用地规划许可证 29 份,建设工程规划许可证 52 份;私建项目核发建设用地许可证 552 份、建设工程规划许可证 552 份、乡村建设规划许可证 2004 份。

【规划监管】 2018 年,根据《关于开展全州"两违"工作督查的通知》(州两违办函〔2017〕11 号)文件精神,县规划局协助县"两违"办,扎实推进农民建房规划管理及"两违"清理整治工作,出具规划认定工作联系函 55 份,开展"两违"整治工作 25 次,拆除"两违"建筑 31 宗,拆除建筑面积 6539.8 平方米,恢复土地面积 4233 平方米。

城市管理和综合执法

【概况】 龙山县城市管理和综合执法局为县人民政府工作部门,机关内设办公室、财务室、政工股、法规股、工会、团工委 6 个股室,核定编制 9 名。局下属机构 3 个,即县城市管理行政执法大队、县环境卫生管理所、县路灯户外广告设置管理站。全局共有在编干部职工 189 名,临时聘请人员 170 名。

【城市管理】 2018 年,紧紧围绕巩固省级卫生县城、湖南省第九届少数民族传统体育运动会召开等工作重点,扎实开展城区环境秩序综合整治工作。市容市貌整治。大力整治新建路、朝阳路、长沙路、民族路、湘鄂路、高速公路下线、岳麓大道 7 条主干道出店经营、占道经营、流动摊点和乱搭乱建、乱堆乱放、乱拴乱挂、乱停乱摆等行为。集中开展龙凤

12 月 30 日,城管和执法局 100 余名执法人员开展扫雪除冰行动

路二中段、汤家沟出入城口、兴隆街道、里耶文化景区、湘鄂情大桥段、街心花园广场、华塘新区(体育中心)、校园周边等环境秩序整治及城区广告、城区交通秩序、餐饮油烟噪声污染等治理工作。全年清理占道经营8962处,出店经营3617处。清理各类流动摊点6740个,清理广告、横幅、乱拉乱挂物品145件,暂扣扰民高音音箱设备30台;拆除大型立式广告牌30块,清除喷绘广告110块。清理装修建筑垃圾128车,拖移乱停乱摆车辆9896台、依法锁车295辆,清运乱堆乱放经营物品13车。拆除乱搭乱建的各类棚子125个,规范违章占道洗车25处,规范占道经营修车15处。渣土运输管理。按照"全覆盖、平货箱、不带泥"九字方针,坚决打击违规运输建筑垃圾、车辆污染路面等行为,凡违规者一律锁车、罚款。与此同时,强化源头治理,严控扬尘污染,督促施工企业围栏作业,完善冲洗平台设施,做好清扫保洁工作。全年查处违章违规运输渣土车辆200台次;现场制止带泥上路车辆89台次,清运沿街砖头、插伞水泥墩50车,制止违规施工行为45起。

环卫市场化作业。按照"大街靓、小街净、河道清、无死角"的环卫作业标准,狠抓城区清扫保洁工作,通过对高建环卫作业情况进行严管重罚,着力提高县城区环卫市场化作业水平。垃圾清运。做到垃圾日产日清,清运及时,无裸露垃圾、无隔夜垃圾。以卫生填埋的方式集中处理生活垃圾120吨/天,餐厨垃圾20吨/天。机械化清扫。每天对主次干道全面冲洗一次,主干道洒水降尘两次。对主干道行车道、超车道洗扫两次、次干道一次,特别是抓住下雨天有利时机,反复冲洗、反复赶水。全年城区内机械化清扫率达到74.6%。

人工清扫冲洗。每10天对主干道的人行道进行冲洗,保证干净整洁;每周对中间绿化带进行冲洗,保证绿化带不带灰、不带泥,树叶常青,树木常绿。及时对城区内8座公厕进行清扫、保洁,保持正常开放使用。对皇仓坪公园定时清扫、清运,确保公园干净、整洁、舒适。加强洗车平台管理,工作人员服务态度较好,服务水平较高,为广大车主带来了便利。

【设施设备】 2018年,重庆高建公司新增1台8吨自卸式垃圾运输车,1台8吨洗扫车,1台洒水车。政府采购添置1台165型推土机、60个勾臂式垃圾收集箱,153个240升垃圾收集桶。2018年,生活垃圾处理场整改工程全面竣工,生活垃圾处理水平进一步提高。

【路灯亮化】 2018年,新增体育中心沿线、人民医院至党校、白羊路至工业园沿线路灯;共维修大街小巷路灯1600盏,修复地埋电缆短路、断路等故障点50处,更换故障电缆2000米,出动维修巡查车200台次,高空作业车80台次。全城路灯随坏随修,城区主要街道亮灯率达到了98%以上,居民巷亮灯率达到95%以上;根据季节更替,及时对路灯开关时间进行调整,使开关灯时间达到科学合理,切实提高路灯照明的覆盖率,确保路灯设备的正常运行。

【两违治理】 2018年,积极配合县"两违"整治办及相关职能部门开展"两违"执法工作,及时组织执法人员,将"两违"建(构)筑物强制拆除到位;完成民安、华塘、兴隆、石羔4个街道办事处综合执法中队的派驻工作,并对乡镇行政综合执法开展业务指导,协助乡镇(街道)及有关职能部门处置重大"两违"案件。

房地产管理

【概况】 龙山县房地产管理局成立于1998年,为正科级事业单位,隶属县住房和城乡建设局管理,经费渠道为自收自支。2016年,根据龙山县机构编制委员会办公室《关于龙山县房地产管理局有关职责和机构编制调整的通知》(龙编办发〔2016〕79号)文件精神,县房地产管理局为县住房和城乡建

2月2日，县房管局全体帮扶干部深入咱果乡哪寨村栽下“连心树”

设局管理的正科级公益一类事业单位。内设机构12个：办公室、政工股、财务股、产权产籍管理股、政策法规监察股、房屋档案资料股、住房保障股、房屋安全鉴定管理股、市场管理股、信息中心、房地产交易管理股、房地产测绘股。下属三个事业单位：龙山县白蚁防治管理所、龙山县房屋征收与补偿管理办公室、龙山县物业管理办公室。全局共有干部职工88名。

【房地产交易】 2018年度办理房屋转移备案422件，面积55424.15平方米，成交金额1.03亿元。办理商品房期转现备案143件，面积1647.12平方米。办理非交易性转移备案38件，面积8709.31平方米。办理期房预售预告备案2646件，面积290662.97平方米，成交金额12.8亿元。办理房产测绘业务215件，面积113万平方米。

【房地产开发】 2018年，进一步加强商品房预售管理、预售资金监管、合同网签备案等方面监管工作，严禁企业虚假宣传，增强销售环节透明度，严格登记办理时限，切实维护消费者合法权益。对在建在售的14个项目实施监管，累计监管预售资金10.7亿元。拨付使用10.2亿元；共发放商品房预售许可证35本，预售面积560064平方米，其中住宅354715平方米。商品房交易实现网签全覆盖，截至11月，新建商品房网签面积301655平方米，成交金额13.73亿元，其中住宅266602平方米，10.37亿元，二手住房交易网签面积46696平方米，0.77亿元。

【保障性住房】 公共租赁住房分配244套。租赁补贴计划发放任务232户，实际发放179户。应发放金额268500元，实际发放134250元。

【物业管理】 2018年，现有住宅小区203个，居住人口8万人，其中商住小区58个，保障性住宅小区30个，机关单位院落115个，建筑面积480万平方米，物业服务企业25家。物业从业人员600人。全县归集住宅专项维修资金1.01亿元。加强对开发建设单位的监管，填补住宅专项维修基金维修的空档期，按工程总造价的3%向开发建设单位收取物业质量保修金。归集物业质量保修金109.8万元。

【城市棚户区改造】 2018年对2016年项目21户未签协议的业主下达履行房屋征收补偿决定催告书，已完成签约735户，在华塘商居城安置422户，2018年项目任务已签订征收补偿协议。2018年重点项目棚户区改造综合整治工作改造任务2100户，改造面积18.34万平方米，涉及民安街道物资局职工棚户区、机械厂棚户区、南正街棚户区。工程项目已于11月完成项目施工招投标挂网，11月29日正式开标。农校家园、锦绣花园增补为2018年棚户区改造综合整治项目。

【房屋安全鉴定】 2018年配合黔张常铁路指挥部完成理赔工作80户，面积16000平方米。落水洞电站完成理赔工作23户，面积4600平方米。绕城线完成理赔工作26户，面积5200平方米。落实信访房屋安全排查5起。配合县危房改造指挥部完成3047户的房屋安全鉴定工作，面积30万平方米。

生态环境

【概况】 2018年，龙山县环保局在编工作人员58人，9个股室，下设县环境监察大队(参照公务员管理事业单位)和县环境监测站(全额拨款事业单位)两个具有独立法人资格的二级机构。紧紧围绕全县中心工作，主动进行项目环评审批和服务，严格环境执法，认真抓好污染减排，注重生态保护和区域环境综合整治，努力构建生态文明和谐的人居环境，推动污染防治和生态保护，县域内国控、省控地表水监测断面、县城集中饮用水源水质均能达到《地表水环境质量标准》(GB3838—2002)Ⅲ类水质，水质达标率为100%，城市环境空气质量优良率为94.2%。2018年12月，被评为州级文明标兵单位。

【环境状况】 2018年，龙山县城市环境空气质量优良天数比例为94.2%，轻度污染天数比例为4.1%，中度污染天数比例为0.8%，重度及以上污染天数比例为0.8%。较2017年同期相比，优良天数比例上升4.6个百分点，重度及以上污染天数比例下降0.3个百分点。$PM_{2.5}$平均浓度为33微克/立方米，较2017年同比下降13.2%；PM10平均浓度为48微克/立方米，较2017年同比下降21.3%；SO2平均浓度为7微克/立方米，较2017年同比下降12.5%；NO2平均浓度为10微克/立方米，较2017年同比持平；CO日均值第95百分位浓度平均为1.2微克/立方米，较2017年同比持平；O_3日最大8小时平均第90百分位浓度平均为108$\mu g/m^3$，较2017年同比上升3.8%。环境空气质量综合指数2.98，较2017年同比下降9.4%，在全省90个县市区中排名第6。地表水质量保持稳定。2018年，龙山县地表水水质总体为优。跳鱼洞电站断面为Ⅲ类水质，洗车河电站断面为Ⅱ类水质，Ⅰ—Ⅲ类水质断面比例为100%。与2017年同期相比，该二个断面水质类别均保持稳定。饮用水质量略有波动。2018年，龙山县卧龙水库、英雄电站2个城市集中式饮用水水源地水质均达标，水源地达标率为100%。卧龙水库、英雄电站断面水质类别为Ⅱ类，与2017年同期相比，卧龙水库断面水质略有下降，英雄电站断面水质保持稳定。县城区声环境质量整体状况较好，但娱乐性和偶发性高噪声情况偶有发生，全县土壤环境质量状况基本保持稳定。

治理后的王家棚煤矿清洁水池

【节能减排】 2018年，全县完成22家加油站油气回收和双层防渗漏储油罐改造。完成主要污染物减排任务，化学需氧量减排1252.94吨，氨氮减排146.80吨，氮氧化物减排222.2吨。其中新增化学需氧量减排56.52吨，氨氮减排16.51吨，氮氧化物减排136.7吨。里耶古城秦川污水处理有限公司重新投入运行，实现排水管网雨污分流改造8589米，新增纳污管网5052米。规模化畜禽养殖污染治理设施的不断投入，畜禽养殖“三区”规划强力推进，全年关停或退养畜禽养殖场共93家（仅城区范围内退养30家）。主要污染物化学需氧量排放量减少59.68吨。成美水泥厂脱硝设施技改完成，用氨水替代尿素为脱硝剂，脱硝效率明显上升，年氨氮排放量减少1.111吨。抬高环保准入门槛，严把建设项目环境影响评估关，2018年，完成建设项目环评文件审批60个，实现建设项目环境影响登记表备案103个。

【环境监测】 2018年，做好全县域生态环境质量监督与监测，定期对辖区5家国控重点污染源企业开展监督性监测，与在线监控设备数据进行对比，确保达标排放。全县有城区大气环境质量自动监测点（皇仓中学）1个，地表水断面3个。国控断面1个（里耶），省控断面1个（宝塔渡口），县断面1个（洗车河电站），饮用水源保护区监测点2个（卧龙水库、英雄电站），每月监测1次。省国控断面、县断面和饮用水源保护区的第三方检测机构监测外，开展县域12条河流28个断面背景监测调查，25个生活污水入河排污口取样化验，结果都满足区域水环境质量要求，达标率100%。2018年，对成美建材公司尾气取样化验12次，发挥监测耳目作用，监督其达标排放；土壤环境质量监测方面，2018年主要针对重点行业企业用地调查信息进行采集，完成38家企业的用地污染状况甄别，核实出6个污染地块上报省州。

【环保执法】 2018年，进行执法检查260次，出动执法人员869人次，检查生产经营单位260家；立案调查环境违法行为为9起，其中移送公安行政拘留1人，行政拘留两人，停产整治一家，行政处罚8家，行政处罚罚款58.3万元。其中“春雷”环保百日行动、“绿盾2018”共计出动178人次，排查非煤矿山及各类企事业单位35家，饮用水源保护区（卧龙水库）1处，双随机检查81家企业，出动执法人员325人次。12369环保投诉热线实行专人专管，限时办结，对群众来信来访专人登记，及时办理回复，确保环境信访投诉渠道畅通。2018年共收到来信来访120起，处理率、结案率100%。完成生态保护红线划定，确定生态保护红线面826.37平方千米，占全县国土面积26.4%。其中包含国家级地质公园1个、省级自然保护区2个、省级森林公园1个、省级风景名胜区1个、县级自然保护区3个。对30个建设项目进行涉及生态保护红线审查。

【污染监管】 严格落实建设项目事中事后监管，督促相关单位进行建设项目环保设施竣工验收工作，2018年共监管建设项目40个，完成环保设施竣工验收6家，对县域内在用放射源单位1家、Ⅲ类射线装置单位16家，国控污染源5个的运行实现常规化监管。按照州里下达的2018年度污染防治攻坚任务清单，金旺矿业尾矿库整治工程完成并通过验收，惹吧拉污水处理厂建设进度快速推进，污水处理池等主体基础工程基本完成，龙山县工业集中区投入资金500万元，建成日处理500吨的污水处理站投入运行；实现与省州在线监控网络联网对接。湘西州成美建材有限公司投入600万元，完善窑头窑尾颗料物收集、窑尾二氧化硫、氮氧化物的治理，实现大气污染物限值排放目标。对接省厅农村环境综合整治资金390万元，完成50个村（社区）环境综合整治项目。开展全县非煤矿山专项整治，出动执法人员150人次，对县域内30家采石场开展专项整治工作，对17家露天采石场下达《龙山县露天采石场污染防治措施整改预交办通知单》，并不定期进行专项督查督办，截至12月，4家采石场完成整治整改，环保设施通过竣工验收。其他采石场整治工作正在有序推进。为确保饮水安全，完成8个乡镇千吨万人和千人以上集中式饮用水源保护区的划分、技术审查、方案报批工作。针对一些饮用水源存在的问题，紧跟国家、省水污染防治重点，完善项目库建设，编制5个饮用水源地综合整治可研报告，涉及资金1.9亿元，对卧龙水库库区离水面较近的17户实施单户污水处理工程。县城饮用水源三级应急预案编制已经完成，水源地环境应急事故处置能力正在建立。

【环保督查】 2017年，中央环保督察第六督察组对我省进行为期一个月的环保督察，转办给龙山县落实的督察件10件，省州交办的突出环境问题11项，于2018年上半年全部办结销案。2018年8月，省环保督察第七督察组对湘西土家族苗族自治州进行了为期20天的环保督察，交办给龙山县落实的督察件24件。截至12月31日，办结23件，正在办理1件。督察期间立案侦查4件，责令整改10件，立案处罚10件，共处罚金34.89万元。2018年11月，中央第四环保督察组对湘西土家族自治州进行了为期一个月的中央环保督察“回头看”督察，共收到中央环保督察“回头看”信访件9件，全部完成整改并办结。开展县域环保工作专项督查工作2次，生态环保工作纳入全县2018年度“五个文明”建设绩效考核内容。

【项目综合治理】 2018年，开展18个农村环境综合整治项目，投入专项资金490万元，整个项目正在推进建设中。正在建设中的龙山县洗车河镇老洞村、里耶镇街上村的传统村落保护项目各投入上级专项资金300万元。投入上级专项资金20万元的龙山县金旺矿业有限公司尾矿库治理项目已完成。尾矿库周边的土壤污染隐患得到清除，湘西成美建材有限公司粉尘污染治理设施在线升级改造项目，投入上级专项资金10万元。王家棚煤矿遗留环境污染治理与生态修复工程，共投入上级专项资金和地方政府配套资金565万元。工期历时半年，建成投入营运，矿区水质实现达标排放，生态环境得到修复。拟投入专项资金35万元，建英雄电站饮用水源地的一级保护区建设防护栏、警示牌，卧龙水库饮用水源保护区管理道路，2018年获得中央生态转移支付资金11809万元。

【污染普查】 2018年2月，成立龙山县第二次全国污染源普查领导小组，分管环保的副县长任组长，县政府办分管环保的副主任、县环保局局长、县农业局局长任副组长，县环保局、县农业局等17个单位分管领导为成员。2018年3月，印发《龙山县第二次全国污染源普查宣传工作方案》。6月，龙山县人民政府办公室印发《龙山县第二次全国污染源普查实施方案》。共计安排污染源普查经费199.26万元。4月，选聘的21名普查员、11名普查指导员参加州污染普查办举办的工业源清查阶段“两员”培训，县污染普查办2名工作人员参加省污染普查办在常德举行的普查培训；9月，部分普查员参加州污普办在吉首举行的“两员”培训。整个普查期间，先后共选聘12名普查指导员，53名普查员参与污染源普查工作。在清查阶段共清查污染源1372个（其中工业源1138家、生活源锅炉37台、入河排污口25个、集中式污染治理设施（企业）172家）。最终纳入普查污染源236个（其中工业源117家，生活源锅炉3台、入河排污口25个、集中式污染治理设施（企业）42家、移动源加油站31家、规模畜禽养殖场18家）。截至2018年年底，按期完成普查质量初步核查工作。

城投公司

【概况】 龙山县城市建设投资开发有限公司（以下简称“城投公司”）是在县委、县政府领导下的国有控股有限责任公司，成立于1999年8月24日，注册资本为10亿元人民币。公司实行与武陵山龙山经济协作示范区管理委员会（以下简称“示管委”）两块牌子一套人员的运行和管理体制。其中示管委是县人民政府直属正科级全额拨款事业单位。核定全额拨款职业编制43名，实有27人。公司主要承担城市建设、投融资、国有资产营运任务。设有董事会、监事会、经理层、纪检监察室等领导机构。公司内设6个部室：综合管理部、工程建设部、发展项目部、资产经营部、计划财务部、投融资部。经营范围是负责投融资范围包括城市新建、改建、扩建、工业园区、商贸物流园区、专业市场、房地产等经营开发性项目。包括水、电、路以及城市公用园林、绿地、广场建设项目、“两区”范围内社会公益事业和公共事业发展方面的基础设施建设项目；保障性住房建设项目；土地储备及开发经营；城市节能减排和环保基础设施建设项目；县城规划区内招商引资项目；政府指定的其他投融资项目以及法律法规、政策允许范围内的城镇化建设有关项目。公司成立以来，先后实施了民族路、朝阳路、长沙大桥、湘鄂情大桥、岳麓大道等道路、桥梁工程建设，以及龙山及里耶垃圾处理场、龙山城市污水处理等重要基础设施建设。

【投资融资】 2018年，是一个重要节点，是城投公司主动适应发展新常态，抓住机遇、迎接挑战、紧紧围绕县委、县政府“全力做好省民运会承办工作；全力抓好项目建设不断夯实发展基础”统筹规划，强力推进项目建设、严格落实项目管理，奋力发展、结出硕果的一年。2018年全年累计完成投资6.7亿元。融资10亿元（其中：完成棚改资金贷款6.1亿元，与国开行对接贷款3亿元，并与村镇银行成功续贷9000万元流动资金）。

【项目建设】 体育中心是承办2018年湖南省第九届少数民族运动会的主场功能馆，属于省、州、县重点推进的民生实事项目。项目位于湖南省湘西土家族苗族自治州龙山县华塘街道办事处繁荣村，用地面积113555平方米，建筑面积59795.37平方米，包含体育场、多功能体育馆（含篮球馆、游泳馆）、全民健身用房及配套用房、地下车库等设施。体育场建筑面积24760.40平方米，地上4层，建筑高度33.64米，设观众坐席15261座；体育场看台主体结构为单层（局部有夹层）钢筋混凝土框架结构＋钢结构桁架罩棚。多功能体育馆由篮球馆和游泳馆组成，建筑面积25871.6平方米，建筑高度27.475米，其中地上建筑面积18954.7平方米、地下建筑面积3341.2平方米、地上车库面积3575.7平方米，主体为1层大空间，地上局部2层，地下1层。篮球馆设观众坐席2910座，游泳馆设观众坐席927座。主体结构为下部钢筋混凝土框架结构＋上部钢网架屋盖系统。地下车库为框架剪力墙结构，总共一层，建筑面积7868平方米。该项目一期工程在民运会之前完成了竣工验收工作，完成总投资4.4亿元。

县体育中心俯瞰图

县体育中心二期。强力推进场外照明、绿化等项目施工，形象进度完成80%，累计完成资6000万元。

行政大道及民族路延伸工程。行政大道A0＋300～720路基路面已完成，亮化、绿化工程已基本完成；A0＋720～960左右幅路基基本成型；民族路完成软基处理1.5万立方米，挖方5万立方米，填方3.9万立方米，箱涵50米，K1＋420～640左挡土墙及回填已完成，K1＋400～680左幅水稳、排水、绿化、亮化工程已完成；规划三路整体已全面完成。自2017年8月开工至2018年年底完成总产值9000万元。

华塘街道边区口子镇基础设施项目。该项目分为龙山县体育中心安置区、规划二路建设项目和龙山县高端特色安置区等3个子项目，项目总合同金额7939万元。其中规划二路已完工；体育中心安置区当前已进入施工收尾和竣工资料编制阶段；高端特色安置区已累计完成合同工程量的60%；累计完成投资6046万元。

职教中心。2018年完成总投资项目招标，城投公司根据相关情况对该项目重新进行了优化设计，实行限额设计。已完成临时建设，进行土石方挖运，已完成投资868万元。

水田坝敬老院。场坪排水等临时建设施工已全部完工，完成一层主体，正进行二层主体模板支护及钢筋绑扎工作，累计完成投资280万元。

城区路灯节能改造与照明智能控制系统采购项目。已完成所有线路的节能改造建设和智能回路控制建设，95%的路灯已投入使用，已完成投资588万元。

林业局、民安街道办事处停车场景观改造工程。已全面完工，已完成场地内机动车停车位136个（其中生态停车位122个，划线停车位14个），划线非机动车停车位19个，累计完成投资381万元。

【集团组建】 2018年，根据县委、县政府全面深化县国有企业改革，打好防范化解重大风险攻坚战，加快推进县平台公司市场化转型，增强国有经济活力、控制力、影响力、抗风险能力的相关战略部署，城投公司围绕集团组建，勇于改革创新，不断适应社会发展新环境。已完成集团公司的基本架构，并实质性接收龙元水利有限公司，且已平稳过渡、正式运营。

交通·邮政

交通运输

【概况】 龙山县交通运输局位于民安镇新建路39号，属县人民政府组成局，行政级别正科，机关行政编制12名，机关后勤全额拨款工勤编制人员1名，实有工作人员38名。局机关有党员22名。内设8个职能股室，直接管理县公路局、县交通建设质量安全监督管理所、县交通道路运输管理所、县地方海事处4个二级机构。全县公路通车总里程4840.45千米，其中国省干线公路557.17千米(国道3条201.74千米，省道4条355.43千米)；地方道路2883.28千米(县道26条470.22千米，乡道26条1040.93千米，村道720条1372.13千米)；其他道路1400千米(没有入省库的公路)。

【G353公路建设】 2018年，G353龙山狮子村至湘鄂情大桥公路(太平山牌坊至站前大道段)起于狮子村G353与G209龙山绕城线交叉口太平山牌坊，在小溪口跨太平山河后，止于站前大道，路线全长2.7千米。按一级公路标准建设，路基宽度24.5米，设计速度80千米/小时，项目投资1.2亿元，建设工期2年，全线采用沥青混凝土路面。2018年已进行征拆，施工单位已进场开展施工相关前期准备工作。龙山大道(G353龙山公路白坪社区至留繁社区教体中心段)公路属于高铁片区规划路网的重要通道，起于龙山县兴隆街道办事处白坪社区，经石羔街道、黔张常铁路龙山火车站，止于华塘街道留繁社区教体中心。路线全长4.59千米，路幅宽度36米，实际建设里程3.803千米，总投资4亿

龙永高速公路在建高架桥墩

元，资金来源为龙山县自筹。全线按一级公路标准建设，设计速度采用60千米/小时，采用沥青混凝土路面。开展征拆宣传发动、调查摸底工作。施工单位已进场，同步开展施工准备工作。

螺丝转顶

【G209龙山绕城线建设】 2018年，G209龙山绕城线公路工程路线全长13.1千米，起于与湖北来凤交界的团结桥，经华塘、民安、兴隆街道，止于兴隆街道刘家坝太平山牌坊处，建设性质为路基宽度12米的新建二级公路，建设工期为两年。项目于2009年立项，2010年12月获得开工许可，2011年6月、2012年3月陆续开工。累计完成投资30150万元，2018年完成投资1500万元。

【石洗公路建设】 2018年，S260龙山石牌至洗洛二级公路(以下简称石洗公路)改建工程路线全长33.021千米，起于龙山县石牌镇与湖北省宣恩县交界处，途经石牌镇、兴隆街道、止于洗洛镇，与国道G209相接。已完成总投资2850万元，完成路基工程形象进度100%，桥梁形象进度100%，路面形象进度100%，交安工程形象完成90%，已进入工程扫尾和交竣工阶段。

【里耶绕城线建设】 2018年，里耶绕城线完成工程可行性研究报告编制，地灾压矿报告批复，签订了防洪论证报告合同，工程可行性研究报告评审、行业意见、过风景名胜区论证、规划选址、节能报告、社稳报告及设计招标挂网，完成设计、环评批复，完成公司驻地建设及人员到岗到位，完成征地拆迁。

【苗儿滩至永顺基湖公路建设】 2018年，苗儿滩至永顺基湖公路(龙山段)已完成工可报告编制及行业意见审查，根据《湖南省财政厅关于部分政府和社会资本合作(PPP)项目予以退库或暂停的通知(湘财金函〔2018〕19号)》，该项目属于暂停项目。

【农村公路建设】 2017年农村公路建设共715个项目，计划投资95932.76万元，已实施项目649个，350个项目已完工，299个项目在建，暂缓实施项目66个；2018年对2017年未完工在建的299个项目继续完工，同时，2018年预脱贫村和已脱贫村项目施工队已进场施工，其余项目正在设计、财评阶段；2018年至2019年龙山县农村公路省州任务(脱贫攻坚自然村通水泥工路、沥青路)，与州路桥公司签订路面施工合同，完成部分项目路基，路面施工正在加紧实施。

【县重点工程建设】 2018年，民安街道至三元公路正在进行水稳层施工；惹巴拉至召市公路正在进行清灌缝施工，下一步准备沥青路面施工；欧溪坪至小平正在进行水稳层施工；乌鸦至茨岩正在进行路基施工；工业园至水泥厂公路正在进行路基施工；石牌至大安公路、大安乡万宝山乡村公路、里耶麦子坪至贾市旅游公路暂缓实施。

【道路运输管理】 2018年，县道路运输管理所隶属于县交通运输局，为副科级全额拨款公益一类事业单位，核定事业编制70名。现有在编在岗人员70人，退休人员10人，其中干部5人，聘干53人，专技2人，工勤10人。内设办公室、财务股、运政业务股、安全股、客运运输管理股、城市客运管理股、汽修驾培股等相关业务股室。2018年，全县拥有道路运输经营户1330户，其中客运企业17家，客车632辆；已开通客运班线143条，其中省际线路19条，市际线路6条，县际线路15条，县内线路103条，行政村通车覆盖率达100%。货运车辆513辆；驾驶员培训学校两所，年培训能力2500人次；汽车维修厂家33户，其中二类维修厂家12户，专项维修15户；道路运输从业人员10000人，客运市场网络化格局基本形成。全县县、乡公路主干道路开通班车率达100%，21个乡镇（街道）通车率100%。

【水上交通】 2018年，县海事处为副科级公益一类事业单位，核定全额事业编制25名，核定领导职数4名，其中主任1名，副主任3名，内设机构8个（办公室、财务股、安全监督股、船舶船员股、港航管理股、水上交通安全监控中心、里耶港务站、隆头港务站）。有航道268.2千米，其中七级航道隆头——小河口29千米；等位航道酉水航道103.2千米，洗车河航道67千米，猛洞河航道13千米，小猛洞河航道30千米，猛西河航道10千米，靛房河航道9千米，贾市河航道8千米，猛必河航道17千米，卧龙水库航道5千米，贾坝水库航道6千米。有码头2个，渡口33个。截至2018年年底，全县有船舶64艘，其中渡船26艘、客船33艘、游船5艘。水上交通安全管理工作连续14年实现零事故、零经损、零投诉目标，全州先后2次在龙山县召开现场会来推介龙山经验。

【质量安全监督管理】 2018年，交通建设质量安全监督管理所是正科级全额拨款事业单位，隶属县交通运输局管理二级机构。负责全县农村公路建设项目质量和安全监督管理工作。核定全额拨款编制29名，核定领导职数3名，其中所长1名，副所长2名。内设机构负责人6名。

【城市交通】 县境城区交通有公交车、出租车。公交车分别属于龙凤龙骧公共交通有限责任公司、龙山县龙达公共交通有限责任公司；出租车属于龙凤龙骧出租车有限责任公司。湖南龙凤龙骧公共交通有限责任公司陆续开通的1～3路线、5路线正常营运，基本覆盖县城主要道路。龙山县龙达公共交通有限责任公司（简称“龙达公司”）前身为龙山县运华城乡客运有限公司（简称“运华公司”），2018年9月10日经营权到期，10月10日停止运营，停营后原运华公司46个自然股东共同出资注册成立龙山县融城公共交通有限责任公司（简称融城公司），按照县委、县政府的工作安排，县城投公司入股参与经营管理融城公司，后更名为龙达公司。公司职工45人（其中管理人员4人、后勤人员6人、司机35人）、有车辆27台，上路运营车辆22台，主要经营两条城市公交线路，2018年12月26日正式上路运营，第一条线路起讫点是湘运汽车南站沿209国道至团结桥（实际到来凤），共有16台车。另一条线路是湘运汽车南站经岳麓大道至湘鄂情大桥，共有6台车。

【城乡公交】 2018年，湘西州汽车运输总公司龙山县公司（简称“湘（州）运龙山县公司”）为国有二级客运资质企业，系原州运龙山分公司与龙山县民族客运公司2004年3月合并组建而成，属湘西州运总公司下属分支公司，行业主管隶属于龙山县交通运输局。公司有龙山汽车站、里耶汽车站、城乡客运南站、新城客运站、汽修厂、宾馆等多个下辖机构。经理彭远志（法人代表），在册职工449人（其中退休206人）拥有专业从事长途客运中高级车辆83台，经营客运班线29条，其中跨省线路有龙山至广州、东莞、深圳、汕头、珠海、石狮、厦门、宁波、温州、上海、北京、恩施、武汉、鹤峰、咸丰、酉阳、龙潭等17条，省内客运班线有龙山至长沙、株洲、邵东、永顺、张家界、吉首、桑植、保靖、花垣。2018年度公司完成营运收入4387.9万元，经营呈严重亏损状况；安全行车1126万千米，未发生有责重大道路交通事故。2009—2018年连续10年安全管理零死亡良好平稳状态。

公路养护与管理

【概况】 2018年，龙山县公路管理局主要职责是负责全县范围内国、省、县道公路大中修工程建设、养护管理工作和路政执法、车辆超限超载治理工作。局下属3个二级机构，内设14个股室。共管养国道3条200.66千米，省道4条352.79千米，县道27条434.63千米，乡道975.77千米，村道687.35千米。2018年，龙山县公路管理局被交通运输部、公安部、应急管理部、中华全国总工会、共青团、中央授予2018年春运“情满旅途”活动先进集体。

【养护管理】 2018年，全年累计投入养护资金1159万元。水毁抢险工程投入2060万元，出动人员320人、挖掘机240台次、装载机150台次、运输车辆120台次，清理塌方6.3万立方米，修补路面8.2万平方米，治理路基缺口100处，新增钢筋砼、挡土墙等3.5万立方米；隧道口安全隐患整治工程投入120万元，消除5座隧道口安全隐患；防冻防滑工作设置五个便民服务点(G242线砂子坡便民服务点、G353线姜家垭便民服务点、望乡台便民服务点、G209线毛坝便民服务点、铁路坡便民服务点)，投入80万元，撒融雪剂400吨，防滑沙5000方，麻袋20000条，出动机械120台次；公路绿化投入120万元，补植行道树2万株，播撒花种2000千克；开展“水沟畅通月”活动，水沟疏通、清理及整修400千米，共计投入80万元；进行预防性养护工作，对管养的公路实施沥青灌缝5千米，投入资金20万元；开展“雨季杯”劳动竞赛和“百日会战”“隐患清零”等专项活动，投入资金600万元，实施国省干线、重要县乡公路生命防护工程，贴反光膜、安装梯形轮廓标、反光板等，完善养护公示牌、百米桩、里程碑道路指示牌等公路附属设施600千米；实施绿化观景台两处，投入资金20万元；对省道S255线洗车河至里耶段实施亮化提质工程，共投入200万元。

【公路建设】 2018年，完成危桥改造工程35座(其中小桥29座、中桥4座、大桥2座)，总投资3359.26万元，完成公路安全隐患处治里程351.706千米(国省干线6条，隐患处治里程57.705千米，农村公路57条，隐患处治里程294.001千米)，总投资5098万元。完成县人民政府交办的农村公

7月5日，县公路局养护应急抢险中心在G353线响水洞路段清理塌方、落石，疏通道路，保障畅通

路客运班车安防工程(35条农村公路),隐患处治里程174.24千米,总投资4458万元。

【路政管理】 2018年,发生路赔案7起,结案7起,结案率100%。开展两次大规模的路域环境整治,共拆除违章建筑7处,临时摊棚61处,规范平面交叉道口41处,拆除非公路标志(横幅、广告)553块,铲除占用公路用地种植作物5500平方米,清除公路用地范围内堆放路障1374处,处理污染路面38起,开展公路执法服务大走访6次,走访企业15家。开展“两违”整治工作,共发出限期整改通知书8份,立案查处7宗,补办相关手续一宗,及时发现并制止消灭在萌芽状态的“两违”108处,对顶风作案违法建筑责任人进行严厉的打击,出动执法人员2800人次,出动执法车辆756台次,巡查里程9万千米,组织对7宗违法建筑强拆行动,拆除违法建筑498平方米。

【超限治理】 2018年,先后开展“车辆运输车整治年活动,高速公路治超,切割马槽车专项行动”和“小型露天采石场综合整治”等多项整治活动,累积出动执法人员578人次,执法车车辆218台次,检测车辆17986员次,切割“马割车”789台,查处违法超限超载车辆36台,交警扣分81分,卸载货物316.8吨,处罚7万元。对源头企业、汽车维修厂家、在建工地等重点部位签订责任状96份,规范装载协议33份,高速入口劝返车辆25台,重点源头企业监管、非法超限车辆站点查处、马槽车切割均达到100%,顺利完成省定一套非现场执法系统建设任务。高速公路和普通干线公路超限率达到省控目标。

【安全生产】 2018年,开展“打非治违”“隐患清零”“强执法防事故”“安全生产月”“百日整治”等安全专项整治活动。完成州、县人民政府、道安委督办的5处公路重大安全隐患点整治工作;共排查出一般安全隐患89处,下达安全隐患整改通知书36份,已按照整治期限完成整治。督促责任股室整修钢护栏8806米、防护墩765个、新建防撞墙850米、清理塌方39128米、安装报警灯12个、轮廓标5000个,取缔影响公路行车安全的占道摊点12处、取缔违法道口18处、整治违法道口22处、清除路障328处、设立安全警示标志牌600块,有效杜绝各类安全事故的发生。

邮政分公司

【概况】 龙山县邮政分公司现有在岗职工204人。其中正式职工120人,劳务派遣用工84人,在职党员18人。下设2个党支部,2个综合管理部室,4个生产管理部室,城乡经营服务网点18个,综合服务平台260个,城乡覆盖率85%。县内干线邮路总长838千米,投递覆盖率100%。2018年,邮政

中国邮政龙山分公司办公楼

分公司实现创收4300万元，劳动生产率21万元，代理金融总资产达25亿元，在自治州各县市中始终保持龙头地位。主营业务：邮物类业务、代理金融业务、电商业务、邮票销售业务、报刊发行业务、农资配送业务、代收代缴业务、机要收投业务等。

【邮政投递】 2018年，投入资金对传统通信网络和基础设施进行改造升级，增强投递实力，现有专职投递员53人，投递专用车53辆，投递段道和网点53个。实现县城投递周七班、乡镇投递周五班、行政村投递周三班。全年收投各类信函、包裹140万件，投递各类报刊16万份。

【邮票发行】 2018年，举办年度邮品鉴赏会。参加人员100人，现场销售各类邮品10万元。做好新邮预定、邮票零售及售后服务，满足广大集邮爱好者需求，全年集邮实现创收122万元。

【爱心邮路】 2018年，“爱心邮路”创建活动，号召投递员学雷锋做好事，关爱孤寡老人和留守儿童，同时，继续开展“爱心包裹”“爱心书包”“爱心书报”等一系列爱心捐赠活动，得到社会各界普遍好评。

【综合服务平台】 打造具备“六个不出村”功能的综合服务平台，通过邮政网络，借助综合服务平台，发展农村电商，解决“工业品下乡、农副产品进城”的瓶颈。全年利用综合服务平台服务50万人次，代收代缴各类资金0.56亿元，代收代投快递包裹3万件，助农取款交易额500万元，网上代购批销商品金额90万元。

商贸·服务

商　务

【概况】 龙山县商务局成立于2005年，有工作人员19人，内设办公室、招商合作股、外资外贸股、商贸流通与市场运行股、粮食调控与储备股、粮食行业发展股、军粮供应股、商务综合行政执法大队、政工股等9个职能股室。负责管理县投资促进事务局、县粮油检测中心站、县市场服务中心、县商业企业改制服务办公室、新城国家粮食储备库等企事业单位。

【招商引资】 2018年，全县新建、续建招商引资项目27个，到位资金37.4亿元，完成全年任务的100%；招商项目履约率100%；引进外资199.5万美元，超额完成州对县目标管理任务。新引进投资项目4个，其中10亿元以上项目1个，即广州一品清廉控股股份有限公司投资10亿元的龙山县综合物流园及配套项目。

明确职责。制定出台《龙山县2018年度招商引资工作考核办法》《龙山县2018年度招商引资工作考核评分细则及项目责任分解》等招商引资政策文件，把招商引资任务进行细化，对48个招商项目进行责任分解，明确牵头单位、配合单位的职责。4月8日组织召开全县招商引资统计工作培训会，就招商引资统计工作的新要求、统计口径、印证资料等进行明确，确保应统尽统。夯实基础。以现代农业、工业、旅游、生态环境、城区扩容提质、商贸物流、新兴产业、能源建设等领域为重点，精准包装招商项目19个，项目资金共计180亿元，并作为湘西州重点招商项目进行发布。编制《龙山县招商指南》《龙山县

龙山县2018年招商引资工作会议

2018年重点招商项目》,完善招商引资工作基础资料。创新方式,抓住节会招商,利用“沪洽周”、湘西州(长沙)招商引资推介会、湘西州(济南)招商引资推介会等活动平台,全面推介我县优势资源。7月24日在“沪洽周”签订省级重点项目1个(龙山县综合物流园及配套项目)。11月30日,举办龙山县2018年重点招商项目集中签约仪式,集中签约6个项目,签约资金25亿元。全面开展上门招商,针对重点招商项目实行精准招商,全年开展外出招商活动11次。3月,县长刘冬生带队赴济南招商,对3家企业进行考察并进行洽谈;4月中旬,县长刘冬生赴长沙对大汉集团、湖南曾氏企业集团进行考察,双方就城市综合体项目进行沟通和洽谈,达成初步投资意向;4月底,副县长张肇琴带队赴广州、北京、山东临沂、张家港、安徽六安等地,与广东国通、中农城投、安微西商集团进行考察洽谈,取得积极成效;6月底,县委书记周云带队,赴浙江杭州考察颐高集团,就龙山县电商产业园项目落地事宜进行洽谈;7月下旬,县长刘冬生于省政府在上海举办“沪洽周”活动期间,带队考察上海光明地产集团、上海浦东新区康桥镇特色小镇建设、益大本草园、山东城市传媒集团、力诺集团,对接洽谈相关项目;9月初,副县长彭绍兴带队赴湖南永州市,考察美生宝(重庆)生物产业有限公司菊粉产业项目;10月30日,副县长彭绍兴于湘西州(长沙)招商引资推介会期间,带队考察了湖南安然立体停车系统有限公司(台资)。优化环境。2月1日,由分管副县长彭绍兴主持,在世纪百年大酒店召开20家企业、45家县直单位参加的优化投资环境座谈会,促进招商环境的进一步优化。7月6日,县长刘冬生主持召开15个招商引资项目单位和17家职能部门参加的外来企业座谈会,听取各外来企业反映的相关困难、问题,对收集到的问题,以问题清单形式要求各相关单位及时回复,限期解决,并对各单位的解决情况进行通报。

【市场流通】 2018年,全县社会消费品零售总额46.7亿元,同比增长9.8%;新发展限额以上企业3家,累计19家;全年完成进出口额17万美元;完成对外劳务合作营业额160万美元。积极申报2018年全国电子商务进农村综合示范县,5月底,参加省商务厅、省财政厅、省扶贫办组织的竞争性评选,县长刘冬生亲自答辩;7月初,经财政部、商务部、国务院扶贫办审核,省商务厅、省财政厅、省扶贫办联合行文,确定龙山县为2018年全国电子商务进农村综合示范整体推进县;7月16日,彭绍兴副县长带队,赴桑植县学习和借鉴电子商务发展先进经验和成功做法;8月3日,邀请省商务厅、州商务局及知名电商企业对全县各乡镇(街道)分管电商扶贫的领导、县内正在做电商或微商的企业及个人、各村有意愿做电商或微商的农民进行“湖南电商扶贫小店”知识培训,参会600人。全县建成县级电子商务公共服务中心1个,农村电子商务服务站227个,开办农产品网店573家,带动3000户农户销售腊肉、土鸡蛋等农特产品,电商创业或就业人员700人,电商就业人员年人均增收6000元,全县电商销售额4916万元。

【粮食发展】 认真抓好储粮安全。全县省级储备粮情稳定,达到“四无”标准;完成县级储备粮轮入工作。6月,“安全生产活动月”组织相关人员在龙凤广场开展粮食安全宣传活动,发放宣传资料2000份;10月底顺利迎接国家粮食和物质储备局、国家财政部、总后勤部联合组织的军供粮大检查。加强粮油市场监测,价格基本稳定。认真抓好粮食行业发展。确保12325全国粮食流通监管热线顺利开通运行,完成智能粮食管理系统项目建设。5月,开展涉粮企业普查工作,A库企业4家,B库企业3家;6月,开展爱粮节粮宣传活动;积极鼓励粮食企业创品夺牌和积极参展,“永晖大米”成功入选“湘西好粮油”企业,刘大姐土家特色食品有限公司获得龙山第一个“老字号”称号;8月组织5家企业参加中国首家粮食交易大会,9月组织企业参加中国食餐会,11月组织企业参加中国农博会。

【商务综合执法】 2018年,通过法制宣传月、安全生产宣传月活动，采取发放宣传资料、宣传横幅、宣传车形式，深入到人员密集场所进行广泛宣传，先后制作展板4块、发放宣传资料1000份、宣传手册100册、宣传标语10条，让广大消费者了解、熟知商务综合行政执法的职能范围。组织执法人员对全县成品油市场开展日常执法检查，对17处违规经营的加油站点当场下发责令整改通知书，责令其在规定的时间内进行整改，依法取缔茅坪老场村、茨岩兴场坳、里耶树木村等3处非法私设油罐储存成品油的经营点。按照《龙山县中央环保督查突出环境问题整改攻坚实施方案》部署要求，根据职责分工，会同县环保局、县石油公司、县安监局，6—12月开展加油站地下油罐更新双层罐或设置防渗改造工作。

中国电信龙山分公司

【概况】 中国电信股份有限公司龙山分公司(以下简称“中国电信龙山分公司”)前身为龙山县邮电局，1998年3月邮电分拆，独立为龙山县电信局，2004年5月改制为公司性质，主要提供移动电话通话、固定电话通话、移动数据、互联网宽带等综合通讯服务。2018年年底，有员工103人，其中合同制员工59人，业务外包人员44人，在职党员24名。下设3个职能管理部门和6个生产业务中心，3个城市营业部，6个乡镇支局所。2018年，政企营业部获省公司“天翼先锋号”荣誉称号，龙山分公司获湘西州电信系统篮球赛冠军。

【基础设施建设】 2018年，中国电信龙山分公司有模块点机房40个，CDMA网络基站119个，1.8G4G基站115个，800M4G基站169个。龙山全县FTTH光网城市总端口26886个，农村总端口37844个。

【服务质量提升】 2018年，组建成立1个县城维护工作站和4个乡镇维护工作站，维护队伍共计30人，简化维护流程，提升维护效率，进一步提升中国电信服务质量。

【营销工作】 2018年，中国电信龙山分公司在全县设立营业网点60个，其中农村网点49个，城市网点11个，实现城区和乡镇的全覆盖，方便了用户缴费查询办理业务。为响应国家推进乡村互联网发展，更快把信息生活送入偏远农村，中国电信龙山分公司组建以各支局为主，光网村小队为辅的宣传队伍，在光网村开通信号后，及时组织支局人员和光网村小队进村宣传，把最好的信息服务送入农村基层。

【业务发展】 2018年，中国电信龙山分公司完成收入5548万元，收入同比增长13.2%。全年移动

中国电信龙山分公司副总经理宋爱民(左三)和小区营销队队员挑灯夜战，为用户介绍移动电话通话和个人宽带产品

净增 10047 户，宽带用户净增 3356 户，ITV 累计净增 4242 户。

供销合作

【概况】 龙山县供销合作社联合社(以下简称“联社”)设理事会和监事会，理事会为执事机构，由主任、副主任、理事若干人组成，监事会为监督机构，由主任、副主任、监事若干人组成。2018 年，联社机关实有在编人员 17 人，其中被借调人员 1 人，提前退休未办退休手续人员 1 人，内设办公室、人事股、财计股、基层指导股、社有资产管理股、监审股 6 个股室。下辖 2 个社有直属公司，6 个基层供销合作社。联社主要负责指导基层供销社业务活动，促进城乡物质交流，为城乡经济服务；坚持为农服务根本宗旨，坚持合作经济基本属性，发展同各地各类合作组织的合作关系；构建政府主导的农业社会化服务体系和城乡综合服务体系；加强乡镇基层社、农民专业合作社、村(社区)综合服务社等供销合作社基层组织建设；强化市场运营，加强面向农民生产生活的网络网点建设；承接政府转移的为农服务职能等。为贯彻落实中央、省、州关于深化供销合作社综合改革的文件精神，县委、县政府成立了龙山县深化供销合作社综合改革领导小组(以下简称领导小组)，县委副书记陈忠耀为组长，县委常委、县委办公室主任、县委改革办主任符家波、县政府副县长彭绍兴为副组长，县委办、政府办、县委组织部等 17 个相关职能部门为成员单位，领导小组办公室设在县供销联社，张平任办公室主任。

【综合改革】 2018 年，根据《中共龙山县委、龙山县人民政府关于深化供销合作社综合改革的实施意见》(龙发〔2017〕7 号)文件，结合龙山县实际，编制了《龙山县深化供销合作社综合改革实施方案》，明确至 2020 年的总体改革目标、改革任务、工作措施及年度改革计划和任务。明确推进六项专项改革，到 2020 年，基本完成供销合作社改革任务。深化供销合作社组织体系改革，全县基本构建起供销合作社县、乡、村完善的基层组织体系。深化供销合作社基层服务体系改革，基本建成农资、农产品、日用消费品、再生资源、电子商务、合作金融八大支柱产业及综合性、规模化、可持续的惠农服务体系。深化供销合作社经营体系改革，全县系统构建起布局合理、功能完善、运转高效的现代流通服务网络体系，形成县、乡、村三级经营服务网络。深化供销合作社社有企业改革，建立起符合市场经济要求、具有合作经济组织特点的社有企业管理、运行和经营服务三大体系。深化供销合作社金融服务体系改革，基本建立符合农村实际的新型合作金融服务体系，满足农民对基础金融服务的需求。深化供销合作社监事会改革，达到监事会组织机构完善、制度健全、监督有效。

【综合业绩】 2018 年，全系统实现销售收入 3.2 亿元，其中完成农资供应 3.4 万吨，销售额 7800 万元。实现农副产品购进 1.2 亿元，再生资源回收额 1200 万元。新建连锁网点，综合服务社 31 个，引办、领办了 8 个新型合作经济组织。

龙山烟草

【概况】 龙山县烟草专卖局(公司)组建于 1984 年 10 月，2007 年 1 月变更为龙山县烟草专卖局(分公司)，隶属于湖南省烟草公司湘西自治州烟草公司。实行“统一领导、垂直管理、专卖专营”的管理体制，受上一级烟草专卖行政主管部门和本级人民政府的双重领导，县局(分公司)为非独立核算企业，不具有法人资格。专卖局与分公司实行“两块牌子、一套班子”，合署办公，承担龙山县辖区内烟草市场管理和卷烟营销服务双重职能。龙山县局(分公司)下辖 8 个职能部门，4 个烟叶基地单元。2018 年，在册在岗人员 128 人。实现收入 8.399 亿元，比 2017 年同期减少 3578.04 万元，降幅 4.09%，实现利润总额 2.39 亿元，比 2017 年同期增加 6681.43 万元，增幅 38.74%，实现税利 2.76 亿元，同比增长 40%。

【烟叶生产】 2018 年，全县 1708 户烟农种植烤烟 5.8 万亩，完成州分我县种植面积任务 5.8 万亩的 100%。推广烟蚜茧蜂植烟面积的 100%，大农业放蜂面积达到植烟面积的 33%，组织召开放蜂现场会 135 场，输送烟蚜茧蜂 8000 万头，理想株型得到进一步巩固。种植光叶紫花苕 3500 亩，箭舌豌豆 1500 亩，每亩翻压绿肥生物产量 1200 公斤，局部烟区土壤地力得到恢复，植烟土壤保育成效初显。改造生物质颗粒燃烧炉膛设备 214 台，推进 5.7 万担“高端原料定制化开发”项目，承担省、州局技术推广项目 10 项、科研项目 12 项，承担湖南中烟技术中心科研项目 5 项，承担湖南农业大学科研项目 2 项。年度收购烟叶 13.77 万担，均价 13.71 元/斤，收购总量、均价位列全州第一；实现财政税收 4345 万元，实现烟农总收入 2.12 亿元（含补贴），亩平均收入 3654 元，同比增长 13.73%，户均收入 12.41 万元，同比增长 34%，烟农亩均收入、户均收入均有提升。积极推进烟基项目建设，2018 年基本以 2016 年度现代烟草农业项目建设为主，实际完成总投资 7526.10 万元，项目已通过省、州烟草部门验收。

【卷烟营销】 2018 年共计销售卷烟 17244 箱，实现销售额 5.088 亿元，单箱值 2.95 万元，同比提高 2.877 个百分点。销售省外烟 3884.58 箱，同比提高 2.767 个百分点，省外烟占比 23.73%，同比增加 2.03 个百分点。落实自律互助小组建设，全年辖区共建成自律互助小组 79 个，覆盖客户 1467 户，占正常运行客户的 85.04%（城区覆盖率 100%），配合小组长开展价格督查 17776 户次，在销品规包价均达到零售指导价格。稳步推进扩网增户，2018 年全县在网运行户 1725 户，正常访销客户 1695 户。强化提质卷烟信息化建设，上线“湘西金叶之家”微信平台，整合多种服务功能。

【专卖执法】 落实州局（公司）专卖部门贡献绩效二级考核、分级绩效挂钩管理，强化与公安、工商等部门打假打私打非对口协作机制，先后开展“春雷 8 号”“雷霆 4 号”专项行动，累计出动执法人员 1100 人次，出动执法车辆 340 台次。全年查办各类涉烟违法案件 240 起，同比增长 126.42%；查获各类涉烟案件案值 212.34 万元，同比增长 57.33%；查获各类违法卷烟 330.24 万支，同比增长 19.46%，其中，查获真烟 258.62 万支，同比增长 9.15%；查获 5 万元以上涉烟大要案件 7 起，同比增长 16.67%。强化违法违规大户治理，按要求对全县违法违规卖烟大户进行重新核定，确定 49 户大户作为重点管控对象，在重点市场华塘坝团结桥成立卷烟治理办公室，取缔违规零售户 4 户，全年审核合同 130 份，审核专卖案卷 240 份，规范经营秩序。

财政·税务

财　　政

【概况】 2018年，龙山县财政局现有工作人员292人，其中乡镇财政所98人，局机关及下属单位194人。单位内设22个股室，管理13个单位。县财政局贯彻执行国家财税方针政策，执行全县财政政策、改革方案，指导全县财政工作；承担县本级各项财政收支管理的责任；受县人民政府委托，向县人民代表大会报告县本级和全县预算及其执行情况，向县人大常委会报告决算；组织制订县本级经费开支标准、定额，负责审核批复部门（单位）的年度预决算；负责政府非税收入管理，负责政府性基金管理，管理财政票据，管理彩票资金。组织制定国库管理制度、国库集中收付制度，指导和监督县本级国库业务，按规定开展国库现金管理工作。负责制定政府采购制度并监督管理。管理全县国有资产。负责办理和监督县财政的经济发展支出、县级政府性投资项目的财政拨款，参与拟订县建设投资的有关政策，组织实施基本建设财务制度，负责有关政策性补贴和专项储备资金财政管理工作。负责农业综合开发管理工作。会同有关部门管理县财政社会保障和就业及医疗卫生支出。贯彻执行政府内外债务管理的政策、制度和办法，防范财政风险。监督检查财税法规、政策的执行情况。

【财政收入】 2018年，在面临经济下行、全面实施“营改增”的双重压力下，不断强化税收征管，加大清欠税费工作力度，强化综合治税，充分挖掘增收潜力，做到应收尽收，实现财税收入的稳步增长。截至12月31日，全县财税总收入完成91179万元，同比增加10024万元，增长12.35%，其中公共财政预算收入完成58741万元，同比增加6780万元，增长13.05%。非税收入累计完成18240万元，占地方公共财政预算收入比例为31.05%。分部门完成情况：原国税部门完成41624万元，同比增加6238万元，增长17.63%；原地税部门完成34028万元，同比增加4365万元，增长14.72%；财政部门完成15527万元，同比减少579万元，减少3.59%。截至2018年12月31日，政府性基金收入完成139612万元，同比增加76112万元；国有资本经营预算收入完成12900万元，同比增加12900万元。

【财政支出】 2018年，全县一般公共预算支出（含上级追加）执行483637万元，同比增加108571万元，增长28.95%。其中：一般公共服务支出67814万元，增长61.42%；国防支出321万元，增长39.57%；公共安全支出12609万元，下降4.49%；教育支出97263万元，增长21.41%；科学技术支出742万元，增加130.43%；文化体育与传媒支出6977万元，下降11.39%；社会保障和就业支出

47293万元，下降11.5%；医疗卫生支出52832万元，增长0.5%；节能环保支出8776万元，下降15.82%；城乡社区事务支出8804万元，下降10.42%；农林水事务支出110429万元，增长52.98%；交通运输支出16286万元，增加92.8%；资源勘探电力信息等事务支出2943万元，增加19.44%；商业服务业等事务支出2250万元，增长93.63%；国土资源气象等事务支出5470万元，下降28.22%；住房保障支出28307万元，增加165.89%；粮油物质管理事务支出248万元，增长27.84%；债务付息支出9137万元，增加303.93%。其他支出5136万元，增加6935.62%。

【财政民生】 2018年，财政用于民生支出达到34.31亿元，占公共财政总支出70.94%。投入教育5.31亿元，同比增长6.9%，构建覆盖全县贫困村和所有建档立卡贫困家庭学生的教育发展帮扶机制，资助贫困学生100616人次，资金达7465.8215万元。推进新城五中、八小等城乡学校建设工程，新增学位8200个，成立龙山三中。完善城乡居民合作医疗制度，全县城乡居民医保参保56.5万人，覆盖率占97%；稳定就业，新增城镇就业人数3431人，完成100.91%；失业人员再就业人数1743人，完成100.75%；就业困难人员再就业771人，完成104.19%；发放建档立卡户残疾人两项补贴资金2417.05万元，完成100%。发放耕地地力保护补贴金额3639万元，家庭农场补贴75.8万元，农机具购置补贴239万元。拨付生态公益林2009.5万元，天然商品林停伐补助179万元，退耕还林2484万元。建成惠农补贴“三位一体”管理模式，发放惠民补贴资金65项7.069亿元，其中惠农补贴49项，资金2.923亿元，扶贫补贴16项，资金4.146亿元。实行小额贷款贴息，支持大众创业，发放创业担保贷款208笔，212人，2085万元，完成104.25%，带动500人就业，累计贴息183.32万元。

【财政攻坚】 2018年，县财政局防范化解债务风险，制定《龙山县隐性债务化解方案》，牢牢守住隐性债务不新增、借新还息不发生、“三保”资金不断链的风险防控底线；支持脱贫攻坚，整合财政涉农资金4.74亿元，确保十一项工程顺利实施，县本级脱贫攻坚投入41404万元。委派财政干部驻村扶贫，2018年，水田坝镇中湾村综合贫困发生率降至1.47%，基础设施和公共服务基本完善，达到贫困村退出标准。桂塘镇明溪村建档立卡户脱贫105户453人，全村人均可支配收入达到5800元以上。桂塘镇双景村建档立卡贫困户125户524人，已脱贫110户471人。召市镇兴合村河东路硬化4.5公里、组级路入户路硬化5.7千米、新建饮水池14口、新修河堤240米、新修水渠1400米、改造全村电网、新建村级服务平台；支持污染防治，整合各级财政资金4953万元，集中用于污染防治及生态建设。

【财政项目】 深入推进农村综合改革，向上争取美丽乡村建设资金200万元、“一事一议”财政奖补资金2971万元。扎实推进美丽乡村建设里耶新双村试点工作，将美丽乡村奖补资金用于基础设施、产业建设等7个方面的项目建设，起到良好示范与带动作用。推进农村公益事业一事一议项目建设，完成25个项目建设，投入资金规模680.99万元。规范PPP项目管理，贯彻落实“停、缓、调、撤”要求，对4个项目停止采用PPP模式建设、对2个项目暂停采用PPP模式建设、对3个项目进行了调减投资规模，保留4个PPP项目。保留的项目中城乡安全饮水PPP项目，按照原总投资不变继续采用PPP模式规范实施；高铁新区基础设施建设、果利河综合整治及麦茶大道建设运营3个PPP项目继续采用PPP模式规范实施的同时从严调减投资规模，与中标社会资本方协商谈判处理后续对接工作。

【财政监督】 2018年，配合县纪委做好“互联网＋监督”，制定民生资金公开目录；对龙山县生育保险服务管理局财务运行及基金运行情况进行检查，清理龙山县涉农资金、扶贫资金“趴账”情况，监督检查惠民补贴发放管理情况，找出问题，提出意见，督促整改落实。完成投资评审项目371个，送审金额45.6亿元，审定金额40.56亿元，审减金额5.04亿元，审减率达11.06％。其中：预算357个，结算14个。全面完成年初计划评审项目300个，送审金额20亿元，综合审减3亿元的工作任务。完成政府采购1.7亿元，节约资金1715万元，资金节约率为9.1％。

【财政队伍】 抓基层，打基础，充实财政队伍，2018年，新招19名基层财政干部，为乡镇财政事业发展提供人力保障；加强队伍建设，开展党性教育、财政业务等多种形式的培训，按照“先培训，后上岗”原则，10月，对2018年新招考的19名财政干部进行为期三天的岗前培训，从党风廉政、业务知识、社会实践和演讲座谈各方面对新招考人员进行全方位“包装”，开展有奖知识竞赛、青年干部读书分享交流会等特色活动，提升队伍综合素质；加强支部班子建设，规范机关党建工作制度，坚持落实“一岗双责”制，健全党员积分管理、“三会一课”、主题党日、民主生活会、党员组织生活会和民主评议党员工作、支部书记述职测评、党费收缴等多项制度，规范财政队伍管理。

【国资管理】 2018年，以县人民政府名义出台《龙山县行政事业单位国有资产处置管理办法》，制定《龙山县国有企业财务监督管理暂行办法》。规范资产处置，促进资产保值增值。完成国有企业公车改革后的3台车辆处置工作，完成县接待事务中心20年经营权转让和县果投公司在龙华房地产开发公司的33％股权转让。清查行政事业单位、企业、平台公司（指挥部）等91家1055宗资产，土地（含林地、水库、麻疯村的一座山）总面积1.99亿平方米，预估值69.8亿元，建筑物总面积1.47亿平方米，预估值18.33亿元，经营性资产年收益918.68万元。清查经营性资产共计41家单位531宗，2018年收益918.68万元。其中行政事业单位经营性资产涉及35家单位166宗资产，总面积3623平方米，年收益451.42万元；平台公司（指挥部）经营性资产涉及6家公司365宗资产，年收益467.26万元。强化经营性资产管理，2018年，累计向县财政上缴国有资产经营收益654.43万元。

庆祝中国共产党成立97周年“不忘初心，缅怀革命先烈”活动

【年度荣誉】 2018年10月，获“2018年度部办会计报刊宣传发行工作先进单位”（财政部《中国财政》杂志社、财政部中国财经报社）；2018年12月19日获“2018年财政支农政策培训工作先进县市单位”（湖南省财政厅）；2019年2月获“2018年度乡村财政财务管理工作先进单位”（湖南省财政厅）；2018年12月20日获“2018年度行政事业单位资产管理先进单位”（州财政局）；2018年12月24日获“2018年度国有企业经济效益月度快报工作先进单

位”(州财政局)；2019 年 1 月刘目科获“2018 年度全省财政系统信息宣传工作先进个人”(省财政厅)。

税　务

【概况】 国家税务总局龙山县税务局(以下简称“县税务局”)正式成立于 2018 年 7 月 20 日，由原龙山县国家税务局、龙山县地方税务局合并而成，实行以国家税务总局为主与省人民政府双重领导管理体制。2018 年，全局有干部职工 226 名，其中退休 69 人，内设 13 个机关股室、3 个派出机构(民安税务所、华塘税务所、里耶税务所)和 1 个事业单位(信息中心)，负责全县 21 个乡镇(街道)5200 多户纳税人、30 万多名缴费人的税收征管、社会保险费和非税收入征管。荣获龙山县 2018 年度政府目标管理工作一等奖。

【税费收入】 2018 年，县税务局加强重点税源掌控，强化税收预测校验分析，加强企业所得税汇算清缴管理，抓好申报催报及日常辅导，顺利完成所得税汇算清缴。有效排查税收风险，加大收入监督考核力度，认真核查每月申、缴、欠数据，及时督促税源管理部门催缴税款，做到应收尽收，杜绝新欠税产生。加强对税收收入形势的研判和分析，定期向县委、县政府及州税务局汇报组织收入措施和收入进度，争取有力支持。2018 年，共组织收入 75683 万元，比 2017 年增收 10108 万元，增长 15.41%，为调整后县分收入任务的108.74%，圆满完成既定收入任务目标。

龙山县税务局成立挂牌

【税收征管】 2018 年，县税务局准期申报率 99.17%，入库率 100%，二次逾期申报处罚率 100%，纳税人税法遵从度不断提升。原国地税合并后及时优化调整纳税人管户 3562 户，征管基础得到进一步夯实。全年共完成各类风险排查 92 户次，入库税款 386.35 万元，加收滞纳金 22.06 万元，涉税风险应对能力增强。统一税收征管程序，解决原国地税征管业务重叠交叉、成本加大、政策落地困难等问题，不断降低办税成本和征税成本，优化征纳环境，经济高质量发展。

【税收营商环境】 2018 年，县税务局加强“最多跑一次”、新办纳税人“套餐式”服务等最新涉税政策宣传，举办人大代表政协委员座谈会、“创响三湘，税励园区”工业园区座谈会、“纳税服务日”体验日活动、税企互动座谈会、全县文明单位“税宣杯”气排球赛、“与税同行·为省民运会喝彩”徒步税宣等一系列税收宣传活动，税收宣传社会影响力和传播力提升。纵深推进“一厅通办”，积极推动预约办税、网上办税、自主办税，严格规范资料报送、表证单书、办税流程、办理时限等服务举措，压缩、精简涉税事项行政事项审批流程和报送资料，不断优化办税流程。2018年，电子税务局注册1121户纳税人，累计受理3865笔业务，纳税人学校开展集中宣传辅导培训12次，辅导纳税人2000户次，辐射辖区12000人次纳税人，累计减免各类税收7509万元，纳税人办税体验不断提升，县域税收营商环境得到优化。

【廉政建设】 2018年，县税务局积极组织党员干部开展中共十九大精神学习及知识测试，邀请县委党校、县纪委干部讲师为全体党员干部上党课、上廉政教育，组织全局干部观看《反腐枪声》主题电影，聘请特邀监察员对行业作风进行监督。扎实开展违反中央八项规定突出问题自查自纠工作。进一步严明纪律和规矩，围绕违规公款吃喝、违规配备使用办公用房、违规收受红包礼金等问题开展自查自纠。严格执行中央八项规定精神，全年未出现任何纪律作风问题。

【机构改革】 2018年，县税务局严格贯彻落实上级税务机关机构改革精神、改革任务及改革纪律，稳步推进机构改革进程，确保机构改革各项工作落实落地。7月20日，顺利实现新机构挂牌，运转顺畅、平稳。10月25日，机构、人员“三定”落实到位，各项工作全面融合，“事合、人合、力合、心合”得到进一步加强。强化改革期间干部思想政治工作，及时了解掌握机构改革中税务干部的思想情况及工作状况，引导全体干部职工顾全大局、遵规守纪，拥护改革、支持改革。认真做好社保费和非税收入的职责划转准备工作，积极与县人社、医保、社保、财政等部门进行划转工作对接，全面了解社保和非税征收具体情况，建立常态化跨部门工作联络机制，实时信息共享、工作互动。加强社保费和非税收入相关政策文件学习，组织开展专题业务培训，提前为划转工作做好准备。

金　　融

中国人民银行龙山支行

【概况】 中国人民银行龙山支行是中国人民银行的派出机构，是对龙山县金融业实施调控的部门。主要职责：依法执行货币政策，实施人民币流通管理，经理国库，负责金融业的调查、统计、分析及预测，维护辖内金融系统支付清算系统的正常运行。2018年，龙山县支行以习近平新时代中国特色社会主义思想为指导，全面贯彻中共十九大和中央经济工作会议及全国金融工作会议精神，认真落实上级行各项工作部署，坚持党建引领，全面开展“作风建设年”活动，着力强化队伍建设，夯实基础工作，不断改善金融服务和管理，助推履职发展新作为，促进县域金融经济平稳快速发展。全县各项存款余额166.8亿元，比2017年增加9.19亿元，增长5.83%，各项贷款余额105.42亿元，比2017年增加17.42亿元，增长19.8%。

【政策传达】 2018年，龙山县支行向农商行发放扶贫再贷款余额年末达3.3亿元，加大支持“三农”的力度；积极开展“两民贴息”，配合县金融机构、民族宗教事务委员会完成利差补贴工作；推动“三站融合”，全面做好193个金融扶贫服务站与助农取款服务点、农村电商“三站”融合工作，切实打造农村“一站多能、一网多用”综合服务平台等。

【基建工程】 2018年，龙山县支行发行库基建项目（龙山县岳麓大道）完成主体建设施工，已进行后续附属项目建设，2019年将全部完工投入使用。

龙山县金融知识宣传进校园

中国工商银行龙山支行

【概况】 2018年，中国工商银行龙山支行有员工27人，其中本科生5人，大专2人。设业务部、营业部和办公室。经营人民币存款、贷款、结算、贵金属、国债发行、外币存款、网络金融及各种代理业务。基本任务是依据国家的法律和法规，通过国内外开展融资活动筹集社会资金，加强信贷资金管理，支持企业生产和技术改造，为经济建设服务。

龙山县银企洽谈暨工商银行普惠金融推进会

【主要业绩】 2018年总资产155300万元，实现拨备前利润1973.42万元，净利润1389.55万元。人民币各项存款7.09亿元，较年初增加0.77亿元，其中储蓄存款5.54亿元，较年初增加0.61亿元，公司存款6700万元，较年初增加500万元，机构业务存款8800力元，较年初增加1100万元。各项贷款余额8.19亿元，较年初增加1.56亿元，(其中个人贷款余额2.52亿元，较年初增加1.51亿元，公司贷款余额5.67亿元，较年初增加500万元)。贷款投向进一步优化，各项贷款同业新增排名第二。

【客户拓展】紧盯县城建设重点工程，成功与红星美凯龙，诚信御园，万汇国际和王府井等重点开发楼盘携手合作，全年共发放住房按揭贷款2.52亿元。全行个人客户总数92424户，个人储蓄5.54亿元。

【企业文化】 2018年龙山支行着力打造企业文化建设，按照工商银行企业文化体系“使命、愿景、价值观、基本理念”和行为准则等内容。在新的历史发展阶段以践行“提供卓越金融服务”为使命，倾力服务客户，秉承“工于至诚，行以致远”的价值观，把“经营、管理、创新、发展”作为企业的行为准则，将“道德、尽职、服务、执行、协作、学习”作为员工的行为准则，朝着建设“最盈利、最优秀的金融企业”的愿景迈进。2018年重新装修“职工食堂”和“职工之家”。坚持以人为本，实行人为关怀。通过建立文化墙、荣誉室、阅览室、健身室等员工学习、活动、锻炼、休闲场所，让员工更加认同企业文化，企业文化建设取得辉煌成绩。

【荣誉表彰】 2018年，荣获省分行个人贷款营销先进、支行州分行党风廉政建设先进单位、州分行安全管理星级支行州分行、企业文化传播标杆支行、州分行旺季营销劳动竞赛一等奖。

中国农业发展银行龙山支行

【概况】 中国农业发展银行龙山支行成立于1997年。内设三个部门：办公室、信贷业务部、会计结算部。在职员工12名，其中党员5名，女职工5名，研究生1名，大学本科8名，大专文化3名，平均年龄37岁。

4月8日，中国农业发展银行龙山支行组织党员干部到贺龙故居、贺龙纪念馆参观红色教育基地，重温入党誓词

【业务发展】 截至2018年年底，各项贷款余额129954万元，比年初增加45000万元，增长53%；各项存款余额76103万元，比年初增加3887万元，增长5%，实现账面利润3037万元，较2017年同期增加1658万元，增长120%，人均账面利润253.08万元，不良贷款继续保持零余额。2015年以来，龙山县支行累计投放贷款14.2亿元，贷款(投资)涉及地方储备粮贷款和政策性粮食挂账外及棚户区改造、教育扶贫、水利建设等多个领域。为维护国家粮食安全、助力武陵山片区脱贫攻坚、促进城乡发展一体化作出贡献，推进龙山县地方经济的发展。

【荣誉表彰】 中国农业发展银行湘西州分行年度经营绩效考核龙山支行获第一名、中国农业发展银行湘西州分行2018年度先进单位、支行党支部书记石任庚被评为2018年度湖南省分行“十佳党支部书记”。

中国建设银行龙山支行

【概况】 中国建设银行龙山支行成立于20世纪70年代末，是国有大型商业银行在龙山县的重要分支机构。原名中国人民建设银行龙山支行，1996年正式更名为中国建设银行龙山支行，2004年改制上市后，更名为中国建设银行股份有限公司龙山支行。

【业务发展】 截至2018年12月31日，龙山支行一般性存款余额突破18亿元，各项贷款余额16亿元。其中支持重大项目基础设施建设10亿元，投放小微企业和个人类贷款近6亿元，大力支持了龙山县各项事业发展，为县域经济注入了活力。

建设银行坚持诚实公正、稳健创造的核心价值观。积极响应国家政策号召，配合人民银行的工作指导。积极推进移动便民示范工程，已落实龙山县公交移动便民示范工程；乡村“金湘通”便民服务点等；维护人民群众权益，积极参与“消费者权益保护”“反洗钱”“预防电子诈骗”等宣传活动；大力推进普惠金融工作。2018年度，龙山支行支持农村产业振兴贷款余额2024万元，其中柑橘75万元，百合140万元，其他1809万元；农村基础设施建设3560万元；新型农业经营主体9个、1649万元。返乡创业农民工贷款520万元。

中国农业银行龙山支行

【概况】 2018年，中国龙业银行龙山支行有五个内设机构，分别为行长室、综合管理部、风险管理部、公司业务部和个人金融部。辖五个营业网点，分别为支行营业部、新建路支行、长沙中路支行、召市支行和里耶支行。全行在职员工73人，其中女工 24 人，男工 49 人，党员 40 人，非党员 33 人。

【业务经营】 2018 年，龙山支行在认真分析经济金融形势的基础上，针对龙山实际，紧紧围绕县域经济建设发展目标，突出工作重点，以存款、贷款中间业务、惠普金融发展为重点，狠抓业务经营，有效提升价值创造力和综合竞争实力，有效支持地方经济发展。截至 2018 年年末，龙山支行各项存款时点余额 28.3 亿元，比年初增加 1.5 万元；各项贷款 13.06亿元，较年初净增 8465 万元；全年实现营业收入 8469 万元，实现净利润 4648 万元。中间业务收入 1361 万元。各项存款余额在工、农、建三大行占比 53.56%，排名第 1 位。各项贷款余额在工、农、建三大行占比 35.82%，排名第 2 位。

【金融扶贫】 面向“三农”，服务城乡，回报股东，成就员工”是农业银行对党中央的郑重承诺，也是农业银行的历史使命。龙山支行一班子人不忘初心，以党建为核心，做实金融扶贫、做实“三农”工作。支持本县优势特色产业发展，助力脱贫攻坚，以“惠农担－粮食贷”“养老贷”、惠农担－特色贷等产品为抓手，重点支持一批百合、粮食、中药村等特色产业。累计投放养老贷款 776.16 万元，“农民安家贷”贷款 6856 万元。投放农户小额贷款余额 1344 万元，农村生产经营贷款余额 2971 万元。带动龙山县一批建档立卡贫困户脱贫。深得群众认可。努力服务中小微企业发展。2018 年，通过微捷贷、税银通、保险保证、流动资金贷款等产品累计投放小微贷款 1032.5 万元。支持民生事业发展。通过我行惠农通机具、微信渠道累计为 57.74 万人代收保费1.12亿元，此项目是龙山县政府与银行合作的最大的民生工程。

湘西长行村镇银行龙山支行

【概况】 湘西长行村镇银行是经中国银行业监督管理委员会批准，由长沙银行控股发起的全国首家地市级村镇银行，成立于 2010 年 12 月，注册资本 5.6 亿元。公司组织机构健全，治理结构完善，形成了以股东大会、董事会、监事会、经营层“三会一层”的完善治理架构。龙山支行于 2014 年 9 月 26 日正式挂牌开业，主要为当地农民、农村和县域经济发展提供金融服务，并解决龙山县域金融竞争不充分、信贷总量不足的状况，更好服务当地经济。支行下辖 4 个物理网点，2 个自助网点，内设综合管理部、营业部、市场部 3 个职能部门。2018 年末，为支持县域经济发展、扶持特色农业发展、实体经济发展，支行发放各类贷款余额 9.8 亿元。

【业务发展】 继续开展住房按揭项目，个体工商户经营性贷款，着力服务全县小微企业、实体经济。为保障“两增两控”监管要求及自身“支农支小”的

湘西长行村镇银行龙山支行工作人员向贫困户送去慰问金

经营定位，积极调研、了解县域市场及相关经营户，与总行部门协作开发符合县域经济特点的信贷产品。

【金融扶贫】 从龙山支行进驻扶贫村至2018年，共计帮扶19户帮扶对象。截至2018年年底，在支行的帮扶下，9户帮扶对象已经脱贫，并加快向小康家庭目标迈进。联合人民银行以及其他金融机构成功举行4场慰问活动，捐款捐物折合人民币3万元，为留守儿童送去必要的学习用品、文具用品、御寒衣物和节日蛋糕、文艺表演、理发等人文关怀。龙山支行依照国家相关法律法规和总行现行信贷管理规定，为龙山县投放5000万元扶贫贷款，设立的四个金融扶贫服务站可直接辐射7个自然村近6000名村民，方便村民在所在村委会就能享受到便捷取款、贷款咨询受理等基础金融服务。

湖南龙山农村商业银行

【概况】 2018年，龙山农村商业银行辖内营业网点42个。其中城内10个，乡镇32个，实现城乡金融服务网点全覆盖。内设14个职能部门：办公室、人力资源部、会计财务部、信贷经营部、支付结算部、内审稽查部、纪检监察室、合规管理部、风险管理部、党群工作部、资金营运部、安全保卫部、技术保障部、电子银行部。在职员工292人，其中研究生学历3人，本科学历105人，大专学历137人，其他学历47人；中共党员169名，其中少数民族党员140名，占比83%。12月末，各项存款余额67.15亿元，较年初增加5.72亿元，增幅为9.31%，各项贷款余额41.1亿元，较年初净投放8.84亿元，增幅为27.4%，存贷额居全县金融机构首位。2018年度，获湖南省农村信用社绩效考核先进单位，湖南农信党支部标准化建设示范党支部。

农村商业银行工作人员为群众讲解金融知识

【业务发展】 始终坚持业务发展是企业发展生命线的总基调，充分发挥地方法人金融机构优势，积极创新金融服务产品，增加业务发展后劲。组织开展“开门红”活动。针对“两节”业务发展旺季，制定“开门红”营销方案，主要突出组织资金、信贷需求摸底等基础工作，分配一季度营销任务。以开展创建信用村活动为抓手，积极扶持农村产业发展。采取逐村推进的方式，要求农村支行每月完成1个信用村的建设，用2～3年时间实现信用村全覆盖。对农户、专业合作社、种养大户等进行地毯式走访调查，建立农户信息台账，集中评级授信，设立信用村建设督查组，机关全员参与，对信用村建设进行验收。截至12月末，已对全县182个行政村开展创建工作，对42465户农户进行采集信息和信用评级授信，营销农户小额贷款6456万元。加大力度推进智能化建设，实现电子银行业务快速发展。对支行自助设备进行改造，为支行配备硬纸币兑换一体机1台、补登折机15台；开展福祥E支付商户推广活动，有效提升客户体验，提高电子业务办理效率；完成162个金融扶贫服务站“三站融合”建设，拓宽服务渠道，延伸服务触角，拓展和夯实农村市场。

【党建工作】 2018年，安排1名党委委员分管党建工作，设立党群工作部，配备4名专职党务工作人员；充实党建力量，按期转正党员3名，培养发展新党员4名，组织输送3名入党积极分子进行培训；对34个没有条件单独成立党支部的支行成立了8个联合党支部；消除党员空白支行，对4个没有党员支行人员进行调整。扎实抓好党建基础工作落实，严肃党内政治生活，落实“三会一课”纪实管理，全面落实意识形态工作责任制要求，按月开展主题党日活动，按月召开支委会议，按季召开党员大会；组织召开党建工作、党风廉政建设和反腐败工作、意识形态工作会议20次；组织党员观看《厉害了，我的国》《榜样3》等教育片，组织党委理论中心组学习10次，开展机关支部联基层活动2次，开展在职党员进社区活动2次，对辖内支部开展党建工作抽查考核22次。深入推动支部标准化建设，完成茨岩支部、新建路支部、城郊支部、里耶支部、召市支部5个党支部的标准化建设，达标率为50%。其中，茨岩支部作为湘西州示范支部被省联社验收，并荣获“首批湖南农信示范党支部”称号。扎实推进党风廉政建设，聚焦“四风”问题，持之以恒地抓好中央八项规定、省委九项规定和省联社七项规定等有关措施细则的落实。与10个基层党支部和42个支行签订党风廉政建设责任状；聘任兼职纪检监察员42名；在辖内通过集中学习、观看警示教育片等方式，加强对部门党风廉政建设，引导广大党员自觉做廉洁自律的表率，立“明规矩”、破“潜规则”，自觉抵制腐败现象和行业不正之风；组织开展本单位违反中央八项规定精神突出问题专项治理工作，对照违反中央八项规定精神突出问题3个方面、13条严禁在本单位开展1次全面排查，对发现的问题进行及时整改。

【金融扶贫】 2018年，持续做好支农支小信贷营销，积极开展金融产业扶贫。支持地方特色种植和养殖产业发展，支持烤烟、百合、柑橘种植户1255户，发放贷款5964万元，支持山羊、牛、猪养殖户56户，投放贷款588万元。截至12月末，对全县贫困农户建档立卡并评级户数31285户，授信21675户，授信金额41855万元；累计发放扶贫小额信用贷款25046万元，余额15795万元。

【“五小”建设】 2018年，完成水田、贾市两个支行“五小”建设并通过湘西办事处验收，其中水田支行荣获全州“五小”建设网点验收第一名；统一形象标识，完成22个支行的门楣更换。

【宣教活动】 利用电视、广播、网络、报刊等多种渠道围绕组织资金、信贷支农、不良贷款、新型业务等主题深入开展宣传；组织“开门红”“改革开放四十年”等征文活动并向州办事处、省联社推送；大力推广微信公众号，全年推送微信公众号内容18篇；组织及协助责任部室开展“普及金融知识，‘守住钱袋子’”“6·14信用记录关爱日”“存款保险，保护您珍贵的存款”、“金融知识进校园”等宣传活动，增强社会知名度和影响力。

【工会活动】 2018年，开展“学雷锋活动月”“第一届男子篮球运动会”等多种活动，参加上级部门组织的“湘西州农商银行气排球比赛”“银谐杯”羽毛球比赛等其他文体活动，丰富员工工会生活，营造团结拼搏的工作氛围。

邮储银行龙山支行

【概况】 2018年，中国邮政储蓄银行龙山支行下辖4个二级支行、18个邮政储蓄代理网点。龙山支行内设综合管理部和综合业务部两个部门，有员工48人。年底，个人存款余额26.87亿元，公司存款 2.4 亿元，各类贷款余额5.05 亿元。

邮储银行龙山县支行 VIP 客户答谢会

【业务开展】 2018 年，支行结合龙山县的经济情形，找准自身的重点和特色，通过细分市场，进行差异化营销，分类建立客户档案，重点加大对小微企业流动资金、工程项目款及年底各单位的年终奖营销力度，乡下网点加强与各村委进行联系，了解各村外出务工人员的基本情况，充分借助信贷、中间业务、网上银行、手机银行、云闪付的拓展力度，实行整体营销战略。

【服务管理】 服务是银行业的行业属性和社会责任，优质的服务对银行的生存和发展都起到了至关重要的作用，支行通过学习新业务、新制度、做到新业务及时更新，新制度全面掌握，通过业务技术练兵提高员工业务操作能力，有效地提高服务效率，通过组织学习省市分行对服务工作规范要求，学习标杆网点的先进经验，寻找自身不足，严格遵守形象规范、举止规范、礼仪规范、柜面服务规范、大堂接待规范，同时加大监督力度和广度，形成全方面的监督体系，以优质高效的服务赢得客户的信任。

中国银行龙山支行

中国银行龙山支行开业典礼

【概况】 中国银行龙山支行于 2018 年 11 月 18 日正式挂牌营业。有员工 11 名。设有 2 个综合业务柜台、2 个智能柜员、1 个贵宾服务柜台、人民银行信用报告自助查询机 1 台。

【业务范围】 中国银行龙山支行的主营业务有公司、个人金融、资金业务、资金国际业务和金融机构业务等。特别是中国银行作为传统的外汇外贸专业银行，利用中国银行特色的跨境金融业务，拥有完善的国际交易网络系统，提供全面高效的金融服务。

【主要业绩】 积极支持地方经济发展，中国银行龙山支行持续为龙山县高铁新区基础设施建设PPP项目投放3.12亿元贷款资金；积极支持中小微企业发展，助力普惠金融，重点扶持龙山百合行业发展，截至2018年年底，已投放普惠金融贷款600万元。

州住房公积金管理中心龙山县管理部

【概况】 湘西土家族苗族自治州住房公积金管理中心龙山县管理部（以下简称“县管理部”）成立于2005年12月，为正科级自收自支事业单位，隶属于州住房公积金管理中心，2018年有工作人员6名，其中主任1名，副主任1名。主要负责全县住房公积金归集、使用、核算和编制使用计划管理工作，审批住房公积金归集、提取、贷款业务，并负责记载住房公积金的缴存、提取，负责住房公积金的保值和归还。

【提升管理】 2018年，县管理部坚持科学发展观，以人为本，贯彻执行《住房公积金管理条例》，以“政府放心、人民满意”为服务宗旨，工作成效显著。制定管理部年度工作计划，强化措施，细化管理；认真梳理当前主要工作，制作工作台账，责任到人，对标对表，实行预案销号；加大非公扩面宣传工作力度，极力助推企业建制，年内建制非公企业5家以上；严审申请条件，严把审批尺度，严防违规业务，做实做细每一步流程，加大逾期贷款催收力度。大力开展贷款业务，提高资金的使用率和收益率；资金管理规范运作，严格按照州住房公积金管理中心（以下简称“州中心”）“统一决策、统一管理、统一制度、统一核算”的良性监管体系。截至2018年12月底，全年归集住房公积金3.02亿元，建立个人公积金账户18555个，归集余额9.77亿元；累计为34577人次（含对冲还贷）提取个人住房公积金，提取总额达1.29亿元；累计发放个人住房公积金贷款285笔，贷款金额8585万元，贷款余额4.21亿元，个贷比43%，贷款逾期率为0。

【创新服务】 2018年，按照州中心关于加快建设住房公积金综合服务平台，打造“智慧公积金”，把智“惠”带给群众的总体部署，县管理部进一步深化“放管服”改革，围绕依托互联网“智慧公积金”的便民新路子，着力加快住房公积金信息化建设步伐，实现公积金业务办理从“脚尖到指尖”，把“智能和惠民”带给广大缴存群众。开发建设住房公积金归集（缴存）、提取、贷款、客户、资金、银行结算应用、会计财务、电子档案、决策分析、二手房贷款、自动化办公、内部审计系、绩效管理、安全认证传输、电

龙山县召开2018年住房公积金专场业务培训会

子签章、区域房地产市场分析等管理系统。开发建设住建部银行结算平台和各商业银行的直联平台。开发建设对接住建部住房公积金信息平台、公积金异地接续平台。开发建设住房公积金网上办事大厅、手机 APP、微信、门户网站、智能机器人、自助业务大厅(银行)、自助一体机、“12329”热线等 8 大智慧服务渠道及其综合管理平台。开发建设对接智慧湘西、公安、人社、房产、民政、审计、税务、住建等多接口的互联互通平台。

中国人民财产保险

【概况】 中国人民财产保险股份有限公司龙山支公司。是一家实力雄厚、积累丰富保险经验和专业理赔技术的公司。公司内设经理室、综合部、非车险部、车险部、三农服务部、理赔分部,现有工作人员 43 人(其中本科 14 人,大专 18 人,其他 11 人)。公司主要办理车辆保险、交通事故强制保险、货物运输保险、财产基本保险、财产综合保险、家庭财产保险、种植业保险、养殖业保险、农村房屋保险、意外伤害保险、短期健康保险、工程保险等险种。承保和理赔业务,业务范围覆盖非寿险市场所有领域。2018 年全年实现保费收入 4756.77 万元。

【业务发展】 2018 年,公司紧紧围绕省分公司党委的战略部署,坚持以“效益优先,依法合规”为经营理念,对标市场、开拓进取。根据州分公司下达的实收保费目标基础上主动上调经营目标,落实各产品线周、月、季度、年销售计划。全年车险保费收入 3182 万元,同比增长6.59%,意健险保费收入 331.7 万元,同比增长 6.62%。

【经营管理】 2018 年,在经营管理上,公司严格执行保监局各项规定,分别签订党风廉政建设责任状、数据管理责任状、依法合规经营承诺书等规范公司管理者行为的承诺书。定期组织公司从业人员学习各类保险条例,认真贯彻落实各项规定,规范和完善公司的各项制度,并严格按照《2018 年人保财险龙山支公司日常工作管理制度》执行,强化管理意识,提高管理质量和水平。公司着重发展业务,重点加强市场营销管理、核保管理和单证控制管理,适应竞争市场;人员上重点加强职业行为管理和考核机制管理,建立配套的责任追究制度和奖惩措施;积极开展各种竞赛活动,营造健康活泼、你追我赶、团结奋进的业务发展氛围,将上级公司下达各项指标进行层层分解,落实到人,做到“月分析、周点评”,实行以业绩为主导考核机制,将员工收入与公司绩效挂钩,充分调动员工的积极性。根据市场发展特征和趋势,紧盯市场,细分客户,满足客户需求,不断完善现有销售体系,深入开展销售队伍建设。

【客户服务】 客户服务是一个涉及公司员工素质、企业文化、工作流程等多方位的工作。为更好地提升公司的竞争力,就要更好地处理好客户与公司长期的合作关系。坚持“以客户为中心”的服务理念,维护客户的合法权益;从"内强素质、外树形象"着手,通过狠抓公司各岗位人员素质,提高客户满意度,树立公司良好的对外形象;坚持以服务为本,促进销售,把日常业务处理和服务工作紧密结合。以理赔和承保两大服务部门为切入口,及时、准确、快捷地把赔款赔给客户,对各大系统骨干企业实行划块包干、定期回访,不定期联系,随时为客户提供答疑咨询。

【理赔管理】 根据 2018 年理赔管控重点,从理赔成本、理赔服务、理赔运营管理 3 个方面,对理赔质量进行考核与监控,确保理赔各险种赔付率优于行业和其他竞争对手,公司服务评级达到 AAA 水平,基层管理能力和活力得到提升,业务发展贡献度不断增强。公司把重点放在加强查勘定损管理和报价核赔管理上,严把现场查勘质量关。公司从狠抓第一现场的查勘率入手,坚持实事求是、“迅速、及时、准确、合理”的原则;只要接到报案,无论

龙山财险公司踏勘农险烟叶现场

事故大小，无论白天黑夜，始终坚持赶到第一现场，掌握第一手资料，严格按照快速赔付流程，为客户提供力所能及的方便。公司坚持双人查勘，双人定损，交叉做案，限时赔付，不断提高服务质量，提高赔付速度；加强人伤案件管理，力争在诉前、诉中调解结案，减少赔付。2018年，公司荣获全州系统理赔质量考核二等奖。

文化·旅游

文化旅游广电

【概况】 2015 年 12 月 15 日，县旅游局和文化广电新闻出版局成立(简称“县旅文局”)，由原旅游局、文化局和新闻出版局合并而成。内设 8 个机构，分别是办公室(政工人事股)、财务股、行政审批股、规划建设股、旅游行业管理股、文化艺术股、广电宣传股、法制市场股(县扫黄打非领导小组办公室)。2018 年，局机关工作人员 30 人。

【文化活动】 2018 年 2 月 8 日，“幸福龙山”2018 年春晚在龙山县皇仓中学体育馆浓情上演，现场 1000 名群众以及全县人民通过电视直播、广播电台，掌上龙山 APP，微信公众号直播收听或收看晚会直播盛况。2 月 18 日，龙山县大型灯会闹县城活动精彩上演。各路龙灯、蚌壳灯、狮子灯、马儿灯竞相欢舞，异彩纷呈，县城洋溢着一片新春热闹的景象。

春节期间，县文化馆开展文学书法交流活动、摄影作品交流活动、有奖灯谜竞猜、三棒鼓群英会、民间歌舞迎新春文艺表演、“彩灯扮春”城市美化活动等庆祝活动。通过城市美化、过年看大戏、民俗文化展演等活动板块，展示本土传统文艺节目和非物质文化遗产，展销书画手工艺品、传统小吃等，繁荣春节文化市场，丰富群众节日文化生活。

5 月 31 日，联合文联、县音协在里耶镇组织开展“到人民中去”“我是雷锋家乡人、湖湘文化送春风”龙山县文化馆 2018 年文化志愿者演艺惠民活动。文化惠民演出的 15 个节目艺术形式多样，内容丰富多彩。

8 月 8 日，在里耶镇巴沙湖紫薇天下景区云中舞台举办“创同心巴沙·助乡村振兴”第二届“汇邦”杯湘鄂渝边区广场舞大赛活动。来自湘鄂渝边区 5 个县 20 支广场舞代表队参加比赛。通过激烈角逐，龙山县梦之队获得大赛一等奖，龙凤莲香健身队和里耶遗址和谐健身队获得大赛二等奖，夕阳花正红健身队、里耶绿源广场健身队和秀山酉水灯戏团获得大赛三等奖。

8 月 19 日，县文化馆成功举办“喜迎民族运动会、美丽乡村入画来”本土画家画乡村写生活动。20 名龙山本地画家在贾市乡老街、苗市镇西拉村、洛塔乡列巴村、农车乡等地历经五天时间的创作，创作出 80 幅作品，集中反映龙山美丽风光，精准扶贫成果、美丽湘西创建等美丽乡村神韵。

9 月 23、24 日，龙山县首届“土家情丰收歌”首届中国农民丰收节暨土家族山歌节在靛房镇成功举办，此次比赛分为土家山歌冷歌赛、土家山歌(土家语)热歌赛和土家山歌(汉语)热歌赛 3 个部分，参赛者有来自湖南省、湖北省、贵州省等 60 名歌手参赛。现场观众数千人。20 万人次观众通过网络直播观看了这一民族盛事。

10月17日，开展了针对特殊人群的文艺活动——里耶敬老院“文化走基层”“关爱老人·情暖重阳”县文化馆2018年重阳节文化惠民活动。

10月16—20日，湖南省第九届少数民族传统体育运动会在龙山县举行。湖南省14个市州和17个民族县市区组成的31个代表团2631人参加，来自土家、苗、瑶、侗、白、维吾尔、壮、回、汉等22个民族的1991名运动员将参加陀螺、射弩、秋千、高脚、板鞋、蹴球、毽球、押加、民族健身操及表演项目比赛。本届民族运动会是湖南省历届民族运动会规模最大、规格最高、参赛人数最多的一次。获得甲组团体总分前三名分别是：龙山县代表团、通道侗族自治县代表团和江华瑶族自治县代表团，获得乙组团体总分前三名分别是：怀化市代表团、湘西土家族苗族自治州代表团、邵阳市代表团。县旅文局负责本次运动会开闭幕式的文艺表演。开幕式文艺表演演员人数4200人，编导、服装道具、演员管理等演职人员400人。文艺表演以龙腾盛世、舞动潇湘为主题，通过《龙腾盛世》《传承之魂》《文体之美》《山水之韵》《摆手祈福》五个主题篇章，彰显龙山独特的土家族文化，展示了龙山发展的新气象，营造了民族大团结的新局面。

【文艺创作】 彭梁心创作散文作品5件，并在湘西《团结报晚报》和《长沙晚报》发表。杜国平创作散文《去访道坑》。邓六山编创广场舞蹈《吉祥迎宾曲》。8月19日，龙山县举办的“喜迎民族运动会、美丽乡村入画来”本土画家画乡村采风创作活动，22人龙山本地画家参加，历经五天时间，创作出80幅作品。举办了“首届全民首届摄影作品大赛“活动，共收到参赛作品485件，其中182幅作品获奖。

【文艺辅导】 2018年文化馆先后组织龙山县“影视影像拍摄培训讲座”活动和《血刃——红二、红六军团湘鄂川黔纪实》新书发布会暨红色文学创作要点讲座活动。在里耶镇组织文化基地舞蹈培训活动。组织开展龙山县文化志愿者培训活动，并联系民间优秀团队，组建3支县文化馆馆办文艺团队。

【图书活动】 2005年，图书馆在原址重新扩建，2007年初开馆。馆址位于县城新建路中段64号。2018年有工作人员13人。馆内设有图书阅览室、电子阅览室、地方文献古籍室、图书借阅室、办公室。藏书20万册，图书阅读量为30万册次。2018年2月6日，县图书馆在县城内举办春节有奖知识竞猜活动，3000条精彩的谜语和3000份丰富的奖品为龙山人民增加节日喜庆气氛。该活动持续举办了12年，是龙山县春节一项重要的庆祝活动。3月16日，县图书馆在石牌镇组织开展“我是雷锋家乡人湖湘文化送春风”文化志愿服务月活动。工作人员免费给群众赠送《家庭应急手册》科普手册，发放图书900册，科普资料2000份，并在现场以一问一答的方式向群众宣传“公共图书馆法和文化信息资源共享工程”知识和政策，回答正确的群众给予奖品鼓励。3月25日，联合湖南图书馆地方文献部工作人员在龙山县开展为期3天的地方文献征集上缴工作，共收集有龙山县地方特点的地方文献书籍1500册，加大龙山县地方文献资源的收集力度，加强我馆特色资源库建设，完成向州级地方文献资源上缴工作。4月23日，以“世界读书日”为契机，发挥图书馆自身优势，联合相关业界力量，联合开展“关爱留守儿童、送书下乡”世界读书日活动。活动当天给靛房镇九年制义务学校赠送各类中小学生阅读书籍1000册、给留守儿童捐赠学习生活用品；开展少儿“有奖知识竞猜活动”，给老师学生们免费发放《科普安全知识手册》，现场开展办理图书馆借书证业务活动。6月12日，组织开展第二届全县农家书屋管理员业务培训工作，180名农家书屋管理员参加此次培训，为农家书屋更好地服务群众提供保障。6月30日，举办龙山县图书馆读者读书会第一届“诵读传统文化经典”中文朗诵比赛，通过组织筹备，50名中小学生参加此次比赛，评选出一等奖1名、二等奖3名、三等奖5名。11月4日，由湘西州委宣传部、湘西州文广新局、湘西州教育和体育局、湘西州文明办联合主办的2018年湘西州首届少年儿童“诵读国学经典，传承中华文化”朗诵比赛决赛在吉首湘西大剧院举行，由龙山县图书馆推荐选送的县第三小学朗诵节目《诗神毛泽东》荣获全州第一名、特等奖，龙山县图书馆荣获《优秀组织奖》，县第三小学向阳等 6 名教师荣获《优秀指导老师奖》。县图书馆还为全县 91 个社区居委会和自然村图书室补充更新图书 27300 本，内容包含文化、科技、卫生、政治、经济等多个种类。由中国民族图书馆、中国图书馆协会、中国图书馆协会学术研究委员会在全国各民族地区开展“新时代民族地区图书馆事业的科学发展”为主题的论文活动，县图书馆与吉大图书馆共同撰写提交的论文《贫困地区县级公共图书馆的生存与发展策略研究——基于湘西自治州的调研》荣获一等奖。“我的书屋我的梦”征文比赛活动，猛必小学向爽的征文《捧起书、怀揣梦》，县第一小学彭子洋征文《农家书屋一我心中的家》，县思源实验小学李佳怡征文《读边城有感》，县皇仓中学张慧征文《从书屋起航》，茅坪乡中学向锐征文《农家书屋让我的暑假不寂寞》共 5 篇征文荣获湖南省优秀征文奖。在全省优秀农家书屋管理员评选活动中，我县石羔镇桃红村农家书屋管理员王本学、苗儿滩镇民族村农家书屋管理员杜修文两人获得“全省优秀农家书屋管理员”称号。石羔街道办事处泗坪村农家书屋、兴隆街街道办事处油菜坪社区农家书屋被评为全省示范农家书屋。

【公益电影】 2018 年，根据《2018 年龙山县电影服务中心工作实施方案》，切实加强放映队思想认识，积极响应“新农村、新电影、新希望”号召，制定放映计划和详细可行的放映安排表，有计划、有步骤，认真细致地开展科普，爱教电影放映工作，全年农村电影放映 5208 场，观众数 10 万人次，超额完成上级下达的放映任务，丰富了农民群众业余文化生活。

【演艺惠民】 2012 年 5 月，龙山县毕兹卡演艺文化产业有限公司成立。2018 年公司员工为 25 人。按照“三区·人才支持计划”及“演艺惠民·送戏下乡”推进全县文化大发展大繁荣、构建公共文化服务体系工作要求，县毕兹卡演艺文化产业有限公司开展各种惠民演出：

1—3 月开展县里组织的春节五下乡活动，下到民安、里耶、茨岩、召市、三元等乡镇，完成“演出惠民·送戏下乡”任务 19 场。

4—6 月开展县里组织的湘西州龙山县舍巴节活动，下到洗车、捞车、农车等乡镇，对当地百姓进行摆手舞培训，并在 6 月 16 日参加县里组织的舍巴节活动，还在民安镇、洗车、捞车河、苗儿滩镇等 8 个乡镇进行“演艺惠民·送戏下乡”演出，完成演出任务 15 场。

7—9 月在农忙之时公司演员前往火岩、茅坪、沙坪、百型等乡村进行“演艺汇演·送戏下乡”演出，完成演出 11 场。

10—12 月结合“三区·人才支持计划”与部分乡镇舞蹈队伍进行同台演出，完成“演艺惠民·送戏下乡”演出 15 场。

2018 年湖南省第九届少数民族传统体育运动会在龙山举行。演艺公司积极参与开幕式文艺表演节目编排与演出。开幕式大型文艺表演获得极大成功。

【非遗保护】 2018 年非遗中心组织人员进一步挖掘、搜集、整理我县非遗项目，对土陶制作技艺、西水船歌、土家族梯玛歌三个项目开展田野调查。

以活动为载体，大力宣传龙山县非遗保护成果。6 月 9 日是我国第二个“文化和自然遗产日”，县非遗展演走进里耶景区开展活动，同时，龙山县非遗节目三棒鼓参加湘西州举办的“文化和自然遗产日”活动。

6 月 17 日，在洗车河镇组织开展“2018 湘西·龙山土家族舍巴日”活动。土家族梯玛歌、土家族打溜子、土家族咚咚喹等非遗项目登上展演舞台。

11 月 30 日，中国武陵山区（湘西·龙山）第四届三棒鼓擂台赛在龙山县龙凤广场隆重举行，全县 19 支三棒鼓队伍登台献艺，比赛分为团队赛和鼓王争夺赛两部分进行，组委会拟定宣传党的政策方针、武陵山区历史文化、民族文化、红色文化、民俗风情、趣闻轶事等方面 60 个演唱主题，参赛队伍和个人临时抽签决定演唱内容，紧扣主题即兴发挥。经过一整天激烈角逐，最终洗洛代表队力压群雄获得团体一等奖，来自湘鄂情三棒鼓表演队 32 岁的肖昌永获得金鼓王称号，成为龙山历届以来最年轻的金鼓王。

龙山县第四届三棒鼓擂台赛

开展非遗项目专项资金申报工作。3 月完成国家级非物质文化遗产代表性项目《土家族梯玛歌》补助经费 20.64 万元、《土家族咚咚喹》补助经费 21.52 万元的申报工作。全年成功申报国家级非遗项目土家族梯玛歌、省级非遗项目木偶戏和湘西三棒鼓三个项目专项资金 60 万元。完成州级非遗代表性项目和州级非遗代表性传承人的申报推荐工作。经审定，全县新增州级非遗代表性项目 6 个、州级非遗代表性传承人 6 名。

9 月 19 日组织土家织锦技艺、湘西土陶制作技艺、土家族打溜子、咚咚喹等非遗项目参加山东济南第五届中国非物质文化遗产博览会，反响较好。

根据龙山县《关于建立非物质文化遗产活态传承机制的通知》，明确要求建立对非物质文化遗产的抢救性保护、传承激励、培养培训、考核评价等四个机制。探索建立代表性传承人带徒授艺以奖代补制度，鼓励各级代表性传承人收徒传艺。四级代表性传承人补助金大幅提高，其中县级财政配套资金已进入财政预算，并足额发放到位。2018 年全县四级代表性传承人 223 人，共发放补助金 173.7 万元。文化和旅游部在 2018 年 5 月 8 日公布的第五批国家级非物质文化遗产代表性项目代表性传承人名单中，龙山县苗儿滩镇杨文明作为土家族打溜子项目代表性传承人位列其中，成为继彭继龙、田隆信、严三秀、张明光、彭南京、刘代娥之后，龙山第 7 名国家级非物质文化遗产代表性项目代表性传承人。12 月 17 日，《湖南日报》以《武陵山上百花齐放——龙山县非物质文化遗产保护工作纪实》为题对非遗工作进行长篇报道。12 月 26 日，大连电视台以《2018 年锦绣非遗走访：土家族的西兰卡普》为题，对土家织锦传承人叶水云进行专题报道。

【景区景点】 2018 年，龙山县围绕“旅游兴县”战略，加快全域旅游建设步伐，加速推进里耶古城景区、惹巴拉景区、乌龙山大峡谷景区、太平山景区基础设施建设。里耶古城景区游客服务中心一期工程完成边坡支护、地下停车位等建设，二期工程游客中心和安置区建设完成招投标；里耶古城改造及房屋立面整治工程完成辟疆街、长沙街风貌整治，以及 4 个院落主体改造；文化旅游小镇建设（里耶后街）已完成 8 栋楼建设。惹巴拉景区影视基地完成一期装修及布展工作，生态农业观光园完成 1500 亩建设，停车场完成“三通 ·平”建设，古村提质改造完成沿河及村间道路 1000 米改建，星级宾馆、污水处理厂“三通一平”已进场施工。乌龙山大峡谷景区中惹迷洞和鲢鱼洞完成洞内灯光及游步道改造并实现对外开放，目前游客火爆；皮渡河民俗体验区木屋建设完成 26 栋木屋主体及 24 栋室内硬装;客运索道建设完成临时货运索道架设,部分索道设备已到场。太平山山顶主体建筑整修完成工程量的55%,新城牌坊至韩家坪公路拓宽改造工程正在进行油面层施工,河谷绿道建设完成路基施工,游客接待中心和安置区已进场施工。

太平山森林公园。太平山森林公园距龙山县城8千米,始建于2003年1月,总面积2534.4公顷,有国家一级、二级、三级自然景观37处。太平山孤峰独立,雄奇险峻,山顶终年云缠雾绕。清光绪皇帝赐封太平山禅师为中国佛教曹洞派第四十七世、四十八世、四十九世、五十世传人。我国著名政治活动家章太炎先生曾到太平山一游,欣然命笔:"太平山层峦叠翠,林木葱茏,山峰险秀,殿阁凌云,风景优美,不亚于庐山雁荡"。1997年,中国佛教协会主席赵朴初先生亲笔题写"太平山"山名。主要景点有松月塔、息影洞、观音寺、登天梯等。

乌龙山大峡谷风景名胜区,位于火岩境内。距县城40千米,区域面积79平方千米,景区面积为40.1平方千米,地势由东北向西南倾斜,最高海拔1054米。境内气候温和,四季如春,山水神奇,风景壮观。景区有200多个溶洞,被誉为世界溶洞博物馆。专家评估认为,惹迷洞、皮渡河谷、飞虎洞、风洞、盘龙洞、通天门、天坑鼓7处景点为国家一级景点;火岩等7处景点为国家二级景点;鲢鱼洞、珠连洞等19处景点为国家三级景点。

洛塔地质公园,位于县境中部,2001年1月,中国地质科学院地质岩溶研究所将洛塔定为科研基地。洛塔为一个完善向斜岩溶构造单位,台原、峰丛、孤峰、溶丘、石林、石牙、洼地、漏斗、溶洞、地下河、峡谷、绝壁、瀑布等应有尽有形成和发育阶段完整,是我国南方裸露型岩溶的典型代表,具有很高的观赏价值和科研价值。2002年12月18日被湖南省国土资源厅批准为省级地质公园。石林面积达62平方千米,拥有景点200多个,总体规划为14个景区。主要有"五虎赶六羊""南方第一天池""天锅潭瀑布"和"千年水杉王"等景点。

洛塔台地呈北东向长条状,有3个不同高度的岩溶台面,海拔高度分别为1200米、1000米、800米,是构造运动强烈抬升差异隆起的标志,记录着岩溶地貌的发展史。台地东西两侧各有一条岩溶垄脊呈锯齿状,垄脊之间有和尚堡、亚不梯、吴王堡、谢家台4个溶丘台地耸立在盆地的中央。台地顶部平坦,海拔在1000米以上,四周峭壁垂直高度100~200米,地势十分险要,历史上曾为土王吴著盘踞之地,今留吴著厅遗址。峭壁边缘发育着峰林景观,如姊妹岩、鹰嘴峰、尖尖峰等。

八面山景区,八面山高耸于低山丘陵上的向斜构造盆地之上,南北长东西窄,呈巨船形山体突兀于里耶以西,东南与咱果、内溪接壤,西与重庆市酉阳县相邻,总面积52平方千米。山体主要由志留系下统页岩、粉碎岩、砂岩夹灰岩构成。平均海拔1200米以上,最高杯子岩海拔1414.5米。年平均气温10℃,年平均降水1703.2毫米,无霜期245天。山上地势开阔平坦,牧草丰肥,有"江南草原"之称,是国家农业部选定的中国南方草食牲畜养殖基地。上山仅有大岩门、小岩门、望乡台、西眉峡等隘口,余为绝壁,可谓一夫当关,万夫莫开。山上有燕子洞、自生桥等形态各异的洞穴230多个。青鱼潭、大鱼潭等天然陷池,形似天锅,以泉为源,四季碧水,不涸不盈,清澈甘洌,久旱久雨如是。盆地仰望八面山,山峦起伏,曲线妖娆,酷似睡美人。清人朱克敬在《登八面山》中赞道:"指点西南形胜处,乱云如幕独模戈。"沈从文看过拔地而起、绝壁如削的八面山后赞道:"气魄很大,很耐看。"他甚至把八面山和里耶与众不同的神韵称为"别一个国度"。

茨岩塘景区,茨岩塘镇是红色革命老区,1935年,任弼时、贺龙、关向应、肖克、王震等老一辈无产阶级革命家带领红二、六军团驻扎在茨岩塘,时间长达233天,设立了湘鄂川黔苏维埃革命委员会,边区省委、省政府、省军区、兵工厂、红军医院、供给部、红校等革命旧址犹存。

比溪十八丘红石林位于比溪焕新村境内公路沿线,距茨岩塘街上10千米,距县城30千米。面积约150公顷。红石林颜色多红褐,景观密集,造型奇特。

响水洞位于茨岩塘下的兴隆街响水洞村。龙

桑公路旁小河北岸高逾百米的山洞里喷出一股直径3米的飞瀑，如白缎凌空滚落，直射在洞下巨石之上，发出轰然巨响，故名响水洞。此水源于大安，四季水量充沛，水质清冽。四周林木葱茏，农舍穿插其间，俨然农家乐园。当地人利用从高山飞落的洞水次第架起20多架木页水轮车加工香饼，即将一节节生枫香树利用水力磨研成木浆制饼，制成神香，成为一道古老的景观。

望乡台位于三十六湾进茨岩塘处。东为黄连山，西是赵家山，望乡台便是这两山对峙间的天然隘口。台下绝壁如削，清人熊华山在半山腰险峻处砌石级如梯，一径千磴，成为骡马古道上生死攸关的一道险隘，故名望乡台。清嘉庆二十年(1815)，龙山知县朱沛霖重修，更名为向上台，但民间仍按习惯称之。隘口有姚家河之水直泻而下，高约40米，丰水期宽6米，跌落崖下深潭，声震山谷，是县境最大的瀑布。

龙潭河景区，龙潭河发源于茅坪乡的腊溪、小龙潭，流经茅坪、洗洛、辽叶、湾塘等4乡境，于湾塘龙嘴干溪坝口注入酉水，全长35千米，流域面积107平方千米，河流坡降21‰，属喀斯特地貌。沿河青山夹岸，云天一线，被河水冲击而成的石堤，竞显鬼斧神工之妙。杨柳岸翠绿簇拥，扇子峰绿意撩人，将军岩、情人柱双双屹立河中，根根栓马桩组成神奇的石林，大都高60米左右，其中一根高逾百米，如鹤立鸡群。龙狮湾的狮子山、青龙山给龙潭河增添诸多灵性。“南天一柱”“八柱擎天”相得益彰，天桥、万马归巢、飞鸟峰、背篓峰、古城堡、摩天崖等山景各呈秀色。沿河瀑布颇为壮观，有瀑如扇从山崖斜冲而下，白练如珍珠坠落，四处飞贱；挂瀑一幅幅如垂珠帘，增添青山绿水的灵动；还有不见其形，只闻其音的响瀑，远远就能感到雷霆万钧之势。龙潭河水清如镜，群山倒映其中，摇红荡绿，相映成趣。河中多奇石，黑白红橙紫，如珍珠玛瑙，拾之有意想不到的奇趣，险峻的龙潭岩在辽叶境内，未通公路时上为高山绝壁，下临千仞峡谷，危径一线，贴壁而过，为县城通招头寨要道。清咸丰十一年(1861)十二月，太平天国翼王石达开率军经此隘口，悬崖深渊，径似陡梯，睹景生情，乃题诗石壁：“悬崖勒战马，弯弓射胡月，头颅作酒杯，饮尽仇人血。”

印家界森林公园，印家界位于县域东部，1999年8月，经县人民政府批准为自然保护区。东与永顺县杉木河、盐井乡交界，西与比溪接壤，北与水田坝镇毗邻。东西宽14.5千米，南北长15.4千米，总面积10795公顷，以阳雀界、印家界两大山脊为基本骨架，包括原塔泥、猛必、比溪、水田坝4个乡14个建置村。最高海拔1209.8米，最低海拔368.6米，相对高差840.1米，属新华夏隆地边缘中亚热带季风区。独特的自然条件为各种动、植物提供了良好的生存环境。生物群落分布其内，区内植物种类达1759种，其中蕨类植物174种，银杏、黄杉、南方红豆杉等裸子植物168种，桢楠、大叶楠、黄心夜合木、伯乐树等被子植物1529种。其中国家一级保护植物4种，二级保护植物24种。塔泥王家村的一棵千年银杏高40多米，粗及七抱围，树冠覆盖面积600平方米，蔚为奇观。楠木湾桢楠连片成块，林相整齐，四季常青，平均高度23米，最高达30米。南方红豆杉(俗称红桧树)，象印家界这样的红豆杉植物群落国内罕见。区内有野生动物152种，獐、麝、毛冠鹿、金钱豹、黑熊、大灵猫、小灵猫等20多种被列入国际贸易公约重点保护的野生动物，更弥足珍贵。区内不仅保持了良好的自然生态，且山水神奇，风光秀丽。猛洞河之源——汝池河接纳了塔泥河和源自桑植上河溪的猛必河贯穿全境，形成一道道亮丽风景。

【旅游宣传】 实施“旅游＋”。通过“旅游＋”“生态＋”等模式，引进生态体验农业项目，发展农业观光、农耕体验、采摘果品、运动拓展、乡村酒店、康养基地、特色民俗文化体验等旅游产业，推进商贸、文化、加工等相关产业与旅游融合发展。打造节庆品牌。通过网络、报纸、电视等新闻媒体和自媒体，凸显当地特色，塑造品牌形象，着力打造“舍巴节”“摆手节”“桐子花节”“油菜花节”“农耕文化体验节”“百合文化旅游节”等一批节庆品牌，进一步提高"神秘湘西，醉美龙山"的知名度、美誉度。2018 年 1—11 月，全县接待游客 356.7 万人次，实现旅游收入 20.12 亿元，旅游接待人次、收入等指标均保持在 10%以上增长，取得较好的经济社会成效。

【旅游行业管理】 配合湘西土家族苗族自治州旅游市场综合整治行动"利剑行动"暨春季、暑期旅游安全保障综合治理工作，对全县旅游市场进行专项整治活动。检查无证、假证等"黑导"以及导游违法违规情况，严查"黑社""黑车"。联合相关职能部门，通力合作严查"黑店"等旅游乱象；每月进行常规安全生产督查检查，对旅行社、星级宾馆、景区及乡村旅游点进行规范管理，加大各项检查和整治打击工作力度，净化龙山旅游环境；继续推进诚信经营和文明旅游工作。因地制宜开展文明旅游宣传和志愿者服务，共组织 30 名志愿者开展志愿者活动 4 次，广泛发放文明旅游宣传单，利用媒体平台播放文明旅游公益广告，督导涉旅企业及从业人员诚信经营、文明服务，引导游客文明旅游、理性消费。

【旅游市场管理】 组织人员对辖区内的旅游市场、旅馆酒店、旅行社、旅游纪念品销售门店经营情况进行全面自查，建立旅游企业档案，并对检查中发现的违法经营行为进行查处，要求立刻整改。对各景区饮食店、副食品店和食品小摊点进行专项检查，清理无照经营户，规范食品经营主体，重点打击经营假冒伪劣、过期、不合格的食品饮料等威胁人民群众身体健康安全的违法行为，确保旅游市场消费安全。

广播电视

【概况】 龙山县广播电视台成立于 1996 年，前身为龙山县有线广播电视台，2011 年年底，升格为正科级差额拨款事业单位，2015 年调整为公益一类事业单位。2018 年全台有员工 71 人，其中正式员工 43 人，聘用员工 28 人。内设办公室、政工股、财务股、总编室、技术播出部、记者通联部、电视中心、广播中心等机构。下设 1 套电视频道和 1 个"龙凤之声"广播电台，电视频道开设有《龙山新闻》《城乡传真》《一周要闻》等栏目，"龙凤之声"广播电台节目覆盖龙山、来凤两县，全天 19 小时播出节目，开设有《新闻纵横》《下班路上》《小小主播团》《生活麻辣烫》《宝贝你好》等栏目。

【新闻宣传】 2018 年，电视台积极充实外宣力量，拓宽外宣渠道，加强对上级媒体的沟通协作，完善外宣激励措施，在新闻外宣上深化认识、严明责任、量化考核，自觉主动地担当起全县广播电视新闻外宣任务，同时紧紧围绕县委、县政府中心工作，策划制作了《宣传贯彻习近平新时代中国特色社会主义思想》《走进脱贫攻坚》《改革开放 40 周年》《里耶创建 AAAA 级景区》《巩固省级卫生县城》《综治民调》《创建森林城市》等多组主题系列报道，既体现县域媒体宣传舆论的导向作用，又充分展示全县大开发、大建设中取得的丰硕成果，全年龙山县广播电视台共制播《龙山新闻》280 期，刊播稿件 2000 条，其中在中央电视台上稿 5 条、湖南卫视上稿 65 条、湘西电视台上稿 256 条；《城乡传真》50 期；拍摄各类专题片 60 部，尤其历时三个多月制作的全新城市形象宣传片《龙山》一经播出好评如潮，极大地提升了龙山城市形象和品位，展示了龙山广播电视台较强的编导和摄制水平，充分履行主流媒体的宣传职能。直播录制"2018 年春晚""湖南省少数民族第九届传统体育运动会"开幕式和闭幕式、"龙山县经济工作会""道德讲堂"等大小型晚会、会议、活动、大型综艺晚会 80 场；电台策划、组织并现场直播 6 月份的"爱心送考"活动。

2018 年 3 月"掌上龙山"手机台（APP）正式上线运行，掌上龙山"手机台（APP）是全媒体调度、全媒体共享、全媒体直播的全方位媒体平台。集政务、资讯、新闻、现场直播、广播电视直播和点播、便民服务、应急公告等功能于一体的综合手机客户端。以“掌上龙山”手机台(APP)为数据平台,建立政府、乡镇、街道、企业、文化旅游、学习教育、医疗卫生等行业的宣传矩阵。准确、及时、全面的宣传和推介龙山县经济社会建设,提供全面城市生活资讯服务,成为龙山市民“一手掌握龙山”公共服务传播平台,内容性、功能性、宣传性、导向性已远超县内同类媒介。截至12月,点击量突破160万次,媒体影响和发展势头良好。

【舆论导向】 龙山县广播电视台严格按照新闻“三审制”,对重大事件、突发性问题和一些苗头性现象,努力做到早预见、早发现、提前介入,抢占宣传舆论的主导权。通过制作电视、电台、新媒体节目,宣传基层党建、廉政法治文化、党风廉政建设等内容,牢牢掌握新闻舆论主动权。

文物保护

【概况】 龙山县文物管理局成立于2009年,系龙山县文物行政主管部门(正科级),2018年,有干部职工15人。内设办公室、文物保护股、执法督查股、博物馆股,下辖龙山县湘鄂川黔革命根据地纪念馆和洛塔精神陈列馆。主要工作职责:负责全县境内文物保护和管理、规划、行政执法,文物保护单位的审核、申报,博物馆、纪念馆人才培训等工作。龙山县文物资源丰富,有全国重点文物保护单位4处、省级文物保护单位6处、州级文物保护单位11处、县级文物保护单位252处。馆藏文物366件,其中珍贵文物74件。

【文物保护与利用】 抓规划。编制《龙山县湘鄂川黔革命根据地红色旅游专项规划》,已通过县规委会评审,县人民政府已于2018年6月公布实施。正在组织编制《龙山县省级文物保护单位保护规划》及《龙山县省级文物保护单位勘察设计方案》。抓项目建设。已争取到位国家文保护专项资金3493万元。其中,湘鄂川黔革命根据地旧址修缮保护资金2281万元,消防资金514万元,规划方案补助资金98万元。捞车河传统村落文物保护利用资金500万元,消防资金100万元。其他省州级投入项目资金共630万元。正在实施兴隆街省委旧址(蒋家大屋)、茨岩塘凉水村红二、六军团医院旧址(杨家大屋)维修工程。预计11月底完工。茨岩塘红二、六军团供给部旧址(蒙家大屋),苏维埃龙山县革命委员会旧址(杨家大屋)维修工程已完成设计方案及预算编制工作,其中供给部旧址正在进行抢救性维修。召市区苏维埃政府旧址(县级文物保护单位)维修工程正在进行抢救性维修。投入资金514万元红二、六军团兵工厂旧址消防工程正在抓紧实施。树比冲天楼维修工程(省级文物保护单位)已基本完工。惹巴拉古建筑民居修缮工程基本完工。已完成兴隆街“贺龙桥”(县级文物保护单位)本体维修及环境整治工程。州级文物保护单位钟英塔修缮工程已完成90%工程量。已完成省级文物保护单位他砂刘家大屋、周家大屋、洗车河王家大屋抢救性维修工程。(其中洗车河王家大屋为扶贫资金)。红二、六军团主题雕塑(投入资金350万元)工程已完成施工设计方案及前期工作;已完成湘鄂川黔革命根据地旧址文物安防、消防工程项目申报。概算资金2000万元。投入资金40万元,完成对红二、六军团兵工厂旧址复原陈列展示。征集各类文物、遗品共200件套,复建了红炉车间、翻砂车间,场景复原塑像10个。聘请北京知名导演孟凡耀团队对红二、六军团兵工厂旧址进行高品位复原陈列展示布展工作,计划投资资金200万元,已完成陈展设计方案、待组织专家评审后即可实施,计划2019年5月对外开放;红军医院陈列布展工作正在推进,已完成设计方案,征集了大量红色文物(遗物),待维修施工完成后,即可布展。湘鄂川黔革命根据地纪念馆陈列展示馆项目已上报省发改委,已完成勘察设计方案文本编制,建设方案设计正在进行,土地征收工作已启动。拟定树比冲天楼及惹巴拉传统村落文物陈列展示方案。组织、指导编制龙山县红色资源保护展示利用规划,一经实施将极大促进我县红色旅游基础设施建设，改变红色资源利用滞后的被动局面。抓申报。太平山、南岳宫、华国锋起草《关于开展学洛塔、学野鸡坪的决定》旧址、召市区苏维埃政府旧址、红二、六军团供给部旧址、龙山县革命委员会旧址等6处已申报为省级文物保护单位。拟将我县湘鄂川黔革命根据地旧址群中红二、六军团供给部旧址、龙山县革命委员会旧址、召市区苏维埃政府旧址申报(增补)为第八批全国重点文物保护单位，申报文本已上报国家评审。积极策划申报“中国工农红军兵器博物馆”项目，争取龙山县成功纳入国家文物局“革命文物保护利用片区重点县”名单。

【文物安全】 健全安全管理机制，构建县、乡、村三级文物安全管理体制。县人民政府与各相关乡镇(街道)签订文物安全管理责任书，乡镇(街道)与所辖相关村签订文物管理责任书，落实管护员，签订协议书。由县财政落实临时管护员工资报酬。加大日常安全管理力度，重点抓实文物消防安全。4月23日、5月21日、9月26日先后开展3次全县文物安全隐患大排查促整改活动。强化工程的监管。成立文物工程建设项目领导小组，落实分管领导及现场代表人员，定期对文物工程建设开展检查，加强巡查，排查安全隐患，确保工程质量关、安全关。

【红色文化宣传】 注重加强红色文化宣传，通过网络、报刊发表相关学术论文，与永顺、桑植、张家界等相关单位开展学术交流，实现资源共享。常年聘请红色文化辅导员，开展“红色文化进机关、进校园、进社区”活动。在全县广泛开展“唱红军歌、走红军路”“在龙山·红军历程、红色记忆”歌词征集大奖赛、“红色微课堂大奖赛”等文化活动，让广大人民群众传承红色革命精神，接受爱国主义教育洗礼。持续完善纪念馆免费开放制度，做实红色文化传承讲解服务。纪念馆每年接待游客12万人次以上，其中青少年受教育面达到50%以上，该馆现为“湖南省未成年人思想道德建设先进基地”。

文化市场执法

【概况】 2018年，县文化市场综合执法局，编制19名，实有在职在岗人员15人。内设办公室、法规监督股、网络娱乐演艺执法股、广播电影电视执法股、新闻出版执法股、文化遗产执法股。为县旅游和文化广电局管理的副科级参照公务员管理的全额拨款事业单位。主要职责：贯彻执行党和国家有关文化市场管理工作中的法律、法规和规章以及政策文件，认真履行文化市场监管职责，在县旅游和文化广电局授权范围内开展文化市场综合执法。

【网吧专项整治】 加大对重点时段和重点场所检查力度。联合公安、消防等职能部门开展网吧专项整治，采取定时检查与不定时检查、错时检查与联合执法检查相结合，全年出动执法人员1908人次、车辆180台次，检查网吧1318次，处罚违规网吧

6月18日，文化市场执法人员在县教育书店检查

72家，其中警告38家、罚款40家、停业整改12家、吊销证照3家。

【出版物市场整治】 定期对出版物市场进行“拉网式”清查，在新学期开学之初，组织执法人员对各图书销售点就经营手续和进货渠道是否合法、有无违规经营行为等逐一进行清查，对非法出版物采取收缴、销毁等手段进行打击处理。

【音像制品市场整治】 对管理人员、音像制品经营单位法人、场所负责人以及有关从业人员进行法规培训，按照国务院《音像制品管理条例》等有关规定，全年检查音像市场经营单位25家，收缴各类非法音像制品500盘，清理游商地摊12个。

【印刷品市场整治】 开展以“保稳定、促和谐、谋发展”为主题的“扫黄打非”专项行动。重点检查打字印刷场所印刷政治性、宗教类及反动宣传等非法出版物。全年出动执法人员300人次，检查打字印刷店50家，收缴各类非法出版物3000册。

【卫星电视及网络传播秩序整治】 联合县电视台、县食药工质局开展打击非法安装卫星地面接收设施专项整治，收缴非法广播电视地面卫星接收设施11套、卫星接收机20台、高频头40个。

【法规宣传及培训】 全年开展“3·15”维权日、“3·18”文化宣传日和“12·4”法制宣传日活动3次，发放宣传资料200份，展板宣传6块。开展文化市场经营业主培训1次，接受培训200人，开展执法人员培训4次，上报各类信息稿件41篇。

【安全生产】 贯彻落实安全生产“一岗双责”制度，坚持把文化市场安全生产检查作为全年工作的重中之重，将安全生产检查与日常监管、专项检查相结合，同时与市场人员分工、分组包片责任相联系，树立“凡下市场必查安全”的工作理念。2018年5月开展平安文化市场建设工作，与全县文化市场经营业主签订安全生产责任状100份，要求经营单位自觉落实安全工作责任，加大宣传力度，细化内部安全管理措施，截至12月底，全县文化市场零事故。

里耶古城(秦简)博物馆

【概况】 里耶古城(秦简)博物馆，创建于2006年12月，2010年10月28日建成并正式对外开放。馆址位于龙山县里耶镇麦茶社区，占地面积3.6万平方米，建筑面积7200平方米。里耶秦简博物馆为龙山县里耶管理区管理委员会下属正科级事业单位，共有职工54人，其中核定事业编制12人。内设部门有馆长办公室、财务股、综合办公室、藏品管理与陈列展览股、安全保卫股、设备保障股、物业管理股、开放接待股、网络信息与出版股、市场开发与经营股、专职消防队11个股室。2018年9月，

10月17日，中国博物馆协会授予里耶博物馆国家二级博物馆荣誉称号

里耶秦简博物馆被评为国家二级博物馆。

【陈列展览】 博物馆基本陈列继续保持原开馆初的基本格局，即为《古城印象》《迁陵往事》《酉水人家》《帝国县政》《里耶秦简廉政文化专题展》为2014年新策划设计的专题展，至今保持对外开放。2018年，博物馆开展临时展览主要有《领导关怀图片特展》《汉隶与书简——画像石拓片展》《阴山石刻——巨石惊天图片展》《湖南省非物质文化遗产图片特展》。

【藏品管理与研究】 2018年1月19日，里耶秦简入选第一批《湖南省档案文献遗产名录》。1月30日，里耶秦简博物馆完成馆藏战国铜壶等24件珍贵金属文物抢救性保护修复工作并通过专家评审验收。4月，为配合国家二级博物馆申报工作，里耶秦简博物馆先后面向社会征集各类民俗文物三千件。12月，里耶秦简博物馆完成新征集简牍等36件文物修复保护工作。

【宣传教育与交流合作】 2018年3月2日，里耶博物馆举办“元宵节秦文化灯谜有奖竞猜”活动，里耶百名师生应邀参加。4月4日清明节，里耶秦简博物馆邀请三名年近九旬、曾参加过湘西剿匪和抗美援朝的里耶本地老兵，与前来参观的学生和游客述说他们的革命历程，带领大家回顾解放大湘西历史，传播革命文化。4月14日，西南民大博士点研究基地在秦简博物馆正式挂牌，西南民族大学校长、教授、博士、博士生导师曾明带领该校专家学者一行参加挂牌仪式。6月13日，里耶秦简博物馆举办“2018年湖南省文化遗产传播与传承”学术论坛会。7月20日，里耶秦简博物馆开展“湘西里耶旅游生态文化研讨会”。9月6日，由中共龙山县纪律委员会、龙山县监察委员会组织策划“道德讲堂——以史为鉴·修德养廉”在里耶秦简博物馆成功举办。12月25日，里耶秦简博物馆开展“改革开放四十载，光辉岁月与党行”主题党日活动。

【文创研发】 2018年10月11日，里耶秦简博物馆受邀参加在湖南株洲市举办“湖南艺术文化创意产品成果展”。10月25日，里耶秦简博物馆参加时尚·北京暨第四届国际时尚北京生活博览会，其间，里耶秦简博物馆文创产品“里耶秦简纸镇”获一等奖。11月23日，里耶秦简博物馆赴福州参加在海峡国际会展中心举办的“第八届中国博物馆及相关产品与技术博览会”，里耶秦简博物馆文创团队荣获“弘博奖·最佳展示奖”。

里耶古城旅游投资经营有限责任公司

【概况】 龙山县里耶古城旅游投资经营有限责任公司(以下简称“公司”)成立于2016年1月，位于龙山县里耶镇，由龙山县国有资产管理局注册成立的一家国有独资企业。2018年，公司有在职员工17人，下设综合管理部、工程管理部、财务投资部、游客服务部、市场营销部、资产运营部(里耶古城商业公司)、市政园林环卫部7个部门。公司自成立以来，主要从事里耶古城景区旅游配套设施建设，肩负里耶古城景区招商引资和投融资职能，为里耶古城旅游建设项目招商引资提供平台。开展创建国家AAAA级旅游景区工作，12月26日，经湖南省旅游景区质量等级评定委员会评定公布，里耶古城景区成功升为国家AAAA级旅游景区。

【公共设施建设】 2018年，全面完善里耶公共基础设施和配套设施。投资670万元启动里耶古城北游客服务中心工程，建成里耶北游客服务中心、两座旅游厕所(均被州旅发委评为AA级厕所)、游客中心生态停车场、游客中心商铺。投资895万元，进行龙山县里耶后山旅游配套慢道系统(兼应急防洪疏散通道)工程建设，慢道总长度4.1千米，均宽2.4米。其中漫步道3.2千米，栈道220米，橘园路500米，并修建凉亭3座。投资80万元，严格按照AAAA级旅游景区评定标准，构建全新的标识标牌系统，共更新标识标牌440块，包含交通导游全景图、导览图、功能介绍牌、温馨提示牌、景物介绍牌、交通指示牌、安全警示牌等，有专人维护。投资2000万元解决八面山居民饮用水问题。2018年，八面山供水工程厂区主体、1个加药间、2个蓄力沉淀池、3个高位水池、2个加压泵房工程已经完成。投资124万元、99.03万元分别启动里耶镇临时车站项目和里耶镇临时停车场项目，缓解里耶交通压力，解决周边车辆乱停乱摆问题。投资76.87万元，启动里耶农贸市场整修项目，完善市场基础设施，解决市场脏乱差的问题。

里耶花海

【环境整治】 2018年，公司投资290万元，启动里耶市政环境整治种树植草项目及伴月湖沿岸和草甸景观绿化优化工程，对伴月湖及周边地块种树植草，栽种栾树、垂柳、紫薇、樱花、桂花树、芭蕉、棚竹、小花石榴等多种花草树木，其中种植花草树木4000株，栽种花草面积142亩。与重庆高建环境绿化有限公司签订景区环境卫生清洁合同，实现景区垃圾日产日清和环境卫生工作常态化、一体化、打包处理。

【综合管理】 联合里耶管委会、镇政府、秦简博物馆、古城遗址管理处等单位、共同制定景区管理服务制度，包括《景区游客服务接待相关制度》《景区经营管理相关制度》《景区卫生管理相关制度》《景区应急预案相关制度》《景区安全保卫相关制度》等11大类，260条制度，均按类别装订成册。2018年，公司自行组织或联合其他单位举办多次培训，主要有卫生(急救常识)培训、保洁工作培训、食品卫生安全培训、生态环保培训和景区营销、导游、礼仪、安全、环保综合培训。每次培训均有台账。全面加强旅游安全管理。2018年，景区内更新设置消防栓70个，灭火器800个，做到景区消防安全无死角。景区安全巡查常态化，安保人员定时、定点、定路线对景区进行全方位安全巡查，填写巡查记录。公司与龙山县里耶镇第二人民医院签订安全运送协议，设立游客专用医务室和专职医护人员，及时运送救护受伤游客。

【文化宣传】 公司建立起里耶古城景区官方网站和里耶古城景区官方微信公众号，定期更新推送景区最新动态，介绍游玩攻略，发布新闻资讯。出资10万元，龙山县电视台拍摄2018年里耶古城景区旅游宣传片，从多个角度向国内外游客展现里耶古城景区旅游特色。中国百部史诗工程——土家族史诗《八部大王》于8月19日在里耶开机。4月16日至20日，湖南经视频道《走读湖南·省界行》两组摄制组走进龙山，录制《走读湖南·省界行》专题节目。里耶镇秦文化及八面山风光是该节目的重要内容。CCTV－9纪录片《如果国宝会说话》20180731期以里耶秦简为历史载体介绍秦朝行政制度和社会生活。

龙山新华书店

【概况】 2018 年，湖南省新华书店有限责任公司龙山县分公司有职工 26 人，其中在职人员 18 人，退休人员 3 人，老体制在职员工 11 人，聘用制员工 7 人，临时聘用员工 5 人。公司设经理室、综合事务部、资产财务部、图书业务部、教材业务部、储运部及中心门市部。主要从事中小学教材发行工作和图书发行工作，经营中小学教辅材料、幼儿学前教材、教师用书、大中专教材、政治图书、一般图书、电子音像制品、办公文体用品、电教设备、多媒体设施安装维护、其他教学增值服务。

【图书发行工作】 新华书店是政治图书发行的主渠道，这是我们的社会责任。2018 年公司按照上级要求积极做好政治图书发行工作。按照州委宣传部要求和县委宣传部《中共龙山县委宣传部关于认真组织学习〈习近平新时代中国特色社会主义思想三十讲〉的通知》精神，6 月 25 日起，及时组织《习近平新时代中国特色社会主义思想三十讲》，通过门市展销和进单位送书的形式，深入机关、乡镇和企事业单位，共发行《习近平新时代中国特色社会主义思想三十讲》9500 册，确保全县党员和领导干部学习用书。同时，为满足广大干部群众对党的十九大精神学习需求，对新思想，新政策精确把握，新华书店作为发行主渠道主阵地，公司精心组织，备好、备足中共十九大重要文件及指定学习辅导读物货源，在门市显著位置集中展销。发行量全州第一，发行效果全州最好。

【教材发行工作】 新华书店是教材发行的主要承担者，2018 年做到课前到书，人手一册，为学生和学校提供优质服务，保证按时正常开课。2018 年春季为 63864 人免费提供教科书 545458 册，3509127.97 元，免费为 12404 人提供教辅材料 12404 册，228798.00 元。2018 年秋季为 66254 人免费提供教科书 625392 册，4219681.84 元，免费为 15244 人提供教辅材料 15244 册，420327.80 元。2018 年拓展发行职业中专教材 22000 册，91.00万元。2018 年教辅材料征订继续严格执行一科一辅、自愿征订、无偿代购、公示公开原则，发行实行“五限”政策，即限年级从小学三年级至高中三年级限年级、限学科、限范围、限数量、限总额。减轻学生和家长负担，取得很好的社会效益。服务农家书屋满足广大农民需要：为满足丰富农村文化需要，2018 年龙山县新华书店为全县 324 个行政村和 91 个自然村农家书屋配送各类实用图书 290500 册、码洋 220 万元。一般图书发行是主业：面对竞争日益激烈的图书市场，公司按照“以重点书、文教书和政治活动用书带动一般书销售”的发行战略，采取一系列有效措施，集中突出一般图书的销售，取得较好的成绩。2018 年，一般图书销售码洋 55 万元；重点图书销售码洋 85 万元；湘版图书销售码洋 15 万元；馆配图书销售码洋 16 万元；幼儿教材销售码洋 166 万元。

【图书经营】 2018 年继续抓好门市规范服务，提高服务质量。以“顾客至上为中心”，深入开展树行业新风，创“优质服务窗口”活动为契机，不断补充和完善服务标准和内容，提升全体员工服务意识，提高服务质量。合理调整图书品种结构和进货渠道。在进货方面，根据当地市场特点，相应增加少儿、科技、社科、计算机和农业科技用书的进货量，积极调整卖场图书结构。形成常销书、动销书、畅销书，组合成合理的备货体系。

科技·教育·体育

科技工作

【科技队伍】 2018年，龙山县有省、州、县三级科技专家107名，组成科技扶贫专家服务团一个，其中科技研发人员95人。专家服务团按照“产业需求、对号入座”办法开展农村实用技术培训，培训农民1.1万人次，培养了一批“田秀才”“土专家”。涌现出“农民发明家”黄继成、“全国扶贫创业典型”谭艳林、“大学生回乡产业创业典型”周瑞、“百合种质资源创新典型”余小龙、“中药产材产业扶贫青年创新典型”邓娜等一大批创新创业带动产业发展、精准扶贫的科技人才。

【高新技术产业】 2018年，全县有3家高新技术企业，分别是龙山县惹巴妹手工织品有限公司、龙山县昶光农业科技发展有限公司和湘西凤池医药科技有限公司；省级知识产权示范企业2家。申请发明专利39件，专利授权64件，实施专利和成果转化12项，全社会计划R&D经费投入1798万元。支持青年创新创业项目12个，向上争取230万元资金，指导龙山青年参加国家、省、州不同类别、不同层次的科技创新创业大赛，有15人次获得州级以上大赛奖励。

【农村科技重点】 龙山农业科技被省科技厅确定为“山地农业科技”典型县市之一。全县特色产业科技服务和科技攻关体系较为完善，建有国家中药材专家体系湘西实验站、袁隆平杂交水稻攻关实验基地等一批农业科技攻关和推广基地。有5家省级以上农业龙头企业，3家高新技术企业，1家国家级示范基地，1家省级农民合作社示范社。为整体推进农业科技发展，推动全县农业现代化建设，计划创建湘西龙山农业科技园，园区总体规划面积12万亩，核心区规划面积6500亩，以百合和中药材为主导产业，预计建设总投资3.5亿元，农业科技园已完成资料申报、专家评审、现场考察、部门研究等程序。

【科技扶贫】 2018年，科技扶贫专家服务团组建以来，各类科技特派员组织实施科技开发项目26个，推广新技术新产品42个，引进新品种55个，创建经济利益共同体10家，创办专业协会、合作社9个，组建公司、企业7家；组织开展科技培训390期，培训农民3万余人次，发放科普资料5.5万余份，精准帮扶贫困户1万人次。济南市市中区投入科技帮扶资金500万元，推广种植羊肚菌、吴茱萸、黄精、白芨等中药材1100亩，带动贫困户2400人实现脱贫。

【科技服务】 2018年，全社会R&D经费投入总量完成1560万元，同比增长超过100%。龙山县共派出107人科技专家组成科技扶贫服务团，227个贫困村全覆盖。服务团按照“产业需求、对号入座”办法开展农村实用技术培训，培训农民11000人次，发放科普资料15000份，培养了一批“田秀才”“土专家”。湖南省龙山县农业科技园已完成前期规划编制、专家评审和现场考察工作。2018年，培育高新技术企业3家，龙山县惹巴妹手工织品有限公司、龙山县昶光农业科技发展有限公司和湘西凤池医药科技有限公司。申报省、州科技专项资金项目22个，申请专利120件，其中发明专利39件。

教育和体育

【概况】 2018年，龙山县有各级各类学校和幼儿园262所，其中义务教育阶段学校127所（包括中心小学16所，村片小及教学点85个；初级中学8所；九年一贯制学校18所），高中学校3所，完全中学1所，进修学校1所，中职学校4所，特殊学校1所，幼儿园125所。在校学生101308人，其中在园幼儿23000人，在校学生78308名（包括小学生46927人，初中生18909人，高中生8586人，中职生3782人，残疾少年儿童106名）。全县中小学在编在岗教师4872人，其中幼儿园（公办）41人，特殊学校17人，小学2351人，初中1660人，高中651人，中等职业学校110人，其他42人。2018年，以习近平新时代中国特色社会主义思想为指导，深入贯彻落实中共十九大和国家省州教育体育工作会议精神，紧盯“立德树人、深化改革、内涵发展、促进公平”目标，围绕启动实施教育质量提升三年行动计划这一主题，开展教育质量提升，推进教育规范管理，深化师德师风建设，以教育发展脱贫攻坚为统领，认真承办湖南省第九届少数民族传统体育运动会，稳步推进城乡教育布局调整，统筹推进县域内城乡义务教育一体化，全力推进教育和体育强县建设。

【各级各类教育】 2018年，学前三年毛入园率82.01%，第一幼儿园成功创建省保育教育规范幼儿园。义务教育入学率100%，小学巩固率99.9%，初中巩固率98.3%，在全州初中学生理科学科知识竞赛中，取得总分均分全州第一的好成绩；高中毛入学率87.7%，巩固率97.4%；高考本科上线1656人，上线率达45.65%，比2017年增加129人；其中，本科一批上线495人，比2017年增加89人。全县初中毕业生就读中职学校比例达44%，职校毕业生就业率97%以上。三类残疾适龄儿童少年入学率90.6%。

【办学条件改善】 2018年，在龙山县委、县政府的领导下，各相关部门紧密配合，调控引导学校建设与教师、学生分流，开展消除义务教育66人以上超大班额的专项行动。改扩建华鑫学校，完成北校门及入口道路的征地拆迁和建设，新建教学楼2栋，新增58个教学班，招收3608名学生就读；第一职中成建制搬入石羔初中，原第一职中改建成三中，完成教学楼改造、宿舍改造、食堂改造和北校门建设，新增63个教学班，招收城区初一新生3900人。科学调配师资，从城边教师富余的学校共调100名教师进入城区，抽调90名原2017年、2018年定向学前教育教师到城区小学跟班学习，将2019年90名定向生实习时间延长至1年。利用三中招收城区（含石羔、华塘、兴隆）初一年级学生；石羔初中、新城学校、兴隆学校的初中学生成建制并入一中；思源学校、华塘学校的初中学生成建制并入二中。城区6年级成建制迁入华鑫学校；利用撤销思源学校初中部及城区其他小学（含新城、华塘）6年级毕业空出学位将城区适龄儿童全部安排就读1年级。共消除义务教育超大班额392个，完成省定化解任务。

【教师队伍建设】 2018年，是深化师德师风建设年，规范教师抽借用手续，加大教师在编不在岗的清理力度，通过登报等多种形式与25名教师解除聘用合同。引进部属免费师范生2名、高层次人才

5名，培养定向师范生90名，公开招聘紧缺学科教师45名。“一师一优课，一课一名师”活动参赛人数、晒课节数、获奖人数均保持全州第一。教师节表彰10名优秀校长、20名优秀教育管理工作者、20名扎根农村优秀人才、30名师德标兵、40名优秀班主任、42名教育学科带头人、50名优秀教师、241名优秀骨干教师，发挥榜样的引领示范作用。举办长沙市明德教育集团“助力教育，送教龙山”教育教学交流活动，累计组织5967人次教师参加各级各类培训，名师工作室定期开展“送教下乡”活动，促进教师专业成长。

【教育科研】 2018年将基层学校作为全体教研员的主阵地，把一线教师、学生及教材作为主要的研究素材，认真落实《关于提高中小学教育教学质量的意见》等文件精神，督促学校落实教研教改，强化过程管理。5月15日，组织各小学10人参加全省小学数学教学竞赛及观摩学习活动；5月11—18日，组织全县5名小学科学教师参加湖南省小学科学教学大赛观摩；10月10—12日，组织17名小学科学教师在凤凰县参加科学课程培训。12月12—15日，在郴州市桂东县举行的“湖南省教育科研扶贫推进会”上，作了题为“高扬教育科研龙头增强山区脱贫内力”典型交流。

【扶贫助学】 2018年，按照坚决打赢全县教育发展脱贫攻坚战的总体要求，抓住长沙市、济南市中区对口帮扶的契机，构建覆盖全县所有贫困村和建档立卡贫困家庭学生的教育发展帮扶机制。深入落实控辍保学工作，暑假期间，全县所有教师分片区、分乡镇开展大排查、大摸底、大走访活动，建立控辍保学工作台账，“三帮一”劝返复学162人，帮助152名“送教上门”对象完成义务教育。2018年，落实90945人次学生资助全覆盖补助金额6510.44万元(含贫困大学新生救助)，为1906名贫困大学生办理生源地信用助学贷款1539.95万元，向社会筹资400万元资助贫困学生8000人次，实现不让一个学生因贫失学的总体目标。

【综合治理】 2018年2月20日，召开全县教体系统工作会议，县教体局党组成员李诗政同志就2018年校园安全、扫黑除恶专项斗争、综治、禁毒等工作作了全面部署。印发《2018年度龙山县校园及周边环境综合治理工作方案》《龙山县教体系统2018年度综治(禁毒)工作考评办法》。开展“护校安园”行动，将“护学岗”定人、定时、定岗落到实处。配合政法委、城管执法局、县禁毒办等职能部门开展“6·26”国际禁毒宣传活动和校园周边环境治理，制作宣传展板，进行全方位的排查，维护校园正常的教育教学秩序。

【艺体工作】 2018年，贯彻《关于加强青少年体育，增强青少年体质的意见》，全县中小学开展“阳光体育运动”，落实“每天锻炼一小时”理念。在全省第十三届运动会中，龙山县运动员勇夺金牌8块、银牌3块、铜牌5块，团体总分120.5分，超额完成金牌数4块、超额完成总分40.5分。为全县14个贫困村配发“10＋1”健身器材各一套，为81个脱贫村添置篮球架等健身器材。组织和参与省州县全民健身活动17次，新增社会体育指导员120人，全县经常参加体育锻炼的健身人数19万。全年新增体彩销售站点4个，体彩销售额突破1000万元。2018年4月，在泸溪县举行的湘西自治州第十六届中小学生田径运动会上，龙山县代表团100名运动员参赛，夺得县市团体总分、小学组团体总分、初中组团体总分三个第一。2018年7月13日，在2018“健康湖南”全民运动会湘西篮球系列赛中，龙山代表队夺得青年组冠军。2018年10月，湖南省第九届少数民族传统体育运动会在龙山县体育中心举行。该届运动会是第一次在民族县举办。该次运动会龙山县4000名师生参加开幕式演出，400名工作人员开展裁判及颁奖工作。龙山县体育健儿夺得金牌22枚、奖牌38枚，团体总分409.52分，创参加此赛事历史最好成绩，实现比赛成绩和精神文明双丰收。

【党风廉政】 2018年，认真落实中央八项规定、省委九项规定、州委七条规定和县委五个十条规定等有关作风建设的相关规定，出台《2018 年龙山县教育和体育局领导班子及领导成员党风廉政建设责任分解》，召开 2018 年全县教体系统党风廉政建设有关会议。从加强工作部署、健全工作机制，强化权力制约监督、选好用好干部，深化作风建设、坚决惩治腐败、加强法规制度建设、深化党风廉政教育、强化班子及班子成员落实责任、支持纪检监察队伍建设十个方面入手，落实各项工作。抓实干部、教师作风督查，对坐班制不到位的 5 个发展联合学区全县通报批评，并对其主要负责人进行约谈，对未按要求签到签退的 34 名教师全县通报批评，对局机关未签到的 4 人通报批评，对局机关 1 名干部因办公设备管理不到位进行约谈。扎实开展教育行业不正之风专项整治，政纪处分违规操办人情宴请 2 人、违规参与违规人情宴请 4 人、职称工作失职 2 人、吸毒 1 人、赌博 1 人、传播不良信息 1 人。

【弘扬国学经典】 2018 年 3 月。龙山县教体局学术报告厅举行了龙山县首届小学生“中国汉字听写大会”，来自全县县直学校及联合学区 12 支代表队展开角逐。龙山县第二小学和桂塘学校分别夺得城镇组和乡镇组桂冠。2018 年 4 月，湘西州中华优秀传统文化传承系列活动之——首届小学生“中国汉字听写大会”在龙山县教体局学术报告厅举行，来自全州八县市 18 支代表队展开角逐。龙山县第二小学代表队和龙山县第二小学的冉鹏飞同学分别夺得团体赛和个人赛冠军。

第一小学

【概况】 2018 年在编在岗教职工 215 人，学生 6540 人，2018 年下期在编在岗教职工 227 人，学生 6246 人。党总支有在职党员 55 人，退休党员 19 人。第一支部 37 人，第二支部 37 人。2018 年 4 月，被县教体局党组评为“基层党建先进单位”。校党总支书记尚顺忠被授予“优秀党支部书记”称号。李连凤被评为“全县基层党建工作先进个人”。少先队大队辅导员刘德福被共青团湖南省委、湖南省教育厅、湖南省少工委联合授予“湖南省优秀少先队辅导员”称号。2018 年，累计资助建档立卡户学生 2197 人、低保户子女学生 115 人，发放资金 173.4 万元，教辅资料减免 837 人。

湘西自治州中华优秀传统文化传承系列活动暨首届小学生“中国汉字听写大会”

【德育工作】 2018 年，教师游海燕被湘西自治州教育基金会、湘西自治州教育和体育工会、湘西自治州教育和体育局、湘西自治州慈善总会联合授予“德育标兵”荣誉称号，陈伍、胡珊瑜被评为龙山县“优秀班主任”，蒋经书被评为龙山县“优秀教师”。

【少先队工作】 2018 上学期 74 个中队，6540 名队员。下学期 93 个中队，6246 名队员。306 中队被团州委评为“雷锋中队”，502中队郭子昊被团州委授予“雷锋”金章，305中队颜硕彤、414中队周韵帆被团县委评为“优秀少先队员”，412中队辅导员余晓春被团县委评为“优秀辅导员”。刘德福指导的朗诵节目《我的湘西》荣获第九届湖南省少儿才艺大赛优秀节目奖，朗诵节目《中华少年》荣获第四届湘西自治州中小学生艺术展演二等奖，诵读作品《少年中国说》在湖南省首届大中小学生中华经典诵读诗文诵读大赛湘西州预赛中荣获一等奖。钟淑芳参加湘西自治州少先队队课竞赛，荣获美丽湘西建设竞赛主题一等奖。刘德福和彭香平指导的舞蹈节目《山那边的孩子》荣获第三届潇湘少年儿童才艺会演暨湖南教育电视台少儿春晚节目选拔赛特等奖，朗诵节目《中国话》荣获第三届潇湘少年儿童才艺会演暨湖南教育电视台少儿春晚节目选拔赛金奖，两个节目均受邀参加2019年湖南省教育电视台少儿春节联欢晚会。

【教学工作】 曾丽君、周兴平、符翠英、李文艺、何晓静、彭志碧、向艾丽等14名教师被县教科所评为“落实教学常规先进个人”。蒋经书指导的学生作品《会飞的房子》荣获第十九届湖南省中小学电脑制作活动小学组电脑绘画三等奖。陈勇代表湘西州区参加湖南省小学数学现场教学比赛，获二等奖。钟淑芳执教的《美丽湘西与我同行》德育主题队课获湘西州现场教学比赛一等奖。一师一优课赛课活动中，录制优课33堂，赛课206堂，其中李富碧老师的数学课《公因数·公倍数》被湖南省教育厅评为“省优”，游海燕、陈伍、李文艺、曾丽君等13名教师的优课被湘西州教体局评为“州优”。湖南省中小学教师法制网组织的网络在线备课活动中，160名教师参加，23个团队获奖。龙山第一小学向玉屏团队、游海燕团队荣获一等奖，沈娟娟和陈伍分别荣获“给乡村孩子上一堂课”网络授课一、二等奖。

【艺体工作】 湘西自治州第十五届中小学生独唱、独奏、独舞比赛中，田恩东指导学生尚雨涵的《红玉丹心》节目荣获小学组独舞一等奖。肖玉香指导学生陈雨诺《北京胡同》节目荣获小学组独唱比赛一等奖。湖南省第九届少数民族传统体育运动会上，刘玄荣获毽球女子团体甲组比赛项目第二名，李林洋荣获毽球男子团体甲组比赛项目第四名，石登桂、吴俊杰被授予“湖南省第九届少数民族传统体育运动会优秀裁判员”荣誉称号。

【办学成果】 2018年，学校被湖南省教师教育学会书法教育专业委员会授予“湖南省中小学书法教育基地学校”，被湖南省教师教育学会班主任工作专业委员会授予“湖南省教师教育学会班主任工作专业委员会理事单位”，被湘西自治州教育和体育局授予“一师一优课、一课一名师活动优秀组织单位”。

龙山县第一小学首届校园足球联赛

第二小学

【概况】 龙山县第二小学位于龙山县城民安镇新建南路红岩井巷 1 号,始建于 1963 年,原名红卫小学,1986 年 9 月更名为龙山县民安镇第二小学,2006 年更名为龙山县第二小学。2018 年,学校有 61 个教学班,在校学生 3953 人,在岗教师 225 人,是一所颇具规模的城镇完全小学。学校占地面积:体育运动场地面积 7240 平方米,校舍建筑面积 17825 平方米。教室配备交互式电子白板。有设施一流、功能齐全的微机室、多媒体教室、实验室、音乐教室、舞蹈教室、美术室、图书阅览室等现代化教室。学校秉承"以爱育爱,共创未来"为办学理念,坚持以"立德树人、质量立校"为办学目标,坚持"学生快乐学习,教师幸福工作"为办学思想,以立德树人为先导,体艺为特色,阅读为载体,打造文明、书香校园,提升学生核心素养。

【学校管理】 2018 年是深入开展师德师风建设年活动,规范学校请假、坐班制度、坚持和完善党领导下的校长负责制:把党的领导落实到办学治校全过程。开展"不忘初心、牢记使命"主题教育。推进"两学一做"学习教育常态化制度化。加强基层党组织建设和党员队伍建设。增强党组织的战斗力、凝聚力,激发广大教职工争先创优的干劲。坚持规范管理:严格会议制度,定期召开行政会议,集体讨论、决定学校重要行政事务;定期召开全体教职工大会、家长会,通报学校工作情况;年终召开全体教职工大会,民主评议领导干部。规范公开程序。每季度出一期校务公开栏,把热点、重点问题处理过程和结果公布于众;分管年级行政人员不定期或定期下到年级组召开座谈会,收集反馈信息,提出改进意见。建立健全各项规章制度。加强学校的民主和法制建设,规范办学行为,调动广大教职员工的积极性,制定切合学校实际科学管理制度,建立自我管理、自我约束、自我评价机制,逐步走上依法治校的轨道,使学校管理做到有章可循。

【队伍建设】 建立健全师德考评机制,把年度师德考评结果作为教师年度考核、职务(职称)评选、评先奖励的首要标准。把师德建设情况纳入个人绩效考核、教育督导范围,实行师德考核一票否决制。注重提升教师的综合能力,采取"请进来、走出去"师徒结对方式提升教师素养。学校组织 120 人次教师参加省州县各级各类培训。把整体培训与实践应用结合起来,把该校培训与外出学习结合起来。坚持教书与育人相统一,言传与身教相统一,潜心问道与关心社会相统一。引导教师把教书育人做到以德立身、以德立学、以德施教。

【德育工作】 2018 年,学校把德育工作作为头等大事来抓,坚持德育为先守好阵地。全体教师努力形成"全方位育人、全过程育人、全员育人"意识,把德育工作融入学生学习、生活的方方面面。根据教育规律和学生身心发展特点,面向全体学生教书育人。3 月 5 日,大队部组织学雷锋实践活动。3 月 12 日,组织"我为家乡添一抹绿"植树活动。4 月,组织"缅怀先烈"清明扫墓活动,5 月开展"学会感恩"主题班队会比赛。6 月开展"向毒品说不"一系列活动和"六一"艺术节活动。在县委组织部组织的"红军历程.红色记忆"系列活动之"红色微课堂大奖赛"龙山二小荣获三等奖。"传承红色文化"演讲比赛,龙山二小陈诗恩获州级二等奖,录制的禁毒节目参加评比获州级一等奖。

【教学教研】 2018 年,认真落实州颁教学常规,学校制定教学常规相关制度,对教师落实教学常规情况每月一检查、一评比、一总结、一整改。把落实教学常规的重点放在课堂教学上,以对课堂教学进行诊断和评价的方式检查教师执行情况。以"微型课题"、"实用课题""省级规划课题"为重点,开展课题研究,以教研促进教学;开展年级组集体备课、"一师一优课,一课一名师"活动,发挥骨干教师、名师带头的示范引领作用,推行年级组集体备课、约课活动，有针对性的开展听课评课活动，保证教研活动的实效性；同时，在教科所专家的指导下，开展好“四个一”。（一次期末质量检测试卷分析评比活动；一次德育主题班会课竞赛活动；一次学生技能竞赛活动；一次校级间的教学教研交流活动：和“四课”活动（新进教师汇报课、青年教师研讨课、骨干教师展示课、高级教师示范课）

龙山县第二小学“六一”儿童节表演节目

【扶贫资助】 2018 年，学校从“弱”与“扶”上作文章，为贫困学生家庭负责，担当起学校教育扶贫与资助工作重任，追求工作零差错、零失误。7月，学校利用暑假休息时间，对学校接受分配的村和社区进行走访，了解和登记 3～18 周岁的就学情况，特别是重点确定重度残疾适龄儿童送教上门对象，确定三帮人员。2018 年春季，学校共有建档立卡贫困户学生共 750 名，城乡低保学生 48 人；为 798 名贫困学生发放助学金 59.85 万元；全校贫困学生共获得各项社会性助学金 5.35 万元和 2 万元的助学物资。2018 年秋季，学校有建档立卡贫困户学生 700 名，残疾学生 3 人，城乡低保学生 48 人；为 751 名贫困学生发放助学金 56.33 万元。贫困学生彭文超、彭文圳同学得到江苏常熟市爱心阳光站结对帮扶龙山籍贫困学生的“永祥助学”项目助学金 2500 元；孤儿学生余敏洁同学得到教育基金会救助金 1000 元。

【荣誉表彰】 2018 年 4 月湘西州首届小学生汉字听写大会，龙山二小获得个人冠军、团体冠军。“天舟杯”湖南省经典诗文诵读大赛该校诵读作品《毛泽东诗词》获州级特等奖，省级优秀奖。艺术展演节目《梨花颂》获州级一等奖。科技作品《土家民间甜酒酿制工艺改进的研究》获龙山县第四届科技创新教育科技实践项目小学组三等奖。科技作品《走进绿植，感悟生命》获二等奖。信息实验操作抽考全县第二。龙山县“红军历程.红色记忆”系列活动之“红色微课堂大奖赛”龙山二小荣获三等奖。“传承红色文化”演讲比赛，龙山二小陈诗恩获州级二等奖，“红色文化”征文比赛，龙山二小 32 名学生分别获一、二、三等奖。录制的禁毒节目参加评比获州级一等奖。

第三小学

【概况】 龙山县第三小学位于龙山县城南端果利河畔，始建于 1935 年，其前身系村民捐办的鱼亭村小，1975 更名为龙山县第三小学。学校占地面积 18000 平方米，建筑面积 5518 平方米，美化绿化面积 1760 平方米。现有教职工 72 人，学生 1396 人。学校教育教学设施、设备现代化，室室有电脑，班班通媒体，实现校园监控全覆盖。音乐室、舞蹈室、美术室、仪器室、实验室、计算机室和多媒体室等功能室应有尽有。为造就一代新人，学校秉承“和谐文明健康，整洁有序向上”的办学理念；提出“和、合、净、进”的育人精神；以“要学、敢问、求是、认真”

为学风，以国学教育为办学特色，大胆探索小班化教育，走出一条城区薄弱学校不断发展壮大的新路子。

【德育工作】 德育是学校实施素质教育的重要组成部分。2018 年学校继续坚持“为学先修德，成才先成人”的德育工作理念，建立健全《班级管理细则》《文明班评选办法》《优秀班主任评选办法》，并通过落实《班务日志》《班主任工作手册》，规范学校德育工作。学校以升旗仪式上的国学经典《弟子规》诵读，“开学养成教育周”促进学生行为习惯的养成；以丰富多彩的德育活动为抓手，全面推进学校德育工作。2018 年，学校把握重大节日、纪念日等契机，开展“希望工程一元捐”“汉字听写大赛”“六一艺术节”“我是少先队员我骄傲演讲比赛”“校园科技节”等一系列德育活动。11 月，龙山第三小学选送的诵读《诗神毛泽东》，在全州首届国学经典诵读大赛中，荣获特等奖。

【安全工作】 安全工作是学校工作的重要组成部分，牵动着每个家庭的喜与忧，关系到社会稳定。学校牢固树立“安全第一”“安全压倒一切”的意识，狠抓校园安全工作。2018 年，学校对各种安全工作预案进行完善，进一步明确职责、责任；学校为每一名学生、每一位教职员工都投保校方责任险；坚持做好安全教育记录，做好安全隐患排查，建立安全排查台账，学校、班级、家长层层签订安全目标责任书，形成家庭、学校相互配合，齐抓共管，使学生安全得到有力保障。同时，学校定期召开安全工作会议，做到安全工作有计划、有总结。利用国旗下讲话、平时集会、校园广播、专栏、板报等阵地加强对师生进行安全教育宣传。还通过开展安全教育活动和定期开展的安全演练，强化安全意识，提高安全避险应变能力。多次邀请公安干警、消防中队战士来校进行安全教育讲座，对全校师生进行防溺水、防意外伤害、交通安全、饮食卫生安全、消防安全等教育。同时，学校还组织“珍爱生命，拒绝毒品”和“做自己的安全官”知识讲座及师生签名活动，定期组织应急疏散演练。3 月，在县政法委组织下，公安局、教体局、人民医院、电视台等多家单位联合在学校开展“全县首次反恐防暴应急演练进校园活动”。全年未发生一起安全责任事故，被评为“湖南省安全文明校园”。

【教育教学】 2018 年，学校扎实做好教育教学工作，努力提高办学质量和办学声誉。从狠抓常规落实入手。在实行每月一督查一反馈一奖励的基础上，落实“一班子一班级”结对督导的新举措，常规落实取得显著成效；从而加强课堂教学管控。学校重点推行“推门听课”、“责任教师听课”制度，校长带领全体班子成员和教研组长，集中推门听课。同时，开展形式多样的教育教研活动；3 月优秀教案、作业及书法作品展示；4 月演讲比赛、汉字听写大赛；5 月青年教师示范课；6 月“六一校园艺术节”；9

童心向党　逐梦少年

月“国学特色班级文化建设”、新进教师过关课；10月“片段教学”比武、校际教学研讨联谊活动；11月县级优质课堂竞赛活动。打造良好的教育教研平台，有效地推进学校教育教学工作发展。

【队伍建设】 教学改革是一个学校发展的源动力。学校在加强常规管理的同时，采用校本培训与外出培训相结合，“请进来、走出去”相结合，为提高教师的业务水平和教改能力搭建学习、展示、提高的平台。2018年，多次邀请省教科院的专家、州教研室专家为学校教师作业务能力培训。统一安排新课标的培训学习；组织全体教师参加“新课程、新动向、新标准”的课堂教学研讨、比武；组织教师参加教学反思、案例、论文、课件评选活动，20人次在各级各类竞赛中获奖。推进“青蓝工程”“老带新”工作，新老教师互帮互学，学校由点向面，由表层向纵深加强集体备课。大家相互交流、相互学习，促进教师改进教学方法，优化教学结构，有效地深化教学改革，促进师资队伍的快速发展。“走出去”。合理安排教师外出参加各级各类培训学习。如长沙心理健康教育培训、恩施州班主任培训等活动促进了教师的教学水平的提高。

【办学特色】 2018年，“国学教育特色”“心理健康教育特色”初见成效。年初，学校开展“校园国学特色文化建设”“班级国学特色文化建设”等活动，营造良好的国学教育氛围。推进国学教育校本课程《弟子规》在课堂的应用，结合每周升旗仪式上的国学教育成果展示活动，学校的国学教育深入人心，国学教育特色雏形初见。同时，心理健康教育特色打造更是成绩显著。2018年，学校致力于师生的心理健康教育“知心屋”建设，组织开展家长、教师、学生心理健康知识讲座10场次；心理辅导教师培训20课时；组织学生室内外团辅活动20次；学生个别辅导10人次；有效进行危机干预2次。因此，没有一起因心理原因而发生的安全问题。2018年11月，龙山第三小学通过湖南省妇联的考核，荣获“湖南省心理健康教育示范学校”殊荣。

【办学成果】 科学合理的办学理念，学校教师、学生成长迅速。2018年，全校教师有20篇论文、随笔获得国家、省、州级奖励或发表。在全县教学目标管理考核中荣获“二等奖”，获省“心理健康教育示范学校”州“语言文字示范学校”州“放心食堂”“安全文明校园”“德育先进单位”“落实教学常规先进单位”“教育信息化管理工作先进单位”“学校体卫艺与国防教育工作先进单位”“建设美丽湘西工作先进单位”“龙山县第四届科技创新优秀组织单位”。

第四小学

【概况】 龙山县第四小学创办于1994年8月，原名银河希望小学。学校占地面积14亩，现有教学班51个，学生3456人，教职工178人，其中全国优秀教师1人，省级优秀骨干教师3人，州级学科带头人3人，县级优秀骨干教师30人。其中副高职称6人，一级教师82人，二级教师52人。学校自建校以来坚持走“科研兴教、质量强校”之路，坚持“乐学、善思、合作、创新”的学风和“求真、求实、博学、博爱”的教风，把“办人民满意教育、创边区一流名校”作为学校发展的方向。

【队伍建设】 创新管理模式。采取分部管理方式，将学校工作分为“学生工作部”“教学教研部”“教师工作部”“后勤保障部”四个部门，分部管理、分部负责，明确责任，提高工作实效。加强师德建设，狠抓师德教育活动。通过政治学习、师德征文、师德师风督查，提高教师的师德修养，激发教职工的工作热情。组织全体教师签订师德师风责任状，严格执行坐班制，按时签到签退。重视党建工作的开展，坚持“围绕教学抓党建，抓好党建促教学”理念，加强对党员的学习教育，通过党员进社区、党员示范岗的创建、党的知识测试、“七一”表彰庆祝会、组织生活会、民主生活会等活动的落实开展，加强党员教师的教育学习。

龙山县第四小学 2018 年举办首届全员运动会

【德育工作】 以课堂教学为主阵地，以实践活动为重要载体，少先队活动形式多样，通过“文明之星评比”、传染病防控知识讲座、安全法律知识讲座、六一庆祝活动、安全疏散演练、预防毒品签名活动、心理辅导教育、国家宪法日活动、“德育主题班队课竞赛”等活动的开展，丰富师生的校园生活，锻炼师生的能力，加强对师生的教育，促进学校发展。重视安全教育，充分利用开学典礼、开学第一课、升旗仪式、班队活动、板报、晨夕会等形式开展宣传教育活动。抓住“安全教育日”“应急知识宣传月”“安全生产月”“6·26 禁毒日”等平台开展宣教活动。学校系统地构建校园文化，打造书香校园。开发校园的楼道育人功能，创建“班级读书角”，开展师生读书活动，组织开展艺体节和读书节活动。学校绿化、美化、净化、亮化和去尘化工作突破，全力打造“有诗、有画、有书、有乐”的书香校园。

【教学工作】 围绕落实教师教学常规工作，加大对教学常规的落实督查情况，注重集体备课的落实，开齐开足课程。学校教科室、教导处加强教研活动的组织和落实，有力促进教师之间的相互学习、共同进步。学期开学初，学校认真研究制定教研工作计划，落实教研活动的时间、地点、责任人，保障教研活动的正常开展。鲁芬语文名师工作室展示课竞赛，各个年级的推门听课，以及实习生汇报课等教学研讨活动开展得有声有色。重视教师队伍建设，提升教师专业水平。2018 年，学校派教师学习培训 60 人次，各种培训费 20 万元。以课题研究为抓手，努力推进课程改革，学校确立 3 个省“十三五”规划课题正在进行研究，7 个县级课题顺利结题。开放办学有新突破。2018 年 9 月，济南市中区选派年富力强的业务骨干刘建到校挂职副校长。11 月，济南市中区经十一教育集团王新梅理事长带领专家团队到校开展送教帮扶活动，并与学校正式结对。学校于 2018 年下半年选派 10 名教师去济南市中区参加学习培训。

【办学成果】 2018 年度，学校先后获得县综合目标管理一等奖、中小学教育质量评价一等奖、教学质量特别贡献奖、教育脱贫攻坚先进单位、美丽湘西建设先进单位、落实科研兴教先进单位、学校安全工作先进单位、计生工作先进单位、工会工作先进单位、国防和艺体工作先进单位、落实教学常规先进单位、信息化工作先进单位、“一师一优课”优秀组织单位等荣誉 20 项。学校在 2017 年 12 月举行的五年级语文调研评估检测中，获全县第一名，在 2018 年 6 月六年级评估监测中，语、数均获全县第一名。在第三届体彩杯全县中小学生校园足球联赛中本校女子代表队勇夺第一名，男子代表队获得第三名。6 月，学校报送的科技创新作品在省赛中取得好成绩，实现零的突破。11 月，学校在县第四届科技教育节中成绩排名第一，并获优秀组织奖，11 件作品成功入选州赛。

第五小学

【概况】 龙山县第五小学（简称龙山五小）是一所年轻的城镇完全小学，始建于2008年，地处龙山县朝阳路西段，东临民族路，西接团结路，校址先后为民安镇中、龙山一中（初中部）。校园占地面积16631平方米，建筑面积11249平方米，绿化面积1500平方米。现有71个教学班级，在校学生5346人，在职教师195人。建有田雪梅语文名师工作室和杨冬梅数学名师工作室。学校设有录播室、多媒体教室、微机室、实验室、档案室、图书室、舞蹈室等10个功能教室，各功能室设备齐全、管理到位、使用率高。学校始终秉持“精彩教育幸福人生”的办学理念，大力倡导“谦信、宽容、精彩、幸福”的五小精神，扎实推进“科研兴校、特色立校、质量强校”的奋斗目标。努力实现师生“人人皆精彩，个个都幸福”。

【学校管理】 学校坚持按规矩办事，按程序办事，充分发挥教代会作用，真正做到决策民主化。在制度建设上，统筹兼顾上接“天线”，下接“地气”，制定完善一系列学校内务管理制度，不断向管理精细化迈进。

【队伍建设】 2018年，学校积极创造条件，搭建平台，打造一支专业突出、家长放心、社会满意的师资队伍。通过开展师德师风演讲比赛、征文比赛、家长评议学校、学生评议教师等一系列活动，不断强化教师的敬业意识、责任意识、大局意识。通过开展自主学习、教学反思、课题研究、研讨交流、师徒结对、案例分析、校本课程开发等活动，把校本研修落到实处。通过每年度开展的常态课、研讨课、展示课等活动，优化课堂教学，大幅度提高教育教学质量。学校先后派出百余人次教师赴省外学习培训，先后有陈明钊、田雪梅等10名教师在国家级、省级赛课上斩获桂冠。

【德育工作】 “立德树人、德育为先”，2018年学校以学生行为规范养成教育为主要内容，以德育人、少先队活动为载体，以重大节日、纪念日为契机，积极开展各种主题教育活动，加强对学生进行爱国主义、集体主义、社会主义思想教育和道德规范教育。学校校长期开展的“中华经典美文诵读”，不仅培养学生的阅读习惯，提高审美水平，而且将我国传统文化根植于校园文化之中，得到有效传承。

【教学工作】 学校注重教学常规的落实，突出教学流程管理。细化州、县教学常规管理和教学常规评价细则，初步形成执行计划突出“严”、检查工作坚持“细”、课堂巡视随机“察”、奖惩兑现体现“实”的学校常态化教学常规管理模式，坚持每月一检查、一公示、一评比。坚持组织不同形式的课堂教学竞赛、教学研讨、教育教学论文评比活动，以此促进每位教师向课堂40分钟要质量，努力打造有效课堂乃至高效课堂。鼓励、指导教师积极参与课题研究，不断提高自身专业素养和科研能力。学校先后有两个省级课题获奖，涌现出田云庆、梁津、李婷等一批教科研能手。在全县期末质量检测和调研评估考试中，学校成绩始终位列城区学校前茅。

【体卫艺工作】 学校积极响应阳光体育运动号召，大力倡导全民健身运动，注重学生体质健康发展，“每天锻炼1小时”。积极做好卫生习惯养成教育及传染性疾病防控工作。通过“三独”比赛、书法比赛、合唱比赛、经典诗文诵读比赛，为学生搭建了展示才华的舞台。

第一中学

【概况】 2018年秋季，龙山城区初中教育布局作重大调整，实行分流合并。龙山一中原校长全心林调任龙山二中校长，自 2018 年 8 月起，由原桶车中学校长叶明坤接任龙山县第一中学校长。为支援组建龙山第三中学，原一中副校长向华、办公室主任胡晓勤以及原一中上届所有初三任课教师整体划入三中，龙山一中保留初二初三两个年级，暂不招收初一新生。同时，将原石羔、新隆、新城三初中全体师生并入龙山一中，合并后，教职员工总数达到 259 人，其中高级 45 人，一级 134 人，二级 69 人，其他 11 人。所有教师均具备大专以上学历。两个年级学生总数 3373 人，按照龙山教体局部署，化解大班额，每个年级均扩大至 29 个班，共 58 个班，每班人数不超过 65 人。学生中，少数民族 2587 人，留守儿童 1892 人；住宿生 442 人。

【德育工作】 德育工作常抓不懈，全面提升学校办学品位。学校坚持走“依法治校、形象立校、科研兴校、质量强校”的发展之路，提出“以人为本、和谐发展”的办学理念，明确“一流的环境、一流的师资、一流的质量”办学目标，确立“一年一小步、三年一大步、五年树品牌、十年创示范”的发展步骤，制定“年级部分层管理”模式，严格抓好班级管理工作，高度重视法制观念教育，对学生表现极差的由政工处开办短期培训，学校的良好校风逐步形成。学校政工处紧紧依照上级有关职能部门的部署，结合我校学生特点，努力抓好学生行为习惯的养成教育，对学生每周在校时间的活动全程监视，责任落实到人，各班主任密切配合，经常不忘对学生进行安全教育，珍惜生命教育，禁毒教育，做到全年学校安全无事故，保障学校教育教学工作顺利开展。2018 年底，获得县教体局颁发的德育和依法治校先进单位，向昌生获先进个人（并获依法治校先进个人）；获综治（禁毒）先进单位，唐宏培获先进个人；获安全先进单位，符大钊获先进个人；获建设美丽湘西先进单位，彭扶贫获先进个人。

【教学教研】 教科研工作取得新突破。学校以狠抓常规教学为核心，鼓励全体教师积极参与教研教改工作。继续引进麓山国际实验学校的先进教学理念，抓好班级管理，开展迈孚高效课堂竞赛，推动全校教育教学工作良性发展。2018 年下学期，麓山国际实验学校为龙山一中师生颁发第三届麓山奖，奖励教师 50 余名，学生 100 名，发放共计 15 万元的资金和物资奖励。同时，学校采取超常规措施，多次召开初中三年级中考誓师大会，激发师生奋力拼搏。在县教体局年底表彰中，分别获得控辍保学先进单位，王道武为先进个人；陈玉平、郭燕群、郝吉洋、贾绍梅、鲁黎、彭杰、田丽娅、杨锡慧、周溧琼获得落实常规教学先进个人；获得教科研先进单位，张恨获先进个人；获得教师专业发展先进单位，张梅花、朱洪清、刘丽霞、章琴、龙洪春获先进个人；获得学校体卫艺和国防教育先进单位，姜爱民、姚平获先进个人；获资助目标管理工作先进单位，

12 月 1 日，校长叶明坤（右）走访召市镇喳拉坪村贫困农户

刘祖团获先进个人(并获得书法教育先进个人);获教育信息化管理与应用先进单位,聂金成获先进个人;获人口计划生育工作先进单位,刘赤平获先进个人;获老干工作先进单位,向宏武获先进个人;获实验教学先进单位,彭文获先进个人;曾祥美获中职招生先进个人。

【赛事成果】 2018年,在全国"一师一优课"评选活动中,青年数学教师彭露获得部优,语文教师张秀琴获自治州二等奖;在2018年上学期学校举行的迈孚课堂竞赛中,语文教师张恨、英语教师张钟元、政治教师鲁艳妮、地理教师陈玉平、数学教师田睿、历史教师谭世俊、英语教师徐源荣获一等奖。语文教研组多次组织学生参加作文演讲比赛等活动,获得自治州首届初中生诗词大会季军,获得湖南省教育协会"心育故事"网络演讲大赛集体一等奖,获得湖南省教育学会"湖南省第十四届芙蓉杯中小学生作文竞赛"集体一等奖,并获得中国教育协会授予的2018年度全国中小学论文征集评选活动先进单位。在2018年度县级微型课题评选活动中,田丽娅的《提高中学生英语课堂发言积极性的策略研究》、张恨的《LSMIFE课堂教学模式在七年级语文教学中应用的策略研究》均获一等奖;彭露获得二等奖,向仁仕、彭尧、刘荣惠、彭楚香获三等奖。在2018年县教体局组织的"龙山县第四届中学生科技创新教育活动中,获优秀组织奖。体育方面,为第九届民运会精心准备土家摆手舞,在开幕式上完美表演,获得一致好评。2018年3月,在李晓云老师带领下,获得首届县教体系统女职工气排球比赛优秀组织奖。4月,获得全县中小学生5人制校园足球赛优秀组织奖,并获得城区初中组男子第一名,女子第二名。

【书院溯源】 据记载,"东院书声"之"东院",即指清末的龙山白岩书院,地处当时县治之东,亦即今龙山县第一中学所在地,有清末龙山八景之一之说。从1942年创办龙山初级中学算起,已经有77年历史。校址地势隆起,呈南北走向的长方形地貌,四周低平,东临果利河,瞭望新城油菜坪,旁有小路相通,可以想象当时行人往来倾听书声的情景。现如今四周遍建民居,校园北端与金穗苑居民小区毗邻。据校志记载,从晚清开办书院时起直到2005年,校园一直开南门,后因故关闭南门开西门。学校现有三栋主体教学办公大楼,两栋男女学生宿舍,一栋两层师生食堂,一栋一层数间的体育器材室,2015年新建大操场主席台。学校已建成多媒体室、微机室、生化实验室、图书室、美术室、音乐室等,教学配套设施日臻完善。校园绿树成荫,古树保护完好。人文景观处处皆是,有悬挂于教学大楼走廊两旁墙上的"上善若水"匾额,有已故中书协会员、龙山著名书法家、退休教师黄人庆书"教学大楼"巨幅金色大字,有高一班同学会石刻"一中颂",有竖立在古松旁的一中毕业校友捐赠大理石刻"文明其精神""野蛮其体魄"等。龙山一中,是一所历史悠久,文化底蕴深厚的学校,也是龙山县文化教育发展的历史见证。据有关资料,上海格致中学前身是格致书院,创办于1876年;江苏金陵中学前身是文汇书院,创办于1888年;天津南开中学前身是南开中学,创办于1904年。这些学校都号称百年老校,他们正在挖掘这种"书院文化",从而有利于提升当地的文化品位。龙山一中更是长达200余年的书院文化历史,作为龙山文化教育发展昌盛的重要标志,我们完全有理由保存它、发展它,使它永远兴盛传承。

【《一中颂》】 母校一中,立于春厂。西邻县城,熙熙攘攘。东俯果利,首迎朝阳。清设书院,后改学堂。中学洪钟,抗战鸣响。东方红曲,红遍课堂。人才济济,争艳斗芳。一九五七,始招高一。我等有幸,置身其里。全面发展,德智体美。课余演戏,"霞"飞百里。炼钢开荒,奔波不息。人生大课,自强自立。老师勤劬,学生奋力。统考高考,湘西第一。我之花季,校园绽放。我之青春,校园飞扬。仰仗名师,提携导航。一九六零,分道扬鞭。时空变换,沧海桑田。当年师长,眉发皤然。当年学子,发眉亦斑。没齿不忘,精神家园。爱国爱民,奋力登攀。开拓创新，敢为人先。我有今日，奠基校园。师恩似海，师德如山。其深其高，无底无巅。终身受惠，报之涌泉。薪火传承，世代绵延。（龙山一中高一班学子二00五年立，炎子文）

第二中学

【概况】 龙山二中始建于1980年秋，现已有38年历史。2000年，龙山县中小学布局调整，高中停招，改为初级中学。2018年秋，龙山县城区学校超大班额化解，学校融入思源学校、华塘学校初中部师生，教学班70个，在校学生4400名，在编在岗教职工276名，高级教师52名，一级教师147名。学校占地34566平方米，建筑面积32305.5平方米，整个校园绿树成荫，环境优美，是自治州规模最大的初级中学。二中人秉承“以人为本、全面发展、科学管理、全纳成功”的办学理念和“崇德、博雅、励志、尚美”的校训精神，弘扬“团结、奋进、求实、创新”的优良校风和“求新、求实、求胜、求全”的优良学风，筚路蓝缕，励精图治，团结一心、勇攀高峰，将龙山二中建设成一所“文化底蕴厚、书香气息浓、校园环境美、办学质量高”的“学生向往、家长放心、社会满意”的湘、鄂、渝边区名校。

【超大班额化解】 2018年春季，学校64个班级，在校学生4811名，班均75人，超大班额54个，学生数最多的班高达104名。2018年秋季，为化解城区学校超大班额问题，城区教育重新部署调整：将思源、华塘学校原初中部1100名七、八年级学生和84名教师并入二中；2018年秋，龙山二中停招七年级新生；合并后在校学生（八、九年级）为4400人。其中，八年级学生2182人，九年级2218人。按照超大班额化解精神，根据县委县政府的统一部署，学校排除万难，多措并举，将班级数增至70个，八、九年级各35个班，没有一个班级学生数超过65人，全面完成县定超大班额化解任务。

【控辍保学】 2018年，深入落实控辍保学工作，学校组织教师多次进入民安街道茶亭社区和相关乡镇村进行大排查大摸底，建立控辍保学工作台账，做好“三帮一”劝返复学和“送教上门”工作，切实保障适龄儿童少年接受义务教育的权利；全年落实1000人次的学生资助全覆盖补助200万元，实现了不让一个学生因贫失学的总体目标。

【展示风采】 2018年，全省第九届少数民族传统体育运动会在龙山举办，龙山二中学生参加开幕式和闭幕式表演。其中200名男生表演《板凳龙》，300名女生与职中100名女生一道表演《接龙舞》，30名女生在闭幕式上献舞《秦风古韵》，充分演绎出湘西儿女蓬勃朝气。

【德育综治】 2018年，学校以政教处牵头安排“一

课后探讨

月一主题”学习教育活动，加强学校德育工作，全面推进爱国主义教育、养成教育、励志教育、法制安全教育、感恩教育、心理健康教育，实现管理育人、活动育人、环境育人的目标，促进学生全面发展。2018年，分别开展雷锋事迹图片展，唱响《学习雷锋好榜样》，人人争做好事等活动。4月寻访红色足迹、瞻仰革命遗迹社会实践。开展“峥嵘岁月、光辉人生”英雄人物事迹报告会，“珍惜幸福生活，创建美丽家园”评比活动。5月普法知识讲座，“六个一”禁毒教育活动。开展播一篇禁毒稿、上一堂禁毒课、写一封禁毒家书、传一张禁毒图片、写一篇禁毒新闻、报一个禁毒节目活动。6月防溺水安全教育。开展防溺水安全主题班会，“珍爱生命是责任，重视安全有方法”的讲座。9月举办“喜迎祖国70华诞”手抄报比赛及获奖作品展；召开家长会和家长代表座谈会，家校共话学生成长。10月科技作品展和书法展。将师生科技作品和书法作品进行展览评比，营造“学科学、我创造”和“赏书法、我传承”的浓厚氛围。11月消防知识讲座，开展消防知识主题班会活动。12月优秀团员评比，举行新一届团委会、学生会干部竞选活动。

【教学质量】 2018年，抓实教学常规和“高效课堂”建设，在初三学业水平考试中，龙山二中取得全县总均分2018年第一的好成绩。20个毕业班级，1391名毕业生中，22人考取师范定向生，917人升入普高，普高升学率68%。在2018年全州初中学生理科学科知识竞赛中，龙山二中获得二等奖，八、九年级学科竞赛均分在全州161所中学中名列第三。其中，九年级数学学科32人获得一等奖，45人获得二等奖，49人获得三等奖；九年级物理学科21人获得一等奖，39人获得二等奖，51人获得三等奖；化学学科27人获得一等奖，43人获得二等奖，47人获得三等奖；八年级生物学科5人获得一等奖，11人获得二等奖，17人获得三等奖。2018年湘西州中小学生三独比赛中，12名学生获奖。2018年龙山县中小学生篮球、足球比赛中，龙山二中男女篮球队和女子足球队均获冠军。2018年全省第39届青少年科技创新大赛中，龙山二中获二等奖1个、三等奖2个，取得该项大赛举办以来学校历史上最好的成绩。

【教学研究】 2018年，推进“微课”研究和集体备课，加强“培优”和“高效课堂”建设，校本教研有声有色，教师专业素养不断提升。2018年度，该校在一师一优课评比中，荣获省优课1堂、州优课6堂、县优课8堂，学校荣获县级优秀组织单位；在湘西州特色示范课堂竞赛中，2人获一等奖，4人获二等奖，1人获三等奖；在湘西州音乐教师教学竞赛中，1人获二等奖、1人获三等奖；在湘西州网络视频说课比赛中，42人次参赛，15人获一等奖、12人获二等奖、15人获三等奖；在湘西州实验说课竞赛中，1人获一等奖、1人获二等奖；在湘西州微课与课件评比中，3人获一等奖、5人获二等奖、7人获三等奖；在省教育学会开展的论文评比中，25人获奖；在湖南省在线集体备课竞赛中，13个备课组获大奖。10月我校成功举办青年教师优质课竞赛，37人次参赛，涵盖除信息技术以外的所有学科。为开拓青年教师的视野，学习先进的教育理念和借鉴先进的教学模式，11月该校6名不同学科的青年教师在程远波校长的带领下赴长沙麓山国际实验学校进行学习交流。

第三中学

【概况】 根据〔2018〕(12号)《中共龙山县委常委会会议纪要》精神，立足全县教育发展大局，推进龙山教育布局调整，有效化解超大班额，做好学生调整分流，县委县政府决定将龙山县第一职业中学改建成龙山县第三中学。为确保龙山第三中学2018年秋季正常开学，2018年5月23日，龙山县第三中学筹建组正式成立，总指挥唐恢波任调度长。经过百日扩建，龙山三中2018年秋季顺利开学。学校占地面积40934.75平方米，有教学楼3栋，综合楼一栋，食堂一栋，学生宿舍一栋，有 250 米环形塑胶运动场，4 个标准篮球场，一个羽毛球场，有功能室 6 个：2 个生物实验室、音乐室、美术室、计算机室、语音室、多媒体室。学生 3993 人，教学班级 63 个，教师 192 人。其中高级教师 24 人，一级教师 109 人，二级教师 59 人。学校秉承“立德树人，质量强校，特色兴校，品牌铸校”的办学理念；以“明德、知行、乐学、求真”为校训；以“勤实、尚美、弘毅、笃行”为校风；坚持四高要求，即“高起点定位、高标准运作、高效能管理、高品味推介”。重点在学校中长远期规划建设、教师成长、学生成才、提高质量、特色彰显等方面做足文章。学校明确五年总体目标：一年起好步，两年见起色，三年有突破，四年大提升，五年成品牌。

【队伍建设】 2018 年 8 月 17 日，龙山县第三中学第一届领导班子正式成立。向阳任校长，李英檀、向华、覃明军、唐国成任副校长，胡晓勤任工会主席，王平任教务处主任，彭丽艳任教科室主任，陈红任办公室主任，尚顺生任总务处主任、吴军任政教处主任。9 月 3 日，龙山县第三中学正式挂牌，举行成立典礼暨 2018 秋季学期开学典礼。9 月 25 日，三中党支部正式成立，有中共党员 42 人；11 月 4 日，三中召开第一届一次教职工代表大会，大会选举出教代会 7 名执委会委员和工会主席。讨论通过代表提案、学校各项规章、评价考核方案等制度，全新的三中正式扬帆起航。重视校委会队伍建设，加强系列教育活动，塑造奉献型党员队伍，创设多样平台，建设成长型教师队伍，建设一支高素质班主任队伍，多措并举加强师资队伍建设，着力打造一支热爱教育事业，钻研教育业务，乐于奉献教育的教师队伍。通过开展“我骄傲，我是三中人”为主题的师德师风演讲比赛、“迎元旦”、教师节趣味活动等，凝心聚力，增进教师之间情感；加强教师培训，组织教师去深圳、山东、郴州、长沙等地参观学习和听课 10 人次。

【德育工作】 2018 年秋，德育管理精细化，在各种主题活动中育人，活动“从小处着手，向大处培养”。在实际活动中，让学生懂得遵守纪律、关心集体，学会团队合作、奋力拼搏。在课堂教学中育人，寓德育于各学科教育教学之中，加强情感、价值观教育，丰富教育形式，创新教育内容，提高学生思想认识和综合素质。加强体育、美育、科技工作，促进学生健康、全面发展。体育老师克服场地困难，确保体育课、课间操、眼保健操质量。举办师生共同参与的“迎新春”系列活动，如师生“三笔字”比赛、体操比赛等。探索和开发艺术教育的途径和方法，组建舞蹈队、书法绘画等多种艺术团队，多角度培养学生良好的艺术素养。9 月，以黑板报、手抄报、主题班会等形式开展禁毒知识大赛；10 月，开展“爱国主义”教育；11 月、开展“法治教育”讲座；12 月，开展“消防演练”活动。在济南育文中学支持下建立

龙山县第三中学成立挂牌

“留守之家”工作室。

【教学教研】 坚持以课改带动教研，以教研推动教学，在探究实践中优化教学，推进教师专业的不断提高。组织外出学习，引领教研方向，坚持“依托教研实践，立足课堂实效”，对有效课堂教学进行了深入的研究与实践。各教研组结合本组的实际情况进行深入的研究。教研实践的实施促进教师的自我反思，调整教学策略，进而增强课堂教学的有效性。11月，开展青年教师试卷制作及备课大赛；11月，参加民安学区运动会，成绩喜人，6项第一，18项获奖。12月，与三元学校进行“中学生安全常规养成教育”校级间经验交流活动；12月，成功申报湘西州教育信息化融合创新应用基地校、湖南省教育信息化融合创新应用试点校。

龙山高级中学

【概况】 龙山县高级中学始建于2002年9月，占地面积120667平方米，建筑面积5万平方米，校园环境优美，是龙山县唯一一所省示范性普通高中。学校现有教学班62个，在校学生3550人，在编教师326人。其中正高级教师2人，高级教师95名，一级教师96名；全国“五一劳动奖章”获得者1人，国家级优秀教师2人，国家级骨干教师2人，省人大代表1人，州人大代表1人，省、州优秀教师和骨干教师12人，州级劳动模范1人，州学科带头人7人，县学科带头人29人，具有研究生学历教师21人，在读研究生教师13人，日语教师3人。2018年，学校始终把教育质量放在首位，全面推行素质教育，扎实开展教育教研活动，落实新课改精神。学校获全州“高中教学质量奖”，连续获龙山县委县政府颁发的“高中教育特别贡献奖”，建校17年考入重点大学的总人数2327人。其中，考入清华大学、北京大学、中科院大学26人。先后被授予省“园林式单位”。“现代教育技术实验校”。国家级“课题研究先进单位”湖南省“文明卫生先进单位”。湘西州唯一的一所国家级“足球特色学校”“湖南体育传统项目学校”等荣誉称号。

【教师成长】 2018年，教师专业成长取得丰硕的成果。新闻作品37篇分别发表在《科教新报》《现代教育报》《边城报》、湖南教育网等报纸杂志或网站上。其中兰长永撰写的《高中教育培青工作初探》在《科教新报》杂志上发表。李长文、彭嵘撰写的《把学生扛在肩上远行的人——记龙山高级中学教师李汇芳》在《科教新报》杂志上发表。李长文、彭嵘撰写的《用踏实的脚步丈量教育的“延长线”—采撷湖南省龙山高级中学办学的点滴片段》在《现代教育报》上发表。教师参加各种教学竞赛和技

龙山县高级中学全景

能大赛 66 人次，分别获得省、州、县一、二、三等奖。教师撰写的论文 150 多篇分别在国家级、省级、州级、县级获奖或发表，其中向婕、滕小艳、肖银仙、师孝武、陈方盛 7 名教师的论文分别在国家级刊物上发表。田安龙获全省通用技术现场授课大赛一等奖；叶明灿在“湖南省 2018 年高中数学核心概念教学设计比赛暨微课展示评比活动”中获一等奖；陈晓晗在全省测试员“我与普通话”演讲大赛中获得省一等奖，沈安元老师、秦磊在湖南省第九届少数民族传统体育运动会民族健身操自编动作比赛中获第一名，在湖南省第九届少数民族传统体育运动会民族健身操规定动作比赛中获第二名，在湖南省第九届少数民族传统体育运动会土家阿哥苗阿妹甲组比赛中获金奖。彭南奇的课题《如何提高高中学生对事实材料分析能力的研究》、张光铃的课题《基于发展新教学评价的中学政治高效课堂建设》分别获国家级一等奖。

龙山县高级中学名师送教下乡活动

【素质教育】 2018 年，学生竞赛成绩喜人：全州化学竞赛，高级中学高二年级 5 人进入全州前 10 名，其中罗建勋 97 分名列第一，贾锐 93 分位列第三，黄坤、向生辉、陈鑫分获第七、八、九名，高一年级叶锐洋、李国荣等 5 名同学获州一等奖。李炯燊等 4 名学生在湖南省高中化学竞赛获省一等奖，张瑞睿等 6 名学生获省二等奖，向隆航获省三等奖；2018 年全国高中生物联赛（复赛），高二年级蔡粤生、余秋初、李炯燊荣获国家三等奖，黄坤、孙劲峰获省一等奖，罗建勋获省二等奖，彭昱博获省三等奖。2018 年全县高中生足球、篮球赛，高级中学男女足球、篮球队均以不败战绩斩获冠军。2018 年 8 月，高三 3 班周子瑞参加全国体育传统项目学校比赛，获得标枪比赛第三名，并获“国家二级运动员”称号。2018 年 10 月，高级中学组队参加湖南省第九届少数民族传统体育运动会，获得 8 金、3 银、1 铜的优异成绩。2018 年 7 月，该校学生在十一届文心雕龙杯现场（北京）决赛中，李昱星获得国家级特等奖，田好等四名同学获得国家级一等奖，田木杨等 7 名学生获得国家级二等奖，向力等三名同学获得国家级三等奖。同时，学校被评为“全国校园文学艺术创作先进单位”。在叶圣陶杯决赛中，高级中学肖芃芃获全国一等奖，叶静等 4 名学生获二等奖，张文博等三名同学获三等奖。

【教育质量】 2018 年高考本一、本二上线人数均创历年新高。2018 年高考参考人数 1230 人，据招生办统计，本一上线 238 人，本二以上上线 502 人，本科（二批）以上上线率 40.8%，达到全省平均水平。2018 年高考，首届日语班 12 人参考，2 人一本上线，7 人二本上线，均分达 100.2 分，小语种（日语）教学成为学校的一张闪亮名片。

思源实验学校

【概况】 龙山县思源实验学校创办于2014年9月，由香港言爱基金、长沙市人民政府和龙山县人民政府共同打造的一所全新优质的九年制公办学校，2018年秋全县大班额化解调整为六年制小学。校址位于龙山县民安街道办事处龙凤路42号。学校环境优美，教学设施齐全，教学设备先进。实现“宽带网络校校通”“优质资源班班通”“网络学习空间人人通”。学校占地面积56000平方米，有教学班80个，在校学生5091人。学校师资力量雄厚，专任教师234人，其中在编在岗137人，高级教师12人，一级教师90人，大学本科以上126人，占专任教师总数的54%。

【办学方略】 2018年，学校以“做放眼看世界的湘西少年”为育人目标，以“言爱思源、明德致远”为校训，弘扬“磨血育人”的教风，树立“学而慎思，问而溯源”的学风。制定“一年常规发展、三年特色发展、五年品牌发展”的规划，遵循“文化立校，特色办学”的方向，努力实现县内一流、全州前列、全省知名的学校发展目标。

【办学特色】 2018年，在不断地探索与实践中，学校大力推行“生命化、生活化、生态化”的“三生”课堂改革以及随时、随地、随心的学习模式，打造优质的平民教育。重视特长培养，丰富第二课堂。打造文明节、读书节、科技节、艺体节四节文化，推进德育、体育、英语、大课间、艺术、播音主持、书法、科技创新八大特色。

【办学形式】 2018年，为把思源学校打造成湘、鄂、渝边区一流名校，积极引进长沙市明德中学先进办学理念和管理模式，2016年把原来的委托管理模式调整为对口帮扶，由长沙市明德中学选派一名优秀管理者任副校长进行学校管理，以促进学校快速发展。长沙高新区教育局每年派骨干教师支教、定期送教外，高新区还将创新支教方式，充分运用信息化手段，让思源实验学校同步共享长沙高新区所有优质教育资源，毫不保留地支持思源学校发展，真正起到支教的示范、引领和辐射的作用。

【教育教学】 2018年，建章立制奠定基础。学校制定《龙山思源学校教师考核办法》《龙山思源学校班主任考核办法》《龙山思源学校教研组长考核办法》等激励机制。德育之花常开不败。在长期的办学实践中，学校形成“以德树人”的鲜明特色。严格规范学生的行为礼仪，培养学生“六好”学习、生活习惯，为新生发放思源学校常规管理手册，教育思源学校的男生争做“谦谦君子”，女生做“窈窕淑女”。教育教学稳步推进。狠抓教育教学质量，大力实施“三生课堂”教育改革。狠抓基本常规管理，强化管理工作的科学化、实效性，学习并督促落实

科技模型，科技未来

"高效课堂"。师资队伍提质明显。多次聘请长沙市著名专家、教授、名师到校进行专题讲座、业务培训，安排学校行政领导轮流到长沙市明德中学进行为期一个月的跟班学习，组织200人次优秀教师到北京、济南、长沙、南京等地区培训学习，通过"走出去，请进来"的办法，学校领导的管理能力和教师的执教能力得到明显提升。安全工作常抓不懈。确保食品卫生安全、确保突发事故安全、保障学生在校安全。学校未发生一起安全事故。校园文化建设彰显魅力。学校以"根"文化为核心文化，《明德思源赋》深入校园，特色班牌凝心聚力。楼廊文化影响深远，随处可见的读书角深受青睐。特色工作百花齐放。学校重视艺术教育熏陶，重视艺术学科整合渗透校本教材，落实课堂教学，拓实第二课堂。学校开设象棋、刺绣、民族舞蹈、剪纸、奥数等21门才艺选修课，开设田径、篮球、羽毛球、乒乓球、音乐、美术等18门特色特长课。

【荣誉表彰】 2018年，学校先后获得中国好老师公益行动计划基地校、湖南省教育信息化创新与应用"十百千万工程"示范校、湖南省书法教育基地校、湖南省第十一届少儿书信绘画比赛先进组织单位、湖南省一师一优课，一课一名师优秀组织单位。教师石绍明、向烨、杨民、雷燕、李敏、龚秀萍获部级优课。教师向金菊、彭晓俊获省级优课。学生向雯在香港举办的"第11届中国中学生作文大赛"总决赛中获得全国一等奖。

第一职业中学

【概况】 龙山县第一职业中学于1983年在原龙山七中（现桶车初中）高中部的基础上改办而成。1984年秋，职高班从龙山七中正式分出，在桶车乡原拖拉机站建校，校名为龙山县桶车农业中学，成为湘西州首批独立建制的职业高中，1987年更名龙山县第一职业中学，1993年迁入城区。2000年成为国家首批重点职业中学，2018年成功入围湖南省示范性中等职业学校行列，2018年6月，县委县政府为化解城区大班额问题，决定将职中从县城迁往高铁新区原石羔中学临时办学点。新学校占地面积13333平方米，现有教职工人数176人。其中高级职称15人，中级职称40人；在读博士研究生1人，硕士研究生3人，学历合格98%。在校学生2000人，因校园面积狭小，高三升学班全部学生借读于教师进修学校。

【教师培训】 "兴国教育必有兴教的良师"，学校重视教师的培养培训工作，制订"名师工程"和"双师型"培训方案。要求专业教师到与自己对口的行业

龙山县第一职业中学校园一角

企业单位实习，每年实习时间不少于1个月。结合地方经济发展实际，学校教师和地方专家共同编订校本教材、地方特色教材。学校始终坚持以服务为宗旨、以质量为核心、以就业为导向，以“铸品牌、创特色、提质量、促发展”为理念，以“厚德、精技、服务、发展”为校训，以培养“身体健康、品德优良、技术过硬、成绩合格”的技能型人才为目标，全面提高学生的综合能力和职业素养，不断拓展在升学、就业和成才等多个领域的上升通道，为学生搭建起学习、创新、创业、成才舞台，让每一个学生都有人生出彩的机会。2018年，开设有电子电器与机器人、电子商务、幼教师范、民族服装、园艺种植、酒店高乘、汽修等七个专业，是全州规模最大的县级公办中等职业学校之一。

【技能教学】 注重技能教学，长期坚持开展讲一口好普通话，写一笔好硬笔字，精一门技能，会一门乐器的“四个一”活动，每年定期举行“艺体节”、“技能节”、演讲、征文等活动，并将课间操实行“两舞轮换”(土家族摆手舞和现代校园集体舞轮换)，学生全员参与，增添学校活力；每天组织“四晨活动”，即师生晨跑、集中晨训、升学班晨读、就业班晨练。点燃学生激情，奠定就业基础。在湖南省职业院校技能大赛中，本校计算机、电子电器、汽修等专业参赛，荣获二等奖3个、三等奖6个的好成绩。学校每年都举行“顶岗实习”“工学交替”活动，为学生就业奠定基础。学校在突出就业、创业能力培养的同时，注重对口升学。2013年以来，为高一级学校输送本科100人，专科上线率98%。

【德育工作】 学校重视以人为本，以德为先，科学育人。全面实施“德育导师制”。每名学生都配有自己的德育导师，将每周三定为德育活动辅导日，广泛开展诚信、养成、礼仪、感恩、安全、理财“六育”活动，对学生进行思想教导、心理疏导、生活指导、学习辅导、就业引导，使学生学会学习，学会生活，学会做人，学会创业，健康成才。

教师进修学校

【概况】 龙山县教师进修学校始建于1981年7月，前身为龙山县教师辅导站。1997年与龙山县电大工作站合署办公，实行“一套人马、两块牌子”办学格局。学校占地面积15亩，有教学楼2栋，教工宿舍1栋，多媒体教室1间，计算机教室1间，普通话测试室2间，图书2万册。内设办公室、教务处、教科室、培训部和总务处。龙山县电大工作站开设法律事务专科、学前教育专科、小学教育专科、法学本科、汉语言文学本科、学前教育本科、教育管理本科7个开放教育专业。2018年，进修学校被龙山县教育和体育局评为“城区计划生育工作先进

龙山县2018年“国培”“省培”网络研修与校本研修整合项目第二次线下培训

单位”和“老干工作先进单位;电大工作站被评为全州电大系统目标管理先进单位”和“全州电大系统招生工作先进单位”。

【教师培训】 2018年,学校坚持以提升中小学幼儿园教师能力素质为目标,采用国培、省培和县级自主培训形式,遵循教师培训规律,建立长效的培训机制。开展“2017年新教师岗位培训”,采用混合式培训方式,培训小学、初中、高中教师212人。开展“2018年新教师上岗培训”,培训小学、初中、高中教师151人。开展“2018年网络研修与校研修培训”,采用线上和线下结合方式,培训全县中小学教师609人。开展“2018年小学语文高年级阅读教学培训”,以“送教下乡”活动方式培训小学高年级语文教师75人。全年培训教师987人次。

【开放教育】 加强招生宣传,稳定办学规模。2018年招生196人,其中春季招收开放教育专科学员139人,本科学员57人。2018年春季毕业专科、本科学员147人。秋季毕业专科、本科94人。加强考风考纪建设,提高办学质量。按照省州要求,层层签订考风考纪责任状。周密制定组考方案,做好试卷保密工作,严格考试纪律,确保考试圆满顺利。

里耶民族中学

【概况】 龙山县里耶民族中学创建于1956年3月,1958年命名为龙山县第二初级中学,1970年开办高中,1980年更名为龙山县里耶民族中学,是龙山县唯一一所农村完全中学。学校2011年11月8日整体搬迁进入里耶镇麦茶堡新校区,新校区占地面积66667平方米。依山含翠,错落有致,环境优雅,设计新颖,融中国传统与土家族民族风格于一体,是一所文化底蕴深厚、环境优美、设施先进、管理完善、制度创新的现代化校园。校内建有标准的运动场,400米塑胶跑道、足球场、篮球场、现代化的教学楼、实验楼、图书室、微机室,美术室、音乐室、舞蹈室。有教学班级21个。其中高中部7个班,初中部14个班,在校学生1000人,在职教师101人。学校秉承“严谨、求实、团结、奋进”的校风,“严格、热忱、创新、奉献”的教风和“勤学、好问、善思、进取”的学风。教育教学管理走上健康有序持续发展的道路。2018年获县教育科研先进单位,教师专业成长先进单位,体卫艺及国防教育工作先进单位,德育工作先进单位,安全管理先进单位,党建工作先进单位。

里耶民族中学2018年第四届艺体节文艺汇演

【师资建设】 2018年里耶民中在职在岗高级职称教师12人,中级39人,初级26人,特岗教师17名,其中研究生4人,本科81人,大专14人,35岁以下青年教师55人,占学校教师的主导力量,学校现有高中学科带头人2人,骨干教师6人,各学科教师分配合理,语文15

人,数学 13 人,英语 13 人,物理 8 人,化学 5 人,生物 5 人,历史 7 人,政治 8 人,地理 6 人,体育 8 人,音乐 5 人,美术 4 人,信息 1 人,其他 3 人。

里耶民族中学艺体节开幕式

【教学研究】 2018 年,学校参与课题县校级课题研究立项共 15 项。其中县级课题 6 项,三项获一等奖,三项获二等奖,为农村学校课题研究获奖最多的学校。2018 年度论文撰写有 60 篇获省县级奖励,其中 30 篇获省级奖励,30 篇获县级奖励。一师一优课活动,1 名教师获县级一等奖,2 名教师获县级二等奖。在科技创新活动中,一名学生获得州级科技创新一等奖,3 名学生获县级科技创新成果二等奖。

卫　　生

卫生计生工作

【概况】 2018年，全县建成基层医疗卫生机构45个。其中社区卫生服务中心4个，中心卫生院9个，乡镇卫生院8个，卫生分院24个(其中长潭、岩冲、八面、比溪没开展医疗业务)，12家民营医院。建设中的龙山县人民医院异地迁建项目占地面积165亩，建筑面积12.09万平方米，总投资6亿元，分二期完成，总床位1200张(一期800床位，二期400床位)。建设竣工医院运营后，将是湘、鄂、渝三省市交界之地最大的一所集医疗卫生、科研教学、预防保健和急救为一体的三级综合性医院，总服务人口120万人以上，其中龙凤经济示范区服务人口约91.5万人。主要工作职能负责协调推进全县医药卫生体制改革和医疗保障、医疗卫生计生服务体系建设，推进公立医院改革，建设和谐医患关系，贯彻落实国家药物政策和国家基本药物制度，负责疾病预防控制工作，编制全县卫生应急和紧急医学救援预案，负责重大活动的医疗保障工作，组织实施食品安全风险监测、评估，建立健全计划生育利益导向、计划生育特殊困难家庭扶助和促进计划生育家庭发展等机制，负责协调推进有关部门、群众团体履行计划生育工作相关职责，建立与经济社会发展政策的衔接机制。

【人口和计划生育】 2018年，人口和计划生育工作基本实现年初"保类进位"工作目标，连续9年被评为"湖南省人口和计划生育工作良好单位"。2018年，全县共出生7366人，人口出生率12.1‰；符合政策生育率91%，比2017年省评估数上升0.04个百分点；出生人口性别比112，比2017年省评估数下降1.38个比点；落实长效节育措施1895例，长效与二孩以上出生人数比42.53%。省内流入、流出信息反馈率，PADIS信息接收率、接收及时率，湘粤通报信息及时反馈率、协查信息及时反馈率，均为100%；全员人口数据差错率0.005%，数据上报及时率92.31%；避孕药具使用人数20792人，使用药具人数占落实综合节育措施人数的10.7%。坚持人口和计划生育工作常态化管理，按月对乡镇(街道)上报的数据进行汇总分析，以县卫生和计划生育领导小组名义下发月通报，全年下发排位通报11期。及时指出乡镇(街道)工作中存在问题，督促其进行整改，确保人口和计划生育工作平稳有序开展。强化检查考核，组织开展3次综合性调查和10次平时数据核查，杜绝部分乡镇(街道)弄虚作假行为，确保上报数据的真实合理性。狠抓计划生育综合治理，加强对计生综治部门的管理和指导，组织开展综治部门督查4次，综治工作检查2次，严把资料上报关，审核112套上报资料，确保上报省考核评估系统的数据质量高且真实可信。做好生育服务登记证和生育证的发放和办理。出具398份计划生育证明，拒签58份乡镇（街道）出具的违规或不规范证明。严把计划生育资格审查关。全年严格按有关规定对1958名各部门上报的提拔任用人员、新进预备党员和各级评优评先人员进行资格审查，对违反计划生育政策的人落实“一票否决”。

【计生管理服务】 2018年，稳步推进整治“两非”工作，对全县35家医疗机构（含私营医院）和53家药店进行清理清查，收集“两非”案源线索61条，摸底排查重点孕妇37人，获取并查处“两非”典型案件3例（石羔镇1例、农车镇1例，水田坝1例），超额完成省定任务。

【计生奖励扶助】 2018年，审核录入奖扶对象2807人，发放资金325.612万元；特扶对象164人，发放资金164.78万元。完成对6475人次全县计生家庭子女入学生活补助对象的审核，发放77.7万元补助资金。城镇独生子女父母奖励对象185人，独生子女保健费发放774人，发放资金18.58万元。对58名农村独生子女考入专科以上高等院校对象进行走访调查，发放升学一次性奖励资金29万元。计划生育并发症扶持对象215人（二级4人、三级210人、免费治疗1人），发放资金256.61万元。审核上报纳入新农合代缴对象28547人，代缴资金513.846万元。关爱独生子女伤残、死亡家庭，对164名特扶对象落实“双联系人”制度情况进行4次摸查。

【疾病控制】 2018年，组织对H7N9禽流感、霍乱、麻疹、手足口病等重点传染病进行防控，共报告法定传染病5060例，发病率983.35/10万，较2017年上升80.33%。其中接诊结核病可疑症状者1104人，免费拍摄胸片937张，免费查痰1802人，确诊活动性肺结核病人487例；艾滋病新报告病例44例，存活40例，检测各类人群62856次，初筛阳性33例，经州疾控中心确认33例，检测人群感染率为0.05%；麻风病管理现症病人5例，完成密切接触者检测30人，未发现麻风病确诊病例；开展“4·26全国疟疾日”宣传活动，发放宣传单4500份，咨询人数1000人次，受教育人数1万人，完成发热病人血检310人份；开展碘缺乏病监测工作，共采集学生、孕妇家庭食用盐300份，经检测碘盐300份，碘盐覆盖率为99.67%，合格碘盐293份，碘盐合格率为97.67%；精神障碍患者在册2076人，患者在册率4.03‰，在册患者年规范管理率95.42%，在册患者面访率94.03%，在管患者治疗率95.33%，在管患者规范治疗率69.65%；推进尘肺病农民工救治救助政策，2018年确诊发现患者任务数30人，实际筛查310人，疑似尘肺198人，省州尘肺病防治机构确诊36人，超额完成年度工作任务。无甲类传染病发生。完成4次风险评估报告及1次传染病发病

12月24日，县卫计局举行济南市市中区卫计局与龙山县卫计局对口帮扶协议签订仪式

趋势预测报告。

【免疫规划】 2018年，组织乡镇卫生院院长（社区卫生服务中心主任）和专干进行免疫规划工作业务培训一次，共培训104人次，考试全部合格。开展四次免疫规划工作督查，2010年以后出生儿童系统建卡录入基本信息完整率达100%，接种信息完整率达99.99%，扫码接种率达95.44%。完成80例发热出疹病例流行病学个案调查工作，确诊麻疹9例，实验室排除麻疹70例，待排除1例，对麻疹疫点均进行规范处理。完成5个产科医院免疫规划工作督导和产科系统信息化建设。完成常规运转、乙肝项目、靶疾病及异常反应监测工作。

【公共卫生服务】 2018年，推行各项基本公共卫生免费服务。规范化居民健康档案数488381份，建档率98.64%，65岁及以上老年人建档人数54035人，体检21409人；规范化居民电子健康档案数478075份，电子健康档案建档率达98.33%。管理高血压患者12759人、糖尿病患者3327人。对12个乡镇的12所学校共3644人开展农村义务教育学生营养监测。2018年，全县产妇数5859人，活产数5918人（含多胎），孕产妇建卡5699人，建卡率97.27%，早孕检查5430人，早孕检查率91.75%，孕产妇系统管理5346人，系统管理率90.33%，住院分娩5916人，住院分娩率99.97%，产后访视5390人，产后访视率91.08%，无孕产妇死亡。婴儿死亡29例，死亡率4.9‰，5岁以下儿童死亡43例，死亡率7.27‰。婚前医学检查3789对，检查率87.46%，婚前卫生咨询3789人，咨询率100%。叶酸服用率90%。孕产妇免费产前筛查4288人，完成比例102.10%；孕前优生检查目标人群5600人，完成7240人，人群覆盖率129.29%，早孕随访率达97%，妊娠结局随访率达97%，实验室室间质评合格率达85%以上，查出高风险370人。农村适龄妇女"两癌"免费检查8532人，完成任务的101.09%。

【妇幼健康管理】 2018年，孕产妇艾滋病病毒检测5841人，检测率99.69%，梅毒检测5841人，检测率99.69%，艾滋病感染2人，孕产妇感染率0.034%，产妇梅毒感染19人，梅毒感染率0.32%，乙肝表面抗原检测5841人，检测率99.69%，乙肝表面抗原阳性219人，阳性率3.74%。新生儿疾病筛查5776人，新生儿疾病筛查率97.61%。签发出生医学证明6064份，首次签发5901份，换发108份，补发55份，废证17份，废证率0.28%。计划生育手术并发症215人，其中二级4人、三级210人、免费治疗1人；无病残儿鉴定。爱心助孕上报两对夫妇。

【医药卫生综合改革】 2018年，实行"二保合一"，将城乡居民医疗保险管理服务中心并入医疗生育保险管理服务局。实行"三明联盟"药品采购模式，加入福建三明药品耗材限价采购联盟。启动医联体建设，里耶中心卫生院与县人民医院建立紧密型医疗共同体，对人、财、物进行统一管理。实行现代化医院管理模式，县人民医院、县中医院药分别占比22.56%、37.56%（剔除中药饮片后为19.98%）；门诊次均费用分别为173元、178.15元，住院次均费用分别为5026元、4572.77元。继续实行家庭医生签约服务，签约服务率49.76%，重点人群签约率69.3%，贫困人口签约率100%。实行分级诊疗制度，建立基层首诊和双向转诊制度。医疗救助帮扶完成资金支出5936.18万元，其中代缴城乡居民医保个人缴费部分3412.69万元，各类医疗救助对象住院补偿2523.49万元。

【卫生监督】 2018年，组织开展公共场所卫生监督，生活美容场所监督检查，生活饮用水监督执法，严厉打击非法行医。组织对城镇自来水监测3次，合格率92.59%；对农村饮水监测2次，合格率58.46%。共采集蔬菜样24份、大米样40份、玉米样30份进行食品风险监测，合格率为100%。以县人民医院为哨点开展食源性疾病监测，共发现并登记上报食源性疾病230例。

【年度荣誉】 2018年，县卫计局获评省委办公厅“全省人口和计划生育先进单位”，被省计划生育协会评为“全省计生协绩效考核先进单位”，被省妇女联合会、省卫生健康委员会、省财政厅评为“全省‘两癌’免费检查重点民生实事项目先进单位”。

计生协工作

【概况】 龙山县计划生育协会是非营利性全额拨款的正科级群众团体，1989年10月成立，核定全额拨款事业编制3名，人员参照公务员法管理。其主要工作职能是：贯彻落实《中华人民共和国人口与计划生育法》和国家相关法律法规、政策，协助政府推动人口和计划生育工作；以群众喜闻乐见的形式宣传相关法律法规、政策和优生优育、性与生殖健康、家庭保健等知识，教育引导群众负责任、有计划地生育；组织开展生殖健康咨询、优生优育指导、计划生育保险、计划生育家庭帮扶和流动人口服务等，做好计划生育困难家庭和特殊家庭的生活、生产、生育扶助和精神慰藉等服务，2018年，计生协各级组织421个，有会员59098人。有1484人（其中关注省计生协963人）关注计生协微信公众号。县计生协会被湖南省计生协会评为先进单位。

【生育关怀】 2018年8月，计生家庭意外伤害险共出险61件，理赔61件，理赔金额23.32万元（保费46.75万元），理赔率49.88%；计生特殊家庭综合保险377人，保费5.66万元；计生家庭意外伤害保险15348户，县财政按每户20元标准投入资金30.69万元。2018年，为15户计生创业家庭发放省级创业贷款贴息资金9.15万元；按要求下拨10万元省级计生协基层能力建设资金至民安、石羔、召市、桂塘、苗儿滩五个乡镇。启动计生特殊家庭重大病住院护理补贴项目，争取省级专项资金8.8万元。“金秋助学”生育关怀继续实施对农村独生子女、两女结扎户家庭子女应届高三学生考取一本、二本、三本的分别助学5000元、4000元、3000元。2018年有108名学生符合助学条件，其中，一本34人，二本60人，三本14人，助学资金总额45.2万元。

【村民自治】 计划生育协会在村（居）民自治中充分发挥骨干带头作用。深入开展“十参与、十监督”活动，参与对计生合同的修改，参与计划生育宣传教育活动、妇女发展项目实施、审核发放生育服务证、生殖保健服务、奖惩政策的制定兑现、“十佳”文明户的评选，目标管理责任书的考核评估，奖励扶助对象的评议审核；负责监督村委会落实计划生育工作职责、计划生育热点问题的公开、生育政策落实、奖励扶助对象的资格确认及资格发放、生育服务证的发放、村委会兑现合同落实计生奖励优惠政策等工作。县计划生育基层群众自治示范乡镇、村居创建工作取得成效，石羔街道桃红村获国家级示范村居荣誉，华塘街道、水田坝镇等12个单位获省级示范乡镇、村居称号，茨岩塘镇、大安乡等14个单位获州级示范乡镇、村居称号，苗儿滩镇、里耶镇等120个单位获县级示范乡镇、村居称号。

【计生宣传】 2018年，开展活动宣传21场次，表彰计生家庭210户，宣传人数43000人，走访慰问困难计生家庭360户。5月24日，在龙山县时代广场举行“纪念第20个计生协会员活动日暨服务流动人口”宣传活动。以庆祝第20个“5·29”计生协会会员活动日为契机，指导21个乡镇（街道）计生办、计生协开展基层计生家庭“十佳”评选和困难群众走访慰问等群众性宣传服务活动。

人民医院

【概况】 龙山县人民医院始建于1939年，位于县城北门，是一所集医疗、教学、康复、急救为一体的湘鄂渝三省（市）边区的二级甲等综合医院，现有职工 834 人，其中硕士研究生 11 人，高级职称 67 人。是中南大学湘雅二医院医疗联盟成员，湖南省人民医院和湖南省儿童医院定点指导医院，是国家第一批重点扶持 500 家县级医院之一，儿科为湖南省县级医院重点学科。医院设置有神经科、肝胆胸外科、普外科、骨科、泌尿五官科、妇科、产科、麻醉科、重症医学科、新生儿科、儿科一区、儿科二区、感染内科、心内分泌科、肿瘤消化肾病科、呼吸内科和急诊科等临床科室。县人民医院于 2011 年正式启动新院建设，新医院占地面积 110000 亩，建筑面积 12 万平方米，规划床位 1200 张。

6 月 26 日，县人民医院神经科下乡义诊

【生命奇迹】 2018 年 2 月 20 日，龙山县人民医院新生儿科收到一名重症早产儿。因为早产，患儿全身水肿和反应差等症状入住新生儿科。诊断为早产儿、重度新生儿硬肿症，肺出血、肺炎、呼吸衰竭、败血症、多器官功能不全、多种电解质紊乱、极重度贫血等十多种严重的疾病，两天多无尿，随时都有可能因器官衰竭或大出血死亡。然而，县人民医院新生儿科团队本着“只要有一丝希望，就要百分百努力”的敬业精神和“不抛弃、不放弃”对生命的敬佑虔诚，经过 20 多天的全力救治，终于将该婴儿从死亡线上挽回，成功创造出一个生命的奇迹。

【器官捐赠】 2018 年 4 月，龙山县人民医院手术室完成建院以来首例器官捐赠获取手术。捐赠者徐某因车祸导致脑死亡，家人商量后决定将徐某的器官进行无偿捐献。28 日上午 10 点 30 分，器官获取手术由中南大学湘雅医院专家主刀，在县人民医院手术室开展；按照其家人意愿，徐某的双肾和肝脏被顺利摘下，历时 1 小时 20 分钟。此次器官捐献手术成功，也成为首例在龙山本地医院实施的器官捐献手术。

【优质护理】 湖南省 2018 年“5·12”国院护士节庆祝大会上，县人民医院获评湖南省卫生计生委“优质护理服务表现突出医院”荣誉称号，全省共 20 家医院榜上有名，整个自治州仅龙山县人民医院一家获此殊荣。护理工作的核心是病人，奉献爱心是护理人的天职。“优质护理服务”并非只是技术的要求，更是护理人文关怀的体现。县人民医院自 2010 年开展优质护理服务以来，在“优质护理服务”工作中勇于探索，积极实践，秉着“全心全意为人民健康服务”的宗旨，以改善护理服务品质、增强群众健康获得感为目标，务求实效、稳步推进，赢得了广泛的社会赞誉。

【人才培养】 2018 年，县人民医院心内科医生刘腾飞在“全国心律失常与心电学新进展研讨会”2018 年华夏医学心电图大赛中，取得三等奖的骄人成绩。此次比赛中参加现场比拼的 60 名选手均来自全国各级医疗单位的心律、心电图阅图精英。湖南省内仅 5 人成功入围参赛。参赛的 60 名选手中，共 14 人分别荣获一、二、三等奖。

【医疗联盟】　2018年，以县人民医院为核心，全县34家基层医疗单位为成员的龙山县胸痛中心联盟正式启动。全县34家基层医疗单位与县人民医院结为胸痛联盟单位，并分别签订双向转诊协议书。县胸痛联盟的成立，将更有利于整合各级医疗资源和技术力量，在最短时间里使胸痛患者能够得到最佳救治，实现从患者发病、转运、检查、急救、转诊等过程的无缝对接，第一时间建立起患者生命急救绿色通道。

中 医 院

【概况】　龙山县中医院始建于1958年，是一所集中西医临床、教学、康复、治未病及中药材加工炮制于一体的二级甲等中医医院，为湘西自治州为民办实事康复抢救性项目与省国家贫困地区白内障免费手术治疗的定点机构。医院编制床位200张，开放床位300张。有职工340人。其中，专业技术人员296人，高级职称15人，中级职称77人。全院设置7大部门、33个职能科室。在临床一线，共设置18个临床科室、3个医技科室。年门诊量13.4万人次，出院1.4万人次，手术量2638台次，业务总收入9054.3万元。其中，中医药收入为1529万元，中医治疗费及针灸理疗费收入1151.1万元。

【行政管理】　2018年，首次推行大部制层级管理，全院各个临床科室均配备相应的部门与具体的职能科室进行分层级管理；首次独立设置管理岗位分层级的管理绩效考核方案，细化考核标准，明确责权利标尺；按照业务发展需要，2018年，中医院租用对面民贸二局办公楼进行装修与改造后，作为医院行政办公楼使用，其原行政大楼装修为儿科病房投入使用，医疗环境改善。

【医疗服务】　2018年，湖南省中医药研究院附属医院定期派驻中医专家到医院坐诊查房，并通过讲课及远程会诊形式来对口帮扶院内二科、外科、放射科等专科建设，协助内二科成功开展首例癌症患者化疗新技术。省级专家坐诊，让广大群众在自己家门口也能得到省级专家的诊疗；龙山县中医医疗联盟形成：2018年7月7日，龙山县中医医疗联盟成立，县中医院与19个龙山县乡镇卫生院联盟单位共同建立“双向转诊、上下联动”的分级诊疗模式，龙山县中医院负责对基层联盟单位进行中医技术指导，基层联盟单位做好中医馆的建设，全面提升全县中医药服务能力，充分发挥中医药的“简、便、验、廉”。7月17日，湘西州民族中医院将县中医院纳入医疗联盟协作单位；7月7日，龙山县中医院弘杏国医堂正式开诊，充分发挥中医药人才优势和技术特色，继承并发展中医药理论与实践，创新中医药医疗保健服务模式，提高防病治病能力。

【临床护理】　2018年，持续开展6S精益管理工

医联体授牌仪式

作，建立起长效、常态的文明管理机制，为全院营造一个干净、整洁、有序、安全的工作环境。实行责任制护理，每名护士负责 10 名患者，护士按照护理级别要求定时主动巡视病房，使患者的需求及时得到解决。科室每月召开护患座谈会，给患者及家属讲解疾病防范知识，养生保健知识，收集患者对医院的建议，通过收到的建议对科室进行整改，使科室护理服务工作达到最优化。全年向患者发放满意度调查表 3080 份，满意率 95.5%，把存在的问题及时反馈给科室，督促整改，努力提高患者的满意度。

疾病预防控制

【概况】 龙山县疾病预防控制中心是县人民政府实施突发公共卫生事件应急处置、疾病预防控制与公共卫生服务的公益性全额事业单位。2018 年，中心有全额事业编制 46 名，实有工作人员 71 人。其中高级专业技术职称 5 人（正高 1 人、副高 4 人），中级技术职称 18 人；办公场所占地面积 2200 平方米，有业务用房 2 栋，总面积 3590 平方米，其中实验室面积 850 平方米，拥有大型仪器设备 10 台（件），常规仪器设备 53 台件，价值 300 万元，能开展检测项目 112 项。

【急性传染病防控】 2018 年，全县报告法定传染病 5060 例，发病率 983.35/10 万人，较 2017 年上升 80.33%；无甲类传染病及按甲类传染病管理的乙类传染病发生；乙类传染病 1385 例，发病率 269.16/10万人，较 2017 年上升 8.03%；丙类传染病 3675 例，发病率 714.2/10 万人，较 2017 年上升 141.14%。居前 5 位的依次为手足口病 1633 例（较去年上升 68.52%）、流行性腮腺炎 1599 例（较 2017 年上升 818.97%）、肺结核 571 例（较 2017 年上升0.35%）、其他感染性腹泻病 410 例（较 2017 年上升 23.87%）、乙肝 291 例（较 2017 年上升 5.43%）。2018 年，发生 3 起流行性腮腺炎突发公共卫生事件（里耶中心小学、红岩中心小学、茨岩中心小学）、16 起爆发疫情。其中，流行性腮腺炎 14 起，水痘疫情 2 起，并及时、规范、有效进行处理；全年完成 4 次风险评估报告及 1 次传染病发病趋势预测报告。

疾病预防健康知识宣传

【结核病防治】 2018 年，接诊结核病可疑症状者 1104 人，免费拍摄胸片 937 张，免费查痰 1802 人；确诊活动性肺结核病人 487 例，其中新发涂阳肺结核病人 44 例，复治涂阳肺结核病人 6 例，活动性涂阴肺结核病人 401 例，结核性胸膜炎 36 例；耐多药病人 7 例；完成年初工作任务。9 月，对全县入学新生进行结核病筛查（TB—PPD）工作，筛查学生 12632 人，PPD 阳性 308 人，强阳性 105 例；新发现学生患者 11 例，确诊患者学生均在定点医院进行免费治疗，按休复学制度进行休、复学。

【性病、艾滋病防治】 2018年，全县累积报告病例325例，存活208列；现住址管理治疗病人144例，随访144列，其中男性103例，女性41例。新报告病例44例，其中男性34例，女性10例，存活40例；性病、梅毒121例。2018年度共检测各类人群62856次，初筛阳性33例，经州疾控中心确认33例。检测人群的感染率为0.05%。

【麻风病防治】 2018年，全县开展消麻运动，全年管理现症病人5例，完成密切接触者检测30人，未发现麻风病确诊病例；各乡镇提供麻风可疑线索35例，经排查均为阴性；开展疫点调查，共调查252人，未发现麻风可疑病人；在乡村、社区、学校开展麻风病核心知识知晓率调查，调查551人，知晓452人，知晓率82.03%。同时，加强麻风村管理，驻村人员生存条件和生活环境显著改善。

【寄生虫病防治】 2018年，全县开展消除疟疾工作，加强监测、培训和宣传，开展"4·26"全国疟疾日宣传活动，共发放宣传单5000份，咨询人数2000人次，受教育人数1万人；完成发热病人血检工作任务310人份。

【地方病防控】 2018年，开展"5·15"碘缺乏病宣传日活动，发放宣传单10000张、宣传画60张、出动宣传车1台；开展碘缺乏病监测工作，采集学生、孕妇家庭食用盐300份，经检测，含碘盐300份，碘盐覆盖率为100%，合格碘盐293份，碘盐合格率97.67%；为200名8～10岁儿童和100名孕妇进行甲状腺B超检测和尿碘检测，发现1人甲状腺肿大；开展生活饮用水碘含量调查，在全县21个乡(镇、街道)105个建制村采集262份样品，合格率为87.67%。

【慢性病管理】 2018年，全县完成居民健康档案建档人数488381份；65岁及以上老年人建档人数54035人，体检21409人；辖区内管理的高血压患者人数12759人、糖尿病患者人数3327人；对12个乡(镇、街道)的12所学校3644名学生开展农村义务教育学生营养监测工作。

【重性精神病管理】 2018年，重性精神障碍患者在册人数2081，规范管理1988人。

【免疫规划】 2018年，完成各乡(镇、街道)院长、主任、专干免疫规划工作业务培训104人次，并全部考试合格；完成4次免疫规划工作督查，2010年以后出生儿童系统建卡录入基本信息完整性从年初的99.99%提高到100%、接种信息完整性从年初99.89%提高到99.99%、扫码接种率从年初的90.68%提高到现在的95.44%；完成78例发热出疹病例流行病学个案调查、疫点处理及资料上报，实验室确诊麻疹9例，待实验室排除可疑麻疹1例，已实验室排除麻疹70例；完成5个产科医院免疫规划工作督导和产科系统信息化建设；依照国家预防接种工作规范，在龙山县全面开展免疫规划管理活动；完成常规运转、乙肝项目、靶疾病及异常反应监测工作。举办为期9天的"龙山县2018年智飞杯预防接种家长课堂演讲比赛"，与儿童家长的沟通交流进一步加强，预防接种知识得以普及，疫苗接种率得到提高。

【卫生应急】 2018年，成立霍乱、麻疹、手足口病、H7N9禽流感等重点传染病防控工作领导小组和应急机动队，制定防控和监测方案；组织开展卫计系统人禽流感防控暨防治知识培训；落实24小时卫生应急和疫情值班制度，规范开展预警、监测和信息报告工作。

【卫生监测】 2018年，全年对城镇自来水进行3次监测，合格率92.59%；对农村饮水进行2次监测，合格率58.46%；全年采集蔬菜样24份、大米样40份、玉米样30份进行食品风险监测，合格率为100%；以县人民医院为哨点开展食源性疾病监测，全年发现并登记上报食源性疾病 230 例，完成率 109.52%；全年免费开展各类人员预防性健康检查 26057 人。

红十字会

【概况】 龙山县红十字会成立于 1989 年，办公室设在县卫生局，属卫生局下属事业单位。2006 年国家明确红十字会为参照公务员管理单位。2017 年 1 月 6 日，龙山县红十字会独立，升格为正科级单位。新的县红十字会属政府办序列，会长由县人民政府副县长兼任，编制数 4 名，主要职责为宣传落实《中国红十字会法》《中国红十字事业 2015—2019 年发展规划》《湖南省人民政府关于促进红十字会事业发展的实施意见》，弘扬“人道、博爱、奉献”精神，认真履行职责，开展备灾救灾工作，推动龙山县红十字事业的发展。

【无偿献血】 2018 年，县红十字会利用街头宣传咨询、电视广播、橱窗开辟宣传栏等形式，广泛开展无偿献血、预防艾滋病知识等宣传活动，“5·8”红十字宣传周在龙凤广场、机关、社区开展宣传活动，38 名志愿者参与活动，发放宣传资料 8000 份，纪念品 500 份，当天有 18 人无偿献血。2018 年全县 2000 人次参加献血，献血量 53 万毫升，满足全县医疗临床用血需求，保障人民群众生命安全。加大人体干细胞捐献和人体器官捐献工作力度。血样采集 26 例，器官捐献完成 3 例。

【博爱送温暖】 2018 年，春节期间，县红十字会工作人员深入到召市镇双溪村慰问特困户，发送衣服 10 套，棉被 140 床，大米、食用油 60 件。竭力解决特困人口的越冬问题。联合企业爱心人士资助 2 万元开展 2019 年春节前慰问物资筹备。组织开展麻疯村走访，人体器官捐献家庭走访慰问。

【支教助学】 2018 年，联合长沙市社区红十字志愿者在兴隆街三塘片完小开展助学活动，捐赠书籍、学习用品、衣物等价值 6 万元物品，捐资 2.8 万元支助特别贫困学生 25 名。邀约长沙市红十字会在龙山开展老区助学支教关爱行动，向龙山县建档立卡贫困学生捐助 10 万元，向重病重灾家庭捐助 6 万元，给茨岩塘新场片小捐助价值 2 万元的学习用品，在茨岩塘开展支助贫困教师活动，在召市镇双溪村开展慰问扶贫活动。县红十字会挤出工作经费 2.3 万元支助特困学生 23 名，解决他们学习和生活上的困难。联系济南市中区红十字会给龙山贫困学生家庭捐赠 50 万元，解决贫困学生和贫困教师生活困难。

【人道救助和救护培训】 2018 年，借助先心病筛查和治疗活动为龙山县 0～14 岁儿童先心病救助检查、治疗、救助建立绿色通道。为特大疾病患者

县红十字会到山东济南市红十字会“东西部扶贫协作”

家庭申请人道救助建立申报工作机制。加强与济南市市中区红十字会及白马山街道合作，建立救助、培训帮扶机制。联系首彩基金会和湘雅附二医院为3名先心病患者免费复查，为23名特重大疾病患者家庭申请人道救助。把红十字应急救护培训工作向学校、社区逐步延伸，完成茨岩中心小学红十字应急救护知识培训，在扶贫村组织防病减灾应急救护知识普及培训，受训人口800人。建立与高中学校应急救护培训工作机制，针对入学新生进行应急救护知识培训，共培训4600人。召开救护员学习交流会提升救护员工作水平。

【公益救助】 2018年，县红十字会坚持人道、博爱、奉献的红十字精神，加强与县外红十字组织的交流合作，推进红十字救助活动，开展大病患者家庭救助和助学活动，全年开展救助贫困学生活动两次，公益支教活动两次，大病家庭救助两次，发放救助资金32万元，帮助贫困家庭98户；建立两个片小图书室。

医疗生育保险管理

【概况】 龙山县医疗生育保险管理服务局主管全县医保业务工作，服务全县参保居民和定点医疗机构，是人社系统的一个重要窗口服务单位。现有人员编制79人，其中政务中心办公12人，城北路(老卫生局院内)办公63人，乡镇医保办3人，负责承担全县医保的业务管理、监督、指导和经办服务。机关设办公室、职工医疗生育保险结算股、城职异地就医和信息管理股、城乡居民医疗保险结算股、财务股、医疗基金管理中心、基金征缴股、信息股、基金稽核监督股、监察室、党建办11个股室。城乡居民医疗保险制度实施，全面实现“六个统一”。即统一覆盖范围、统一筹资政策、统一保障待遇、统一医保目录、统一定点管理、统一基金管理”。使其医疗保障更加公平，管理服务更加规范、医疗资源利用更加有效。

【医疗参保】 2018年全县城乡居民参保人数56.67万人，参保率为96.86%；城镇职工医保参保475家，参保2.65万人。城乡居民人均筹资标准达到670元。其中：个人筹资180元，各级财政补贴490元，城乡居民医保基金筹集资金3.8亿元；职工生育保险筹集基金0.55亿元。

【医疗保障】 2018年，全县城乡居民医保补助95.7万人次，补偿金额4.16亿元。其中：其中住院补助12.95万人次，补偿3.16亿元，住院率22.86%，门诊补偿82.75万人次，补偿1亿元，农村建档立卡贫困人口、城乡低保对象住院补助4.01万人次，补偿1.17亿元。城乡居民医保住院补偿封顶线为50万元(含大病保险30万元)；城镇职工医保住院补偿封顶线为40万元(含基本医疗10万元和大病互助30万元)。一个结算年度内多次住院的，第二次起住院起付标准为同级医疗机构首次起付标准的50%，取消农村建档立卡贫困人口、低保对象在乡镇卫生院、社区卫生服务机构和一级医疗机构住院起付线。提高特殊慢性病补偿待遇，城乡居民医疗保险特殊病种按照一类、二类、三类共50个病种分别给予70%、60%、50%的报销，封顶线分别为10000元、4000元、2000元。城镇职工医疗保险特殊病种由原来18种增加到22种，提高补偿额度，封顶线分别为1500元至6万元。提高大病保险补偿水平，对年度内普通参保人员个人负担的合规医疗费用累计分别超过1万元和贫困人口(建档立卡贫困对象、低保户)0.5万元以上费用分四段累计补偿分别提高5个百分点，年度累计补偿金额由原来20万元提高至30万元。继续实行“门诊统筹+门诊家庭账户”模式，从医保个人缴费中划出一定金额实行城乡居民医保家庭门诊账户制度。

【管理服务】 严格执行医保定点认定程序，按其规定进行申请、评审和认定。建立医保定点医疗机构

县医疗生育保险管理服务窗口

退出机制，每两年对定点医疗机构重新评估评定，对评估评定不合格的医疗机构和违规套取骗取医保基金的，取消其定点资格。严格执行医保基金财务管理制度和会计制度，建立健全医保基金的内部审计和督导检查制度，定期与开户银行对账，保证账账相符、账实相符、账表相符。加强医疗机构监管，对定点医疗机构协议管理，实行绩效考核制，落实医保补偿公示监督，加强对定点医疗机构检查、培训和指导，全年共培训 4 次。严肃查处医保违法违规行为，维护参保群众权益。建立健全稽查制度，通过电话查询、入户回访等方式对参保患者尤其是异地就医发生大额医疗费用的参保患者进行跟踪核查。加快医保信息化建设，开通城镇职工跨省异地就医直接结算工作，开通城乡居民在省直、州直及省外（湖北恩施州 2 家）定点医院的即时结报工作，县内城乡医保信息系统与医院管理系统实现无缝联接，实行网络监审。实行“一站式”结算，统筹基本医疗保险、大病保险、扶贫特惠保、医疗救助、医院减免、政府兜底等多重医疗保障政策，设置“基本医疗保险＋大病保险＋扶贫特惠保＋医疗救助＋医院减免＋财政兜底”的“一站式”结算平台，全面落实农村贫困人口县域内住院治疗先诊疗后付费工作，实现农村贫困人口在州内直接结算定点医院“一站式”即时结算、县外非直接结算定点医院就医到医保局“一站式”结算，减轻贫困人口“垫资跑腿”的负担。

社会·民生

人力资源和社会保障

【概况】 龙山县人力资源和社会保障局(简称“县人社局”)成立于2010年3月,是县人民政府工作部门,正科级。内设25个股室,下属机构10个,即就业服务管理局、社会保险管理服务局、医疗生育保险管理服务局、国家机关事业单位社会保险局、工伤保险管理服务局、城乡居民社会养老保险管理服务局、劳动保障监察局、劳动人事争议仲裁院、人力资源管理服务中心、创业创新指导服务中心。在职在编人员242人,其中行政机关工作人员21人,参照公务员法管理的工作人员141人,全额事业管理的工作人员80人。

【就业创业】 2018年,完成省平台“贫困劳动力数据库”信息的核实和录入工作,落实全县397个村(社区)实名制账号的设置使用,每个村配备2名劳保协理员;举办专场招聘会16场,领取交通补贴31549人,涉及17948户,发放资金1261.96万元;城镇新增就业3431人,农村新增转移就业5670人,新增贫困劳动力转移就业1998人,失业人员再就业1743人,就业困难人员再就业771人,城镇登记失业率4.2%;开展各类技能培训7615人,其中就业前技能培训2880人,创业培训612人,企业职工岗位技能提升培训4123人,开展贫困家庭“两后生”技能培训275人,SYB(GYB)培训1021人,创业后续服务71次,培训建档立卡贫困劳动力1264名,其中在扶贫车间培训300名,农村公益性专岗培训264名;自主开发农村公益性专岗759个、与济南市市中区共同开发农村公益性专岗1344个,其中为易地扶贫搬迁集中安置区开发岗位123个;选派8名贫困学生赴济南铁路高级技工学校就读“湘西轨道班”,输送32名贫困劳动力

“引老乡·回故乡·建家乡”外出务工人员代表座谈会

赴济南市市中区稳定就业，济南市市中区专家团对49名贫困劳动力开展孕婴师(员)就业技能培训；惹巴妹"扶贫生产车间"在红岩溪镇、水田坝镇等9处设立延伸服务点，为贫困劳动力提供就业岗位496个，吸纳126名建档立卡贫困劳动力稳定就业，法人代表谭艳林荣获"2018年全国脱贫攻坚奋进奖"，龙山县众泰中药材开发有限公司扶贫车间挂牌设立，长沙市对口帮扶建设就业创业孵化基地开工建设；县人民医院、县中医院、县技工学校3家见习基地共接收108名见习生，落实见习补贴74.42万元；新增创业主体1018户，带动城乡就业1508人，共发放创业担保贷款207笔2045万元；为符合条件的278人办理就业创业证，认定就业困难人员222人，对核发的4320本就业失业登记证、就业创业证进行年检年审。

【社会保险】 2018年，全县企业职工基本养老保险参保22981人，较2017年新增3291人，其中参保单位232个9248人，灵活就业人员、被征地农民等个人参保13733人；实际缴费14006人，缴费收入37511.9万元，利息收入127.86万元，财政补贴收入1681万元，上级补助收入2642万元，滞纳金收入585.8万元。全年基金总支出27474.28万元，其中各项待遇支出26023.09万元，丧葬抚恤费支出1451.19万元。年末，企业职工基本养老保险基金累计结余15408.62万元，基金收支平衡，运行安全；企业职工基本养老保险登记、征缴、财务、稽核、待遇核发、个人账户管理等业务规范有序，工作水平和保障能力稳步提升。

【医疗保险】 2018年全县城乡居民参保人数为56.67万人，参保率为96.86%，城镇职工医保参保475家，参保2.65万人；人均筹资标准逐年提高，城乡居民人均筹资标准达到670元，其中个人筹资180元，各级财政补贴490元。城乡居民医保基金筹集资金3.80亿元，城镇职工医保筹集资金0.55亿元；城乡居民医保住院补偿封顶线为50万元(含大病保险30万元和特殊慢性病门诊补偿)，城镇职工医保住院补偿封顶线为40万元(含基本医疗10万元和大病互助30万元)；全县城乡居民医保共补助95.7万人次，补偿金额为4.16亿元。其中住院补助12.95万人次，补偿3.16亿元，住院率为22.86%，门诊补偿82.75万人次，补偿1亿元，农村建档立卡贫困人口、城乡低保对象住院补助4.01万人次，补偿1.17亿元；降低住院起付标准，一个结算年度内多次住院的，第二次起住院起付标准为同级医疗机构首次起付标准的50%，取消农村建档立卡贫困人口、低保对象在乡镇卫生院、社区卫生服务机构和一级医疗机构住院起付线；提高特殊慢性病补偿待遇，城乡居民医疗保险特殊病种按照一类、二类、三类共50个病种分别给予70%、60%、50%的报销，封顶线分别为10000元、4000元、2000元。城镇职工医疗保险特殊病种由原来18种增加到22种，提高补偿额度，封顶线分别为1500元至60000元；提高大病保险补偿水平，对年度内普通参保人员个人负担的合规医疗费用累计分别超过1万元和贫困人口(建档立卡贫困对象、低保户)0.5万元以上费用分四段累计补偿分别提高5个百分点，年度累计补偿金额由原来20万元提高至30万元；从医保个人缴费中划出一定比例实行城乡居民医保家庭门诊账户制度。

【机关事业社保】 2018年参加机关事业养老保险的单位265家，参保缴费人数13034人，基金征缴23060万元，为全县5048名退休人员发放养老金28366万元，基金运行规范率100%；做好"中人"及新增退休人员的新制度计发工作，全县有退休"中人"1026人，发放率100%；开展国家机关事业单位职业年金征缴工作，2018年，收取职业年金10157万元。

【工伤保险】 2018年，征缴工伤保险基金1700万元，完成年度任务的283%，基金支出1131.67万元(其中工伤待遇支出1093.67万元，工伤认定调查、宣传费38万元)；共有297家用人单位28326人依法参加工伤保险，年度任务完成率100%；工伤事故调查200起，工伤事故认定188人次(其中放弃认定9起，不予认定3起)；维护职工合法权利，化解企业风险，工伤保险局加大工伤保险法律法规的宣传力度，其中对13家高危工矿企业及建筑项目工地定点制作安全生产、工伤预防宣传牌(栏)。

【城乡居民养老保险】 2018年，全省城乡居民养老保险基础养老金最低标准统一提高18元，即由原来每人每月85元提高至103元。其中中央基础养老金在原每人每月70元的基础上增加18元，省级基础养老金每人每月增加15元；共为21681名参加城乡居民基本养老保险的建档立卡贫困人口代缴全部最低缴费档次的养老保险费，为864名参加城乡居民基本养老保险已缴费人员及待遇领取人员死亡对象发放丧葬补助金51.84万元。

【劳动监察】 2018年，日常巡查各类用人单位471户943人次，涉及劳动者7353人，共协调处理劳资纠纷案件119件，其中10人以上群体上访的突发事件15件，涉及劳动者850人，追回劳动者工资1048.6万元，立案查处13件，结案13件，结案率100%；督促用人单位补签劳动合同610份，接待各类劳动者上访来信1355人次；共缴存农民工工资保障金13533万元，退还农民工工资保障金10681万元，累计结余2853万元。

【劳动仲裁】 2018年，全县仲裁工作坚持“预防为主、调解为主、基层为主”的原则，维护劳动者和用人单位双方的合法权益。深入宣传《中华人民共和国劳动合同法》《中华人民共和国劳动争议调解仲裁法》，发放宣传资料3500份；接待来访和政策咨询人员360人次，受理劳动争议案件91件，法定期限内结案率100%，其中案外调解56件，占结案总数的62%，仲裁调解23件，占结案总数的25%，仲裁裁决12件，占结案总数的13%，共计挽回经济损失494万元。

【人事人才】 2018年，全县人事人才保障有力，招聘、招录、安置规范有序。共招录公务员67名，湖南省深度贫困县考试录用公务员15名，引进事业单位急需紧缺人才71名，完成特岗教师安置100名，部属免费师范生安置2名，农村小学定向培养毕业生安置97人，定向医学本科生安置8名，“三支一扶”人员安置2名。

【基金征缴】 2018年，全县五大险种累计征缴各类社保基金7.86亿元。累计为135万人次城乡居民发放养老金等各类待遇9.73亿元，社会覆盖面扩大，各类基金管理、运行安全、平稳。

【民生实事】 2018年，龙山县涉及13个单位10件省重点民生实事，城镇新增就业完成100.9%，自然村通水泥路完成100.5%，提质改造农村公路完成121.9%，农村安全饮水巩固提升完成100.3%，改造和完善行政村10千伏及以下配电网完成100%，农村危房改造完成409%，城镇棚户区改造完成100%，基本消除义务教育超大班额完成100%，农村适龄妇女“两癌”检查完成101.09%，孕产妇免费产前筛查完成102%，困难残疾人生活补贴和重度残疾人护理补贴发放标准提高完成100%，提高城乡低保标准和救助水平完成100%。重点民生实事工作被评为全州优秀单位(排全州第一名)。

【荣誉表彰】 荣获“湖南省2018年度城乡居保经办管理服务工作优秀单位”“湖南省2018年度县级城乡居保信息宣传工作优秀单位”“2018年度重点民生实事项目工作考核结果优秀单位”“2018年度全州人社宣传工作优秀单位”“2018年度全州公务员管理工作优秀单位”“2018年度全州社保卡发放工作优秀单位”。

民　政

【概况】　2018年,县民政局实有干部职工212人,其中行政编制24人,事业编制188人。内设8个行政职能股室,15个二级机构。民政职能:承担社会救助、减灾救灾、优待抚恤、退役军人安置与管理、基层政权和社区建设、婚姻登记、殡葬管理、民间组织和社团登记管理、地名区划、社会福利事务、革命老区建设、社会慈善、福利彩票发行、老龄等工作。殡葬改革工作顺利推进。一期墓区工程已竣工,建成墓穴916座;殡仪馆综合楼和悼念厅已完成主体建设,火化机等设备已完成安装,全县乡镇公益性墓地共20处,截至年底,已完成里耶镇和苗儿滩镇六合村公益性墓地建设,总规划用地面积226667平方米,完成项目规划选址、征地补偿等前期准备工作。儿童福利院和社会养老服务体系建设项目主体工程已全部完成,进入室内装饰装修施工环节。

【社会救助】　2018年,全县共有城乡低保对象9298户18902人,其中城市低保3335户5967人,农村低保5963户12935人(其中社会保障兜底对象1340户3581人);特困人员2385人,其中农村特困散居1256人、集中供养1110人,城镇特困散居14人、集中供养5人;民政医疗救助16558人次,发放救助金1052.20万元,其中特大病住院4673人次,发放救助金441.8万元。2018年,全县城市低保标准450元/月,农村低保标准3960元/年;农村特困供养标准450元/月,城镇特困供养标准600元/月。发放临时救助金352.14万元,累计救助困难群众4481人次。困难残疾人生活补贴标准为每人每月100元,重度残疾人护补贴标准为每人每月100元。为8169名残疾人发放“两项补贴”1733.18万元(其中重度残疾人护理补贴778.52万元,困难残疾人生活补贴954.66万元)。

1月16日,雨雪冰冻,县民政局工作人员为过境受灾群众提供热水、方便面、御寒棉衣等

【优抚安置】　2018年,妥善安置21名退役士兵。投入资金23万元资助1300名重点优抚对象参保参合。为1201人次优抚对象发放门诊医疗补助18万元。为1296人次优抚对象发放住院医疗补助84万元。加强退役士兵职业教育和技能培训,认真做好退役军人和其他优抚对象信息采集工作,摸清退役军人和优抚对象底数和基本情况,建立健全服务对象档案和数据库,夯实退役军人工作基础。

【减灾救灾】　2018年,全县受灾人口12733人、紧急转移安置912人、因灾死亡2人、农作物受灾面积815公顷、倒塌房屋18户55间、严重损坏房屋16户35间、直接经济损失3701万元。累计启动县级防汛Ⅳ级响应3次。汛期下拨救灾应急资金240万元(含本级预算200万元)、救灾帐篷25顶、大米3万千克、食用油2000桶、棉被1000床、衣物

1200件，确保受灾群众情绪稳定，灾区社会大局稳定。

【老龄人工作】 2018年，筹集80万元福彩公益金为13个村建设老年活动中心，省级调配30万元福彩公益金在龙山县建设10个农村居家养老服务示范点。13个老年活动中心新增床位59张、10个农村居家养老服务示范点新增养老床位33张，新增床位92张。为21名百岁老人发放慰问金及长寿保健金10.27万元，为874名高龄老人发放高龄津贴103.08万元。全年办理老年优待证4134本、遗失补办1174本、损坏更换992本，共计6300本。落实34.27万元投保经费，为7438名重点优抚对象、五保户、失独老人、低保老人、城市三无老人等“五类人员”购买老年人意外伤害保险，有力保障老年人的权益。

【基层自治建设】 2018年，全面启动规范村务公开栏工作。全县21个乡镇（街道）320个村按照“标准统一、样式统一、内容统一、要求统一”的原则，制作和安装了村务公开栏，规范和更新了村务公开内容，截至10月底，完成验收和整改工作。指导村（居）委会成员缺额依法补选工作，按程序依法进行补选。开展城乡居民依法自治工作。利用村级综合服务平台建设，推进村级各种机构建立，完善相关制度，更新村（居）规民约，规范村务公开内容。全县320个村，77个社区，达标村299个，达标率93.4%，达标社区73个，达标率94.8%。

【区划地名】 2018年，配合重庆市酉阳县、湖北省来凤县、湘西州永顺县完成边界联检工作。开展地名普查成果转换工作。聘请专家，启动图录典志编撰，完成国家、省、州图录典志辞条编写上报和《龙山县地名文化与土家语地名录》的编撰，完成县地名图录典志辞条的收集整理。

【社会福利】 2018年，全面落实孤儿保障政策，建立健全儿童保障体系，全县共有孤儿336人（其中集中供养孤儿22人，散居孤儿314人），集中供养孤儿救助标准1200元/月，散居孤儿救助标准800元/月。全年发放救助资金364.52万元。全县11名法定孤儿报考州慈善总会资助的学校，其中州民中（慈爱阳光班）3名，长沙民政职业技术学院2名，湖南城建职业技术学院3名，广州市技师学院3名。

【社会事务】 2018年，全年办理结婚登记3854对，离婚登记1601对，补发结婚证1846对，补发离婚证14本，合格率100%。救助管理水平进一步提高。接待和劝导流浪乞讨人员3000人次，站内救助人员1875人次。

【社会工作】 2018年，全县启动21个乡镇（街道）社会工作服务站建设，出台《龙山县关于推行政府购买服务加强基层民政经办服务能力的实施意见》《龙山县乡镇（街道）社会工作站项目实施方案（试行）》两个文件。9月18日，委托招标代理公司进行项目公开招标，湖南省乐善社会工作发展中心中标。湖南省乐善社会工作发展中心通过统一招考，择优录取45名年轻社工，平均年龄27岁，大专以上学历占100%。全力打造一支职业化、专业化、本土化的社会工作人才队伍。投入资金50万元，用于改善21个乡镇（街道）社工站办公环境，配备办公桌椅、文件柜、电脑、打印机、扫描仪等办公用品，统一制作上墙制度及标识。

【慈善事业】 2018年，在省慈善总会、湖南炎龙网络科技有限公司的大力资助下，3月22日，在龙山县石羔街道三元九年制学校开展“学雷锋做慈善讲奉献暖人心”志愿服务活动，对115名困难学生、5名特困家庭学生共资助现金6.4万元及价值3.6万元的书包、书籍、衣物等物资。

【社会组织年审】 2018年，依法开展社会组织年审。对登记在册符合年检条件的147个社会组织完成年检工作。依法登记社会组织15个，其中社会团体9个、民办非企业单位6个。

乡镇街道

民安街道

【概况】 民安街道办事处位于县境西北边陲，为龙山县县府所在地。东邻兴隆街道，南接洗洛乡，西及西北与来凤县隔河相望，北至石羔街道。209国道穿街道中心而过，S99龙吉高速在街道边缘通过。距恩施高铁站120千米，张家界荷花机场162千米，境内有桥梁18座，渡口码头各3个，街道内交通四通八达。各村、社区全部通路。果利河穿城而过，最终汇入酉水河。境内有水库4个。其中白羊坪水库位于酉水一支流大堰坪沟上，控制集雨面积0.82平方千米，总库容10.0万立方米；汤家沟水库位于沅江三级支流汤家沟上，控制集雨面积1.1平方千米，水库总库容22.61万立方米；跳鱼洞水库位于民安街道三湾塘村的峡谷之中，属沅水流域沅水二级支流陈家坨河上，水库控制集雨面积0.4平方千米，总库容10.61万立方米；新林水库位于沅水三级支流新林溪，控制集雨面积0.72平方千米，总库容62.75万立方米。民安街道总面积43平方千米。民安街道办事处设办公室、财政所、司法所、卫计办、安监站、畜牧站、文化站、农技站、林业站、综治办、美丽办、两违办、同建同治办、服务大厅等办事机构。有公务员编制数57人，在编49人，事业编制74人。工作职能；落实国家政策，严格依法行政，发挥经济管理职能，加强政策引导，制定发展规划，服务市场主体和营造发展环境，做好市场监管，促进社会事业发展，发展村社经济、文化和社会事业，提供公共服务，维护社会稳定，构建社会主义和谐社会。执行本级人民代表大会决议和上级国家行政机关决

民安街道办公大楼

定和命令，发布决定和命令；执行行政区域内经济和社会发展计划、预算，管理行政区域内经济、教育、科学、文化、卫生、体育事业和财政、民政、公安、司法行政、计划生育等行政工作；保护社会主义全民所有财产和劳动群众集体所有财产，保护公民私人合法财产，维护社会秩序，保障公民人身权利、民主权利和其他权利；保护各种经济组织合法权益；保障少数民族权利和尊重少数民族风俗习惯；办理上级县委、县政府交办的其他事项。2018 年，全街道辖红星、白羊坪、新林、民爱、蒲家河、三湾塘 6 个行政村和南台堡、大堰坪、凤阳、老城、康家坝、书院坪、竹园、蔬菜、回龙、宝塔、春景、茶亭、城郊、五爱 14 个社区。各村（社区）设村（社区）支两委，有第一书记、村书记、村主任、综治专干、计育专干、纪检监察，社区有社区干部、社工、社区委员，部分社区有秘书。共有 18 个农村网格，101 个城市网格，常住人口与流动人口共计 20 万人。民族以汉族、土家族、苗族为多。

【精准扶贫】 2018 年，民安街道有 3 个贫困村分别是蒲家河村、新林村和红星村，其他有建档立卡贫困人口的社区（村）12 个。全街道在 2017 年集中整改活动前共有建档立卡贫困户 1054 户，3412 人，经过 2017 年 4—7 月集中整改活动，剔除不符合条件的贫困户后，2018 年建档立卡贫困户变更为 631 户，2195 人。2018 年脱贫 45 户 154 人，当前全街道还有 131 户 371 人未脱贫。产业帮扶方面，全年发放产业资金 84.56 万元，发放转移就业资金 22.94 万元等，合计 107.49 元万。易地搬迁全面完成搬迁 22 户 68 人，其中分散自建 19 户 59 人，购买商品房 2 户 6 人。建档立卡教育帮扶学生 379 人，其中 2018 年春季县内就读 337 人，县外就读 45 人。生态转岗共 12 人。社保兜底共 29 户 81 人。危房改造 230 户 803 人。基础设施建设已立项 12 处，计划资金 1076.27 万元，年内基本完工的有红星村、新林村的人畜饮水工程、道路建设工程和 8 个村级综合平台建设。所有驻村干部都落实了驻村不低于 20 天、宿村不低于 10 晚的工作要求。对红星村组建了 8 人一组的扶贫工作队，安排专门经费。

【基层党建】 2018 年，民安街道有党员 669 人，设党工委 1 个，下辖基层党支部 25 个，其中机关党支部 1 个，农村党支部 6 个，社区党支部 14 个，财政所、派出所、老干、站所联合党支部 4 个。培训入党积极分子 38 名，新发展党员 17 人，预备党员转正 8 人。完成了党组织和党员个人信息采集和录入，信息入库率达到 100%。年内，街道党工委领导各党支部认真学习党的十八大文献和习近平系列讲话，开展远程教育，从思想政治上率领全体党员同党中央保持高度一致，建立健全《民安街道党工委议事决策制度》《民安街道重大事项决策制度》，坚持民主集中制，每月初召开例会，形成集体研究、集体决策、分工负责工作机制，增强班子凝聚力和战斗力。对 20 个村、社区党员活动室进行了统一规范升级，配置电脑、打印机、液晶电视，解决村办公问题；全年党费收缴 5.94 万元。开展党风廉政建设，落实党风廉政责任制，认真学习领会《党章》《关于开展“四风”突出问题专项整治和加强制度建设的通知》《关于落实中央八项规定精神坚决刹住中秋国庆期间公款送礼等不正之风的通知》《党政机关厉行节约反对浪费条例》等反腐倡廉文件，严格要求党员干部看好自家门、管好自家人，作廉洁自律的表率。组织“七一”表彰大会，表彰优秀党组织 3 个，优秀党员 35 名。

【综治信访】 以综治中心建设为主导，以调处中心为平台，以打击各项违规违法为手段，从严推进社会治理。从综治办、派出所、司法所、信访办等部门抽调人员在中心集中办公，街道工会、妇联、劳动、民政、计生等部门的人员入驻综治中心共同参与中心工作。每月召开一次工作例会，对每月疑难案件进行综合研究。对重大疑难、久拖不决的纠纷，实行挂牌督办、催办，限期回复结果。要求驻村（社区）干部协助各村（社区）排查不稳定因素，对各村（社区）收集的不稳定因素和矛盾纠纷督促调处。

成立民安街道“三调联动”办公室，单独安排了调解室，由派出所、法庭、司法所、综治办分别抽调工作人员组成“三调联动”工作组，有效防止民转刑事件的发生，减少走司法程序诉讼的案件起诉率，实现纠纷调解受理率100%、调解率98%、成功率97%。开展“打黑除恶、缉枪治爆”“两抢一盗”“缉毒禁毒”专项行动，不断加大对暴力犯罪、侵财型犯罪、涉毒、赌博大案的打击力度。推进信息化服务、网格化服务。实施“雪亮工程”，在街道重要场所、重要路段、大街小巷、小区等安装监控探头1200个，强化辖区内的治安管控。对辖区内的旅馆、网吧、KTV的信息化建设进行规范，建成覆盖全街道的网吧、旅馆业、KTV信息管理系统，通过加强技防设施建设，压缩了犯罪空间。成立专门的网格化办公室，组建20个村(社区)级综治中心，将其纳入网格化社会服务管理当中，形成119个网格，做到了“一格一长”，使街道机关单位和各村(社区)及广大群众参与到社会矛盾纠纷调解工作中，矛盾纠纷大调解格局更加完善。在做好留守儿童和空巢老人服务的同时，把刑释解教人员作为服务管理创新工作的重点对象，将“服务、关怀、扶持”贯穿于全过程，对此类重点人切实做到以理服人，以行感人，以情动人，有效预防刑释解教人员重新犯罪。开展“平安街道”“平安村”“平安学校”“平安医院”“平安企业”“平安单位”“平安家庭”“平安文化市场”“平安边界”等创建活动及推选表彰活动，探索开展“平安交通”、“平安网格”创建，给10023户居民发放了“平安农户”荣誉称号。以村(社区)书记及各单位领导为第一责任人，与街道党工委、政府签订“零刑案”村(社区)责任书。推行“1+1+N”模式联动工作，即本村(社区)干部，驻村干部，片区三名警察，村(社区)一名辅警，值班村(社区)干部，强力推动农村群众义务巡逻，组建20支群众义务巡逻队。实现“零刑案”村(社区)覆盖率100%，90%以上的村(社区)无刑事案件。发放宣传单28000份，印刷宣传标语42条，制作固定宣传栏35个，派出一台宣传车在街道流动宣传。每个村(社区)张贴标语横幅至少2条，创办平安创建知识专栏，组织了多场法制知识讲座，为群众进行法制知识系列宣讲。高度重视“平安民安”创建工作，成立以街道党工委书记为组长的专项工作小组，精心部署和实施工作计划，并要求各单位领导起带头示范作用，做到早安排、早部署、早落实，广泛发动，集中行动。组建街道级治安巡逻队，每年拨付巡逻队员工作经费15万元，巡逻补助2万元。投入专项资金100万元，要求专款专用，科学制定预算标准，全面加强预算管理，抓住重点支出环节，确保预算执行到位，严控一般性支出。除从各部门抽调人员集中办公外，还定期邀请县综治办、县网格办、县司法局、派出所、交警中队、城管、医院等部门的业务骨干就执法程序、执法取证技巧、法律法规适用、简易交通指挥、医疗救治等方面内容进行专题培训，不断提升工作人员综合素质。建立联席会议制度，每季度在全街道范围内召开一次协调部署会议，每月在片区范围内召开一次工作协调会议。建立联系人制度，派出所、法庭、司法所各指定一名固定人员作为联系人，报执行领导小组办公室备案，由街道综治中心统一通过联系人或者值班电话联系。建立即时响应制度，遇到紧急情况时，在保护现场，利用视频、照相等工具保存证据的同时，立即通过街道综治中心根据事故的性质联系相关单位，并通知片区应急处理小组进行先期处理。

【社会民生】 2018年，完成农村危房改造105户，完成2个村人饮水工程和道路建设工程。为落户民安街道的各项重点项目做好优质服务和环境优化，化解各类征地补偿、土地权属纠纷37起。民生新型农村合作医疗参合62836万人，报销4286.72万元，住院16141人次，报销金额3657.56万元。“五保户”24人，集中供养15人，低保享受590户935人。

【两违整治】 2018年2月9日召开两违整治工作会议以后，街道调整两违整治工作领导小组，并制定工作方案和绩效考核办法，街道建立党工委书记负总责，办事处主任为第一责任人，分管领导为直接责任人，执法机构查处、村组网络巡查的工作体系，成立两违整治办，组建巡查处置队伍，明确了信息员。建立有奖举报制度，层层落实工作责任，促进了工作落实。全年共巡查 4600 人次，出动车辆 480 台次，依法组织强拆新增两违 80 起，其中钢棚架、临时构筑物 31 起，超面积、超层建筑 49 起。

华塘街道

【概况】 华塘街道办事处位于县城西面，东、南与民安街道相连，西与湖北省来凤县隔酉水河相望，北与石羔街道十字社区接壤，于 2005 年行政区划调整，改华塘乡为华塘街道，街道东西最大距离为 4.45 千米，南北最大距离 7.37 千米，总面积 18.28 平方千米，下辖 8 个社区，98 个居民小组，7175 户，21105 人。其中土家族 7389 人，苗族 4817 人，回族 78 人，侗族 54 人，白族 16 人，壮族 17 人，蒙古族 4 人，布依族 1 人，少数民族共 12376 人。地势东高西低，呈三台阶地形。最高峰留芳堡（留繁社区）海拔 531.5 米，最低红岩寺的水井槽（皇仓社区），海拔 483.3 米。地属中亚热带山地湿润气候，雨量充沛，年降水量 1378.5 毫米，年平均气温 15.8℃，无霜期 275～280 天。有耕地面积 7051 亩，其中水田 6436 亩，旱地 615 亩，有林地 4197 亩，草地 383 亩，园地 3735 亩，水域及水利设施用地 1840 亩。农作物以水稻和蔬菜为主，2018 年稻谷种植面积 4764 亩，产量 2382 吨，蔬菜种植面积 2413.66 亩，产量 3079.21 吨。境内有水库两个，其中龙颈坳小Ⅱ型库容量 103 万立方米。街道内 209 国道与岳麓大道并行穿境而过，随着城镇化建设步伐的加快，2010 年华塘街道列入国家龙凤经济协作示范区范围，并快速发展成为龙山县城新城区。

【基层党建】 2018 华塘街道有党员 399 人，其中女党员 106 人，预备党员 6 人，流动党员 47 人。下辖党总支 2 个，党支部 14 个。全年主持召开专题党建工作研究班子会议 8 次，在留繁社区建立党建联络点，讲党课 12 次。调研党建工作 15 次。请州县党校老师及县委宣讲团进行专题授课 3 次，主持中心组学习 10 次，全年累计下支部讲党课 16 次。全体党员关注“红星云”开展“履职我争先，担当我自豪”的活动，做到了学习常态化、制度化。

华塘街道党委举办 2018 年农村党员培训班

【经济发展】 2018 华塘街道党工委率领全街道干部职工和广大村民走城乡经济一体化，改过去传统季节种植为常年大棚种植，有大棚 2010 个，大棚种植面积 703.5 亩，总产值 1500 万元。仅皇仓社区以西红柿为主的大棚经济作物 400 亩，10 亩以上的 14 户。其中聶祖华大棚西红柿年产值 24 万元。红岩寺大棚蔬菜经农业部和省、州、县蔬菜部门多次检测达标，被农业部确定为“绿色无公害蔬菜生产基地”，被湖南省评为“放心蔬菜基地”。农业生产由过去一家一户经营向技术能人集约化经营发展。如官渡社区杨秀松，近年大力发展葡萄种植技术，现已种植青、红提 60 亩，年收入达 50 万元。华塘、华新、螺蛳滩和官渡社区的村民利用 209 国道和岳麓大道来往游客多的优势，大力发展餐饮业，华塘麻鸭馆名扬湘、鄂、渝边区，商贸、餐饮业收入达 500 万元，创税 30 万元。

【精准扶贫】 2018 为打好精准扶贫攻坚战，街道党工委建立“街道负总责，社区抓落实扶贫到组，精准到户”的脱贫攻坚工作机制，进行动态调整，剔除不合条件的 155 户 220 人，新纳入符合条件的 20 户 66 人，建档立卡户 300 户 1084 人，以“一超过，两不愁，三保障”为目标，2018 年脱贫 80 户 267 人。

【综治维稳】 2018 推进安全生产“大排查，大管控，大整治”三大活动，实行“党政负责，一岗双责，失职追责”的工作制度，逐级延伸，逐级落实，坚持以“打非治违”为重点，从而有效遏制了各类事故的发生，共排查安全隐患 105 起，整改落实到位 102 起。完善社区管理，发动辖区内 78 名网格长队伍进村入户进行“民调”工作，发放宣传资料到人到户。聘用社会自愿者，成立 112 人的街道治安巡防队，遏制违法犯罪活动。充分发挥社区、司法所，主要领导“三联动”作用，坚持半月一排查，一月一总结，化解各类社会矛盾 88 起。

【同建同治】 2018 街道办事处围绕“美丽华塘”建设，从治理“脏、乱、差”抓起，严格治理在主要道路两侧乱堆、乱放、乱搭、乱建、乱画、乱写等不良现象，整治养殖村容貌 6 次，发放宣传资料 5020 份，制作横幅标语 66 条，配备保洁员 28 人，建立垃圾池 105 个，对社区垃圾清运实行外包，外包金额为 21 万元。受县美丽办通报表扬 4 次，获奖金 13.25 万元，年终被县评为先进集体。

【国土管理】 2018 街道办事处保持高压态势治理“两违”严格管控城乡建设规划，成立了 20 人组成的“两违”专职巡查处置队伍，配备有专用车，摄影机，电脑等执法设备，执行“两违”信息日报告制度，全天候开展巡查工作，依法制止“两违”现象 118 处，拆除“两违”设施 35 处，有力打击“两违”现象，确保了辖区建设严格按规划执行。

【基础设施建设】 2018 抽调街道办事处干部 21 人，社区干部 16 人，配合各项目部拆迁工作，共完成征地 1500 亩，拆迁房屋 200 栋。到组道路全部硬化，实现组组通车，进出方便。新安装路灯 220 盏，投资 80 万元，天然气入户率 20%，4G 信号实行全覆盖，电视覆盖率 100%，各社区都有办公楼房和居民健身场地。

【思想文化建设】 2018 年，街道办事处继续推进“两学一做”学习教育常态化、制度化，开展丰富多彩的健康文体活动。利用“五一”“七一”国庆和“九九”重阳节等重要节日，开展形式多样，内容丰富多彩的球类、棋类、田径等活动，举办了干部职工文艺汇演，精准扶贫知识问答比赛，“七一”道德讲堂大会，营造健康和谐积极向上的新氛围。开展送温暖、献爱心活动，走访看望 16 名贫困党员，发放慰问金 8000 元。同时狠抓廉政建设，坚持厉行节俭，反对铺张浪费，对公务接待，经费管理，干部生活待遇，职务消费，公务支出严格审查，坚持对干部工作和思想作风评审。

【社会民生】 2018 年，有幼儿园 4 所，在园幼儿 610 人，专职教师 65 人。有小学 3 所，在校学生 970 人，在职教师 43 人。有卫生院 1 所，有社区卫生室 10 所，有专职卫生人员 65 人。街道文化站有专职文化员 4 人。有喜乐文艺队 3 个，三棒鼓队 1 个。农村卫生厕所覆盖率 100%，安全用水普及率 100%，新型农村养老保险参保人数 7073 人，参保率 42%。新型合作医疗参合人数 19482 人，参合率97.5%。

【计划生育】 2018年,街道出生人口321人,出生率15.2‰,政策内生育率94.39%,死亡73人,死亡率3.5‰。

【特色地情】 华塘素有龙山、来凤“两城夹一乡”之称,地处华新、象鼻、留繁、螺蛳滩、官渡社区的龙颈坳水库,有水上休闲度假村,夏天不少外地游客到此休闲避暑,此处已列入湿地公园发展。209国道的团结桥和岳麓大道的湘鄂情大桥并行飞渡酉水河,由于“两桥”的通车,使龙山、来凤经济并行发展,两地民族更加融合。

【名人轶事】 竹雕艺术大师王仕辉,现年82岁,从教师队伍退休后20多年来,继承发扬祖父建筑工艺,刻苦专研,独辟蹊径,把土家建筑按1∶100的比例微缩于掌上,以湘西优质楠竹为材料,奇特构思,精湛技艺,造型古朴典雅,雕刻的“三槐艺苑”《吊脚楼》《凉亭桥》《摆手堂》《爱晚亭》《冲天楼》《岳阳楼》等,先后被列入湘西自治州非物质文化遗产名录项目。多次受到省、州、县的奖励,王仕辉曾受到中央政治局常委贾庆林的接见和高度评价,省委领导周强、杨正午、郭开郎、王克英等都给予高度评价。国内外18家媒体先后进行报导,被县评为十佳市民,被三峡大学聘请为竹雕艺术教授。

兴隆街道

【概况】 兴隆街道位于县城东部果利河畔,2015年12月,行政区划调整,原新城乡,兴隆街乡和原桶车乡的堰坝、新桥、茶园、花棚、太平山5个村合并成兴隆街道。街道办事处驻新城社区东门桥头。街道东邻茨岩镇,南接茅坪乡、洗洛镇,西连民安街道、石羔街道,北与石牌镇交界。东部属中山区,最高海拔1456.2米;中西部属丘陵区,平均海拔601.1米。发源于石牌镇鱼泉沟的果利河从北向南经街道西部边沿流过,流程15.5千米;发源于茨岩镇出水洞的普口车河从东向西经街道中部地区流过,至新城社区鸡公寨注入果利河,流程17.1千米。地属中亚热带山地湿润气候,雨量充沛、年降水量1378.5毫米,平均气温15.8℃,无霜期275～280天。粮食主产稻谷、玉米、薯类。经济作物主产百合、蔬菜、瓜果、油菜、三木药材。全街道地域面积121.9平方千米,有耕地2429.41公顷。其中水田1237.61公顷,旱土1191.79公顷,有林地7278.3公顷。街道下辖13个建制村,9个社区,195个村民小组,10663户,39391人。土家族9359人占总人口数的23.76%;苗族8965人,占总人口的22.76%;回族1257人,占总人口的3.19%;汉族19809人,占总人口的50.29%。交通便利,国道209、省道305、吉恩高速、省道231、黔张常铁路贯穿全境,是全县的交通中心。2018年,实现社会生产总值2.56亿元。其中农业总产值7636.4万元,比2017年增长7.5%;人均纯收3800元,比2017年增长10.9%。2018年度兴隆街道获“全州社会治安综合治理工作优秀乡镇(街道)”奖,“全州人口和计划生育工作优秀单位”奖,“全州农民权益维护和农民负担监督管理工作优秀乡镇奖”。白岩洞村、响水洞村分别获2018年度“全州美丽乡村示范创建优秀村(社区)”奖。段海春、郑成义、晏友明、黄光军获2018年度“全州社会治安综合治理工作优秀个人”奖,杨清贵获2018年度“全州美丽乡村示范创建工作优秀个人奖”。

【基层党建】 全街道有29个支部,其中1个机关支部、1个老干支部、5个直属部门、学校、企业支部,22个村(社区)支部。有党员751人。2018年,预备党员转正10人,发展新党员17人,培养入党积极分子36人。有农村党员远程教育点22个,远程教育管理员22人。全年集中培训党员2次,村(社区)主干每月培训一次。结合“三会一课”和“主题党日活动”推进“两学一做”学习教育活动的开展。街道办事处选派15名党员干部下到村(社区)任第一支部书记,组织22支工作队、66名干部走出机关,下到各村(社区)进组入户听民意、问民需、帮民困、解民忧办实事。村(社区)坚持主干轮流坐班制和两委按月例会制,不断提高基层组织为人民服务的质量和能力。根据实际情况和村民要求,整改了两个村(社区)支部,对相对较弱的兴隆桥社区和响水洞村领导班子进行重点整顿。“七一”建党节,街道党员集中学习中共十九大精神,重温入党誓词,表彰先进支部6个,优秀党员35人。

【脱贫攻坚】 2018年,街道建立扶贫攻坚对象动态识别精准机制,实行贫困家庭“一户一档”,落实结对帮扶工作责任。档案落实到人、帮扶责任到户、扶贫项目规划到户、资金扶持到户、产业发展到户、素质提升到户。街道、村(社区)和扶贫工作队干部与建档立卡贫困户结成对子,“一帮一”落实到位。2018年22个村(社区)都成立了“农民专业合作社”,吸收1053户贫困户4128人加入。发展百合8000亩,猕猴桃2000亩,油茶586亩,黄金茶800亩。发放扶贫资金178.58万元。其中产业项目扶持费138.54万元,交通稳岗补贴40.04万元。建立识别建档立卡贫困户1161户4367人,实现减贫目标3362人。所有建档立卡贫困户的合作医疗费全部由财政代缴,实行先住院后付费,报销比例达85%。全年对建档立卡贫困户、低保户、五保户住院治病人员实施医疗救助1238人次。享受教育补贴贫困学生809人。

【综治信访】 2018年,开展创建“平安兴隆街道”活动,落实“组织、制度、责任制、督查、典型示范”5个保障机制,配备综治专干22人,辅警22人。街道设立领导接访室,实行党政领导排班坐班接访制度,及时梳理村民诉求。全年排查解决矛盾纠纷267起。其中疑难纠纷16起,重大纠纷1起,涉及603人。办结信访件87件,其中交办件13件(包括中央巡视组交办4件),办结回复率100%。提高社会治安整体防控水平,全街道城乡主要出入口、公共复杂场所、及发案部位视频监控安装率达到99%。对辖区156名涉毒人员的基本信息、表现及动向进行详细准确的掌控管理。

【扫黑除恶】 2018年,街道开始启动扫黑除恶专项斗争。加强宣传力度,给村民发放宣传资料8000份、在街道集市、村(社区)主干道、人口密集区悬挂横幅50条,书写固定标语430条,利用广播、微信群、集中学习,入户走访、现场会、视频会等宣传扫黑除恶的政策法规,应知应会知识和打击重点。公安、司法、综治、法庭、信访等部门组织联合办公室,开展全民扫黑除恶专项斗争。强化特殊人群服务管理,对现有刑满释放人员设立帮教档案,帮教率达100%,安置率达80%。集中组织4次扫黑除

街道干部走访响水洞村贫困户

恶专项行动，出动警力116人次，干部61人次，处理刑事案件1起，行政处罚案件4起，处治涉黑人员21人，其中刑事拘留1人。取缔非法经营麻将馆67处，受教育276人。

【项目建设】 2018年，兴隆街道建设中的重点项目太平山国家森林公园、果利河绿荫大道、城东汽车总站，村民易地安置区、机动车监测站及二级维护中心、高速下线、高铁新区、民俗展示中心、新城中学、老城区建设等。红星美凯龙物流中心、入城口道路改建等年内完工投入营运。新建成16个村(社区)村级综合服务平台，扩建黄土、兴隆街、尖岩3个村(居)委会。全街道51座220千伏变电站电网基塔修建任务，已完成47座征地，34座基塔征地款58万元到位，已施工完成塔基20座。新修桥梁4座，村、组及公路3千米，堆砌河堤2千米，整修引水渠道5千米。完成新城社区、兴隆街社区街面整修2.5千米，下水道安装5千米。兴隆街社区内，县文物局出资，县级文物保护单位“贺龙桥”整修完成，国家级文物保护单位“湘鄂川黔革命委员会旧址”主体工程整修完成。

【产业发展】 兴隆街道主要支柱产业有百合、烤烟、粮食、蔬菜、瓜果。街道对14家无硫百合干加工厂、13个百合联产合作社的建厂、生产、加工、配套、营销进行扶持，发放微息贷款800万元。除本地大面积栽种百合外，鼓励百合大户到桑植、保靖、湖北来凤、宣恩、恩施、贵州等地租地栽种百合。2018年百合面积达9025亩，平均亩产1181公斤，总产10658.53吨，折合百合干3552.84吨，创产值7816.25万元。烤烟1175亩，平均亩产132公斤，总产烟叶155.1吨，创产值341.22万元。大棚蔬菜253.3亩，大棚西瓜300亩，大棚草莓100亩，园林花圃40亩，年内街道引进发展猕猴桃、油茶、黄金茶项目。重点村(社区)形成“一村一品”的特色产业模式。

【两违整治】 2018年，街道下重力整治辖区“两违”(违法用地、违法建设)现象。街道成立“两违”办公室、利用发放传单、广播、悬挂横幅、书写标语、举办专栏、召开群众会等形式宣传“两违”整治法规政策。新城社区、兴隆街社区集市街道和辖区内公路两旁乱搭乱建及村(社区)无证建房采取严厉整治，“发现一处”拆除一处。强行拆除东门河桥头一处违法建筑，对全街道起到强大的震慑和教育作用。加强巡查力度，做到天天有巡查、日日有记录、巡查范围全覆盖。全年出动巡查车辆728台次，处理“两违”案件62件，拆除面积3465平方米。

【安全生产】 2018年，结合“平安兴隆街道”创建活动，开展安全生产宣传教育培训，建立健全安全生产监管机制，落实安全生产各项制度和职责。签订村(社区)部门安全生产管理责任书25份，企业消防、交通、食品安全目标责任书44份。编制完善各种安全工作应急预案和方案，领导带队对安全生产全方位大检查、大管控、大整治。召开专题会议4次，出动180人次检查烟花爆竹、加油站、氧气厂、人口密集区、建筑施工现场、交通要道、学校等35家单位和企事业单位，消除安全隐患，分别与单位领导人、企业业主签订安全生产责任状。取缔非法经营烟花爆竹点10处，非法采石场1处。摸底排查辖区6所学校、11所幼儿园安全情况，与各幼儿园校车、学校食堂业主分别签订交通安全和食品安全责任状。开展周边环境集中整治，落实整改措施，实行源头防范和长效管理。

【计划生育】 2018年，出生人数509人，出生率13.32‰，符合政策生育率91.19%，政策外多孩率8.8%，出生性别比107.76，死亡率7.88‰，人口自然增长率5.44‰。开展“优生、优育、优教、利国、利民、利家”活动。2018年街道获“全州人口计划生育工作优秀单位奖”。

【乡村旅游】 兴隆街道山川秀美、风光奇异，大自然资源丰富多彩，历史文化底蕴厚重，很适合山村旅游事业发展。佛教圣地太平山、雷音寺，明清白岩洞长官司土司治所遗址白岩洞村，古驿道遗址长官桥、兴隆桥，集旅游、休闲、避暑于一体的响水洞山庄，蜿蜒清凉的三十六湾河，高山林立沟壑纵横、冬暖夏凉野生动物出没、原生态保护良好的苗沟等景区开始得到开发利用。响水洞村四面环山，植被覆盖率达 80.2%。保留有 300 年树龄缺萼枫橡树，200 年树龄的猴栗树和红榧红豆杉树，保留有数百年前的骡马古道和店铺。2018 年年初，该村请湖南省建筑科学院，龙山县城镇规划管理局绘制了“响水洞村美丽村庄 2018—2030 建设规划图”，并开始付诸实施。果利河、普口车河沿岸建农家乐 30 处，年创收 600 万元。

【民生事业】 2018 年，街道完成精准扶贫“回头看”，重新评审农村低保 444 户，986 人，完成五保登记 143 人。其中集中供养 76 人，分散托保供养 65 人，残疾人供养 468 人，危房改建 49 间，发放资金 217 万元。村民易地搬迁 58 户，发放资金 206 万元。发放退耕还林款 61.93 万元，生态公益林补贴 35.58 万元，粮食直补 225.73 万元，村民购置农机补贴 2.12 万元。街道有卫生院 2 所，病床 40 张，医护人员 48 人。完成 22 个村(社区)卫生室提质改造，配置 28 名乡村医生。村民健康建档率 90%，婴幼儿疫苗接种率 100%，产前孕检率 100%，家庭医生与村民签约服务率 95%，免费为老中年检测血压、血糖等诊疗服务 5531 人次。农合参保 34912 人，参保率 93%；村民养老保险 10996 人，参保率 100%。辖区 22 个村(社区)完成农网改造，实现城乡供电同质同价。

【美丽湘西建设】 建立美丽湘西建设长效机制，设置保安、保洁、护林、自来水、公路清扫、河道长等公益性岗位 86 个。实施环境综合治理，建设垃圾处理站 2 个，垃圾中转站 1 个，垃圾焚烧炉 7 个，购置三轮垃圾车 22 辆，县环保配备压缩垃圾清运车 1 辆。启动河道长制度工作，辖区内沟渠、河道、水库、山塘等水源得到有效的保护。加强各村(社区)保洁员队伍建设，宣传美丽湘西建设相关知识和垃圾分类处理要求，提倡文明新风，树立公共卫生意识。以美丽乡村油菜坪社区、响水洞村、白岩洞村为样板，以点带面，落实宣传教化，督查考评，定期褒奖，街道营造出人人理解、人人参与的氛围。集市、村寨居民点、公路沿线、娱乐场所、特别是卫生死角的垃圾得到及时集中处理，出现城市乡村清洁卫生的美丽景象。

【文化建设】 街道设置文体广电服务站，有万册图书馆 1 所，电子图书室 1 间，多功能活动室 1 间。22 个村(社区)均建有“农家书屋”，村村响广播室和远程教育点。15 个村(社区)建有文化广场，5 个村(社区)建有蓝球运动场。2018 年街道篮球运动会在油菜坪社区举行，有 11 个代表队参赛。街道有 17 支舞蹈健身队，11 支三棒鼓演唱队，3 支文艺宣传队常年开展有偿服务。2018 年 9 月，兴隆九年制学校初中部和新城九年制学校初中部成建制并入龙山一中。落实教育两项督导制度，义务教育适龄学生入学率达 100%。

石羔街道

【概况】 石羔街道地处龙山县城北部近郊，办事处地址石羔社区正和路 3 号，距龙山县城和湖北省来凤县城 7 千米，东与石牌镇接壤，南与新隆街道、华塘街道相连，西北与湖北来凤县、宣恩县隔酉水河相望，吉恩高速穿街道中心而过，黔张常铁路及龙凤火车站在境内建设中。2018 年被评为全州文明创建工作文明乡镇。镇域面积 88.8 平方千米。辖正南、中南、十字、永兴、白泥、石羔、桃红、苦竹、干比、冲天、元堡、英家 12 个社区和包家垅、猛洞、兴堡、尧坪、泗坪、川洞、西洛、南北、青岗、旧寨、双龙 11 个村。2018 年年末，共 12359 户 44149 人。主要民族构成有土家族、苗族、汉族、回族等，其中少数民族人口占总人口的 75.6%。街道地处酉水河上游东岸，境内地势东北高、西南低。地形东部为丘陵台地，西部酉水河畔为丘陵平地。境内最高峰丰收坡位于南北村，海拔856米，最低点新渡口位于中南社区，海拔440米，境域地下底层属红砂岩结构。主要河道有两条，一为酉水河，从北至南沿南北、西洛、旧寨、青岗、英家、川洞、元堡、尧坪、泗坪、甘比、石羔、正南、中南等村（社区）途径而过；二为猛洞河，从北至南沿猛洞村流入新城街道境内的果利河。次要河道有岩砦河从北至南沿兴堡、包家垅、桃红、苦竹流入猛洞河。境内气候四季分明，雨水充沛，属亚热带大陆性湿润季风气候区，年平均气温15.8℃，无霜期年平均280天，最长达285天，最短为274天，年平均降雨量1400毫米，降雨集中在每年的4—9月。已探明的地下矿藏有石英石、石膏等。其中石英石主要分布在猛洞、兴堡、双龙、川洞等村，矿区面积5.8平方千米，经测定储量为2亿万吨，其二氧化硅含量达96%以上。石膏矿主要分布在甘比、石羔、正南、白泥等社区，矿区面积3.6平方千米，该矿埋藏在第三系红色砂岩地中，其小型开采已有300多年历史，因地质滑坡严重已禁止开采。

【基层党建】 2018年，石羔街道有党员778人，设党工委1个，下辖基层党支部28个，其中农村党支部11个，社区党支部14个，机关党支部2个，老干支部1个。对标推进基层党支部“五化”建设，2018年达标9个，创建“五化”示范党支部2个，规范布局新建农村综合服务平台13个。调整充实村（社区）干部24名，选拔培养村级后备干部73名。发展党员14名，转正11名，培养入党积极分子52名。2018年8月对190名村（社区）“两委”成员进行了违纪违法涉黑涉恶问题专项排查整顿；对30名“两代表一委员”和196名村（社区）“两委”成员违纪违法涉黑涉恶问题开展了专项排查整顿“回头看”，组织处理张大庆等2人。以“153”机制推进农村“互助五兴”基层治理模式落实落地，按照“党员+产业大户（或致富能手、社会能人等）+群众”的形式，成立900个互助小组，5400家农户直接参与。每个互助小组，围绕“五兴”内容，按照“建、诺、评”方式开展互帮互助活动。街道纪工委积极履行执纪监督责任，在日常监管的基础上，对村两委成员进行违纪违法涉黑涉恶问题联合审核，并根据群众举报的线索和审核发现的问题，给予尹某成等3名村干部组织处理，王某等3名党员村干部党纪处理。

【经济发展】 2018年年末，实有耕地35292亩，其中水田31602亩，旱土3690亩，有非耕地5760亩，园地12310亩，林地60672亩，是湘西州商品粮生产基地和龙山县蔬菜基地。粮食总产量19130吨，其中水稻13695吨，玉米2785吨，两薯2522吨、豆类128吨。经济作物有蔬菜、西香瓜、油菜、百合、柑橘等。百合种植面积8252亩，产量9729吨；油料作物种植面积10517亩，产量993吨；西瓜种植2048亩，产量2583吨；蔬菜种植面积10320亩，产量13163吨；柑橘种植面积8986亩，总产量7380吨，其中椪柑产量3512吨。畜牧养殖以牲猪、鸡、鸭、牛、羊为主，特色养殖有黑豚、蜜蜂、肉鸽等；牲猪出栏24560头，山羊出栏1755只，上市家禽133190羽，肉类总产量1932吨，禽蛋产量431吨，蛋鸡养殖总量达234370羽。水产养殖面积1884亩，其中水库养殖1630亩，池塘养殖209亩，稻田养殖45亩，水产品总产量880吨，渔业总产值880万元。当年农业总产值28270万元，比2017年增长8.1%；农村剩余劳动力转移就业和外出创业13120人，实现劳务收入39350万元；农村居民可支配收入4272元，比2017年增加678元，增长9.86%。原有乡镇企业改制后，石羔民族化工厂、天食公司已经停业或倒闭，效益好的民营企业有惹巴妹手工织品、土家巧手鞋垫、元宝硅业、大岩堡电站、羽丰养鸡合作社等；国有企业有三元电站、英雄电站、梨园水厂。2018年末，实有企业56家，其中工业企业6家，从业人员479人，企业总产值11617万元，增长8.35%。2018年社会消费品零售总额19700万元，比2017年增加8.3%。石羔、元堡社区各设圩场1个，石羔古历五、十赶集，元堡古历四、七赶集；商品销售服务网点243个，其中农村电商服务站8个，从业人员397人。辖区农村商业银行和邮政储蓄银行各类存款余额34731万元，贷款余额4636万元，2018年投放精准扶贫贷款390万元。

【脱贫攻坚】 2018年，有建档立卡贫困户1495户5604人。根据辖区8个贫困村、15个非贫困村的实际，推行领导干部包村联片、驻村干部包村、结对帮扶干部联户等责任机制，强力推进“十大工程”建设，年内通过产业大户带动，发放产业扶持项目资金195.38万元；引导贫困富余劳动力转移就业，发放转移就业脱贫扶持资金31.8万元；落实医疗救助资金300.18万元，为建档立卡贫困人口代缴城乡居民医保金123.288万元；为转岗脱贫护林员发放生态扶贫补偿资金35万元；为贫困家庭子女就读学生发放教育扶贫资金344.675万元；精准发放小额贴息创业扶贫贷款280万元；实施农村扶贫建房和危房改造182栋，其中易地扶贫搬迁88栋，危房改造94栋。当年包家垅、猛洞、旧寨、南北、川洞等5个贫困村脱贫摘帽，全街道8个贫困村全部脱贫，累计精准脱贫4805人。十字社区返乡创业女青年谭艳林，创办惹巴妹手工织品有限责任公司，在家乡和湘西州各县市共开办“扶贫车间”11个，吸纳当地建档立卡贫困劳动力1300人就地就业，脱贫致富，2018年10月，荣获国家扶贫办授予的全国脱贫攻坚奋进奖。

【教育教学】 2018年，石羔片有石羔、尧坪、正南3所完全小学和十字1所片小，三元片有1所三元九年制学校和5个低年级教学点，共有在编教师259人，在校学生1951人，其中小学生1725人，中学生226人；共有公办幼儿园5所，民办幼儿园6所，有幼师79人，在园幼儿916人。原石羔初级中学于当年下学期合并到龙山一中，8月下旬龙山县第一职业中学从龙山县城迁入石羔初级中学教学，有在校中职生1850人(含龙广校)，在职教师、员工168人。

【文化旅游】 2018年9月，根据文化和旅游部办公厅关于开展乡镇综合文化站专项治理工作的通知要求，就街道文化站服务效能问题进行了专项治理。针对存在的问题，街道党工委从思想上加强认识，解决了文化服务设施设备落后、文化设备挪作他用，文化工作者变成“兼职”文化员的问题，基层农村文化服务水平得到提升。辖区23个村(社区)共建有舞龙、舞狮、花灯、乐队、广场舞等各类群众文艺团队28支，民族民间非物质文化传承完好，各团队全年巡回各村寨义务演出280场次。10月16日，泗坪村舞狮队在湖南省第九届少数民族传统体育运动会开幕式上参加舞狮表演。旅游观光在原有泗坪村望佛园(荷花园)、兴堡村花之都、旧寨村武陵龙凤示范园等景点的基础上，农家乐采摘体验、休闲观光游悄然兴起，正南酉水农家、乡水人家和中南知青食堂、华盛农庄等年接待游客12000

舞龙舞狮迎新春

人次。

【卫生计生】 2018年，辖区三元片、石羔片社区卫生服务中心推行家庭医生签约服务，38名医生共与10095户农村居民家庭签约，定期上门诊疗服务，居民健康档案建档率达100%。全街道有23个村(社区)卫生室，其中13个为新建的标准化村级卫生室，共有乡村医生28人；总投入1200万元新增床位100张的石羔街道中心医院选址建在白泥社区，当年完成建设投资669万元，尚在建设之中。2018年，计划生育政策全面放开，出生人口385人，死亡人口238人，人口自然增长率8.65‰，死亡率5.35‰。有农村独生子女户、两女结扎户等计划生育优抚、奖扶对象329人，落实奖扶对象子女大学新生入学扶助8人。2018年被评为“全州人口和计划生育工作先进单位”。

【林业生产】 2018年选聘转岗脱贫护林员35人、生态公益林护林员5人。植树造林203亩，在川洞村首次推广种植油茶135.7亩，查处滥砍乱伐林木案件2起，收缴罚款685元。

【民生保障】 2018年，街道发放耕地补贴9408户298.18万元，农机购置补贴65户22.54万元；新型农村养老保险参保人数12387人，参保率67.56%；城乡居民医疗保险参保39653人，参保率95.37%。8月中旬，街道民政办设立社会工作服务站，招聘民政社工2名，负责对辖区内灾情及时排查统计上报，特困家庭优抚救助。年末有农村低保救助对象389户912人，残疾补助对象370人，高龄补贴对象62人，年内发放各类优抚救助物资328.45万元。有五保对象148人，三元片、石羔片各设敬老院1个，集中供养孤寡老人、孤儿72人，散养76人。

【综合治理】 2018年，被评为全州社会治安综合治理工作优秀乡镇。以创建“平安石羔”为契机，以“网格化”管理为手段，层层压实综治维稳责任，选配村综治(信访、禁毒、宗教)专干23名、辅警23名，设立161个网格，配备网格长32名，社工7名。开展扫黑除恶专项斗争，严惩“黄赌毒”，依法取缔麻将馆41家，收缴扣押涉赌麻将机13台，上报涉黑涉恶案件线索7条，依法查处3人；办理信访案件86件，通过化解信访结案72件，排查调处各类矛盾纠纷349起，调处成功率90.15%。有社区矫正对象19人，严格按有关法律法规管制，无重新犯罪和民转刑案件发生。有涉毒人员192人，其中社区戒毒对象93人，境外吸食(贩卖)99人，年内铲除2处非法种植毒品原植物罂粟点，处罚毒品种植人员2人。开展道路交通、食品安全、危险化学品、烟花爆竹、消防等安全生产专项行动5次，摸排各类安全隐患13处，全部落实整改措施。2018年4月，成立石羔街道行政综合执法大队，县城管局派驻城管执法中队队员10名，常年开展“两违”巡查整治，年内依法拆除违规违法建筑25处。

【交通运输】 民安至石羔至三元公路(简称“民三”公路)全长17千米，跨越辖区10个村(社区)，是村民出行的主要交通道路，2018年6月实施升级改造，民安至石羔已砂改油，石羔至三元改造中。2018年，23个村(社区)公路总里程353.6千米，其中水泥路269.4千米，2018年加宽、改造、硬化村组公路42.9千米，已实现村村通水泥路。境内有大小公路桥梁37座，当年实施危桥改造3座，旧寨村在建铁索桥2座。龙山至三元每天有9辆40个班次的公交车往返于“民三公路”线上营运，辖区居民出行便捷。酉水河流域石羔段原建有码头4个，有机动船3艘，渡船12艘，当年中南知青农场码头被取缔，实有码头3个。

【邮政通信】 2018年，辖区三元片、石羔片各有邮政储蓄银行1个，均设有自动取款柜员机；邮政业务与储蓄业务分离，共有储蓄员工8人，存款余额18015万元，比2017年增加1800万元；邮政投递员2人，报刊发行营业额30.7万元，同比减少0.5%。移动、联通、电信三大通信网络公司，在辖区建有 13 座地面接收基站，实现移动、联通、电信 4G 信号全覆盖，宽带网络全境开通，政府网上办公、电子政务、会议视频等现代化信息技术推进有序，农村现代远程教育站实现村村有，文化资源共享工程、三农网络书屋村村开通，社会和经济领域信息化应用日趋广泛。

【供电供水】 2018 年，8 个贫困村和 5 个非贫困村实施了农村电网提质升级改造，解决了村级综合服务平台用电和边远农户用电质量差问题，真正实现了城乡供电同质同价。居民饮用水以地下深水井和浅水井为主，自来水为辅，除深水井有电力提取外，其他为人力取水或自然引管入户。县梨园水厂建在石羔社区，丰水期引卧龙水库渠道水净化后供城镇居民饮用，枯水期电力抽取酉水河河水，2018 年底，辖区自来水使用人数达 15370 人，占总人口的 34.81%。2018 年年初，龙山县石羔水厂引水线工程正式启动，引水线从辖区旧寨村至华塘街道留繁村，全长 15.3 千米，总投资 11987.5 万元，2018 年完成投资额 3060.49 万元，建成后可保障县城城区及周边 3 个街道 26 万人的饮用水供给。

【水利建设】 2018 年，新修、整修水渠 3250 米，河堤 250 米，卧龙水库主水渠石羔段整修工程 10 月下旬启动，预计工期 6 个月。河长制工作有序推进，街道、村(社区)河长巡河已成常态，选聘公益性岗位河道保洁员 9 名、饮用水管理员 8 名，辖区河道、水库等水资源得到有效保护。

【美丽乡村建设】 2018 年，以美丽湘西建设为契机，实施农村环境综合整治，村村寨寨配备保洁员，常年清扫辖区垃圾，定期清运、保洁，投入同建同治专项资金 89 万元，辖区环境整洁卫生。同时，在苦竹、桃红社区实施美丽湘西示范村建设项目，按要求编制了村庄发展规划，实施改水改厕、美化亮化、环境综合整治等工程，村容村貌焕然一新。

洗洛镇

【概况】 清咸丰年间新任知县途经该地，见一口水井，周围丈余凉风飒爽，井水清澈见底，入口清凉甘洌。该官见井中一对螺丝相戏，深感怪异，即召士人相问，此地何名，答无名。县官将此地取名“喜螺”四方井，洗洛由此而得名。后人认为螺字带虫不祥，后逐渐演变为洗洛。洗洛清朝为里，民国为乡。解放初期为乡，1958 年改为洗洛人民公社。1984 年改为洗洛乡人民政府，2015 年洗洛乡与湾塘乡合并为洗洛乡，2016 年洗洛乡人民政府改为洗洛镇人民政府。洗洛地处武陵山脉，地势北高南低，地形呈盆状形。主要山脉沙子坡、困里屋、青龙山、可立坡。最高海拔 1333.5 米，最低海拔 450 米，平均海拔 520 米。属亚热带大陆性湿润季风气候区，四季分明，雨水充沛，年平均气温 13 摄氏度。平均降雨量 1512.4 毫米。森林覆盖率 70%，植物种类 3800 多种。可食用野生植物 104 种。野生动物近百种。珍贵野生动物有锦鸡、白面(果子狸)、獐、麂、鹰、鹞、穿山甲、娃娃鱼(大鲵)等。野生菌类 137 种，已知可食用菌类 61 种，阳雀菌(羊肚菌)、竹菌(竹荪)、枞树菌、红菌、奶浆菌、火碳菌、茯苓、灵芝乃菌中珍品。洗洛镇乃龙山县之南大门，进出龙山县城之咽喉要道。距县城 7 千米。龙永高速公路、209 国道，石洗二级路穿镇而过，龙里二级路贯穿全镇。东与兴隆街道、茅坪乡交界，南与召市镇接壤，西与桂塘镇相连，北与湖北省来凤县绿水镇相邻。镇政府所在地洗洛社区三组。辖洗洛社区、湾塘社区、牌楼、联盟、青艾、花鹿、欧溪、高寨、芭蕉、坪中、大井、小井、车格、大塘、切碧、红石、小河、小坪、青龙、坡脚、大元村。2 个社区，19 个村，222 个村民小组，7775 户，30991 人。多民族杂居，以土家、苗、汉为主，土家族占总人口的 45.73%。辖区面积 136.82 平方千米，耕地面积 1666 公顷。集贸市场 2 个。2018 年人均纯收入 9531 元，人口出生率 11‰，人口自然增长率5.7‰。

劳务输出人员3791人，收入7582万元，二、三产业从业人员547人，收入1094万元。湾塘电站，位于小坪村，建于1984年，1991－1993年全部峻工投产，装机总容量3.1万千瓦，平均年发电量1.3亿千瓦时。职工人数92人。库区水面面积210万平方米，最大库容4030万立方米。库内盛产鱼虾。

【经济发展】 百合、烤烟、畜牧水产、劳务输出是洗洛镇农民增收的四大支柱产业。2018年全镇稻谷播种面积11775亩，产量4802吨。玉米播种面积7530亩，产量2218吨。两薯播种面积12750亩，产量3588吨。蔬菜播种面积8175亩，产量7610吨。烤烟种植面积2025亩，产值806.5万元。畜牧水产、牲猪养殖4701头，牛671头，山羊4517只，鸡、鸭、鹅21323只。库区网养鱼280口，山塘水库网箱养鱼15口，稻田养鱼30亩，水产品76.8吨，畜牧水产总产值495万元。2018年全镇百合种植农户2150户，面积18495亩，鲜百合产量2133万千克，产值18494万元。百合标准化种植示范基地3个，面积2100亩。征地2万平方米，建百合集中加工区，投资1610万元，建厂房1.5万平方米，加工设备，4条全自动化生产线，年加工无硫百合干片500万公斤。洗洛社区原有分散加工的11家百合干片加工厂和一家百合粉厂全部整合于百合集中加工区。9个百合专业合作社，百合营销队伍95人，年销售鲜百合1500万公斤。百合干片350万公斤。年营销额25500万元。洗洛百合交易中心，也是洗洛百合对外开放的窗口。百合产业从业人员4500人。洗洛——中国卷丹百合第一镇。

【党建引领产业】 2018年，洗洛镇有党支部27个（其中党总支1个），党员574人（男469人，女105人），发展新党员9人，预备党员转正7人。查处党员违纪案4起4人。支部设置标准化、组织生活正常化、阵地建设规范化、管理服务精细化、工作制度体系化。坡脚、欧溪、大元、青艾、小河、大井、机关、高寨八个党支部达标。学习互助兴思想、邻里互助兴和谐、绿色互助兴家园、生产互助兴产业、乡风互助兴文明。全镇372名党员参与，成立372个互助小组，带动1860户。2018年9月，洗洛镇百合产业专业合作社联合党支部成立。支部有党员5名。9个合作社有社员450户，百合种植面积8505亩。创收8500万元，纯收入4250万元。合作社年经营销售额8000万元。高寨村成立了“农湘源”油茶专业合作社，社员38户，油茶种植面积593亩，种植半夏150亩。大塘村成立了大塘村羊肚菌种植专业合作社，社员17户，种植羊肚菌1公顷，26个大棚，投入30万元。湾塘社区油茶专业合作社有社员276户，种植油茶576亩。大元村油茶专业合作社有社员145户，种植油茶400.5亩。车格村油茶专业合作社有社员51户，种植油茶280亩。坡脚村油茶专业合作社有社员125户，种植油茶499.5亩。青龙村油茶专业合作社有社员197户，种植油

龙山县百合产业基地（洗洛镇大井村桃花寨）

茶 795 亩。红石村油茶专业合作社有社员 86 户，种植油茶 300 亩。小河村油茶专业合作社有社员 211 户，油茶种植 795 亩。各专业合作社由支部书记任社长。

【精准扶贫】 2018 年，全镇有精准扶贫建档立卡 1035 户，3999 人。按国家标准脱贫 214 户，830 人。危房改造 129 户，488 人。未脱贫 255 户，837 人（兜底户 80 户，217 人）。常抓机制。专门的领导班子，专门的工作机构（镇扶贫办）。书记镇长负总责，班子成员专门抓，干部驻村，结对帮扶（每名政府干部结对 5 户），扶贫到村（省扶贫村 1 个，州扶贫村 2 个，县扶贫村 6 个），精准到户，到户一月一走访，问题一月一清零。产业帮扶。特色产业帮扶资金，国家财政产业扶贫资金 520 万元。帮扶产业，百合生产。帮扶对象，9 个深度贫困的扶贫村和一个非扶贫村的建档立卡贫困户 514 户，1961 人。帮扶方式，委托帮扶，入股分红。被委托对象，恒健百合开发有限公司、喜乐百合食品有限公司、绿俏生态农业开发有限公司。帮扶机制，利益联结机制，前三年（2018－2020 年）贫困户不承担任何市场风险，每年付给贫困户每人 240 元的红利，兜底户每人 600 元。三年后，利益同享，风险共担。发放每人 400 元产业扶持资金 2028 人 85.12 万元。发放稳岗就业交通补贴 1210 人 48.4 万元。教育帮扶。发放助学资金 417 人 75 万元。发放生态公益林补贴 17.22 万元。

【生态文明建设】 2018 年洗洛镇生态林 1491 公顷，退耕还林面积 939 公顷，发放退耕还林补贴 13.87 万元。商品林禁伐 1398 公顷，发放禁伐补贴 16.35 万元。有转岗护林员 61 人，发放工资 61 万元。杜绝百合干硫磺熏蒸加工，取缔百合干加工燃煤烘烤。实行镇村两级河长定期（一月一次）巡河。配备 103 名保洁员负责全镇的环境卫生，新增院绿化面积 53100 平方米，公路绿化 12 千米。投资 40 万元湾塘社区新建中型垃圾焚烧池一个。

龙山县万亩百合良种繁育基地

（洗洛镇大井村桃花寨）

【安全生产】 2018 年洗洛镇大力推进安全生产"大排查、大管控、大整治"的三大活动。实行"党政负责、一岗双责、失职追责"的工作机制，坚持以"打非治违"为重点，对烟花爆竹、非煤矿山、码头、渡口、车辆、滑坡地段进行重点排查，反复排查，共排查安全隐患 43 起，整改落实到位 40 起。年内没有一起可控安全事故的发生。

【综合治理】 2018 年洗洛镇有社会治安网格长 33 名，综治专干 22 名，辅警 22 名，镇村两级有综治领导小组，一把手挂帅。镇司法所有工作人员 3 名。一年内镇村两级共调解各类矛盾纠纷 73 起，调解成功 72 起，成功率 98%，对 24 名刑满释放人员、18 名重点帮教人员（交村管制劳教人员）定期上门询问，实时进行帮教。175 名吸毒人员，强制戒毒的15人，社区戒毒和社区康复的34人，实时管控的126人(经过戒毒和康复，但康复不满3年的吸毒人员)。2018年是扫黑除恶的起始之年和治标之年。镇党委政府班子共召开专题会议5次，召开镇村两级干部会议安排布署扫黑工作4次。村里召开党员大会，组里召开群众大会。张贴横幅183条，标语205张，向群众发放宣传单6700张，排查线索14条，刑事打击7人。

【文化教育】 2018年全镇有初级中学2所，在校学生225人，教职员工51人，小学5所，在校学生853人，教职员工268人，幼儿园7所，在园幼儿581人，教师57名，九年义务教育入学率100%。2018年长沙岳麓区援建洗洛中学教师宿舍，投资178万元，岳麓区援建洗洛中心小学青少年宫投资180万元。岳麓区援建湾塘中学综合楼投资300万元。全镇有线电视用户1157户，宽带用户575户，有线电视数字化转换全面完成，电视普及率100%。2个社区，19个村全部开通无线广播。

【医疗卫生】 全镇有乡级卫生院两所，医护人员37人。24所村级卫生室全面升级改造，赤脚医生24名。农村合作医疗参合率达96.3%，安全饮水普及率95%，卫生厕所覆盖率85%，医疗卫生保障率100%。

【社会保障】 2018年全镇有养老院2所，集中供养人员63人，工作人员6人。分散供养五保人员45人。发放养老金24.84万元。低保户58户120人，发放低保金31.75万元。享受补贴残疾人347人，发放残疾补贴82.68万元。新型农村养老保险参保16981人，参保率85%，领取农村养老保险金4309人，发放金额548.4万元。

【基础设施建设】 2018年投入2250万元用于基础设施建设。硬化组级公路23千米，新修组级公路11千米。欧小公路12千米升级改造工程破土动工。完成前期工程量的50%。小坪村修建桥梁一座，小井村修建桥梁一座。实施水利建设工程10个。新建人饮工程7个，蓄水池8口，解决了9个村13000多人饮水难的问题。完成湾塘社区街道排污工程，青龙村、芭蕉村太阳能路灯安装。青艾、高寨、小井、小坪四个村级公路加宽硬化。

【美丽乡村建设】 大塘村美化、绿化、硬化、亮化美丽乡村建设。县移民局投资400万元硬化9.5千米的组级公路和羊肚菌产业开发。县农改办投资200万元进行农村电网升级改造。县水利局投资60万元，打200米深水井，全面改造安全饮水。县国土局投资28万元修生产便道。县美丽办投资80万元硬化入户路、户间道，打造碑村牌村、庭院绿化、安装太阳能路灯、建小型公园。

【乡村旅游】 2018年5月1日，龙山县同盛旅游开发有限公司湾塘度假村在洗洛镇湾塘社区挂牌成立。项目规划总投资9700万元，一期投资4000万元。与农户签约土地245亩，每年付给农户风险保证金，田每亩600元，土每亩500元，山林每亩70元，每5年为一付款期，第一个5年期付款31万元。公司收益后，每年按纯收入的10%红利付给农户。

【项目建设】 惹巴拉矿泉水，龙山惹巴拉天然矿泉水厂址位于龙山县洗洛镇洗洛社区，在石洗二级路G209国道、龙永高速路所形成的三角区内，距龙山县城5千米。2017年3月，龙山惹巴拉矿泉水有限公司，龙山县洗洛矿泉水开发工程指挥挂牌成立。2018年9月23日一期工程开工。项目总投资5亿元，占地14万平方米。建筑面积4万平方米。项目分三期建设，一期投资17亿元，完成厂房、仓储、办公楼、职工宿舍，建成48000瓶/小时瓶装水和1200桶/小时大桶水生产线各一条。年生产惹巴拉矿泉水5万吨。二期2022年，年生产量10万吨。三期2025年，年生产量15万吨。一期建成投产后，可实现销售收入1.2亿元，创利税2100万元，解决就业60人。220千伏户外变电站，变电站站址位于龙山县洗洛镇联盟村二组，距G209国道500米，距龙山县城区3000米。征地总面积2.3万平方米，站区占地面积1.18万平方米。2018年6—7月，完成征地，8月工程开工，12月完成了进站道路新修和硬化。站区地基保坎、地基平整、防护围墙等附属工程。变电站建成后，保障黔张常高速铁路供电需求，满足龙山县电力负荷发展需求，提高供电能力和供电可靠性。洗洛联盟220千伏变电站是湘西北部重要变电站，湖南电力系统的中间变电站。

石牌镇

【概况】 石牌镇地处龙山县西北部，于2015年年底由原石牌镇与桶车乡合并建制为石牌镇，距县城26千米。东与大安乡接壤，西与石羔街道毗邻，南与兴隆街道相连，北与湖北宣恩沙道沟镇相邻。石牌镇西有茶园梁，东有大灵山，中间为河谷平坝，发源于桃源村的猛洞河由北至南贯穿全境，镇域内的地势总体东西两侧高、山势总体较缓，局部较陡，周边以侵蚀、溶蚀地貌为主。境内属亚热带季风湿润性气候，气候温和，四季分明，冬暖夏凉，年均气温15.5℃，1月平均气温4℃，7月26.3℃，无霜期277天，年均降水量1347.8毫米。全镇总面积117.5平方千米，下辖14个村和4个社区，系少数民族聚居区。其中尤以汉族、苗族人口居多，总人口2.86万人。全镇共有2所医院（镇中心医院和桶车医院），2所敬老院，13所中小学校（中学1所，九年制学校1所，中心小学1所，片小2所，村小8所），学生2129人。境内主要种植百合、猕猴桃、药材，尤以百合种植为主。石牌镇坐落于号称“湘西屋脊”的大灵山脚下，境内有供应县城居民饮用水的中型水库——卧龙水库，高山好水，气候宜人，如同天然氧吧。石牌是教育文化重镇，自恢复高考以来，全镇走出14位清华、北大的学子和数百名重点本科生，素有“清华北大摇篮”之称。农民作家刘大印创办的《农民文学》杂志闻名遐迩，先后被《农民日报》、中央四台宣传报道。

【基础设施建设】 2018年借助长沙市雨花区对口帮扶机遇，全面完成全镇15个村（社区）村级综合服务平台建设工程、石牌镇敬老院、镇集桥梁提质改造工程。投资300万元，新修组级路3.6千米，硬化了组级路2千米。投资1100万元，10个村（社区）的农网改造工程全面竣工。投资50万元完成集镇人饮工程后续工程，全面解决困扰集镇居民三年之久的饮水安全问题。投资1200万元完成桶车集镇和石牌集镇街道下水管道清淤重建以及路面“白改黑”工程。

【百合产业】 百合是石牌的主导产业，2018年种植规模保持在3万亩以上，其中镇内1.4万亩，在

百合长势喜人

外租种 1.6 万亩，素有“中国百合之乡”的美誉，2011 年，农业部授予“一村一品（百合）示范镇”称号。2018 年 8 月，举办“龙山石牌百合文化旅游节”，被《新湖南》《湖南日报》等主流媒体争相报道。9 月又成功邀请上海东方卫视来镇内拍摄《我们在行动》扶贫专栏节目，胡杏儿、陶昕然、佟瑞欣、陈蓉、朱旭东等 5 名演员、主持人和实业家作为公益大使全程助阵，极大提升了石牌百合乃至龙山百合产品知名度，同期实现了龙山百合产品在全国各地特别是上海地区的销售价量上涨。目前，全镇建成百合气调库 7 座，烘烤机 43 台，烤房 6 座，小烤房 250 间，无硫百合加工已成主流。2018 年百合总产值 2.5 亿元，单项产业人均增收 8000 元以上。石牌百合已基本形成“种植＋营销＋市场服务”的一体化网络格局，雄踞湘鄂边区百合产业龙头地位。

【脱贫攻坚】 2018 年脱贫攻坚取得阶段性成效，镇大塘社区、竹坪社区、桃源村和城堡村 4 个贫困村全部出列，截至 2018 年年底，全镇实现 839 户 3621 脱贫，社会保障兜底覆盖 64 户 151 人。统筹安排镇村、镇直机关 200 名干部参与结对帮扶，一个干部对接 5 户贫困户，做到全镇 1280 户贫困户“户户有人管，户户有人帮”。2018 年，全镇完成对口帮扶项目 6 个，完成投资 1000 万元。其中下池村、卧龙村、石牌洞社区综合服务平台附属工程，桃源村、大塘社区综合服务平台建设后续工程投资 140 万元，城堡村村级综合服务平台建设后续工程投资 120 万元，石牌镇卫生院桶车分院综合楼建设投资 420 万元，石牌镇民生提质改造工程（安全饮水与亮化）投资 150 万元，石牌敬老院后续工程投资 70 万元，石牌镇产业发展扶持资金投入 100 万元。雨花区同升街道、黎托街道等单位分别来镇开展了系列爱心公益活动，湖南农大专家专程来镇指导百合生产、雨花区工商联（总商会）开展“温暖包”捐赠活动、雨花区文创协会开展“书送希望”“在一起”文化扶贫活动（第一季）、雨花区教育局开展长郡雨花外国语学校等 3 所学校对镇属的 3 所学校进行一对一帮扶、雨花区人社局对石牌镇的劳动力进行就业技能培训与就业推荐等帮扶工作。

【民生保障】 2018 年新农合参合人数 2.64 万人，参合率达 95%以上，基本保证了群众病有所医。全面推行新型农村社会养老保险，2018 年参加新农保人数达 85%以上。推行“两免一补”政策，适龄儿童入学率 100%，筹措资金 600 万元，改善了教育教学设施。

【综治维稳】 2018 年，石牌镇信访维稳，社会治安防控、安全生产等工作扎实开展，无重大刑事案件、无重大事故发生，2018 年度，石牌镇信访工作、社会综合治理工作、网格化工作、安全生产工作均被评为全州先进。

【基层党建】 2018 年镇党委以加强班子队伍建设为关键、以强化党员引领示范为核心、以凝聚共识形成常态为抓手，推进“党建提质年”创建活动，严格落实全面从严治党要求，全镇党建工作持续向好。2018 年度发展党员 11 名，接受党员转正 7 名。更加突出党员的模范带头作用，为全镇 216 名无职党员量身定制了岗位，使他们在打赢打好脱贫攻坚，加快全镇经济社会全面发展的进程中找准定位，风险智慧和力量。

茨岩塘镇

【概况】 茨岩塘镇位于龙山县东北部，距县城 22 千米，东邻水田坝镇，南与红岩溪镇毗邻，西界茅坪乡，北抵石牌镇。区域面积 139.32 平方千米，耕地 1187 公顷，林地 9510.5 公顷，下辖 16 个村和 2 个社区，现有 189 个村民小组，5235 户，22084 人。茨岩塘镇平均海拔 886 米，年平均气温 13.4℃，年平均降雨量 1591.9 毫米，系典型的温带大陆性季风气候。农业生产主要以烤烟、蔬菜、百合、玉米、水稻、马铃薯为主。镇区距高速公路出口 18 千米，桑龙、龙永公路交汇于此，交通便利。茨岩塘镇是红色革命老区，1935 年，任弼时、贺龙、关向应、肖克、王震等老一辈无产阶级革命家带领红二、六军团驻扎在茨岩塘，时间长达 233 天，创建了湘鄂川黔革命根据地，边区省委、省政府、省军区、兵工厂、红军医院、供给部、红校等革命旧址犹存。近年来，茨岩塘先后荣获“全国文明乡镇”“全国先进基层组织示范点”“全国人口与计划生育依法行政示范单位”“湖南省安全生产示范单位”“湖南省诗词之乡”“湘西十大魅力乡镇”等称号。

【农业生产】 2018 年茨岩塘镇全力推广传统经济作物的同时，积极发展新型经济作物。全年全镇有烤烟专业村 10 个，职业烟农 331 户，高标准种植烤烟 9500 亩，收烟 19819 担，产值 2972 万元，创税 512 万元。种植蔬菜 4000 亩、百合 4000 亩，种植油茶 1780 亩，中药材 500 亩，蓝莓 30 亩，全镇有养猪大户 20 户，养羊 4000 只，养牛 1000 头。还发展了特色养殖，茨岩社区王鲁养殖藏香猪 500 头，比溪村王东茂养殖孔雀 226 只，比溪洞鑫源养殖专业合作社投放 8 亩龙虾，茄佗村养殖大鲵(俗称娃娃鱼)400 条。

【精准扶贫】 2018 年，茨岩塘镇将脱贫攻坚作为最大政治任务和民生工程，下绣花功夫，做精准文章，全年脱贫 208 户 815 人。全面压实责任。落实中央、省、州、县相关文件精神，出台专门制度，明确镇领导班子及成员、镇扶贫办、村(社区)、驻村工作队和结对帮扶干部的责任，统筹管理辖区内所有驻村扶贫工作力量，将任务分解到村、落实到户、具体到人，同时将脱贫攻坚考核结果与包村班子成员、驻村干部、村干部的绩效挂钩。细车村第一书记杨运大因高度的责任感和出色的工作成绩被评为全州“最美扶贫干部”。全面落实帮扶政策。紧紧围绕“两不愁、三保障”指标，逐步加大产业发展、义务教育、基本医疗、住房保障等方面投入。引导 800 户贫困户种植烤烟、百合、水稻、蔬菜等农作物，发放产业扶持金 107 万元。为全镇 289 户 535 人实行扶贫助学。对智力障碍、患大病、无劳动能力的贫困家庭 44 户 141 人实行社会保障兜底。为 778 户贫困户给予生态补偿。对 12 户 34 人落实易地扶贫搬迁政策。2018 年全镇 5 个村、208 户 815 人达到脱贫标准，通过各级脱贫验收。

【扶贫建设】 长沙市工商联、长沙金霞经开区援建的茨岩塘镇集镇自来水厂完成厂房建设和管道铺设。镇敬老院及其配套设施工程完成四层主体建设。茨岩小学多功能图文报告厅完成主体建设。茨岩中学简易式体育馆完成基础建设。兴溪、凉水、包谷三个村的村级综合服务平台建设完成并于 10 月投入使用。捐赠了 60 万元支持茨岩塘镇的灾后重建；募集资金 10.5 万元，资助 20 名茨岩中学学生和 15 名贫困大学生；启用了 18.2 万元的助医助学基金，对 31 名大病患者和 57 名贫困学生进行救助。21 家企业与 18 个村(社区)进行精准结对，帮助村(社区)发展特色产业，带动贫困户发展生产或就业增收。组织开展“长沙——龙山夏季招聘会”，提供了 700 个就业岗位，解决 60 人就业难题。

【基层党建】 2018 年，进一步完善“三级联创”工作体系，办好党建示范点，领导班子成员带头办党建联系点，整体推进全镇各党支部建设，将半寨村打造为党建示范村，将兴溪、细车、中山、茄佗等村党支部建设为“五化”党支部示范点。按照每月“派单式”任务清单完成情况，对村(社区)党支部书记 1500 元专项绩效实行差额发放。加强党员队伍建设。选派 18 名村支部书记在省、州、县党校培训，举办镇党务骨干培训班，全面提升支部书记的理论水平，结合党员冬春训，共培训党员 371 人次。严格执行发展党员“五项制度”，严把党员发展的“入口关”，2018 年党员转正 11 人、纳新 14 人，实现了发展党员的两个“清零”。举办新党员培训班一期，发展对象培训班一期，积极分子培训班 2 期，培训 80 人次。加强软弱涣散党组织整顿，两个软弱涣散村(社区)顺利摘帽。加强监督执纪。严肃工作纪律，全镇开展正风肃纪明查暗访22次，5名镇、村干部因工作作风等问题分别受到诫勉谈话、提醒谈话和通报批评。狠抓农村违规人情宴请治理工作，村级纪检监察员每月上报人情宴请情况，对拟办违规人情宴请均进行劝阻，共劝阻91起，有力遏止农村不正之风。2018年度获龙山县基层党建工作优秀单位。

3月16日，茨岩塘镇全体干部开展植树活动

【红色教育基地】 抓好资源保护。坚持保护开发和持续发展并重的原则，与县旅文局、文物局等单位团结协作，积极争资上项，加强红色文物旧址的产权回收及保护性整修。投入600万元对湘鄂川黔省委、兵工厂旧址进行全面落架大修，完成红军兵工厂陈列布展。注重文化传承。充分运用报刊、网络、广播、横幅、标语等宣传工具，创新宣传方式方法，利用赶集天邀请三棒鼓表演队来镇宣讲，邀请老同志讲述红色故事，传唱红色经典的方式提高红色茨岩知名度。同时为湘鄂川黔革命纪念馆提供义务讲解，全年接待游客8万人次以上，共接待1100次来自湘西及周边县市的党政机关、学校以及企业团体进行革命传统教育活动。夯实基础设施。坚持红色与绿色同步发展的思路，新建多处红色印记的景点和红色文化广场。2018年8月13日至10月18日，湖南省旅游发展委员会将联合湖南日报社举办推出潇湘“红八景”活动。茨岩塘湘鄂川黔革命根据地积极参与评选，在评选过程中，茨岩塘镇通过发放宣传单、拉横幅、转发投票链接等形式进行大力宣传，最终，茨岩塘湘鄂川黔革命根据地在网络投票和现场陈述中均取得第一名。其中获得网络投票23.2万票。

【综治维稳】 2018年茨岩塘镇始终将综治和安全生产作为重点工作来抓，并多次代表州、县迎省检。2018年，多次联合镇交警中队开展了“交通安全专项整治”，查处违法、违章车辆230台次，教育司乘人员300人。联合派出所、工商所开展“校园周边环境整治”活动，没收“三无产品”110件，教育从业人员15人。经常组织开展烟花爆竹、非煤矿山、危险化学品等专项整治行动。共向企业下达整改指令47份，现场整改30次，经济处罚2400元。积极组织茨岩塘中小学全体教师和学生开展“消防应急逃生演练”，组织敬老院老人开展“消防应急演练”，组织民兵应急排开展“应急抢险演练”等活动。加强综治维稳工作。全年调解纠纷17件，指导调解纠纷74件，全镇18个村(社区)均创建法律公共服务站点，完成平安乡镇、平安村(社区)、平安单位、平安家庭的创建。主动稳控上访老户、非访人员较2017年下降50%。全镇21个社区戒毒和社区康复人员都建档建册，管控到位。县司法局选择将茨岩塘镇作为集中矫正点，对茨岩塘镇及周边地区社区矫正人员统一集中管控，2018年11月开展了一次大型矫止活动。

【同建同治】 2018年每月多次进村查看当地环境整治情况，积极改进环境问题。每逢赶集日，镇综合执法大队联合镇派出所、交警队对马路市场进行集中整治，茨岩塘镇三岔路摊贩不合理摆摊贩卖现象得到治理。积极开展河流清理及问题排查相关活动，建立民间河长，同村级、镇级河长一起监督河流情况，加大保护机制，建立健全举报机制，成功打击1起“毒鱼”事件。

【国土“两违”】 2018年，茨岩塘镇村民原宅基地倒修82户，倒修面积10443.6平方米，新占地建房户52户，新占地面积共6577.9平方米。每月做好相关两违巡查台账，全年共迎接县级两违办专项检查12次，迎接州两违办专项抽查2次、暗访1次。积极查处村民建房形成的“两违”问题，行政综合执法大队不定时对各村(社区)进行巡察，及早制止“两违”的发生，并在赶集日进行“两违”政策宣传，发放宣传手册800份。

【民生事业】 2018年，全镇共有中学1所，中心小学1所，片小2所，幼儿园1所。其中，中心小学有在职教职工52人，教学班12个，在校生622人。中学有在编在岗教师42人，教学班级6个，学生178人。有卫生院1所，床位45床，医护人员34人，其中医师级7人，护师9人，全年接待病人2000人。有敬老院1所，老人57人，工作人员5人。全年有危房改造户65户，其中建档立卡54户，分散供养五保户5户，低保户6户，建档立卡兜底户4户。全镇散居五保55人，集中供养的有47人。加强社会保险，大力推进新农保、新农合等社会保险工作，新农合参合率达95%以上，新农保参保率80%以上。

水田坝镇

【概况】 水田坝镇位于龙山县东北边陲，东临张家界市桑植县上河溪乡，南交永顺县，西连茨岩塘镇，北邻大安乡，距县城东39千米，素称龙山“东大门”。辖区面积192.5平方千米，辖水田坝社区、猛必社区、下比、岩洞、枫坪、中湾、西湖、仁和、澧源、飞翔、兴塔、双联、车塔、车拉坪、红旗15个行政村(社区)，133个村民小组，5337户19449人。民族以土家族、苗族、汉族为主。土家族、苗族约占总人口的80%。全镇地势东高西低，北俯南仰，境内群山起伏，东西部各有一高界横亘于边境，地貌类型多样，落差悬殊，生态环境千差万别，民间有“一山有三季、五里不同天”的描述。全镇平均海拔625米，最低点位于仁和村第一组420米，最高点位于西湖村老鸦尖1361.7米。境内主要山脉为猛必界，主要河流缺台河。气候四季分明，春夏多雨炎热，秋冬干燥低温，属亚热带湿润气候区，年平均气温17.5℃，最高36℃，最低−9.3℃。年平均降雨量1512.4毫米，无霜期250天，适宜春季作物种植。境内矿产资源丰富，有烟煤、铅锌矿、铅土矿、硫铁矿、褐铁矿、硫磺矿、石煤矿、石灰石、方解石等。其中以烟煤资源最为突出，其储量达200万吨以上。境内交通较为便捷，S305(桑龙公路)穿境而过，是水田坝镇的主要交通道路。全镇15个村(社区)公路总里程258.55千米。辖区内共有1所中学、2所中心小学、3所片小和1所私立幼儿园。目前在校中小学生1100人，在园幼儿130人，中小学在职教师123人；卫生院2个，医护人员32人，拥有床位76个，村级卫生室15个；敬老院两个，集中供养五保老人53人。水田坝镇现有耕地1076公顷，其中稻田面积511公顷，旱土565公顷，山林面积17934公顷，土壤以红壤为主。全镇居民主要经济收益来源于外出务工、种养殖业。2018年人口与计划生育协会工作获得省级、州级表彰。

【精准扶贫】 2018年，全镇有全国扶贫开发建档立卡贫困户1497户5822人。贫困发生率达32.06%。2018年，通过基础设施配套建设、医疗救助、转移就业、生态补偿、公共服务保障、产业发展、易地搬迁、社会保障、教育发展等11项工程的同步推进，减贫275户1130人，摘帽一个贫困村。目前尚未脱贫人口395户1350人，未摘帽村11个。完成低保157户291人，社会兜底保障55户134人。完成易地搬迁53户186人。完成危房改造120户

410人。

【党建工作】 2018年，全镇共有21个党支部，党员451人，其中女党员81人，少数民族党员241人，预备党员8人，流动党员81人，大专及以上学历党员占17%，59岁以下占23%。管理制度不断完善，每年召开党员大会2～3次；实行村务公开、财务公开、政务公开，坚持民主决策、民主管理、民主监督，加强党群、干群关系，努力调动村民参与政务、事务的积极性。共召开了镇专题民主生活会、村组织生活会40场次。既高质量完成了“规定动作”，又创新式办好“自选动作”，“慵懒散”等31项问题清单全面整改落实，“最后一千米”等群众关注关心的突出问题得到有效解决。

【产业发展】 产业主要以种养殖业为主。支柱产业为烤烟和畜牧业，2018年种植烤烟3450亩，收购烟叶41.5万公斤，实现经济收益1100万元。养殖业以鸡、鸭、猪、牛、羊为主，其中黑山羊养殖初具规模，已成立1个黑山羊养殖农民专业合作社，带动养殖户100户，养殖总量达1万只，已建钢结构标准化示范养殖场3个，年出栏羊5000只以上。粮食作物主要有稻谷、玉米、薯类等。2018年经济作物中，全镇辣椒种植面积达到553亩，甜玉米种植面积2603亩，中湾村观音山油茶基地种植300亩。镇大棚蔬菜基地已投入使用。

【基础建设】 公路及网络路建设。水田镇共有农村公路346.03千米，其中省道15千米，县、镇道路108.88千米，村、组道路222.15千米，实现了行政村通达率100%，村小组通达率100%。截至2018年已完成县、镇道路建设107.8千米，硬化率100%。全镇13个行政村（社区）村务服务中心建设已基本完成，2019年全面完工投入使用。2018年，投入50万元大力开展城乡同建同治，在公路沿线、居民点全部建立垃圾围和垃圾处理点，实现了组、村、镇的垃圾处理无缝对接，保证了垃圾回收工作有序高效地开展，农村环境卫生面貌大为改观。涉及我镇农网改造“最后一千米”的电力设施建设，目前15个行政村（社区）电网改造已全部完成。水田社区光伏发电站一期工程已经全面完工并投入使用。2018年涉及全镇的15个村（社区）的自来水工程，水源选址和项目设计已全部完成，其中中湾村419户农户的自来水改造工程已率先完成，其他行政村（社区）人饮工程2019年全面完工。政府大楼已经开工建设；公租房主体完成；卫生院和敬老院主体已完成，正在进行附属工程建设；公共汽车站已竣工；农贸市场已经竣工。

【对口帮扶】 2018年，长沙县帮扶工作队认真贯彻落实长沙市委、县委关于对口帮扶工作的指示精神，带着感情和责任，通过基础设施、产业发展、社会帮扶等方面针对水田坝集镇以及所联系的中湾、枫坪、下比三个村开展帮扶工作。三个村两年来共

水田坝镇区全貌

脱贫 190 户、766 人，中湾村在 2018 年年底，率先实现脱贫摘帽，枫坪村、下比村将于 2019 年退出贫困村行列。长沙县累计到位帮扶资金 1950 万元，已拨付到项目的资金 927 万元（近期预计拨付 500 万）。另有 200 万元帮扶资金将于近期到位，完成两年不少于 2000 万元的帮扶资金投入，确保项目资金及时拨付。工作队确定的“建中心、育产业、扶民生”三大目标已按计划逐步实现。

【社会事业】 2018 年，为贫困家庭发放临时救助款 10 万元；为特困户、火灾户发放棉被、米、油等，价值上万元；冬春救助人员 530 人，发放冬令资金 10 万元；粮食直补、良种补贴、退耕还林补助和“两项制度”等各种政策性涉农补贴补助全部按政策要求发放到位；完成了精准扶贫户及农村低保户家庭在校学生的认定工作，共资助各类贫困学生 1419 名；完成重度残疾人两项补贴申报 60 人次；完成 491 户残疾人家庭就业服务需求的入户调查。

【综合治理】 加强社会治安综合治理，推进平安水田坝建设。落实“一村一警”，社会治安防控体系进一步健全。2018 年，共受理调处 193 件矛盾纠纷，调解成功 190 件，调解成功率达到 98.4%，做到“小事不出村，大事不出镇”。一年来接收矫正人员 15 名，到期解矫 5 名，切实加强矫正人员和刑释解教人员的管理，没有脱漏管现象和重新违法犯罪行为发生。2018 年共开展法治宣传活动 11 场次，受教育人数 4500 人次，发放宣传资料 3200 份。将法治宣传推进深入到镇、村（社区），提高全民法治意识。

红岩溪镇

【概况】 红岩溪镇位于龙山县城东南部，东与农车镇相接，西与洛塔、茅坪两乡相邻，南与洗车河镇相交，北与茨岩塘镇相连。镇政府驻地距县城 42 千米，总面积 181.6 平方千米，森林面积 28557 亩，耕地面积 19279 亩，其中水田面积 9184 亩，旱地面积 10095 亩。2018 年全镇辖 2 社区、20 个村委会，即：红岩社区、比沙社区、苗兴村、栈行村、毛坝村、肖家村、坎西村、卸甲村、尧城村、白果村、马失村、梭堡村、凉风村、古丈村、统西村、撮箕村、木龙湾村、比洞村、田家村、头车村、打溪村。共 7656 户，28001 人。其中男性 16799 人，占总人口的 59.99%，女性 11202 人，占总人口的 40.1%。民族主要有汉、土家、苗、回等民族，少数民族 21840 人，占总人口的 78%。有中学 1 所、小学 2 所，在校学生 1051 人，教师 100 人。幼儿院 3 所，在校幼儿 299 人，幼师 21 人。医院 2 所，医生 16 人，有床位 65 个，村卫生室 20 个，村医务人员 20 人。敬老院 1 所，有老人 42 人。主要经济收入来源于农业、畜牧业和外出务工。红岩溪镇地处武陵山脉、地势北高南低，境内山峦起伏，沟壑交错，谷岭纵横。仅红岩社区以上有零星小坪坝而外，其下方均为深山峡谷。千米以上高山有天门山、天堰大堡、小洛塔等。主要河流洗车河（红岩溪段）。气候冬寒夏凉、四季分明。1 月平均气温2.7℃，7—8 月 24.1℃，平均降雨量 1574.6 毫米。主要作物有水稻、玉米、土豆、红薯、油菜、茶叶、油茶等。206 省道、209 国道、龙永高速公路、黔张常高铁等穿境而过。县道红洗公路全长 20 千米。通村公路 1384 千米，实现村村通。是县东南部交通要道、商贸重镇、人口大镇。镇内矿产资源丰富，现已探明地下矿藏有铅锌矿、硫铁矿和煤矿等。尤以煤矿最为丰富，煤炭地质储量 639 万吨，可供开采储量 446 万吨，20 世纪 70—80 年代是县工业重地。向阳煤矿、木龙湾煤矿现已依法封闭。境内河流属长江流域、洞庭湖水系，常年流水溪沟 13 条，总长度 80 千米。最大河流洗车河（红岩溪段）流向由北向南，河段长度 20 千米，流域面积 133.3 平方千米，境内大小水库 6 座，最大水库为五洞水电站，库容量 270 万立方米，水源洗车河，兴运于 1975 年，坐落在栈行村境内。旅游项目有头车村大字沟土家古寨吊脚楼风光和头车村至打溪村 3 千米漂流。民间文艺有龙灯花鼓等。

【精准扶贫】 2018年，县发改局投资苗兴村15万元，修建385平方米猪场一栋，苗兴村至茅坪方10千米的公路正在施工中，投资80万元，硬化苗兴至比沙社区公路。县公路局投资120万元修建田家村长3千米村组公路。红岩社区投资10万元修建长1120米老寨自然寨环寨公路。2018年全镇14个贫困村，其中深度贫困村13个。建档立卡贫困户2406户9839人，已脱贫386户1670人。发放产业扶贫资金279万元。扶贫务工补助资金97.64万元。发放小额贴息扶贫贷款251万元。扶贫发放粮食直补132万元。退耕还林款213万元。护林员补助87.9万元。森林禁发补助款30万元。天然商品林转户补助187万元。

红岩溪镇大字沟古寨

【基础设施建设】 2018年投资1743万元，修建村级综合服务平台22栋，占地面积2.1万平方米，分别是卜纳洞、苗兴、比沙社区、毛坝、肖家坪、马失、坎西湖、白果、尧城、卸甲、凉风、统西、撮箕、木龙湾、田家沟、头车、打溪、比洞、栈行、梭堡、红岩社区。投资800万元。新建蓄水池15个，解决13个村1.1万人人畜饮水问题。投资178万元，坎西湖、尧城、卸甲、统西、比洞、毛坝等6个村，修建河提20处，长600米。投资500万元，田家沟村长2.5千米，村级道路整修硬化和红岩社区长2千米街道油路铺设。投资280万元，正在修建红岩社区蓝月谷广场，占地面积7.26亩，广场1080.2平方米，停车场面积1753.53平方米。投资100万元修建苗兴村、方家沟村、田家沟村桥梁4座。

【产业发展】 发展种植业。全镇茶叶1400亩，其中卜纳洞村200亩、肖家坪村400亩、毛坝村400亩、苗兴村400亩。打溪村种植油茶180亩，田家村种植核桃600亩，比洞村种植葡萄120亩，打溪、红岩种植红心猕猴桃50亩，打溪村沈世文种植黄桃20亩、八月瓜20亩。油料作物种植3940亩，产量402.56公斤。种植业收入1350万元。大力发展畜牧业。全镇养殖出栏生猪10862头，经济收入1629万元。其中养殖大户，红岩社区向玉兵养殖藏香猪310头，马失村陈蓉养殖黑猪350头，母猪45头，其中年产3胎仔猪1头。养殖山羊4860只，经济收入240万元，养蜂2050桶。

【基层党建】 2018年全镇1个党委，1个总支，35个支部，党员718人。其中农村党员449人，男性598人，女性120人，少数民族548人，占总人数的85%。文化程度：大专以上129人，中专41人，小学110人，文盲14人，80岁以上65人，60岁以上265人，40岁以下123人。纳新13人，转为正式党员7人。党员活动，每月25日集中学习，每季度上一次党课，开展一次党的活动。全年召开4次党员大会，每月召开支部委员会1次，开展谈心活动，主要领导一年上一次理论课，一年写两遍学习心得。

【民生事业】 2018年修建安置房21栋，其中红岩集中安置区（位于红岩社区）投资2310万元，占地

13.43 亩,5 层 8 栋,总建筑面积 9625 平方米,安置搬迁户 109 户、385 人,2018 年 5 月开工建设,12 月交付使用。苗兴安置区 2 层 13 栋,安置搬迁户 20 户、69 人。危房改造投资 1413 万元,改造 150 户、517 人。严格落实低保政策,调查清理,精准发放,低保户 289 户、474 人,兜底户由原来 205 户,调整到 92 户,234 人。发放社保兜底保障资金 36 万元,扶贫雨露计划 166 万元,孤寡老人补助 18 万元,残疾人护理及生活补助 108 万元,贫困学生补助资金 355 万元。医保全镇参保人数 23054 人,参保率 88.7%,严格执行计划生育政策,发放计划生育奖扶资金 12.5 万元,独生子女户、两女结扎户 5.9 万元,已婚育龄妇女 4722 人,孕前检查 324 例,落实各种措施 3696 例。

【综合治理】 2018 年党委、政府始终将安全生产、社会稳定工作摆在重要议事日程,采取明察暗访定期和不定期方法,组织有关单位和人员对市场、交通、网吧、赌坊等重点场所进行大检查、大整顿。全年出动民警镇干部 80 人次,取谛违法网吧 3 所,惩治赌博人员 20 人,刑事拘留 6 人,矫正 15 人,卷宗 14 起。受理各类矛盾纠纷 50 件。其中邻里纠纷 10 件,地界纠纷 10 件,其他纠纷 30 件。调解 50 件,成功 40 件,调解成功率 80%。配备网格长 22 名,辅警 22 名,实行对红岩社区赶集巡逻,对乱停乱摆车辆及摊位加以疏导教育,开展法制宣传教育 8 次,受教育群达 2 万人。张贴维稳承诺书 8000 份。

农车镇

【概况】 农车镇位于县城东南 69 千米,东接永顺界,西交红岩溪镇,总人口 2.4 万人。2015 年乡镇区划调整,由原农车乡、原塔泥乡、原他砂乡高坪、合力、高桥、合心、天桥 5 个村合并组建而成。辖内新寨、花桥、马蹄、富坪、艾溪、农车、正河、兰家、纸厂、舍龙、汝池、塔泥、哪咱、王家、田家、铅厂、舍竹、尧场、合力、合心、天桥、高坪、高桥等 23 个行政村(社区)组成。农车镇有中学 1 所,小学 8 所,卫生院 1 所。全镇总面积 207.4 平方千米,平均海拔 614.6 米,源于境中部的正河向南流入他砂,流经 13 千米。境内气候冬寒夏凉,1 月平均气温2.7℃,7 月平均气温 24.1℃。年均降水量 1567.9 毫米,无霜期 280 天。原塔泥乡,最高海拔 1068.1 米,平均海拔 597 米,境内夏季炎热多雨,冬季寒冷干燥。年平均气温 15.8℃,1 月平均气温 4.4℃,7 月平均气温 26.5℃,年均降水量 1567.9 毫米,境内蕴藏丰富的水力、矿产和森林资源。原他砂乡平均海拔 610.3 米,境内夏凉冬寒,冬季高山区常有冰冻。年平均气温 14.8℃,最高气温 39.5℃,最低气温 −6℃,年平均降水量 1417.4 毫米。农车镇被称龙山的南大门,其区位独特,交通十分便利。龙山至永顺 209 国道及吉龙高速贯穿全镇,境内有龙永高速红岩溪、农车两个出入口。农车境内印家界省级自然保护区 2005 年 9 月被湖南省人民政府列为省级自然保护区,是我国中亚热带低海拔常绿阔叶原始次森林免遭第四纪冰川侵袭而幸存的天然林资源宝库,素有天然氧吧之称。农车境内水利、森林等资源非常丰富。农车主要是土家族聚居,文化厚重。土家族等少数民族人口占 80%以上。是全国土家族摆手舞之乡。土家族打溜子、三棒鼓、山歌等世代传承,深受群众喜爱。

【精准扶贫】 农车镇下辖 23 个行政村(社区),其中贫困村(社区)14 个、非贫困村(社区)9 个,现有人口 6526 户 23254 人,建档立卡户 1660 户 6693 人。2014—2017 年度已脱贫 787 户 3228 人,2016 年新寨村退出、2017 年艾溪村退出。2018 年度农车镇共有 352 户 1422 人达到“一超过两不愁”标准。马蹄社区、花桥村、富坪村、高坪村、农车村 5 个村出列。农车镇现有 18 个驻村扶贫工作队,分属省、州、县三级的 17 个工作单位,分别进驻 18 个村参与精准扶贫。2018 年春季发放教育补贴 1503 人,139.4 万元。其中小学生 710 人、初中生 316

人、高中生 113 人、学前教育 285 人、中职 79 人。发放雨露计划 171 人 42.75 万元；秋季发放教育补贴 1427 人 129.3 万元。其中小学 663 人、初中 315 人、高中 102 人、学前教育 241 人、中职 106 人，发放雨露计划 197 人 49.25 万元。农车镇实施委托帮扶 577 人、直接帮扶 3475 人，发放产业资金 213.92 万元。开设公益性岗位 120 个，人均 600 元/月，力争实现一人务工、全家脱贫，开辟出转移就业新道路，实现贫困户本地就业稳定脱贫。选聘 39 人建档立卡贫困人口为转岗护林员，进行生态转岗培训，明确巡护职责与义务。

【党建】 2018 年，农车镇有党员 660 人，设党委 1 个，下辖基层党支部 27 个，其中农村党支部 21 个，社区党支部 2 个，政府机关党支部 1 个，老干支部 1 个，乡镇党委，林场党支部 1 个，镇直机关党支部 1 个，各党委支部认真学习中共十九大报告和习近平新时代中国特色社会主义，2018 年发展党员 9 人，预备党员转正 8 人。建成村级综合服务平台 18 个，配套建设村文化广场和舞台，新增“一村一大”学员 2 人，共有学员 5 人，各支部开展主题党日活动 12 次，开展党风廉政建设，落实党风廉政责任制，年内处分党员 6 人。

【综合治理】 2018 年，以创建“平安农车”活动为载体，以“网格化”管理为手段，落实“组织、制度、责任制、督查、典型示范”5 个保障机制，配备综治专干 23 名，辅警 23 名，设立 183 个网格，有村级网格长 32 名，社工 2 名。排查调解各类矛盾纠纷 50 起，调处成功率 92%。有社区矫正对象 12 个，严格按照有关法律法规管制，无重新犯罪人员发生。有涉毒人员 130 人，其中社区戒毒对象 31 人。开展治安环境综合整治 2 次，校园周边环境专项整治 1 次。摸排安全隐患 4 次，全部落实整改措施。

【对口帮扶】 按照长沙市脱贫攻坚 2017—2020 年行动计划要求，农车镇党委、政府深入群众调查研究，倾听困难群众的呼声，立足长远、因地制宜，注重实效，制定 2018 年对口帮扶计划，共帮扶资金 1183 万元。项目 9 个。涉及到产业帮扶、就业帮扶、基础设施帮扶、教育帮扶、民生事业帮扶。完成项目有蓝莓产业、中药材产业、正河村产业路、集镇环境整治、垃圾站建设、村部附属设施建设、贫困户改厕，教学楼建设，已完成前期手续，年底可开工建设。在项目的建设过程中，得到了当地群众的高度认可和大力支持，确保项目的顺利进行，有效地提高了群众的满意度。

12 月 18 日，农车镇花桥村举办第三届土家摆手节

【非物质文化遗产】 地方特色民间艺术有土家族打溜子、咚咚喹、土家织锦、小摆手舞、挖土锣鼓、哭嫁歌等。其中土家溜子、咚咚喹，被列为国家非物质文化遗产保护项目。哭嫁歌、小摆手、挖土锣鼓、摆手舞是农车镇的代表性文化。解放前，土家族人民祭祖摆手舞活动有一固定时间，每年农历正

月初九开始，集会三天，如一年农车、一年马蹄，连年如此循环。两地都有固定场地，即摆手堂，堂内供着先祖神象——“八部大神”。农车的庙堂在小农车(209 国道与通往艾溪村公路的交岔处)。摆手庙堂宏伟壮观，周围古木参天，绿树成荫，空气新鲜，门前大杉树直冲云霄。堂内的“八部大神”塑像更令人肃敬。

【农业经济】 农车镇大多地处丘陵山区，发展农业产业基础薄弱，农业科技使用率低，为推进农业产业化发展，增加农民收入，立足贫困村、贫困户的资源禀赋和生产条件，积极引进新的农业产业项目，推行新型农业生产技术，坚持因地制宜，尊重农民意愿，充分发挥农户主体作用，大力发展特色产业，全力推进以百合、烟叶、蔬菜、中药材、养殖业为主的农村特色产业建设。已建成富坪村中药材示范基地 1 个，中药材建设规模 1000 亩，烤房 1 个在建；油茶种植 6000 亩，正河村油茶种植示范点已砍渣松土，静候种植最佳时期。水稻种植面积 12000 亩，玉米种植面积 6800 亩，养殖山羊 6000 只，养牛 1000 头，养猪 4000 头，家禽 10000 只。粮食以稻谷、玉米、红薯为主，经济作物烤烟，林以松、杉为主。主产稻谷、玉米、红薯。经济作物烤烟。

靛房镇

【概况】 靛房镇位于龙山、永顺、保靖三县交界处，东与永顺县的西岐乡、对山乡接壤。南与保靖县的普戎镇、拨茅乡相邻，西与苗儿滩镇相连，北与农车镇为邻。靛房地处武陵山腹地，地势为南高北低，境内北部高山环立，中间为小盆地，南部高山、沟睿呈“川”字形排列，中间坡脚台地。境内最高峰为灵格山，位于苏竹村，海拔 1192 米，最低点位于燎原村，海拔 291 米。靛房属亚热带季风气候，其特点是四季分明，雨量充沛，多年平均气温 16.80℃。靛房镇森林覆盖率达到 80%以上，是个天然氧吧，细叶楠木、红豆杉等各类名贵植物，森林、页岩气等资源非常丰富。先锋河、儿车河、敖泽河三河穿镇而过，形成“三山印三水”的独有镇区景观。境内土家族居多，70%的人们尚在使用土家语言，原始牧笛——咚咚喹，风趣奇特的打溜子，人类戏剧的活化石——毛古斯等民俗文化被定为国家级、省级非物质文化遗产保留至今。(名称来历：明末清初，因境内土家族先人在两河口开设一家用蓝靛草染印土布的染房而得名)。靛房地域总面积 185 平方千米，下辖他砂、信地、半南、冉家寨、齐心、云丰、比寨、联合、燎原、先锋、山峰、永明、中心、百型、报格、万龙、联星、苏竹、石堤、吾拉 20 个村(社区)，总人口 2.3 万人。主要民族构成有土家族、汉族等，其中土家族人口最多，约占总人口的 95%。

靛房镇区新貌

【乡村旅游】 靛房有着独特的资源优势：丰富的传统土家文

化，且与洗车河镇、苗儿滩相邻。中心村的古吊桥，先锋村的观音洞以及春季的油菜花、土家山歌、毛古斯、西兰卡普、咚咚喹、打溜子等各种传统土家文化加之洗车河镇的捞车河和惹巴拉、苗儿滩的风雨桥，构成一条丰富的旅游路线。土家族、苗族是能歌善舞的民族。土家族山歌、苗族的对歌，曲调优美，悠扬悦耳；土家族茅古斯舞被称为民族舞蹈活化石，苗族鼓舞堪称中华一绝；酒鬼酒、土家织锦和苗族银饰、蜡染已成为游客珍藏的佳品，这些都吸引着众多游客。靛房山地资源丰富，有名贵的古树：百型村的千年银杏树、先锋村的钩栗、苏竹村的黄连木、永明村的榉木、石堤村的青冈栎、燎原社区的红豆杉，区内页岩气资源丰富，开发潜力巨大。靛房历史悠久，民俗风情浓郁，自然景观秀丽，闻名遐迩，苗族、土家族少数民族以其独具艺术魅力的多民族文化和民族习俗风情吸引着芸芸众生。古建筑保护：靛房镇是土家聚居之地，具有丰富的土家文化资源。其中，土家摆手堂、土家古村落是土家重要的文化。靛房镇万龙村2004年被评为“土家传统古村落”，为保护好这些土家文化，靛房镇立足“传统文化之镇”，成立传统村落保护小组，大力宣传传统文化，同各界一起保护传统文化。

【经济发展】 2018年，靛房镇立足“边贸重镇”，不断巩固传统农业，狠抓粮食、烤烟、养殖等产业，2018年粮油面积达3万亩，粮食产量持续增产，涌现出305户种植大户，种植烤烟6000亩，产量达37万公斤，产值突破了3000万元。不断引进新兴产业，先后投入100万元在先锋村、万龙村种植羊肚菌300亩，已进入市场销售，亩产达到100公斤，为种植户人均创收3.5万元，投入41万元在信地村种植蓝莓200亩，每亩可为群众创收3000元。不断加强养殖业发展，全镇共养殖牛、羊等43万只，规模以上养殖户达132户，产值237万元，靛房羊肉、腊肉、牛肉在全县甚至全州闻名。全镇外出务工人员达8300名，全年劳务收入累计可达4000万元以上，外出务工成为了全镇主要的经济收入来源。

【精准扶贫】 紧紧围绕“两不愁三保障”要求，切实解决群众最关心的问题。2018年共发放147.8万元产业帮扶资金，发放245万元教育补助金，确保无一人因贫缀学。多次开展就业技能培训，并协助举行长沙招聘会靛房专场及伟创力招聘会，先后帮助2007名建档立卡户群众实现转移就业，发放交通稳岗补贴80.04万元。完成易地搬迁集中安置89户。对112户住房条件差的贫困户进行农村危房改造。通过易地搬迁和危房改造，全镇80%以上贫困户住房保障问题基本得到解决。2018年共为6456名建档立卡贫困人口代缴合作医疗142万元。全镇贫困人口住院2358人次，住院费用132万元。通过基本医保、大病保险、民政救助和财政兜底等综合补助后报销总金额112万元。个人自付费用20万元，有效化解“因病致贫、因病返贫”问题。大力开展农村低保户和兜底户清理整顿，通过整顿，对全镇符合条件，确需保障的316户616人纳入低保，实现了应兜尽兜、应保尽保。2018年在全州脱贫攻坚月考核中，该镇2次荣获全州前十。350户1397人顺利脱贫，13个贫困村成功摘帽，并通过省、州等各级部门验收。

【扫黑除恶】 2018年，从讲政治的高度认真抓好扫黑除恶工作。招聘20名驻村辅警及全职化秘书夯实基层工作。召开20次党委会议和若干次班子会议、全体干部职工大会。政府和村（社区）工作人员集中进行扫黑除恶知识测试，每季度至少开展两次入户宣讲扫黑除恶活动。共制作、下发300条宣传横幅、50条墙体标语、15000份承诺书、1000份喷绘、40条橱窗。此外，还进一步创新扫黑除恶专项斗争宣传方式，将扫黑除恶的宣传与干部职工素质拓展训练进行结合，激发干部职工积极性，打破以往被动接受知识宣讲的模式，化被动为主动，提高干部职工参与度，真正做到入脑入心。

【基础设施建设】 2018年，坚持把项目建设作为加快经济社会发展的主引擎，围绕年度建设目标狠抓落实。在长沙市芙蓉区的大力帮扶下，启动了土家文化博物馆、三河文化广场、芙蓉大道等项目，目前三河文化广场已完成“三通一平”，预计 10 月可建成使用。靛房镇九年制学校学生宿舍已投入使用。学校综合楼已完成地基建设，预计 9 月可建成使用。投资 300 万元新建靛房镇中心卫生院住院楼，预计 6 月可以投入使用，投资 980 万元的芙蓉大道已完成路基建设，年底可实现通车。投资 300 万元新建信地村、万龙村、先锋村三座村级综合服务平台，已全部完工，先锋村、万龙村已全面投入使用。信地村村级综合服务平台正在进行室内装修和设备添置阶段，投资 100 万元的先锋村便民桥已接近完工，正在进行后续防护工程建设。

【产业发展】 靛房镇立足于独特的气候条件，继续加大已经形成的产业扶持。进一步优化产业结构，培育新兴产业，按照“基地化建设，科学化管理，规模化经营，产业化发展”的思路，推进农业产业专业化、规模化经营，拉长产业链条，努力形成“龙头企业＋专业合作社＋基地＋农户”的经营格局。完成了中蜂养殖意愿摸底工作，种植羊肚菌 120 亩、迷迭香 700 亩，蓝莓 100 亩，油茶 8000 亩，种植中蜂养殖 400 箱。

【民生事业】 全面落实惠农助农政策，严格按时发放低保、农资综合补贴、计生奖励、农机具购置补贴、临时救助等 39 项惠农补贴 532 万元。大力开展扶贫助学。共资助靛房镇贫困学生 200 人，为学校捐资捐物 100 万元，大力改善了学校的基础设施，让靛房学校的教学质量和教学环境迈上新台阶。努力塑造民族文化品牌。大力宣传和弘扬土家民族文化，2018 年中秋节前夕圆满举办靛房镇首届土家山歌节，并接待湘西电视台、浙江电视台等媒体对我镇茅古斯、土家摆手舞、打溜子等传统民族文化的采访，先后接待清华大学、吉首大学 40 名师生开展民族文化调研活动。成功申报湖南省第四届少数民族特色村镇，成功创建州级文明单位，百型、信地、中心等村入选中国传统古村落。

【美丽乡村建设】 2018 年，认真开展同建同治工作，每村聘请保洁员定时清扫村里垃圾，燎原、半南、他砂成功申报美丽乡村示范点，镇容村貌得到进一步改善。大力开展河长制工作，将生态环境保护责任分解到人，进行了畜禽养殖“三区”划分，进一步防止河水污染；牛栏坡安置区规划有序，土家风雨桥、三河文化广场等大型便民服务场所正积极建设中。新建 16 个、改扩建 4 个村级综合服务平台，20 个村（社区）全部实现电脑办公。大力开展绿化工程，实施户间道路硬化、植树造林、退耕还林、封山育林等工程建设，全面落实森林防火责任制，加大生态环境保护力度。在镇区主干道两旁实施林地补造，河流两岸建设绿色长廊，努力将我镇打造成绿色、美丽新靛房。

【计划生育】 2018 年，加大对计育工作投入，认真落实“奖优免补”政策，实行村干部计划生育工作包村制度，实行“一季一考核，一季一通报”，将计育生育工作纳入绩效考核中。

群众对计生政策知晓率、计生管路和服务满意率均达 96％以上。2018 年，全面落实人口与计划生育工作责任制，进一步完善基础工作，加大对计划生育经费投入，加强对流动人口的管理及计划生育工作队伍建设，提高依法行政水平和服务水平。2018 年共出生 266 人，政策内 230 人，政策内生育率 86％，出生率 11.51‰。

【非物质文化遗产】 地方特色民间艺术土家族打溜子、咚咚喹、土家织锦、小摆手舞、挖土锣鼓、哭嫁歌等，其中土家溜子、咚咚喹，被列为国家非物质文化遗产保护项目。哭嫁歌、小摆手、挖土锣鼓、毛古斯被列为省级非物质遗产保护项目。1993 年被定为省级文化艺术之乡。1995 年被定为国家级文化艺术之乡。2010 年百型村严三秀被定为咚咚喹国家级传承人。2009 年百型村彭武根、永明村彭万姣、石堤村彭南金分别被定为《挖土锣鼓》《哭嫁歌》《毛古斯》省级传承人、国家级传承人。

土家织锦。名为西兰卡普，即土家人的花铺盖。土家铺盖，不仅经久耐用，且是土家族婚俗中的主要嫁妆，客观上是女方经济地位的标志和女儿有无教养的凭证。土家妹子出嫁前都有自己亲手编织的土家被面，新娘父母以精美的土花铺盖陪嫁为荣。他们从深山里找回红花、栀子、姜黄、洞洞树等野生植物制成染料，将自纺的棉纱染出各种颜色或丝线，稍有空闲就坐在木机旁挑花刺绣，在木机上的纬线填上彩色纱线或丝线，织出别出心裁的图案花样。

土家族毛古斯。是最古老的舞蹈，被称为“中国民族舞蹈的最远源头”。土家语为“谷斯拔帕舞或帕帕格次”，意为业梯老太公，是土家族纪念祖先、开拓荒野、捕鱼狩猎等一种古老舞蹈。毛古斯是一种具有人物、对白、简单的故事情节和一定的表演程式的原始戏剧舞蹈，它以近似戏曲的写意、虚拟、假定等艺术手法表演土家先民渔、猎、农耕等生产内容，既有舞蹈的特征，又有戏剧的表演性，两者杂糅交织，浑然一体。毛古斯对研究土家族最初的生活形态、生活方式有着十分重要的价值，其表演形态中所保留的自然崇拜、图腾崇拜、祖神崇拜等远古信仰符号和写意性、虚拟性、模仿性等艺术元素，更是一笔弥足珍贵的文化遗产。

摆手舞。摆手舞是土家族古老的传统舞蹈，分大摆手和小摆手两种。它集舞蹈艺术与体育健身于一体，有“东方迪斯科”之称。摆手舞反映土家人的生产生活，如狩猎舞表现狩猎活动和摹拟禽兽活动姿态，如“赶猴子”“犀牛望月”等十多个动作。以祈求吉祥幸福为主题，以歌、舞、乐、剧为一体的庞大文化载体，表现开天辟地、人类繁衍、民族迁徙、刀耕火种、神话传说及饮食起居日常生活等广泛而丰富的社会生活内容，以自然、洒脱的舞姿，真实、生动地再现了生活、生存、劳作……以简朴稚拙的美学形态为人们所感悟，以史诗般的结构和炽热的色彩，向人们展示一幅幅气势磅礴的民族历史画卷和风情浓郁的土家生活画卷。

打溜子。打溜子是流传在湘西北一种古老的土家族民间打击乐。土家人长期生活在大山深处，从远古击石为乐，到使用铜乐器，他们或效仿风泉之声，或模拟虫鸟之鸣，绘声绘色、惟妙惟肖。有以四人位屋，分别操有马锣、大锣、头钹、二钹四件青铜乐器，另加一管唢呐形成土家吹打乐，俗称“伙”。2018 年 3 月在惹巴拉表演打溜子。9 月参加湖南省溜子比赛石堤村男子队荣获一等奖，联星社区女子队荣获二等奖。并于 2018 年 10 月参加州成立 60 周年表演打溜子、咚咚喹。

咚咚喹。是湘西土家族民间乐器中一种古老芙蓉民间乐器，其音质脆亮，最擅长模拟雀鸟之声，用于年节赛会或婚恋喜庆之中。咚咚喹取材方便，制作简单，多用西竹尾制成，亦有用稻、麦秸制成，发音清脆、明快。

【非物质文化遗产抢救与传承】 1983 年 10 月，土家人田隆信带着咚咚喹、打溜子等节目赴京参加全国乌兰牧骑式演出队文艺演出，田隆信的一曲咚咚喹独曲《山寨的早晨》备受青睐。1987 年 9 月，田隆信又带着土家咚咚喹参加在波兰·卡托维兹文化中心音乐厅举行的国际乐器联欢晚会，由他演奏的土家咚咚喹与苏联的鹰笛、埃及的芦苇笛被国际评审团推举为该次器乐联欢会的领奏乐器。2018 年 3 月在惹巴拉表演打溜子，2018 年 10 月参加州成立 60 周年表演打溜子、咚咚喹。靛房学校充分利用镇内丰富的非物资文化遗产资源，积极投入民族民间文化的抢救和保护工作，把土家文化艺术引入课堂，把咚咚喹、溜子、土号、野喇叭及土家山歌等与音乐教学结合起来，把摆手舞、土家游戏等与体育教学结合起来，把土家织锦与美术教学结合起来，形成了学校特色的大课间活动。活动内容为土家大团摆、土家咚咚喹、土家校歌、土家溜子、木叶表演、土家花鼓、土家游戏 7 大项。学校所有老师和学生会跳土家族摆手舞，80%的学生会演奏土家族咚咚喹，有 400 多名学生熟练掌握打溜子中的部分曲牌，土家族摆手舞、毛古斯舞、咚咚喹、打溜子这 4 个国家级非物质文化遗产项目在该校得到有效的保护和传承。

【双语教学】 靛房镇九年制学校开展土家双语教学，由于靛房学校所在地为土家族聚居区，直到现在，山村里还有的人不会讲汉语。基于这种情况，靛房学校自2005年起就开始双语双文教学。2009年11月，靛房学校“十一五”州级立项课题《土家族地区农村小学双语双文教学》通过专家小组的验收顺利结题，宣告靛房学校双语双文教学模式已经成型。在靛房学校的校园中，所有人之间的交流有两种语言：普通话和土家语。

洗车河镇

【概况】 洗车河古镇位于龙山县中南部，东接靛房镇，南连苗儿滩镇，西北与洛塔乡毗邻，距龙山县城65千米，由原洗车河镇和原干溪乡合并而成。镇域面积175平方千米，林地7707公顷，耕地561.3公顷，其中水田398公顷，旱地163.3公顷。全镇平均海拔505.6米，气候温和，山清水秀，森林茂密，植被丰富，年平均气温15.8℃，1月平均气温4.4℃，7月平均气温26.5℃，年均降水量1417.4毫米。全镇共有15个行政村和2个社区，有85个村民小组，共3904户总人口14326人，全镇有贫困户960户3955人，低保兜底户39户97人。辖区有1所九年制学校、1所中心幼儿园，有学生643名，教师70名，有中心卫生院、派出所、交警中队等镇直单位。洗车河至里耶二级路全面完工，龙永高速连接线工程竣工投入使用。完成易地搬迁两期集中安置点建设，建成安置房144套，114户贫困户实现入住。抢抓长沙市望城区对口帮扶机遇，完成农贸市场提质改造、镇级道路提质改造、校园基础设施改造、卫生院基础设施改造、三个村村组道路硬化等工程。洗车河是土家族主要聚居区，系土家文化主要发源地之一，土家原生态文化十分活跃，传承的非物质文化遗产有摆手舞、梯玛、茅古斯、咚咚喹、山歌、织锦等，每年举办湘西·龙山土家族舍巴日活动，端午节组织开展龙舟赛，并被龙山县确定为龙舟赛基地。作为湘西州历史文化名镇，于2003年编入《中国古镇羊皮书》，被评为省级“文明村镇”“最美少数民族特色村镇”。

【基础设施】 2018年，长沙市望城区对口帮扶洗车河镇基础设施、民生事业、产业发展等资金投入达1180万元。全镇生产生活交通条件得到明显改善。其中151万元用于集镇市场提质改造；82万元用于镇区道路提质改造；25万元用于镇区环境综合整治；100万元用于校园基础设施改造和智慧学校建设；91万元用于中心医院基础设施改造、设备采购和村级卫生院建设；195万元用于产业基地配套设施建设及产业发展奖补资金；50万元用于农村基层党建和阵地建设；486万元用于三个村村组道路硬化与挡土墙建设。

土家舍巴节

【特色产业】 洗车河，水质清纯，富含矿物质，以此水磨制的洗车河豆腐以韧柔嫩白而久负盛名，洗车河霉豆腐荣获“中国·湖南第九届（国际）农博会金奖”等多项荣誉，产品远销长沙、湖北、重庆及东南沿海广东、深圳等地。坚持大户带动，培育豆制品加工大户，优化市场环境，着力打造豆制品加工原料供给、生产、销售“一条龙”服务模式。全镇豆制品加工大小作坊达150家，获SC证3家，从业人员1000人，生产霉豆腐、干豆腐、水豆腐、豆豉等豆制品，年加工黄豆700吨，实现豆制品产值3000万元。洗车河菜刀因其外形美观，质地优良，轻便、锋利、耐用，不卷不崩，便于使用而闻名遐迩，以纯手工锻造为主，从选材到制作都注重质量，其制作技艺有师传和家传两种。近百年来，洗车河菜刀制作技艺在传承中一直没有中断。

【农业生产】 2018年种植水稻1600亩，玉米2300亩，油菜籽1000亩，马铃薯700亩，红薯1000亩，油茶130亩，牲畜养殖15000只，禽类养殖5200只，特种养殖1100只，水产养殖200亩，实现烤烟种植面积1300亩，百合种植150亩。

【脱贫攻坚】 扎实实施精准脱贫“十项工程”，2018实现脱贫164户655人，减少贫困村7个。易地搬迁建成安置房144套，搬迁114户。转移就业脱贫工程，新增贫困劳动力转移就业217人；教育发展脱贫工程。实现贫困学生资助全覆盖，贫困家庭子女就读率和贫困家庭普通高中生免费入学率均达到100%，动员帮扶力量开展教育扶贫活动，为26名贫困大学生发放奖学金6.8万元；医疗救助帮扶工程。实现贫困患者实际报销比例达85%以上，特困患者全额报销；生态补偿脱贫工程。将78名贫困人口转为护林员；社会保障兜底工程。对97名兜底对象实现应保尽保，全面实现农村低保线与脱贫标准线“两线融合”，发展生产、乡村旅游、公共服务等各项工作统筹推进。加强与长沙市望城区人社局扶贫协作对接，协同推进驻村帮扶、行业扶贫、社会扶贫。

【文化旅游】 洗车河镇是土家族主要聚居区，全镇80%的人口为土家族，是龙山县土家族原生态文化保护区核心乡镇，非物质文化遗产有摆手舞、梯玛、毛古斯、咚咚喹、山歌等，土家原生态文化十分活跃。2012年9月10日，在第三届中国民族节庆峰会上，湘西州申报的“土家族舍巴日”成为“中国最具特色民族节庆”之一。“舍巴日”是以缅怀祖德、庆丰祈福为愿景的一种风格独特的民间节庆活动，历史悠久，风情浓郁、内容丰富。主要内容有《祭祖祈福——水上迎神》《歌舞闹春》等，每年端午节组织开展龙舟邀请赛，每年仅舍巴日活动和龙舟赛往来游客就达4万人，通过以民族文化活动拉动区域经济发展。2018年，举办“文化唱戏、产业搭台”的桃花节与舍巴日、龙舟赛等传统文化活动。

【社会民生】 全面落实救助补助政策，认真做好困难群众和农村低保困难补助，加强社会保险扩面工作，基本养老、基本医疗保险人数大幅上升，完成新型农村合作医疗收缴任务，参合率达到99%。2018年度出生人口151人，符合政策生育142人，占94%，全镇符合农村计划生育奖励扶助家庭78人，计划生育特别扶助9人，发放资金18.1万元，计划生育手术并发症3人，发放补助资金3.52万元，享受独生子女保健费109人。

【平安创建】 洗车河镇以“平安创建”为主线，深入开展“平安家庭”“平安校园”“平安社区”系列活动，将全镇划分成73个网格，推选产生网格长73名、中心户长183名，镇区安装监控摄像头30个，实现了全覆盖，社会大局稳定，2018年年末，发生重大伤亡的安全生产事故和群体事件。

【基层党建】 积极推进党建工作，拓展党建阵地，认真落实党建工作目标管理责任制，丰富“主题党日”活动形式与内容，将“学习十九大精神”形成制度化、常态化趋势，党建工作得到全面推进；加强对青年人才的教育、培养和服务。全年发展积极分子

15 名，推举发展对象 14 名，预备党员转正 5 名，为党员队伍注入新鲜血液。

苗儿滩镇

【概况】 苗儿滩镇位于龙山县南部，距离县城 82 千米。2005 年凤溪乡、苗儿滩镇合并为苗儿滩镇。2015 年 12 月，龙山县对乡镇行政区划进行调整，将原隆头镇的喇叭口社区、捞田、水坝、隆头、大溪、光明、联合 7 个建制村成建制划归苗儿滩镇。镇下辖 16 个行政村、2 个社区，2 所学校、2 所卫生院，总人口 3 万人。总面积 290 平方千米，地形呈“7”字形。全境为山地，东有笔寨坪界、多湖克留大山、吾拉山、大旱坡等山峰绵亘边境，海拔均在 900 米以上。西北部为脉龙界延伸部分，最高海拔 1029 米。中北部山梁凸起，有那且山、双且苦、大天水等山脉由北蜿蜒南下，最高海拔 1047.01 米。北部与洗车河交界的山头均为海拔 800 米以上。西南部有交椅山、火烧山、人眠山、你屋山、尖山、万佛山，最高尖山海拔 1002 米，最低处为隆头龙嘴，海拔 218.2 米，为全县最低。境内最大的捞车河由北至南与流经庆口桥的贾市河交汇，穿南部山地流经隆头注入酉水。河两岸为平坝和丘陵地带，千亩良田成片。原凤溪乡境域的土车河由北向南注入贾市河，沿河多峡谷和小平坝，地势东西两侧高，中北部凸起，南半部皆为峡谷山地。龙永高速连接线、洗里二级公路连接线穿境而过。地域属亚热带大陆性湿润季风气候区，四季分明，气候宜人，雨水充沛，年平均气温 16℃，最高气温 39.5℃，最低气温 −6℃。年降水量 1370 毫米，全年无霜期 270～280 天。

【美丽乡村】 苗儿滩镇境内生态旅游资源丰富，尤以惹巴拉景区著称。景区核心村寨捞车村因其秀美的山水田园风光以及厚重的历史文化，先后被评为“首批国家级非物质文化遗产生产性保护示范基地”“中国传统村落”“中国历史文化名村”“全国民族团结进步示范村”“中国美丽休闲乡村”。酉水河与捞车河交汇处的隆头古镇，古称“两江口”。这里风景优美，水运交通发达，经济繁荣。明代就曾设“大喇巡检司”于此。水坝的万佛山是龙山南部著名的佛教圣地。

【精准扶贫】 2018 年，苗儿滩镇贫困村 13 个，非贫困村 5 个，共有贫困户 2179 户 9227 人，2016 年贫困村退出 3 个（六合村、东风村、庆口桥村），2017 年贫困村退出 5 个（树比村、黎明村、红光村、民族村、苗市社区），2018 年贫困村退出 3 个（隆头社区、西坪村、官坪村），2014－2018 年共脱贫 1876 户 8309 人。全镇仍有 2 个深度贫困村未退出（凤溪村、民主村），仍有贫困人口 278 户 789 人，其中兜底户 84 户 248 人，贫困发生率由 30.45％下降至 2.6％。

2018 年，易地搬迁集中安置 45 户 172 人，原安置区 1 户自建，县内安置 9 户 41 人；转移就业 2426 人，发放稳岗补贴 97.04 万元，公益性专岗招聘 148 人，包括河道保洁，公路维护，自来水管理等岗位，共发放工资 44.16 万元；危房改造 103 户。

【基层党建】 2018 年，纳新 11 名，转正 12 名，培训积极分子 35 人，选拔任用大学生返乡扶贫志愿者 11 人。开展新一轮村级后备干部培训，落实好“农民大学生培养计划”，每个村动态保持 2～3 名后备干部。严查村支两委涉黑涉恶违法乱纪行为，整顿软弱涣散基层党组织 2 个，约谈 3 名组织纪律涣散的党员和 6 名履职不力的村干部，取消党员转正 1 名，责令辞职 2 名，调整村干部 10 人。坚持以上率下，组织走访慰问贫困党员 2 次，党委书记带头为镇村两级党员干部上党课 6 堂、组织中心组集中学习 6 次，为 18 个村级党组织发放党建类书籍 500 册。全年 3 次向群众宣传中共十九大，开展法律知识讲座进学校、进社区。组织惹巴拉油菜花节、蓝莓节、民族村黄桃节、第三届惹巴拉杯篮球赛、端午赛龙舟、捞车村万人刨汤节等活动，丰富群众文化生活，在州级、县级等主流媒体全年共发表8篇文章。

【廉政监督】 2018年，18个村(居)委会配备了村级纪检监察员、村民理财小组、红白理事会监督小组，签订了党风廉政建设责任书。2018年镇纪委办结10件群众来信，立案查处六合村的“双百案”，捞车村和补州村的扶贫领域案，戒免谈话3名干部，约谈10名干部，对群众所反映的情况认真开展调查，并及时将调查结果反馈给举报人，给群众一个明白，给党员、干部一个清白。着力抓好“五项监督”：扶贫监督。通过一栋房、一条路、一盏灯、一张床、一口井的巡察和自查自纠，给扶贫项目和资金安全提供保障。村权监督。各村按要求建立“服务＋监督”微信群，要求联点领导、驻村干部、纪委、组织工作人员入群，以驻村干部、村干部为主实行专人管理，及时回应群众诉求，全年通过平台解决群众反映的问题160件。每月25日按时召开村权监督月例会，向参会党员、群众代表及时通报财务收支情况。作风监督。出台责任追究办法，对不担当、不作为等行为严格责任追究，执行“约法三章”。2018年，对干部坐班值班严格督查，严厉查处公款吃喝，对村干部坐班值班不定期督查，扣除5名不按时值班人员的工作绩效。信访监督。2018年共受理各类信访件15件，其重复件8件，已办结14件，一件正在办理。执纪监督。2018年以来共立案查处4人次，1人党内严重警告，2人党内警告，1人正在立案审查，对3名情节轻微的干部进行诫勉谈话，共对21名镇村干部进行约谈。

【产业发展】 产业主要以畜牧业和种植业为主。粮食作物有水稻和油菜，经济作物有柑橘，经济收入主要来源于农业产业和外出务工。全镇种植大户25户，200亩以上的有5户。2018全镇种植柑橘6000亩，产生经济效益1800万元；种植烤烟600亩，产生经济效益221万元；种植油茶600亩、水稻4000亩、玉米6000亩。其中邦富合作社生产的凤溪大米，贤林合作社生产的土泽河大米，鹏程合作社生产的魏家湾大米，均已投入市场，产生经济效益350万元。六合村大军蔬菜专业合作社，制种面积200亩，年收益60万元。养殖产业主要以山羊、鱼、牛为主，红光村共同富裕畜牧农民专业合作社有生猪1000头，年收入达200万元。民族村已开发黄桃产业300亩，2017年完成种植，2018年挂果受益，产量6万公斤，按市场价5元/公斤计算，创收120万元。惹巴拉蓝莓示范园对外开放。蓝莓示范园位于苗儿滩镇捞车河村，总规划面积1000亩。第一期占地面积650亩，主要包括蓝莓采摘园、观赏游步道、围墙、蓝莓广场、游客接待中心、景观亭及配套建设，总投资1000万元。完成蓝莓示范区规划设计、主体建筑设计、地勘、250亩蓝莓大苗定植、400亩蓝莓小苗定植等工作。坚持蓝莓开发与产业扶贫相结合，农户除了享受基本租金红外，可在蓝莓园内务工，增加收入，共流转土地600亩，200农户直接受益，每年获流转土地资金30万元，农户仅蓝莓园务工收入达70万元，人平每年增收1500元。

【安全生产】 2018年，有各类机动车辆680台，小型水库(小Ⅱ型)9座，码头(渡口)10个，客渡船42艘，养殖(捕捞)自用船150艘。辖区重点企业及高危险行业8家。其中，非煤矿山企业3个，加油站1个，烟花爆竹零售经营户4家，重点旅游景区1处(惹巴拉)，镇属中小学2所，幼儿园2所，辖区现已探明的地质灾害点9处，安全生产工作点多面广，工作任务较为艰巨。督促船员(渡工)和签单员到岗履职、航次签单及“八不发航”制度的落实；联合洗车河交警中队、派出所开展道路交通安全检查8次，出动执法人员80人，检查车辆120台次，处置制止非法违法行为25人次，强制报废黄包车4台；整顿非煤矿山、烟花爆竹零售7家次，处罚生产经营单位负责人主体责任不落实行为2家次，教育主要责任人及从业人员7人次。

【基础设施建设】 2018年苗儿滩镇依托浏阳经开区的对口帮扶，投资55万元修建隆头集镇自来水工程，改善苗儿滩镇隆头片区用水困难；投资290万元修建隆头小学和苗儿滩九年制学校教师宿舍楼；投资20万元改造两个社区敬老院，改善道路、绿化等养老设施；稳步促进新农村建设，全镇每个村投资90万元，新修14个高标准农村综合服务平台，改建3个村综合服务平台，已全部投入使用；投资90万元解决管道铺设、水池新建、完善水池围墙及地坪建设等。

【计划生育】 2018年，苗儿滩镇已婚育龄妇女4979人，出生333人，符合政策生育率85.59%，人口出生率为11.38‰，人口性别比达131.25，为农村独生子女户家庭、农村两女结扎户家庭、农村“两扶”对象、手术并发症对象等代缴农合1389人。发放“两扶”对象补贴31.57万元。为计划生育家庭购买意外保险1665人；为农村独生子女、两女结扎户子女义务教育及高中学习期间发放生活补助4.45万元；为农村独生子女发放保费费1.344万元；为5个农村独生子女考起高等院校发放助学金2.5万元；为7个学生申请龙山县高考金秋助学金3.1万元；为6个手术并发症对象发放补助7.224万元。

【综治维稳】 2018年，全镇排查各类矛盾纠纷142件，调处率100%，调处成功率99.5%。社区服刑人员47人，无脱管、漏管，无重新犯罪，每月1次集中报到。信访案件系统录入平均5件/月，办结率100%。加强扫黑除恶宣传，每个村（社区）1个宣传橱窗、、10条以上固定标语、5条横幅等，发放扫黑除恶宣传单5000份。镇政府全年召开专题会议5次，各村召开村组大会、主题党日等推进宣传力度。禁毒社区戒毒人员60人，按期报到检测率70%以上，无制毒、吸毒窝点，无种植罂粟事件发生。2018年，每个村（社区）配备1名禁毒专干，开展禁毒宣传整治活动7次，召开专题会议6次，对医院“三品”、各村吸毒人员进行逐一排查。

【惹巴拉景区】 惹巴拉（土家语，汉语意译为“美好、美丽的地方”）位于湖南省龙山县苗儿滩镇的洗车河与靛房河交会处，又称捞车河，北距龙山县城75千米，是一个历史源远流长，文化积淀丰厚，风景优美秀丽的土家族聚居的古村寨。系武陵山区原生态土家文化保存最为完善、最为活跃的地域，被民俗学家誉为“土家族原生态文化的天然博物馆”“中国土家第一寨”，先后被评为“全国少数民族特色村寨”“全国特色旅游名村”“中国第一批传统村落”“中国民间文化艺术之乡”“中国土家织锦之乡”“湖南省级文物保护单位”“湖南省生态村”。

总体规划。整体结构规划形成“一带两翼一核心”。一带为中心河流景观及水上娱乐带。两翼为西侧综合服务区、东侧休闲农业和养生度假区。核心为惹巴拉景区。结合现有道路，合理组织村对外交通，景区入口设置相应的停车场地，景区内部道

雪中惹巴拉凉亭桥

路实行分级，满足使用需求与各景点间可达性；采用“山水相融、宜居宜游”的设计理念。保留良好的生态基底的同时，应用“海绵城市技术”进行开发建设，总体包括公共绿地、防护绿地与小游园，采用透水铺装、雨水花园、生态渗滤沟等生态设施。滨水岸线以生态驳岸为主，保证河道景观性的同时为水生动植物提供栖息场所。对河道裸石河滩进行安全性整理并设置亲水平台，自然的裸石河滩成为亲水活动空间。核心区布局。核心区建设以绿色农业为基底展现原真土家风貌，建设土家建筑与文化的研学地、放慢时光的悠游场所为指导重点建设九大项目。

原真村寨—捞车村。捞车村以 287 栋土家民居，5 栋明代建筑，58 栋清代建筑，34 栋民国建筑和包含其内的土家建筑标志性符号土家凉亭桥、冲天楼、窨子屋、四水屋、转角楼等独有特色土家建筑著称。

——规划保留现状传统民俗建筑与建筑格局，修缮建筑结构并进行立面改造，在捞车村内形成“人文之源、民俗观感”的土家民俗体验区和“笔墨山水、写意生活”的稻田农庄名俗区。

——提升改造洗里二级公路，规划新建靛苗二级公路，优化村落旅游的可达性。梳理村落内部交通组织，对游步道改造为石板路面，并优化两厢绿化景观。滨水路面改造驳岸形式，增设滨水绿化景观，并适当设置观景台或亲水平台。

——完善旅游管理问询、旅游标识系统、配套商业服务、餐饮服务、住宿、停车、公共厕所等服务设施。依托滨水景观优势，适当开发餐饮、茶堂、酒吧等。

——以“细胞结构”形式形成多个景观单元，并以水系与道路为脉络，联系各片区单元，形成整个村落的绿地景观系统。

土司王宫影视基地。在捞车河分流起始处建设，土司王宫影视基地。项目总面积 11.55 公顷。主要包括依山而建的土司王宫建筑群、可容纳 700 人的太阳河演艺中心，策划设计土司王城游乐区，总体建设成为融实景游览、文化演艺、水陆游乐为一体的土家文化主题游乐园。

滨水文化长廊。在东部靛房河南岸，建设滨水景观带打造土家文化长廊，全长 1018 米。通过锦乡(惹巴冲)广场、雕塑墙、图腾柱等景观设施为载体，纪念土家族在历史长河中的英雄人物，展现历史故事。

土家工坊街。街道位于游客中心往西的黎明村，全长 920 米。现状主街道路的基础上修建景观街道，通过对沿街建筑的结构修复与立面改造，建设土家工坊街作为景区入口连接商业区。以体验式购物将土家族丰富的手工艺传承：西兰卡普织锦、土家族乐器、服饰等工艺品。在主街尽头建设织锦博物馆，展现土家族匠人高超的织锦艺术，具有工具工艺展示的功能，并陈列被评为中国非物质文化遗产(土家织锦技艺)传承人刘代娥的作品。

土家族若亚方舟爱情文化谷。联动捞车河西岸惹巴拉新村地块的神庙祈福区，利用转角山下山谷设置土家族若亚方舟爱情文化谷，联系南北并补充神庙朝拜区功能。总面积 1.3 公顷。弘扬土家族婚庆习俗文化，为游人提供祈平安、求姻缘等朝拜祭祀活动提供场所。山谷内种植象征爱情的紫薇、月季、百合、金桂等花香植物，营造浪漫氛围，山谷内有姻缘殿、爱情廊、姻缘池等，同时在顶部 352 米处设置梯玛观景台，于核心区制高点登高望远，情侣们可在平台上锁上同心锁，成为其爱情见证与回忆。

最美星路——暗夜公园。结合惹巴拉地区远离城区的良好夜晚天空视野度，从展现土家族祖辈先贤天文历法方面的成就出发，利用捞车河东岸的滨水步道设置星光之路、滨水观星广场、帐篷营地等功能设施，打造融观星体验、科普教育为一体的星空体验区。

绿色观光农业。在基底农田与林地的基础上，保护现状农耕风貌同时突出打好“惹巴拉”和“绿色农业”两块牌，将农业生产和观光旅游业融合发展，建设绿色农业示范区，努力提升农业整体素质、综合效益和产品市场竞争力。

土家风情桥。在捞车河六合村南段，利用河心洲岛的优良景观，通过提炼土家凉亭桥的建筑元素，利用现代的铁索桥的筑桥手法建设土家风情桥。在中心岛两端分别设置铁索桥与两岸相连，设置桥头堡(牌楼)、特色牌坊、景观亭，并利用外观与铁索桥相似的栈道将上述设施有机结合起来，达到一步一景的效果。

宜居新篇——惹巴拉新村。位于捞车河西岸六合村处，总面积 27 公顷，建筑面积 14 万平方米。通过对土家传统建筑的提炼再造，打造具有建筑、美食、民俗、信仰功能的景区小镇中心，满足景区功能同时安置本地居民。

【土家织棉】 苗儿滩镇是土家族人口聚集区，土家族人口占 92%以上，50%的人口仍然使用土家语。少数民族风情浓郁，有土家山歌、摆手舞、茅古斯、梯玛等。苗儿滩镇历史悠久灿烂，早在明代(即 1368—1644 年)，苗儿滩捞车河两岸就出现了“男耕女织、户多机声”的繁荣景象。在 800 余年的土司统治时期(始于五代，止于清同治年间)，苗儿滩镇灿若云霞的土家织锦，成为中国“四大名锦”(即广西壮锦、云南云锦、四川蜀锦、湘西土家织锦)之一，响誉中外。1987 年与 2012 年分别由文化部、湖南省民委授予“中国土家织锦之乡”“民族民间文化艺术之乡”荣誉称号。苗儿滩镇作为土家织锦发源地，涌现出一批以叶玉翠为代表的土家织锦传承人。叶玉翠(1911—1992)，女，土家族，中国工艺美术大师。经她在本乡及花垣、张家界等地口传心授或指导生产的土家织锦青年艺徒达 100 人。其代表作有《开发山区》《老鼠嫁女》《迎亲图》等，作品《张家界》《岳阳楼》等大型壁挂现陈列于人民大会堂。还有部分作品被贵州民委、湖北民委和湖北民院作珍品收藏。国家级土家织锦传承人刘代娥，土家族，出生于 1955 年 12 月，2007 年被国务院认定为首批国家级非物质文化遗产项目代表性传承人。《椅子花》等 5 件作品被中央民族民间工艺美术研究所收藏。刘氏一家三姐妹以土家织锦闻名于湘鄂黔渝边区，1981—1985 年，刘代娥应聘在湘西州花垣县民族织锦厂带徒授艺，先后授艺徒 20 名。1987 年 3 月应聘在张家界市担任工艺技术指导，传授艺徒 10 名。现在恩施、贵州等地不少人慕名向刘代娥学习织锦。2010 年，在苗儿滩镇政府支持下，刘代娥在捞车河村建立了土家织锦传习所。2011 年，该传习所被文化部命名为“首批国家级非物质文化遗产生产性保护示范基地”。2017 年湘西土家族苗族自治州成立 60 周年，刘代娥作品“甲子顺锦图”献礼州庆。

里 耶 镇

【概况】 里耶镇系国家 AAAA 级景区，位于县城南端，前临酉水河，后靠八面山，东抵咱果乡，南接保靖县，西交重庆市秀山、酉阳两县，北连内溪乡。地势西北高东南低，由西北向东南倾斜。西部、北部属丘陵、高山台地，境内最高峰杯子岩，海拔 1414.5 米，最低点长湾，位于比耳村，海拔 232 米。里(耶)龙(山)公路穿境而过，里(耶)吉(首)公路经花垣县城上龙吉高速可直达州府吉首，迁清公路沿酉水河途径原隆头镇可达保靖县城，张花高速花垣县至里耶连接线工程正在有序推进。镇政府驻地距县城 108 千米，总面积 269 平方千米，耕地面积 4294.2 公顷，其中稻田 3218.8 公顷，旱土 1075.4 公顷。林地面积 11733.3 公顷，园地面积 2753 公顷。八面山孤峰突起，形如巨船，南北长 36 千米，东西最宽处 7.5 千米，山顶地势开阔平坦，草场面积达 4033 公顷，素有“江南草原”之称。酉水由重庆秀山流入镇境，境内流程 13 千米。长潭河自内溪乡西北侧流入镇境吴家溪后注入酉水，全长 20 千米。境内气候温和，四季分明，夏季多云雾，冬季有薄冰。年平均气温 15.8℃，最高 40.9℃，最低 −5.8℃。年降雨量 1400 毫米，无霜期 270～280 天。2002 年 6 月，里耶古城遗址的发现和 3.6 万

里耶秦简

枚秦简的出土，为研究中国历史特别是秦代历史提供了珍贵资料，填补了秦代史料的佚缺，以文字的形式“复活”了秦朝历史。里耶有旧石器时代、新石器时代、商周文化遗址和战国、秦、汉（西汉、东汉）古城、古墓群及明清古街、秦简博物馆、八面山、酉水河等品位高、特色浓、内容丰富、禀赋优良的旅游资源和景区景点。拥有“全国重点文物保护单位（共3处）”、“中国历史文化名镇”“里耶古城国家考古遗址公园（名录）”、里耶—乌龙山国家级风景名胜区“全国特色景观旅游名镇”“中国土家织锦之乡”“中国土家族原生态文化保护试验区”“全国重点镇”“全国文明村镇”中国传统村落（里耶长春村）等十大国字品牌。2018年，里耶镇户籍人口4.47万人，常住人口3.25万人，城镇化率37%。

【经济发展】 2018年，里耶镇以精准扶贫统揽全镇经济社会发展大局，加大特色产业扶持力度，联合相关单位及企业开展职业技术培训10场。为优化营商环境，2018年里耶镇深化“放管服”改革，坚持以市场为中心，以商家及群众的需求为导向，进一步简政放权，促进了区域经济稳步增长，完成财政收入6991万元，同比增长32%；农村居民人均可支配收入3700元，同比增长10.7%；城镇居民人均可支配收入18000元，增长17%，人均消费同比增长8%。2018年，全镇水稻种植面积436公顷，总产量2758吨；玉米285公顷，总产量1123吨；薯类441公顷，总产量1324吨；柑橘种植面积3015公顷，总产值32400吨；烤烟种植面积83.1公顷，总产量48吨；油料作物种植面积632公顷，产量723吨，其中油菜489吨；蔬菜种植面积852公顷，产量1567吨。生猪出栏量5720万头，年末存栏780万头；羊出栏量7980只，年末存栏4280只；牛出栏量1767头，年末存栏1070头；家禽存笼6.59万羽，出笼5.14万羽。渔业以草鱼、鲤鱼、鲢鱼为主，淡水养殖面积31公顷，水产品总量416吨。境内林地面积11733.3公顷，乔灌木林种，以杉、松等用材林为主。为保护该镇林业，投入资金200多万元，聘请转岗护林员90名，完成松毛虫治理414公顷；加强禁牧封育、林政执法，巩固退耕还林成果，封育194公顷，造林121公顷。

【旅游发展】 2018年，里耶镇结合实际情况，充分发挥资源优势，以旅游产业为支柱产业，深挖旅游资源，加大旅游基础设施建设投入力度，成功申报了国家AAAA级景区。麦茶大道游客服务中心、里耶古城道路改造工程及里耶后山景观慢游道项目已经完工，共投资25200万元；管线下地、绿化亮化、公共厕所改造升级完成；长沙街、文昌路、后坪路、辟疆街及历史街区风貌整治和河堤提质改造工程正在有序推进，古镇风貌越发彰显。农村环境整治成效明显，逐步推进垃圾分类处理，日常清扫保洁常态化,农村面貌换然一新。全面推进传统村落保护与整治。2018年兔吐村、双坪村获批中国传统村落,岩冲村被省授予“美丽乡村示范村”。

【精准扶贫】 2018年,里耶镇脱贫攻坚成效明显,实现贫困户289户1173人脱贫,4个贫困村出列。2018年将37名情况比较特殊的村民纳入低保户,给予他们生活上的保障。全年发放农村居民最低生活保障金250.7万元,农村兜底救助资金54.8万元,残疾人护理及生活补贴4.54万元,发放90岁以上高龄老人补贴4.68万元,实现全镇城乡居民医疗保险参保4.41万人,参保率98%,城乡居民基本养老保险缴费3.38万人,参保率85%。教育帮扶成效突出,2018年贫困学子教育帮扶金发放率100%,爱心助学累计超过百万元。充分利用对口帮扶单位资源优势,湘江新区对口资助该镇里耶小学困难学生,帮扶困难学子上百人。

【扫黑除恶】 2018年,里耶镇自觉从讲政治的高度认真抓好扫黑除恶工作。招聘37名驻村辅警及全职化秘书夯实基层工作。全镇召开扫黑除恶专项斗争推进部署会议6次,政府和村(社区)工作人员集中进行扫黑除恶知识测试,每季度至少开展两次入户宣讲扫黑除恶活动。设立大型宣传牌5块,宣传橱窗50个,宣传横幅及墙体标语300条,扫黑除恶宣传墙贴500份,在麦茶社区麦茶大道两边设立宣传刀牌旗50个。此外,还进一步创新扫黑除恶专项斗争宣传方式,将扫黑除恶的宣传与干部职工素质拓展训练进行结合,激发干部职工积极性,打破以往被动接受知识宣讲的模式,化被动为主动,提高干部职工参与度,真正做到入脑入心。

【基础设施建设】 2018年,坚持把项目建设作为加快经济社会发展的主引擎,围绕年度建设目标狠抓落实。农村综合服务平台总投资3180万元,30个村新建综合服务平台,改建8个村综合服务平台;村组道路建设,总投资505万元。其中户间道路投资90万元,村间道路投资415万元;水利设施建设,总投资283万元,实施27个项目,包括镇区部分村的自来水、河堤、水渠改造等项目,逐步解决人畜饮水、灌溉问题。湖南湘江新区管委会投资450.2万元完善里耶镇裴家堡村、东桃村及巴沙村的基础设施建设。裴家堡村的组级路及户间道得到硬化,1组新修排洪沟和渠道;东桃村新修产业路及产业桥,户间道得到硬化;对巴沙村组级石板路和户间道进行硬化,新建河堤415米。

【产业发展】 里耶镇立足于独特的气候条件,继续加大已经形成的产业扶持。2018年柑橘产业栽种面积在原有基础上增加6%,柑橘产业产量高达2.2万吨,总产值8000万元,新修产业路15千米,新建设1个标准化柑橘试范园。进一步优化产业结构,培育新兴产业,按照“基地化建设,科学化管理,规模化经营,产业化发展”的思路,推进农业产业专业化、规模化经营,拉长产业链条,努力形成“龙头企业+专业合作社+基地+农户”的经营格局。完成中蜂养殖意愿摸底工作、菊芋种植4000亩的土地流转工作,油茶2500亩的种植。

【基层党建】 2018年是里耶镇党的建设年,里耶镇一直把基础党建当作根本,其他工作的保障。里耶镇拥有党支部48个,党员1232名,其中农村党员1067名,青年党员约占党员总数的三分之一。2018年,里耶镇新发展年轻党员22名,80人递交入党申请书,参与入党积极分子培训,成为后备军。为提高里耶镇农村党员的理论水平、凝聚力及向心力,全镇集中开展了为期两天的农村党员培训,以习近平新时代中国特色社会主义思想为中心,结合里耶镇工作实际情况为农村党员进行现场理论教学,农村进一步加强了对新思想的认识,对里耶镇的工作情况也有了大致的了解,进而拉近与党员之间距离,提升农村党员建设里耶的参与感。

里耶镇八面山背子岩

【美丽乡村建设】 2018年，里耶镇全面落实州委“建设美丽湘西，打造国内外知名的生态旅游目的地”的工作部署，坚持把美丽里耶建设与产业发展、农民增收和民生改善紧密结合起来，加快推进生态人居、生态环境、生态经济、生态文化四大工程建设，致力建设美丽里耶，打造天下秦城，把里耶建设成看得见山，望得见水，留得住乡愁的地方。镇区的十四条街道黑化、管线下地、绿化亮化、公共厕所等配套设施不断完善。长沙街、文昌路、后坪路、辟疆街及历史街区风貌整治有序推进，完成3.2亿元的投资。抓好贾市社区、杨家寨、岩冲、巴沙、比耳等村(社区)美丽湘西示范村建设，每个村(社区)都设立保洁公益性岗位，垃圾焚烧池及垃圾桶实现全覆盖。岩冲被授予省“美丽乡村示范村”。

【土家语言】 里耶是土家族的发祥地，土家语保留最好的地方，也是完整保留着土家习俗的地方。土家语言主要分布在里耶28个村寨和社区居委会。85%的里耶人讲土家语。土家语，在世世代代口碑相传中，形成了固有的习惯特征，从里耶新、旧石期的古遗迹的发掘，早在十几万年前，就有古人类在这里生活，一个民族的特征，就是语言构成这个民族的特征，在长期的自然活动中形成了自己的语言，经过一个漫长的历史演变过程。在里耶土家族集居区域，仍然保持浓烈的土家语言交流习惯，仍然保持着土家语的语音和语序习惯。就是因为土家族没有文字，因而自己的也就没有办法记载下来，紧靠世代口碑相传，致使土家语言生命力特别脆弱。要依赖其他民族的文字，客观上受到制约作用。再次由于物质的流通、与其他民族之间的通婚、普通话的推广、受到汉语的牵制、外来人口的增加、出门务工人员增加致使土家语言很快失去了继续使用和流传的社会基础，导致土家语言加速流失。据调查，在里耶酉水流域沿岸村寨中，汉语与土家语形成了激烈的碰撞，酉水东岸保靖地区很少会讲土话，但在酉水西岸的里耶岩冲地区的村寨，都是用土语交流，形成了自己的语言习惯。土家语的基本特点：有声调，无辅音(无卷舌音)，复合元音较多，辅音较少，词汇以辅音词多，句子的基本语序是主语——谓语，主语——宾语——谓语。

【贺龙与里耶】二十世纪二三十年代初期，贺龙曾先后两次到里耶传播革命火种，开展革命活动。1924年，国共两党合作初期，为取得北伐战争胜利，贺龙在担任澧州镇守史期间，就看中里耶是一块有山有水、可进可退的根据地。于是带着护兵队首次来到里耶开展革命活动一个星期，住在洋屋巷陈姓大户(即四川袍哥大爷大商户)一栋西式砖木房二楼。他在里耶做了三件事。第一件事：召集里耶当地上层人士及工商大户开座谈会，宣传北伐的重大意义，动员各界人士积极捐粮捐钱支持北伐。第二件事：以镇守史的名义，发腰牌(制)和开字条派出大批民工到八面山上筹粮。第三件事，他抓住学校放暑假的机会，宣传和动员里耶百名高小学生参加“中国童子军军训，为北伐培养了一批后备补充力量。迄今，在里耶古城修防洪河堤建设中发现当年的“中国童子军”徽章及衣扣裤扣等物。

中国共产党领导的第五次反围剿由于王明左倾路线的影响而失败，中央红军被迫长征。1934年10月24日，红六军团历经艰难险阻，排除敌人的围追堵截，经过78天的长途远征，终于在贵州江木黄与红军团会师。10月28日，贺龙率八千官兵，向湘西龙山、永顺、保靖、大庸（今张家界市）等县挺进，实施湘西攻势。为此，贺龙第二次带部分红军重返里耶扩红。（即招收穷苦人当红军），临时住在原洋屋巷对面的凌功益大商户家（今农行里耶营业所处），发动当地穷苦群众打土豪。里耶北街口的放牛娃宋其彪（现今更名江冰，原沈阳军区副军职干部，已故）花垣县茶洞的石帮智（当年在里耶米行打短工，报的假名“田老宝”，解放后回湘西任州长、后调省人大常委会任副主任）等人就是投奔贺龙参加红军和二万五千里长征。

20世纪80年代贺龙的长女贺捷生少将，调往中国军事科学院任职不久，就组织200多名军事专家、教授、学者着手编辑系列丛书《中国军事百科全书》。经中央研究批准，贺捷生沿着她父亲曾经工作战斗过的湘鄂川黔边区革命老根据地寻访考察。1982年清明节前夕，贺捷生将军再一次来到古镇里耶，住在原区委招待所，吃了一餐里耶特色菜：鱼煮豆腐。临别时，她对里耶人民在大革命艰难时期积极支持父亲工作表示真诚的感谢！

【沈从文与里耶】 湘西有四大名镇，其中三大古镇位于酉水河畔。如边城茶峒、里耶、五村等。这些千年古镇，开启了沈从文的文学殿堂。他在散文名篇《湘西》中写道：“白河上游商业较大水码头名里耶。川盐入湘，在这个地方上税。边地若干处桐油，都在这个地方集中。”沈从文与里耶的缘分，主要有两个里耶人，一个是近代民主革命家、教育家瞿荪楼，一个是研究沈从文的专家、学者、教授凌宇。

瞿荪楼青年时期留学日本，是老同盟会会员、国民党元老，与宋教仁是亲密战友。先后担任过北京大学、湖南大学的教授，后因病回到故乡里耶修养。湘西王陈渠珍得知瞿荪楼回到里耶镇后，请求瞿荪楼担任他的高级顾问。而那时的沈从文正是陈渠珍麾下的一名秘书，正值青春年龄，勤奋好学、心求上进。他数次面见过瞿荪楼，并在里耶镇瞿家大院聆听过他的教诲。

另一位里耶籍专家、学者、湖南师范大学文学院院长凌宇。生于1945年，1970年毕业于华东师范大学，1978年考入北京大学中国现代文学专业，师从中国现代学科创始人之一的王瑶先生，1981年毕业，获文学硕士学位，之后进入湖南师范大学任教。

凌宇在20世纪80年代即从研究现代小说大家沈从文而著称，他曾多次访问过沈从文，并参与主持沈从文集的编辑，1985年发表学术著作《从边城走向世界》，1989年发表《沈从文传》，从湘西地域文化角度解读沈从文，获得了国内外同行专家的高度评价。被誉为国内学界从区域文化角度来研究现代文思潮与流派的代表性成就。

中共龙山县委2018年经济工作会议

中共龙山县委办公室

2018年，在县委的坚强领导下，县委办公室以文明创建为抓手，围绕县委中心工作，做好“三服务”工作，打造县委的“坚强前哨”和“巩固后院”。

充分发挥“九大职能”。全年承办各级各类会议157次，牵头做好国家、省、州等各级领导到龙山县调研接待联络服务工作37次，制发县委、县委办等四类红头文件59个，办理各级来文来函1158个，撰写把关县委主要领导讲话、全县性综合汇报、领导署名文章等各类材料200余个，上报各类信息450多条、采用172条，督办各级领导批示件59件、群众信访件43件。

大力推进省级文明标兵单位创建工作，举办“崇德尚法、清正廉洁”“孝老爱亲、美德传承”“诚实守信、厚德善行”“明德修身、正心笃志”4期道德讲堂，开展义务植树、志愿献血等9次志愿服务活动，进行“文明科室”“文明干部（职工）”“文明家庭”等系列评比活动，荣获全省党政系统机要密码工作先进单位、党委督查工作先进单位，成功荣获“省级文明标兵单位”称号、全州全面小康推进工作优秀单位。

县委常委、县委办主任符家波（右一）到茨岩塘镇细车村给大学新生发放助学金

诵读经典

植树现场

党组书记、局长彭贤述（左二）到储备土地现场指导工作 （宾天尺摄）

龙山县国土资源局

建设中的体育馆（无人机拍摄

2018年4月11日，副局长田斌（右二）和总工程师彭晓群（左三）组织干部职工40余人在红色革命老区茨岩塘镇已关闭的成裕采石场植树400棵　　（游鸿艳摄）

2018年6月，龙山县国土资源局举办“迎民运会、庆土地日”暨第一届系统篮球赛

（王家学摄）

龙山县国土资源局4名测绘工作人员考获中国民航局无人机执照

（田冲摄）

龙山县国土资源局2018年荣获州级文明标兵单位等16项荣誉，受县级以上表扬67人次。拨付征地拆迁资金48590万元。出让土地48.9公顷，土地出让成交价款103900万元，同比增长25.18%。为湖南乌龙山国家地质公园建设共争取国家投资资金7216万元，地方统筹配套资金29000万元。联合技术单位创新研发增减挂钩实施监管系统，完成申报批复、实施项目7期,面积558.7公顷，验收确认完成6期，面积470.4公顷。节余指标共协议流转211.2公顷，为县域脱贫攻坚筹措扶贫资金74130万元。

2018年，龙山县被确定为全省首批地理信息示范县。数字龙山地理空间框架建设项目获得“全国优秀测绘工程奖金奖”。龙山县国土资源数字档案室暨龙山县测绘地理信息中心数字档案管理先进经验在湖南省《档案时空》杂志上进行推广。(撰稿人：游鸿艳)

龙山县供电公司

国网龙山县供电公司于2016年1月正式上划湖南省电力有限公司，有员工443人。辖7个部门，3个业务支撑和实施机构、17个班组、6个供电所、1个集体企业。运维变电站14座（110千伏4座，35千伏变电站10座），容量248.4兆伏安；35千伏线路23条/305.21千米、10千伏线路83条/2289.86千米，400伏及以下线路6189.53千米。2018年售电量4.75亿千瓦时，综合线损9.41%，农网改造累计完成397个村，改造完成率为100%。

该公司内强素质，外树形象，坚持“你用电，我用心”的服务理念，积极服务全县工作大局，服务发电企业，服务电力客户，服务社会发展，安全生产、电网建设、经营管理、供电服务、“三个建设”均取得显著成绩。以全国劳模张国强名字命名的国强共产党员服务队被国家电网公司评为“优秀共产党员服务队”。公司荣获湖南省文明窗口称号、湖南省电力有限公司“县级供电企业台区线损进步奖”称号。

城网改造

巡查线路

农网改造

企业文化

桂塘镇

桂塘镇素有“一脚踏三省”之称。2018年，致力于产业发展，以两学一做为抓手，深入推进抓党建促脱贫攻坚工作，7个村顺利脱贫摘帽，全镇408户1799人顺利脱贫，为打赢脱贫攻坚战奠定了坚实的基础，分别在全州7月、8月脱贫验收检查中获前十名好成绩。全镇实现生产总值3.2亿元；农民人均纯收入4018.8元，同比增加500元，整个经济形势呈现健康稳定快速发展态势。

长沙市高新区党委副书记、管委会主任谭勇（前排右二）到桂塘镇调研对口帮扶工作

桂塘镇组织党员代表到桂塘社区团山堡调研集体经济油茶产业

惹迷洞钟乳石

召市镇

【概况】 召市镇，位于龙山县中部，距县城42千米。东与洛塔山脉相连，南与咱果毗邻，西与桂塘、洗洛接壤，北与洗洛、茅坪交界。镇域面积为311.48平方千米。集镇，东有洛塔界余脉倾向，西有可立坡大界遮视。四方有凹凸不均的山堡，中心呈Y型平坝，八面环山，地形复杂。四条溪河汇流，分别从方坡村境内院落坪的汨水洞、新园村境内铁中坝的落水洞潜入乌龙山大峡谷河流。境内最高峰梯子岩海拔1430米，最低点院落坪海拔516.6米。北部系石灰岩为主的黄土壤，适应农作物的生长，其余均为砂壤，土壤为中性偏酸反应。植被以枞树、杉树和灌木树为主。召市属中亚热带山地、季风湿润气侯，其特点气候温和、夏凉冬寒，光照充足、雨量充沛，年平均气温15.8℃，最高气温36℃，最低气温－8.7℃。年降雨量1345.2毫米，无霜期为250天。镇辖28个行政村、4个社区、232个村（居）民小组。辖区12994户、51774人，其中男性29650人、女性22124人；少数民族人口48300人，占总人口的92.0％；其中土家族33000人，占总人口的63.0％，苗族15300人，占总人口的29.0％。人口出生率为12.30‰，人口死亡率为5.81‰，人口自然增加率为18.49‰。集镇常住人口27800人，暂住人口230人。

召市镇区鸟瞰

【交通运输】 2018年，召市道路主干线两条：一条20世纪50年代末修筑的茅一一里公路（茅坪至里耶）途径召市境内（岩门坡至万家棚）里程为33.1千米；一条1985年修筑的火召公路（火岩叉路口至召市）里程为10千米；全镇通村公路20条，里程为104.3千米；通组公路224条，里程为264.4千米；全镇有大货车45辆、农用车680辆、三轮车795、两轮摩托车2470部、校车4台、乡村公交车4辆、赶集客运专用中巴2台、私家小车350部；乡村公交线路4条，水库渡口3个、船只3艘。

【水域水利】 2018年，全镇水域面积4542亩：有小（2）型水库8座、山塘56口。有中型水库1座——贾坝水库，水库位于贾坝社区上端、喳啦坪村旁边、万家棚村下面，是一座以灌溉为主、兼有防洪、发电等综合效率的中型水利水电枢纽工程。2018年列为召市镇自来水引水源库。水库控制集雨量面积20.7平方千米，坝型为粘心土堆石坝，坝高程为700米，最大坝高为32米。校核洪水位698.22米，总库容量为1371万立方米，正常蓄水位为696.35米，正常库容量为1110万立方米。死水位672米，死库容5.6万立方米。大坝于1965年10月开工建设，1967年11月全面竣工。设计灌溉面积为24100亩。灌区共有贾坝一条、召市（左右）各一条、老兴一条4条干渠，总长度40千米。2003年6月开工，实施水库除险加固工程、总投资为

1360 万元。其中中央投资 950 万元、地方配套 410 万元，工程于 2004 年 6 月全面竣工。

【施政项目】 即“干部作风、产业、集镇”三大建设。在干部作风建设上，实施“镇长挂帅、班子成员包片、干部驻村”三联动方式，工作效率度提高，人民满意度提升；在产业建设上，突出实施烤烟、劳务两大支柱项目：218 户种植烤烟 1.07 万亩、收购烟叶 225.41 万担、实现产值 3000 万元；外出务工人员 12000 人、劳务收入可达 2 亿元。在集镇建设上，多方努力召市集镇自来水工程全面施工，集镇改造建设工程进入测绘。即“精准扶贫、经济建设”两大攻坚。精准扶贫顺利完成预定的 4 个村(贾坝社区、桐堡村、桃花园村、瓦房村)588 户 2599 人脱贫任务；经济建设稳步推进。

【基层党建】 镇辖设立党委 1 个、基层党支部 41 个：其中：镇直单位 9 个、村、社区 32 个；党员总数 918 人：其中干部、职工：党员 128 人、农民党员 790 人、预备党员 22 人、流动党员 121 人；2018 年预备党员转正 10 人；发展新党员 15 人；党组织和党员个人信息采集录入率达 98%。

【脱贫攻坚】 2018 年，全镇贫困村 18 个(岩门坡村、坪溪村、瓦房村、红卫村、桃花园村、旧寨沟村、青坪村、岩门口村、桐堡村、排沙坪村、贾坝社区、银岭村、双溪村、可立村、兴坪村、兴合村、双进社区、前卫村)、其中深度贫困村 5 个(可立村、双溪村、银岭村、排沙坪村、旧寨沟村)，非贫困村 16 个。建档立卡 2506 户、10624 人，通过反复评定，剔除不符合条件后，确定建档立卡 2503 户 10606 人。2014 年脱贫 170 户 789 人，2015 年脱贫 89 户 383 人，2016 年脱贫 6 个村(岩门坡村、坪溪村、红卫村、前卫村、双进村、兴合村)、469 户 1985 人。2017 年脱贫 3 个村(岩门口村、青坪村、兴坪村)、588 户 2538 人，2018 年脱贫 4 个村(贾坝社区、桐堡村、桃花园村、瓦房村)588 户 2599 人。发放转移就业资金 141、92 万元；易地搬迁 25 户 87 人，集中安置：龙山 3 户 14 人、召市 22 户 75 人；危房改造 82 户 319 人；教育帮扶学生 1994 人：其中县内就读 1800 人、县外就读 194 人；生态转岗 97 人；社保兜底 53 户 147 人；长沙经开区对口帮扶项目 8 个、帮扶资金 2210 万元；县直单位派驻扶贫工作队 20 个 62 人、召市镇派驻扶贫工作队员 85 人。

【综合经济】 据抽样调查统计全镇 GDP(社会生产总值)6.8 亿元。农业生产总值 8070 万元。农村居民人均可支配收入 6200 元；农村居民人均纯收入 4300 元；农作物种植面积 19000 亩、粮食总产量 5800 吨；年度财政收入 3604.89 万元；(召市)农业银行年度存款余额 3.1298 亿元；农村商业银行年度存款余额 1.8 亿元；贷款总额 5000 万元。

【工业】 召市工业由于交通信息闭塞，人才、自然资源匮乏，科技滞后，成型工业得不到开发。仅有 18 家粉丝加工户、16 家打糖加工户、3 家酿酒厂、3 家木材加工厂、5 家季节性辣椒酱加工厂，7 处制砖厂、6 处石材加工场、2 个采石场、1 家编织袋加工厂。系家庭手工作坊和半机械化操作。

【农业】 召市镇是一个农业大镇，盛产稻谷，粮食作物以稻谷、玉米、红薯、马铃薯为主。2018 年粮食产量 15000 吨。省人大代表、双进社区种粮大户杨梅香，从 2011 年开始采取集约经营、机械化作业方式，常年科学种植水稻 800 亩、油菜 500 亩、玉米 100 亩。大小机械 49(台、架、辆)；固定资产总额达 600 万元。经济作物以烤烟、百合、辣椒、油菜、油茶为主。蔬菜以白菜、萝卜、瓜类、豆类为主。

【基础设施建设】 2018 年长沙经开区援资 1600 万元进行集镇改造，年末开始测绘，计划 2019 年 6 月竣工。顺利完成了长沙经开区驻召市镇帮扶工作队入住的贾坝社区、岩门口、青坪等村(社区)级综合服务平台。顺利完成火岩叉路口至召市全兴路油路建设。

【产业发展】 在巩固扶贫开发产业的基础上，重点突出“烤烟、百合、辣椒、养殖、劳务”五大产业。197户烟农种植烤烟10000亩，收购烟叶126.345万公斤，实现生产总值360万元。同时，大力推动百合、辣椒、粮食、油菜、中药材、畜牧养殖等产业的快速发展；通过扶贫开发劳务培训，劳动技能培训，着力提高劳务经济输出质量，打造劳务输出品牌，全年度劳务输出16009人，收入突破2亿元。

【综治维稳】 积极化解社会矛盾。大力开展平安召市创建。全面抓实综治维稳。全年累计化解矛盾纠纷300起。荣获全州社会治安综合治理优秀乡镇、州“平安乡镇”、信访工作优秀乡镇称号。

【计划生育】 2018年度初期总人口51308人、期末总人口51774人、人口自然增加率为18.49‰。育龄妇女9438人、现有一个子女1956户。已领独生子女证158户，独生子女领证率为8.08%。期内初婚人数370人，初婚率为7.18%。期内出生575人，其中：男285人、女290人。政策内出生493人，生育率为85.74%。一孩出生222人，一孩夫妇面20.72%，生育率为100%。二孩出生255人，生育率为100%，政策内生育率为85.74%。多孩出生98人，多孩政策内出生16人，生育率为16.33%。多孩政策外出生82人，政策外多孩率为14.26%，人口出生率为11.16‰。期内死亡人数378人，人口死亡率为7.33‰。

【科技】 2018年度镇党委、政府高度重视农村科技工作，组织印发防病治虫资料20000份，引导指导农民引进优良品种、推广高效低毒农药，在县农业局的具体指导下，分别下到18个贫困村、16个非贫困村开展职能技术、优质稻高产栽培技术培训，参训人数达5000人。驻村干部现场指导贫困户适用技术操作规程1000人次；利用赶集日开展农业适用技术咨询服务16场次；利用“村干部群、村权监督群、脱贫攻坚群”信息平台，适时发布农业适用技术知识。

【教育】 召市镇有初级中学一所，在岗教职工87人，其中高级教师12人，教学班18个，在校学生1014人，寄宿学生576人；有小学8所，教职工205人，在校学生3084人，其中学前教育536人；有贾坝完全小学一所，下辖村小（岩门口、桐堡、三堡）三所，教职工51人，教学班25个，在校学生804人；有片小（瓦房、大兴、前卫、团结）4所，属召市中心小学管辖，教职工71人，在校学生1199人；有中心幼儿园1所，幼师17人（其中在编人员8人），班级8个，在园适龄儿童299人；有个体幼儿园6所，幼师80人，班级30个，在园适龄儿童1021人；全镇在校学生8824人，其中大学生614人。

【文化卫生】 全镇有业余管（民）乐队15个130人；治丧队8个60人，网吧8个、农村图书室32个。召市镇有镇中心卫生院、贾坝卫生院、瓦房卫生院，三所卫生机构，床位60个。医务人员87人，其中村医27人、医师13人、医生7人、护士18人。村卫生室28所、赤脚医生27人。2018年新型农村合作医疗保险参保人达44700人，缴费983.4万元；新农保参保人1002人、缴费2.03万元。

【环境治理】 结合美丽乡村工程建设，投资110万元，配备洒水车1台、垃圾运输车3台、垃圾焚烧池4个、垃圾围130个、聘用清洁工人141人、其中集镇街道清洁工人13人，农村森林、植被、河道得到了保护，村容维护、环境绿化、厕所改造等环境进行整治，规范了农村生活垃圾无害化处理、生活污水处理办法，农村卫生环境、人民生活质量得到逐步改善。

【红色教育基地】 1935年5月招头寨建立苏维埃政权，机关征用老街陈岳生私人祠堂，房屋为木质结构，一栋八间，1962年列为县级文物保护单位。因年久旧址屋质腐化，2018年由县文物局投资150万元进行维建。1935年7月28日，湘军陶广第二十八军钟广仁师、新编三十四师顾家齐、周燮卿两个旅，为援救龙城进至招头寨，与红十八师五十四团和招头寨独立团发生激战，双方各伤亡一两千人。担任攻城的红二军团主力也于当日下午5时赶来增援，但已丧失歼敌最佳战机，红军主动撤除战斗。在此次惨烈战斗中，红十七师师长苏杰、红五十团团长黄林、政委方振生光荣牺牲，军团政委王震负伤。战役结束后，招头寨人民就地安埋了牺牲的战士，将三位军团首长安埋在龙头凹上(现双进社区九组)。1988年召市镇人民政府树碑立传，供后人缅怀。

【地方特色】 召市粉丝始于民国时期，采用稻谷、玉米、食用豆、红薯粉原料，实行家庭手工作坊制作，纯天然绿色产品，畅销龙山周边县市，闻名湘鄂川黔边区。召市打糖采用稻谷、玉米、红薯等原料熬制而成，产品坚硬酥脆，用铁锤扁钻敲碎才可食用，后人又称敲敲糖。味道纯真、香甜可口。

桂塘镇

【概况】 桂塘镇位于龙山县城西南部，距县城53千米，地处湘、鄂、渝三省市交界之地，西南与重庆市酉阳县大溪镇、可达乡接壤；西北与湖北省来凤县百福司镇、漫水乡比邻，区位优势明显，龙里、龙酉公路在此交会，是湘鄂渝边区咽喉之地，素有“一脚踏三省”之称。全镇地域面积209.4平方千米，下辖19个行政村(社区)，其中16个行政村，3个社区。2018年，全镇实现生产总值3.2亿元；农民人均纯收入达到3780元，同比增加500元。地域属亚热带大陆性湿润季风气候区，四季分明，气候宜人，雨水充沛，年均气温为15℃，降雨量为1328.4毫米，全镇地质地貌半为百页岩沙地地貌，半为喀斯特地貌。地处酉水河流域，境内有明溪、小溪、王道溪、皮渡河等支流。

12月20日，桂塘镇组织党代表到“一脚踏三省”调研旅游产业

【产业发展】 2018年，桂塘镇致力推动产业发展，助力经济再上台阶。成立专业合作社，创建利益联结机制，带动贫困户增收；巩固传统农业，种植粮油面积达3.8万亩，粮食产量持续增产，共有78户种植大户；种植烤烟3350亩，产量40.5万公斤，产值突破1075万元；种植百合1000亩，产量100万公斤，产值突破1400万元；党员带头致富，发展特色产业。特色种植黄姜、白芨、柠檬，特色养殖稻花鱼、孔雀。

【精准扶贫】 2018年，桂塘镇注重夯实贫困人口，稳定脱贫基础，围绕“一超过两不愁三保障”，致力群众最关心的问题，切实做到脱真贫、真脱贫、不返贫。落实产业扶持金、教育扶持金发放，发放产业帮扶资金378.48万元。助力贫困户稳定产业发展，发放教育扶持金193.9万元、雨露计划助学金149.55万元，切实确保无人因贫辍学。注重举办技能培训班，为贫困户学习新技术提供平台。全年配合州、县举办4次专业培训班，培训83人次贫困户，与长沙市高新区联合举办2期贫困户就业技能培训，提高贫困家庭劳动力技能水平和就业创业能力。培训后，全镇 19 名贫困户顺利在长沙高新区就业，确保贫困户顺利脱贫。注重就业扶贫，帮助 2389 人贫困户转移就业。全年，共发放交通稳岗补贴 65.92 万元。2018 年，桂塘镇联合长沙伟创力对需就业贫困户进行招聘、借助济南市中区对口帮扶，为贫困户提供就业机会，全年共帮助 20 名建档立卡户实现就业。注重贫困户的住房保障。2018 年完成易地搬迁集中安置 9 户 33 人，对 249 户贫困户进行农村危房改造。通过易地搬迁和危房改造，全镇 98%以上贫困户住房保障问题基本得到解决。注重健康扶贫。为 2218 名建档立卡贫困人口代缴合作医疗 210.47 万元，贫困户 85%的报销比例有效化解贫困户“因病致贫、因病返贫”问题。经过一年的努力，桂塘镇精准扶贫成绩斐然。分别在全州 7 月、8 月脱贫验收检查中两次取得全州前十的好成绩。2018 年，桂塘镇 7 个村顺利脱贫摘帽，全镇 408 户 1799 人顺利脱贫。

【社会民生】 2018 年，桂塘镇把实现民生事业高质量发展作为重要任务牢牢扛在肩上、抓在手上，不断完善社会保障体系。注重社会保障兜底。大力开展农村低保户和兜底户清理整顿，通过整顿，对全镇符合条件的 400 户 1160 人纳入低保，74 户 205 人纳入兜底保障，实现应兜尽兜、应保尽保。注重开展临时救助。对辖区内发生火灾、水灾等造成损失的居民发放棉被、大米、油、棉衣等生活必需品，帮助其度过难关。高度重视学习教育环境。全年多次组织镇综治办、安监站、派出所等部门对学校周围环境进行联合巡查，确保学生有安全舒适的学习环境。注重开展贫困学生救助活动。

【基础设施建设】 2018 年，桂塘镇致力完善基础设施，助推脱贫攻坚工程。在长沙市高新区大力帮扶下，启动九年制学校图书馆新建、老兴小学提质改造、镇卫生院新修选址等工程项目，完成工商街绿化亮化、友谊村组级道路硬化、明溪村 25 组道路通达，桃子坪道路硬化等基础基础项目。注重综合服务平台建设。14 个村(社区)综合服务平台已新修完成并入住办公，5 个村(社区)提质改造完成，为群众办事提供便利。

【基层党建】 2018 年，桂塘镇坚持牢固树立抓好党建是最大政绩理念，深入推进“两学一做”学习教育常态化制度化，在全镇党员干部中广泛开展“不忘初心牢记使命”专题教育，以加强党的建设为经济社会发展提供强大组织保障。秉承“取经”学经验，凝心聚力促党建的理念。4 月，组织 38 名村(社区)支部书记、第一书记前往长沙麓谷街道考察学习党建工作，致力不断推动基层党建工作再上新台阶；12 月，对 58 名党代表进行理论系统培训，并组织到团山堡千亩油茶基地调研产业、到一脚踏三省调研旅游产业，提高党代表履职能力；发挥党建引领作用，结合每月主题党日组织 500 名党员系统学习精准脱贫知识；组织 115 名党代表对贫困户进行结对帮扶，助力精准脱贫；充实后备力量，培养入党积极分子 62 名，发展预备党员 9 名，转正党员 7 名，储备后备干部 56 名。

【扫黑除恶】 2018 年，桂塘镇充分利用各种宣传手段，全力做好“扫黑除恶”宣传工作，营造良好社会治安氛围。全年投放宣传横幅 150 条，其中主干道 60 条，制作大型宣传广告牌 6 块，入户宣传派发宣传单、告知书共 10000 份。构建扫黑除恶“7+1”工作模式：对镇区、街道进行巡逻排查 20 次，开展“护校”行动 4 次；建立重点人员工作台账，共有重点吸毒人员 23 名、在册社区矫正人员 20 名、重点信访人员 12 名、重点信访群体 6 个；建立重点事项工作台账，收集 2018 年以来处理过的矛盾纠纷、信访事项中可能存在涉黑涉恶现象。严厉打击违法犯罪活动：以“取缔麻将馆”“雷霆行动”等专项行动为载体，对违法乱纪现象予以严厉打击。其中收缴麻将机 6 台，销毁麻将机 1 台，取缔麻将馆 25 家，依法处置违法人员 2 名。全镇累计排查线索 51 条，经初步调查后，向县扫黑办移交线索 3 条，有力震摄犯罪，净化镇治安环境。

【河长制】 2018年，完成对河长制委员会成员及镇、村两级河长的调整，实现“一河一长、一库一长”。与32名村(居)民签订河道保洁员公岗协议，聘请3名民间河长，搭建公众参与河长制工作的平台；启动皮渡河样板河建设，开展6条河流和8座水库的河库“清四乱”行动，组织开展1次山洪爆发防汛抢险应急演练，完成镇所辖8座水库防洪抢险应急预案、调度规程的编制，建立水库防汛抗旱及大坝安全责任机制，明确每一座水库的具体行政责任人、技术责任人、管护人。

【美丽乡村建设】 2018年，完成对镇区街道出店经营、乱停乱摆的综合治理，恢复镇农贸市场的正常营运，采取公开招标形式对镇区内街道保洁及垃圾清运实行整体承包，镇区环境卫生面貌得到极大改观，同时为提高农村居民的生活品质，促进生态文明和提升群众的幸福指数，把美丽乡村建设与产业发展、农民增收和民生改善紧密结合起来，按照风貌独特、环境优美、设施完善、民风淳美的要求，启动友谊村1个精品村、明溪村和王道溪村2个示范村的美丽乡村建设，实施涉及14个村(社区)106户的农户厕所新建、改建。

【安全管理】 2018年，桂塘镇狠抓宣传教育。利用逢场天、节假日，组织开展宣传教育活动8次，在重点路段悬挂横幅8幅，发放安全宣传单6000份。培训车主、驾驶人员及亲属659人次。开通各村、社区文明交通广播站35个，每周播放道路交通广播不少于两次，在村(社区)设立固定宣传栏35块，设立“禁止货运车辆超载、超限”警示标识10个。狠抓排查整治。实行道路交通安全隐患定期排查制度，积极组织村(社区)干部对危险路段、易塌路段及弯道进行排查，全年共整治危险路段26处，在场镇及重要路段设置减速带8处，安全警示标志牌28块。狠抓路面管控。在逢场天、节假日组织镇政府、派出所交管中队工作人员上路查纠道路交通违法行为，对机动车超载，客车超速，无牌无证，货车拖拉机违法载人，报废车上路行驶等违章行为进行重点监管，共组织劝导3000人次，查处道路交通违法行为30起。

大安乡

【概况】 大安乡地处龙山县东北端，距县城41千米。2015年年底，大安乡通过区划调整，由原大安乡与原乌鸦乡合并而成。东与水田坝乡接界，南与茨岩塘镇毗邻，西连石牌镇，北与湖北宣恩接壤，兴乌公路自南而北穿境而过。境域为石灰岩高山地貌，黄泥土壤，地层浅薄。境内群山起伏，沟壑纵横起伏不平，最高点为万宝村亮垭子，海拔1746米，最低点为大湾村谌家河，海拔228米。大安气候四季分明，春多雨水，夏少酷暑，冬季漫长，全年无霜期7个月，年平均气温10.4℃，年均降水量1677毫米。总面积181.54平方千米，辖大红、大湾、桃子、五星、龙口、木鱼坪、马脚坪、五马坪、翻身、万宝、龙堰、西堰、花园、光辉、铁树15个行政村，136个村民小组。2018年全乡3787户，总人口12784人。其中土家族8862人，占总人口的72.6%，苗族1245人，占总人口的10.2%。耕地面积24435亩，其中平地面积11860亩，坡土面积12575亩。林地面积24435亩。下辖社会事务服务站、农技和农村合作经济服务站、规划建设环保和水利服务站、扶贫与民政事务服务站、教育文体广电服务站、安全生产服务站、财政所、国土所、林业站、万宝山林场、大安农村信用社、乌鸦河农村信用社、大安中心完小、乌鸦河九年制学校、烟组等15个乡直机关。大安乡境内万宝山主峰海拔1746米，素有“湘西之巅”美誉。湖南四大水系中澧水的发源地可追溯到大安黄连坪，故又是“澧水之源”。境内生漆资源丰富，1958年，国务院总理周恩来亲授“黑色金子林之乡”匾牌。境内有黄莲、玄参、天麻等50多种名贵药材，是远近闻名的“药材之乡”。烤烟质地优良，被长沙烟厂定为调香型主料烟生产基地，遂得“金叶之乡”；全乡森林覆盖率72.5%，万宝山万亩林场，莽莽苍苍，横无际涯，是龙山“生态建设示范乡”。2018 年 9 月，由吴玉、向祖恒、谢丹、刘英娣、张代贵联名在芬兰《植物学报》(Ann. Bot. Fennici) 第 55 期上发表论文(《Prunusnutantiflora (Rosaceae)， anewspeciesfromHunanProvince，China》)。经吉首大学教授张代贵鉴定，龙山县大安乡万宝山下锅铲坪(海拔 1557 米)发现的三芽并生灌木樱桃确认为新物种，命名为垂花樱桃(PrunusnutantifloraD. G. Zhang&Z. H. Xiang. sp. Nova)。垂花樱桃最典型的特征：三芽并生，两侧为花芽，中间为叶芽，花下垂，花叶同放。垂花樱桃的花芽着生方式与矮生樱亚属的郁李类类似，其他特征又与典型樱亚属的微毛樱相近。垂花樱桃属于晚花类型，4 月中下旬开花，较华中樱桃晚开 40 天左右，花粉红色，量大而美。垂花樱桃的发现为我国樱类资源又增添了一个新的物种，为晚期观赏樱花资源开发提供了新的种质资源。

【基层组织】 2018 年，全乡共 18 个党支部，发展 9 名预备党员，党员人数达 375 名。扎实推进党支部“五化”建设，实现 6 个党支部全面达标。严格执行《村干部绩效管理制度》、《村干部轮流坐(值)班制度》、《村重点工作“派单”式管理制度》、“三会一课”、“四议两公开”等各项规章制度，使基层党组织的领导、决策、组织协调能力和为民服务水平不断增强，使党员干部的干事创业热情、为民服务水平不断提高。继续推进“两学一做”常态化制度化，全乡党员积极参与支部主题党日，深入学习贯彻习近平新时代中国特色社会主义思想和中共十九大精神，全体党员干部的工作作风与精神风貌明显提升。全面推行农村“互助五兴”基层治理模式，共建立 233 个互助小组，充分发挥基层党组织战斗堡垒作用和党员先锋模范作用，形成以党组织为核心、党员带动群众参与、互助共进生动格局，党员群众的内生动力得到进一步激发，加速推进我乡决战决胜脱贫攻坚和乡村振兴进程。

【经济发展】 2018 年，大安乡烤烟种植农户为 484 户，种植面积 14680 亩，收购总量 171 万公斤，实现经济价值 4500 万元。药材是大安乡特色产业，全乡种植天麻、玄参、黄莲、黄柏、杜仲、厚柏等药材面积突破万亩大关，药材产值 1100 万元，乡境内有 4 亩天然生态箬叶林，经箬叶采摘及深加工，为群众创收 400 万元。全乡外出务工人数 3500 人，创收 1000 万元以上。

【脱贫攻坚】 2018 年，坚持“六个精准”，细化帮扶措施，层层压实责任，狠抓工作落实，取得明显成效。大安乡辖区 15 个村，贫困人口 669 户 2475 人，其中贫困村 11 个，非贫困村 4 个。截至 2018 年年底，全乡累计脱贫 535 户，2085 人，退出贫困村 9 个，综合贫困发生率降至3.04%。积极落实教育发展帮扶政策。共为 905 人(次)贫困学生发放

俯瞰大安乡马脚坪村

生活补助79.63万元；为10名贫困大学新生发放一次性补助4.5万元；为133人(次)贫困职业教育学生落实“雨露计划”补助33.25万元。积极落实医疗救助政策。对所有贫困对象由财政全额代缴城乡居民医保，并按每人60元标准购买“扶贫特惠保”；对建档立卡贫困户，积极宣传并落实“一站式结算”“先诊疗后付费”“三个一批”“分级救治”等政策。落实社会保障兜底政策。深入推进农村低保制度与扶贫开发政策有效衔接，落实兜底标准3960元/年，将符合农村低保政策的建档立卡贫困人口纳入农村低保，符合扶贫政策的农村低保对象纳入建档立卡贫困人口，实现“应保尽保，应兜尽兜”。落实产业项目，大力发展烤烟、中药材、中蜂等符合大安乡地域特色的产业，采用“公司(合作社)＋基地＋贫困户”的模式，引导贫困户以土地入股、资金入股、技术服务、市场服务等方式加入合作社，鼓励新型经营主体与贫困户建立利益联结机制。截至2018年年底，大安乡辖区每个村至少成立了1个合作社，与本村有发展产业意愿和能力的建档立卡贫困户建立利益联结，15个合作社与554户贫困户建立了利益联结机制，直接联结帮扶贫困户501户，委托帮扶贫困户53户，实现每户发展产业的贫困户有稳定收益；联系众泰中药材公司，大力发展重点中药材产业，对全乡所有建档立卡户669户2475人实行全覆盖模式，以委托(股份)帮扶或直接帮扶的方式，以种植贝母、黄精等中药材为主，与建档立卡贫困户建立新型利益联结，进行技术指导、股份分红、收购产品等方式进行帮扶。利用长沙市雨花区和长沙学院对口帮扶，开展企业如长沙比亚迪公司等招聘，展开技能培训。为769名外出务工人员发放交通补贴30.76万元。通过放大生态，文化优势，大力推进“湘西之巅，澧水之源”等扶贫旅游开发，带动周边建档立卡贫困户脱贫增收。统筹辖区1个省直工作队、10个县直工作队、4个乡镇工作队，做到全乡11个贫困村和4个非贫困村驻村帮扶全覆盖。同时，招募15名大学生志愿者驻村服务，选派25名干部驻村，动员全乡50名党员干部展开结对帮扶，做到结对帮扶全覆盖。

【扫黑除恶】 2018年，按照扫黑除恶专项斗争的工作部署，开展集中整治“村霸”和宗族恶势力、取缔无证无照经营性麻将馆、雷霆行动、扫黑除恶涉“毒赌”，校园周边安全治理等专项行动，取得很好的效果，依规取缔23家无证无证经营性麻将馆，报送雷霆行动线索1条，首个乡镇达到对社区戒毒(康复)人员100%的管控率，同时全年无一起校园周边安全事故，有效遏制黑恶势力违法犯罪突出问题。强化宣传造势，营造浓厚氛围。张贴《关于开展扫黑除恶工作的通告》《关于对举报涉黑涉恶违法犯罪线索实行奖励的通告》海报80套160张，全乡按照16块有扫黑除恶专项斗争内容的综治宣传橱窗，悬挂宣传横幅50条，张贴固定宣传标语40条，发放扫黑除恶专项斗争知识宣传单6000份。每周播放村村响不少于5次，安排村辅警、驻村干部在本村村微信监督群推送相关链接不低于2条。按照“有黑扫黑、无黑除恶、无恶治乱、无乱强基”的工作要求，在辖区内进行全面摸排，从源头上预防和化解矛盾，坚持打早打小的原则，基本实现到“小事不出村、大事不出镇、矛盾不上交”。

【基础设施建设】 2018年，实施14个安全饮水项目，通过新建集中供水、饮水巩固提升等多种形式全面解决贫困人口饮水安全问题；全面完成自然村通水泥路、道路加宽或整修、安全栏防护工程项目20个，辖区内所有村农网改造工程均已完成，做到农户100%通生活用电。实施公共服务保障工程。全面推进农村综合服务平台项目建设，已完成11个村级服务平台新建，4个村级服务平台改扩建。实施易地搬迁工程。以分散自建、购买商品房、集中安置的方式，完成37户153人搬迁安置。实施农村住房安全保障工程。2018年，大安乡四类对象危房改造计划实施的87户年底已全部完工入住。

【美丽乡村建设】 投入资金12万元，聘请保洁员

30名对15个行政村组主干道和公共区域进行日常保洁。聘请生态转岗员59名为农村环境卫生劝导员，提高全民环境意识。消除垃圾乱丢乱扔现象。开展卫生评比活动。实行大评小奖，巩固同建同治成果，实现同建同治常态化。投入13万元对街道环境卫生实行外包，实行按时清扫，清运，实行垃圾分类减量焚烧。投入262万元，对马脚坪村、五星村、翻身村、光辉村进行美丽乡村示范创建。完成四个村村庄规划。新建户间道1800米，新建卫生厕所80座。安装太阳能路灯120盏。绿化村庄道路5000米，设立四个村庄出入口标识牌。安装村庄道路指示牌19块。推广省柴灶14口。新建文化墙500平方米，为农户购买垃圾桶800个，安装垃圾分类箱13个，拆除破旧房屋10栋，对农户房前屋后进行整治，消除农户房前屋后杂物乱堆乱放现象。

【林业工作】 2018年林业项目建设：生态公益林兑现50203.3亩、天保工程兑现89608.1亩、第一轮退耕还林3753.3亩，第二轮退耕还林1922.2亩。资源林政管理：义务植树地点翻身村完成60亩，栽植银杏12000株；办理林政案件5件。全乡生态补偿转岗护林员59名，其中中央财政43名，地方财政16名。开展森林防火宣传、森林防火应急演练，全年火警火灾0起。

茅坪乡

【概况】 茅坪乡位于龙山县城东南22千米，总面积95平方千米，东接红岩溪镇，西连洗洛镇、召市镇，南交洛塔乡，北邻茨岩塘镇和兴隆街道。全乡平均海拔800米，以高山台地为主要地形，峰峦之间烟雾缭绕，环境优美，溶洞繁多，为典型的喀斯特地貌。气候条件：该地气候属亚热带大陆性湿润季风气候区。全年四季分明，夏季受季风影响，降水较丰沛，气候温暖湿润。冬季气温较低，降水较少，气候较寒冷。年平均气温15.8℃，极端最高气温为39℃，极端最低气温－6.9℃，无霜期281天。年均降雨天数为160天，降雨主要集中在4—9月，年均降雨1376.2毫米。年均相对湿度81%。年平均日照1261小时。茅坪乡为土家族集居地，文化旅游资源非常丰富，积淀了浓厚的土家文化底蕴，保留了比较完整的土家风俗，如祭祖、哭嫁、花鼓、山歌、摆手舞、花灯舞等。自然风光主要有水沙坪将军岩、三仙醉酒等，号称龙山县城的后花园。下辖12个行政村以及13个企事业单位。2018年，有住户3799户，总人口15865人，其中常住人口14582人，流动人口1283人。乡内有土家族等9个少数民族11338人，占总人口的71.47%，人数较多的几个民族呈大杂居、小聚居特点，人口最多的是土家族，有10036人，占全乡总人口的63.26%，汉族4526人，占总人口的28.53%，苗族1076人，回族207人，侗、壮等6个少数民族20人；乡内共有田、彭、向、张、王、李等90多个姓氏，其中人口较多的有田、彭、向、张、李、刘6姓。茅坪乡辖区内共有九年制中心学校片小、老场村小各1所，4所幼儿园，幼师82人，在校中小学生700人，在园幼儿200人，初中适龄人口入学率93.4%，小升初升学率97%，九年义务教育覆盖率100%。茅坪乡交通便利，公路209国道横穿域内庆口坳、龙冠、竹柯、金沙、光荣5村，村级公路贯通全乡12个村，其中村级公路硬化到百姓家门口，实现组组通路。龙永高速、黔张常铁路均贯穿水沙坪片区，目前，高速公路已全面通车，铁路正在建设施工中并已经完成轨道铺设工程。茅坪乡境内多绿林覆盖，林木资源丰富，有著名的沙子坡林场，以松、杉为主。有稻田485公顷，旱土402.4公顷。粮食作物以水稻、玉米、高粱为主。水沙坪生产的大米，香糯享誉湘西全州。粮油作物包括红薯、马铃薯、油菜等。经济作物包括烤烟、百合、魔芋、药材等。茅坪乡是龙山县百合和烤烟生产大乡之一，2018年全乡百合播种面积7000亩，烤烟种植面积3600亩，收购烟叶8000担，78万斤。水果产业以梨、蓝莓、桃、猕猴桃、板栗、薄壳核桃种植为主。

【扶贫工作】 2018年，全乡有贫困村7个(其中深度贫困村4个)，非贫困村5个，全乡共有建档立卡贫困户958户，贫困人口3998人，已脱贫723户3107人。其中2014年脱贫94户386人，2016年脱贫59户248人，2017年脱贫人口304户1358人，2018年脱贫266户1115人。截至2018年年底，未脱贫人口235户891人。现贫困发生率5.57%，低保户220户454人，兜底户60户200人，危房改造254户1057人，易地搬迁39户162人，转岗护林员36人。2018年内龙冠、光荣2个贫困村顺利退出。2018年可享受产业扶持3712人，发放产业扶持资金294.61万元。“十三五”规划期间共有39户搬迁户，共162人，均已完工。教育发展脱贫工程领域，共资助学前到中职贫困学生1000人。2018年发放转移就业992人，转移就业资金39.68万元，全乡务工收入实现新突破。纳入社会保障兜底200人。乡村旅游脱贫工程领域，发展长兴传统村落农家乐。生态补偿脱贫工程领域。退耕还林及生态公益林补偿资金全部落实到位。转岗护林员36人，2018年为政策内建档立卡户全部购买农村合作医疗，农合缴纳率95%以上，就医报销比例85%以上。2018年，全乡实施危房改造55户245人，其中建档立卡户数51户235人，补助资金152.26万元，非建档立卡户4户，补助资金8万元。实施饮水、道路、河道、游道等各项工程及配套设施投资总额3000万元，12个村民服务中心总投资1200万元，现已全部投入使用。

【基础建设】 2018，累计完成投资1626.86万元。用于道路、饮水、光伏、产业园、农网改造建设工程，产业发展，大力改善了茅坪的基础设施。加强村、组交通网建设。投入资金1376.86万元，改造加宽村道14.8千米、硬化村道9.7千米、新修组级路16.2千米、实施道路安保工程7.5千米。实施安全饮水工程。利用县基础设施配套工程一期项目，投入资金116万元。投入70万元新修干坝村河堤三段，投入20万元实施庆口坳村5组安全饮水工程、投入26万元实施老场村6组安全饮水工程。发展茶园坪、长兴两村的黄金茶茶叶产业园建设。计划发展1000亩，已经完成种植485亩和配套的产业设施。推进农村综合服务平台建设。投入资金970万元，全乡推进10个村新建、2个村改扩建村级综合服务平台。实现信息网络村村通。光纤宽带、4G信号网络目前已基本覆盖绝大部分村寨。

茅坪乡“一村一警”工作稳步推进

【重点项目】 2018年，以浏阳市对口帮扶和济南市市中区十六里街道东西部协作为契机推进茅坪核心区建设。投入2500万元在水沙坪片区用于浏阳街、浏阳广场、浏阳大道、河道整治和沿河风光带建设。投入185万元完成长兴村游步道建设，投入128万元完成水沙坪街道下水道整修工程。投入100万元办公楼会议室及机关大院整修，目前已经完工。完成黔张常铁路水沙坪安置区84户拆迁户宅基地科学分配，已签建房协议83户，现已完工实现入住。龙潭河水库建设项目，施工道路及进场前期工作已全部完成。

【民政工作】 2018年，茅坪乡有敬老院一座，集中供养五保老人31人。2018年农村低保标准提标到一类330元，二类260元，三类220元，四类200元。残疾人“两项补贴”政策惠及303人。农村医疗救助、养老服务体系建设、五保供养、火民救助等工作不断加强。积极落实上级下发的农村低保户整改工作任务，走访调查百姓情况，严格要求民主评议与投票程序，坚持“公平、公正、公开原则”，对全乡510户735名低保对象63户202人兜底对象进行重新识别并上交县民政局审批，改变了往年“亲情保”“人情保”等现象。

【安全生产】 2018年，党委、政府始终将安全生产工作摆在重要议事日程，定期和不定期的组织力量对道路交通、危化品、烟花爆竹等重点领域进行安全大检查，有效治理重大安全隐患，全年共开展执法行动80次，查处道路交通违规75次，查处违法营运车辆30台，排查地质安全隐患25处。高标准的做好学校周边环境整治工作。针对高速道路交通安全，联合高速公路交警在水沙坪片区进行安全知识入户宣传。制订和完善各类公共突发事件应急预案，积极预防和妥善处置各类突发公共事件，扎实推进“平安茅坪”建设。加强法制宣传教育，定期对机动车辆驾驶员进行安全教育与培训，对青少年持续开展法治讲座。加强食品药品安全监管，全乡未发生生产经营性事故。

【综合治理】 2018年，主动整合公安派出所、村级辅警的资源力量，加强对本镇重点对象和重点目标的防控工作，预防和依法严厉打击各类违法犯罪活动，进一步提升群众安全感。信访工作一路向好，目前已妥善解决调解各类矛盾纠纷30次，共接待群众来信来访49件，99%以上做到案结事了，社会大局保持和谐稳定。自扫黑除恶工作开展以来，先后组织群众以会议、座谈等形式开展扫黑除恶政策宣传100次。用“三棒鼓”等方式加强宣传效果。分发宣传手册5000份，张贴各类宣传单3000份，专题宣传海报200份，横幅200条，在主要路口制作大型宣传牌5块，在村部制作宣传专栏共15个。同时为保障在外务工人员的政策知晓权，政府安排村干部、驻村干部在“湘西为民”群进行滚动宣传，据初步统计，我乡群众知晓率达98%以上。

茅坪乡组织干部开展义务植树活动

【农业生产】 2018年，烤烟种植面积3800亩，完成烤烟收购39万公斤。百合种植3000亩，优质水稻种植5000亩，反季节蔬菜种植1200亩。全乡专业养殖户58户。其中养羊专业户42户6500只，同比增加2000只；养牛专业户14户700头，同比增加300头；养猪专业户 2 户 300 头;专业种植户 40 户,种植玉米、马铃薯分别为 955 亩、477 亩。粮食适度规模经营补贴款 24 万元。重点推进粮油、百合、烤烟等传统产业和茶叶、中蜂、菊芋、蓝莓、大棚蔬菜等新兴产业建设。粮油产业:大力推广水稻、油菜全程机械化生产,继续实施超级稻高产攻关项目,确保粮油面积稳定在 10000 亩以上,建设粮油千亩示范园 1 个。百合产业:乡农技站联合县百合办加强和理顺百合产业的管理体制,全面加强对百合产业的管理和服务,安排精干力量加强对百合产业的产业规划和管理,重点打造老场吴坝百合示范基地。烤烟产业:加快现代烟草农业建设步伐,重点建设沙坪、庆口两个县级示范点,确保种植面积 3550 亩,产量 8260 担。茶叶产业:重点打造茶园坪村、长兴村"黄金茶"产业示范园基地,采取"政府+企业+合作社+农户"的模式,解决村集体、农户的长期收入问题。中蜂养殖产业:创建养殖示范村干坝、老场、龙冠、兴旺 4 个,重点扶持养殖大户 8 户,新发展中蜂 2000 多群。蓝莓产业:种植蓝莓 200 亩,完善蓝莓园设施建设,创建蓝莓生态旅游示范园,发展"采摘游"旅游新模式。

【计划生育】 2018 年,全乡总人口数中已婚育龄妇女 2755 人,出生人口 72 人,其中政策内 62 人,政策外 10 人,符合政策生育率 86%,政策外多孩率为 14%,男孩 37 人,女孩 35 人,性别比 105,死亡人口 45 人,女性初婚人数 38 人;人口出生率 4.7‰。其他指标完成情况(以自然年度计算):孕前优生健康检查县分任务 140,完成 46 例。产前筛查县分任务 84,完成 15 例。免费"两癌"检查任务 214 人次。

【美丽乡村建设】 2018 年,制订新的工作方案,将责任捆绑到单位、捆绑到人、捆绑到每家每户,为工作的顺利开展提供制度保证。印发《实施垃圾分类,共建美丽龙山》宣传资料 4000 份,发放到每户农户手里。每月底组织干部对辖区内主干道路两侧、公交站台、房前屋边、校园周边等重点区域"牛皮癣"小广告进行清理,组织工作人员和村支部书记对村里环境卫生情况进行交叉检查,实行当场打分和签字确认,实行奖惩措施。同时推行"一月一检查、一月一评比"的考评机制,明确考评结果与绩效考核挂钩,形成城乡同建同治工作长效机制。同时依托便捷的交通条件和优美的自然风光,将产业发展同乡村旅游相结合,努力打造"半小时旅游圈"和"县城后花园"近郊产业经济旅游示范区。2018 年春季的水沙坪花海和冬季的砂子坡雪景,日接待游客量可达 800 人次。

洛塔乡

【概况】 洛塔乡位于龙山县中部,东接红岩溪镇,南交洗车河镇,西连召市镇,北临茅坪乡,东西最大距离 7 千米,南北最大距离 24 千米,乡政府驻地距县城 45 千米。全乡域区面积 167 平方千米,下辖 14 个行政村,4468 户 17685 人,以土家族居多。洛塔乡地形四周高,中间低,最高海拔 1430 米,是典型的高寒山区。农作物主要有稻谷、玉米、马铃薯,特色产业主要有烤烟、百合、畜牧业。洛塔乡曾孕育了艰苦奋斗、战天斗地的"洛塔精神",二十世纪六七十年代,洛塔人民不等不靠,以"自力更生,艰苦奋斗,一不怕苦,二不怕死"的洛塔精神,战天坑,堵阴河,打隧洞、开渠道,成为湖南省的"农业学大寨"榜样和全国"农业学大寨"著名的六个典型之一。二十世纪七十年代初,时任湖南省委书记的华国锋在洛塔视察后,在全省范围内迅速掀起学洛塔、学野鸡坪的群众运动。洛塔乡境内人文荟萃、自然环境优美。该地有五代时期土家族首领吴著冲修建的宫殿城堡遗址;有第四纪冰川遗留的植物"活化石"千年古水杉 3 株;有被誉为岩溶地质"百科全书"的国家级"洛塔地质公园",内有大小溶洞 340 个,石林面积 62 平方千米。洛塔石林、天锅潭、灵洞等自然景观初步开发,洛塔精神纪念馆、部落王城"吴著厅"遗址等历史人文景观意义深远,灵洞水渠、荆家寨天坑堵水工程、双鼻孔渠道工程等十大水利工程影响非凡。洛塔乡自然资源丰富。有装机12500千瓦岩溶电站一座,年发电量3000万千瓦时;州重点工程楠竹坪水库正在建设中,建成后将成为防洪、抗旱、旅游一体的中小型水库。矿产资源蕴藏丰富,境内煤炭资源储存量大,总储量238.6万吨,鼎盛期有矿洞200个,现因政策原因已全部关闭;页岩气资源已成功探明,龙参1号井成功出气,初步探明页岩气储量10亿立方米,日产量可达1万立方米。

【脱贫攻坚】 2018年,脱贫攻坚工作成绩卓著,在全州脱贫攻坚排类排位中,连续多次进入全州前20名,在全县全年排名一直在前5名,县年终综合考评第4名;2018年脱贫257户1049人,实现五台村、烈坝村、猛西村、枹木村4个村出列;剔除四类人员45户147人,完成各项整改、清洗各类数据12986条。全年完成建档立卡贫困户搬迁37户134人,其中猛西集中安置区14户52人,龙山县城土城坝集中安置区23户82人;完成非贫困户同步搬迁13户44人;发放落实各类产业发展扶持资金140万元,其中入股中药材种植合作社人数达到90%以上;落实各类就业交通稳岗补贴资金70万元;落实转岗护林员待遇82万元;落实幼儿园、小学、初中、中职教育帮扶资金200万元;共启动农村危房改造47户,已完工47户,兑现补助资金90.1万元。

【基层党建】 共有党支部17个,党员445名,其中农村党员398名,流动党员50名。下设党建工作站,有组织干事2名,专职专岗完成基层党建工作任务,全年专题研究党建工作7次,以党员冬春训、主题党日、远程教育等为载体,培训党员5540人次,村党支部书记到县级以上培训21人次;培养入党积极分子20名,发展党员10名;建设完成村级公共服务平台12处,全面完成办公桌椅、电脑等办公设备的采购和配备,共投入资金1700万元。

【基础设施】 2018年,各项建设投入8000万元。完成五台、热家老寨、枹木、瑞士等村级路硬化和加宽;完成泽果、梭洛、枹木、瑞士等村公路安保工程建设;完成贾猛公路路基整理;楠竹坪水库完成总投资的80%;11个贫困村安全饮水工程全部完成;除整修加固原有水利工程外,2018年,共投入资金260万元,新修6处水利工程。

【农业产业】 2018年,建成高山药材种植基地3个,发展中药材种植1500亩;建成高山百合良种繁育基地1个,建成油茶基地1个500亩,有农业专业合作社14个;种植锥栗460亩,烤烟种植面积1400亩,开发油茶54.1公顷,发展百合50亩。全乡养殖业产值4000万元,有千头、百头猪场各1个,百头以上的养羊户108户,200头以上的26户,养禽场5个。全乡有特种养殖场2个,其中,

美丽洛塔

“珠珠湖石蛙养殖场”初具规模。并成立了农民专业合作社，场地面积 1.47 公顷，配套有石蛙成蛙池、产卵池、蝌蚪池、幼蛙池，科技实验池 100 个，蚯蚓养殖场 1 个。

【乡村发展】 2018 年，洛塔乡作为自治州申世的主战场之一，退养畜牧养殖 13 家，落实补贴补偿资金 130 万元；各景区景点的开发与打造基本完成，游客接待中心、公厕等旅游配套服务设施建设基本完成。第一批家庭宾馆已经顺利投入使用；城乡建设用地增减挂钩工作取得重大成效。复垦总面积 813 亩，其中水田 326 亩，旱地 343 亩，其他农用地 142 亩，补贴资金 3800 万元。复垦、房屋拆旧 3100 万元，各村奖励工作经费 191.4 万元；美丽湘西建设成绩突出，第一、二、三季度综合考核稳居一类乡镇，全年 7 次排名一类；农村集体产权制度改革、农村集体土地确权等工作顺利完成任务；集中拆除“两违”建筑 2 起，制止“两违”5 处；农村电子商务平台建设效果突出，销售各类土特产、农副产品 50 万元，创造了一个月内销售土豆 5 万公斤的奇迹。

【社会治理】 2018 年，14 个行政村强力推进扫黑除恶专项斗争，全面落实扫黑除恶专项斗争宣传舆论、“雷霆行动”、谈心谈话工作和线索摸排上报，召开专题班子会议 8 次，集中宣传 2 次，发放宣传单 1000 份，横幅、标语 100 条，摸排线索 15 条；全乡无一起民转刑和重新犯罪案件、无一起重大责任交通和安全生产事故，无一起群体性事件、无一起信访维稳重大事件；无治安混乱区，无明显突出的治安问题，公共娱乐场所、文化活动场所治安秩序良好。

【计划生育】 2018 年，计划生育工作实行“村为主”考核制，坚持每月定期召开计生例会；及时兑现计生奖励扶助政策，积极落实各项工作任务。2018 年，已婚育龄妇女 3150 人，出生人口 135 人，其中政策内 127 人，政策外 8 人，符合政策生育率 94.07%，政策外多孩率为 4.44%，男孩 66 人，女孩 69 人，性别比 95.65。死亡人口 138 人。女性初婚人数 138 人，人口出生率 7.71‰。其他指标完成情况（以自然年度计算），优生优育健康检查完成 226 列，2018 年该项工作获州计划生育协会先进乡镇；州计划生育基层群众自治示范乡镇表彰。

【安全生产】 2018 年，安全生产工作平稳开展，没有出现重大安全事故。主要领导巡河 144 次，各村每月不少于 4 次；积极开展道路交通安全、露天矿产规范开采等专题整治，每月开展专项整治不少于 1 次；定期开展烟花爆竹、易燃易爆物品排查整治，主要领导带队检查安全生产工作 36 次，分管领导 48 次，全年发现一般安全隐患 85 处，其中电力隐患 16 处，均已完成销案整改。

【民生事业】 2018 年，强力推进低保对象清理整顿和贫困残疾人摸底工作。对人情保、关系保、政策保等不符合条件的农村低保对象进行全面清理，对单人低保全面规范补贴资金发放。落实享受农村最低生活保障人数 255 户 456 人，农村五保户 53 人，发放资金 150 万元。兜底户 52 户 142 人，发放资金 116.4 万元，临时救助 43 人次，发放 6 万元；加强对劳动力的就业培训，培训 200 人次，转移就业 78 人。

咱果乡

【概况】 咱果乡位于龙山县中南部，东与苗儿滩接壤，南与贾市毗邻，西与重庆市酉阳县可大乡黎家沟村相抵，北与桂塘镇、原贾坝乡相连。境内有畜牧养殖、林果、油桐等支柱产业。乡域总面积 108.54平方千米。其中耕地面积 449.66 公顷，非耕地 102 公顷，林地 136000 公顷。全乡辖卡撮、金线、脉龙、石堤、咱果、黄河、克寨、三分、王家、连界、土车、哪寨 12 个行政村。2016 年上半年，咱果村与黄河村合并为咱果村，脉龙村与石堤村合并为脉龙村。合并后共有10个行政村、66个村民小组、3251户，总人口13007人。全乡贫困村识别7个，分别是卡撮、脉龙、咱果、连界、三分、哪寨、克寨，经济薄弱村3个，分别是金线、土车、王家，贫困户识别1057户4489人。全乡地貌以丘陵山地为主，脉络清晰，走势明显，气候温和，四季分明。最高海拔1197米，年平均降雨量1400毫米，平均气温15℃。一条大河贯穿全乡，为咱果乡主要水源。有脉龙界和狮子山两座地标大山，山脉连绵起伏，风景秀美。土壤以沙性土壤为主，植被以桐子树、杉树、枞树及各种灌木为主。

【脱贫攻坚】 2018年，立足精准扶贫实际，全面落实结对帮扶制度，做到所有贫困户全覆盖。对照贫困人口"两不愁、三保障"脱贫标准，稳步解决不愁吃、不愁穿问题，有效衔接产业扶贫、就业扶贫等扶贫政策的全面落实。推行"访贫问苦促攻坚，访贤问计促发展，访民问情促和谐"的"三访三问三促"活动，以走访形式增强与群众的联系，扎实推进脱贫攻坚工作。严格落实贫困户、贫困村退出工作，将脱贫攻坚工作落到实处，2018年帮助建档立卡贫困户69户299人顺利脱贫，目前全乡未脱贫户224户898人。

【项目建设】 2018年，实施的项目有——集镇：投资68万元用于老年活动广场建设；投资35万元用于河堤新修；投资10万元用于扶贫济困；投资120万元用于产业帮扶；投资25万元用于乡村垃圾池修建；投资26万元用于党建工作。脉龙村：投资25万元用于户间道路建设；投资40万元用于水毁河堤整修；投资27万元用于受灾安置点基础设施配套；投资45万元用于水毁公路维护；投资49万元用于亮化工程；投资40万元用于产业扶持。哪寨村：投资48万元用于村组道路硬化；投资45万元用于河堤整修；投资45万元用于村级综合服务平台附属设施；投资30万元用于挡土墙建设；投资35万元用于亮化工程；投资30万元用于产业扶持。连界村：投资48万元用于组户间道路建设；投资21万元用于亮化工程；投资60万元用于产业扶持；投资30万元用于西拉湖学校修整；投资30万元用于村级综合服务平台附属设施；投资48万元用于水毁公路维护。

4月15日，长沙公益团走进咱果乡脉龙村桐花寨参加"走实精准扶贫路，坐看遍地桐花开"首届桐花节

【美丽乡村】 2018年，咱果乡全面推进6个县级美丽乡村建设。加强组织领导，成立了以党委书记为组长，乡长和分管副乡长为副组长的美丽乡村建设领导小组。制定《咱果乡美丽乡村建设实施方案》，建立乡领导包片，机关干部包村，村干部包组，党员代表村民代表包户包街道的四级包保机制，包宣传动员，包调解纠纷，保工程进度。高标准打造美丽乡村，制定规划方案，着力打造特色村、精品村。选好施工单位和监理公司，严把工程质量关。

2018 年咱果乡 7 个贫困村(卡撮村、脉龙村、咱果村、连界村、哪寨村、三分田村、克寨村)和 3 个非扶村(金线村、王家村、土车沟村)基本完成道路硬化,完成安全饮水 2000 户,乡街道路面全部硬化。“亮化”工程稳步推进,农村通讯设施及农村用电达到农村和通讯要求;厕所改造积极响应国家号召,有序推进;建设村民中心 10 处,文化广场及乡农贸市场各 1 处,全乡 10 个村建有村庄标识,稳固村级班子 10 个。推进新型城镇化,加强乡村基础设施建设。加大对龙里二级公路咱果段两侧环境整治工作力度,保持绿化、亮化、美化的乡村形象。乡村绿化 2000 平方米,种植紫荆 800 株,硬化街道道路 2.3 千米,街道安装路灯 30 盏。

【民生工作】 2018 年,关心弱势群体,建立贫困人群档案,全乡 173 户 433 人全年累计发放低保金 6.69 万元;全乡有集中供养五保户 27 人,每人每月发放 700 元补助资金,有散居五保户 16 人,每人每月发放 450 元补助资金;为 242 人每季度发放残疾人补贴 12.19 万元;做好孤儿摸底工作,对掌握的情况及时造册上报,管理并发放好孤儿生活费,保障基本生活;对 90 周岁及以上老年人进行摸底调查,全乡共有 25 名高龄老人,为其每人每年发放高龄补贴 1200 元。对无房及危房户进行危房改造,改善困难群众的居住环境。加大教育基础投入、发挥新型农村合作医疗和新型农村社会养老保险作用,保障农民获得基本卫生服务,缓解农民因病致贫和农村居民老年基本生活水平低下问题。2018 年为 12 人发放独生子女保健费 2880 元;为独生子女和两女结扎户 42 人发放入学补助 4900 元;奖励扶助 35 户,奖扶金 4.06 万元。

【平台建设】 2018 年,转变政府职能,提高为民服务水平。建立党政公众平台,设有便民服务、建言献策等多个专栏,及时公布政务信息,在线提供便民服务。建立咱果乡政府干部工作交流群、村级微信群,每天、每周发布工作信息,汇报工作进度,分享工作经验。

【两违治理】 2018 年,乡党委政府高度重视,形成党政一把手带头抓,分管领导具体抓,乡村两级干部直接抓的工作机制,全面推进“两违”治理工作。建立乡村同考核工作机制,将“两违”治理工作实行乡村干部绩效考核“捆绑”,实现同奖同罚,有效提高驻村干部工作的积极性。2018 年悬挂宣传横幅 25 条、发放宣传手册 1000 份。乡及各村主干每月进村入户宣传不少于 1 人次。对乡存量“两违”,坚决依法依规处罚到位。2018 年全乡清理出老屋倒修 34 户,“两违”户 0 户,全乡完成 D 级危房验收 41 户、C 级危房验收 1 户。

【综治维稳】 2018 年,成立以党委副书记王学燕为队长,政法委员、副乡长黄明、司法所长贾维民为副队长,其他相关办公室工作人员为成员的行政综合执法队伍。行政综合执法队员共 15 人,皆为持有执法证者,着统一工作服,统一开展执法巡逻,并组织人员接受专业的执法技能知识培训,严格按照工作时间及工作职责完成工作任务,以保证综合执法工作顺利开展。2018 年共调解矛盾纠纷 40 起。同时,充分发挥村级调解作用,明确村支两委为矛盾纠纷调解的第一责任人,特护期时,工作人员加班加点,以防矛盾纠纷的发生。实行赶集天领导班子坐班制度,实行涉访涉诉问题领导包案责任制,每件涉访涉诉问题都明确责任人、化解和稳控小组,妥善处理出租车司机稳控工作。2018 年,全乡 3251 户数据信息的摸底工作已全部完成,初步形成综合治理“网格化”管理。坚持每月社会稳定形势分析例会制度,及时掌握社会不稳定因素。以“两个确保”(确保不发生重大以上事故、确保不突破省控目标)、“五个不发生”(不发生重大群体性事件、不发生进京非访和群访、不发生重特大刑事案件、不发生安全生产和公共安全事故、不发生敏感的政治事件)为工作目标,强化措施。党委、政府牵头,发挥司法所、综治办、派出所、纪检委、土地所等单位矛盾排查调解中心和社会治安巡逻队的作用,全乡上下形成一级抓一级、层层抓落实的强大合力。为全乡10个村配备辅警各一名，乡巡逻队与各村巡逻人员联合行动，构建乡村两级治安网格化联动制度。加大安全生产和食品药品安全检查力度，安监站配备专管人员5人，联合行动，实现“全覆盖、零容忍、严执法、重实效”的年初目标。

【基层党建】 2018年，定期召开党建工作会议和民主生活会，2018年党员干部上党课12次。组织村干部42人在乡政府进行业务培训，组织10多名村干部到宁乡市学习党建工作经验。通过理论学习、业务培训，开阔党员干部的视野，提高党员干部任职履责的能力。成立以党委书记为组长的党建工作领导小组，建立党建工作例会制度，定期召开专题会议，听取班子成员工作进展汇报，安排部署下一阶段的工作重点。严格按照上级要求召开民主生活会，认真开展批评和自我批评。在全面摸排的基础上，建立后进村整治工作台账，包片、包村干部深入开展工作。严格按照“三制一化”要求，2018年新发展预备党员6名，预备党员转为正式党员5名，完成农村“三支队伍”建设预定目标。

【“放管服”改革】 2018年为深入推广“放管服”改革工作，加大转变职能和简政放权力度，逐项优化审批事项办事流程，解决群众办事难、办事烦的难题。成立了以党委书记向宝凤为组长，乡党委组织委员冉景祥为副组长，各办公室负责人为成员的领导小组。2018年12月政务大厅改造完成，电脑桌椅高拍仪等全部安装到位，各项制度均已上墙，窗口工作人员挂牌到岗到位，政务大厅设民政、扶贫、计生、财政、国土等多个窗口，窗口工作人员实行AB岗设置。12月下旬接通电子政务外网并已经开始办理业务。10个行政村仅2个未接通电缆，其他8个村便民服务中心已陆续开展业务办理，每个村设2名窗口工作人员，对各村的操作员进行了手把手、点对点的培训指导。各项下放事项均已在便民服务中心公示。

【乡村旅游】 每年四月桐花盛开之际在脉龙村桐花寨举办桐花节，来自社会各地的游客到此赏花。2018年2月3日在桐花寨举办了咱果乡第一届“情满潇湘，爱心传递”年货节。节日当天村民统一在桐花寨出售农产品。湖南经视、芒果TV等电视台全程直播。宁乡市爱心公益团队为脉龙村贫困留守儿童发放书包、爱心基金2万元。国家一级画家蓝爱国老师现场作画拍卖，拍卖所得全部用于购买年货。2018年4月15日在桐花寨举办了“走实精准扶贫路，坐看遍地桐花开”首届桐花节。全国各地上万名游客来此欣赏桐花，休闲娱乐。年货节及桐花节的成功举办，为咱果乡提高了知名度，带动了桐花寨乡村旅游。

内溪乡

【概况】 内溪乡位于龙山县南部，距县城92千米，南接里耶，北依咱果，西靠八面，东临贾市，里龙公路穿乡而过，地形东西两侧高，中间低。东有马栏坡宝塔岩、坡松等大山，坡松海拔759米。西有八面山、树车岩口、长坡、风光山、梯子岩等高坡，树车岩口南部海拔1318.8米。中部最低处海拔300米。全乡平均海拔492.2米。源于八面山西北麓的长潭河由北向南穿乡经岩冲入长潭乡。地貌以丘陵山地为主，脉络清晰，南北走势明显，气候温和，四季分明，年平均降雨量1400毫米，平均气温15℃。土壤以沙性土壤为主，植被以杉树、枞树及各种灌木为主。产业以柑橘、畜牧、劳务输出为主。乡政府驻地内溪村委会。乡直单位有农技推广服务站、社会事务服务站、规划建设环保和水利服务站、计划生育服务站、文体广播电视服务站、民政与扶贫服务站、安全生产服务站等事业单位，实有编制26人。辖区有内溪乡卫生院1所、九年制学校1所，公办及民办幼儿院各1所，还有司法所、国土所、林业站、农村商业银行、邮政储蓄银行。全乡总面积83平方千米，稻田面积192公顷，旱土面积389公顷，辖12个行政村，51个村民小组，3474户

14962 人。其中劳动力 8598 人,全乡共 16 个党支部,342 名党员。乡党委政府大力扶持开发,柑橘已成为内溪乡一大支柱产业,全乡种植面积 10000 亩,橘、橙、柚品种齐全、品质优良。林业、烤烟、桐油、畜牧等新兴产业也得到进一步的培护加强,民营经济逐渐发展壮大。特别是建筑、加工产业发展迅速,复合产业发展模式逐渐形成。

【农业生产】 2018 年,大力推广农村经济作物,有稻田 192 公顷,旱土 389 公顷。种植各类蔬菜 1100 亩、柑桔 8000 亩,产值分别达到 310 万元、2800 万元。引进黄金茶、食用菌、中药材等新型经济作物,如双树种植黄金茶 200 亩,灭贼、沙湖、双树等村种植黄精 500 亩,伴住村种植羊肚菌 120 亩,农产品经济效益稳步提升。猪、牛、羊、鸡、蜜蜂等养殖业较 2017 年都有所增加。全年为建档立卡户发放农业产业发展扶持资金 977 户 2906 人 52.83万元,实现每户有一个当家产业。完成 12 个村集体经济合作社注册,实现挂牌运转。村级集体经济发展逐渐壮大,实现一村一个当家产业,多数村实现集体经济零的突破,形成柑桔、羊肚菌、罗汉果、油茶、迷迭香、吴茱萸、黄精、蜜汁李及黄金茶等为特色的村级产业。开展了土地确权二轮外调和公示、归户表签字,实现确权颁证。实施农机购置补贴 23 台 10.52 万元,创建农机专业合作社一个,吸纳社员 15 名。

【基础建设】 2018 年,内溪乡基础设施建设进一步改善。道路交通建设:投资 315 万元新修坡松、灭贼、双树、岩力等村的组级道路;完成坡松村 2.6 千米村级道路硬化;投资 150 万元完成五官、岩力、双树村级综合服务平台附属设施建设;完成双树村下树车、岩力村新村部道路硬化;完成部分新修内溪村 3 组组级路;投资 200 万元实施五官村 1～4 组的组级道路硬化项目;投资 96 万元西眉村村级道路加宽工程基本完成;重建吴家通村桥,新建西眉村通村桥梁、五官村三桥。投资 80 万元岩力村道路硬化工程正有序进行;全乡 124.18 千米村级公路进入国家养护笼子,保障了全乡村组畅通。安全饮水及水利建设:投资 325.94 万元完成岩力、双树、五官、灭贼、西眉、坡松等村的安全饮水项目,基本解决群众饮水安全;投资 45 万元实施塘口、灭贼、伴住、沙湖、内溪等村水利水毁工程;投资 31 万元岩力村山塘整修工程和投资 57.7 万元的集镇自来水升级改造工程已全部投入使用。美丽乡村建设:实施伴住、沙湖、岩力和双树村的房前屋后整治、文化墙建设、村庄绿化等美丽乡村示范村和精品村建设。投资 1130 万元坡松、西眉、伴住等 11 个村村级综合服务平台新建项目全部投入使用。投资 100 多万元完成 11 个村级综合服务平台办公设备设施配备;投资 172.13 万元垃圾场道路新修及垃圾焚烧炉配套设施建设工程已全面完工;投资 180.44 万元敬老院升级改造工程正按程序有序进行;投资 120 万元内溪河凉亭桥工程正有序开展;投资 40 万元五官村中药材基地蓄水灌溉配套设施工程正在扫尾。

内溪乡果林产业路

内溪乡五官村(嘛宗坡)

村为代表的传统中药材种植产业,种植罗汉果、白芨,以合作社形式,覆盖全村80%以上的贫困户,通过入股分红、入社劳作等增加收入。致力产业持续发展。借力各种优惠政策,尤其是长沙对口扶持政策,四年对口帮扶时间,每年投入不少于1000万元,其中重点投入又主要集中在产业发展,通过整合这部分资金,为全乡的产业发展提供前期资金保障。同时,结合扶贫信贷政策,争取金融贷款和贫困户小额贴息贷款,共争取信贷资金900万元。加上广泛寻求的社会资本和各扶贫单位的大力支持,依托本乡实际,2018年年底内溪乡着力打造百亩产业示范园6个,千亩产业示范园2个,成立有专业种植或养殖合作社17家,以发展短期效益和长期效益相结合的产业项目为主,保障产业发展的可持续性和稳定性。2018年,内溪乡12个村以村集体名义发展有以下产业:五官村:发展种植535亩中药材,其中300亩迷迭香,200亩吴茱萸;岩力村:种植500亩蜜汁李,200亩辣椒;双树村:种植200亩黄金茶,20亩羊肚菌;内溪村:种植30亩猕猴桃,20亩辣椒;伴住村:种植100亩羊肚菌,40亩黄精;西眉村:种植200亩油茶,100亩土豆和辣椒;坡松村:种植200亩油茶,100亩辣椒;灭贼村:种植50亩土豆,40亩黄精,50亩辣椒;沙湖村:种植20亩黄精;塘口村:种植30亩黄精;洞坎村:种植20亩油茶;吴家村:种植20亩辣椒。着力发展转移就业。2018年内溪乡继续加大转移就业帮扶力度,依托开福区对口帮扶的契机,与20家企业联合举办现场招聘会,转移就业贫困劳动力500人,其中新增转移就业100人。

【产业扶贫】 2018年,借力长沙开福区对口扶持政策、县发展中药材、茶叶等产业的相关政策,内溪乡重点发展柑橘、中药材、茶叶等主导产业。对柑橘业进行品改300亩,着力打造千亩柑橘示范园,保持传统地位不动摇;中药材产业主要以种植吴茱萸、迷迭香、羊肚菌、罗汉果、黄精为主,2018年年底,累计种植面积1000亩;完成黄金茶育苗50亩1200万株。致力产业利益联接。创新"农户+合作社+基地+致富能人+村委会+公司"等运营模式和利益联接机制。主要有三种形式:第一种以五官村为代表的村集体经济的中药材产业,成功流转集中连片土地535亩,分类种植有迷迭香(300亩)和吴茱萸(235亩)两种中药材,由合作公司保价收购,合作社实行股份制,每股定价100元,以配股和土地入股的方式入股,预计到2020年,全村所有贫困户户均收入将增加8000元以上,所种植部分吴茱萸(三年苗)2018年已实现村集体收益6万元;第二种以灭贼村为代表的中药材项目合作产业,依托县扶贫办2017年中药材产业项目合作的契机,与灭贼村水旺青蒿合作社签订协议,在政府监管下与全村所有贫困人口形成利益联接体,种植羊肚菌70亩,三年内人均可增收1600元;第三种以塘口

【基层党建】 2018年,坚持党委书记为党建工作第一责任人,专职党委副书记分管、组织委员主抓、

3 名组织干事协助抓的工作格局，乡党委全年研究部署党建工作 30 次，深入党建联系点现场办公 6 次，落实党建工作专项经费 6 万元，大力推进“两学一做”学习教育常态化制度化；选优配强村级党组织班子，对村进行绩效考核、村书记实行“派单式”管理，压实村干部责任，切实提升党员干部履职的自觉性，举办党务骨干培训班，组织村主干至少参加 1 次以上的业务培训，村干部履职能力得以提升；加强党员教育管理，抓实主题党日，规范党费收缴，促进“三会一课”、组织生活会、民主评议党员等制度落实，扎实开展农村党员冬春训，结合上门、网络送学，共培训农村党员 283 人次。党员转正 4 人，党员纳新 8 人，举办发展对象、入党积极分子培训班一期，共培训 24 人；加强软弱涣散党组织伴住村党支部的整顿，规范村干部值班坐班，鼓励党员带头创办致富项目，大力发展村集体经济；加强党内关怀，春节和“七一”期间分别对困难党员进行走访慰问，走访慰问贫困党员 120 人次，送慰问金 6 万元。

【安全生产】 2018 年，内溪乡切实加强安全生产委员会队伍建设，明确乡党委书记负总责，乡长为第一责任人，副乡长具体分管安全生产工作，成立安监机构，配备专职安监员。全面落实“党政同责、一岗双责、失职追责”工作制度。出台《安全生产“党政同责、一岗双责、失职追责”工作制度实施办法》，层层签订责任状。建立健全责任体系，将工作责任分解落实到各村、企业、学校和乡直有关单位。定期召开安全生产会议。每季度至少组织召开一次企业负责人、村安全员联席会议，每月召开一次安全生产工作会议，专题研究解决安全生产工作中存在的问题。制定《内溪乡人民政府绩效管理办法》《内溪乡安全生产目标管理责任制考核办法》和《村安全生产目标管理考核细则》，将安全生产工作纳入村四文明建设和驻村干部的考核管理。突出专项整治，充分发挥乡安监站的职能作用，深入开展非煤矿山、烟花爆竹、危险化学品和易燃易爆品、道路交通、粉尘涉爆等领域“打非治违”专项集中整治行动。多次联合里耶交警中队、县直相关职能部门组织开展安全生产联合执法，开展强执法防事故、安全生产大检查专项行动和打非治违专项行动。全年开展各类执法检查 25 次，出动执法人员 120 人次，车辆 30 台次，整顿非煤矿山 4 个、烟花爆竹零售店 12 次，下达执法文书 30 份。在逢场赶集日开展道路交通执法，打击农用车、三轮车非法载客 60 车次，警告教育 218 人。

【综治维稳】 2018 年，乡、村治安巡逻队每月不定期进行 3～4 次治安巡逻及对宾馆、网吧和麻将馆等重点场所排查，处理各类事件 184 起，开展取缔无证无照经营性麻将馆专项行动，排查并关闭 18 家麻将馆。成功处理突发事件 3 起。每月进行禁种铲毒、吸毒窝点、制毒窝点全面排查，与全乡 3000 户农户签订禁毒承诺书，张贴禁毒标语 65 幅、宣传海报 200 张、横幅 10 条，发放宣传资料近千份，将毒品的危害宣传到位，做到家喻户晓，形成浓厚的拒毒氛围。重点信访人员实行领导干部包保、村干部及派出所联保制度，责任到人，彻底杜绝群体性上访，坚决遏制个体上访，逐步解决历史信访积案，2018 年，办结信访案件 72 件，成功化解信访积案 2 件。做好矛盾纠纷调处，调解委员会共受理各类民间纠纷 181 件，其中婚姻家庭纠纷 21 件，邻里纠纷 48 件，房屋宅基地纠纷 39 件，生产经营纠纷 12 件，损害赔偿纠纷 16 件，征地拆迁纠纷 45 件，调解成功 185 件，调解成功率 100%。全面开展扫黑除恶工作，运用三重摸排模式，实现全覆盖、无死角的线索摸排；组织 2 次全覆盖的入户走访宣传活动，发放扫黑除恶宣传单 2000 份，设立大型宣传牌 2 块，宣传展板 3 个，宣传橱窗 13 个，悬挂宣传横幅 400 条，粘贴墙体标语 800 张，实现干部群众对扫黑除恶专项斗争知晓情况全面覆盖。

【美丽湘西建设】 2018 年，内溪乡美丽湘西建设工作成绩显著，多次获州、县表彰奖励。全年落实村保洁经费 100 万元，新聘村级公益性保洁员 54 人，建成垃圾焚烧炉 1 座，清理垃圾 1500 吨，街道乱摆乱放、牛皮癣张贴得到有效解决，河道垃圾深入推进，房前屋后脏乱差整治深入开展，村容村貌明显改善。建设美丽湘西深入农家，全年印发宣传资料3000份，走访农户实现全覆盖。按月对村建设美丽湘西工作进行考核评价，推行“以奖代补”奖补政策，充分发挥财政资金的引导作用。

【社会民生】 2018年，有九年制学校1所，幼儿园2所，在编在岗教师69人，义务教育阶段学生807人，幼儿240人。有卫生院1所，床位18张，医护人员11人，全年接待病人12000人。敬老院1所，老人39人，工作人员4人。全年发放助学金20万元，完成农村危房改造80户，易地扶贫搬迁31户。加强社会保险，大力推进新农保、新农合等社会保险工作，新农合参合率96%以上，新农保参保率80%以上。大力发展人力资源和社会保障事业。参加全县“春风行动”招聘会。与长沙开福区联合在乡举办专场招聘会一场，600人参加应聘，达成意向300人。完成1841人交通(住宿)稳岗补贴摸底核实和资金发放工作，发放资金73.64万元。举办就业技能培训班，提升就业能力，举办手工编织、油茶和食用菌种植两个班次，参训人员400人。完成新农保参保人员5500人次。选聘公益性岗位2批60人。选聘村级人社协理员12人，并在各村设置人社工作窗口，实现人社工作向村级延伸，真正实现人社工作办事不出村。加强社会救助，保障困难群众生活基本需求。2018年低保人口191户401人(含兜底79户197人)，残疾人两项补贴保障194人，农村特困人员保障35人，集中供养40人，临时生活救助5人。共代缴688人15.14万元。积极做好优抚工作，为76名优抚对象发放抚恤金，完成191人优抚对象信息采集和系统录入。

人　物

见义勇为先进个人

【邓德武勇救落水女子事迹简介】 龙山县人民政府龙政函[2018]171号文件：授予邓德武“龙山县见义勇为先进个人”称号，奖励人民币3000元。并号召全县干部、职工和人民群众向邓德武学习。

邓德武

邓德武，男，1968年3月出生，龙山县里耶镇东桃村人，租住吉首，一家四口靠经营小生意为生。

2018年7月6日，因连日大雨，贯穿吉首城的峒河水位陡涨。下午19时5分左右，邓德武和“弓友”麻小群、杨劲松等人在峒河西环路石家冲大桥的河边进行弹弓比赛，突然听到河对岸传来一阵呼喊声：“救命啊，有人落水啦!”

顺着呼喊声，看到河对面一个仅头部露出水面的女子，随着湍急的河水起起伏伏向下漂来。看到此情形，邓德武来不及多想，迅速脱掉衣裤便跳入几米深的河水中，向落水女子拼命游去。由于救人心切，完全没顾虑到自己已经三十多年没下过水了，当游到落水女子身边的时候感觉全身已经没什么力气了，拖着疲惫的身体和一起下水的麻小群、杨劲松采取手拉手的方式拉着落水女子往岸边游，拼尽最后一丝力气游到靠近岸边的一艘小船旁，靠着围观群众递过来的一根木棍才把自己三人和落水女子连拉带拽拖上岸。休息几分钟后，恢复一点体力，见落水女子也无大碍，邓德武3人又游回对岸，没有留下姓名。

当工作人员问他水这么急，怎么敢下去救人时，他说：“我当时什么都没来得及想，听到别人讲有人喊救命我就直接跳下去了。现在看到网上很多人叫我英雄，其实我想说，我不是什么英雄，我就是一个普通百姓，我只是做了自己认为该做的事。”

邓德武、麻小群、杨劲松3人的英勇救人行为，向社会传递了正能量。

【覃高艾勇救被困小孩事迹简介】 龙山县人民政府龙政函[2018]84号文件：授予覃高艾“龙山县见义勇为先进个人”称号，奖励人民币3000元。并号召全县干部、职工和人民群众向覃高艾学习。

覃高艾

覃高艾，男，土家族，1970年10月出生，家住华塘街道华新社区三组。

2018年1月3日上午，华塘街道九年制学校正对面一场突如其来的大火，正在为叔叔家办丧事的覃高艾，发现距自身约400百米处有大量的浓烟冒出，是不是谁家失火了？顾不上想太多，覃高艾和覃高吉等人放下手中的活，抄小路向浓烟处跑去。

失火了！只见起火的二层房屋周围黑烟翻滚，火势还在向周边房屋迅速蔓延。覃高艾、覃高吉、向兴军等人没有犹豫，踢开卷闸门冲进火场，由于没有任何防护措施，瞬间便被浓烟熏得睁不开眼，喘不过气来，无奈只好原路返回。“还有个小孩子到屋里，刚才还听到小孩子好大的哭声，是不是晕过去了”，周围群众着急地说。这时，火势越来越凶猛，火苗四窜，隔着几米远都能感觉到火焰的灼痛，但是想到还有小孩困在屋中命悬一线，覃高艾什么都没有想，再次冲进火场，强忍着窒息的浓烟，屋里能见度很低，循着夹杂在噼里啪啦的燃烧声中，听到小孩微弱的哭喊声，到处搜索。从大门到卧室，短短两间房间的距离，覃高艾感觉走的如此漫长，烟熏火燎地灼痛难忍，就在感觉快要支撑不下去的时候，终于发现蜷缩在角落里的小孩。由于当时小孩所处位置正好是一个封闭的空间，因此并没有遭受烧伤以及吸入到大量的黑烟。

覃高艾拼尽最后的力气，把小孩抱出火势汹汹的房屋。此时的他被熏得黢黑，头发、眉毛大面积被烧焦，身上烫起几个大水泡，但他顾不了休息和身上的烫伤，拖着疲惫的身体又立即投入到物资抢救中。

国家非物质文化遗产土家族打溜子代表性传承人

2018年5月8日公布的第五批国家级非物质文化遗产代表性项目代表性传承人名单中，龙山县杨文明作为土家族打溜子项目代表性传承人榜上有名，成为继彭继龙、田隆信、严三秀、张明光、彭南京、刘代娥之后，龙山县第7位国家级非物质文化遗产代表性项目代表性传承人。

杨文明

杨文明，男，土家族，1946年7月出生，苗儿滩镇苗星村人。

13岁学习汉戏。1960年招入龙山县汉剧团，因演出需要，他从18岁开始学打溜子，在多年的艺术实践中，其演奏技艺娴熟，上世纪八十年代以后，他与田隆信、尹忠胜、米显万等人，曾多次参加国家级文艺会演，1983年10月在全国乌兰牧骑式文艺会演中，他们演奏的土家族打溜子《锦鸡出山》被中央音乐学院列为中国击乐艺术珍品，带往西欧四国艺术节并到纽约演出。1986年12月在全国民族民间音乐舞蹈大赛器乐决赛中，由他与田隆信担任主奏的土家族民间吹打乐《毕兹卡的节日》荣获一等奖，并列入“湖南省13项优秀文化成果”之一。2004年9月，在全国第三届民间艺术节中，他参与的土家族打溜子《锦鸡出山》获银奖；2004年10月，在中国第二届少数民族曲艺展演中，他参与的土家族溜子说唱《岩生左阿》获金奖；2008年8月参加北京奥运会“中国故事”展示活动。2010年先后参加首届中国农民艺术节和上海世博会演出和“世界音乐周2009年中国.新西兰音乐国际研讨会”。2010年7月23日至27日，他们的土家族打溜子《锦鸡出山》等节目参加上海世博会演出。2011年12月，他们带着土家族打溜子、摆手舞、毛古斯等土家文化赴台涛开展海峡两岸文化交流。? 2009年8月26日，被湘西州确定为州级非物质文化遗产项目土家族打溜子代表性传承人。

杨文明还一门心思注重培养传承人，先后在县职中文艺班、县毕兹卡艺术团、洗车河镇“三月堂”艺术团、龙山县老年大学培养了30多位土家族打溜子新乐手，为土家族打溜子的传播和传承做了大量有益的工作。

附　　录

龙山县2018年人口基本情况表

一、人口及其变动情况	
年末总户数(户)	179932
年末总人口(人)	606398
男	314090
女	292308
常住人口(人)	488108
男	254703
女	233405
城镇人口	205868
乡村人口	282240
二、人口自然增长情况	
出生人口(人)	6577
死亡人口(人)	3443
出生率(‰)	10.80
死亡率(‰)	5.70
自然增长率(‰)	5.20
人口密度(人/平方千米)	194

续表

三、少数民族人数(人)	437171
土家族	343793
苗　族	86597
瑶　族	250
回　族	4783
满　族	66
白　族	262
蒙古族	10
壮　族	319
侗　族	575
其　他	516

2011—2018年龙山县主要经济指标一览表

指标 年份	地区生产总值(GDP)(万元)	财政总收入(万元)	固定资产投资(万元)	规模工业增加值(万元)	社会消费品零售总额(万元)	城镇居民人均可支配收入(元)	农村居民人均可支配收入(元)
2011	437230	26871	235055	31733	201687.8	12099	3628
2012	493358	33493	281003	32477	231633.8	13129	4164
2013	551216	39597	493060	37091	269100	14324	5466
2014	615634	49630	592847	45910	309354.4	15600	6095
2015	674082	61131	692533	46365	344930.2	16864	6869
2016	728542	70441	631418	44995	384931.6	18297	7632
2017	800781	81155	666128	57431	426656	20054	8494
2018	837225	91179		63305	466953	21939	9412

关于印发《2018 年长沙市对口帮扶项目责任分解表》的通知

关于印发《2018 年长沙市对口帮扶项目责任分解表》的通知各乡镇(街道)党(工)委、乡镇人民政府(街道办事处),县直有关单位:《2018 年长沙市对口帮扶项目责任分解表》已经县委、县人民政府同意,现印发给你们,请认真组织实施。

中共龙山县委办公室

龙山县人民政府办公室

2018 年 4 月 14 日

2018年长沙市对口帮扶项目责任分解表

单位:万元

乡镇		项目	概算总投资	联系县级领导	牵头责任单位、责任人	配合责任单位、责任人
洗洛镇	集镇	洗洛卫生院建设	500	梁兴华	卫计局 郑沣	洗洛镇 向青松
		支持百合集中加工销售区建设(土建项目和钢构项目)	280	储军	农业局 詹文明	
		建设美丽乡村并开展自然村寨污水集中收集处理试点	50		洗洛镇 向青松	
		洗洛中学教师宿舍楼办公设备采购、文化建设	10			
		洗洛小学少年宫办公设备采购、文化建设	5			
		湾塘九年制学校综合楼办公设备采购、文化建设	10			
		冷冻储藏库	50			
	高寨村	发展油茶种植业	100			
		村级服务平台办公设备采购、文化建设、服务阵地建设等	15			
	青龙村	村级服务平台办公设备采购、文化建设、服务阵地建设等	15			
	大塘口村	村级服务平台办公设备采购、文化建设、服务阵地建设等	15			
		美丽乡村建设	80			
茅坪乡	集镇	水沙坪乡村旅游扶贫产业系列开发项目	2000	刘冬生	政府办 田富荣	茅坪乡 王从强
		市场基础设施配套改造	150		茅坪乡 王从强	
		美丽屋场(文化广场)	100			
		医疗卫生事业基金	50			
		教育事业基金	100			
		乡镇基层政权建设设施设备更新	20			
	全乡	交流培训	50			
		2017年建设项目后续缺口资金	100			

续表 1

乡镇		项目	概算总投资	联系县级领导	牵头责任单位、责任人	配合责任单位、责任人
茅坪乡	全乡	基础设施维修维护基金	100		茅坪乡王从强	
		农业产业发展基金（示范园建设 40 万元，油茶、中蜂等产业 200 万元，产业配套基础设施建设 200 万元）	440			
		美丽乡村建设基金	210			
	庆口坳村	村级综合服务平台建设设施设备更新	10			
	龙冠村	村级综合服务平台建设设施设备更新	10			
	金沙村	村级综合服务平台建设设施设备更新	10			
茨岩塘镇	集镇	敬老院及配套设施建设（总投入 870 万元，2017 年计划投入 350 万元）	520	储军	民政局彭法	茨岩塘镇向怿文
		集中供水工程（总投入 1039 万元，2017 年计划投入 1000 万元）	39		水利局罗胜东	
		中心小学图书馆报告厅等建设（总投入 640.75 万元，2017 年计划投入 500 万元）	140.75	梁兴华	茨岩塘镇向怿文	教体局傅立波
		初级中学简易式体育馆建设（总投入 714 万元，2017 年计划投入 400 万元）	314		教体局傅立波	茨岩塘镇向怿文
	包谷村	村级综合服务平台完善项目（办公室设备、绿化、文化墙、围墙）	10		茨岩塘镇向怿文	
		蓝莓产业开发	10			
	凉水村	村级综合服务平台完善项目（办公室设备、绿化、文化墙、围墙）	10			
		蓝莓产业开发	10			
	兴溪村	村级综合服务平台完善项目（办公室设备、绿化、文化墙、围墙）	10			
		蓝莓产业开发	10			
大安乡	集镇	新建街道项目（一期征地及前期规划）	350	张肇琴	国土局彭贤述	大安乡瞿宏文
		乌鸦河文化活动中心建设	35		大安乡瞿宏文	
	全乡	特困群众“两不愁、三保障”扶持资金（脱贫保障项目）	60			
		中蜂产业奖励扶持资金	15			
		厕所改革，100 户	70			

续表 2

乡　镇		项　目	概算总投资	联系县级领导	牵头责任单位、责任人	配合责任单位、责任人
大安乡	马脚坪村	村级综合服务平台完善项目(办公设备、停车场、绿化、文化墙)	50		大安乡 瞿宏文	
	翻身村	道路及户间道建设项目	100			
		村级综合服务平台完善项目(办公设备、停车场、绿化、文化墙)	60			
		烤烟产业开发建设项目(排洪渠)	60			
	大红村	村级综合服务平台完善项目(办公设备、绿化、文化墙)	50			
		烤烟产业建设项目(排洪渠)	50			
		美丽乡村建设	100			
红岩溪镇	集　镇	下水道改造项目	120		红岩溪镇 张召学	
		学校改造(红岩片小(比沙社区)教学楼改造100万元,明德小学教学楼室内改造30万元,镇完全中学教学楼室内改造20万元)	150			
		街道柏油路提质改造项目	190			
		美丽湘西建设项目(清运清扫焚烧)	45			
		全镇国道路所辖村美丽湘西建设项目(清运清扫焚烧)	45			
		党建工作("六个一"工作40万元,党员干部培训和转移就业培训40万元)	80			
		扶贫帮困基金	20			
		蓝月谷广场及社区停车场项目(一期180万元,二期100万元)	280			
		红岩医院改造建设项目	100			
	卜纳洞村	美丽乡村建设	80			
		综合服务平台配套建设项目	40			
		产业发展基金	25			
		蓝莓产业开发	35			
		千亩油茶示范园建设	40			

续表3

乡镇		项目	概算总投资	联系县级领导	牵头责任单位、责任人	配合责任单位、责任人
红岩溪镇	木龙湾村	综合服务平台建设项目	30		红岩溪镇张召学	
		产业发展基金	30			
	打溪村	羊场坡产业路建设项目	40			
		产业发展基金	10			
		综合服务平台建设项目	20			
		王家寨产业路建设项目	40			
		美丽乡村建设项目	80			
农车镇	集镇	九年制学校综合楼(教学)	440	梁兴华	教体局傅立波	农车镇徐克文
		九年制学校改造规划设计(校园广场设计20万元,校园提质改造设计30万元)	50		农车镇徐克文	
		九年制学校宿舍楼建设	195			
		休闲文化广场建设	150			
		改造设计(街道路面改造及排水管网规划设计40万元,街区房屋立面改造规划设计85万元)	125			
	高坪村	蓝莓基地建设	50			
	富坪村	中药材产业建设	80			
	花桥村	垃圾焚烧炉建设	45			
	马蹄社区	美丽乡村建设	80			
	花桥村 富坪村 马蹄社区	村级综合服务平台土地平整及附属工程建设	178.5			
		改造厕所100户	65			
靛房镇	集镇	芙蓉大道建设项目	980	张肇琴	住建局向清平	靛房镇张明仁
		靛房镇土家文化旅游产业项目(含土家文化博物馆项目、三河风雨桥广场项目、沿河休闲步道项目)	1300	梁兴华 李冬梅 张肇琴	旅文局彭开科 交运局向庭勇 住建局向清平	
		九年制学校综合楼(朝晖楼)建设项目	400	梁兴华	教体局傅立波	
		九年制学校宿舍(扩建)建设项目	150		靛房镇张明仁	
		创业帮扶资金	50			
	信地村 先锋村 万龙村	产业帮扶资金(用于示范园建设、油茶中蜂等产业发展)	199			
		先锋村5组至3组便民桥建设项目	100			

续表 4

乡镇		项目	概算总投资	联系县级领导	牵头责任单位、责任人	配合责任单位、责任人
苗儿滩镇	集镇	街道改造项目	200	张肇琴	住建局向清平	苗儿滩镇向熊
	全镇	劳务、教育协作项目	30		苗儿滩镇向熊	
		产业发展(产业示范园 38 万元,油茶产业 100 万元,中蜂产业 30 万元)	168			
		基层政权建设	20			
	苗市社区	蓝莓产业开发	80			
		九年制学校宿舍楼建设项目	105			
		敬老院基础设施建设项目	10			
	隆头社区	黄桃产业开发	35			
		敬老院基础设施	10			
		自来水厂建设项目	55			
		村级综合服务平台	130			
		隆头小学宿舍楼建设项目	100			
	民族村	黄桃产业基地	60			
		美丽乡村建设	80			
洗车河镇	集镇	集镇市场提质改造	151		洗车河镇张明栋	
		镇区道路提质改造	82			
		镇区杆线整改	100			
		环境综合整治	25			
		特色民居改造	156			
		校园环境优化	100			
		医院环境优化	41			
	一镇三村	产业发展奖补资金	190			
		产业基地配套设施建设	110			
	支家村	马坳林场道路硬化	68			
		河堤、渠道挡土墙建设	25			
	草果村	农村组级路硬化	93			
		农村综合服务平台挡土墙建设	18			
		水稻、红薯基地土地复垦	10			
	咱木村	农村综合服务平台挡土墙建设	10			
		农村组级路硬化	121			

续表 5

乡镇		项目	概算总投资	联系县级领导	牵头责任单位、责任人	配合责任单位、责任人
洛塔乡	集镇	集镇提质改造(含征拆费)	150		洛塔乡李晓辉	
		乡镇基层政权建设提质改造	50			
		农村电商平台建设及补贴	30			
		卫生院迁建	150			
		敬老院提质改造(含征地费)	20			
		九年制学校提质改造及图书馆建设	20			
	梭洛村	产业发展(锥栗、羊肚菌种植、中蜂养殖165万元,产业发展基金5万元)	170			
		党建阵地建设	10			
	枹木村	产业发展(锥栗种植、中蜂养殖扶持155万元,产业发展基金5万元)	160			
		美丽乡村建设	10			
		党建阵地建设	10			
	泽果村	产业发展(油稻轮作、蜜源培植及中蜂、泥鳅养殖65万元,产业发展基金15万元)	80			
		党建阵地建设	10			
		美丽乡村建设	90			
召市镇	集镇	镇区改造项目。总计投入1600万元,2018年600万元;2019年1000万元。	600	张肇琴	住建局向清平	召市镇张鸿鸣
		镇公租房建设项目(含设计、地勘、土地测绘、招标代理等前期费用)	500			国土局彭贤述 发改局陈昌武 召市镇张鸿鸣
		召市初级中学厕所改造	20		召市镇张鸿鸣	
		扶贫资金(扶贫宣传经费50万元,困难帮扶基金10万元)	60			
		美丽乡村建设(同建同治)	40			
	青坪村	产业帮扶(葡萄产业后续帮扶35万元,家庭小产业帮扶20万元)	55			
	贾坝社区	产业帮扶(含油茶等产业)	65			
		基础设施建设	20			

续表 6

乡　镇		项　　目	概　算 总投资	联系 县级 领导	牵头责 任单位、 责任人	配合责 任单位、 责任人
召市镇	岩门口村	美丽乡村建设	80		召市镇 张鸿鸣	
		产业帮扶(含油茶等产业)	70			
		基础设施建设	40			
		村级综合服务平台后续配套建设	20			
		党建阵地建设	30			
桂塘镇	集　镇	镇卫生院门诊楼建设项目	300	梁兴华	卫计局 郑　沣	桂塘镇 黎　明
		九年制中学校园道路黑化项目建设	100		桂塘镇 黎　明	
		九年制中学图书馆建设项目	195			
		工商街低压电网改造项目建设	49			
		集镇民族路自来水管网改造	38			
		新修公共厕所 2 个	30			
		美丽乡镇建设	40			
	全　镇	扶贫帮困、创业扶持、考察学习、培训交流	25			
		全镇基础党建阵地建设	35			
		扶持种植大户	30			
	明溪村	美丽乡村建设	58			
咱果乡	集　镇	集镇广场建设(含征地款 20 万元)	68		咱果乡 向宝凤	
		河堤新修	35			
		2017—2018 年项目监理、管理、设计费用	25			
		扶贫济困	10			
		产业帮扶	100			
		党建工作	26			
		美丽乡村建设	20			
	连界村	连界湖组、户间道路建设	48			
		堰塘湖、王家沟组、户间道路建设	20			
		亮化工程	21			
		产业扶持	60			
		西拉湖学校整修	30			
		村级综合服务平台附属设施	30			

续表 7

乡镇		项目	概算总投资	联系县级领导	牵头责任单位、责任人	配合责任单位、责任人
咱果乡	脉龙村	户间道路建设	25		咱果乡 向宝凤	
		乡村旅游示范创建	160			
		亮化工程	49			
		产业扶持	40			
	哪寨村	村组道路建设	48			
		河堤整修	45			
		村级综合服务平台附属设施(含挡土 墙建设等)	75			
		亮化工程	35			
		产业扶持	30			
内溪乡	集镇	开福路建设前期规划及征地	250	张肇琴	国土局 彭贤述	内溪乡 杨甜
		集贸市场及附属设施建设前期规划及征地	100		内溪乡 杨甜	
		敬老院附属设施建设项目(电梯采购 及防洪堤建设)	80			
		乡政府附属设施建设	60			
		助学帮困	30			
	岩力村	村级综合服务平台附属设施建设及办 公设施采购项目	60			
		产业建设	150			
	双树村	村级综合服务平台附属设施建设及办公设施采购项目	60			
		产业建设	150			
	五官村	村级综合服务平台附属设施建设及办公设施采购项目	60			
		产业及附属设施建设	100			
里耶镇	全镇	里耶后山旅游配套慢道系统(兼防洪 应急疏散通道)	600	黄勇	里管委 田大治	里耶镇 魏福生
		脐橙产业(溯源信息系统 50 万元,提 质增效百亩示范园 50 万元)	100		里耶镇 魏福生	
		劳务协作技能管理培训	10			

续表 8

乡镇		项目	概算总投资	联系县级领导	牵头责任单位、责任人	配合责任单位、责任人
里耶镇	裴家堡村	产业项目	100		里耶镇魏福生	
		基础设施建设 120 万元				
	东桃村	产业项目 50 万元				
		基础设施建设 115 万元				
	巴沙村	基础设施建设 105 万元				
水田坝镇	集镇	环集镇道路及集镇改造(跨年度项目,总投资 680 万元)	130	张肇琴	住建局向清平	水田坝镇夏海涛
		水田坝中学提质改造(龙山县教育局牵头,整合教育口资金,总投资 850 万,长沙县承担 450 万元)	140	梁兴华	教体局傅立波	
		防洪设施建设	170		水田坝镇夏海涛	
		集镇、下比村、枫坪村、中湾村基础配套设施及美丽乡村建设	300			
	全镇	困难群众救济、慰问、干部学习培训费用	50			
	中湾村 枫坪村 下比村	农业产业发展资金	150			
	枫坪村 下比村	村级服务平台(附属设施及设备)	60			
石牌镇	集镇	石牌镇卫生院桶车分院综合楼建设	420	梁兴华	卫计局郑沣	石牌镇聂仁军
		石牌敬老院后续工程	70		石牌镇聂仁军	
		石牌集镇民生提质改造工程(安全饮水与亮化)	130			
		石牌镇党务政务便民服务中心建设	60			
		石牌镇群众文体活动中心	100			
		产业发展扶持资金	50			
	下池村 卧龙村 石牌洞社区 桃源村 大塘社区	下池村、卧龙、石牌洞社区综合服务平台附属工程建设 60 万元;村级综合服务平台建设后续工程:桃源村 40 万元、大塘社区 40 万元(含场地硬化、办公设备、绿化、党建阵地等)	140			
	城堡村	村级综合服务平台建设后续工程(场地硬化、办公设备、绿化、党建阵地等)	120			

说明:1.原则上 200 万元以上项目由相应行业主管部门牵头实施;200 万元以下项目由各乡(镇)政府组织实施,负责搞好工程监督、质量监管等工作

2.若有调整,以调整后的为准

龙山县21个乡镇、街道所属397个行政村(社区)基本情况表

民安街道20个行政村

村名	户数	人口	版图面积	耕地面积		劳动力	外出务工	留守儿童
				水田	旱土			
白羊坪村	351	1309	4.6	504	80	835	600	10
宝塔社区	464	2253	1.4	128.3	17.93	518	124	2
茶亭社区	1587	5971	0.44979	0	10	3000	200	10
城郊社区	1065	3737	7.5	700	850	1727	28	24
春景社区	1375	5718	0.469	22.5	105	1798	215	8
大堰坪社区	735	3078	4.5	1420	350	1068	680	65
凤阳社区	5229	19625	0.49	4	30	7669	2733	533
红星村	557	2017	5.1	431	243	995	456	15
回龙社区	4218	15158	0.8	0	0	8600	812	456
康家坝社区	5665	19827	0.88	0	0	11896	375	8
老城社区	3205	12179	1.00865	120	30	6800	40	50
民爱村	481	2159	9.36	1535	3568	914	321	89
南台堡社区	3050	10800	0.7	0	0	7000	120	15
蒲家河村	408	1583	5.483	762	104	678	325	30
三湾塘村	409	1685	1.8635	865	62	925	453	45
书院坪社区	5267	17202	0.95	0	0	9800	135	10
蔬菜社区	2100	8196	0.2	0	0	3100	106	3
五爱社区	3505	12556	0.4	0	0	6083	1141	186
新林村	282	1280	4.2	480	500	540	340	35
竹园社区	216	1054	3.5	200	81	438	28	13

说明：1.版图面积：平方千米；耕地面积：亩；2.外出务工统计连续3个月以上的外出务工人员；3.大学生指专科以上；4.猪、牛为头，羊为只

(社区)基本情况一览表

（单位:户、人、平方千米、亩、万元、吨、头、只、元）

孤寡老人	农业总产值	粮食总产量	畜牧业			在校学生	其中大学生	村(社区)支部书记	村(社区)主任
			猪	牛	羊				
3	140	98	131	5	0	214	9	向发英	罗　兵
2	0	0	330	0	0	312	22	向金双	莫开友
1	0	0	51	0	0	1600	600	李　文	李胜召
4	140	700	185	0	0	206	55	汤群芳	丁晓平
4	0	0	6	0	0	1400	120	甘秀春	向业春
7	660	256	1100	18	28	965	16	张炳清	王清运
19	0	0	19	0	0	3782	264	冯　亮	陈　文
5	103	890	346	15	5	242	15	莫开金	杨万林
0	0	0	12	0	0	3018	825	张泽英	田志松
2	0	0	94	0	0	5600	140	严　政	白菊芬
1	5	0	192	0	0	2800	70	龚笑梅	晏慧群
6	1200	240	89	3	4	239	23	黄通干	彭玉琴
2	0	0	9	0	0	3100	2800	李洪珍	彭　艳
6	85.568	534.8	71	2	0	65	7	张安顺	田录儒
0	35	15	106	0	6	315	32	钟柏林	钟献昌
1	0	0	0	0	0	3500	320	李　杰	朱　勇
0	0	0	0	0	0	1200	110	王卫波	杨碧娥
9	0	0	0	0	0	3352	774	陈相林	陈相林
2	300	12	120	6	0	130	10	李诗光	余官水
0	320	142	150	10	0	160	7	岳世树	岳世树

华塘街道8个行政村

村　　名	户数	人口	版图面积	耕地面积		劳动力	外出务工	留守儿童
				水田	旱土			
合　　计	7175	21105	18.28	6436	615	12560	2698	175
皇仓社区	982	3113	4.9	1544	137	1917	298	18
唯一社区	616	1958	1.5	755	29	1136	251	19
华塘社区	679	1895	1.6	55	25	1102	120	5
华新社区	1161	2993	1.7	114	36	1747	387	28
螺蛳滩社区	1188	3425	2.08	1129	50	2004	405	41
官渡社区	968	2692	1.7	697	160	1644	561	1
留繁社区	1026	3381	3.5	1573	82	2030	278	33
象鼻社区	555	1648	1.3	569	96	980	398	30

说明:1.版图面积:平方千米;耕地面积:亩;2.外出务工统计连续3个月以上的外出务工人员;3.大学生指专科以上;4.猪、牛为头,羊为只

（社区）基本情况一览表

（单位：户、人、平方千米、亩、万元、吨、头、只）

孤寡老人	农业总产值	粮食总产量	畜牧业			在校学生	其中大学生	村（社区）支部书记	村（社区）主任
			猪	牛	羊				
19	2142.3	2382	4051	19	104	3557	226		
2	840.5	500	537	4	90	358	20	蒋邵林	张孝华
4	352.8	267	333	0	0	325	25	田振运	刘　亮
3	33.6	27	286	0	0	325	22	钟发光	杜文杰
2	60	51	664	0	0	827	58	雷双龙	邓　凯
2	471.6	401	777	0	0	505	45	余官顺	张莉（女）
2	385.7	291	455	0	0	610	17	朱德全	郭　良
2	662	612	296	15	12	302	19	穆代华	段成勇
2	279.3	233	703	0	2	305	20	胡国军	张宪伟

兴隆街道22个行政村

村　　名	户数	人口	版图面积	耕地面积		劳动力	外出务工	留守儿童
				水田	旱土			
新城社区	1498	4895	3.81	1096	976	2536	1268	254
油菜坪社区	290	1169	1.31	632	346	893	447	89
望城社区	501	1789	2.57	969	480	611	305	61
白坪社区	652	2176	3.96	1136	1213	613	307	62
兴隆桥社区	335	1276	3.02	890	416	982	491	98
狮子社区	449	1637	6.19	1212	555	898	449	90
雷音社区	299	1036	4.96	203	813	803	401	80
明星社区	445	1715	3.91	651	441	1185	593	118
兴隆街社区	991	3113	28.14	1235	2314	2231	1115	223
张家坡村	427	1560	7.61	362	1308	742	371	74
白岩洞村	880	3086	8.87	2897	1296	1904	952	190
三 塘 村	380	1514	6.56	943	343	844	422	84
双龙桥村	406	1394	5.48	612	573	794	397	79
尖 岩 村	404	1796	2.11	613	580	946	473	95
燕 山 村	285	1063	2.06	275	405	523	262	52
响水洞村	282	1068	7.75	178	463	797	399	80
黄土坡村	445	1579	4.47	1280	458	656	328	66
新 桥 村	364	1395	3.95	500	1550	631	315	63
堰 坝 村	416	1525	3.17	915	882	678	339	67
茶 元 村	294	1067	3.81	387	1157	671	335	67
花 棚 村	286	1061	3.2	838	413	794	397	79
太 平 村	334	1268	4.28	912	892	767	384	77

说明:1.版图面积:平方千米;耕地面积:亩;2.外出务工统计连续 3 个月以上的外出务工人员; 3.大学生指专科以上;4.猪、牛为头,羊为只

(社区)基本情况一览表

（单位：户、人、平方千米、亩、万元、吨、头、只）

孤寡老人	农业总产值	粮食总产量	畜牧业			在校学生	其中大学生	村(社区)支部书记	村(社区)主任
			猪	牛	羊				
13	979	1203	1091	7	14	381	53	王声学	孙乾宇
4	233.8	664	366	1	6	144	20	钟　振	潘绍芝
5	357.8	848	475	5	8	92	13	田金菊	缺
6	435.2	996	410	2	7	94	13	刘先春	覃继华
5	255.2	481	402	3	7	147	21	颜晓玲	蔡文武
5	327.4	509	454	3	5	135	19	谭贤富	陈文龙
5	207.2	877	454	5	7	120	17	王尚武	石胜文
7	343	473	548	4	8	177	25	吉清平	晏敬斌
12	622.6	1179	2852	48	405	335	47	张学军	蒋后林
7	312.0	535	631	8	110	111	16	谭世勇	田安友
11	617.2	891	925	11	102	285	40	阳清贵	陈延政
6	302.8	518	836	9	95	126	18	陈运生	陈　俊
6	278.8	512	862	10	124	119	17	彭成洋	刘　杰
7	359.2	524	1110	14	165	143	20	李前勇	汪尚龙
5	212.6	847	577	8	203	28	11	刘胜林	刘代勇
4	213.6	399	526	7	103	120	17	田洪发	彭小兵
9	315.8	633.8	901	10	310	99	14	杨宗和	向秀丽
6	279	408	166	9	0	94	13	向玉春	陈万治
7	305	458	175	7	0	100	14	唐金秀	杨禹州
4	213.4	386	201	7	0	101	14	邓胜春	李代祥
4	212.2	388	223	9	0	118	17	田礼发	彭治学
5	253.6	391	210	6	0	115	16	蒋迎春	吴振湘

石羔街道23个行政村

村　　名	户数	人口	版图面积	耕地面积		劳动力	外出务工	留守儿童
				水田	旱土			
石羔街道	12359	44149	88.8	31602	3690	25053	13120	396
石羔社区	692	1907	1.8	674.0	110.9	1358	710	11
正南社区	1283	4474	3.6	1495.0	311.9	2333	1217	26
中南社区	704	2544	3.2	1310.6	68.5	1344	708	22
十字社区	613	1977	2.6	1182.0	64.3	990	520	16
永兴社区	507	1637	1.7	856.4	123.4	833	440	11
白泥社区	361	1158	1.6	739.5	113.8	616	325	17
桃红社区	345	1295	3.4	932.5	97.5	731	386	22
苦竹社区	344	1303	4.4	834.6	155.0	761	398	26
干比社区	514	2024	1.7	1078.5	140.5	1108	580	24
冲天社区	352	1284	2.3	659.0	43.0	737	388	20
元堡社区	953	3291	6.4	3451.0	310.0	2007	1040	27
英家社区	508	1879	2.9	2463.0	239.0	1105	580	9
包家垅村	339	1328	3.6	885.8	73.0	777	405	9
猛洞村	328	1183	3.9	689.0	94.0	650	340	13
兴堡村	462	1735	3.8	1151.3	122.4	956	510	24
尧坪村	868	3324	3.6	1919.4	275.3	1769	920	19
泗坪村	515	1895	1.8	1159.4	111.5	1070	558	14
双龙村	296	1086	3.1	702.0	156.0	612	320	9
川洞村	300	1179	5.1	821.0	147.0	709	375	12
旧寨村	513	1916	8	1581.0	310.0	1130	590	35
西洛村	484	1734	6.7	1671.0	285.0	1043	545	13
南北村	481	1863	9	2670.0	127.0	1116	585	8
青岗村	597	2133	4.6	2676.0	211.0	1298	680	9

说明：1.版图面积：平方千米；耕地面积：亩；2.外出务工统计连续3个月以上的外出务工人员；3.大学生指专科以上；4.猪、牛为头，羊为只

(社区)基本情况一览表

(单位:户、人、平方千米、亩、万元、吨、头、只、元)

孤寡老人	农业总产值	粮食总产量	畜牧业			在校学生	其中大学生	村(社区)支部书记	村(社区)主任
			猪	牛	羊				
148	28270	19131	24560	85	1755	3801	407		
8	1075	472	880	4		131	13	蔡平贵	马洪进
14	1840	890	1540	4		292	28	向运双	胡桃香
8	1550	797	1320	4		201	23	符兴春	张卫东
6	980	674	985	2		192	20	谭洪凯	周凤丽
1	950	521	865	4		130	13	吴国练	翟小军
2	895	461	700	2	580	118	12	张廷亮	黄翔宇
2	1025	617	930	3	180	146	15	王本学	王东贵
4	1090	539	920	4	285	128	7	黄德志	田云成
4	1270	676	1070	4		181	21	滕召安	张友军
2	970	479	910	4	440	88	7	田科俊	向运辉
13	1630	1899	1450	4		281	30	包春茂	姚茂平
10	1180	1345	1040	4		194	22	黄　维	龚朝辉
5	840	568	940	4	80	105	11	张兴祥	李友权
1	920	452	910	4		108	20	黄　刚	杨仁斌
10	1185	691	1460	4		231	26	郭书尚	郭书尚
5	1695	1124	1420	4		243	25	蔡秋敏	李明乾
10	1270	720	1050	2		128	13	黄立志	马继富
8	1005	533	550	4		118	12	包太坤	田　军
6	1090	549	780	4		118	20	姚本善	王焕权
11	1530	1056	1280	4	190	241	25	闵兴海	杨正平
2	1370	1114	1260	4		127	13	刘泽胜	李芝维
10	1540	1488	1130	4		116	12	傅吉佑	傅吉佑
6	1370	1466	1170	4		184	19	向家义	杨思发

洗洛镇21个行政村

村名	户数	人口	版图面积	耕地面积		劳动力	外出务工	留守儿童
				水田	旱土			
湾塘	465	1574	6.8	1545	300	975	397	3
青龙	460	1675	12	1155	190	1015	503	2
小河	390	1834	9.6	2130	360	1098	571	
小坪	278	1268	5.9	705	330	686	321	9
红石	343	1528	7.4	1850	285	803	385	1
车格	225	1095	4	855	240	513	342	4
大元	286	1001	6.1	840	240	690	259	8
坡脚	323	1213	7.1	1020	300	806	347	5
大塘	313	1298	4.1	900	315	803	335	4
切碧	215	855	4.5	382	544	580	203	5
洗洛	837	3286	4.4	865	546	1826	781	8
牌楼	513	2151	5.8	826	470	1025	453	4
联盟	283	1114	1.9	487	75	583	314	2
青艾	430	1688	5	800	289	958	429	1
花鹿	398	1595	5.5	654	196	891	367	9
欧溪	537	2181	7.6	854	337	1183	455	11
高寨	249	982	4	395	262	553	224	4
芭蕉	335	1347	6.7	382	510	738	351	6
坪中	290	1140	11.5	479	521	675	272	5
大井	273	1079	5.3	304	100	587	218	1
小井	326	1321	12.3	234	227	745	292	3

说明:1.版图面积:平方千米;耕地面积:亩;2.外出务工统计连续3个月以上的外出务工人员;3.大学生指专科以上;4.猪、牛为头,羊为只

(社区)基本情况一览表

(单位:户、人、平方千米、亩、万元、吨、头、只、元)

孤寡老人	农业总产值	粮食总产量	畜牧业			在校学生	其中大学生	村(社区)支部书记	村(社区)主任
			猪	牛	羊				
4		642	261	15		314	8	杨胜万	张正平
1		735	105	11		335	7	姚茂文	田启友
2		700	679	28	100	366	5	向兴光	杨　标
2		521	219	10		253	4	向秀英	田昌勇
4		678	233	10	105	305	6	夏以海	罗兴旺
		422	62	3	21	219	3	向世清	向才茂
2		532	70	2		197	2	吴远明	杨支森
3		626	219	21	120	242	3	田祥海	曾凡左
1		544	95	8		259	4	侯德岸	曾金桂
		544	220	2		171	2	田大超	向才珍
4		741	787	107	370	685	12	吴运超	刘阶秀
2		660	158	13	240	337	7	向金玉	翟玉兰
1		355	104			222	2	向明双	张　杰
7		637	258	24		335	5	彭召龙	田小平
		496	233	11	180	319	6	金传双	杨胜利
		616	244	13	250	425	7	欧安顺	向永翠
1		364	34			189	2	李玉萍	向　东
1		384	135	6		257	3	李衍权	韦文成
8		431	141	27	970	218	2	黄龙笑	尚应国
1		307	158	24		213	3	林泽松	田邦水
2		233	241	117	250	254	4	杨文芝	舒庆辉

石牌镇18个行政村

村名	户数	人口	版图面积	耕地面积		劳动力	外出务工	留守儿童
				水田	旱土			
城堡村	334	1526	5.73	1800	556	878	340	168
大塘社区	437	1847	14.2	900	428	1266	241	98
梁山村	231	970	3.34	460	658	570	143	64
上母村	465	2138	8.23	1100	1000	1384	461	213
石牌洞社区	393	1732	2.2	1000	700	1056	185	26
桃兴村	450	2255	8.46	190	122	1096	397	228
桃源村	256	1118	2.73	800	650	646	172	97
桶车社区	388	1356	3.5	960	148	898	184	87
卧龙村	310	1314	8.5	1125	270	761	273	144
下池村	537	2153	6.25	1814	1346	1238	287	138
香井村	266	1278	4.31	678	1287	698	135	45
义比村	320	1228	2.65	1152	746	674	152	69
中池村	412	1728	4.18	959	227	1284	499	213
桂英村	607	2352	7.8	2000	1033	779	327	245
玉河村	343	1617	5.7	723	761	941	291	143
竹坪社区	329	1308	2.37	800	400	849	312	133
龙洞村	373	1589	4.5	1170	795	977	282	88
苦溪村	253	1056	6.23	823	1150	631	273	70

说明:1.版图面积:平方千米;耕地面积:亩;2.外出务工统计连续 3 个月以上的外 出务工人员;3.大学生指专科以上;4.猪、牛为头,羊为只

(社区)基本情况一览表

（单位：户、人、平方千米、亩、万元、吨、头、只、元）

孤寡老人	农业总产值	粮食总产量	畜牧业			在校学生	其中大学生	村(社区)支部书记	村(社区)主任
			猪	牛	羊				
5	1000	993.5	1029	14	46	312	50	田　斌	兰长明
2	750	462	224	14	0	315	12	马木伍	张正辉
2	390	605.6	315	15	0	126	0	吴延碧(女)	杨祖万
6	930	871.4	1276	36	63	152	17	李健	张光电
1	110	269.7	85	5	125	289	46	黄光武	杨习祥
1	700	904	1215	30	129	281	31	陈光祥	张学福
6	850	595.6	862	24	100	40	7	吴守学	王志高
2	470	981.4	350	12	0	342	14	李成香(女)	方清南
1	700	802.2	754	24	50	83	6	肖昌华	李万炎
6	1100	1529	631	22	0	300	15	侯安波	杨启胜
1	500	700.1	319	14	0	35	3	夏生军	田　俊
5	4000	738.6	220	12	0	387	52		曾祥兆
3	600	681.2	1007	19	48	335	14	周福权	曹　英
12	1000	863.8	302	40	210	298	38	刘大跃	黄学林
3	6000	707.3	896	25	61	256	17	吴　江	唐洪彦
1	900	500.8	829	11	98	45	2	杨玉桃	赵水香
5	800	915.5	615	7	0	258	16	黄　凯	叶明伟
3	300	640.5	298	8	0	75	3	罗善祥	唐飞兵

茨岩塘镇18个行政村

村名	户数	人口	版图面积	耕地面积		劳动力	外出务工	留守儿童
				水田	旱土			
茨岩社区	598	3254	10.2	905	655	1800	879	24
岩板社区	521	1890	5.1	1000	800	1500	800	12
包谷村	603	2177	6.3	1421	722	608	350	13
半寨村	245	1031	5.3	515	160	550	300	60
甘露村	297	1293	4.8	714	720	780	520	31
凉水村	345	1213	5.1	450	245	850	380	32
大田	185	755	4	350	430	381	350	5
小米村	230	831	6.7	476	400	271	210	11
兴溪村	468	1719	13	350	950	750	520	25
兴场坳村	346	1579	5.6	1000	680	523	326	8
兴华	214	806	4.1	250	327	412	300	15
面山村	178	628	9.1	684	1300	189	200	35
比溪村	249	824	6.6	487	308	580	150	12
中山村	367	1476	20	528	187	720	485	42
双新村	254	966	11.7	300	200	586	361	13
细车村	287	1112	9	550	950	480	357	33
树溪村	209	705	4.6	474	180	390	298	53
茄佗村	166	603	9.6	320	25	259	202	42

说明：1.版图面积：平方千米；耕地面积：亩；2.外出务工统计连续 3 个月以上的外出务工人员；3.大学生指专科以上；4.猪、牛为头，羊为只

(社区)基本情况一览表

（单位：户、人、平方千米、亩、万元、吨、头、只、元）

孤寡老人	农业总产值	粮食总产量	畜牧业			在校学生	其中大学生	村(社区)支部书记	村(社区)主任
			猪	牛	羊				
5	900	150	600	50	400	650	53	张海波	蒙凤玲
10	400	50	200	40	100	270	20	董贤杰	贵仁亳
5	310	50	502	58	101	130	28	张宏林	张宏林
1	350	110	200	4	89	261	23	张必桃	张以海
2	420	50	58	12	503	162	13	姚善早	康士宏
5	400	50	50	10	40	220	10	彭继干	杨士军
5	300	55	50	10	40	180	8	彭继来	向志业
2	360	60	200	30	0	180	17	彭良坤	赵科岳
45	350	40	230	50	200	80	12	田翠美	黄广龙
9	450	75	220	5	0	386	18	田万瑞	周功成
5	450	80	150	35	40	70	11	龙熙权	徐双英
21	254	50	106	27	0	154	8	游绍群	游先副
5	450	82	100	16	200	151	6	袁昌岐	袁昌武
2	750	95	85	12	156	213	11	田素娥	李永龙
3	320	50	100	20	600	200	15	童俊铖	童方向
7	320	60	300	60	200	254	9	江国宝	何　涛
15	820	80	40	35	132	137	10	姚水香	李支富
49	325	50	50	10	350	66	3	向列胜	张本凡

水田坝镇15个行政村

村　名	户数	人口	版图面积	耕地面积		劳动力	外出务工	留守儿童
				水田	旱土			
水田坝社区	1047	3280	20.7	1431	3041	1358	561	681
猛必社区	626	2115	19.6	749	708	1392	685	131
车　塔	218	734	13	25	300	265	215	45
中湾村	486	1635	12	1128	860	680	590	40
双联村	323	1136	9.7	300	1605	450	300	89
下比村	419	1480	16.2	1360	2000	780	520	32
澧源村	303	1151	13.5	700	1600	684	534	224
红　旗	147	625	11	334.4	553.4	320	130	14
车拉坪	309	1162	15	568	343	850	600	23
仁和村	323	1059	11	280	1605	500	300	20
西湖村	271户	953人	9	420	714	480	238	19
岩　洞	196	714	12	193	147	450	400	180
飞翔村	278	1026	9	404	678	467	478	178
兴塔村	397	1427	10	499	545	794	450	120
枫坪村	232	848	9.3	392.3	400	483	392	22

说明:1.版图面积:平方千米;耕地面积:亩;2.外出务工统计连续3个月以上的外出务工人员;3.大学生指专科以上;4.猪、牛为头,羊为只

(社区)基本情况一览表

(单位:户、人、平方千米、亩、万元、吨、头、只、元)

孤寡老人	农业总产值	粮食总产量	畜牧业			在校学生	其中大学生	村(社区)支部书记	村(社区)主任
			猪	牛	羊				
15	120	130	1050	120	150	851	15	李代胜	
9	66	330	105	25	350	402	25	彭　辉	张庭芳
3	100	75	200	48	700	127	6	刘云德	晏世年
10	98	10	120	110	350	450	25	代鹏飞	李光华
5	300	156	620	75	0	148	11	向碧娥	贺大双
280	28.6	81	240	80	500	82	3	肖　林	
56	24.4	78	100	50	600	234	5	张仁金	肖才文
25	60	20	70	35	500	130	6	彭治高	瞿宏双
7	70	50	185	55		119	6	张贻英	陈功达
2	300	200	100	20	0	100	8	陈延超	姜良文
11	200	108	110	80	300	135	9	毕　蓉	
0	30	10	100	30	300	120	15		田万礼
4	210	8.5	145	19	0	182	12	陈玉枝	曾凡泉
0	87.7	390.3	180	58	148	406	11	龙世政	彭　英
76	25.6	35	160	50	300	84	3	李文波	李学达

红岩溪镇22个行政村

村名	户数	人口	版图面积	耕地面积		劳动力	外出务工	留守儿童
				水田	旱土			
红岩社区	1554	3422	6.1	105	215	1985	1488	108
比沙社区	689	3096	17.6	1300	1500	1796	1347	98
凉风村	358	1524	5.9	140	160	884	663	49
古丈村	442	1557	9.4	400	800	903	677	50
统西村	284	1168	6.6	300	1200	677	508	37
撮箕村	205	805	7.3	288	297	467	351	26
木龙湾村	238	782	8.8	271	59	454	341	25
田家村	230	904	6.2	210	298	524	393	29
头车村	353	1438	11.5	530	130	834	626	46
打溪村	227	832	10.2	134	200	483	362	26
比洞村	198	658	8.2	105	219	382	286	21
栈行村	227	800	10.3	194	197	464	348	26
梭堡村	159	629	6.6	50	100	365	274	20
毛坝村	302	1320	8.8	700	650	766	574	42
坎西村	234	1034	5.9	520	980	600	450	33
肖家坪村	135	581	3.4	85	308	337	230	18
卸甲村	393	1487	8	630	314	862	647	47
尧城村	325	1323	8.2	780	920	767	575	42
白果村	225	1023	5.6	540	240	593	445	32
马失村	212	974	7.8	800	500	565	424	31
卜纳洞村	371	1532	9.6	732	768	889	667	48
苗兴村	295	1112	9.6	370	40	645	349	36

说明：1.版图面积：平方千米；耕地面积：亩；2.外出务工统计连续3个月以上的外出务工人员；3.大学生指专科以上；4.猪、牛为头，羊为只

(社区)基本情况一览表

（单位：户、人、平方千米、亩、万元、吨、头、只、元）

孤寡老人	农业总产值	粮食总产量	畜牧业			在校学生	其中大学生	村(社区)支部书记	村(社区)主任
			猪	牛	羊				
1	117.36	260.81	395	17	172	272	5	向德生	卢礼华
2	240.75	535.24	554	19	224	246	4	王洋洋	张清维
2	154.35	343.79	546	21	225	122	2	石昌兴	潘远珍
	175.5	390.28	1245	52	571	125	2	彭南刚	向永红
5	112.95	251.91	526	21	256	94	1	向庭青	周明义
	93.6	208.31	536	21	231	64	1	谭桂莲	文辉勇
8	94.5	210.56	393	18	219	62	1	向百化	胡玉孝
2	101.25	225.97	399	16	163	72	2	贾绍文	田明武
4	156.15	347.26	420	18	187	115	2	邓吉龙	张显吉
2	75.15	167.3	461	21	233	65	1	沈世平	彭武明
1	62.55	139.82	352	18	160	52	1	沈世友	沈世忠
3	68.85	153.48	385	20	175	64	1	秦庆华	高俊成
1	49.65	109.35	388	16	161	50	1	彭　军	向　君
1	190.8	424.21	524	19	225	105	2	刘应科	刘龙举
1	157.5	350.79	523	19	224	82	2	潘齐兴	彭兴忠
	46.35	103.49	388	20	178	46	1	舒克忠	肖明奎
1	181.8	404.18	517	23	210	118	2	彭英祥	陈祥远
1	214.15	477.45	551	20	250	105	2	姚心亮	向子文
	179.55	399.17	541	20	210	81	2	张安定	张自刚
2	181.35	403.09	542	19	237	78	2	彭周英	彭英林
3	198.45	441.03	299	15	132	120	2	周光军	米远固
2	126	280.4	377	20	163	89	2	刘文雄	向　龙

农车镇23个行政村

村　　名	户数	人口	版图面积	耕地面积		劳动力	外出务工	留守儿童
				水田	旱土			
舍竹村	157	577	4.93	451	81.6	200	90	12
纸厂村	154	554	7.52	387	151	224	117	16
兰家村	231	803	5.26	577	309	318	219	50
富坪村	339	1402	5.9	1305	790	389	179	35
汝池社区	218	739	8.74	230	8.7	466	295	84
舍龙村	67	261	5.11	49	0	165	159	29
正河村	330	1305	9.51	847	674	858	650	80
马蹄社区	595	1965	8.94	1145	1026	1096	485	47
新寨村	353	1286	11	923	505	685	540	22
花桥村	649	2278	17	2535	494	1230	905	380
艾溪村	156	547	4.02	367	30.3	300	260	28
农车村	341	1228	7.74	1043	232	565	380	25
合力村	256	2080	8.7	785	318	446	294	15
合心村	114	456	6.18	231	699	180	120	80
天桥村	176	642	4.5	212	812	320	260	20
高坪村	321	1069	8	658	1390	650	243	0
高桥村	167	673	4.5	523	783	297	202	49
塔泥村	322	1244	12	688	131	537	381	81
田家村	226	1052	9	634	103	318	270	13
哪咱村	342	1299	10	1026	28.8	794	558	32
尧场村	259	970	7.86	718	18.45	541	486	75
王家村	334	1281	10	395	117.75	691	378	139
铅厂村	276	966	7.52	367	7.65	682	365	86

说明:1.版图面积:平方千米;耕地面积:亩;2.外出务工统计连续3个月以上的外出务工人员;3.大学生指专科以上;4.猪、牛为头,羊为只

(社区)基本情况一览表

(单位:户、人、平方千米、亩、万元、吨、头、只、元)

孤寡老人	农业总产值	粮食总产量	畜牧业			在校学生	其中大学生	村(社区)支部书记	村(社区)主任
			猪	牛	羊				
1	2.8	12	36	0	51	128	15	彭南国	彭吉武
3	30	10	0	18	200	48	5	徐克全	严许正
0	120	30	120	80	100	138	16	田　鸿	田龙彪
1	210	200	53	25	15	58	9	鲁邦君	王成学
79	24.02	14.16	109	6	208	104	11	张世洪	李洪波
1	1.1	5	13	6	0	48	2	向桃香	郑南亚
4	30.8	18	170	20	150	220	38	彭　军	彭飞南
2	420	3100	230	50	70	376	17	张成华	涂孝堂
0	90	270	740	39	390	297	25	彭武富	无
9	569	1500	1300	450	4200	595	29	田邦其	田邦成
3	50	25	210	0	6	85	13	苏　峰	田卫红
5	28.5	110	80	30	20	150	7	向顺章	秦泽辉
4	60	30	121	50	310	102	12	严　忠	郑　波
2	150	15	20	50	150	85	12	向发明	刘　勇
10	20	70	100	200	300	110	15	刘艳青	殷水吉
7	100	50	313	5	250	107	6	田忠捷	田紫旺
5	32	18	85	35	11	109	10	王　俊	彭　杰
6	29	16	414	33	273	274	23	张和清	李　蛟
3	99	60	138	15	280	308	58	彭吉武	田有本
0	4	4	42	18	16	342	18	彭温桴	彭友志
1	40	25	40	20	60	155	12	彭吉鑫	彭吉鑫
1	4	3	85	50	212	265	22	向太金	王　盾
2	4	4	83	27	68	124	6	全明旭	彭祖刚

靛房镇20个行政村

村　名	户数	人口	版图面积	耕地面积		劳动力	外出务工	留守儿童
				水田	旱土			
信地村	272	1085	28	490	524	535	386	86
半南村	415	1401	11	600	2120	1089	950	126
燎原社区	558	1965	11	1100	1445	1490	1090	186
他砂社区	330	1345	5.2	532	618	749	615	15
冉家寨村	446	1608	25	700	1651	1100	985	132
齐心村	189	822	5	511	238	576	480	13
比寨村	137	635	5.8	560	290	265	188	49
联合村	197	695	15.6	181	314	538	332	36
先锋村	447	1541	21.58	700	1800	982	480	156
山峰村	207	704	13	508	1132	315	228	72
永明村	129	853	5.0	670	1380	310	240	87
云锋村	288	1016	7.5	670	730	613	550	18
中心村	280	981	12	400	1300	580	500	95
报格村	305	1182	8.3	640	955	562	405	127
百型村	272	888	5	460	430	312	213	51
万龙村	386	1371	9	714	1021	625	460	128
联星社区	391	1522	13	780	900	780	560	130
石堤村	298	1247	10.5	420	1100	568	316	70
苏竹村	281	984	23	200	450	540	450	28
吾拉村	299	1196	17.2	428	900	837	670	无

说明：1.版图面积：平方千米；耕地面积：亩；2.外出务工统计连续 3 个月以上 的外出务工人员；3.大学生指专科以上；4.猪、牛为头，羊为只

(社区)基本情况一览表

(单位:户、人、平方千米、亩、万元、吨、头、只、元)

孤寡老人	农业总产值	粮食总产量	畜牧业			在校学生	其中大学生	村(社区)支部书记	村(社区)主任
			猪	牛	羊				
12	175000	35	194	35	150	215	17	田家生	刘应正
43	257000	95T	47	25	31	356	11	鲁大维	魏芳高
6	821000	120T	147	92	860	284	42	覃金华	彭召发
38	80000	15	123	95	153	64	17	向祖云	彭心平
45	300000	80T	65	28	315	310	21	向玉亮	向　江
12	500000	45	176	57	1321	51	16	鲁隆文	鲁　胜
2	70000	65	112	61	213	81	3	向大军	向　菊
5	215700	58T	62	23	276	136	10	彭德华	田芳芳
9	310000	120 吨	180	75	500	200	21	田昌茂	严其山
40	300000	30T	192	208	806	112	12	彭南森	田复来
50	100000	55T	180	100	1900	70	7	黄纯递	
4	120000	40	198	86	521	201	19	张光明	田发义
65	180000	40T	180	115	558	280	11	田　华	彭英国
7	265000	11T	219	120	567	179	7	彭春嫦	王先阳
9	20000	23	165	134	243	195	16	彭南召	
35	26000	100T	138	98	710	275	16	田清桂	
50	315500	101T	402	113	352	400	15	田名和	田安林
212	200000	60T	106	50	521	106	36	彭万国	向官燕
7	40000	45	132	27	356	62	11	彭　琛	田泽和
8	4.4	2.2	400	20	500	350	9	傅成金	严文远

洗车河镇17个村

村名	户数（户）	人口（人）	版图面积（平方千米）	耕地面积（亩）		劳动力（人）	外出务工（人）	留守儿童（人）
				水田	旱土			
草果村	204	806	14	200	800	520	512	92
耳洞村	147	532	8.2	210	18	278	172	27
干溪村	253	1097	15	235	494	720	513	32
克洞村	207	790	18	300	1200	437	243	95
老洞村	298	1069	14.3	385	405	648	429	25
老木村	127	470	10	60	511	215	183	23
木友村	138	565	4.6	178	276	314	229	30
三个堡村	176	776	9	350	374	470	378	74
砂坪村	331	1170	16	550	1100	665	350	80
水桶村	72	299	4.85	257	375	170	150	0
天井村	213	946	8.6	550	643	476	385	57
西吴村	182	825	10	500	600	320	240	5
洗车社区	513	1771	11	317	206	1045	361	16
新建社区	321	1345	10	131	471	832	346	8
牙龙村	197	763	7.2	348	185	452	159	75
咱木村	154	607	7.34	284	180	382	267	38
支家村	202	867	9	350	374	436	390	27

说明：1. 版图面积：平方千米；耕地面积：亩；2. 外出务工统计连续 3 个月以上的外出务工人员；3. 大学生指专科以上；4. 猪、牛为头，羊为只

(社区)基本情况一览表

(单位:户、人、平方千米、亩、万元、吨、头、只、元)

孤寡老人(人)	农业总产值(万元)	粮食总产量(吨)	畜牧业			在校学生	其中大学生	村(社区)支部书记	村(社区)主任
			猪	牛	羊				
0	41	21	25	80	800	156	5	向建交	向昌富
0	26.82	63	61	55	39	71	4	彭光武	王　彪
16	52	22	220	28	218	47	9	穆　阳	向正虹
4	80	120	268	42	200	144	16	彭清东	王道成
4	58	32	128	90	76	154	23	田柱祥	谢海涛
19	58	86	21	12	390	56	无	黎玉清	王学俊
2	35	18	60	24	18	118	2	吴顺久	王正维
	38	82	50	40	290	110	12	向开成	尚本祥
12	50	30	400	10	500	200	9	伍先贵	田昌军
0	53.088	379.2	60	20	400	28	0	刘金仁	田芳忠
16	75	25	176	27	343	153	16	穆　建	鲁承林
1	60	26	100	5	20	60	3	向　东	向顺胜
19	30	26	240	80	200	282	8	彭昌兵	杨德华
6	30	30	298	37	317	214	8	李代华	陈长兵
18	10	36	250	28	260	185	6	田邦文	向艳菊
1	37.2	15.8	133	17	685	117	5	王　青	彭小琴
3	66.08	58	120头	50头	300只	105	7	邹今松	严　凯

苗儿滩镇18个行政村

村　　名	户数	人口	版图面积	耕地面积		劳动力	外出务工	留守儿童
				水田	旱土			
六合村	405	1608	8	900	260	891	470	13
隆头社区	1182	4222	26.77	758	3372	2955	1084	85
星　火	349	1558	2.87	750	230	790	688	90
凤溪村	217	1019	8.33	475	190	651	588	43
捞车村	501	1963	29.23	820	114	1038	864	43
黎明村	308	1310	10.25	500	1170	647	510	40
民主村	340	1338	10.25	500	1170	637	610	58
红光村	445	1693	6.39	680	454	956	343	50
苗市社区	856	3620	20	920	530	1860	1560	280
八吉村	457户	1726	11.2	820	450	858	520	30
东风村	363	1456	10	670	358	435	186	54
民族村	325	1447	9.2	600	65.63	680	485	280
树比村	285	1301	12	748	1317	547	423	60
金星村	234	1037	10	620	800	350	250	4
溪口村	356	1365	15.5	450	1300	960	745	106
庆口桥村	282户	1187	13.39	221	819	618	493	41
官坪村	249	1026	10.4	451.9	329.1	408	315	16
西坪村	324	1285	11	657	602	784	584	42

说明:1.版图面积:平方千米;耕地面积:亩;2.外出务工统计连续3个月以上的外出务工人员;3.大学生指专科以上;4.猪、牛为头,羊为只

(社区)基本情况一览表

（单位：户、人、平方千米、亩、万元、吨、头、只、元）

孤寡老人	农业总产值	粮食总产量	畜牧业			在校学生	其中大学生	村(社区)支部书记	村(社区)主任
			猪	牛	羊				
16	16	200	123	20	300	325	15	朱德齐	陈国华
112	52.5	175	120	62	250	856	43	向顺友	向钒灵
12	72	240	300	10	230	768	48	向友菊	叶德吉
13	74.2	265	115	7	15	286	5	向万龙	向　斌
12	364	80	476	42	987	386	21	向福孝	向小兵
8	180	280	60	10	210	310	30	梁　华	梁民果
7	180	28	24	70	210	310	10	向　东	向红明
20	83	47	2000	200	400	450	41	向光根	向青常
4	217.5	725	95	120	1100	420	19	姚元富	姚元双
10	220	50	2500	70	1500	230	15	田仁付	尚光龙
29	107	20	89	21	240	173	11	张兰平	张达法
8	185	10	400	50	150	330	20	杜修文	张　姣
9	110	80	480	70	280	315	29	彭　辉	王健华
7	15	150	260	40	400	120	5	尚顺清	田小晖
17	160	25	75	30	350	160	28	彭万进	姚茂江
9	68.2	245	150	32	125	136	5	向光文	李心军
9	28	10	71	4	316	196	12	李　平	田正华
28	50	3	80	35	56	191	25	姚元斌	鲁先荣

里耶镇38个行政村

村名	户数	人口	版图面积	耕地面积		劳动力	外出务工	留守儿童
				水田	旱土			
猫儿溪社区	319	1124	9.7	100	2500	612	315	102
银河村	212	796	4	357	430	389	230	19
梓木村	320	1327	9.5	660	440	630	420	45
杨家寨	195	712	7.5	164	800	380	300	25
恒咱村	285	1185	4.2	300	1500	742	580	123
西拉村	180	686	5	280	420	350	260	64
大板社区	527	2232	13.7	120	300	700	200	18
半坡村	318	1233	4.2	565	1060	636	430	125
天堂村	208	804	15.6	120	980	486	460	12
锁湖村	189	761	12.5	550	900	330	421	0
新寨村	174	645	5.6	280	290	300	220	50
新双村	279	987	11.5	480	920	500	360	35
跃进村	212	892	3.82	40	920	400	200	54
长春村	402	1454	7.6	2200	3200	850	298	122
大丰村	168	737	7.8	50	330	270	100	30
巴沙村	327	1328	6	350	300	600	400	150
中孚社区	1810	5120	1.1	无	无	1650	590	390
杨家溪村	225	1025	3	200	400	450	300	56
东桃村	292	1036	6.8	776	252	520	380	15
双坪村	344	1293	6	150	2000	650	780	269
里耶社区	384	1568	2.4	30	160	850	345	320
兔吐村	214	802	5.8	270	570	328	200	40
普车村	388	1379	12.3	400	600	500	400	25
真仙村	175	724	3.65	2000	1820	424	240	7
麦子坪村	288	1105	7.85	20	1387	728	432	13
贾市社区	656	2315	17.8	850	1510	1308	517	86
杉树村	202	775	6.9	1100	1420	280	170	74
柳坪村	198	758	5	600	1125	358	158	18
自生桥村	180	726	5.2	0	6000	230	160	56
太平村	298	1026	9	400	800	692	553	19
麦茶社区	410	1309	6.2	30	410	780	170	42
比耳村	291	1246	5.4	0	3800	663	58	0
农林村	219	849	4.3	40	1140	358	296	28
裴家堡	213	735	5.6	200	500	260	214	51
桥上村	438	1600	13.2	1900	5200	800	700	85
云顶村	196	837	7.33	10	4950	352	258	22
岩冲村	350	1268	4.9	197	800	660	320	32
树木村	428	1811	1.65	342	1880	820	382	208

说明：1.版图面积：平方千米；耕地面积：亩；2.外出务工统计连续3个月以上的外出务工人员；3.大学生指专科以上；4.猪、牛为头，羊为只

(社区)基本情况一览表

(单位:户、人、平方千米、亩、万元、吨、头、只、元)

孤寡老人	农业总产值	粮食总产量	畜牧业			在校学生	其中大学生	村(社区)支部书记	村(社区)主任
			猪	牛	羊				
5	300	0	23	2	0	342	8	彭官贵	田小兰(女)
6	40	20	45	20	30	95	7	向　东	向英林
5	128	8	150	50	760	220	31	向应东	张明旭
5	50	50	11	20	0	91	9	杨正佑	杨正维
11	50	45	27	2	4	342	23	肖华富	姚小兵
8	38	150	18	9	150	160	26	田明礼	贾智美
25	1000	10	15	20	300	400	55	吴华周	洪明万
5	45	4.2	100	50	1000	350	34	彭高平	徐昌茂
0	30	120	120	80	480	178	8	张安洪	刘能文
2	40	38	30	17	0	75	4	贾跃武	彭大彪
4	70	9	8	6	40	80	11	师孝梅(女)	贾绍江
8	75	8	50	15	0	156	10	向珍(女)	彭安菊(女)
1	60	70	15	3	15	132	11	杨通明	杨通明
11	30	0	0	2	300	95	15	吴顺成	王文祥
3	380	1	5	0	0	117	7	邹小菊(女)	刘　忠
2	200	280	200	40	500	15	15	向春敏	向春敏
5	无	无	无	无	无	860	80	袁　海	刘和平(女)
6	100	10	30	10	30	169	6	朱能文	朱能文
6	115	10	78	15	150	190	15	彭林	彭承明
6	700	300	300	80	45	347	6	彭继坤	杨光大
4	16	19	0	0	0	310	25	彭长顺	余文彪
8	20	8	150	30	120	176	12	游开富	彭成贵
30	75	40	50	10	100	80	3	彭官政	黄大权
0	12	0.8	48	50	50	85	15	吴世宇	吴世宇
5	54	25	48	13	58	147	15	彭民胜	彭志斌
65	105	600	175	37	420	378	12	郑丁友	敖小军
8	324	4	20	1	60	149	16	彭清吉	田心维
4	110	0	125	0	0	112	20	张开钫	张祖斌
7	600	120	300	110	150	72	8	朱绍阳	谢永安
6	200	40	50	10	30	73	14	吴绍辉	吴绍周
0	410	0	15	18	14	156	17	李祖贵	吴绍辉
9	3000	0	0	0	0	218	6	石　勇	石宗兵
3	110	158	57	3	186	92	17	石茂丁	彭坤民
7	16	40	30	2	300	149	6	向光翠(女)	彭继洲
15	50	5	30	9	150	280	5	彭　恩	彭泽华
1	120	200	120	50	110	120	16	张小权	陈　娇
5	680	80	200	25	0	200	35	彭贤利	彭志义
18	2880	54	15	4	6	312	26	向昌绪	向昌绪

召市镇32个行政村

村名	户数	人口	版图面积	耕地面积		劳动力	外出务工	留守儿童
				水田	旱土			
安塘村	342	1274	9.79	680	800	692	334人	43
方坡村	354	1398	6.4	707.39	1887	674	354	210
红卫村	642	2680	8.87	627	1249	1317	970	5
旧寨沟	281	1102	8.2	200	500	850	532	65
可立村	324	1179	42.7	0	1684	587	420	65
连台村	165	650	8.9	350	380	450	400	0
辽叶村	196	1007	8.89	370	400	462	411	181
龙头车村	389	1738	17.8	1346	586	856	623	62
排沙坪	208	827	6.3	450	360	370	416	37
坪溪村	418	1617	9.01	800	1200	800	500	112
前卫村	685	2587	5.6	888.6	486.3	593	362	280
青坪村	186	1008	6.7	347	403	695	423	60
三堡村	420	1707	5	724.9	594	11038	699	260
神州社区	752	3153	13.78	1900	1300	1615	1168	245
双进社区	590	2450	9.4	868	1043	1266	470	121
双溪村	139	639	8.8	272	408	380	337	86
桃花源村	401	1614	8.4	1400	3500	350	814	50
桐堡	368	1381	8.5	677	1200	650	550	88
瓦房村	486	2162	9.1	865	982	1173	321	78
万家棚村	288	1150	12.3	365	130	669	587	72
湘龙	197	970	4.5	500	400	450	320	120
新园村	510	2277	8.89	1110	500	1245	999	51
兴合	202	848	5.3	320	500	450	220	35
兴平村	208	846	5.2	348	260	518	215	146
岩门口村	370	1056	6.2	480	680	680	450	78
岩门坡村	275	1008	9	540	800	380	300	200
喳垃坪	205	780	9.45	165	227	452	242	23
召市社区	1272	3716	6.8	804	109.4	1102	510	95
大兴村	680	2812	9.4	785	487	1125	575	562
托利湖	464	2465	7.3	980	3005	1446	597	362
银岭	305	1239	11.6	370	500	768	431	167
贾坝	672	2434	13.4	540	330	1872	793	200

说明:1.版图面积:平方千米;耕地面积:亩;2.外出务工统计连续3个月以上的外出务工人员;3.大学生指专科以上;4.猪、牛为头,羊为只

(社区)基本情况一览表

（单位:户、人、平方千米、亩、万元、吨、头、只、元）

孤寡老人	农业总产值	粮食总产量	畜牧业			在校学生	其中大学生	村(社区)支部书记	村(社区)主任
			猪	牛	羊				
4	216	146	43	34	20	312	8	何应保	李文成
5	237	190	120	20	19	120	16	李世元	李　泽
4	456	267	650	4	10	243	76	陈支忠	陈支忠
2	187	120	110	23	123	195	16	黄福春	瞿菊红
33	200	208	87	11	0	156	22	舒庆敏	李　兵
0	110	250	75	10	0	102	8	彭继仲	田堂明
10	171	154	58	23	72	219	9	黄福仲	黄福仲
13	295	235	129	28	86	159	16	向仁海	余江友
4	140	145	120	6	0	120	19	谭启海	张利富
10	174	180	428	21	214	152	2	姚成阳	张瑞喜
8	413	210	77	32	510	391	11	向安远	张家军
201	171	142	120	43	22	49	0	张人彪	张仁跃
2	290	200	460	27	0	423	34	颜建旺	瞿开元
11	536	298	1265	51	268	818	38	张文虎	罗安明
4	362	138	256	0	0	680	26	李文江	黄远伟
0	108	90	56	6		112	5	黄　超	彭绍英
180	274	250	473	50	5	190	30	张德辉	吴　顺
18	234	228	250	5	400	180	15	彭永利	吕崇福
19	367	176	125	26	87	417	13	常光军	张健华
2	196	160	174	104	126	208	17	王家银	康佩贵
	164	84	130	3		230	15	梁光沛	康玉花
4	387	180	150	35	95	265	16	杨成华	杨宏军
0	144	130	150	10	0	120	15	陈支祥	杜代顺
0	143	278	158	12		146	3	彭南金	何邦艳
3	179	190	120	20	19	120	8	张　路	张德彪
5	171	140	120	25	110	150	6	甘银付	姚善富
4	132	85	27	33	203	158	15	向恒举	彭吉安
10	485	189	189	0	0	918	68	唐辉波	瞿开文
9	478	154	395	12	0	652	45	黄远政	
60	419	258	1800	380	500	220	13	李俊平	胡爱琼
6	210	134	313	167	89	321	7	向尧华	
20	413	249	38	98	500	278	22	向小菊	向小菊

桂塘镇19个行政村

村名	户数	人口	版图面积	耕地面积		劳动力	外出务工	留守儿童
				水田	旱土			
核桃村	188	932	4	620	1100	430	322	25
王道溪村	876	2877	16	1125	660	1368	821	215
桂塘社区	812	2739	7.06	1050	1200	1500	1124	60
明溪村	715	3450	25	1177	804	1619	916	208
贾田村	328	1605	12	900	400	985	673	218
友谊村	586	2688	9.5	700	565	1117	503	35
下锁村	213	998	13	750	120	565	500	30
张家槽村	200	825	10	321.3	180	548	376	0
老兴社区	329	1838	8	807	375	854	624	150
古道溪村	440	1744	8.2	780	110	1134	638	446
四坝社区	660	2711	9	800	400	1400	980	30
上锁村	326	1825	7.8	280	780	712	500	100
苦达	180	851	11.3	525	400	410	316	25
兴坝	442	1688	7.8	675	463	750	619	67
双景村	292	1316	10	0	463	519	135	195
前丰村	223	1100	9	260	970	650	300	50
桃子坪村	223	1070	8	380	970	650	450	20
老寨村	198	965	7.8	300	667	500	230	50
乌龙山村	390	1462	15	386	1284	845	586	67

说明：1.版图面积：平方千米；耕地面积：亩；2.外出务工统计连续3个月以上的外出务工人员；3.大学生指专科以上；4.猪、牛为头，、羊为只

(社区)基本情况一览表

（单位：户、人、平方千米、亩、万元、吨、头、只、元）

孤寡老人	农业总产值	粮食总产量	畜牧业			在校学生	其中大学生	村(社区)支部书记	村(社区)主任
			猪	牛	羊				
0	70	660	55	13	53	162	12	向仁江	陈常芬
3	124	892	690	32	140	318	46	向宏飞	符家友
4	120	225	810	10	0	1200	67	向光波	黄光月
62	182.2	586	228	38	158	988	68	符家进	符建波
11	45	110	60	28	183	338	63	田金翠	张万成
5	56	556	100	30	200	786	42	向继明	彭春光
0	50	120	5	6	20	160	7	向德福	向　前
4	43.2	174.5	102	50	20	216	12	张群平	田先锋
3	112	70	537	40	30	345	6	田礼进	冉启香
0	120	1200	308	12	15	268	18	梁明胜	杜诗军
1	170	70	600	10	100	220	35	张中跃	雷诗学
5	22	246	120	13	66	420	53	田礼浩	冉孟铁
9	40	280	38	39	34	98	7	彭南勇	田义方
0	580	44	206	17	60	173	22	向大国	张久君
0	72	225	310	33	430	219	37	向泽伍	田义富
3	3	15	50	8	200	300	20	向礼凤	王永定
4	50	70	300	30	120	246	25	杨青松	向学文
0	120	45	400	30	50	180	10	侯贤贵	田义权
6	309	120	418	16	186	296	29	向卯玉	田松科

大安乡15个行政村

村　名	户数	人口	版图面积	耕地面积		劳动力	外出务工	留守儿童
				水田	旱土			
大红村	446	1567	18.7	0	4700	712	460	38
大湾村	267	874	12.3	0	1200	408	268	14
桃子村	223	681	14.3	0	2100	348	122	27
龙口村	178	606	8.9	0	789	251	99	13
五星村	267	954	8.4	0	2775	461	240	21
木鱼坪村	171	523	6.8	0	800	247	210	8
马脚坪村	130	455	7.5	0	736	227	25	38
五马坪村	115	402	8.4	0	1200	198	40	0
翻身村	268	904	12.5	0	2614	421	71	34
万宝村	220	713	14.1	0	1100	368	73	25
西堰村	408	1412	11.9	283	1007	708	121	108
光辉村	210	658	8.09	318	645	243	160	7
龙堰村	326	1552	10.2	397	473	732	252	100
铁树村	214	731	9.95	281	219	324	336	45
花园村	335	1204	19.96	729	471	563	85	30

说明:1.版图面积:平方千米;耕地面积:亩;2.外出务工统计连续3个月以上的外出务工人员;3.大学生指专科以上;4.猪、牛为头,羊为只

（社区）基本情况一览表

（单位：户、人、平方千米、亩、万元、吨、头、只、元）

孤寡老人	农业总产值	粮食总产量	畜牧业			在校学生	其中大学生	村（社区）支部书记	村（社区）主任
			猪	牛	羊				
4	704.68	691.82	814	0	0	295	10	王先群	杨多德
7	321.86	398.84	505	13	111	132	9	葛志文	杜丕凤
4	352.34	323.83	393	0	0	92	8	肖南林	车丕家
1	381.24	287.47	252	8	112	104	4	颜典茂	黄安平
4	421.86	635.65	487	0	0	201	9	康心林	黎　杰
3	270.18	339.36	342	0	0	35	4	彭英明	易中华
1	205.4	163.02	212	0	0	66	6	蔡长礼	罗元勇
2	281.7	280.00	242	1	122	64	4	钟　斌	杨正文
2	423.44	372.56	466	1	116	108	8	钟　凯	李章胜
4	347.6	304.96	414	0	0	108	8	贺海斌	蔡益军
5	644.64	513.94	253	16	52	190	9	彭吉松	苏兴云
1	331.8	325.72	207	15	59	110	6	颜贵文	颜学兵
8	515.08	449.81	225	13	59	305	13	苏明勇	苏明勇
3	338.12	332.95	263	11	182	96	6	刘人刚	赵雪梅
4	429.3	735.35	461	21	378	216	12	颜学柏	朱玉文

茅坪乡12个行政村

村名	户数	人口	版图面积	耕地面积		劳动力	外出务工	留守儿童
				水田	旱土			
龙冠	387	1511	8	624	1394	899	465	52
长兴	348	1561	12	700	400	912	658	32
光荣	179	808	5	328	503	341	288	30
干坝	497	1603	8	1214	400	976	721	40
茶园坪	286	1097	8	700	750	649	522	18
庆口坳	186	803	6	150	370	420	242	50
竹柯	368	1875	12	912	145	1215	594	50
老场	403	1824	8	514	1400	1091	438	55
新场	415	1598	7	2010	64	1011	654	35
兴旺	258	1048	9	90	550	559	329	31
沙坪	310	1375	8	1120	528	639	551	65
金沙	162	762	6	230	950	480	220	23

说明:1.版图面积:平方千米;耕地面积:亩;2.外出务工统计连续3个月以上的外出务工人员;3.大学生指专科以上;4.猪、牛为头,羊为只

(社区)基本情况一览表

(单位:户、人、平方千米、亩、万元、吨、头、只、元)

孤寡老人	农业总产值	粮食总产量	畜牧业			在校学生	其中大学生	村(社区)支部书记	村(社区)主任
			猪	牛	羊				
21	190	95	350	180	280	350	180	田景刚	卢胜美
25	176	88	280	104	188	328	220	向邦凤	刘龙孝
17	81	77	194	60	92	240	84	彭星全	田秋维
11	198	56	420	71	114	370	180	向昌群	刘龙孝
21	98	72	154	56	71	283	165	彭全文	杨安龙
15	64	42	123	46	83	178	74	向大国	向明亮
19	182	87	430	180	240	393	240	彭万利	田香桃
23	310	211	161	70	104	498	280	王生贵	向先齐
8	102	79	141	69	182	347	240	李国波	陈静波
14	162	77	237	150	70	200	188	沈慧颖	田兴祥
28	410	240	230	97	165	277	156	张　文	彭吉安
10	89	63	125	47	82	160	97	徐代富	龙　勇

洛塔乡14个行政村

村名	户数	人口	版图面积	耕地面积		劳动力	外出务工	留守儿童
				水田	旱土			
五台村	365	1573	12	600	1250	680	493	82
楠竹村	247	1063	7	1100	1000	456	396	88
瑞士村	317	1407	18	594	891	1027	572	10
满湖村	185	775	5	800	1200	437	234	30
洛塔村	301	1264	11	500	800	363	288	30
泽果村	386	1607	4	800	1200	768	489	65
烈坝村	430	1515	14	1300	1500	818	468	0
阿亏村	221	860	14	500	1800	490	307	20
梭洛村	189	864	9	600	950	523	468	20
枹木村	243	1387	8	1000	1500	565	385	130
猛西村	435	1697	20	1200	1500	1065	994	60
热家村	438	2018	15	1750	1500	1130	824	100
陈庄村	266	1059	14	400	1100	434	240	48
砂桥村	243	1018	6	840	400	550	423	24

说明:1.版图面积:平方千米;耕地面积:亩;2.外出务工统计连续3个月以上的外出务工人员;3.大学生指专科以上;4.猪、牛为头,羊为只

(社区)基本情况一览表

（单位：户、人、平方千米、亩、万元、吨、头、只、元）

孤寡老人	农业总产值	粮食总产量	畜牧业			在校学生	其中大学生	村(社区)支部书记	村(社区)主任
			猪	牛	羊				
17	40	60	160	13	190	278	8	谢秀权	谢　园
59	50	20	680	88	320	238	7	向世斌	邹　军
21	80	20	120	190	270	210	18	彭映萍（女，2018年1月至4月），向万玖（2018年4月至今）	向华忠
20	40	15	130	230	300	156	10	张胜忠	向富平
40	30	10	400	20	600	120	10	刘光勇	向其文
61	60	26.5	220	105	850	210	10	雷晓燕	雷书艾
88	60	26	120	90	500	306	18	莫柏成	彭华南
10	60	15	24	71	152	160	14	刘进旺	向德志
15	6	6	140	25	400	150	10	向国龙	向国林
120	35	12	250	108	200	186	8	邹联久	邹联明
12	50	30	200	50	500	220	25	雷小卫	向明友
120	50	10	318	256	251	256	12	向　东	彭清友
34	35	12.5	80	95	600	158	7	陈生凯	陈庭考
45	5	2	68	21	246	162	5	彭家茂	向　爱

咱果乡10个行政村

村名	户数	人口	版图面积	耕地面积		劳动力	外出务工	留守儿童
				水田	旱土			
咱果村	679	2391	12	569	430	998	714	80
克寨村	311	1229	12	229	346	670	470	23
脉龙村	426	1908	14	968	1120	1368	1021	113
王家村	186	773	8	283	160	352	245	78
连界村	317	1300	12	497.2	181.2	450	360	65
三分村	159	673	9	220	765	380	320	52
土车村	293	1385	12	176	375	675	450	45
哪寨村	435	1604	13	780	350	730	555	265
卡撮村	147	596	14	401	60	284	245	110
金线村	296	1320	15	600	540	587	349	24

说明：1.版图面积：平方千米；耕地面积：亩；2.外出务工统计连续 3 个月以上的外出务工人员；3.大学生指专科以上；4.猪、牛为头，羊为只

(社区)基本情况一览表

(单位:户、人、平方千米、亩、万元、吨、头、只、元)

孤寡老人	农业总产值	粮食总产量	畜牧业			在校学生	其中大学生	村(社区)支部书记	村(社区)主任
			猪	牛	羊				
0	50	50	2000	300	2000	166	15	彭心超	彭心超
10	100	100	148	52	486	186	17	贾高平	田太生
0	296	69	191	102	519	167	12	邬世烈	邬世烈
56	98	15	268	21	230	168	8	刘克权	陈淑慧
10	320	4.2	50	25	1200	208	36	覃家生	戴富斌
5	310	45	20	8	150	160	19	彭富勇	彭岸英
1	43	25	80	40	1200	119	5	鲁承顺	鲁承顺
0	118	48	230	30	800	335	8	彭大学	贾高仲
0	40.05	80.2	41	23	0	107	10	陈小凤	刘让友
6	150	20	15	22	340	149	12	彭英明	彭英胜

内溪乡12个行政村

村名	户数	人口	版图面积	耕地面积		劳动力	外出务工	留守儿童
				水田	旱土			
塘口村	248	988	6.5	155	168	580	460	30
西眉村	269	1087	6.7	227	210	540	300	70
伴住村	272	1089	6.1	211	196	650	560	73
坡松村	185	935	6	126	264	400	250	50
灭贼村	404	1445	7.6	345	289	809	586	208
吴家村	265	1372	8.2	143	201	858	560	20
内溪村	556	2202	9.2	424	326	1325	813	315
沙湖村	280	1190	7	269	176	483	336	81
洞坎村	297	1305	5.1	280	235	327	287	50
双树村	259	1095	8.1	298	269	630	300	137
岩力村	201	1029	6.8	165	214	521	343	43
五官村	238	1225	7.3	397	586	510	350	220

说明：1.版图面积：平方千米；耕地面积：亩；2.外出务工统计连续3个月以上的外出务工人员；3.大学生指专科以上；4.猪、牛为头，羊为只

(社区)基本情况一览表

（单位:户、人、平方千米、亩、万元、吨、头、只、元）

孤寡老人	农业总产值	粮食总产量	畜牧业			在校学生	其中大学生	村(社区)支部书记	村(社区)主任
			猪	牛	羊				
1	395.2	248.48	196	64	356	92	5	贾红辉	贾美芳
11	391.3	174.3	161	65	286	60	6	杨昌茂	田宗瑶
9	435.6	139.86	133	20	68	120	8	贾珍玉	贾爱国
6	336.6	145.10	160	35	24	50	10	贾美鑫	贾高近
12	520.2	162.60	217	21	382	403	26	李成发	王和兵
1	548.8	244.50	170	24	548	90	8	吴进培	游开仁
12	880.8	296.7	222	46	340	482	125	师明胜	师友文
7	476.1	172.20	223	61	498	207	15	张世建	张世树
10	522.2	98.25	242	52	45	132	15	姚丁坤	田建
0	438	315.22	410	93	552	84	7	彭继勇	彭贤虎
0	411.6	155.20	252	42	175	185	9	姚卫国	田清禹
6	441	166.40	240	35	178	150	15	田清武	彭大忠

湘西州各县市区

县市＼指标	生产总值(GDP)		财政总收入		固定资产投资	
	万元	增速%	万元	增速%	万元	增速%
全州合计	**6050540**	**6**	**1200747**	**11.5**	**4437444**	**7.3**
吉首市	1676245	10.1	150937	15.8	1590788	10.5
泸溪县	581453	6	58565	12.2	287942	10.7
凤凰县	810267	3.8	125775	4.3	722717	13.1
花垣县	622079	−5	72298	−40.5	397632	15
保靖县	565981	6.7	51492	18.4	226351	22.9
古丈县	257473	3.1	36356	11.2	206495	−35
永顺县	693506	6.2	75831	16	444334	−5.1
龙山县	837225	6.4	91179	12.4	561186	8
湘西经济开发区	570770	15	88963	29.2	——	10.1

主要经济指标

规模工业增加值		社会消费品零售总额		城镇居民人均可支配收入		农村居民人均可支配收入	
万元	增速 %	万元	增速 %	元	增速 %	元	增速 %
——	3	3076014	10.1	24728	8.8	9183	11
——	16.8	1067191	10.4	30279	8.6	10760	10.7
——	0.5	170703	9.8	23435	9.2	8360	11.2
——	−13.2	544272	10	24697	8.8	10130	10.8
——	−15.2	180042	10	24506	8.5	8693	10.6
——	3	147359	10.1	22120	9.2	9611	11
——	1	69194	9.9	21334	9.1	7847	13.2
——	−6.8	430301	10.2	21698	9.3	8043	12.2
——	8	466953	9.8	21939	9.4	9412	10.8
——	28.1	——		——			

龙山县与周边县市主要经

指标名称		生产总值(亿元)			一般公共预算收入(亿元)		
		2018 年	2017 年	增长%	2018 年	2017 年	增长%
湖南省	龙山县	83.72	78.66	6.4	5.87	—	13.1
	桑植县	96.66	90.92	7.1	3.51	—	2.2
湖北省	来凤县	74.14	68.57	5.8	4.09	—	5.2
重庆市	秀山县	185.64	162.58	9.2	12.59	—	6.2
	酉阳县	157.96	140.33	5.3	11.29	—	−4.3
	黔江区	247.29	231.87	7.4	25.21	—	12.8

龙山县与周边县市主要经

指标名称		城镇居民人均可支配收入(元)		
		2018 年	2017 年	增长%
湖南省	龙山县	21939	20054	9.4
	桑植县	17093	15653	9.2
湖北省	来凤县	27553	25690	8
重庆市	秀山县	32352	29956	8
	酉阳县	26601	24585	8.2
	黔江区	32435	29812	8.8

济指标对比情况一览表(一)

固定资产投资(亿元)			规模工业增加值(亿元)			社会消费品零售总额(亿元)		
2018年	2017年	增长%	2018年	2017年	增长%	2018年	2017年	增长%
—	66.61	8	—	5.7	8	46.7	42.67	9.8
—	48.67	12.8	—	7.3	7	39.3	35.7	10.1
—	45.28	11	—	11	−8	44.08	39.68	11.1
—	166.93	14.7	—	—	8.6	76.69	75.77	13.2
—	139.92	7.9	—	—	—	42.49	59.39	6.2
—	262.69	8.1	—	—	8.2	—	103.16	8.3

济指标对比情况一览表(二)

农村居民人均可支配收入(元)			金融机构存款余额(亿元)			金融机构贷款余额(亿元)		
2018年	2017年	增长%	2018年	2017年	增长%	2018年	2017年	增长%
9412	8494	10.8	166.79	157.61	5.8	105.42	88	19.8
8183	7210	13.5	129.66	115.02	14.5	83.16	63.28	19.9
10281	9362	9.8	100.43	98.27	2.2	72.76	68.57	6.1
11116	10189	9.1	237.19	207.41	14.4	203.51	172.19	18.2
9719	8852	9.8	248.51	236.23	5.2	156.94	140.49	11.7
11806	10792	9.4	260.78	226.37	15.2	250.96	238.37	5.3

索　　引

说　　明

1. 本索引为主题综合索引，收录的词条主要有子目、机构及主题词等。
2. 本索引以词条的拼音字母顺序排列。
3. 索引名称后的数字表示内容所在的页码。
4. 本篇中专题、专文、特载、大事记、人物、附录部分不设索引。

A

B

C

D

F

G

H

J

T

W

X

Y

Z